Pellart sculp.

FRONTISPICE.

Esquisse d'un monument projetté pour

l'horloge Parabolique de C. HUYGHENS, Perfectionnée.

Élévation de l'une des 4 faces semblables garnies de Glace. (Pl. 6. Chap. 17.)

NOUVEAU TRAITÉ GÉNÉRAL

Astronomique et Civil

D'HORLOGERIE

THÉORIQUE ET PRATIQUE

D'après les plus habiles auteurs et les progrès récents de l'Art.

PAR

M. L. MOINET.

Professeur des Arts et Collaborateur d'Artistes renommés.

Ancien Présid. de la Société chron. de Paris, Memb. honor. de la Société mathém. de Hambourg, &c.

CONTENANT

une nouvelle méthode pratique et universelle de l'engrenage,
suivant la science modifiée par l'application,
avec figures exactes et en grand des pignons et dentures, aisément réductibles en petit,
les échappements anciens et modernes, et les échappements libres actuels,
cadratures, main-d'œuvre, tables &c. le tout sans Algèbre et à l'usage des Artistes.
Enrichi d'élémens de Physique générale
ou 1.res notions usuelles de Géométrie pratique, de Mécanique, Chimie, Hydraulique,
pour Méridiens, Cadrans solaires, Baromètres, Thermomètres, &c.

ET DE NOMBREUSES PLANCHES.

Tome 1.er

PARIS

CHEZ CARILIAN-GŒURY ET V.OR DALMONT,

LIBRAIRES POUR LES PONTS ET CHAUSSÉES, LES MINES, L'ARCHITECTURE, ETC.

QUAI DES AUGUSTINS, 49.

1848.

TABLES
D'ÉQUATION MOYENNE,

DES

DIVERSES LONGUEURS DU PENDULE,

ET DE

L'ACCÉLÉRATION DES ÉTOILES.

TABLE PERPÉTUELLE D'ÉQUATION,

OU DU TEMPS MOYEN AU MIDI VRAI,

POUR L'USAGE CIVIL ET POUR L'ÉQUATION ANNUELLE MOYENNE ENTRE DEUX ANNÉES BISSEXTILES.

JOURS du MOIS.	JANVIER.	FÉVRIER.	MARS.	AVRIL.
	H. M. S.	H. M. S.	H. M. S.	H. M. S.
1	.. 0... 3... 48	.. 0... 13... 56	.. 0... 12... 43	.. 0... 4... 5
5	.. 0... 5... 39	.. 0... 14... 23	.. 0... 11... 52	.. 0... 2... 53
10	.. 0... 7... 49	.. 0... 14... 37	.. 0... 10... 39	.. 0... 1... 27
15	.. 0... 9... 43	.. 0... 14... 31	.. 0... 9... 16	.. 0... 0... 6
20	.. 0... 11... 21	.. 0... 14... 7	.. 0... 7... 47	.. 11... 58... 55
25	.. 0... 12... 39	.. 0... 13... 26	.. 0... 6... 15	.. 11... 57... 54

JOURS du MOIS.	MAI.	JUIN.	JUILLET.	AOUT.
	H. M. S.	H. M. S.	H. M. S.	H. M. S.
1	.. 11... 56... 57	.. 11... 57... 18	.. 0... 3... 15	.. 0... 5... 58
5	.. 11... 56... 30	.. 11... 57... 57	.. 0... 4... 0	.. 0... 5... 41
10	.. 11... 56... 9	.. 11... 58... 51	.. 0... 4... 48	.. 0... 5... 6
15	.. 11... 56... 2	.. 11... 59... 52	.. 0... 5... 26	.. 0... 4... 16
20	.. 11... 56... 8	.. 0... 0... 56	.. 0... 5... 52	.. 0... 3... 13
25	.. 11... 56... 28	.. 0... 2... 00	.. 0... 6... 4	.. 0... 1... 58

JOURS du MOIS.	SEPTEMBRE.	OCTOBRE.	NOVEMBRE.	DÉCEMBRE.
	H. M. S.	H. M. S.	H. M. S.	H. M. S.
1	.. 11... 59... 57	.. 11... 49... 49	.. 11... 43... 46	.. 11... 49... 11
5	.. 11... 58... 41	.. 11... 48... 35	.. 11... 43... 47	.. 11... 50... 45
10	.. 11... 57... 0	.. 11... 47... 10	.. 11... 44... 5	.. 11... 52... 56
15	.. 11... 55... 16	.. 11... 45... 57	.. 11... 44... 45	.. 11... 55... 17
20	.. 11... 53... 31	.. 11... 44... 58	.. 11... 45... 46	.. 11... 57... 44
25	.. 11... 51... 47	.. 11... 44... 15	.. 11... 47... 7	.. 0... 0... 14

O. H. signifie midi.

Cette Table est dressée pour une année moyenne entre deux bissextiles, comme 1838, 1842, 1846, etc. Son approximation aux autres années, est très-suffisante pour l'usage civil; on ne peut pas même en employer d'autre pour l'Équation simplement annuelle de la plupart des pièces d'horlogerie.

N°. Ces Tables, demandées prématurément, ont leur place indiquée dans la note pour la reliure.

TABLE POUR LA LONGUEUR DU PENDULE SIMPLE,

SUIVANT LE NOMBRE D'OSCILLATIONS PAR HEURE, OU DU NOMBRE D'OSCILL. SUIV. LA LONGUEUR DU PENDULE.

NOMBRE d'oscillat. par heure.	Pieds.	Pouces.	Lignes.	Décimales ou cent. de ligne.	NOMBRE d'oscillat. par heure.	Pieds.	Pouces.	Lignes.	Décimales ou cent. de ligne.
21,000	0	1	0	,92	13,800	0	2	5	,98
20,000	0	1	2	,25	13,700	0	2	6	,42
19,000	0	1	3	,75	13,600	0	2	6	,87
18,000	0	1	5	,62	13,500	0	2	7	,33
17,900	0	1	5	,82	13,400	0	2	7	,80
17,800	0	1	6	,02	13,300	0	2	8	,28
17,700	0	1	6	,22	13,200	0	2	8	,77
17,600	0	1	6	,43	13,100	0	2	9	,27
17,500	0	1	6	,64	13,000	0	2	9	,79
17,400	0	1	6	,80	12,900	0	2	10	,31
17,300	0	1	7	,08	12,800	0	2	10	,85
17,200	0	1	7	,30	12,700	0	2	11	,40
17,100	0	1	7	,52	12,600	0	2	11	,96
17,000	0	1	7	,70	12,500	0	3	0	,54
16,900	0	1	7	,99	12,400	0	3	1	,13
16,800	0	1	8	,24	12,300	0	3	1	,74
16,700	0	1	8	,47	12,200	0	3	2	,36
16,600	0	1	8	,72	12,100	0	3	3	,00
16,500	0	1	8	,97	12,000	0	3	6	,65
16,400	0	1	9	,23	11,900	0	3	4	,32
16,300	0	1	9	,49	11,800	0	3	5	,01
16,200	0	1	9	,75	11,700	0	3	5	,71
16,100	0	1	10	,02	11,600	0	3	6	,43
16,000	0	1	10	,30	11,500	0	3	7	,17
15,900	0	1	10	,59	11,400	0	3	7	,93
15,800	0	1	10	,87	11,300	0	3	8	,72
15,700	0	1	11	,16	11,200	0	3	9	,52
15,600	0	1	11	,46	11,100	0	3	10	,34
15,500	0	1	11	,76	11,000	0	3	11	,19
15,400	0	2	0	,07	10,900	0	4	0	,06
15,300	0	2	0	,39	10,800	0	4	0	,96
15,200	0	2	0	,71	10,700	0	4	1	,87
15,100	0	2	1	,04	10,600	0	4	2	,82
15,000	0	2	1	,38	10,500	0	4	3	,79
14,900	0	2	1	,72	10,400	0	4	4	,79
14,800	0	2	2	,07	10,300	0	4	5	,82
14,700	0	2	2	,42	10,200	0	4	6	,88
14,600	0	2	2	,78	10,100	0	4	7	,97
14,500	0	2	3	,16	10,000	0	4	9	,10
14,400	0	2	3	,53	9,900	0	4	10	,26
14,300	0	2	3	,92	9,800	0	4	11	,45
14,200	0	2	4	,32	9,700	0	5	0	,68
14,100	0	2	4	,72	9,600	0	5	1	,95
14,000	0	2	5	,13	9,500	0	5	3	,26
13,900	0	2	5	,55	9,400	0	5	4	,62

500 oscil., 158 pie. 7 po. 3 li. ,20 ‖ 400 oscil., 247 pie. 9 po. 10 li. ,26 ‖ 300 oscil., 440 pie. 6 po. 10 li. ,20

Dans l'usage de cette Table, plus étendue qu'aucune autre et sur un nouv plan, on ne doit pas oublier que, en raison du poids de la Verge, du diam. de la Lentille et des garnitures du Pendule, il y a toujours plus ou moins

SUITE DE LA TABLE POUR LE PENDULE SIMPLE,

AVEC SES DIVERSES LONGUEURS ET LE NOMBRE D'OSCILLATIONS PAR HEURE.

NOMBRE d'oscillat. par heure.	Pieds.	Pouces.	Lignes.	Décimales ou cent. de ligne.	NOMBRE d'oscillat. par heure.	Pieds.	Pouces.	Lignes.	Décimales ou cent. de ligne.
9,300	0.	5.	6.	,02	4,800	1.	8.	7.	,82
9,200	0.	5.	7.	,46	4,700	1.	9.	6.	,48
9,100	0.	5.	8.	,95	4,600	1.	10.	5.	,84
9,000	0.	5.	10.	,49	4,500	1.	11.	5.	,97
8,900	0.	6.	0.	,08	4,400	2.	0.	6.	,93
8,800	0.	6.	1.	,73	4,300	2.	1.	8.	,85
8,700	0.	6.	3.	,45	4,200	2.	2.	11.	,69
8,600	0.	6.	5.	,20	4,100	2.	4.	3.	,67
8,500	0.	6.	7.	,03	4,000	2.	5.	8.	,86
8,400	0.	6.	8.	,92	3,900	2.	7.	3.	,38
8,300	0.	6.	10.	,88	3,800	2.	8.	11.	,42
8,200	0.	7.	0.	,91	3,700	2.	10.	9.	,08
8,100	0.	7.	3.	,02	3,650	2.	11.	8.	,58
8,000	0.	7.	5.	,31	3,600	3.	0.	8.	,57
7,900	0.	7.	7.	,48	3,550	3.	1.	9.	,07
7,800	0.	7.	9.	,85	3,500	3.	2.	10.	,11
7,700	0.	8.	0.	,30	3,400	3.	5.	1.	,93
7,600	0.	8.	2.	,85	3,300	3.	7.	8.	,32
7,500	0.	8.	5.	,51	3,200	3.	10.	5.	,59
7,400	0.	8.	8.	,27	3,100	4.	1.	6.	,15
7,300	0.	8.	11.	,14	3,000	4.	4.	10.	,42
7,200	0.	9.	2.	,14	2,900	4.	8.	6.	,93
7,100	0.	9.	5.	,26	2,800	5.	0.	8.	,29
7,000	0.	9.	8.	,52	2,700	5.	5.	3.	,24
6,900	0.	9.	11.	,93	2,600	5.	10.	4.	,64
6,800	0.	10.	3.	,48	2,500	6.	4.	1.	,57
6,700	0.	10.	7.	,19	2,400	6.	10.	7.	,28
6,600	0.	10.	11.	,08	2,300	7.	5.	11.	,36
6,500	0.	11.	3.	,14	2,200	8.	2.	3.	,71
6,400	0.	11.	7.	,40	2,100	8.	11.	0.	,74
6,300	0.	11.	11.	,86	2,000	9.	10.	11.	,45
6,200	1.	0.	4.	,53	1,900	10.	11.	9.	,66
6,100	1.	0.	9.	,45	1,800	12.	2.	10.	,28
6,000	1.	1.	2.	,60	1,700	13.	8.	7.	,71
5,900	1.	1.	8.	,02	1,600	15.	5.	10.	,40
5,800	1.	2.	1.	,73	1,500	17.	7.	5.	,69
5,700	1.	2.	7.	,74	1,400	20.	2.	9.	,17
5,600	1.	3.	2.	,07	1,300	23.	5.	6.	,62
5,500	1.	3.	8.	,75	1,200	27.	6.	5.	,15
5,400	1.	4.	3.	,81	1,100	32.	9.	2.	,86
5,300	1.	4.	11.	,26	1,000	39.	7.	9.	,87
5,200	1.	5.	7.	,16	900	48.	11.	5.	,15
5,100	1.	6.	3.	,52	800	61.	11.	5.	,68
5,000	1.	7.	0.	,39	700	80.	11.	0.	,81
4,900	1.	7.	9.	,81	600	110.	1.	8.	,76

200 oscil., 991 pie. 3 po. 5 l. ,04 ‖ 100 oscil., 3,965 pie. 1 p. 8 l. ,14 ‖ 1 oscil., 39,651,398 pie. 7 po.

à ajouter aux longueurs, depuis 1/4 de ligne, 1/2 ligne, et même 1 ligne, pour les Pendules courts et légers, jusqu'à 1 et 2 pouces pour les longs pendules compensateurs. (V. l'explication et usage de cette Table à son art.)

TABLE

DE L'ACCÉLÉRATION DES ÉTOILES

SUR LE MOYEN MOUVEMENT DU SOLEIL (OU SUR LE TEMPS MOYEN), POUR CINQUANTE JOURS.

Jours.	*H.*	*M.*	*S.*	*10mes.*	*Jours.*	*H.*	*M.*	*S.*	*10mes.*
1.	0.	3.	55.	,9	26.	1.	42.	13.	,5
2.	0.	7.	51.	,8	27.	1.	46.	9.	,4
3.	0.	11.	47.	,7	28.	1.	50.	5.	,3
4.	0.	15.	43.	,6	29.	1.	54.	1.	,2
5.	0.	19.	39.	,5	30.	1.	57.	57.	,1
6.	0.	23.	35.	,4	31.	2.	1.	53.	,0
7.	0.	27.	31.	,3	32.	2.	5.	48.	,9
8.	0.	31.	27.	,2	33.	2.	9.	44.	,8
9.	0.	35.	23.	,1	34.	2.	13.	40.	,7
10.	0.	39.	19.	,0	35.	2.	17.	36.	,6
11.	0.	43.	14.	,9	36.	2.	21.	32.	,5
12.	0.	47.	10.	,8	37.	2.	25.	28.	,4
13.	0.	51.	6.	,7	38.	2.	29.	24.	,3
14.	0.	55.	2.	,6	39.	2.	33.	20.	,2
15.	0.	58.	58.	,5	40.	2.	37.	16.	,1
16.	1.	2.	54.	,4	41.	2.	41.	12.	,0
17.	1.	6.	50.	,3	42.	2.	45.	7.	,9
18.	1.	10.	46.	,2	43.	2.	49.	3.	,8
19.	1.	14.	42.	,1	44.	2.	52.	59.	,7
20.	1.	18.	38.	,0	45.	2.	56.	55.	,6
21.	1.	22.	33.	,9	46.	3.	0.	51.	,5
22.	1.	26.	29.	,8	47.	3.	4.	47.	,4
23.	1.	30.	25.	,7	48.	3.	8.	43.	,3
24.	1.	34.	21.	,6	49.	3.	12.	39.	,2
25.	1.	38.	17.	,5	50.	3.	16.	35.	,2

Cette Table est plus précise et plus étendue qu'aucune de celles des anciens traités d'Horlogerie (qui ne portent pas les dixièmes de secondes), et est prolongée pour 18 jours de plus que celle de la *Connaissance des Temps.*

Nª. La répétition du même chiffre décimal aux 26e et 50e jour, a son motif expliqué dans le texte.

SUITE

DES TABLES USUELLES

EXTRAITES

DE DIVERS OUVRAGES SCIENTIFIQUES.

DILATATIONS LINÉAIRES DU VERRE ET DE PLUSIEURS MÉTAUX,

DEPUIS LE TERME DE LA CONGÉLATION DE L'EAU JUSQU'A CELUI DE SON ÉBULLITION,

d'après les expériences de LAVOISIER et LAPLACE en 1781 et 82,

APPLICABLES AUX BALANCIERS ET PENDULES COMPENSATEURS.

La longueur totale de chaque verge étant prise pour l'unité,

sa dilatation est exprimée en. . .	fractions vraies, dites vulgaires.	et en décimales.
Flint-glass anglais.	$\frac{1}{1248}$	1+,00081166
Platine selon Borda.	$\frac{1}{1167}$	1,00085655
Verre de France avec plomb.	$\frac{1}{1147}$	1,00087199
Glace de St-Gobin.	$\frac{1}{1122}$	1,00089089
Tube de verre sans plomb.	$\frac{1}{1115}$	1,00089694
Acier non trempé.	$\frac{1}{926}$	1,00107915
Fer doux forgé.	$\frac{1}{819}$	1,00122045
Fer rond tiré à la filière.	$\frac{1}{812}$	1,00123504
Acier trempé jaune et recuit à 65° centig.	$\frac{1}{807}$ ou 52° Réaum.	1,00123956
Or de Départ.	$\frac{1}{682}$	1,00146606
Or au titre de Paris recuit.	$\frac{1}{661}$	1,00151351
Or au titre de Paris non recuit. . . .	$\frac{1}{645}$	1,00155155
Cuivre rouge ou de Rosette.	$\frac{1}{582}$	1,00171733
Cuivre jaune ou Laiton.	$\frac{1}{532}$	1,00187821
Argent au titre de Paris.	$\frac{1}{525}$	1,00190868
Argent de Coupelle.	$\frac{1}{524}$	1,00190974
Étain des Indes ou de Mélac.	$\frac{1}{516}$	1,00193765
Étain angl. de Falmouth (Cornouailles).	$\frac{1}{462}$	1,00217298
Plomb.	$\frac{1}{351}$	1,00284900
Zinc rond tiré à la filière *comparé à la dilatation de l'acier non trempé ci-dessus. M.*	$\frac{1}{308}$	1,00324675
Mercure (en volume) $\frac{100}{5550}$ et approx. . .	$\frac{1}{55}$	0,018018
Eau.	$\frac{1}{23}$	0,0433
Alcool.	$\frac{1}{9}$	0,1100

Voyez dans le texte, à leur article, des observations sur les tables de dilatation et sur leur usage.

DILATATIONS LINÉAIRES

DÉTERMINÉES AVEC LE PYROMÈTRE DE F. BERTHOUD, EN 1760,

POUR LA COMPOSITION DES PENDULES ET BALANCIERS COMPENSATEURS.

Dans ces expériences la longueur des Verges était de 461 lignes, et leur dilatation depuis 0 glace jusqu'à +27° Réaum., est exprimée ici en 360 ᵐᵉˢ d'une ligne du pied franç., prise pour l'unité.

Verre.	$\frac{62}{360}$	Or tiré à la filière.	$\frac{94}{360}$
Acier recuit.	$\frac{69}{360}$	Cuivre rouge ou de Rosette.	$\frac{107}{360}$
Acier battu à froid.	$\frac{74}{360}$	Argent tiré à la filière.	$\frac{119}{360}$
Fer recuit.	$\frac{76}{360}$	Cuivre jaune ou Laiton.	$\frac{121}{360}$
Acier trempé revenu bleu.	$\frac{77}{360}$	Étain.	$\frac{160}{360}$
Fer battu.	$\frac{78}{360}$	Plomb.	$\frac{193}{360}$
Or recuit.	$\frac{82}{360}$	Zinc rond tiré à la filière. M.	$\frac{222}{360}$

Mercure. . . . . $\frac{1375}{360}$

La dilatation du Zinc manquait dans cette Table, et dans celle de MM. *Lavoisier* et *Laplace* de 1781 et 82, moins ancienne d'une vingtaine d'années; il devient aujourd'hui nécessaire de la connaître, pour l'usage plus facile et souvent adopté de ce métal; elle est ajoutée ici par supplément, et d'après sa comparaison avec la dilatation que Ferd. Berthoud assigne à l'*acier battu à froid*, auquel on peut assimiler, sans erreur sensible, l'acier rond tiré à la filière. Par de nombreuses expériences à l'étuve, sur des Pendules compensateurs à secondes et à cinq branches, tenus en marche par le rouage, nous avons toujours trouvé la dilatation du Zinc (tiré par Vande), triple, à très-peu près, de celle de l'acier fondu anglais, tiré par le même artiste. Le diamètre des verges de zinc de cinq lignes et un tiers, et celui des verges d'acier de quatre lignes et un quart, sur la longueur ordinaire du gril à secondes, d'environ deux pieds 10 pouces, sont nécessaires pour prévenir l'affaissement par le poids d'une Lentille de 14 à 15 livres au plus; ce poids de la lentille est le moyen terme préféré généralement pour le pendule compensateur à secondes.

Les chapitres de cet ouvrage qui traitent de la dilatation et du pendule compensateur, expliquent l'usage de cette Table et de la précédente. On y trouve des observations sur les expériences de leurs auteurs qui ne sont point entièrement d'accord entre eux, ainsi que sur les moyens de réserve dont on doit se précautionner pour obvier à ces différences, comme à celles qui proviennent des variations particulières ou accidentelles dans l'espèce des métaux employés. D'autres méthodes diverses, françaises et étrangères, pour obtenir la compensation, se trouvent aussi réunies à ces mêmes articles.

TERMES DE CHALEUR POUR LA FUSION DE DIVERS CORPS,

POUR CELLE DE QUELQUES ALLIAGES ET SOUDURES LÉGÈRES, DITES A L'ÉTAIN, A L'EAU BOUILL. ET A 45° RÉAUM.,

EXPRIMÉS ICI EN DEGRÉS DU THERMOMÈTRE CENTÉSIMAL.

Si on retranche un 5e des degrés centésimaux, on a les degrés Réaumur; si aux degrés Réaumur on ajoute leur quart, on a les degrés centésimaux.

Mercure; il reste liquide au-dessous de glace jusqu'à	—	39e centés.
Glace fondante		0°
Huile de térébenthine; n'est liquide au-dessus de glace qu'à	+	10,00
Suif	+	33,33
Phosphore	+	43,00
Alliage de 3 parties Étain, 5 Plomb, 8 Bismuth, $2\frac{1}{5}$ Mercure	+	56 à 57°
Cire jaune	+	60,00
Cire blanche	+	68,33
Alliage de 2 parties Plomb, 4 Étain, 5 Bismuth } dits à l'eau bouillante.	+	100,00
— 5 parties Plomb, 3 Étain, 8 Bismuth } dits à l'eau bouillante.	+	Idem.
Soufre	+	109,00
Alliage de 1 partie Plomb, 4 Étain, 5 Bismuth	+	118,90
— 1 partie Étain, 1 Bismuth	+	141,20
— 3 parties Étain, 2 Plomb, dit soudure à l'étain	+	167,70
— 2 parties Étain, 1 Bismuth	+	Idem.
— 8 parties Étain, 1 Bismuth	+	200,00
Étain seul	+	212 à 219°
Bismuth	+	238,00
Plomb	+	260,00

CONDUCTIBILITÉ DE LA CHALEUR DANS LES MÉTAUX.

Le meilleur conducteur de la chaleur est l'Or; cette propriété y étant représentée par 1000, on a, suivant quelques auteurs :

Or	1000	Fer et Acier	374
Argent	973	Zinc	363
Platine	971	Étain	304
Cuivre	898	Plomb	180

Marbre 12

En choisissant les métaux d'une dilatation convenable, ou sous d'autres rapports, il importe souvent aussi d'en déterminer les dimensions dans un autre sens, suivant leur perméabilité relative pour le calorique; on voit déjà ici que l'emploi de l'acier et du zinc adopté primitivement en Angleterre et imité ailleurs, réunit les deux métaux qui offrent à l'introduction du calorique la simultanéité la plus approchée; la fermeté relative des matières est aussi parfois un obstacle. On trouvera des observations à ce sujet au chapitre du Balancier et du Pendule compensateurs.

PESANTEURS SPÉCIFIQUES
DE QUELQUES MÉTAUX ET AUTRES CORPS SOLIDES,
A L'USAGE DE L'HORLOGERIE.

La pesanteur de l'Eau distillée étant prise pour l'unité (à 18° cent. ou 14 $\frac{2}{5}$ Réaum.)

Platine laminé.	22,0690	Diamants légers.	3,5010
— passé à la filière. . . .	21,0417	Flint-glass anglais.	3,3293
— forgé.	20,3366	Flint français *Dartigues*.	3,20
— purifié.	19,5000	Saphir du Brésil.	3,1307
Or forgé.	19,3617	Marbre de Paros.	2,8376
— fondu.	19,2581	Verre vert ordinaire.	2,5
Mercure (à 0°).	13,598	Verre de St-Gobin.	2,4882
Plomb fondu.	11,3523	Crown français de St-Louis. . .	2,487
Argent fondu.	10,4743	Verre blanc.	2,4
Bismuth fondu.	9,822	Bois de chêne frais.	1,93
Cuivre rouge ou Rosette en fil.	8,8785	— — sec.	1,67
Cuivre rouge ou Rosette fondu.	8,7880	— de hêtre.	0,852
Laiton.	8,395	— de frêne.	0,845
Acier non écroui.	7,8163	— d'if..	0,807
Fer en barre.	7,7880	— d'orme.	0,800
Étain fondu.	7,2914	— de pommier.	0,733
Fer fondu.	7,2070	— d'oranger.	0,705
Zinc fondu.	6,861	— de sapin jaune.	0,657
Rubis oriental.	4,2833	— de tilleul.	0,604
Topase orientale.	4,0106	— de cyprès.	0,598
Saphir oriental.	3,9941	— de cèdre.	0,561
Topase de Saxe.	3,5640	— de peuplier blanc d'Espagne.	0,529
Béril oriental.	3,5489	— — ordinaire. . . .	0,383
Diamants lourds colorés en rose.	3,5310	Liége.	0,240

On n'a pas compris dans cette Table les substances qui n'offrent aucune utilité connue dans l'horlogerie; et si plusieurs bois y sont admis, c'est relativement aux verges du Pendule exécutées en bois, et qui présentent des avantages économiques quand on peut obvier à leur torsion, comme quelques artistes ont su le pratiquer, et nous en ferons mention en son lieu. Cette Table pourra suppléer aux livres de science qui peuvent manquer dans certaines localités. Le choix des matières convenables à diverses combinaisons n'exige pas seulement la connaissance de leur dilatation, mais souvent encore celle de leur poids relatif. On a fréquemment besoin de substituer certains métaux à d'autres, pour tirer parti de leur raideur jointe à plus de légèreté, ou de leur pesanteur spécifique, soit pour alléger, soit pour charger les balanciers et autres mobiles, suivant le besoin. On trouve dans le texte l'usage de cette Table.

PRÉFACE HISTORIQUE.

La plupart des traités d'Horlogerie offrent une esquisse de l'histoire de cet art : le développement complet de ce sujet spécial a même déjà fourni la matière de deux volumes in-4°, non moins intéressante et utile en son genre que l'histoire de l'Astronomie et celle des Mathématiques. En effet, si le rapprochement des découvertes, des inventions et des expériences qui ont établi les règles des Arts et des Sciences se rattache principalement à leur théorie, il peut aussi en éclairer l'application pratique ; la connaissance des routes, et l'observation des moyens qui ont conduit au but proposé d'abord, peuvent aider à en reculer la limite. C'est dans cet esprit, qu'en recueillant dans notre ouvrage les préceptes épars des grands Maîtres, en y joignant les principes et les méthodes auxquels sont dus les progrès les plus récents, nous n'avons pas cru pouvoir en négliger la partie historique, et que nous réunissons ici succinctement les faits principaux, les traditions et les conjectures probables qui concernent l'origine et les diverses époques de perfectionnement de l'Horlogerie, en les entremêlant de quelques remarques particulières.

Les moyens employés dans l'Art de la Mesure du Temps sont de deux espèces : la partie pratique, résultat d'une adresse industrielle à laquelle l'Art fut long-temps réduit, et la Science Physique et Mathématique qui, secondée par une main-d'œuvre plus habile, lui a procuré la haute perfection des temps modernes. Toutes les connaissances humaines ont eu de faibles commencements, et se sont perfectionnées par des études ultérieures. Le progrès, en effaçant le souvenir des premiers essais, a souvent aussi fait disparaître les titres des inventeurs; les Arts et les Sciences parvenus ensuite à un plus haut degré et répandus généralement n'ont plus appartenu à aucun génie particulier ni à aucun pays, mais à l'espèce humaine; ils sont devenus le fruit des efforts réunis de diverses nations et de plusieurs siècles.

On a toujours joint à l'histoire de l'Horlogerie l'éloge mérité de sa prééminence dans les arts mécaniques, tant par son utilité générale, que par l'habileté et la délicatesse de ses moyens, la perfection et l'exactitude de ses travaux, la variété de ses inventions, et surtout la science, le génie et la profondeur de ses compositions. Pour n'être pas suspects d'exagération à cet égard, en n'employant même ici que les expressions de savants auteurs, nous en appellerons au jugement des esprits à même d'apprécier l'utilité essentielle de l'exacte mesure du temps pour l'Astronomie, la Navigation, la Géographie, l'étude des Sciences physiques, ainsi que toutes les difficultés que l'Art a dû surmonter pour satisfaire à leur extrême exigence. Des savants illustres, des personnages instruits et du rang le plus élevé en ont fait le sujet de leurs méditations et leur occupation habituelle. Le P. Alexandre, savant bénédictin, n'hésite pas, dans son *Traité général des Horloges*, d'assigner à l'Horlogerie un rang honorable parmi les Arts libéraux : et c'est avec raison, si, laissant de côté les produits communs de l'imitation, l'on y considère la science aidée de l'habileté dans ses plus hautes conceptions. *Graham*, membre de la Société Royale de Londres, cet Artiste célèbre, même dans les sciences, était consulté sur toutes les questions les plus difficiles de la Mécanique, et présidait à la construction des grands instruments d'Astronomie; en France, deux Horlogers très-distingués ont été membres de l'Académie des Sciences. Le savant *Bernouilly* écrivait à l'un d'eux : « Il semble » que les grands Génies de votre Art possèdent, par la seule force de leurs » lumières naturelles, tout ce que la Théorie renferme de plus sublime..... » Souvent un Mécanicien, par une simple espèce de tact naturel, perçoit et » saisit les vérités de Mécanique les plus rétives au calcul.... Les plus grands » Artistes sont bien plus formés par la nature que par l'art.... etc. » Mais, si les grands Génies en tout genre sont toujours rares, il faut avouer aussi que les habiles Artistes qui recueillent avec intelligence les découvertes des premiers, et les perfectionnent encore en les appliquant, que ceux mêmes qui observent seulement dans leurs travaux les bonnes traditions sont aussi bien précieux, fort utiles et en petit nombre, et qu'ils doivent être distingués des simples imitateurs sans instruction, et des ouvriers ordinaires et inférieurs. C'est à la multitude de ces derniers, à la grande quantité d'ouvrages imparfaits et de spéculation mercantile, à la légèreté d'esprit qui préfère des bijoux de luxe et de fantaisie à des productions solides et utiles, au charlatanisme qui exploite cette faiblesse et à l'abaissement du prix des ouvrages communs, qu'il faut attribuer le peu d'estime des ignorants pour un Art dont ils ne sont pas à portée d'apprécier les difficultés ni de distinguer le mérite.

Les deux plus anciennes méthodes de mesurer le temps ont dû s'établir par l'observation du mouvement apparent du Soleil et du changement des Phases Lunaires, origine antique de la semaine, qui offre la deuxième division naturelle du temps à toute peuplade isolée et qui ébauche sa première civilisation. L'invention de cadrans solaires compliqués remonte à une très-haute antiquité. Chez les Chaldéens et à Babylone on en trouve des traces qui indiquent une science profonde de la Gnomonique, basée sur l'Astronomie encore plus anciennement cultivée. Les *Gnomons*, proprement dits, ces longues aiguilles de Granit dont le poids rend le transport sans accidents si difficile, portés d'Égypte en Europe, et relevés chez nous comme des monuments de simple décoration architectorale, étaient chez les Égyptiens, et sont encore dans la Chine, des instruments d'Astronomie propres à faire connaître les hauteurs solsticiales du Soleil, pour en conclure la longueur de l'année. Ces mêmes obélisques marquaient aussi le midi solaire; ils ne pouvaient donner exactement les autres subdivisions du jour, pour lesquelles il faut un *Style* parallèle à l'axe terrestre, et incliné dans nos climats comme celui de nos cadrans solaires. Mais, l'usage de ceux-ci étant fréquemment interrompu par l'effet des nuages, il fallut encore imaginer une autre manière de diviser la durée du jour, dont on ignore également l'antique origine.

Cet ancien moyen de diviser le temps, sans le secours immédiat des Astres, paraît avoir été l'invention des *Clépsydres* (horloges d'eau), espèces de vases d'où ce fluide, s'échappant lentement en gouttes, indiquait par son écoulement celui du temps, soit simplement, soit à l'aide d'autres moyens combinés, tels que des roues à *auges* ou des roues *dentées*. Le *Sablier*, ou l'Horloge à sable, malgré sa forte analogie avec la Clépsydre, paraît être d'invention assez moderne, suivant un Auteur italien de 1665 (cité par le P. Alexandre), et qui en publia alors un traité comme d'une idée nouvelle de cette époque. Le *Sablier*, du reste, n'est point, que nous sachions, au nombre des attributs des monuments antiques.

Quant aux *roues dentées*, l'invention en est communément attribuée à *Archimède*, ou à *Possidonius*, contemporain de *Cicéron*, qui cite des sphères mouvantes de cet Auteur à une époque antérieure à notre Ère de près d'un siècle; mais, d'après *Vitruve*, on soupçonne que l'usage des roues dentées date de beaucoup plus loin. Les passages de *Cicéron* ont aussi fait douter si les sphères dont il parle étaient mises en mouvement par des manivelles ou par des Clépsydres. Quelque savantes et ingénieuses que fussent ces machines, il y a loin de là encore à la descente régulière d'un poids ou à l'action d'un ressort moteur, l'un ou l'autre *animant* un rouage réglé par un *Échappement;* et c'est particulièrement dans ce cas que des roues dentées, ou au moins des portions de ces roues, paraissent indispensables.

Vers l'an 490 de notre Ère, THÉODORIC, roi des Goths, envoya à *Gondebaud*, roi de Bourgogne, des Horloges qui, outre la mesure simple du temps, représentaient encore des mouvements célestes; elles étaient accompagnées de gens qui savaient les gouverner. *Hy-Hang*, Astronome Chinois, construisit en 721, suivant le rapport du P. *Gaubil*, Missionnaire, une Horloge à mouvements célestes, dans laquelle une figure sonnait un coup à chaque division du jour. En 809, le célèbre Calife HAAROUNN-AL-RASCHILD envoya à *Charlemagne*, entre autres présents, une Horloge de laiton d'une exécution admirable, dit-on (sans doute pour ce temps); des balles d'airain tombaient sur un timbre et sonnaient les heures : cette Horloge avait aussi des figures mouvantes et plusieurs effets astronomiques.

Jusqu'au IXe siècle, suivant l'Auteur de l'Astronomie moderne, on n'eut d'Horloges à roues que celles qui étaient venues d'Orient, encore pense-t-on qu'elles étaient principalement mues et réglées par des Clépsydres. Quelques Auteurs rapportent que *Pacificus*, Archidiacre de Vérone, mort en 856, fit le premier des Horloges mues par un poids sans le secours de l'eau. Le P. Alexandre dit aussi que, selon le témoignage de *Ghesner*, Richard de Walingfort, Abbé de Saint-Alban en Angleterre, et qui vivait en 1326, fit la première Horloge construite sur le principe de celles d'aujourd'hui; mais *Derham*, célèbre Physicien Anglais, qui vivait à Londres à la fin du XVIIe siècle et qui a cité les inventions connues de ce genre, ne parle pas de celle-ci. On attribue aussi à *Jacques de Dondis*, Médecin et Astronome de Padoue, à la fin du XIVe siècle, une Horloge curieuse qui lui fit donner le surnom *de Horologio*, que sa famille porte encore.

Plusieurs de ces traditions étant peu d'accord entre elles, les époques et la priorité d'invention resteront encore long-temps douteuses. Il pourrait bien en être ici comme de tant d'autres découvertes dont il est difficile de fixer l'origine ; un mot recueilli et transmis d'un bout du monde savant à l'autre, un passage d'ancien Auteur, peuvent mettre d'habiles gens sur la voie, et leur faire renouveler des idées qni viennent et datent réellement de plus loin. Du reste, l'étude si ancienne de l'Astronomie suppose nécessairement la connaissance de quelques moyens de mesurer le Temps. Les Clépsydres, ou des moyens analogues, doivent remonter à une bien haute antiquité, et ont dû être en usage en *Chaldée*, en *Égypte*. Ces moyens ont été connus par la suite dans la Grèce où *Platon* les introduisit. César les trouva en Angleterre ; on s'en servit très-anciennement dans toute l'Asie, à la Chine et dans l'Inde, le berceau de toutes les premières connaissances de l'Occident. Nous avons vu que la mesure du temps était connue des Arabes qui recueillirent beaucoup d'instructions de l'Orient, et les communiquèrent aux nations occidentales, avec leurs chiffres et leur architecture à la fois riche, élégante et bizarre ; les Arabes ont poli l'Asie, l'Afrique et une partie de l'Espagne ; leurs sciences, leur esprit et leur goût s'étendirent dans l'Europe : ces semences ont pu facilement germer chez quelque peuple industrieux et se transplanter de là chez d'autres nations voisines.

Quoi qu'il en soit de ces conjectures qui nous ont paru ce que l'on pouvait inférer de plus probable d'après les récits, souvent contradictoires, sans appuis solides et en désordre, de divers Auteurs, et pour revenir à des idées plus fixes, ce que nous savons de positif, parce qu'il en subsistait encore naguère des traces, c'est que, vers 1370, Charles V, dit le Sage, Roi de France, fit venir d'Allemagne Henri de Vic, pour construire à Paris la première grosse Horloge publique qu'il plaça sur une tour carrée de son Palais (dit actuellement celui *de Justice* (à l'angle du Pont-au-Change), et qui donna son nom au *Quai de l'Horloge* dans la Cité. *Julien Leroy*, qui l'a vue, en parle succinctement dans sa *Règle artificielle du Temps* ; le cadran ne marquait que les heures frappées par la sonnerie. (Nous en donnons, dans notre premier chapitre, la description détaillée extraite des papiers inédits de *Julien Leroy*.)

En 1382, un Duc de Bourgogne fit transporter une Horloge de Courtray sur la tour N. D. à Dijon, où elle existait encore en 1802. Nous ne pouvons que rappeler ici les Horloges de Strasbourg, de Lyon, de Versailles, également célèbres ; celles d'Augsbourg, de Liége, de Venise, etc., qui offraient diverses curiosités que l'on a long-temps citées avec admiration : ce n'est plus à ces raretés, comme l'observe judicieusement M. Lepaute, dans son *Traité d'Horlogerie*, que l'on doit attacher du mérite, mais à la bonne qualité de l'ouvrage, à sa simplicité, à son exactitude, à sa durée et à la constance de ses effets.

Si l'Art de mesurer le Temps remonte, comme on peut en juger, à une très-haute antiquité, il y eut aussi depuis une ancienne époque où la connaissance et la pratique en furent interrompues et presque oubliées. La chute de l'Empire Romain, suivie de temps d'ignorance et de barbarie, occasionna, comme on le sait, la perte des Arts jusqu'au xve siècle. L'Horlogerie parut ensuite rétablie et comme inventée de nouveau en Allemagne, suivant le sentiment général, et parce que les premiers Artistes et les ouvrages les plus anciens de ce genre nous sont venus de ce pays : on dit même que *Sévère Boethius* fit en Allemagne les premiers ouvrages d'Horlogerie vers l'an 510. Toutes ces horloges publiques, très-volumineuses, étaient aussi d'un travail fort grossier ; mais la main-d'œuvre se perfectionna, et l'on parvint à des constructions d'un bien moindre volume pour les appartements. Les ouvriers de *Nuremberg* se distinguèrent en ce genre ; ils firent les premières montres portatives que l'on avait à la Cour de Charles IX et de Henri III ; elles étaient richement travaillées, de diverses grandeurs, en forme de gland, de coquille, plates, en Bague, etc. ; les plus ordinaires, de forme ovale ou d'amande, étaient nommées à Paris, dit-on, des *OEufs de Nuremberg*. Vers cette époque, il en fut exécuté à Venise de pareilles, et dont les boîtes étaient ornées de ciselure et d'émaux de couleur. Le moteur de ces petites machines portatives était un ressort d'acier plié en *spirale*, dont l'invention pouvait être du commencement du xvie siècle. Une première roue dentée adaptée au *barillet* transmettait l'action du ressort au reste du rouage. Cette action étant beaucoup plus grande dans le haut de la tension du ressort, les Allemands y appliquèrent une espèce de courbe nommée dans leur langue *Stack-freed*, remontant un ressort droit qui s'opposait à l'action du ressort moteur dans le haut de sa bande, et augmentait cette action vers le bas. Ce moyen fut bientôt remplacé par l'invention encore plus ingénieuse et savante de la *Fusée* dont l'auteur est inconnu, et pour laquelle on employa d'abord une corde fine de boyau avant l'usage de la chaîne d'acier.

Les vibrations du balancier rond dans les montres, et les oscillations du même balancier, soit rond, soit à deux branches diamétralement opposées dans les Horloges, furent long-temps le seul moyen, bien imparfait alors, de modérer et régler la marche de ces machines. Les deux branches du balancier des horloges étaient chargées chacune d'un poids *réglant*, et le tout, suspendu par un double cordon qui se tordait alternativement d'un côté et de l'autre, portait le nom d'échappement *à folliot ;* ce ne fut que vers la fin du XVIe siècle que l'on appliqua à l'horloge un nouveau principe de régularité bien supérieure : ce fut la découverte *du Pendule*.

L'origine ou la première idée du *Pendule* est attribuée à Galilée, célèbre Philosophe, et Mathématicien du Grand-Duc de Florence. Ce Pendule simple, formé d'une boule de plomb de quelques onces, suspendue à un point fixe par une soie très-flexible, longue d'environ trois pieds huit lignes et demie jusqu'au centre de la boule, oscillant d'elle-même pendant quelque temps, sans rouage, et seulement après une première impulsion donnée, fut d'abord employé par les Astronomes, à l'imitation de Galilée, son inventeur, pour observer certains phénomènes célestes de courte durée ; mais il fallait en compter à la vue les oscillations ; et comme l'étendue et la durée de celles-ci cessent au bout de peu de temps, il fallait renouveler l'impulsion assez habilement pour n'en altérer la marche que le moins possible : il n'y avait même d'observations sensiblement exactes que celles qui étaient assez courtes pour que l'impulsion n'eût pas besoin d'être renouvelée. Le *Télescope* fut aussi perfectionné vers le même temps par *Galilée*, et « les observa- » teurs eurent deux nouveaux organes, l'un pour mesurer avec plus d'exac- » titude les petites portions de la durée, l'autre pour rapprocher à leur por- » tée les objets qui échappent à la vue par la distance. »

Enfin HUYGHENS vint, dont le génie et l'habileté tirèrent tout-à-coup l'Horlogerie des ornières de la routine, des incertitudes du tâtonnement, suites de l'ignorance de principes où elle était encore plongée, et en firent une véritable Science. Cet habile Géomètre Hollandais imagina l'application du *Pendule* de *Galilée* à l'Horloge, et publia la description de ce nouveau régulateur dans un ouvrage latin dédié à Louis XIV, dont il était un des savants pensionnaires. Bientôt après, il adapta à la suspension du *Pendule* des courbes *Cycloïdales* propres à rendre absolument égales en durée les grandes et les petites oscillations (à produire ce qu'on appelle l'*isochronisme*). L'application savante et ingénieuse de la propriété de cette courbe comportait malheureusement avec elle des inconvénients qui forcèrent de l'abandonner par la suite ; mais elle occasionna du moins la découverte de la régularité très-approchée, jusqu'alors inaperçue, et de la presque identité des oscillations par de petits *arcs de cercle*, avec celles de même étendue dans la cycloïde, et procura ainsi un moyen d'exactitude dont on use encore aujourd'hui, et qui, comme les découvertes simples et utiles, aurait peut-être échappé longtemps. Huyghens ajouta aussi une importante perfection à la Montre portative, en appliquant à son balancier le petit ressort courbé en spirale qui en régularise les vibrations. La première idée de cette application fut revendinuée par le docteur *Hook*, professeur d'Astronomie au collége de Gresham et membre de la Société royale de Londres, en 1661, ainsi que par l'abbé *Hautefeuille*, en France ; mais l'idée du premier était un ressort droit, et celle du second un ressort placé dans la même direction, et plié en ondes sur sa longueur. Huyghens perfectionna tout-à-coup ces deux idées informes et même défectueuses sous certains rapports, en donnant à son ressort la forme spirale répétée par plusieurs tours, la seule parfaitement convenable, et qui a toujours été conservée jusqu'à présent dans les meilleures pièces à l'usage civil. Cet habile Géomètre inventa aussi, en même temps que le célèbre *Leibnitz*, le *Remontoir d'égalité* des Horloges à Pendule, qui, à quelques dispositions près, est établi dans certains ouvrages actuels sur le même principe ; *Huyghens* imagina aussi le *Curseur* du Pendule, une Mesure perpétuelle et impérissable, tirée de ce même Régulateur ; la méthode géométrique de trouver le *centre d'oscillation* ou de *percussion* du Pendule, comme aussi celui de tous les corps suspendus d'une figure quelconque ; le *Pendule parabolloïde* trop peu connu ; on lui doit la première application des Horloges à la connaissance des *Longitudes en Mer*, les principes de la force centrifuge, l'influence mutuelle de deux Pendules sans communication mécanique, le premier Planisphère des temps modernes, etc., recherches savantes et pleines de sagacité, sur lesquelles se trouve établie aujourd'hui presque toute la perfection de l'Horlogerie. Il ne manqua au célèbre *Huyghens* que de trouver la vraie courbe des Dentures, très-imparfaites de son temps, cette courbe, la seule propre à la conduite uniforme de nos engrenages, étant aussi une des propriétés de la cycloïde qu'il avait tant étudiée, puis l'*isochronisme du ressort spiral* qu'il avait en quelque sorte recréé. On peut croire que ce grand Géomètre y serait parvenu si la mort ne l'eût pas enlevé aux Sciences à l'âge de soixante-six ans ; il n'en doit pas moins être considéré comme le véritable créateur de la Science Physique et Mathématique de l'Horlogerie. *Huyghens* contribua aussi à perfectionner la Science de l'Optique, et améliora les Lunettes Astronomiques auxquelles il travailla de ses mains ; il découvrit et expliqua le premier la cause exacte des apparences variables de l'Anneau de Saturne ; il reconnut aussi le premier un des satellites de cette planète si singulière et jusqu'ici unique en son espèce pour nous ; il observa et expliqua encore les véritables causes de plusieurs autres phénomènes célestes.

L'*Échappement* dit *à roue de rencontre* ou *à palettes*, modérateur du rouage des Horloges au moyen du Balancier et ensuite du Pendule, était le seul connu du temps d'*Huyghens*. *Clément*, Horloger de Londres, lui substitua le premier échappement dit à *Ancre* et *à Recul*, pour obtenir de petits arcs. Plus tard et à diverses époques, d'habiles Artistes en Europe imaginèrent un grand nombre d'autres échappements, des suspensions plus avantageuses pour le Pendule, et des instruments particuliers pour régulariser la main-d'œuvre en l'accélérant, etc. D'autres célèbres Géomètres contribuèrent à l'avancement de la science par l'étude des principes du mouvement des corps, de leur réaction mutuelle dans la communication du mouvement, et en trouvant le principe géométrique des engrenages, etc.; ils seront cités lorsque ce sujet sera traité dans notre ouvrage.

Une addition d'effets utiles, commodes, que la *montre* reçut en 1676, fut la répétition des heures à volonté sur un timbre, pour l'usage nocturne, et l'*Équation* du temps, dues aux Artistes Anglais qui avaient déjà beaucoup amélioré les Horloges à Pendule. La première répétition fut inventée concurremment par *Barlow* et *Quarre* et exécutée par *Tompion*. Ces inventions ingénieuses furent adoptées et perfectionnées d'abord en Angleterre et ensuite par plusieurs Artistes du continent, et chez nous par notre célèbre *Julien Leroy*, entre autres. On exécuta dans divers pays des Montres et des Pendules à répétition, à réveil, à sonnerie des heures et des quarts, à quantième, avec équation, etc. Graham, savant et célèbre Horloger Anglais dont nous avons déjà parlé, se distingua par plusieurs applications de génie et par l'invention de deux excellents échappements, celui dit *à cylindre*, employé encore aujourd'hui assez généralement dans les bonnes Montres à l'usage civil, et auquel on n'a guère ajouté de perfectionnement depuis, qu'en l'exécutant en rubis, ce qui le rend presque indestructible, et un échappement dit *à Ancre*, mais à repos, pour les Régulateurs à pendule. Les compatriotes de cet auteur substituent depuis quelque temps au cylindre des montres, un échappement libre à ancre aussi très-bon lorsqu'il est garni de rubis, pour obtenir des vibrations plus étendues, sans que le premier ait rien perdu pour cela de ses qualités dans l'opinion des connaisseurs. L'Ancre à repos de *Graham* pour les pendules, est un perfectionnement important du premier échappement à Ancre et à Recul de *Clément*, cité plus haut. *Graham* composa aussi une *compensation* du Pendule par l'effet du mercure, qui est encore estimée. *Sully*, Anglais plein de zèle pour son Art, vint s'établir en France et fut assez protégé pour y diriger pendant quelques instants une manufacture d'Horlogerie à Versailles, et ensuite une autre à St-Germain, qui eurent l'une et l'autre très-peu de durée, mais ses travaux et ses écrits excitèrent l'émulation des Artistes français déjà renommés. *Julien Leroy* jouissait déjà à Paris d'une réputation distinguée; et, plus animé par l'inté -

rêt de l'Art qu'il n'était accessible au sentiment de l'amour-propre, il ne craignit pas de se lier d'amitié avec son rival, et de l'aider dans ses travaux. Ensuite *Lepaute*, Auteur français d'un bon traité d'Horlogerie, et qui, avec ses neveux, composa et exécuta la belle Horloge de l'Hôtel-de-Ville de Paris, imagina son excellent échappement à repos et à chevilles pour les horloges et pendules, et celui dit *à double virgule* pour les montres. Un bon nombre d'autres Artistes français de ces temps, mais que nous ne pouvons citer tous ici, se distinguèrent aussi par diverses inventions et améliorations dans leur Art. *Harisson* créa les *Montres Marines* anglaises, et le *Compensateur à gril* du Pendule. Les montres anglaises de *Kindal*, d'*Emeril*, de *Mugde* furent renommées et surpassées encore par celles de *Arnold*, *Hardy*, *Earnschaw*, etc., *Ferdinand Berthoud* et *Pierre Leroy*, fils de *Julien*, créèrent les *Montres Marines* de France, sans avoir eu connaissance du secret de celles d'Angleterre, et sans y être stimulés par d'aussi puissants encouragements (1); ces compositions ont encore été perfectionnées par leurs habiles successeurs.

Après *F. Berthoud*, Louis Berthoud, Abrah. Breguet, M. Motel, nommés successivement Horlogers de la *Marine Royale de France*, ont produit des pièces marines dont plusieurs ont offert une marche et une constance au moins égales à celles des meilleures pièces anglaises, quoique les occasions et les avantages du commerce et de la navigation sous ce rapport leur aient été bien moins favorables. M. Berthoud, fils habile de Louis, et d'autres Artistes français distingués s'occupent en ce genre avec divers succès.

L'Horlogerie à l'usage civil compte aussi un bon nombre d'Artistes d'un talent très-remarquable dans la capitale et dans les provinces de France, dont nous distinguerons, dans le cours de cet ouvrage, soit les productions publiquement exposées, soit les travaux particuliers, et qui prouveront que l'*Art* n'a point dégénéré en France, où le goût, l'esprit national et la protection d'un gouvernement éclairé ne peuvent lui manquer, malgré l'insouciance actuelle et momentanée qui a permis à des spéculateurs d'oser placer un Art savant et profond au nombre des métiers dont on publie des *Manuels* ou bien une instruction en trente leçons!... On y eût sans doute joint les *Manuels* du Savant, du Géomètre, du Médecin, du Peintre d'histoire, de l'Archi-

(1) L'Angleterre sacrifia plus d'un million de francs en prix et encouragements pour le succès des *Montres Marines*; la France obérée y dépensa à peine cent cinquante mille francs. Ferdinand Berthoud, né à Plancemont, comté de Neuchâtel en Suisse, et Pierre Leroy, fils de *Julien* et né à Tours (Indre-et-Loire), furent les principaux artistes qui y réussirent. Sully et quelques Artistes français s'y étaient essayés avant les deux premiers, mais sans succès.

tecte, etc., si l'on n'eût pas craint que le bon sens national ne fît à la fin justice de ces excès. Il ne tiendra pas à nous, du moins, que l'Horlogerie ne soit relevée et raffermie dans le rang d'où la cupidité, le charlatanisme et l'intrigue ont vainement tenté de la faire descendre.

La Suisse, cette nation industrieuse, active et d'un sens droit, a beaucoup contribué à répandre les produits de l'Art de l'Horlogerie, plus à la vérité sous le rapport commercial que sous celui du perfectionnement; cependant on a vu souvent sortir de ses fabriques de très-beaux et bons ouvrages; la principauté de Neuchâtel peut particulièrement s'honorer d'avoir vu naître sur son territoire *Ferdinand Berthoud*, *Abrah. Breguet*, *Frédéric Houriett*, du *Locle*, qui exécuta de bonnes *Montres Marines* et à *Longitudes*; on compte plusieurs autres habiles Artistes et des Mécaniciens renommés de Genève, du pays de Vaud, et d'autres cantons.

On trouvera des détails plus étendus dans l'Histoire de la Mesure du Temps, par Ferd. Berthoud, en deux vol. in-4°, imprimés en 1802. La suite de notre ouvrage nous mettra à même de citer d'autres noms que nous ne pourrions réunir ici sans parler des travaux qui les recommandent, ce qui allongerait trop une simple notice.

On peut toujours concevoir par ce tableau extrêmement resserré, combien la recherche des moyens propres à la Mesure du Temps, si utile à l'usage civil et si nécessaire aux Sciences Physiques, a occasionné de travaux qui ont souvent ruiné leurs Auteurs, dans le but de surmonter les difficultés et d'arriver au degré actuel, fruit des efforts de la Science et du Génie dans les Arts. Quelque haute idée que l'on ait raison d'en prendre, ce serait une erreur que de penser qu'il ne reste plus rien à approfondir; il est encore plusieurs questions à résoudre, et qui ne sont pas les plus faciles: à mesure que les progrès et l'exigence des Sciences ont augmenté, les difficultés se sont multipliées et l'on a rencontré de nouveaux obstacles. Tout dans la Science actuelle n'est pas encore également étayé de principes certains. Quelques-uns de ces points douteux seront, à la fin de cet ouvrage, l'objet de réflexions sur lesquelles nous appellerons les méditations des savants et des artistes. Les succès étonnants que l'on a déjà obtenus doivent encourager à de nouveaux efforts.

L'opinion commune sur cette matière est sujette à passer d'un extrême à l'autre, comme en bien des cas. On trouve beaucoup de gens qui comptent pour rien les difficultés vaincues, qui considèrent les travaux de l'Horlogerie comme ceux de toute autre profession mécanique, dont l'usage, la routine, doivent assurer sans peine les effets certains; d'autres, plus instruits, s'exagèrent les succès au-delà de toute mesure. Il y a également erreur des deux côtés : nous avons assez indiqué les difficultés de la Science et de l'Art pour éclairer les premiers, s'ils en sont susceptibles ; et nous dirons aux autres que les meilleures Horloges Marines éprouvent de temps à autre des changements inévitables de quelques secondes dans leur marche diurne qu'il est nécessaire de constater à chaque *attérage* par de nouvelles observations astronomiques faites à terre. Lorsque ces variations ne dépassent pas la latitude accordée, c'est-à-dire les limites prescrites par les besoins de la navigation, les horloges sont considérées comme bonnes et suffisamment exactes; mais elles ne sont jamais sans quelques écarts ; la *perfection absolue* est d'ailleurs une idée abstraite dont la réalité n'existe point dans la nature. Les mouvements célestes eux-mêmes, la durée de chaque année, varient de quantités indépendantes des erreurs d'observation dont on connait aussi la limite. La connaissance approfondie de l'état des choses démontre invinciblement que cette variation existe et qu'elle doit nécessairement exister dans tout. La partie du public qui jouit des succès de l'Art est loin de se douter de toutes ces difficultés : l'habitude, la dissipation, le long usage des objets les plus remarquables émoussent le goût et affaiblissent l'attention qu'ils méritent d'exciter; mais nous espérons en avoir assez dit ici sur ce sujet pour stimuler celle des élèves et des amateurs intelligents.

Nota. Avant de passer au sujet principal de cet ouvrage, l'instruction des élèves et des amateurs, il nous semble opportun d'expliquer le plan et l'usage de ce Livre. Il est aisé de pressentir que l'instruction théorique, et même certaines applications de simple pratique, ne pourraient être communiquées aux élèves dès leur début dans la carrière ; ils sont ordinairement beaucoup trop jeunes alors, et les difficultés matérielles de la main-d'œuvre qui les préoccupe, ne leur permettrait pas de saisir sans fatigue et sans trouble de longs raisonnements. Il faut se borner d'abord aux explications les plus simples des opérations manuelles. Ce n'est donc qu'après deux ou trois ans de travaux, suivant l'aptitude du sujet, et qui comprennent au moins un *blanc*, un *finissage* et un *échappement à roue de rencontre*, passablement exécutés, que l'on peut commencer à cultiver plus profondément l'intelligence de l'élève, déjà éveillée naturellement par ses premiers travaux, et pouvant s'élever alors aux abstractions de la théorie, apprécier les effets des divers autres échappements, les constructions recherchées, les compositions savantes, mais le tout successivement et avec délais et repos convenables. Les amateurs ne doivent de même se livrer à l'exécution, qu'avec une habitude préalable de l'usage des outils, et lorsque, par quelques travaux antérieurs assez délicats, ils se sont rendus capables d'une précision au moins approchée ; mais leur esprit, mûri par l'âge et l'expérience, peut plus facilement aborder de bonne heure la théorie.

Plusieurs habiles Artistes sont d'avis de faire débuter les élèves par les travaux de la Pendule d'un moyen volume, afin que l'action des organes et les modifications dans les divers actes de la main soient plus distinctes et mieux senties. On apprend plus facilement à *limer* et à *tourner*, par exemple, sur des objets d'une certaine dimension que sur de très-petits : il en est de même de plusieurs autres opérations ; mais il est utile d'entremêler à distance le travail en petit, pour établir et entretenir la souplesse et la sensibilité organiques. C'est ainsi que l'on a vu par ce moyen des ouvriers d'élite tourner habilement les pivots délicats d'une verge de montre, immédiatement après avoir forgé de grosses pièces.

En commençant donc ici par les travaux de la Pendule, nous leur faisons succéder de temps à autre le travail de la Montre. Ceux qui ne se destinent qu'à l'une de ces deux espèces, suivant l'usage des grandes villes, trouveront toujours dans les articles qui la concernent une instruction graduelle et progressive. Quant à l'exécution des grosses Horloges dont il est question vers la fin de ce Livre, les artistes n'en tracent que les plans, les calibres, les profils, etc., ce qui suppose quelque teinture du dessin linéaire, nécessaire dans bien d'autres cas, et ils en confient l'exécution à d'habiles ouvriers du genre, qu'il leur suffit de diriger.

Dans le premier chapitre, qui sert d'Introduction, nous ne faisons encore que converser avec le lecteur, en promenant son attention sur des objets divers et détachés, qui concernent, soit l'ancienne construction, soit la théorie subséquente, comme aussi sur des observations isolées relatives aux travaux modernes, afin qu'il se forme une première idée générale de l'Art et de la Science, des méditations qu'ils exigent, et qui n'ont pu être indiquées suffisamment dans la Préface. Ce premier coup-d'œil pratique jeté, pour ainsi dire, dans les ateliers, et qui offre encore l'intérêt historique joint à l'étude du sujet, disposera l'esprit à l'attention, à la patience, à la persévérance que l'art de l'Horlogerie exige au plus haut degré. Les jeunes Artistes formés trouveront peut-être les premières explications mécaniques trop longues, et leurs développements trop étendus ; mais ceux qui n'en ont pas encore l'habitude pourront bien au contraire penser que nous n'en avons pas dit assez : cependant, il fallait s'arrêter à une mesure moyenne et plutôt à la portée de ceux-ci. La ressource de l'amateur embarrassé sera de relire lentement à diverses reprises et avec distances entre elles, les articles dont il n'aura pas bien saisi le sens. En revenant ainsi sur le même sujet, à tête reposée, on est étonné, à la deuxième ou troisième lecture, toujours faite lentement, de concevoir ce qu'on n'avait pas saisi d'abord, et de l'entendre comme conséquence juste, simple et naturelle de ce qui précède. Nos autres articles seront traités d'une manière plus serrée, à mesure que le lecteur, initié plus avant, sera mieux en état d'y suppléer. Quant aux remarques de cette Introduction, les Artistes instruits pourront encore y apprécier quelques observations intéressantes, qui ne sont peut-être pas assez généralement répandues.

Avant de passer au premier chapitre, le lecteur est invité à parcourir préalablement les définitions ci-après de quelques termes techniques d'Horlogerie, réduits ici à un très-petit nombre, mais dont plusieurs sont accompagnés de développements très-étendus. Ces détails suffiront à la lecture des premiers chapitres ; d'autres expressions techniques se trouveront expliquées dans le texte, ou en notes dans le cours de l'ouvrage.

DÉFINITIONS

PRÉLIMINAIRES

DE QUELQUES TERMES TECHNIQUES D'HORLOGERIE,

AVEC EXPLICATION DÉVELOPPÉE DE PLUSIEURS ARTICLES.

Accotement, subst. masc. On nomme ainsi, dans l'Art de l'Horl., le contact vicieux de quelques parties d'une machine qui ne devraient pas se toucher. Des dents de roue, des ailes de pignon (*v.* ce mot), dont les grosseurs, les distances, les formes sont inexactes; un pignon trop petit, la pénétration exagérée de l'engrenage, etc., peuvent occasionner un contact défectueux entre d'autres points que ceux qui conviennent pour la *menée* uniforme. La pointe de la dent de la roue touchant au fond des ailes, ou l'aile arc-boutant contre la dent quand l'action de celle-ci commence trop tôt, etc., sont encore des défauts d'engrenage que le mot *accotement* exprime en général. Ce défaut gêne le plus souvent dans la rentrée, et peut dans divers cas suspendre tout-à-fait le mouvement. Quelques auteurs écrivent, *quottement*, *quotter*, ou *cottement*, *cotter*, du vieux mot *cottir*, *heurter*, suivant *Nicot* et *Robert Etienne*. Lat., *percutere*.

Notre méthode pratique de l'engrenage prévient tous ces défauts.

N. B. Dans le vocab. d'horl. de l'Encyclop. méth., on se borne à dire : *accotement, c'est-à-dire frottement; il faut l'éviter ou le diminuer le plus qu'il est possible!!* Cette prétendue définition est succincte; mais, outre son insuffisance, elle présente un contre-sens. Il est évident, par ce qui précède, que l'*accotement* est un défaut qui ne doit pas du tout exister. Les *frottements* d'une machine peuvent quelquefois être réduits; mais, grands ou légers, ils sont toujours inévitables, et souvent nécessaires : d'ailleurs *accotement* et *frottement* ne sont point synonymes; plusieurs *frottements* ne sont pas des *accotements*, et il y a des *accotements* sans *frottement*.

Aile, s. fém. C'est le nom propre des saillies de la circonférence du pignon (*v.* ce m.) qu'on appelle *dents* quand il s'agit d'une roue. Pour que l'aile du pignon soit menée uniformément par la dent de la roue, le flanc de l'aile doit être un plan parallèle à l'axe, au centre duquel ce plan est dirigé comme le rayon d'un cercle. Dans le pignon *mené*, l'extrémité de l'aile excède le *diamètre primitif* du pignon (*v.* dent, denture) de toute la partie de la tête de l'aile arrondie communément en demi-cercle, et qui en constitue l'*excédant*; mais quand le pignon *mène* la roue, l'excédant de l'aile, alors plus élevé et formé en ogive (toujours en dehors du *diamètre primitif*), augmente le rayon *total* du pignon de la différence de hauteur entre l'ogive et le demi-cercle qui ont la même base. La dent de la roue porte de même en dehors de son *diamètre primitif* un excédant, en ogive quand elle mène, et en demi-cercle quand elle est menée, ce qui fait aussi varier son rayon total suivant l'un ou l'autre cas ; on en trouvera les règles et les proportions précises aux chapitres des engrenages, ainsi que les vrais rapports entre les diamètres *primitifs* de la roue et du pignon, ou bien entre leurs rayons *primitifs*, qui sont, comme on sait, les demi-diamètres.

On donne aussi le nom d'ailes aux branches du volant d'une sonnerie.

Angle, sub. masculin. Un angle est formé par l'inclinaison relative de deux lignes, ou de deux plans dont deux extrémités sont écartées, tandis que les deux autres tendent à se rencontrer ou à se croiser en un point qui est le sommet de l'angle. Ce sommet est aussi le centre du cercle dont les degrés mesurent l'ouverture des deux extrémités écartées. « Un angle n'est pas mesuré par l'espace compris entre ses cô-» tés, ni par leur longueur, mais uniquement par le degré d'inclinaison de l'un de ses » côtés à l'égard de l'autre. » L'angle droit rectiligne a pour ouverture le quart du cercle, ou 90° (90 degrés, *v.* arc). Alors ses côtés rectilignes sont perpendiculaires l'un à l'autre. L'angle *aigu* est plus fermé, et l'angle obtus est plus ouvert que l'angle droit (*v.* arc, cercle). L'angle est dit saillant ou rentrant, extérieur ou intérieur, suivant qu'il excède les autres parties de la matière qui le forme, ou qu'il produit un vide dans la masse.

N. B. Thiout, Traité d'horl., dit faussement que *l'angle est l'espace enfermé entre le concourt indirect de deux lignes qui se joignent en un point!*... Cela est court, mais il y a presque autant d'erreurs que de mots. 1° L'*espace* est *l'aire* comprise entre les côtés, ou la superficie, dont il ne s'agit nullement ici, et qui n'est pas l'angle ; 2° le concours est, au contraire, très-direct ; 3° les deux lignes ou côtés ne se joignent pas toujours ; il suffit qu'en supposant leur direction prolongée, elles puissent se joindre ou se croiser. Quant à l'orthographe du mot *concourt*, c'est un des défauts habituels de ce livre, joints à ceux de ponctuation, de faux renvois aux planches, etc., etc.

Ancre (échappement à), subst. fém. On appelle *ancre* une pièce courbe d'acier, formée de deux bras d'un même morceau, et en bascule sur son centre fixé à la tige horizontale d'échappement dans l'Horloge. C'est aussi de cette tige que descend verticalement une *fourchette* ou branche légère de plusieurs pouces de longueur qui y est également fixée, mais dont l'extrémité inférieure recourbée à l'équerre, et dès lors horizontale, se divise d'ordinaire en deux branches qui embrassent librement la tige du pendule, dont la fourchette suit et entretient à la fois le mouvement, ainsi qu'on va l'expliquer. La roue de cet échappement n'a point son limbe en couronne, ou de champ, comme celle dite de rencontre (*v.* échappement), mais elle est plate et taillée en rochet à sa circonférence, c'est-à-dire que ses dents sont aiguës et inclinées.

L'ancre est située au-dessus de la roue, et ses deux bras embrassent un arc de cette roue, ou autrement un certain nombre de dents. Les extrémités des bras, un peu plus courbes, pénètrent alternativement de chaque côté entre les dents de la roue, par le mouvement alternatif de bascule que les oscillations du pendule font exécuter à l'ancre au moyen de la fourchette, l'effet est analogue à celui des palettes sur la roue de rencontre, quant au recul; mais l'action est ici bien moins développée, et le balancement des bras a lieu dans le même plan que celui de la roue. L'échappement à ancre et à recul fut imaginé par *Clément*, habile Horloger de Londres, et substitué le premier à l'ancien échappement à roue de rencontre et à palettes, pour obtenir de plus petits arcs dans le pendule; car plus les bras de l'ancre embrassent de dents de la roue, plus ils sont allongés et distants de l'axe, moins ils occasionnent d'étendue aux arcs du pendule; celui-ci, parcourant de petits arcs, éprouve moins de résistance par la suspension, et dans l'air ambiant; cette suspension, qui est *à ressort*, admet aussi une lentille plus pesante, dont l'inertie propre est moins influencée par les inégalités de la force motrice (*v.* ce mot) (1).

Il paraît que c'est cette même invention qui fut perfectionnée dans l'*ancre à repos* de Graham. Celui-ci embrasse un plus grand arc de la roue, et ses extrémités, reployées à l'équerre, pénètrent perpendiculairement entre les dents. Les parties en équerre ont une légère courbure qui a l'axe même d'échappement pour centre, et le cercle de la courbe étant prolongé, passerait très-peu au-dessus du centre de la roue. La pointe des dents s'appuie pendant une partie de l'oscillation, sur des portions de la courbe concentrique à l'axe, qu'on nomme les *repos*, et qui maintiennent la roue stationnaire pendant une partie de l'oscillation; mais les extrémités de ces portions concentriques se terminent par un plan incliné sur lequel passe l'action de la dent, pendant l'autre partie restante de l'oscillation, et la pression de la dent aide alors et stimule par ce moyen, la retraite du bras de l'ancre, ce qui restitue au pendule la force perdue à chaque oscillation. Ce dernier effet se nomme *impulsion* ou *réparation*; il a lieu alternativement sur chaque bras, avec la seule différence que, sur l'un, c'est en dehors de la partie reployée à l'équerre, et sur l'autre c'est en dedans.

C'est ainsi qu'à chaque oscillation, le pendule modère et suspend un instant l'action du rouage, qui restitue ensuite au pendule sa force perdue, et que ces deux effets sont transmis successivement de l'un à l'autre, par la fourchette.

L'échappement à ancre et à repos de *Graham*, et celui à chevilles et à repos de *Lepaute*, ont beaucoup d'analogie entre eux, et sont le plus souvent préférés pour les horloges à long pendule. La ressemblance de la pièce d'échappement décrite ici, avec la figure renversée d'une ancre de navire, paraît lui avoir donné son nom.

Arbre, s. m. Ce mot a plusieurs acceptions. C'est ordinairement une pièce d'acier longue et cylindrique, mais quelquefois équarrie ou à plusieurs pans, terminée par des pointes en cône, ou par des pivots sur lesquels elle peut tourner; ou bien cette pièce est fixe et immobile, et dans ce cas, si l'arbre est cylindrique en tout ou en partie, c'est la pièce qu'il porte, qui roule sur les parties rondes, comme le barillet sur son arbre fixe (*v.* Barillet), ou une roue de minuterie sur sa broche fixe, etc.; mais une

(1) La réduction convenable des RENVOIS nous forcera de nous répéter ailleurs sur ce sujet et sur plusieurs autres. En lisant de suite ces définitions on y trouvera des redites, mais en n'y consultant que quelques mots, le lecteur serait encore plus fatigué par les RENVOIS.

roue, une assiette de roue, fixées sur leur arbre, un pignon ordinairement de même pièce avec son arbre, roulent avec cet arbre sur ses pivots. Les termes *arbre*, *tige*, *axe*, *broche*, *essieu*, et même *pivot*, sont souvent employés comme synonimes ; cependant, quand cette pièce est délicate, elle reçoit préférablement le nom de *tige* ou *axe*. *Arbre*, *essieu*, s'emploient plus communément pour les pièces fortes. La *broche*, petite ou forte, est ordinairement fixée à vis par un bout sur la *platine*, et le mobile qu'elle porte roule sur elle ; on l'appelle alors *tige à portée*, *tige à vis*. Certains outils portent le nom d'*arbre lisse*, *arbre à vis* ou à rebours (parce que sa vis serre à gauche), *arbre à cire*, *arbre excentrique*, etc. ; ils seront décrits ailleurs.

Arc, s. m. Portion d'une courbe, et particulièrement ici, d'un cercle. L'arc de cercle est une portion de la circonférence, moindre que le cercle entier (1). La ligne droite qui aboutit aux deux extrémités d'un arc, en est la *corde*. Les arcs peuvent servir à mesurer les angles (*v.* ce mot), parce que la circonférence entière du cercle, d'un diamètre quelconque, étant toujours divisée en 360° (360 degrés), l'arc est reconnu plus ou moins grand, et l'angle qu'il mesure plus ou moins ouvert, à proportion du nombre de degrés qu'ils contiennent. (On entend ici par *cercle*, la seule circonférence.) Des arcs sont *concentriques* ou *excentriques*, suivant que leurs cercles d'un diamètre quelconque ont ou n'ont pas le même point pour centre. Un arc, une portion quelconque de cercle, sont aussi appelés *secteurs de cercle*.

A l'égard de la valeur des degrés du cercle, il est très-utile et facile en même temps, de concevoir qu'un angle droit, par exemple, occupant ou comprenant juste le quart d'un cercle, est toujours de 90°, quart de 360°, quel que soit le diamètre du cercle, puisque celui-ci, grand ou petit, est toujours divisé en 360. Le demi-angle droit, qui est alors un angle *aigu*, est toujours de 45°, puisqu'il est la huitième partie du cercle entier de 360°, sans égard du reste au diamètre du cercle. L'angle *obtus* de 135 degrés, plus ouvert que l'angle droit, contient trois huitièmes de la circonférence divisée en 360°, quelle que soit la grandeur de cette circonférence. Or, l'inclinaison d'un des côtés de l'angle sur l'autre sera toujours, dans ces divers cas, mesurée par le nombre de degrés de l'arc que ces côtés embrassent. On voit par là que l'angle de 90° sera toujours *droit*, comme nous venons de le dire, soit que le cercle soit grand ou petit ; que le demi-angle droit, aigu et de 45°, aura toujours la même inclinaison entre ses côtés, quel que soit le diamètre du cercle qui le mesure, car ce sera toujours un huitième de la circonférence grande ou petite. Ainsi, en annonçant le nombre de degrés qui mesurent un angle, on exprime toujours nettement l'inclinaison respective de ses côtés entre eux, et c'est cette inclinaison qu'il s'agit d'apprécier, et que l'on désigne exactement par le nombre de degrés sans avoir égard à la grandeur du cercle, puisque, soit que le cercle soit grand ou petit, le même nombre de degrés exprime toujours la même inclinaison des côtés de l'angle entre eux, sur quoi il est essentiel et facile de s'entendre, au moyen de cette explication qu'il est

(1) Thiout dit que l'arc est une portion de cercle moindre que la moitié !!! Ainsi, le demi-cercle même ne serait pas un arc, suivant cette courte et fausse définition, qui n'est pas celle des géomètres.

important de bien comprendre, et dans laquelle nous n'avons pas craint de répéter les mêmes idées (*v.* Angle).

L'angle obtus de 135 degrés sera de même également ouvert dans un grand comme dans un petit cercle, dont il occupera toujours un angle droit et demi, c'est-à-dire trois huitièmes de la circonférence; donc ses côtés auront toujours entre eux la même inclinaison ou la même pente énoncée, quelle que soit la grandeur du cercle. Or, c'est le degré d'inclinaison ou de pente qu'il s'agit ici de préciser. Nous avons cru devoir insister encore sur ce sujet, parce qu'il est rarement compris d'abord par ceux qui n'ont aucune notion de géométrie, et que cependant l'appréciation des angles est de première nécessité, pour entendre les descriptions des auteurs; mais la question est fort simple, et quelque peu de réflexion la rendra facile à saisir. Ce que nous venons de dire sur les angles de 90°, 45°, 135°, doit s'entendre également de tout autre angle d'un nombre quelconque de degrés.

Axe, s. m. (*v.* Arbre). Sous le point de vue de la géométrie, et nous n'entendons parler ici que de celle que possèdent naturellement la plupart des artistes intelligents, l'*Axe* est une ligne intellectuelle, que l'esprit conçoit comme passant par le centre de mouvement d'un corps tournant sur lui-même, et sur cette ligne, qui ne change point de place relativement au mouvement propre de rotation de ce corps. L'axe d'un cylindre est la ligne droite que l'on conçoit passer par le centre des deux bases opposées du cylindre. Physiquement, on appelle souvent *axe*, la tige, l'arbre d'un mobile, qui ont avec lui le même centre de mouvement, ou sur lesquels ce mobile tourne.

Axiome, s. m. Proposition évidente par elle-même, et qui n'a pas besoin de démonstration.

N. B. Thiout dit que c'est un *fait certain*, etc. L'axiome est basé sur des faits; mais dans la définition du mot, ce n'est pas des *faits* qu'il s'agit, mais du principe abstrait qui en résulte, ou qui est établi sur ces *faits* (1).

Balancier, s. m. C'est dans la Montre un anneau circulaire, et dont presque tout le poids est à la circonférence, car on n'en doit excepter que celui de trois rayons délicats qui lient cet anneau avec un très-petit disque du centre (*v.* Disque), et qui

(1) Nous croyons devoir prévenir ici, une fois pour toutes, que si nous relevons ces inexactitudes, ces erreurs, et plusieurs autres, soit d'expression, soit de principes, nous n'y apportons aucun sentiment de dénigration ni d'amertume. Ceux qui connaissent notre caractère savent assez au contraire combien, en faveur de l'intention reconnue droite et pure, nous serions plutôt portés à l'indulgence, dont d'ailleurs nous ne sentons que trop avoir nous-mêmes besoin, si ce n'était le danger des fausses conséquences déduites par le raisonnement encore peu assuré des élèves, que ces fautes ne peuvent manquer d'égarer. Combien d'artistes, capables d'ailleurs, n'ont-ils pas fait de fausses combinaisons, par suite d'explications ou de définitions erronées? Plusieurs de celles-ci ont été copiées littéralement dans une compilation encore récente, et même dans un bon Dictionnaire de langue française, où elles ont paru autorisées par le silence de ceux qui auraient dû les signaler. Du reste, ce n'est pas tant la correction du style que l'on exige, que la clarté, la simplicité et l'exactitude de l'auteur qui publie ses observations. Le lecteur est toujours indulgent en pareil cas, et sait assez que l'artiste préoccupé de ses travaux serait trop difficilement un écrivain pur et correct, mais il ne lui pardonnera pas des contre-sens.

font partie du balancier. Ce petit disque est rivé sur une *assiette* soudée elle-même à la verge ou tige d'échappement. Le balancier, suspendu en quelque sorte, et parfaitement d'équilibre sur les pivots de son axe ou sa tige, roule librement dans une espèce de cage particulière, formée par le *coq* qui le couvre sur la platine, où il est presque isolé. Les dents de la roue d'échappement font exécuter au balancier des vibrations circulaires d'une certaine étendue, et alternativement en deux sens contraires (un mouvement circulaire de va-et-vient), en agissant successivement sur deux petits leviers saillants portés dans le haut et le bas de l'axe du balancier, et qu'on appelle *palettes de la verge.* Ces deux palettes se rencontrent vers les dents des deux extrémités d'un diamètre de la roue de rencontre, et dans ces deux points les dents avancent naturellement en sens contraire, ce qui produit alternativement sur ces palettes, et par suite sur le balancier, deux impulsions, l'une en sens inverse de l'autre. L'inertie de la masse du balancier sert en partie à prolonger et régulariser les vibrations produites par l'*échappement.* Le balancier est le *modérateur* du rouage des montres, comme le *Pendule* est celui des horloges (*v.* ancre); car si l'un et l'autre sont entretenus en mouvement par la roue d'échappement, ils retardent à leur tour et suspendent même momentanément, et à chaque vibration ou oscillation, le mouvement propre de cette roue. Le *ressort spiral* attaché par son extrémité intérieure au centre du balancier de la montre, et par l'autre extrémité à la platine, est le *régulateur*, en ce qu'il active plus ou moins le mouvement du balancier, le *Pendule* est réglé par sa longueur et par la *gravitation.* On donne aussi quelquefois par extension le nom de *régulateur* à toute cette partie du mécanisme. Avant l'usage du Pendule, le balancier des anciennes horloges était une barre équilibrée sur son centre, et fixée à angle droit par ce centre sur l'axe d'échappement; on le trouvera décrit et représenté dans notre premier chapitre, sous le nom distinctif de balancier *à folliot.*

Barillet, s. m. Cylindre creux, en forme de tambour, ordinairement plus large que haut; il contient le ressort moteur ou grand ressort des pendules et des montres. Ce ressort est une lame d'acier, mince, trempée, revenue à un degré qui la rend très-élastique, ployée en spirale et formant au moins 12 à 13 tours dans le barillet (*v.* Ressort). On distingue le fond du barillet, qui est de même pièce que les parois cylindriques formant la *virole*, d'avec le couvercle rapporté et entrant à frottement élastique dans une rainure un peu à queue d'aronde, laquelle porte le nom de *drageoir.* Le barillet est traversé par un arbre fixe, renflé cylindriquement dans l'intérieur, où cette partie occupe un tiers du diamètre vide. L'arbre a ses pivots ou tenons dans les platines, où ils ne tournent plus, lorsque la position de l'arbre est une fois fixée. Le fond et le couvercle du barillet roulent sur des portées et tourillons pratiqués sur l'arbre; la partie cylindrique ou virole du barillet porte extérieurement un filet en saillie latérale qui fortifie le drageoir, et empêche aussi la chaîne de glisser de ce côté. L'intérieur de la virole porte, au milieu de sa hauteur, un crochet peu saillant, auquel s'attache l'*œil* extérieur du ressort; l'œil intérieur est accroché sur l'arbre. Dans les pendules, et dans les montres actuelles *à cylindre*, le barillet n'a point de filet extérieur, parce qu'il n'y a point de chaîne, mais il est pourvu à l'un de ses bords, ou quelquefois vers le milieu de sa hauteur, d'une denture saillante qui engrène avec le premier pignon du rouage, et lui communique directement la force motrice du ressort, armé alors par l'arbre même, au moyen de la clef à remonter ; cette dernière disposition se distingue dans les montres sous le nom de *Barillet denté*. Dans la construction ordinaire, c'est la chaîne tirée et s'enveloppant sur la *fusée*, par l'effet du remontage quotidien, qui arme le ressort en faisant rétrograder le barillet ; alors le ressort est armé par ses tours du dehors, et la clef est placée sur l'arbre de fusée. Avec le barillet denté, la clef placée sur son arbre même, arme le ressort par ses tours intérieurs, au moyen du second crochet porté aussi dans les deux cas par l'arbre, et toujours engagé dans l'œil intérieur du ressort. L'arbre du barillet denté ne tourne donc que par le mouvement du remontage quotidien, et pendant les 24 ou 30 heures il reste fixé par son encliquetage (*v.* ce mot). Avec le barillet ordinaire à chaîne, le même arbre reste toujours fixé au degré nécessaire à la bande restante au ressort, dans le bas de sa tension, et la clef de remontage ne fait tourner que la fusée ; celle-ci, en se couvrant de la chaîne et en la retirant du barillet qu'elle fait rétrograder, arme le ressort jusqu'en haut de sa bande.

Nous faisons observer ces détails dans cet article et ailleurs, pour la facilité des amateurs, car ils seraient superflus, la plupart, pour les élèves en état de lire cet ouvrage ; ils doivent être déjà au fait de ces remarques.

Barrette, s. f. On donne ce nom à plusieurs pièces différentes : 1° A une très-petite barre d'acier méplate qui assujétit le bout extérieur du ressort moteur contre la paroi intérieure de la virole du barillet, empêche le dernier tour de s'abandonner, de se décrocher, et soulage l'œil du ressort trop fatigué par un tirage oblique, lorsque le ressort est entièrement armé ; 2° aux rayons d'une roue qui seuls attachent son limbe au centre, lorsque le disque est évidé ; ces rayons, au nombre le plus ordinaire de quatre, se nomment aussi *croisées* ; 3° c'est aussi une pièce de laiton maintenue par des vis et des pieds ou tenons ronds, sur une platine, au-dessus d'un vide, pour y recevoir le pivot d'une tige ; c'est alors une sorte de *pont*, dont le nom lui conviendrait mieux.

Bascule, s. f. On nomme ainsi une pièce plus ou moins longue, mobile sur son centre situé entre ses deux bras d'action ; c'est un levier de la première espèce, dont le point d'appui est entre la puissance et la résistance. Le fléau d'une balance ordinaire à deux bassins, levier de première espèce, est aussi une bascule. Les deux bras d'une bascule, dans une machine, ne sont pas toujours opposés en ligne droite, ni d'égale longueur ; ils peuvent être courbes, inégaux, et former entre eux un angle quelconque (*v.* le chapitre des notions élémentaires de mécanique, dans cet ouvrage).

Bissextil, **e**, adj. Ce mot au fém. se dit d'une cadrature d'*Équation* dont la période de révolution complète est de quatre ans, pendant lesquels elle indique les inégalités du temps *Solaire* comparé au temps *Moyen* égal et uniforme, que les ouvrages d'Horlogerie marquent d'ordinaire, et plus naturellement. On donne l'épithète *bissextile*, à celle des quatre années où l'on compte 366 jours, et dont le mois de février en a 29, tandis que les trois années précédentes et suivantes n'ont chacune que 365 jours, et que leur mois de février n'en a que 28. La distinction attachée au mot *bissextile* vient de l'usage des anciens Romains de compter, à chaque quatrième année, le sixième jour des *Calendes* deux fois de suite, *bis sextus, bis sexto* (*ante*) *Calendas*; c'était une correction établie par le *Calendrier Julien*, pour remédier au calcul inexact de la durée de l'année civile qui, à cette époque, avait déjà déplacé considérablement les divisions des mois relativement aux saisons. Cette méthode est conservée dans le *Calendrier Grégorien* (actuel), où nous ajoutons un vingt-neuvième jour au mois de février de chaque quatrième année. Mais comme cette correction est trop forte, attendu que la vraie longueur de l'année solaire n'est que de 365 jours, 5 heures, 48 minutes et 48 secondes (à environ 3 secondes près de variation), au lieu de 365 jours, 6 heures (ou un quart) que la correction Julienne supposait, le *Calendrier Grégorien*, calculé par de savants astronomes, supprime en outre trois bissextiles en quatre siècles; par cette règle, toutes les quatrièmes années, à commencer par la première d'un siècle, sont bissextiles (de 366 jours), les centième, deux-centième et trois-centième qui devraient être bissextiles, suivant ce compte, en sont exceptées (ne sont pas bissextiles), mais la quatre-centième est bissextile, et l'on recommence de même pour les quatre siècles suivants, et ainsi de suite. Cette correction, sans être parfaite, ce qui en effet est impossible par la nature des mouvements célestes, dont les rapports sont réellement incommensurables entre eux, c'est-à-dire dont les révolutions ne s'accordent jamais avec un nombre de jours solaires, sans quelque fraction de jour, cette correction, disons-nous, a paru la plus propre à faire concorder le mieux la division civile avec la révolution qui occasionne les saisons, et n'exigera elle-même d'être corrigée que de très-peu, au bout d'un laps de siècles assez considérable. Si l'on veut trouver aisément les années bissextiles de chaque siècle, on choisira toutes celles dont la somme des deux derniers chiffres est un multiple de 4. Ainsi, 1804, 1808, 1821, etc., de même que 1836, 1840, 1844, etc., sont bissextiles.

Nous bornerons ici cette digression qui ne sera peut-être pas sans intérêt pour quelques lecteurs, en ce qu'elle résume en peu de mots, et suivant nous, avec assez de clarté, une combinaison un peu compliquée, et nous revenons à l'*Équation* marquée par plusieurs pendules et un petit nombre de montres. Cette disposition, dans les ouvrages d'Horlogerie, ne paraît plus offrir autant d'intérêt, depuis que, après les instances long-temps réitérées de plusieurs Artistes, à diverses époques, les horloges publiques sont enfin réglées à Paris sur le temps moyen et uniforme. Cependant la roue annuelle d'une cadrature d'*Équation* offre l'avantage de procurer en même temps un *quantième annuel*, qui indique de lui-même les mois de 28, 30 et 31 jours, et qui n'exige qu'une seule correction en quatre ans pour le 29 février; celle-ci consiste à faire reculer la roue annuelle d'une dent, au moyen d'une bascule disposée exprès: or, cette roue annuelle faisant avec son rouage particulier une grande partie du mécanisme nécessaire à l'*Équation*, il en coûte peu d'achever cette dernière partie, pour avoir les inégalités du mouvement solaire jointes au quantième annuel; d'où il est probable que l'équation du temps solaire sera encore long-temps pratiquée dans les pendules recherchées. Il y a des équations simplement annuelles qui exigent la correction d'un jour tous les quatre ans, comme il vient d'être dit, et des *équations bissextiles*, ou dites perpétuelles, parce qu'elles opèrent d'elles-mêmes la correction quadriennale du mois de février, en sorte que l'on n'a jamais besoin d'y remédier. Les quantièmes ordinaires des jours du mois dans les montres et les pendules, produits par la révolution mensuelle d'une roue, ont besoin d'être rétablis à plusieurs commencements de mois, et assez irrégulièrement, parce que la division du cadran, ainsi que celle de la roue de sautoir, ne peuvent être à la fois de 28, 29, 30 et 31. L'ancienne méthode des Égyptiens, de compter tous les mois de 30 jours; et d'ajouter à la fin de l'année et pendant 3 ans de suite, 5 jours, et 6 pour la quatrième, jours appelés *épagomènes*, que nous avions imitée pendant quelque temps au moyen de nos jours *complémentaires*, était évidemment plus commode, au moins pour l'usage civil. On trouvera dans cet ouvrage des exemples calculés pour les deux sortes d'*équation* à leur article.

CADRATURE, s. f. Nom collectif des pièces d'un mouvement d'horlogerie qui fonctionnent entre le cadran et la platine qui les porte; on y distingue, sous le nom particulier de *Minuterie*, l'ensemble des pignons et des roues qui conduisent les aiguilles.

CANON, s. m. Sorte de tube ou tuyau cylindrique, ovale, prismatique, etc., plus ou moins long; la plupart du temps il est de forme cylindrique dans l'Horlogerie, mais un peu diminué en cône; dans ce dernier cas il sert à faire rouler librement sur une tige, ou sur un autre canon, une roue ou autre mobile dont il empêche le déversement, ou bien à l'y assujétir à frottement ou à demeure. Quand le tube a plus de diamètre que de longueur, il prend souvent le nom de *virole*. Ce qu'on appelle *Chaussée* dans la montre et la pendule est un *canon* qui porte à l'une de ses extrémités, sous le cadran, un pignon menant la minuterie. Le canon de chaussée est susceptible de tourner à frottement gras sur la longue tige de la roue de minutes, afin que, sans faire tourner cette roue, on puisse changer au besoin la direction de l'aiguille des minutes, montée à carré sur l'extrémité de la chaussée, qui dépasse pour cela cette aiguille sur le cadran, dans l'ancien calibre ordinaire. C'est sur le bout de ce carré de la chaussée, mais situé vers la cuvette, au calibre *Lépine*, que se pose la clef pour mettre, comme on dit, la pièce à l'heure ou à la minute. Il ne faut jamais pousser l'aiguille avec les doigts.

N. B. Suivant Thiout, *canon se dit de tout ce qui est creux intérieurement!!!* Là se borne sa définition à la fois succincte et fausse. D'après cela, un barillet, un trou de pivot, le timbre d'une montre, le cristal d'une lunette de montre, une *bombe* même, seraient autant de *canons*.

CHAUSSÉE, s. f. (V. *Canon*, ci-dessus.)

CROISÉE, s. f. Se dit de chaque rayon qui lie le centre d'une roue avec son limbe.

DENT, DENTURE, s. f. On appelle ainsi les parties saillantes à la circonférence d'une roue, par lesquelles le mouvement est communiqué aux dents d'une autre roue, ou aux ailes d'un pignon. C'est entre ces parties mutuelles de deux mobiles dont l'un fait tourner l'autre, que se produit ce qu'on nomme l'*engrenage*. Les dents de la roue ont une forme et une proportion déterminées presqu'en totalité par le nombre du pignon ou autre roue menés, avec lesquels elle engrène, et en très-petite partie par le nombre ou la grandeur propre de cette première roue qui les mène. On distingue dans une dent, son flanc droit dirigé vers le centre, d'avec sa partie courbe nommée proprement son *excédant*. Le flanc de la dent est pris en dedans de la circonférence *primitive* de la roue, comme aussi le flanc de l'aile du pignon ; l'*excédant* de l'un et de l'autre est formé en dehors de la circonférence *primitive*. Les circonférences *primitives* sont conçues être celles de deux disques (*v.* ce mot) non dentés, à bords lisses, dont l'un entraînerait l'autre par le seul contact de leurs épaisseurs, et par le développement mutuel de leurs circonférences l'une sur l'autre. La circonférence *totale* est celle qui embrasse la totalité des excédants, et qui passe tout autour sur leurs pointes ou extrémités extérieures. La circonférence *totale* est variable suivant les divers cas. Ce n'est uniquement que d'après les circonférences *primitives* et invariables des roues et des pignons, que l'on peut établir avec certitude les vrais rapports et les proportions exactes des mobiles, de leur denture, etc., pour obtenir la *menée* uniforme et régulière d'un engrenage. (*V.* le chapitre des engrenages, où l'on trouve le moyen fort simple de connaître la circonférence *primitive* d'une roue, d'un pignon, déjà faits et qui ont leur *excédant*.)

Détente, s. f. Espèce de levier ou de bascule qui sert particulièrement à dégager le mouvement suspendu des mobiles dans les sonneries, les cadratures, etc., ou à suspendre leur mouvement.

Dilatation, s. f. On appelle ainsi l'augmentation de volume occasionnée dans les corps par la chaleur, que l'on présume s'insinuer entre leurs molécules (*v.* Pores.)

Disque, s. m. Corps plat, supposé d'égale épaisseur, de la figure du cercle, dont les bords ou l'épaisseur sont coupés suivant une ligne perpendiculaire aux deux surfaces, au moins dans l'acception ordinaire. C'était le nom d'un palet rond des jeux et exercices anciens. Dans l'usage de ce mot, on fait souvent abstraction de l'idée d'épaisseur, et même de la sphéricité des corps, dont on ne considère que l'étendue, et la figure circulaire que celle-ci présente à la vue. On dit en ce sens, le *disque* du soleil, d'une planète, et aussi celui d'une roue pleine, c'est-à-dire qui n'est pas encore évidée ou *croisée*.

Échappement, s. m. Mécanisme particulier et distinct du rouage, avec lequel il est néanmoins en communication. L'*Échappement* sert à transmettre immédiatement la force motrice au Pendule dans l'Horloge ou au balancier dans la montre, pour entretenir leurs oscillations ou vibrations. C'est aussi par l'*Échappement* que le mouvement du rouage est modéré dans sa tendance à tourner avec trop de vitesse ; ces deux effets réciproques, et dont la régularité dépend de plusieurs conditions délicates et essentielles, se trouvent expliqués à leur place dans le texte, et exigent trop de développements et de renvois aux figures, pour être traités ici. (Voyez cependant l'article *Ancre*, pour les échappements à repos dans les Horloges à Pendule, et le mot *Balancier* pour les montres, et dans le chapitre premier, l'échappement à roue de rencontre.) On distingue deux sortes principales d'échappements : dans l'une, ils sont dits *à recul*, et dans l'autre, *à repos*. Leurs dispositions variées se subdivisent sous différentes dénominations, telles que : échappements à *roue de rencontre*, à *double levier*, à *ancre ordinaire*, *etc.*, qui sont *à recul*, et ceux à *cylindre*, à *ancre de Graham*, à *chevilles*, *libre*, etc., qui sont *à repos*. On en trouvera la description à leurs articles.

Ellipse, s. f. Figure ovale, régulière, dont les deux axes, c'est-à-dire le plus grand et le moindre diamètre, sont perpendiculaires l'un à l'autre, et se croisent au milieu de leur longueur; celle-ci se forme par la coupe plus ou moins oblique d'un cône droit, laquelle ne passe point par sa base. On donne par extension le même nom dans l'Horlogerie, à une figure très-irrégulière qui se rapproche de la forme ovale, et dont les inégalités des côtés correspondants ne sont point symétriques. Cette pièce, ne faisant qu'une révolution par année, sert à conduire et déterminer les variations annuelles d'une aiguille, qui marque l'*équation* du temps solaire, naturellement inégal, c'est-à-dire la quantité de minutes et secondes qu'il faut ajouter à chaque jour du temps solaire, ou qu'il faut en soustraire, pour faire accorder son midi avec celui du temps moyen et uniforme, afin que ces deux midis coïncident ensemble.

Encliquetage, s. m. On donne ce nom à la réunion et à l'effet de quelques pièces disposées pour arrêter le mouvement rétrograde d'un mobile. Lorsque le même arbre porte deux mobiles, comme deux roues, par exemple, avec la condition que l'une d'elles puisse avoir son mouvement circulaire particulier et indépendant de l'autre, il est souvent nécessaire que ce premier mobile puisse tourner dans un sens, en laissant l'autre pièce immobile, mais que ce même premier mobile ne puisse rétrograder qu'en entraînant avec lui l'autre pièce. C'est ce qui s'opère entre la première grande roue du mouvement (ou de la sonnerie) d'une horloge, et leurs cylindres ou tambours qui s'enveloppent de la corde du poids moteur lors du remontage; de même aussi entre la *fusée* d'une montre (*v.* Fusée), qui dans le même cas s'enveloppe de la chaîne, et la première grande roue du mouvement de la montre. Il en est encore de même pour l'arbre du ressort moteur d'un barillet denté, dans les montres sans fusée et dans les pendules, lorsque cet arbre s'enveloppe des lames du ressort moteur pendant que l'on remonte. Pour cet effet, le cylindre, la fusée, l'arbre, qui tournent au moyen de la clef, ou d'une manivelle, sans faire tourner la première grande roue ou le barillet, portent à demeure une plus petite roue dite *de rochet*, à dents aiguës et inclinées, dans lesquelles s'engage au besoin le bout aigu et méplat d'un levier fort court et un peu courbe dont l'autre bout ou la tête est maintenue librement par une vis à portée, sur la première grande roue immobile, tout près du rochet. Ce petit levier, appelé *cliquet*, est commandé par un ressort qui oblige le cliquet de tomber dans les dents du rochet inclinées vers lui. Par cette disposition, le cliquet, dirigé obliquement sur la tangente du point du rochet où il appuie, est facilement soulevé par les dents inclinées du rochet, qui glissent sous lui par leur pente, en tournant dans le sens du remontage; mais dès qu'on laisse agir les moteurs, le rochet, en commençant un court mouvement rétrograde, engage dans ses dents inclinées le cliquet, toujours sollicité par son ressort, et ce cliquet butte alors contre le côté (dirigé au centre) des dents inclinées, dont chacune en ce sens forme une sorte de crochet. Il s'ensuit que le cylindre ou la fusée ou l'arbre du poids ou du ressort, ne peuvent obéir au tirage de la force motrice sans entraîner alors avec eux, par le cliquet, la première grande roue, qui ne peut elle-même céder peu à peu, qu'en faisant tourner le mobile avec lequel elle engrène, et par suite le reste du rouage. Cette première grande roue reste donc sans action sur le rouage pendant tout le temps du remontage, mais elle agit aussitôt que la clef ou la manivelle laissent le rochet s'appuyer, en rétrogradant, sur le cliquet qui tient à cette première grande roue. Tel est l'effet de ce qu'on appelle *encliquetage*, que l'on emploie encore en diverses autres circonstances.

Pour obvier au défaut d'action de la première grande roue pendant le remontage, il y a dans quelques garde-temps à ressort, et dans certains régulateurs soignés à poids, un ressort auxiliaire qui est armé quand on remonte, et supplée momentanément à l'action de la force motrice. Ce mécanisme particulier sera décrit à l'article des Horloges Astronomiques, et autres pièces d'observation, où l'interruption du mouvement produirait un mécompte dans la mesure exacte du temps.

Les pendules et les montres à barillet denté n'ont pas besoin de ressort auxiliaire, parce que le ressort moteur étant armé par le centre, son autre extrémité tire toujours sur le crochet intérieur du barillet, ce qui entretient sans interruption l'action de la force motrice; aussi, dans ces deux cas, la vis de la tête du cliquet est simplement établie sur la platine, attendu que le rochet ne rétrograde pas, et qu'il est toujours retenu immobile sur son cliquet, pendant tout le tirage du ressort. Dans les Pendules à poids et contre-poids, avec corde sans fin, mouflée, le remontage n'interrompt pas le tirage du poids, et il n'y a pas besoin non plus de ressort auxiliaire; mais une poulie de renvoi du cordon sans fin a besoin d'être pourvue d'un encliquetage. Le glissement du ressort dans un sens sur les dents du noyau d'une *cresserelle*, instrument très-connu, et son arc-boutement dans le sens contraire, en diraient plus à la vue que cette longue explication sans figure; on trouvera celle de l'*encliquetage* de l'Horloge, dans la planche qui accompagne le premier chapitre, où cet effet est expliqué avec renvois à la gravure. Il en sera de même pour les pendules et les montres, à leurs articles.

Engrenage, s. m. C'est en général la manière dont les dents d'une roue qui mène agissent sur les ailes d'un pignon mené (*v.* ce mot), ou dont les ailes d'un pignon qui mène agissent sur les dents d'une roue menée, pour établir la communication uniforme et régulière du mouvement, laquelle peut avoir lieu également entre les roues et les crémaillères ou règles dentées. L'*engrenage* étant un des principaux moyens de communication du mouvement dans l'Horlogerie, comme dans beaucoup d'autres compositions mécaniques, sa perfection y acquiert une haute importance, et dépend de conditions précises et rigoureuses, pour éviter l'excès de la force motrice, les frottements superflus et l'usure qui en resultent, prévenir les accotements, les chutes, et tout ce qui pouvant y être évité absorberait sans fruit la force motrice, pourrait en détruire la régularité, et même arrêter la communication du mouvement. L'expérience pratique et le tact heureux de quelques artistes habiles pouvaient seuls d'abord obtenir la régularité des engrenages, et par suite, la réduction convenable de la [illegible] motrice ; mais ensuite la science a analysé les méthodes, et les a réduites en principes, pour abréger les essais et assurer des résultats exacts, en faisant rentrer ces méthodes dans les règles de la géométrie, combinées avec les lois du mouvement. C'est ce qui a établi de vrais principes d'engrenages, qui se trouvent seulement indiqués en partie dans quelques-uns de ces articles, mais qui seront complètement développés dans le chapitre spécial réservé pour ce sujet.

Établi, s. m. Sorte de Bureau très-solide, portant sur le devant, vers le milieu, un *Étau* fixe, où se placent et sont maintenues fermement les pièces auxquelles on veut travailler avec la lime ou autrement. On y place aussi un Tour ou d'autres outils plus ou moins compliqués ; ce Bureau est accompagné ou garni de corps de tiroirs de diverses profondeurs, pour y recueillir plusieurs menus-outils, des pièces séparées d'Horlogerie, des mouvements de Montres, de Pendules, etc. On ne parle ici de cet objet matériel, que pour faire distinguer dans les explications de main-d'œuvre, l'*étau à main*, qui se serre avec un écrou à oreilles, les *tenailles à mâchoires d'étau*, avec anneau coulant, lesquels se tiennent entre les mains, d'avec l'étau fixe plus volumineux et plus fort de l'Établi, qui se serre avec un levier coulant, et toujours attenant à la vis de serrage.

Force motrice, s. f. Il est souvent question de cette *Force* dans les articles d'Horlogerie, parce qu'elle est la cause productrice du mouvement des *mobiles* (on entend par ce dernier mot toutes les pièces qui tournent ou changent de situation dans le mécanisme, et principalement les roues). Quand la Force motrice ou *le moteur* est un poids, comme dans les Horloges astronomiques à pendule et autres de ce genre, son action est due à la *gravitation* sensiblement constante des corps vers le centre de la Terre. La Force motrice résulte aussi de l'*élasticité*, lorsque le moteur est un ressort ployé en spirale, et contenu dans le barillet d'une pendule ou d'une montre. La Force motrice doit être établie avec des soins et des précautions dictées par l'expérience et la connaissance physique de chaque espèce de *Force*, pour en obtenir des effets réguliers et constants, surtout dans les compositions destinées à atteindre une régularité rigoureuse, ou du moins à en approcher le plus possible. Dans les ouvrages ordinaires, une bonne pratique éclairée est suffisante.

Force réglante, s. f. Elle est produite dans les Horloges à pendule par le mouvement acquis du pendule en oscillation, et dépend de la masse de la lentille, combinée avec l'étendue des arcs. Les oscillations ont lieu par l'effet de l'*attraction* centrale de la terre, et sont susceptibles de se prolonger long-temps, lorsqu'elles ont lieu isolément, c'est-à-dire sans communication avec l'échappement. Cette prolongation dépend du peu de résistance et de la perfection de la suspension, proportionnément au poids de la lentille. Un Pendule à secondes, suspendu *à couteau*, peut osciller seul pendant vingt-quatre heures, si cette suspension difficile est exécutée avec les soins requis. Une bonne suspension à ressort permet au même pendule d'osciller vingt et une heures. Mais il n'en est pas à beaucoup près de même, lorsque le pendule entraîne la fourchette avec lui, et qu'il doit vaincre le frottement des pivots de celle-ci, des dents de la

rite bien qu'on entre ici dans des détails particuliers, sur son emploi, sa forme et ses effets. Ce sera du reste une connaissance acquise d'avance, dont nous débarrasserons le texte, qui offrira encore assez d'autres remarques dans l'exécution. L'Essai de Berthoud, ordinairement concis, emploie deux pages et demie à la simple explication des effets et des avantages de la fusée, sans compter les développements ultérieurs de la main-d'œuvre. Nous ne les copions pas ici, mais nous les remplaçons par une instruction plus détaillée.

Lorsque la montre a cessé de marcher, après avoir tiré toute sa chaîne pendant environ trente-deux heures, la chaîne est toute enroulée sur le barillet, sauf le bout qui reste accroché à la base de la fusée. L'emploi de la clef dans le remontage, en faisant tourner l'arbre de fusée et jouer l'encliquetage, sert à ramener toute la chaîne sur la fusée, ce qui n'a lieu qu'en faisant rétrograder le barillet, et en réarmant d'autant le ressort moteur, qui, dans le haut de sa bande, exerce l'excès de force que nous avons remarqué ci-dessus. La forme de la fusée est le moyen habile qui remédie à cette inégalité de tirage.

La fusée représente une sorte de *conoïde* plein, tronqué à une certaine hauteur, et dont les côtés un peu concaves offrent à-peu-près, dans les *mouvements* un peu élevés, le profil d'une cloche dont on aurait enlevé le sommet, ou la partie ronde et garnie d'anses, que l'on nomme *le cerveau* de la cloche. La fusée est montée à demeure sur son arbre qui passe librement au centre de la première grande roue, dite de fusée; cette roue a son disque plein, non croisé, et est située presque tout contre la surface intérieure de la grande platine; elle est appuyée dans l'autre sens contre la base de la fusée, qu'elle déborde de toute sa denture et même plus, étant d'un plus grand diamètre que la base, et s'y trouve maintenue par une petite goutte d'acier placée à frottement dur sur l'arbre, et noyée dans une creusure en dehors de la roue, qui peut, du reste, rouler librement ainsi sur l'arbre. La fusée s'élève en diminuant de diamètre, vu sa forme conoïde, depuis sa base jusqu'à la petite platine, où elle ne frotte pourtant pas, moyennant un petit jour ménagé de ce côté, comme du côté de la roue avec la grande platine. La première grande roue, par sa position, engrène avec le premier pignon du rouage, et ne peut alors tourner qu'avec ce pignon et le rouage, lorsqu'ils se meuvent; mais on peut, avec la clef placée sur le carré de l'arbre de fusée, faire tourner celle-ci dans le sens du remontage, séparément et indépendamment de la première grande roue. La base de fusée porte aussi elle-même une denture particulière à dents inclinées, dites en rochet, qui reçoivent le bec d'un très-petit cliquet établi avec son ressort sur la première grande roue : c'est l'encliquetage (*v.* ce mot).

Il résulte de ces dispositions, que la clef peut bien faire tourner la fusée dans le sens du remontage sans faire tourner la première grande roue, dont le cliquet cède en ce sens, mais que le tirage de la chaîne par l'action du barillet et de son ressort armé, ne peut faire rétrograder la fusée (qui, dans ce sens contraire, arc-boute par son rochet contre le cliquet de la première grande roue, et ne peut obéir au tirage sans entraîner celle-ci), sans qu'elle ne fasse aussi marcher le reste du rouage, avec lequel elle se trouve en communication par l'engrenage de la première grande roue avec le premier pignon (*v.* Encliquetage). C'est ainsi que, lorsque la main abandonne ou retire la clef, l'action du ressort moteur se trouve transmise par le barillet et la chaîne, à la fusée, à sa première grande roue au moyen du cliquet, et, de là, par le rouage, jusqu'à l'échappement.

Nous allons voir maintenant par quel artifice la force motrice est modérée et rendue égale. La forme conoïde de la fusée est sillonnée en travers, mais un peu obliquement sur tout son pourtour, par une rainure qui s'élève en forme de vis à plusieurs tours, depuis la base jusqu'au sommet tronqué. Cette rainure, carrée dans le fond, laisse entre ses rangs un filet saillant et très-mince, relativement à la largeur de la rainure qui contient juste, mais libre, l'épaisseur de la chaîne. Cette espèce de vis monte à gauche dans les montres françaises dont le remontoir est du côté du cadran. Le crochet de chaîne est toujours fixé au commencement du premier tour de rainure de la base de fusée, et c'est dans la continuité de cette rainure que se loge toute la chaîne pendant le remontage, jusqu'à ce que le dernier tour de chaîne remplisse le dernier tour de rainure au sommet de la fusée; et comme les diamètres successifs des tours de la fusée vont en diminuant, le filet mince et saillant qui sépare les tours de chaîne, les maintient en place, les empêche de chevaucher et de glisser d'un rang plus élevé sur un autre plus bas.

Lors donc que la chaîne est totalement enroulée sur la fusée par le remontage, le ressort armé par la rétrogradation du barillet, est dans le plus fort de sa bande, et tire avec une force double, comme nous l'avons déjà dit; mais aussi, le diamètre de ce dernier rang de la chaîne sur le sommet du conoïde, est moitié moins grand, le tirage se fait par un rayon de fusée moitié plus court, et par conséquent, le ressort moteur ne transmet à la fusée que la moitié de sa double force. A mesure que la chaîne se déroule de la fusée, par suite de la marche du rouage, la force propre du ressort diminue, mais aussi le diamètre de la fusée est augmenté à chaque point où la chaîne tire alors, et par un levier plus long, plus avantageux et tellement réglé, que la force transmise à la fusée est encore la même. Enfin, au premier tour de chaîne de la base de la fusée, le ressort moteur ne tire plus qu'avec la moitié de sa force du haut, mais le diamètre du cône, à sa base, est double de ce qu'il était au sommet; or, la force moitié moindre, appliquée à un rayon ou levier d'une longueur double, reste une puissance égale à celle qui était double sur un levier moitié plus court. Ainsi, par cet artifice ingénieux, où la longueur des leviers qui se succèdent insensiblement augmente dans la même proportion que la puissance diminue d'intensité, la force produite à la première grande roue reste mathématiquement égale. On conçoit que tous les tours du ressort ne perdent pas toujours leur force suivant une progression régulièrement décroissante, et que les diamètres des divers rangs des pas de fusée doivent être modifiés en conséquence; mais ceci appartient à l'exécution, qui parvient, par divers moyens expliqués dans notre texte, à équilibrer convenablement tous les tours de fusée avec ceux du ressort, en retouchant à la fusée suivant la nécessité, si le ressort a la progression de force convenable.

La rainure en vis ou *hélice*, et en même temps se resserrant en spirale, est fort régulièrement formée par une machine assez compliquée, appelée *outil* ou *machine à fusée*, qui sert aussi à retoucher la rainure au besoin ; mais ces opérations fort délicates exigent beaucoup d'attention et de précaution, une grande connaissance des effets de l'outil, pour ne pas faire sauter le filet mince qui sépare les pas de la fusée, laquelle est faite en laiton bien préparé. Il y a plusieurs sortes d'outils à fusée : nous décrirons le meilleur et les moyens de s'en servir. Il nous suffit ici d'avoir donné une idée de la *Fusée*, de cette pièce d'une invention ingénieuse et savante, l'une des premières par lesquelles l'Horlogerie ait commencé à se distinguer, et dont cette analyse, toujours trop longue, était essentielle à l'instruction dans cette matière. L'exécution développera d'autres détails à son article, où nous traiterons aussi du garde-chaîne, qui arrête la main à la fin du remontage. L'invention de la fusée a encore cet avantage sur l'ancienne invention allemande, que plusieurs derniers tours de la fusée répondent à un seul tour du barillet, ce qui utilise en durée de marche la force surabondante du ressort, ou bien diminue le nombre de tours nécessaires de celui-ci, suivant la destination de l'instrument.

Isochronisme, s. m. Égalité de durée des oscillations du Pendule et des vibrations du balancier de la Montre, ou d'un corps quelconque suspendu. Le mot *Isochrone*, tiré du grec, signifie temps égal, et s'emploie adjectivement pour signifier *égal en temps*, *en durée*. Les oscillations du Pendule simple décrivant de petits arcs de cercle inégaux, diffèrent très-peu entre elles par leur durée, qui change moins qu'en décrivant de grands arcs. Mais les petites oscillations libres et inégales d'étendue, ne sont jamais, de leur nature, parfaitement isochrones, et bien moins encore quand le Pendule est réuni à l'échappement. La variation des frottements de celui-ci, des résistances de la suspension et de l'air ambiant, de la fluidité des huiles, de la transmission de force par le rouage, suivant les différences de température, influe aussi sur la durée des oscillations. Indépendamment même de cette influence, les oscillations dans le vide, sous le récipient de la machine pneumatique, sont naturellement plus promptes par de petits arcs que par de plus grands, et les arcs y diminuent par la seule résistance de la suspension. Ces différences presque insensibles pendant un court espace de temps, permettent de supposer les excursions exactement isochrones, pour simplifier en général les calculs physico-mathématiques ; mais en Horlogerie, la répétition prolongée et accumulée des moindres effets devient à la longue une sorte de microscope intellectuel d'une puissance indéfinie, et qui révèle trop sensiblement le défaut naturel d'isochronisme des corps oscillants. Cependant, malgré ces difficultés, on est du moins parvenu à approcher de l'isochronisme, à un degré inespéré et très-satisfaisant. Le savant *Huyghens*, ayant découvert plusieurs propriétés de la courbe appelée *Cycloïde*, avait tenté de faire osciller le pendule dans des arcs *cycloïdaux* ; mais des inconvénients d'application forcèrent d'abandonner, sous ce rapport, cette courbe célèbre, dont une autre propriété est restée seule applicable dans les engrenages, ou du moins sert de guide dans les moyens pratiques qui la remplacent. On apprit néanmoins par ces recherches, à faire osciller le pendule par de petits arcs de cercle qui se confondent sensiblement avec les petits arcs de cycloïde, et dont l'étendue et la durée, quoique toujours un peu variables, éprouvent moins de différence; celle-ci n'est donc que diminuée et non anéantie. On parvient à atténuer la différence par certaines dispositions de la suspension, par l'augmentation du poids de la lentille, par la réduction modérée de la force motrice, la nature de l'échappement, etc.; mais ces moyens ont aussi leurs limites, qui ne peuvent être dépassées sans d'autres inconvénients. Pour les vibrations du balancier des montres, on approche de l'isochronisme par une certaine longueur donnée au ressort spiral, et combinée avec les frottements et résistances de l'échappement. C'est un fait rencontré par l'expérience, dont l'analyse a trouvé et démontré le principe en facilitant son application, ainsi qu'on le verra expliqué clairement et simplement en son lieu.

Lanterne, s. f. (Pignon à). Le pignon, désigné ainsi, porte en place d'ailes autant de tiges cylindriques, maintenues à leurs extrémités par deux disques percés de trous, où elles sont rivées. Ces disques, appelés *tourteaux*, sont fixés à carré sur l'arbre d'une roue. C'est sur ces tiges ou *fuseaux* que l'action des dents de la roue s'effectue. Pour diminuer le frottement des dents sur les fuseaux, ceux-ci tournent quelquefois sur leurs pivots roulants dans les tourteaux. On n'exécute guère ce pignon que dans les horloges d'un certain volume, où les fuseaux roulants diminuent la résistance des engrenages. L'*excédant* des dents de la roue doit avoir, avec les pignons à lanterne, une courbe appropriée et un peu différente, quoique toujours sur le même principe, de celle qui agit sur les flancs droits des ailes avec les pignons ordinaires.

Menée, s. f. C'est, dans un engrenage, l'action continue de la dent sur l'aile du pignon, pour lui faire parcourir l'arc de mouvement angulaire déterminé par le nombre des ailes; d'où l'on dit l'*arc de menée*, le commencement, la fin, etc., de la *menée*.

Moteur, s. m. (*v.* **Force motrice**).

Mouvement, s. m. Transport ou passage d'un corps, ou d'une partie d'un corps, d'un lieu dans un autre, que l'on nomme en mécanique *mouvement local* (*v.* Temps). C'est un changement de place successif et plus ou moins continué d'un corps, l'état d'un corps par lequel il correspond successivement à différents lieux. Un corps formant une masse quelconque qui a son inertie propre, exige sous ce rapport une certaine force pour le tirer de son repos avec une vitesse proportionnelle; cette force, communiquée au corps et jointe à sa masse, lui donne aussi la propriété de déplacer d'autres corps, à proportion des quantités de matière ou d'inertie, d'élasticité dans le choc, etc. On entend par *inertie*, la propriété des corps de rester dans leur état de repos ou de mouvement, de résister à un certain degré de force, ou de ne lui céder qu'avec une certaine lenteur, et de conserver un mouvement acquis ou communiqué, jusqu'à ce qu'il soit diminué ou absorbé par quelque obstacle, et cela en raison de l'intensité de celui-ci et de la quantité de matière ou de masse des corps. Le mouvement d'un corps peut être *uniforme*, ou *accéléré*, ou *retardé*. On distingue le mouvement *simple* produit par une seule puissance, du mouvement *composé* produit par plusieurs forces ou puissances qui conspirent pour un même effet. On en trouvera les applications utiles dans nos articles de théorie. Ces considérations sont souvent nécessaires dans l'Horlogerie, lorsqu'il s'agit de créer de nouvelles constructions, ou de juger de leurs effets.

En Horlogerie, *mouvement* se dit aussi en général des parties qui composent une Horloge, une Pendule, une Montre, à l'exclusion de la boîte et du cadran; il signifie encore plus particulièrement la partie qui sert à mesurer le temps; on appelle *mouvement en blanc*, ou simplement *un blanc*, le mouvement d'une montre ou d'une pendule lorsqu'il n'est qu'ébauché (1).

Nombres, s. m. plur. On appelle *les nombres*, ceux des dents et des ailes d'une roue et d'un pignon qui engrènent ensemble, ou de plusieurs roues et pignons dont on considère les rapports. Les nombres sont choisis et déterminés pour produire les révolutions voulues des mobiles. Le nombre d'ailes d'un pignon doit être, avec le nombre des dents de la roue qui engrène avec lui, dans un *rapport direct* semblable à celui qui existe *directement* aussi entre leurs diamètres *primitifs*; les nombres des révolutions sont au contraire en raison ou *rapport inverse* des nombres précédents, ce qu'il est important de distinguer.

Quelques auteurs et des praticiens ont appelé *nombres rentrants*, ceux où le nombre du pignon divise juste et sans reste le nombre de la roue, et ont attaché à ce rapport une perfection presque toujours illusoire. Dans les constructions ordinaires, les nom-

(1) Un auteur-praticien dit au sujet du mot *mouvement* : « *Un mouvement est uniformément accéléré lorsque les vibrations sont égales et qu'elles ne sont point intermittentes!!!* » 1° Le mouvement des vibrations ou des oscillations n'est point *uniformément accéléré*; 2° quand il le serait, il ne s'ensuivrait point que les vibrations fussent égales; 3° le mouvement du rouage, si on a voulu l'indiquer, étant réglé par l'échappement, est censé uniforme et nullement *accéléré*; 4° les vibrations peuvent être inégales d'étendue et de durée, mais elles ne peuvent être *intermittentes*. Il y a ainsi, dans ce peu de mots de l'auteur, autant de contre-sens que d'expressions recherchées qui lui ont paru savantes et dont il ignore l'acception. Pour parler la langue de l'instruction il faut la savoir. Le même auteur appelle ailleurs les parois intérieures des trous, *les pariétaux*, terme d'anatomie qui n'est pas français ici; il prétend que *quotter* se dit *lorsque la dent rencontre l'aile du pignon avant la ligne des centres...* Mais les ailes des pignons de 6, 7, 8 et 9 doivent être rencontrées avant cette ligne dans tout engrenage fait suivant les vrais principes, et selon l'auteur ces engrenages seraient mauvais, ce qui est faux; il donne pour mesures d'épaisseur celle d'un liard, d'un sol marqué de deux sols, d'un petit écu, etc., etc.!!! Ses explications ont le même degré de précision!... On peut exécuter avec talent et intelligence dans les cas ordinaires, et ne pas savoir enseigner ni s'exprimer correctement, quand on n'a pas eu le temps d'étudier en ce genre, et c'est ce qui a lieu chez beaucoup d'artistes habiles, doués d'ailleurs des dispositions les plus heureuses. Un bon praticien peut se rendre très-utile en publiant ses méthodes et les résultats de son expérience; la science elle-même n'est établie que sur de telles bases mûrement analysées. Du reste, il faut s'abstenir de raisonnements, d'expressions dont on ignore la portée, et qui ne peuvent manquer d'égarer l'intelligence des élèves en nourrissant leur esprit d'idées fausses. On peut excuser un auteur de l'obscurité ou de l'insuffisance de ses définitions : on sait combien il est souvent difficile de bien définir; mais on ne l'absout point de définir à faux. Il n'est pas aisé pour un Artiste d'écrire purement, notre ouvrage pourra malgré nous en offrir fréquemment la confirmation; mais il est essentiel du moins d'être vrai, intelligible, plutôt que concis et obscur; lorsqu'il s'agit d'instruire, il faut être au niveau de son siècle et surtout ne pas propager des principes grossièrement erronés.

bres des pignons qui ne sont point dans ce cas, et divisent la roue avec un reste de dents moindre que le nombre du pignon, ou autrement dit, les nombres des pignons qui ne sont pas parties aliquotes des nombres de leurs roues, sont aussi bons que les autres, s'ils produisent les révolutions voulues. Ce qui importe essentiellement, c'est que les rapports *primitifs* soient exacts, que les formes et dimensions des *excédants*, exigées par le principe, soient observées, pourvu que, du reste, les divisions des dentures soient d'une précision aussi parfaite que les bons instruments à diviser et arrondir peuvent les donner. Toutes les mesures, nous le répétons, doivent être prises sur les rayons ou sur les diamètres *primitifs*, ou sur les circonférences *primitives* (*v.* Dent, Denture). Les mesures, trop ordinairement prises sur la distance d'un certain nombre de dents de la roue, pour déterminer la grosseur des pignons, sont des approximations quelquefois suffisantes dans des cas peu importants, ou pour certains nombres usités et certaines grandeurs de roues; mais, par leur nature même, ces mesures sont inexactes et deviennent souvent fautives, ainsi que les meilleurs auteurs en conviennent (*v.* le chap. des engrenages).

OEil (du ressort), s. m. On donne ce nom à l'ouverture pratiquée à chaque extrémité de la lame du ressort moteur, pour que celle du dehors puisse s'attacher au crochet intérieur de la virole du barillet, où elle doit être maintenue par la barrette (*v.* ce mot), placée à une distance du crochet d'environ un quart de tour au plus, tandis que l'œil intérieur ou de l'autre extrémité de la lame, au centre du ressort (roulé), est retenu en sens contraire par le crochet de l'arbre du barillet, que ce dernier tour de lame presse et embrasse exactement.

Oscillation et Vibration, ss. ff. Mouvement d'un corps qui va et revient alternativement en rétrogradant sur lui-même. Ces deux mots sont souvent considérés comme synonymes : cependant on dit préférablement *oscillation*, de tout mouvement alternatif sur lui-même, dont la cause réside principalement dans la pesanteur ou gravitation, tel que celui du Pendule, des corps suspendus, des ondes, etc. On réserve plus volontiers le terme de *vibration*, pour le mouvement alternatif sur lui-même, dont la cause réside principalement dans l'élasticité des corps, tel que le mouvement du balancier des montres, en ce qu'il est produit par l'élasticité du ressort spiral, et en général des mouvements qui échappent plus ou moins à la vue par leur rapidité, comme dans les cordes sonores, les timbres, les cloches, etc. Lorsque ces corps frémissent, après un ébranlement quelconque de leurs parties, c'est toujours en vertu de leur propriété élastique, que les vibrations se continuent pendant un certain espace de temps.

Pendule, s. m. (Le). Corps suspendu de manière à pouvoir osciller autour d'un point ou d'un axe fixe, par l'effet de la pesanteur, lorsqu'on l'a éloigné de la verticale et qu'on l'abandonne subitement. Il résulte de ces circonstances, des oscillations qui paraissent sensiblement de même durée, tant que leurs arcs conservent à-peu-près la même étendue; mais comme celle-ci diminue toujours par les frottements de la suspension et la résistance du milieu (de l'air ambiant), les oscillations se réduisent peu à peu, et arrivent enfin à zéro, c'est-à-dire au repos. C'est l'échappement adapté au pendule qui entretient l'étendue constante de ses oscillations, par la partie de ses effets qu'on nomme *impulsion* ou *réparation* (*v.* ÉCHAPPEMENT et ANCRE). Pour le pendule d'un certain poids, la suspension est à couteau, ou mieux, à ressort; mais le pendule léger de l'horloge d'appartement, appelée *une pendule*, est encore souvent porté par un double cordon de soie très-flexible; cependant, depuis quelques années, on y tient le pendule plus lourd, et suspendu par deux petits ressorts minces, d'une manière, du reste, un peu négligée dans le commerce; mais la suspension à ressorts, bien faite, est excellente, et préférée même à celle dite à couteau. Nous en exposerons dans le texte les meilleures conditions. Les grandes oscillations du pendule, comparées à de plus petites, ne leur sont point parfaitement *isochrones* (*v.* isochronisme). On distingue le pendule simple et mathématique, du pendule composé usuel, et du pendule *compensateur* : ils seront décrits à leurs articles. Nous préviendrons seulement que le pendule simple formé d'une petite boule du métal le plus pesant, suspendue par une soie très-mince, ou mieux par un fil de *Pite* très-fin (espèce d'aloès, plante d'Arabie dont les feuilles donnent une soie qui est peu sensible à l'humidité), donne les *secondes*, ou soixantièmes parties de la minute, si la longueur du fil est de trois pieds huit lignes et demie, à très-peu près, mesurés depuis l'axe ou le point de suspension jusqu'au centre de la boule. Pour avoir les demi-secondes, il ne faut qu'une longueur de neuf pouces deux lignes et un huitième, à très-peu près; les arcs doivent être assez petits, comme de deux à trois degrés. Mais dans le pendule composé, c'est-à-dire usuel, comme la verge seule a plus ou moins de pesanteur propre, il faut tenir le pendule plus long que les mesures ci-dessus, et le raccourcir par l'expérience faite auprès du pendule simple, avec lequel on le fait coïncider dans ses oscillations. La quantité dont il faut ensuite le raccourcir dans cette épreuve, dépend des accessoires qui environnent la verge. Le pendule compensateur ayant sa verge très-composée et très-pesante, doit souvent être plus long que le pendule simple, d'un ou deux pouces et quelquefois plus. La manière la plus simple d'opérer est de faire osciller le pendule trop long et fonctionnant avec son échappement, auprès d'une pendule à secondes déjà réglée à très-peu près, ou de placer au mur le pendule simple dont nous avons donné plus haut la longueur; on remarque la quantité de secondes dont le pendule trop long de l'horloge retarde pendant une heure juste, et on calcule la quantité entière dont il faut le raccourcir, à raison de un centième de ligne ou même un quatre-vingt-dix-huitième, terme moyen, pour chaque seconde de retard en vingt-quatre heures, en laissant pour sûreté un peu de correction à faire par l'écrou. Par ce moyen, qui peut à peine donner un quart de ligne d'erreur, que l'écrou d'ailleurs peut aisément corriger, on règle sans embarras, et la longueur totale du pendule, et celle du centre d'*oscillation* ou de *percussion*, sans employer les longs et savants calculs donnés par M. Lalande, dans le traité de *Lepaute*, qui exigent l'usage habituel du genre, peuvent exposer à des erreurs de chiffre et obliger ainsi à recommencer ce long calcul, ou risquent de faire gâter le pendule, et après lesquels, d'ailleurs, il faut toujours en revenir au tâtonnement de l'écrou dans l'application. Pour le pendule à demi-secondes trop long, il faut compter sur 1/400e de ligne par seconde de retard en 24 heures, ou mieux, 1/392e, terme moyen, dont il faut raccourcir le pendule à demi-secondes pour le faire avancer d'une seconde en 24 heures, et réserver toujours une correction à faire par l'écrou. Du reste, on trouvera à la fin de l'ouvrage, parmi de nombreuses tables, celle des diverses longueurs du pendule ordinaire, suivant le nombre d'oscillations par heure. Mais nous avons cru devoir par avance indiquer ici la méthode ci-dessus pour la satisfaction du lecteur. Cette question sera, du reste, amplement traitée dans le texte, à l'article du *Pendule*.

Pendule (la), s. f. On nomme ainsi par ellipse grammaticale, *une*... Horloge à... *Pendule*. Cette expression, *une pendule*, pour désigner l'horloge d'appartement, provient de l'application du pendule à l'horloge par *Huyghens*, en remplacement de l'ancien balancier à folliot, ou du balancier rond, en cercle ou en anneau, qui réglait les premières horloges.

Pignon, s. m. On appelle ordinairement ainsi la plus petite de deux roues qui engrènent ensemble. Cette petite roue, presque toujours en acier, est portée par la tige d'une autre roue ordinairement plus grande et en laiton, qui engrène elle-même avec quelqu'autre pignon ou avec l'échappement. Le pignon est communément de même pièce avec la tige d'acier, sur laquelle est fixée ou soudée une assiette qui porte l'autre roue plus grande rivée sur elle. Les divisions du pignon forment ses *ailes*, dont les flancs doivent être des plans parallèles à l'axe et dirigés sur lui. L'extrémité extérieure ou la tête de l'aile, toujours plus épaisse par ce bout, puisque ses deux flancs se dirigent au centre, est simplement arrondie en demi-cercle quand le pignon est *mené* par la roue. Quand au contraire c'est le pignon qui mène la roue, le demi-cercle de l'aile se change en ogive plus ou moins allongée, suivant les nombres, ce qui augmente le diamètre total du pignon, sans changer pour cela son diamètre *primitif*, qui reste toujours dans le même rapport direct avec le diamètre *primitif* de la roue avec laquelle il engrène, que le rapport direct qui existe entre leurs nombres respectifs de dents et d'ailes (ces rapports n'ont lieu qu'entre la roue et le pignon qui engrènent ensemble, et ne concernent nullement le pignon et la roue portés par la même tige, et qui ne peuvent par conséquent s'engrener); c'est cette différence de hauteur entre le demi-cercle ou *excédant* du pignon *mené* et l'ogive ou *excédant* du pignon *qui mène*, qui produit la différence de grosseur totale du pignon dans ces deux cas. Avec le pignon *qui mène* et prend une ogive pour excédant, les dents de la roue menée perdent leur ogive, et ne prennent plus à leur tour pour excédant qu'un arrondi en demi-cercle; ainsi cette roue menée n'a plus autant de diamètre total ou de grandeur totale que quand elle mène, tandis qu'au contraire le pignon menant est devenu plus gros, bien que les diamètres ou les rayons *primitifs* des deux mobiles et les distances des deux centres soient restés les mêmes (*v.* Dent, Aile, Engrenage). En règle générale, le mobile qui mène a toujours son excédant en ogive plus ou moins allongée, suivant les nombres, et le mobile mené a toujours son excédant en demi-cercle, qui remplace suffisamment la petite portion de courbe que les nombres bas pourraient exiger. Cette raison véritable de la différence de diamètre entre le pignon menant et celui mené, n'a encore été expliquée par aucun auteur d'horlogerie, pas même par Berthoud, qui certes ne l'ignorait pas. On s'est contenté de dire partout que, pour le pignon qui mène, il faut le tenir *un peu plus* gros ; mais de combien? *un peu* n'est pas une mesure.

On retrouvera ailleurs une partie de ces observations, mais on ne saurait trop y revenir, vu l'habitude défectueuse de n'y pas avoir assez égard ; d'ailleurs elles préparent ici à l'étude de notre traité des engrenages, contenu dans cet ouvrage-ci, et qui donnera la manière simple et facile d'obtenir ces mesures avec la plus grande précision.

Plusieurs de ces phrases répétées ont d'ailleurs pour but d'éviter l'excès des renvois, trop souvent indispensables. Dans une lecture suivie, cette représentation des mêmes idées est assez fastidieuse, mais elle a aussi son utilité lorsque l'on ne consulte qu'un seul article (V. la note ci-devant, page 17).

Pivot, s. m. Aux deux extrémités d'une *tige* ou d'un *arbre*, qu'on appelle souvent l'axe, son diamètre est réduit tout-à-coup à former un cylindre plus petit et très-court au moyen d'une portée ou degré rentrant, abaissé carrément. Chaque petit cylindre ou pivot est poli ainsi que sa portée. Le pivot est reçu librement dans un trou de sa platine ou d'un pont. On le désigne ici sous le terme de cylindre parce qu'il paraît en avoir sensiblement la forme ; mais exactement le pivot doit être légèrement conique, c'est-à-dire diminué insensiblement de grosseur de sa portée vers son extrémité. C'est sur des pivots que roulent ordinairement une roue, un pignon, ou toute autre pièce, fixés sur leur tige, excepté les tiges à vis ou fixes, sur lesquelles des mobiles enfilés se meuvent ou tournent ; alors il n'y a pas de pivots proprement dits. La tige mobile est elle-même diminuée avant la portée du pivot, par un petit cône très-court incliné à l'axe d'environ 45°. On le pratique pour que la portée n'ait pas trop de largeur, et que son angle saillant ne morde pas sur la platine. Cet angle même, bien que déjà obtus par l'effet du cône, est encore légèrement arrondi et poli.

Pores, s. m. plur., et **Porosité**, s. f., se disent des petits intervalles qui paraissent exister entre les parties ou les molécules, ou même les atomes composant la matière dont les corps sont formés. Suivant de savants physiciens, « les corps les plus durs et les plus « solides ne sont pas composés de matière absolument continue, mais de parties agrégées « les unes aux autres, et placées à des distances qui, sous l'influence de forces extérieures, « peuvent devenir plus grandes ou moindres ; c'est ce qui explique comment la même masse « de matière peut augmenter de volume par l'effet de la chaleur, par exemple, et se contrac- « ter par le refroidissement. Le Mercure ne s'attache pas seulement à la surface de l'Or, il « s'insinue par les pores de ce métal jusque dans l'intérieur de sa masse. » Le calorique, en s'insinuant de même entre les pores des métaux, en dilate la masse, et la différence d'intensité de cet effet, suivant l'espèce de métal, fournit elle-même un moyen de compenser, par exemple, la dilatation ou allongement de la verge d'acier du pendule, en lui opposant, par un moyen mécanique, l'excès de la dilatation plus grande d'une pareille verge de laiton ou de zinc. C'est ce qui sera amplement développé à l'article du *Pendule compensateur*, et dans nos premières notions élémentaires de Physique générale, extraites des meilleurs auteurs, et qui forment un chapitre important et nouveau dans cet ouvrage. On y trouvera des tables de dilatation de divers métaux, de conductilité du calorique, d'aptitude à le retenir, de son degré nécessaire à la fusion des alliages, etc., avec nombre d'autres tables utiles dans l'Horlogerie. Nous ajouterons seulement ici que la dilatation des métaux a également lieu en tous sens, mais proportionnellement aux dimensions de chaque sens, et que pour le Pendule, c'est principalement à son effet sur la longueur, qu'il importe de remédier.

N. B. Thiout dit au mot PORE : *Tous les Métaux et Minéraux, etc., sont composés de petites parties qu'on appelle Pores!!!* etc. Les pores ne sont pas les parties des corps, ce sont au contraire les vides entre ces parties. Suivant cette ridicule définition on pourrait dire que plus un corps aurait de pores ou de vides, (que l'auteur confond avec les parties solides), sous un même volume, et plus il serait pesant, puisque le poids est en raison directe du nombre des parties contenues sous le même volume, et cette conclusion à l'égard des pores serait absurde. La science physique était cependant assez avancée à cette époque, et ce n'est pas ici une faute typographique. « Et voilà justement comme on écrit l'histoire. »

QUOTTER, v. n., QUOTTEMENT, s. m., s'écrivait anciennement ainsi, et se disait de l'effet de l'aile du Pignon, lorsqu'elle *pointe* contre la dent qui doit la mener. On dit aujourd'hui *accotement* ou arcboutement. (V. Accotement.)

N. B. L'auteur de l'Horlogerie pratique dit, dans sa première édition de 1788, et répète dans sa réimpression de 1802, que ce défaut (quottement) *infringe* les forces !!! C'est sans doute un mot de son invention. (V. la note à la suite de l'article Mouvement.) Nous ne continuerons guère dorénavant ces observations trop fastidieuses ; les précédentes doivent suffire pour apprécier l'exactitude de certains auteurs. Nous aurions grandement préféré n'avoir à répandre sur eux que des éloges mérités.

RÉGULATEUR, s. m. (*V.* Force réglante.)

REMONTAGE, s. m. C'est l'opération de remonter sur le cylindre, à l'aide d'une manivelle, la corde qui soutient le poids d'une horloge ; ou de ramener avec une clef, sur la fusée des montres, la chaîne enroulée sur le barillet pendant le tirage antérieur du ressort moteur ; ou bien d'armer entièrement le ressort moteur par son centre au moyen de la clef placée sur le carré de cet arbre, et de son encliquetage, lorsque le barillet n'a point de chaîne et qu'il agit directement sur le rouage par la denture de sa virole. (*V.* Barillet.)

On appelle encore *remontage*, l'opération de l'artiste qui réunit ensemble toutes les pièces d'une montre après qu'elle a été démontée pour des réparations ou pour d'autres motifs.

REMONTOIR *d'égalité* (mouvement, ou échappement à), s. m. On a donné ce nom au mécanisme par lequel un petit poids, ou un faible ressort, agit immédiatement comme moteur sur la roue d'échappement ou sur celle qui précède, pour éviter l'action intermédiaire du rouage ordinaire qui transmet la force du premier moteur (du poids ou du grand ressort), à la dernière roue ; cette disposition a pour but de supprimer les variations de transmission occasionnées par plusieurs engrenages, dont les inégalités se multiplient à proportion du nombre de mobiles employés. Alors, le reste du rouage, qui existe toujours dans les pièces à remontoir, n'agit plus sur la roue d'échappement; mais il sert à remonter, à de courts intervalles, la petite force secondaire (le petit poids, ou le faible ressort mentionné ci-dessus). Comme l'action de cette dernière force serait de peu de durée, vu qu'elle est promptement épuisée par les fréquentes révolutions du dernier, ou des deux derniers mobiles sur qui seuls elle agit, cette même force secondaire est remontée par le reste du rouage, soit de dix en dix minutes, soit de cinq en cinq, soit de deux en deux, ou à chaque minute, ou même à chaque seconde, à chaque oscillation, suivant la construction adoptée. C'est souvent la descente du petit poids secondaire, ou le développement surabondant du faible ressort, qui, après avoir agi immédiatement sur les derniers mobiles, dégage un volant modérateur ajouté alors au rouage ordinaire du Mouvement, et cela à chaque époque plus ou moins rapprochée, que l'on a préférée pour faire opérer le remontoir.

Ainsi, dans certains remontoirs qui fonctionnent à chaque oscillation, souvent la force motrice secondaire (le petit ressort, ou un levier qu'il fait mouvoir), après avoir agi sur la levée et avoir produit la réparation ordinaire du mouvement oscillatoire, échappe de là pour opérer encore avec le reste de sa force, sur une détente qui dégage le volant du rouage, lequel remonte aussitôt la force secondaire, ou sert à la réarmer, pour la mettre en état d'agir sur l'oscillation suivante.

Dans d'autres constructions, pour déterminer l'instant précis de l'action réparatrice sur la levée, il faut que le Balancier, ou le Pendule, dégage et rende libre l'action de la grande force motrice remontante. Il y a encore plusieurs autres combinaisons diverses de ce genre. D'ailleurs, pour entrer dans de plus grands détails sur ce sujet, il faudrait le secours des figures, et c'est ce qui aura lieu dans le cours de cet ouvrage. Les dispositions dont nous ne donnons ici qu'une première idée, exigent du reste une grande précision pour en assurer les effets, et d'habiles Artistes ont souvent préféré un Mouvement de construction simple et ordinaire, avec des engrenages soignés, surtout en employant un poids moteur. Nous exposerons les raisons pour et contre, à l'article du *Remontoir* d'égalité. Nous ajouterons seulement ici que, dans les grandes pièces à ressort moteur, sans fusée, comme nos pendules, et dans les grosses horloges, où les dimensions des mobiles occasionnent plus de frottements, surtout lorsque l'on en exige une régularité plus spéciale, certaines constructions de remontoir d'égalité paraissent offrir un avantage sensible; mais en petit, en Montre, par exemple, avec la fusée, avec une force motrice modérée, avec des engrenages suivant les vrais principes, etc., la question ne paraît pas aussi nettement décidée. Les avis des Artistes sont partagés à ce sujet, ainsi qu'on le verra dans le texte, par le rapport de leurs diverses opinions.

On appelle aussi simplement *Remontoir*, la partie d'une montre, d'une pendule, ou d'une Horloge, qui sert au remontage ordinaire, ainsi, on dit dans ce sens : *le trou de remontoir*, *le carré de remontoir*, *l'encliquetage du remontoir*, etc.

Ressort moteur, s. m. (et, par relation, Élasticité, Trempe et Fabrication du). L'Art de l'Horlogerie emploie, comme l'un de ses principaux moyens d'action et de mouvement, l'Élasticité de l'Acier, d'abord *trempé*, ensuite *revenu*, ou réchauffé avec égalité et à un degré déterminé, opérations qui augmentent considérablement sa propriété déjà naturellement élastique. Le Laiton, battu à froid (écroui), acquiert bien aussi quelque degré d'élasticité ; mais cette propriété dont on fait usage dans certaines occasions, est beaucoup trop limitée pour entrer en comparaison avec celle de l'acier préparé comme il est dit. Les autres métaux paraissent encore inférieurs au laiton sous ce rapport ; du reste, tous les métaux, et même physiquement, tous les corps sont toujours plus ou moins élastiques ; mais, dans plusieurs, cette qualité est presque insensible. L'Acier, naturellement plus élastique que les autres métaux, le devient aussi davantage étant battu à froid, mais, toutefois, avec une limite au-delà de laquelle, étant trop ployé, il se *rend* de quelques degrés et reste plus ou moins courbe ; tandis qu'avec une certaine force de *trempe*, il ne se *rend* presque plus et revient à sa première situation après avoir été ployé ; ou bien, si l'on dépasse la limite, il casse plutôt que de se *rendre*. Pour que cette propriété soit plus ou moins sensible dans l'acier *trempé* et *revenu*, on donne ordinairement aux ressorts d'acier une forme très-plate, c'est-à-dire, qu'on tient la pièce amincie plus ou moins, dans le sens favorable au ploiement qu'elle doit éprouver. L'acier est le seul métal auquel on reconnaisse la propriété de se durcir et de devenir plus élastique au moyen de la *trempe* et du *revenu* ; quelques autres métaux et alliages y deviennent *aigres*, d'autres s'y amollissent.

Il y a dans les ouvrages d'Horlogerie plusieurs pièces d'acier de diverses formes, dont les unes, destinées à conserver autant que possible leur raideur, ne sont faites de ce métal qu'à cause de sa solidité, de sa dureté, acquise par la trempe, et du poli qu'elle lui permet d'acquérir et conserver plus long-temps ; d'autres pièces d'acier, minces, allongées, contournées et flexibles, sont destinées à fonctionner comme ressorts dans les cadratures et ailleurs, le plus souvent avec peu de développement, et pour n'occasionner à d'autres pièces que des mouvements assez limités.

On sait que la trempe ordinaire de l'acier consiste à le faire rougir avec égalité, à un degré déterminé par l'espèce employée, et à le tremper subitement dans l'eau ou dans l'huile froides. La bonne trempe, surtout celle des ressorts moteurs, exige une étude et une habitude toutes particulières, tant pour le degré de chaleur, suivant la qualité de l'acier, que pour les soins de préparation et le degré du *revenu* après la trempe. On appelle *revenu*, ou faire *revenir* l'acier trempé, l'opération de le réchauffer modérément et également à un degré voulu. Immédiatement après une bonne trempe, l'acier est très-dur, et paraît presque aussi fragile que le verre. Comme il reste noir la plupart du temps après la trempe, on le *blanchit* dans cet état avec de la *Pierre ponce* calcinée ; puis on l'expose à une chaleur modérée qui puisse en pénétrer également toutes les parties, en ayant soin que le corps chaud qui la lui procure, le touche également partout ; autrement, les parties isolées du contact ne prendraient pas une chaleur égale (nous en indiquerons ailleurs les divers moyens). Dans ce cas, et par l'effet de la chaleur continuée, et à un degré plus ou moins fort, l'acier qui avait été blanchi d'abord à la ponce, prend successivement les couleurs suivantes : un *jaune pâle* d'abord, ensuite un *jaune plus foncé* ; il devient ensuite *orange*, *pourpre*, *violet*,

les plus petits cercles dans les plus grands. Ce paquet est placé dans un réchaud rond, dont les bords à l'équerre sont découpés à jour, et dont le fond, aussi à jour, n'est garni que de rayons étroits et même tranchants en dedans. Un couvercle, semblablement à jour, ferme le tout. Ce réchaud rond est tenu par le centre du fond au bout d'un long manche de fer, et peut tourner sur lui-même librement, en poussant ses bords avec une tige de fer ou autre instrument. On peut ainsi faire prendre au réchaud et à ce qu'il contient une chaleur rouge égale, en le faisant tourner continuellement au milieu d'un fourneau allumé, fait en maçonnerie et de forme appropriée. Quelques artistes n'emploient point de couvercle, pour mieux juger de la couleur *rouge cerise demi-mûre* des ressorts, et cela, d'après plusieurs expériences sur diverses qualités d'acier. Lorsque le paquet de lames a également partout la chaleur rouge voulue, et dont le jugement est un des talents spéciaux de l'artiste, il retire le réchaud découvert, et le renverse au-dessus d'un baquet plein d'huile d'olive froide ; c'est la *trempe*.

Chaque lame enlevée du paquet est débarrassée de son fil d'archal avec précaution, vu la fragilité de la lame, que nous avons dite égale au moins à celle du verre. Cependant, la lame est assez mince, proportionnellement à sa longueur, pour qu'on puisse, avec ménagement toutefois, la redresser en ligne droite, et en serrer faiblement les deux extrémités dans les deux pinces à vis opposées, qui sont aux deux bouts d'un archet de fer fait exprès, et dont l'une des pinces peut être glissée à volonté ; on se garde bien d'abord de tendre tout-à-fait cette lame, qui reste plus ou moins ondée ; mais, dans cet état, on la fait glisser légèrement par une de ses faces sur une pièce de fer méplate, d'un demi-pouce d'épaisseur et de trois pouces de large, dont le dessus est un peu en *dos d'âne*, et qui est engagée des deux tiers dans le flanc ouvert d'un fourneau de tôle rempli de charbon allumé, où cette pièce de fer puise la chaleur nécessaire à un premier revenu, comme le jaune pâle ou *paille*, et l'on juge de la chaleur de la pièce de fer par la même couleur qu'elle prend aussi, après avoir été préalablement blanchie avec une lime. En faisant glisser la lame contenue par l'archet, doucement et également appuyée et traînée, avec la lenteur nécessaire, sur la pièce de fer chaude, la lame prend également partout un petit jaune pâle. On peut alors la tendre un peu, et en la repassant une seconde fois, on lui fait prendre un jaune doré. On ne risque plus alors de tendre la lame davantage pour lui faire prendre la couleur pourpre ; enfin on la tend encore plus pour lui donner définitivement la couleur *bleu clair* ou *de ciel*, toujours parfaitement égale, ce qui dépend de la vitesse ou de la progression adroite dans le glissement de la lame, que l'habitude apprend à exécuter à la fois lestement et avec la perfection requise. Cette dernière couleur est celle qui donne à l'acier sa plus grande latitude d'élasticité, aussi garantie de la rupture que du *rendu*. On dit qu'un ressort *se rend* ou *s'est rendu*, quand, après avoir éprouvé la flexion voulue, il ne revient pas exactement à sa première figure ou à la place qu'il occupait d'abord.

La lame placée ensuite sur un autre archet pris dans l'étau d'établi, est tendue hardiment et frottée à l'*émeril* et à l'huile sur sa longueur, entre deux plaques de fer doux incrustées dans deux pièces de bois, chacune à deux manches, que l'on tient entre les deux mains, et qui s'appellent *les plombs*, que l'on serre plus ou moins, et au moyen desquels on rectifie la dernière épaisseur à laisser à la lame, et sa diminution progressive, dite *en fouet*, vers le bout du ressort qui sera roulé au centre, dans les ressorts à fusée. C'est aussi par un moyen analogue que l'on arrondit les bords et qu'on adoucit et polit les surfaces de la lame. On a pour régler l'épaisseur, un Calibre particulier, formé de deux bandes d'acier très-dures, bien dressées sur leurs bords, qui sont rapprochées insensiblement jusqu'à se toucher par un bout, où elles sont assemblées fixément, tandis qu'elles restent entr'ouvertes par l'autre extrémité. Des divisions tracées sur la longueur de ce Calibre permettent de juger avec précision les diverses épaisseurs du ressort, à proportion qu'il peut pénétrer plus ou moins avant dans cette espèce d'angle vide et extrêmement aigu, ou très-peu ouvert.

On essuie et dégraisse bien la lame amenée à son point, et on la remet de nouveau dans un archet, pour lui faire prendre, par les moyens ci-dessus, un beau bleu vif, qui doit rester. Il y a des ressorts qu'on laisse blancs et bien polis, pour que les tours de lames glissent mieux entre eux; mais alors, ils ont besoin d'être plus parfaitement soignés; la couleur bleue donne aux surfaces une certaine âpreté; mais dans les fabriques, on néglige cette distinction, parce que le bleu foncé masque les défauts de fabrication, et n'instruit pas de la vraie couleur de ressort donnée précédemment. Chaque profession a ses secrets et ses apparences flatteuses.

Le ressort, laissé d'abord trop long, étant coupé à la longueur voulue, on en fait revenir un peu plus les deux extrémités; on forme ensuite sur chacune, au moyen d'un *emporte-pièce*, l'œil par lequel elle doit être accrochée; on arrondit ces bouts, on les adoucit, on fait prendre à leur extrémité, avec le marteau, une courbe plus prononcée que celle générale du ressort, quand il sera ployé, et l'on procède à lui donner la forme spirale. Pour cet effet, on accroche l'œil du bout le plus mince ou du centre (*pour fusée*), sur l'arbre d'une estrapade; puis, appuyant fortement sur le premier tour, puis plus mollement sur les suivants, et en guidant la lame avec le pouce d'une main, on roule sur lui-même et jusqu'au bout le ressort qui était resté droit dans toutes les opérations précédentes; puis on laisse échapper la manivelle dégagée de son encliquetage, en maintenant entre les doigts le ressort qui, en se débandant, la fait rapidement rétrograder; en sorte que la lame, de droite qu'elle était, conserve, ainsi forcée, une courbe spirale assez régulière, formant plusieurs tours de plus en plus écartés vers le bout extérieur.

C'est encore avec une estrapade d'horloger, mais ordinairement plus délicate, que le ressort resserré de nouveau sur lui-même, est introduit et placé dans le barillet. Renfermés ainsi, les tours du ressort, livrés à eux-mêmes, restent adossés les uns aux autres et appuyés contre la virole, hors le dernier tour intérieur, qui s'écarte des autres et se rapproche du centre pour embrasser l'arbre du barillet, effet dû à la pression plus forte du pouce sur le premier tour du centre, lorsque l'on a ployé le ressort.

L'arbre étant ensuite placé, remplit déjà un tiers du diamètre vide du barillet, et le ressort y formant contre la virole douze à quatorze tours et plus, occupe tout autour la moitié du vide restant. Les extrémités du ressort étant accrochées, celles du milieu au crochet de l'arbre, et l'autre au crochet intérieur de la virole, et le barillet étant fermé par son couvercle, on conçoit qu'il est un sens où l'on ne peut faire tourner l'arbre (le barillet restant fixe), ou bien faire tourner le barillet (l'arbre restant immobile), sans obliger les tours du ressort de se coller successivement sur l'arbre, en laissant à la fin, entre leur dernier tour et la virole, un demi-vide à-peu-près égal à celui qui existait avant, du côté de l'arbre. Or, la chaîne accrochée et enroulée primitivement sur le dehors de la virole d'un barillet (dans une montre), et attachée de l'autre bout à la base de la Fusée, produit précisément le déplacement des tours du ressort dont nous venons de parler, toutes les fois que l'on reporte la chaîne sur la fusée, par le remontage avec la clef, placée sur le carré de l'arbre de fusée.

Il en est de même pour le barillet denté et sans chaîne des montres et pendules, sauf que la clef de remontage placée, dans ce cas, sur le carré de l'arbre du barillet immobile, remonte le ressort par ses tours du centre, tandis que la chaîne, au contraire, fait tourner le barillet et remonte le ressort par ses tours du dehors. Mais le résultat est le même ; le ressort est toujours également armé, et, dans les deux cas, un encliquetage empêche de rétrograder et retient celui des deux mobiles que la clef a fait tourner.

On conçoit alors que l'élasticité du ressort, ainsi armé autour de son arbre, fait effort pour remettre ce ressort à sa première place, c'est-à-dire contre la virole, et produit la force motrice qui anime en quelque sorte le rouage.

Tel est, dans ce cadre fort resserré, le travail qu'entraîne le ressort moteur et son effet dans ce qu'on nomme un Mouvement d'horlogerie. Dans cet état de resserrement et de contraction extrêmes, pour une lame d'acier déjà trempée, on sent que le ressort doit être bien près de se rompre ; mais le degré de *revenu* et les proportions de la lame doivent être aussi tels, que le ressort puisse résister sans fracture, et aussi sans que sa trempe soit assez *molle* pour qu'il se *rende*, c'est-à-dire, sans perdre de sa qualité élastique. Des ressorts ont quelquefois servi quarante, cinquante ans et plus, sans s'être rendus sensiblement ; puis, tout-à-coup, ils se cassent, sans que l'on puisse en reconnaître la cause, sans rouille, sans écorchures, qui pourraient d'ailleurs aisément y contribuer. D'autres se cassent entre les mains de l'Artiste, en les roulant, ou en les essayant une première fois, après avoir résisté au ploiement pour les former, ou après peu de jours de service. Il paraît que cet accident a plus facilement lieu par un certain état de l'atmosphère, ou par quelque autre cause générale encore inconnue, puisque l'on en voit casser un plus grand nombre de suite aux mêmes époques.

Parmi les conditions d'un ressort bien fait, on exige qu'il soit un peu plus épais au centre de la lame qu'à ses bords, et qu'il ait tous ses tours également et progressivement écartés entre eux, sans se toucher, pendant tout le tirage, etc. Tant de qualités réunies dans un ressort moteur, exigent un talent difficile à acquérir, et très-précieux en horlogerie. La préparation des ressorts de pendule est, à quelques modifications près, la même en grand que celle en petit; mais ceux de pendules sont moins difficiles à faire et aussi moins sujets à se rompre. Nous n'avons décrit ces opérations que d'une manière abrégée, en supprimant des soins de détails qui occuperaient plusieurs pages. Ce peu d'indications est basé sur la méthode de l'habile Artiste M. *Vincent*, le premier talent en ce genre, et qui a bien voulu opérer entièrement devant nous. Chaque fabricant a d'ailleurs sa méthode particulière, et dont il fait ordinairement un secret. Cet article, tout écourté qu'il est, paraîtra long ici, au milieu de quelques autres explications nécessairement moins étendues; néanmoins, le seul article du ressort moteur occupe, dans l'*Encyclopédie méthodique*, 15 pages in-4° à deux colonnes, en petit-romain non-interligné, divisées en près de cent paragraphes; mais la méthode et la main-d'œuvre ont beaucoup changé depuis. Cet article, bien moins long ici, contient cependant plusieurs développements de plus.

Ressort spiral ou *réglant*, s. m. Il est aussi en acier, comme le précédent, et n'en diffère essentiellement que par son excessive ténuité; il n'a souvent pour épaisseur qu'un trentième de ligne, et pour largeur un douzième, sur une longueur de quatre, cinq ou six pouces, roulée suivant une ligne spirale, formant de quatre, à six ou sept tours; c'est de cette courbe rentrante insensiblement sur elle-même vers son centre, que lui vient son nom. C'est ainsi qu'en faisant abstraction du mot *ressort*, on dit simplement un *spiral*, des *spiraux*. Les dimensions que nous venons d'indiquer, varient, du reste, suivant le poids et le diamètre du balancier. On a long-temps formé les spiraux, et même on les forme encore aujourd'hui, en coupant en filets extrêmement étroits, au moyen de Cisailles appropriées, une feuille d'acier trempé et revenu au point convenable (au *bleu clair*), préparation expliquée dans l'article précédent; cette feuille d'acier est plus épaisse d'un bout que de l'autre, ce qui donne au spiral une épaisseur diminuée *en fouet*, dont l'extrémité la plus mince est au centre; c'est, en très-petit, à-peu-près comme pour le grand ressort ou ressort moteur. On adoucit et arrondit les bords par divers procédés, toujours fort délicats. Aujourd'hui, le spiral est souvent formé de fil d'acier tiré rond, et ensuite passé au laminoir, pour lui donner une forme méplate; dans le travail des spiraux, c'est ce qu'on nomme *fil de bobine*; on ne le trempe plus, au moins dans l'usage ordinaire, parce que l'élasticité naturelle de l'acier, déjà écroui deux fois par la filière ronde et par le laminoir, suffit pour que le ploiement de ses tours, qu'on appelle aussi *ses lames*, ne dépasse pas à beaucoup près les limites de sa propriété élastique. L'épaisseur et la largeur de ce spiral de fil de bobine sont alors égales sur toute sa longueur. On roule ce fil par des procédés simples, et faciles à ceux seulement qui en ont contracté l'habitude, et que nous ne décrirons pas ici, nous bornant à indiquer que c'est entre une sorte de petit brunissoir et le pouce, que l'on frotte la lame, pour lui faire acquérir peu à peu la courbe voulue. Les deux espèces de spiraux sont soumises en dernier lieu à un revenu *bleu vif ou foncé*, moins avancé que le *bleu clair*, lequel exige plus de chaleur, et cela, entre deux plaques où ils sont serrés sur leur plan, et dont ensuite le refroidissement sert à fixer la forme régulière qui leur a été donnée. Alors les spiraux résistent autant à s'ouvrir qu'à se fermer, et conservent cette propriété sans perte sensible, pendant toute la durée d'une montre qui, bien faite et ménagée, pourrait servir à plusieurs générations. On conçoit bien que nous ne parlons pas ici des *Platitudes* actuelles.

Les spiraux *isochrones* des horloges marines, des chronomètres, sont le plus souvent trempés et revenus *bleu*; mais on donne à leur confection des soins tout particuliers, dont nous ne nous occuperons pas maintenant, parce qu'ils font partie des détails de main-d'œuvre, réservés pour le chapitre qui les concerne.

D'après la délicatesse du ressort spiral ordinaire, on conçoit qu'il ne faut pas beaucoup d'acier pour en former une grande quantité; on a calculé qu'une livre pesant d'acier anglais de première qualité, qui revient en France au prix d'environ deux francs, réduite en spiraux, représente environ vingt-quatre mille francs de valeur commerciale, quoique chaque spiral de première qualité et fini, coûte à peine le quart de la livre d'acier, et les spiraux communs sont encore d'un prix inférieur de plus de moitié. Mais le choix pour chaque montre, l'essai nécessaire de plusieurs pour en trouver un de force voulue, leur placement à la virole du balancier, les accidents qui surviennent et faussent ou cassent aisément un ressort aussi délicat, consument beaucoup de temps à l'artiste, et peuvent aisément en vingtupler pour lui la valeur. Il y a dans les villes *de fabrique* des ouvriers dont l'unique occupation est de choisir et placer les spiraux pour toutes les montres. En tenant le spiral par son extrémité extérieure avec des pinces, et en soulevant le balancier, accroché momentanément au bout du centre du spiral (par la palette inférieure de la verge, par exemple), d'après la forme paraboloïde renversée et plus ou moins allongée que le spiral prend alors, ils jugent de la force qui convient pour régler la montre, de manière que la course de l'avance et retard soit suffisante. C'est, entre autres, un des avantages généraux de la fabrication en grand nombre; mais, dans bien des points, ce qu'on y gagne en temps et en économie, est souvent perdu et au-delà, en qualité et en durée.

Secondes et Tierces, ss. fs. Cet article n'est pas destiné à faire remarquer au lecteur que l'intervalle de temps qui porte le nom de *Seconde*, est la soixantième partie de la minute, qui est elle-même la soixantième partie de l'heure, ni que la *Tierce* n'est que la soixantième partie d'une *Seconde*; le lecteur sait cela d'ordinaire, avant d'avoir jeté les yeux sur ce livre; mais nous en prenons occasion de suppléer ici à l'omission faite, en son rang alphabétique, de l'article Compteur *des secondes*, et même *des tierces*, et qui a eu lieu également dans l'aperçu très-incomplet des matières principales de cet ouvrage, à la huitième page du Prospectus et Avant-propos.

Les Secondes et les Tierces, dites d'*observation*, sont souvent marquées par la montre qu'on appelle *un Compteur*, sorte de chronomètre particulier, construit et réglé sur les mêmes principes que l'horloge marine, et qui est garanti comme elle de l'influence de la température et du résultat des inégalités de la force motrice. Il y a néanmoins quelques chronomètres de poche qui portent à part des *secondes d'observation*, soit sur un petit cadran séparé, soit par une autre aiguille de secondes placée sous la première d'usage, en sorte que cette autre aiguille de rapport s'arrête ou part à volonté, au moyen d'un bouton extérieur de la boîte, ou de son pendant même, disposé à cet effet, sans que la marche du chronomètre et de ses secondes ordinaires en soit aucunement altérée. On tire un parti assez avantageux de cette disposition, pour la facilité des observations. Le mécanisme en a été varié de plusieurs manières, et nous rendrons compte, dans le chapitre qui comprend ce sujet, de celles qui sont le plus en usage.

On donne aussi le nom de *Compteur* à une sorte de pendule à demi-secondes, qui sonne ou non les secondes à volonté, c'est-à-dire, un coup sur un timbre de deux en deux oscillations de son pendule. L'oscillation muette et intermédiaire qui se distingue par le bruit seul de l'échappement, entre les deux coups du timbre, désigne les demi-secondes. Cet instrument se fixe contre un mur, à la vue de l'observateur, placé soit à la lunette *des passages*, soit au quart de cercle mobile ou mural, soit auprès de tout autre télescope à *réticule*. On met préalablement le compteur d'accord avec la pendule de l'observatoire, souvent trop éloignée pour que les coups simples de son échappement soient entendus; on donne un coup-d'œil à la minute et à la seconde du compteur, ordinairement très-apparentes, ainsi que leurs aiguilles, puis on continue à en poursuivre le compte à l'oreille, pendant que l'œil observe l'occultation de l'étoile, ou le contact des bords de l'astre avec les fils du réticule. On met aussi en marche, ou l'on arrête ce compteur, au moyen d'un ou de deux cordons, tenus au besoin par l'observateur. Aujourd'hui, l'on préfère d'observer avec un chronomètre de poche, dont l'aiguille *trotteuse* marque les cinquièmes des secondes, battus à l'oreille par l'échappement. Les secondes entières que marquent encore quelques montres dites à *secondes indépendantes*, sont réservées pour l'usage de la médecine, dans le but d'apprécier le nombre de pulsations d'une artère par minute, et pour d'autres applications, où les fractions de secondes sont inutiles.

Arnold père, en Angleterre, avait essayé l'exécution d'un *compteur des tierces*, dont l'aiguille faisait une révolution entière par seconde, et pouvait, au moyen d'un bouton, être arrêtée sur un point, ou un soixantième quelconque de sa révolution. Mais par la disposition du mécanisme, cette aiguille éprouvait un instant d'arrêt sur le point de 60, d'où l'on concluait avec raison que les divisions ne pouvaient pas être parcourues exactement dans l'intervalle juste du nombre de tierces qu'elles annonçaient; *Arnold* ne donna pas de suite à cette invention. Il y a quelques années que, pour notre seul usage, et pour plus de précision dans l'emploi d'un instrument particulier d'astronomie, nous eûmes occasion de composer un *compteur des tierces* fort exact, et exempt des inconvénients du précédent, que nous ne connaissions pas. Nous en donnerons la description lorsque cet article sera traité dans le cours de notre ouvrage.

Temps, s. m. Le temps se mesure par le mouvement apparent du soleil, corrigé de ses anomalies, ou par les révolutions réelles de la Terre à l'égard des étoiles, corrigées aussi de leur différence de déclinaison, d'ascension droite, de variation annuelle, etc. « Le temps est pour nous l'impression que laisse dans la mémoire » une suite d'événements dont nous sommes certains que l'existence a été succes- » sive; le mouvement est propre à lui servir de mesure, car un corps ne pouvant » être dans plusieurs lieux à la fois, il ne parvient d'un endroit à un autre qu'en » passant successivement par tous les lieux intermédiaires. Si à chaque point de la ligne » qu'il décrit, il est animé de la même force, son mouvement est uniforme, et les par- » ties de cette ligne peuvent mesurer le temps employé à les parcourir. Quand un » Pendule, à la fin de chaque oscillation, se retrouve dans des circonstances par- » faitement semblables, les durées de ses oscillations (supposées isochrones), sont » les mêmes, et le temps peut se mesurer par leur nombre. On peut aussi em- » ployer à cette mesure les révolutions de la sphère céleste, dans lesquelles tout » paraît égal : mais on est unanimement convenu (dans la division civile) de faire usage » pour cet objet du mouvement apparent du soleil, dont les retours au même méridien et » au même équinoxe ou au même solstice, forment les jours et les années. » Cette définition d'un seul mot, du terme abstrait *Temps*, pourra paraître longue; elle est de M. *De la Place*, qui sans doute a eu ses raisons pour en juger autrement. (Exposition du Système du monde.)

Tierce, s. f. Soixantième partie de la *Seconde* (*v.* Secondes et Tierces).

Virole, espèce de canon ou de tube, le plus souvent cylindrique, qui enveloppe ordinairement quelque autre corps (*v.* Canon).

Verge (d'échappement), s. f. Axe ou tige du balancier, garni de deux ailes ou palettes situées vers ses deux extrémités, mais dont les plans d'action ou de contact, c'est-à-dire, les flancs qui se regardent, forment entre eux, par leur direction au centre, un angle d'environ 95 à 100 degrés. C'est sur ces plans ou palettes qu'agissent alternativement les dents diamétralement opposées de la roue d'échappement, pour produire les vibrations du balancier.

Vis, s. f., (que l'on prononce *Visse*). Pièce ordinairement d'acier, cylindrique, à l'exception de la tête, qui est d'un plus grand diamètre, et reçoit diverses formes. Cette tête est le plus souvent fendue en dessus d'une ouverture transversale, pour y placer le bout de la lame d'un *Tourne-vis*. La tige cylindrique de la vis est cannelée circulairement, mais obliquement, par une rainure rampante, creusée dans sa surface; cette rainure qui commence au long du cercle formé par l'extrémité du cylindre, s'élève insensiblement en tournant comme un plan incliné circulaire, pour arriver après un premier tour au-dessus du point de départ, en laissant entre elle et ce premier point un intervalle intact, égal à la largeur de la rainure, et continue de même plusieurs autres révolutions jusque plus ou moins près de la tête de vis. Il en résulte, entre les cannelures, un filet resté saillant, d'une hauteur égale à celle du vide. Les angles externes du filet sont arrondis, ainsi que les angles internes de la cannelure, excepté dans certaines grosses vis d'Étau et autres dont le filet et la rainure sont carrés. La profondeur de la cannelure doit être au moins égale à sa hauteur, et plutôt un peu plus enfoncée, dans les vis de bonne forme et proportion. Le trou cylindrique qui reçoit une vis est d'une dimension telle, qu'une autre cannelure pratiquée dans les parois de ce trou donne place exactement au filet saillant de la vis, avec la liberté convenable pour qu'il puisse y glisser sans gêne, en serpentant tout autour du trou, dont le filet saillant intérieurement se loge de même en glissant dans la cannelure de la vis. On monte aussi sur l'extrémité d'une vis employée comme *boulon* une petite pièce carrée ou hexagone (à six pans), préparée comme on l'a dit du trou, et qui se nomme *Écrou*. On sait généralement que le filet de la vis agissant comme un plan incliné ou un coin, et avec les mêmes conditions et avantages, sert à retenir plusieurs pièces serrées l'une contre l'autre, à en faire avancer ou reculer d'autres, à produire une pression, etc. Rien n'est d'un usage plus commun que l'emploi de la vis, en grand comme en petit; mais ce qui ne l'est pas autant, c'est de rencontrer des vis bien faites: nous parlerons ailleurs des conditions exigées pour leur perfection. La vis est la plus puissante des six machines simples.

La vis se forme avec un outil d'acier trempé très-dur, appelé *filière-à-vis*, dont les trous de diverses grandeurs sont préparés comme il a été dit de l'écrou, et cela avant de tremper la filière. C'est par effort et compression qu'une tige d'acier, préalablement ramollie par le recuit, étant introduite par son extrémité suffisamment conique dans le trou de la filière d'une grandeur convenable, se moule en quelque sorte en vis, ou en *hélice*, en faisant tourner l'une ou l'autre pièce avec un certain effort. On y emploie un mouvement alternatif de va-et-vient qui avance néanmoins peu à peu et de plus en plus, en appuyant toujours la tige vers le fond du trou. Il est essentiel que la tige ne soit pas trop grosse pour le trou, autrement elle ferait éclater la filière, ou bien le filet ne pouvant se former finirait par se ronger; ni trop petite, car alors les pas ou filets ne seraient pas entièrement formés. Les bonnes filières bien conditionnées ont à côté de chaque diamètre gradué de vis un autre trou uni intérieurement, dit d'*essai* ou calibre, pour déterminer et régler la grosseur préalable de la tige à fileter. On emploie dans cette opération beaucoup d'huile que l'on renouvelle très-souvent, et même de cire jaune, pour prévenir l'adhérence et le *grippement* des surfaces frottantes.

C'est dans la filière que l'on forme de même une autre sorte de vis appelée *Taraud*, équarrie d'un bout et un peu en pointe de clou, ensuite cylindrique au milieu, puis élargie et méplate à l'autre extrémité qui est la tête du taraud, laquelle est quelquefois équarrie, et se pince dans un étau à main servant comme d'un manche. Cette pièce filetée est ensuite trempée, revenue entre le *jaune* et le *pourpre*, et sert à fileter intérieurement les écrous recuits, ainsi que les trous préparés moins durs qui doivent recevoir une vis. L'extrémité carrée et en pointe du taraud sert à couper, entamer les parois du trou, et le milieu plein du taraud achève de former le filet par compression; aussi y faut-il, comme il a été dit, beaucoup d'huile ou de cire continuellement renouvelées. Il y a des filières dites *brisées*, parce que, formées de deux pièces réunies qui portent chacune la moitié à peu près du trou fileté, celles-ci peuvent se rapprocher au moyen d'une vis de pression, et ébaucher ainsi les vis formées plus grosses d'abord, et réduites peu à peu de diamètre par le rapprochement des côtés de la filière; il y en a à châssis fixes, dites à coussinets de rechange; ces coussinets très-durs portent chacun, comme les côtés de la précédente, un peu moins de la moitié du trou fileté, et se rapprochent aussi par une vis de pression. Les coussinets coupent en partie le métal, et le refoulent en partie. Les petites vis de montre se font dans la filière simple à trous filetés, avec trous d'essai ou calibres. Les vis sont de fer, d'acier, de laiton, etc.

On appelle *vis-sans-fin* un cylindre fileté comme il a été dit, mais retenu à ses deux extrémités par deux pivots qui le terminent, et sont maintenus dans les collets de deux plots fixés sur un corps solide. Une des extrémités dépasse son collet pour former une tête ou un bout équarri sur lequel on monte une clef, qui sert à faire tourner la vis sur elle-même, sans avancer ni reculer sur sa longueur. Si alors un écrou, ou les dents d'une roue, sont engagés dans la vis, c'est l'écrou ou les dents de la roue qui avancent ou reculent quand la clef fait tourner la vis-sans-fin qui ne peut avoir de progression. Quelquefois la vis-sans-fin porte deux ou trois filets entrelacés également, et dont la pente ou la progression est d'autant plus grande; alors l'action des dents de la roue qui y engrène peut faire tourner la vis, pourvu que celle-ci soit très-libre, et que celui de ses pivots qui reçoit l'effort longitudinal appuie par sa pointe arrondie sur un corps plat, dur et poli (un coqueret d'acier, ou garni en pierre, une contre-plaque), qui en réduit le frottement, enfin, que les pivots ou les collets soient d'ailleurs suffisamment libres dans leurs trous: il faut alors de l'huile aux dents de la roue, aux filets de la vis et à ses pivots; c'est ainsi que l'on établit souvent un *volant*, avec engrenage de vis-sans-fin. Les mots *filet* ou *pas* de vis sont employés souvent comme synonymes.

La Vis d'un Balancier à frapper la monnaie, celle d'une presse d'imprimerie, ont aussi plusieurs filets entrelacés, pour en rendre la progression et la descente plus rapides.

On nomme *Vis-de-rappel* celle qui ne sert qu'à faire avancer ou reculer une autre pièce formant *écrou*, et qui lui est assujettie, etc. Les vis sont presque toujours trempées et revenues *bleu*, dans l'horlogerie. D'autres observations sur la vis se trouveront à leur place dans le texte, et dans les notions de physique générale. Nous en avons dit beaucoup ici sur ce sujet, parce qu'il est assez important dans presque toutes les constructions, où l'on ne peut guère se passer de ce moyen mécanique si généralement employé. Si tout marche par leviers en mécanique, presque tout aussi s'assemble et se démonte au moyen des vis.

Divers auteurs confondent à tort la courbe de l'*Hélice* avec celle de la *Spirale*: le filet de la vis est en *Hélice*, les ressorts moteur et réglant sont ployés en *Spirale*; le *pas* d'une fusée réunit les deux espèces de courbes.

Nous bornons ici ce recueil partiel de termes d'horlogerie, de définitions et d'explications préliminaires; plusieurs articles y sont développés bien au-delà d'une simple définition, parce que l'on a cru devoir y recueillir des remarques utiles qu'il aurait fallu intercaler dans le texte, et qu'elles auraient embarrassé. Ces mêmes articles ne seront plus mentionnés qu'avec renvoi à cette espèce de Table; elle n'offre encore qu'un très-petit nombre des principaux termes techniques, mais suffisant pour l'intelligence des premiers chapitres : l'explication des autres termes se trouvera naturellement dans le cours de l'ouvrage, ou sera placée en note au bas des pages.

Certaines définitions ne sont pas ici aussi complètes ou précises que celles des ouvrages de géométrie, parce que le vrai sens n'en serait accessible qu'à trop peu de lecteurs, dont plusieurs ne sont pas géomètres, ni même assez grammairiens pour embrasser et distinguer toutes les diverses acceptions d'un mot important et toute son étendue. Il eût été évidemment plus facile de copier les définitions toutes faites des auteurs connus; on a préféré de les exprimer d'une manière plus commune, et de ne les développer que dans le sens utile à la matière, en les tenant à la portée ordinaire de l'élève ou de l'amateur; il suffit ici que ces connaissances limitées ne soient jamais en contradiction avec les principes généraux, ni avec leurs conséquences. Nous ne faisons pas un traité des sciences, malgré bien des points de contact avec elles. Ce qui importe, c'est que le lecteur, devenu par la suite géomètre ou physicien, n'ait pas acquis dans ce livre des notions fausses, ce qui ailleurs est assez rare; c'est à quoi nous nous appliquons, en suivant du reste un mode d'enseignement souvent éprouvé avec succès.

On ne doit pas non plus perdre de vue, ainsi qu'il a déjà été observé, que les articles précédents et quelques autres à la suite ne sont d'abord destinés qu'à l'usage des élèves et des amateurs, et ne s'adressent point aux Artistes formés qui possèdent de reste ces notions élémentaires; quelques-uns, néanmoins, pourront revoir avec intérêt ces commencements, comme le voyageur parvenu sur des hauteurs se plaît à regarder en arrière l'étendue et les sinuosités de la longue route qu'il a parcourue. Peu à peu l'ouvrage offrira des connaissances plus avancées, et qui ne sont pas assez générales; plus loin, celles qui ne sont familières qu'à un trop petit nombre d'Artistes instruits; nous arriverons enfin à ces questions difficiles, dont les unes ne sont pas encore nettement décidées, et dont les autres n'ont pas du tout été résolues : nous appellerons sur ces dernières la méditation et l'expérience. On conçoit assez que la connaissance de l'Art ne peut s'élever jusque là que par gradation, et que tout traité de science ou d'art doit nécessairement débuter par les commencements les plus simples, dont il convient aussi que le développement soit proportionné à l'étendue classique et complète de l'ouvrage entier.

TRAITÉ

ÉLÉMENTAIRE, THÉORIQUE ET PRATIQUE

D'HORLOGERIE,

POUR L'USAGE CIVIL ET ASTRONOMIQUE

CHAPITRE PREMIER

ET

INTRODUCTION.

On a vu dans la préface de ce livre que l'Art de l'Horlogerie, communiqué à l'Europe par les Arabes, s'est d'abord répandu en Allemagne ; que la France et l'Angleterre furent ensuite les deux pays où cet Art fut cultivé avec le plus d'émulation et de succès, et que la première horloge publique de Paris, construite par *Henry de Vic*, Artiste allemand, y fut établie par Charles V. Cette Horloge dut être long-temps parmi nous le modèle de plusieurs autres, dans les villes de moyen ordre. La composition en était fort simple : elle n'avait que trois roues de Mouvement, deux roues de sonnerie, une roue de cadran et une autre de *chaperon*; elle ne marchait pas plus de 30 heures et on la remontait tous les jours. Cette simplicité rend sa construction plus aisée à étudier, et nous avons pensé devoir entrer en matière par l'explication du mécanisme de cet antique ouvrage. Indépendamment de l'intérêt historique, l'examen de ses dispositions principales, qui sont encore la base des compositions actuelles, facilitera la connaissance de ces dernières, que nous aurons bientôt à décrire.

Cette origine de l'Horlogerie en France placée en tête de ce livre, sous les yeux des élèves et des amateurs, en les ramenant en quelque sorte sur nos premiers pas dans cet Art, leur en fera apprécier par comparaison les progrès, comme aussi la liaison de ses améliorations successives. Ce sera d'ailleurs un moyen d'appliquer la sage méthode de ne passer du simple au composé qu'après avoir suffisamment observé le premier, et l'avoir parfaitement compris. Le choix de cet exemple peu connu paraît donc conforme à la fois à l'ordre des temps et à celui de l'instruction.

On n'avait eu jusqu'ici sur cette horloge que des notions imparfaites ; on n'en connaissait ni l'ensemble, ni la figure des détentes ; la description suivante, extraite des papiers inédits de *Julien Le Roy*, au temps duquel cette horloge existait encore, est aussi complète qu'on peut le désirer, et comme il s'agit ici de bien connaître les machines de ce genre, et par les moyens les plus faciles, nous n'hésitons pas à nous servir ici des notes et observations de cet habile Auteur, puisque l'intelligence de ce sujet deviendra, dès le début, une acquisition utile et convenable à la marche méthodique de nos études.

Toute simple et naïve, pour ainsi dire, qu'était cette ancienne composition, comme il faut toujours expliquer en détail ce que sont un rouage, un échappement, des effets de sonnerie, etc., au moins une fois pour toutes, et de manière à répandre un jour suffisant sur les autres instruments du même genre, on doit s'attendre que les développements entraîneront à quelques longueurs; mais c'est ici le cas de tout dire, parce que, comme nous l'avons remarqué plus d'une fois, le commencement de cet ouvrage n'est pas écrit pour les hommes instruits, mais pour ceux qui ne savent point encore ou qui ne savent point assez, et à qui il convient d'exposer d'abord les objets les plus simples, amplement expliqués; les autres trouveront par la suite dans ce livre des sujets plus dignes de leur attention : il s'agit ici d'ailleurs de dispositions fondamentales qui se présentent continuellement dans les autres compositions analogues ; il est donc essentiel de concevoir complètement les premières : le temps et l'attention donnés à cet objet seront une économie pour la suite.

Les Horloges publiques étaient exécutées anciennement en fer forgé, et sur de trop grandes dimensions ; le poids considérable des mobiles et l'excès de frottement qu'il produisait accéléraient la destruction de la machine, et le besoin de réparations, qui trop souvent ne lui étaient pas avantageuses. Il n'était pas rare de voir, dans ces horloges colossales, des roues de trois pieds de diamètre, comme dans celle dont nous nous occupons. Il y a apparence que, faute de combinaisons plus habiles pratiquées aujourd'hui, la pesanteur des marteaux, proportionnés nécessairement à de très-grosses cloches, avait déterminé à faire la Sonnerie d'une forte dimension, et de même, par suite, le rouage du Mouvement, pour qu'il fût en état de surmonter la résistance des détentes et celle d'une aiguille très-pesante, souvent placée loin de l'horloge, ou à une élévation différente, et menée par de longues *conduites*. *Julien Le Roy*, qui commença le premier à porter une grande perfection dans les horloges publiques, en cite d'anciennes dont le poids moteur, de mille à douze cents livres, n'était que suffisant pour surmonter la résistance des frottements, et surtout des engrenages, alors très-défectueux. L'horloge du Palais était nécessairement mieux traitée déjà, puisqu'elle n'exigeait qu'un poids de cinq cents livres pour entretenir son Mouvement, et un pareil à la Sonnerie. Malgré cet avantage sur d'autres, si l'on jugeait aujourd'hui de cette machine, encore grossière, d'après les productions modernes, elle ne paraîtrait presque pas appartenir à l'Horlogerie; ce sont pourtant aujourd'hui en grande partie les mêmes principes généraux, mais appliqués avec l'économie de l'expérience, les progrès de l'étude, et le perfectionnement de la main-d'œuvre.

Le mécanisme général de l'Horloge du Palais était contenu, comme l'ont été long-temps plusieurs autres, dans un bâtis quadrangulaire tout en fer forgé, composé de quatre premiers *montants* verticaux, équarris, *tttt*, Pl. 1, fig. 1; ces montants en fer carrés sont renflés du haut et du bas, et leur extrémité supérieure forme un amortissement terminé par une boule; la partie inférieure, au-dessous du renflement, en est le pied ou support; ces quatre montants angulaires sont assujettis, dans leur renflement du haut et du bas, aux quatre angles de deux châssis horizontaux, en parallélogrammes rectangles oblongs, fortifiés par des traverses horizontales croisées à leur milieu; on ne voit ces châssis qu'en profil dans les 3 fig. Au centre de ce bâtis et sur sa longueur, sont établis sur une même ligne quatre autres montants verticaux méplats, plus larges et plus courts que ceux des angles, et assemblés par leurs extrémités avec les châssis horizontaux. Deux de ces montants méplats sont fixés à demeure au centre du bâtis, et attachés à la jonction au centre des traverses horizontales des deux châssis du haut et du bas; ces deux montants reçoivent les pivots intérieurs des mobiles. Les deux autres montants méplats, placés à l'avant et à l'arrière du bâtis, en regard des deux du centre, et sur la même ligne de milieu prise dans le sens de la longueur, ont leurs extrémités maintenues par les bandes horizontales de l'avant et de l'arrière des châssis, et reçoivent les pivots extérieurs. Ces quatre montants méplats forment ainsi entre eux et avec les traverses croisantes des châssis, deux parallélogrammes rectangles, oblongs en hauteur (deux carrés longs), dont les côtés intérieurs sont très-rapprochés vers le centre du bâtis; ils contiennent les deux rouages, celui du Mouvement à gauche, et celui de la Sonnerie à droite, fig. 1, où les roues sont vues de profil, par leur seule épaisseur, ainsi que les quatre montants méplats qui reçoivent les pivots des mobiles. Cette fig. 1 représente donc toute l'Horloge dans son bâtis et vue sur sa longueur, à l'exception des détentes que l'on n'a pas retracées dans ce profil, pour éviter la confusion : mais on les retrouve toutes dans la figure 3.

Les figures 2 et 3 donnent la largeur du bâtis, et représentent les roues du Mouvement vues de face, fig. 2, et celles de la Sonnerie vues de même, fig. 3. Le tout réuni dans la fig. 1, offre assez l'idée de l'ensemble porté par sept pieds ou supports; mais on n'en découvre que trois dans chaque figure. De ces sept supports, quatre sont de même pièce avec les quatre montants angulaires équarris, dont il n'y a de visibles que deux en avant, fig. 1, qui couvrent exactement les deux autres du fond dans cette élévation géométrale. Le cinquième est le support du milieu, rapporté à clavette au centre du bâtis, dans le croisement des deux traverses du châssis inférieur, entre les deux montants méplats du centre. Les sixième et septième se trouvent assemblés au bord des bandes du même châssis, vis-à-vis les deux montants méplats extérieurs de droite et de gauche, et dans l'alignement des supports des angles de devant, et se trouvent ainsi cachés à la vue par ceux-ci, comme nous l'avons dit des deux supports angulaires du fond. L'emploi de ces trois derniers supports est d'empêcher le châssis inférieur et ses traverses de fléchir sous la charge des quatre montants méplats qui soutiennent les mobiles et le tirage des deux poids moteurs. Ces sept supports reposent sur un assemblage quadrangulaire oblong de fortes pièces de charpente, dont une posée de champ, et doublée en dessous d'une autre qu'on ne voit pas, traverse au milieu du vide la largeur du châssis de charpente, entre les deux poids, pour soutenir le support de fer du milieu du bâtis.

Dans les fig. 2 et 3, on voit le support du milieu qui est celui du fond de la figure assemblé au bord du châssis inférieur, vis-à-vis de son montant méplat conservé aussi dans ce fond, les autres y étant supprimés par supposition. Nous croyons nos lecteurs assez au courant des constructions ordinaires pour nous dispenser d'un plan et d'une explication plus détaillée.

La fig. 2 représente les roues du Mouvement vues de face, comme si le spectateur occupait la place de la Sonnerie, que l'on suppose enlevée, ainsi que trois montants méplats, de ce côté; en sorte qu'il ne reste dans cette figure que le quatrième du côté du cadran, et vu au-delà des mobiles; ce même montant porte derrière lui, ici, la roue de cadran ou d'heure, ponctuée seulement en A, et vue de profil dans la fig. 1, en A' B, où l'on aperçoit sept des douze chevilles implantées sur son limbe, et qui couvrent les cinq autres.

La première grande roue du Mouvement H, fig. 2, vers le bas, est adhérente à demeure à son arbre, sur lequel est enfilé le cylindre F, qui s'enveloppe de la corde du poids (C, fig 1). Ce cylindre est indiqué par deux cercles ponctués, parce qu'il est derrière la roue de rochet E qui lui est adhérente, et dont les dents inclinées reçoivent dans leurs vides l'extrémité aiguë d'un cliquet situé vers G; ce petit levier a son centre de mouvement angulaire librement établi sur le rayon G de la roue H qui est en avant, au moyen d'une vis à portée, ou mieux d'un boulon à tête et écrou (ce qui n'est pas clairement indiqué dans le croquis de *Julien*, comme de peu d'importance). Le cliquet est continuellement repoussé dans la denture du rochet, par un ressort courbe en G I, dont la patte est fixée sur le rayon voisin supérieur de la roue H. Le cylindre F porte encore une roue K adhérente à son extrémité opposée et au fond de la figure; cette roue est celle dite *de remontoir*, de grandeur moyenne, entre les deux autres, et simplement ponctuée dans la fig. 2, pour dégager l'effet général; elle est vue de profil en K, fig 1. Ces trois pièces réunies, le cylindre, sa roue de rochet et sa roue de remontoir, se tiennent comme d'une seule pièce, qui pourrait rouler indifféremment dans les deux sens sur l'arbre de la roue H; mais le cliquet engagé dans les dents du rochet arrête dans un sens le tout, qui ne peut être entraîné par le tirage de la corde et de son poids, qu'avec la première grande roue H. Cette corde est indiquée dans la fig. 2, par un bout pendant verticalement, pour s'attacher au poids qu'on n'a pas représenté; mais on la voit avec son poids C dans la fig. 1.

La roue K de remontoir engrène dans le bas avec un pignon libre L M, fig. 1 et 2, dont un pivot M, prolongé et équarri dans le bout, reçoit momentanément une manivelle, lorsque l'on doit remonter le poids de l'horloge. L'action de cette manivelle étant de soulever le poids, au moyen du pignon et de la roue de remontoir, et en enroulant sa corde sur le cylindre, fait aussi rétrograder sa roue de rochet, dont les dents inclinées soulèvent aisément le cliquet sans entraîner la roue H. Mais lorsque la corde est complètement enroulée et que la manivelle cesse son action, celle du poids fait arcbouter de nouveau le cliquet, toujours renvoyé par son ressort dans les dents inclinées du rochet; alors le poids ne peut entraîner le cylindre et son rochet, sans entraîner aussi la roue H, qu'il fait ainsi tourner avec le reste du rouage. Après le remontage, on retire la manivelle, et le pignon L M restant libre, est mené en sens rétrograde et sans résistance, par la roue de remontoir. On a disposé par la suite ce pignon dans quelques autres horloges, de manière à le faire glisser sur la longueur équarrie de son arbre particulier, tenu alors plus long pour faire sortir ce pignon d'engrenage avec la roue de remontoir, afin qu'il reste immobile pendant la marche diurne; on le ramène donc en engrenage pour remonter, après quoi on le retire de nouveau; ce moyen est bien préférable.

Par tout ce que nous venons de dire sur le remontage, on peut achever de concevoir l'effet de *l'encliquetage* déjà expliqué dans nos définitions, et dont ce nouvel examen, avec le secours de la figure, doit compléter l'entière connaissance.

La fig. 1 porte, dans le parallélogramme de gauche, les mêmes pièces que nous venons de décrire, vues de profil, et désignées par les mêmes lettres de renvoi.

La première grande roue H et ses accessoires forment le mobile le plus compliqué du Mouvement (comme aussi la même roue correspondante de la Sonnerie); le reste est beaucoup plus simple. Cette même roue H engrène avec le premier pignon à lanterne N, fig. 1 côté gauche, et fig. 2, qu'elle fait tourner en lui communiquant l'action du poids, qu'elle-même reçoit en premier lieu par le cylindre. Ce pignon est fixé à carré sur l'arbre O (fig. 1 côté gauche, ou du Mouvement), auquel est adhérente la deuxième roue P, qui engrène de même avec le deuxième pignon Q, aussi à lanterne, fixé de même sur son arbre R; et celui-ci porte à demeure la roue d'échappement S. C'est ainsi que, par la transmission des engrenages, la force du poids arrive à la circonférence de la roue d'échappement S, dont les dents inclinées agissent alternativement sur les palettes T et T V, du haut et du bas de la verge du balancier, et chaque fois en sens contraire. Le balancier en U Y U est formé d'une sorte de règle de fer, dont le milieu est fixé de champ en Y sur le haut de la verge T T; c'est à ces espèces d'ailes qu'on donnait alors le nom de balancier *à folliot;* elles sont chargées de deux petits poids accrochés par des courroies en U U, et susceptibles, au moyen des dents supérieures de la règle, d'êtres placés et maintenus à une distance plus ou moins grande du centre, d'où ils influent aussi plus ou moins sur la vitesse des mouvements circulaires du balancier; nous avons dit ailleurs que celles-ci prennent le nom de *vibrations*, quand elles proviennent d'un effet de ressort et qu'elles sont rapides; et assez généralement celui d'*oscillations*, quand elles sont lentes, et surtout lorsqu'elles sont produites par la gravitation, qui pourtant n'agit pas ici; car l'action alternative et successivement en sens contraire des dents du haut et du bas de la roue S, sur les palettes T, T V de la verge, contribue pour la très-majeure partie à faire exécuter aux ailes du balancier des allées et venues circulaires sur elles-mêmes d'environ un tiers de tour; ces excursions, ayant besoin d'un certain temps pour parcourir leurs arcs, retardent d'autant le passage des dents diamétralement opposées de la roue S, qui n'*échappent* que l'une après l'autre de dessus les palettes, après qu'elles ont opéré sur elles leur impulsion. Le cordon double qui se tord un peu à droite et à gauche dans les oscillations, et dont les deux branches tendent à reprendre leur parallélisme contribue aussi quelque peu au retour des oscillations, car cette action quoique peu sensible n'est pourtant pas non plus tout-à-fait nulle. Nous développerons ailleurs les détails particuliers des effets de cet *échappement;* on conçoit déjà en passant l'origine de sa dénomination.

Sur un pivot de l'arbre de la roue H, prolongé et équarri en B, fig. 1, côté gauche ou du cadran, est monté à carré un pignon B de huit ailes, qui conduit lentement la roue d'heures A' B, de quatre-vingt-seize dents et de douze chevilles sur son limbe. C'est la même roue ponctuée en A, fig. 2, qui est vue là au-delà du rouage et même du montant, lequel reçoit en-dehors, fig. 1, le pivot de cette roue, tandis qu'un pont *b b*, indiqué en partie derrière le montant équarri d'angle, supporte la tige de cette roue prolongée jusqu'au-delà du cadran, où son extrémité porte l'aiguille d'heure. On conçoit que le cadran, s'il était représenté en rapport avec la fig. 1, serait vu de profil, par le spectateur actuel, ce qui est indiqué par l'aiguille vue de profil aussi, et qui se trouve accidentellement projetée sur le montant d'angle de la fig. 2, faute d'espace. L'arbre de la roue d'heure est interrompu, afin d'avertir qu'il doit être beaucoup plus long, pour arriver au cadran plus ou moins éloigné, et où cet arbre a besoin d'être soutenu librement par un collet, à cause de sa trop grande portée et du poids de l'aiguille.

Le pignon B, fig. 1, dont nous venons de parler, tournant en même temps que l'arbre de la roue H, fait, comme on l'a dit, marcher la roue d'heure ou de cadran, et par conséquent, l'aiguille placée au bout de son arbre. Les douze chevilles de la roue ont pour fonction de détendre la Sonnerie, au moyen d'une bascule ou détente que chaque cheville rencontre d'heure en heure, et de faire agir le rouage sur le marteau, au moment précis où l'aiguille arrive sur le point de l'heure du cadran; la suite de cet effet concerne le jeu des *détentes* de sonnerie, dont ce n'est pas encore ici le moment d'expliquer les effets. On les trouvera un peu plus loin.

SONNERIE DE L'HORLOGE.

Le parallélogramme oblong en hauteur, ou la cage en carré long en hauteur de droite, toujours fig. 1, contient les mobiles de la Sonnerie, d'une manière semblable à la cage de gauche ou du Mouvement. On y trouve au bas une première grande roue H, qui ne diffère de l'autre qu'en ce qu'elle est retournée pour que le remontoir soit vers l'arrière de l'horloge, et en ce qu'elle porte huit chevilles rivées à la roue et à un cercle isolé qui se voit en profil, très-proche du montant méplat du centre de l'horloge. Ce cercle ne sert qu'à consolider l'assemblage des chevilles, qui sont là comme des piliers en cage, et ont à lever une branche de bascule, pour faire mouvoir le marteau, comme on le voit fig. 3, en 6, 5, 4; du reste, cette roue a même cylindre, même encliquetage, même roue et pignon de remontoir, et même nombre de dents; aussi ces pièces presque semblables, et au moins correspondantes, sont indiquées par les mêmes lettres dans les deux rouages.

La première grande roue de sonnerie H engrène avec le premier pignon à ailes marqué N à son centre, et fixe avec son arbre O, portant la deuxième roue P; celle-ci est garnie sur son plan d'un cercle presque entier posé de champ, *d c*, fig. 1 et 3, dont environ un quart seulement est retranché pour un effet qui sera expliqué à l'article des détentes.

La deuxième roue P engrène de même avec le pignon à ailes Q, fixe sur l'arbre R du volant *l e k f l;* vers le milieu de ce même arbre est encore fixée une pièce *g h*, en forme de 8 de chiffre, dont la fonction, relative au jeu des détentes, sera aussi expliquée avec ce dernier.

En dehors de la cage de sonnerie, à l'arrière de l'Horloge (le côté du cadran vu de profil étant censé être le devant), est une dernière roue *q q*, vue en profil, même fig. 1, portant aussi sur son limbe un cercle posé de champ, et divisé par des entailles inégalement espacées; cette roue est dite *de chaperon* ou *roue de compte*, parce que l'inégalité des entailles de son cercle sert à déterminer le nombre des coups de marteau qui comptent les heures. La roue *q q* est montée et roule librement sur un tenon fixé à clavette en *s* sur le montant méplat de l'arrière, et est menée par un pignon à ailes *p*, porté à carré par le prolongement du pivot de la première roue H (comme on l'a vu pour la conduite de la roue des heures, ou de cadran, dans l'article précédent).

La fig. 3 représente, avec les mêmes lettres de renvoi, les mêmes roues de sonnerie vues de face et du côté de la roue de chaperon, laquelle est supposée enlevée, ainsi que le montant méplat de l'arrière de l'Horloge. On voit en avant de la grande roue H, 1° la roue de remontoir K, fixée à l'extrémité antérieure de son cylindre F, qui est derrière elle; 2° plus loin, en profondeur, et à l'autre extrémité opposée du cylindre, sa roue de rochet également fixée sur lui; 3° enfin, le cliquet en G E et son ressort en I, portés par la barrette G et par le rayon opposé de la grande roue H située tout au fond; celle-ci empêche de voir le cercle des chevilles qu'elle porte derrière elle; on a indiqué seulement la place des huit chevilles ponctuées comme si elles étaient vues au travers de la roue H; l'engrenage de cette roue avec le pignon N, et celui de la roue P avec le pignon Q, ont déjà été mentionnés ci-dessus. Il est seulement utile de remarquer ici que la grande roue H doit passer derrière la roue P, et non dessus, et que le pignon N, placé derrière la roue P, ne devrait être que ponctué, comme aperçu au travers de la roue P, si elle était supposée transparente.

Tout au bas de la cage, fig. 3, on voit de face le pignon à lanterne de remontoir, dont un des tourteaux est supprimé pour en découvrir les six fuseaux, et qui engrène avec la roue de remontoir K; au milieu de ce pignon, on voit le carré de l'axe pour les tourteaux, mais on n'y a pas marqué le carré de manivelle plus en avant, à cause de la dimension trop petite du seul pivot indiqué; on peut aisément y suppléer par la pensée.

La fig. 4 du haut de la planche représente en plan la roue de chaperon ou de compte, ayant en dessus son cercle de champ entaillé, et vu par son épaisseur; c'est la même roue vue de profil, fig. 1, en *q q*, côté de la sonnerie.

Dans la fig. 1, le volant est vu par le côté. Il présente ses ailes de face; elles sont formées d'une forte tôle, et soudées avec renfort à une virole qui roule librement avec son embase *k*, sur le pivot prolongé de l'arbre R, entre une petite portée du côté du bâtis, et l'espèce de pignon *m*, ou rochet à dents inclinées, monté à carré sur le bout du pivot *i*. Les ailes sont pourvues de deux ressorts en *l l*, dont les extrémités, vers le centre du volant, peuvent glisser élastiquement d'une dent inclinée sur l'autre du pignon, ou espèce de *Noix*, que nous venons d'indiquer comme étant à carré sur le bout *i* du pivot de l'arbre R. D'après cette disposition, quand le rouage de sonnerie roule avec vitesse par l'action du poids moteur, pendant que l'horloge sonne, les dents inclinées du rochet *m* arcboutent contre l'extrémité des deux ressorts et entraînent le volant qui tourne avec l'arbre; mais aussitôt que le rouage a sonné l'heure, comme il se trouve arrêté subitement par les détentes que nous décrirons bientôt, et que le mouvement acquis du volant, proportionnellement à sa dimension et à sa vitesse, étant limité trop brusquement, ferait casser ou fatiguerait trop diverses parties du mécanisme, ce volant se trouve avoir la faculté de faire seul plusieurs tours de plus, tandis que son rochet devient tout-à-coup immobile, et c'est ce que permet alors l'inclinaison des dents du rochet, avec lequel les bouts des ressorts forment une sorte d'encliquetage rapide, et qui fait entendre le bruit d'une *Crecelle*, instrument assez connu. Le frottement des ressorts contre les dents, celui du moyeu du volant sur l'axe, et la résistance de l'air, absorbent bientôt le mouvement acquis du volant, qui s'éteint ordinairement après un ou deux tours au plus.

RÉVOLUTIONS DU ROUAGE, ÉCHAPPEMENT, NOMBRES DE LA DENTURE DU MOUVEMENT.

Nous revenons maintenant au rouage du Mouvement : on a pu concevoir aisément, par ce qui en a déjà été dit, que le tirage du poids C, fig. 1, côté de gauche, et fig. 3, tend à faire tourner le cylindre F dans un sens tel que son rochet arcboute, par l'une de ses dents, contre le cliquet en G de la roue H, et entraîne ainsi cette roue dans le même sens; or, celle-ci engrène avec le pignon à lanterne N qui est fixé à l'arbre O, ainsi que la roue P, et sollicite la rotation de ce mobile; celui-ci agit de même sur le pignon Q, fixé à l'arbre R, ainsi que la troisième roue S, qui est celle d'échappement. La force motrice du poids agit donc par les engrenages sur tous ces mobiles, mais chacun d'eux tourne dans un sens contraire à celui du mobile qui agit immédiatement sur lui; ainsi, la roue H, fig. 2, tournant à droite, sens du tirage de la corde, fait tourner à gauche le pignon N et la roue P; celle-ci, marchant à gauche, fait tourner à droite le pignon Q et la roue d'échappement S, c'est-à-dire dans le sens vers lequel les dents de cette roue sont inclinées à peu près comme celles d'une scie ou d'un rochet (*v.* S, fig. 1); ces dents ont toutefois une forme assez différente.

La dent la plus haute de la roue S, dans la fig. 1, par ex. en T, repousse la palette du haut T vers le fond du dessin, ainsi que la branche de ce même côté du balancier à folliot, qui tourne d'environ un tiers de tour sur lui-même, et fait une oscillation; quand cette dent a échappé de dessus la palette, la dent du bas de la roue d'échappement vers T V, diamétralement opposée à la précédente, et marchant naturellement en sens contraire, rencontre la palette T V du bas de la verge, et la pousse en avant vers le spectateur, ce qui oblige le balancier à revenir sur lui-même, et à faire une autre oscillation en sens contraire à celui de la précédente, et ainsi de suite pour toutes les autres dents de la roue qui se succèdent.

Mais le balancier, déjà d'une certaine inertie par sa propre masse, et de plus, par les deux poids U U dont il est chargé, n'obéit qu'avec une lenteur proportionnée à la force d'impulsion des dents, opérée d'ailleurs sur un levier très-court, qui est la longueur ou saillie de la palette, et ralentit d'autant le mouvement de la roue S, qui même recule un peu à chaque reprise de ses dents sur les palettes; car le balancier, une fois en mouvement, ne le perd pas tout-à-coup, et va un peu plus loin que ne l'exige l'échappement de chaque dent, et par conséquent repousse d'abord un peu celle dont l'action succède sur l'autre palette; alors la résistance de la roue en ce sens, et celle des frottements de pivots et autres, celle même de l'air, épuisent bientôt la surabondance de mouvement acquis du balancier, qui obéit ensuite à la nouvelle action sur lui de la dent qui tend à le ramener : de plus, le balancier étant, comme on l'a dit, suspendu dans le haut en *a* Z, par un double cordon attaché au coq X *a* X, qui se tord en sens contraire à chaque oscillation, et ce cordon tendant, par l'effet du poids du balancier, à revenir à son état naturel, il contribue aussi à ramener le balancier vers son repos, qui est le milieu de chaque oscillation; mais le mouvement acquis du balancier dans la première partie de l'oscillation, et l'action continue de la dent sur la palette, lui font toujours dépasser ce point de repos, pour achever son mouvement et laisser échapper la dent de dessus la palette, et le même effet se renouvelant en sens contraire par les mêmes causes, dont la pression des dents est toutefois la principale, il s'ensuit que les oscillations se continuent indéfiniment, c'est-à-dire tant que la force motrice agit sur le rouage.

Cette première explication peut donner une idée suffisante ici des effets qui constituent l'échappement dit *à roue de rencontre*, ou *à verge*, ou *à palettes*, car il porte indistinctement ces trois noms. Mais il y aurait encore plusieurs autres points à observer pour la perfection de ce mécanisme, que l'on pratique encore aujourd'hui avec plus de recherches, et que nous développerons ailleurs pour ne pas compliquer davantage le sujet actuel. Celui qui construisit cette horloge n'en observait peut-être pas plus que nous n'en avons dit, car on n'était pas du tout avancé en théorie à cette époque; on n'obtenait guère les effets que par tâtonnement, et l'on n'y réussissait que par une adresse plus ou moins industrieuse, mais sans principes; et cependant, il faut croire que *Charles V*, roi de France, dit le Sage, en raison de sa capacité et de sa prudence, avait fait venir à Paris, pour établir cette Horloge, *Henry de Vic*, comme l'un des Artistes les plus habiles de l'Allemagne.

Nous allons passer actuellement aux nombres du rouage du mouvement. On sait que dans un engrenage, chaque dent d'une roue en conduit une du pignon qu'elle mène (nous appelons ici momentanément *dents* les ailes ou fuseaux d'un pignon), et comme le pignon n'a pas autant de dents à sa circonférence que la roue, il est obligé de faire autant de révolutions (de tours) pour une seule de la roue, que le nombre des dents du pignon est contenu de fois dans le nombre des dents de la roue qui engrène avec lui; si le pignon a 8 dents et la roue 32, comme 8 est contenu 4 fois dans 32, le pignon fera quatre révolutions pour une de la roue. Si celle-ci a 36 dents, le pignon fera quatre révolutions et demie, etc. Cette comparaison, qu'on appelle le *rapport des nombres*, est, dans ce cas, en sens *inverse* du *rapport* des révolutions, c'est-à-dire que plus le nombre des dents du pignon est petit, en comparaison du nombre des dents de la roue, plus le nombre des révolutions de ce même pignon est grand pour une seule révolution de la roue. Dans l'usage habituel, nous appellerons ces dents du pignon ordinaire, des *ailes*, et des *fuseaux* quand le pignon sera à lanterne, le terme *dent* étant spécialement réservé pour les roues.

Dans le rouage dont il s'agit ici, fig. 1, côté de gauche, et fig. 2, la première roue H a 64 dents, le pignon N qu'elle mène a 8 fuseaux, et fait 8 révolutions pour une seule de la roue H. La roue P a 60 dents, et le pignon Q avec lequel elle engrène a encore 8 fuseaux et fait sept révolutions et demie pour une seule de la roue P. Mais celle-ci fait déjà huit révolutions pour une de la roue H, et à chacune de ces révolutions, le pignon Q en fait sept et demie; il fait donc huit fois sept et demie, ou 60 révolutions pour une seule de la roue H, ainsi que la troisième roue S, fixée sur le même arbre que le pignon Q.

Cette troisième roue S porte 30 dents inclinées, qui, dans un tour de cette roue, passent chacune sur les deux palettes T et T V, et, comme on l'a dit, en les faisant mouvoir alternativement en deux sens opposés, qui comptent pour deux oscillations du balancier; ainsi un tour ou une révolution de la roue produit 60 oscillations. Or le balancier, d'après sa masse ou son inertie, et la force proportionnée transmise à la circonférence de la roue S, emploie une seconde de temps à chaque oscillation; il s'ensuit que la révolution entière de la roue S exige 60 secondes de temps ou une minute, et nous avons dit qu'il faut 60 révolutions de cette roue S pour que la roue H en fasse une seule; donc la roue H emploiera 60 minutes ou une heure à faire sa révolution.

Le pivot prolongé de la roue H porte le pignon B de 8 ailes qui mène la roue de cadran de 96 dents, et il faut que ce pignon fasse douze tours pour en produire un de cette roue de 96; or, ce pignon fait son tour en une heure, c'est-à-dire en même temps que l'axe de la roue H qui le porte; donc la roue de cadran A' B avance par heure avec son aiguille d'un douzième de tour ou d'une heure; alors une des douze chevilles succède peu à peu à la place d'une autre, et soulève, à chaque heure écoulée, une détente qui dégage la Sonnerie. Celle-ci fait mouvoir le marteau dont le nombre de coups est réglé par la roue postérieure de sonnerie, nommée *roue de chaperon*, dont nous nous occuperons ci-après et à l'article des détentes.

Nous donnerons dans cet ouvrage les diverses méthodes arithmétiques pour calculer le nombre de révolutions d'une dernière roue, d'après les nombres connus des roues et pignons, et ceux de leur denture et de leurs ailes; mais dans cette circonstance plus simple, nous avons cru ne devoir employer que le raisonnement qui deviendrait trop embrouillé, si la question était plus compliquée et surtout avec fractions de nombre. Mais le raisonnement est toujours au fond la base de ces calculs, dont on verra par la suite que l'emploi abrège et simplifie davantage les opérations.

Il est à propos de remarquer que la roue S de rencontre doit être de nombre impair, si l'on veut que l'axe de la verge passe sur celui de la roue, comme on l'a pratiqué plus régulièrement depuis l'époque de cette horloge, afin de réduire autant que possible l'obliquité d'action des dents sur les palettes, obliquité occasionnée par leur mouvement dirigé suivant une petite portion d'arc du cercle qu'elles décrivent nécessairement, au lieu de marcher en ligne droite et perpendiculairement au plan de la palette; cet effet est surtout sensible quand la roue de rencontre n'a que 11, 13 ou 15 dents, comme dans les montres de poche; mais ici, la roue S étant de nombre pair, il faut que l'axe de la verge passe un peu à côté de l'axe de cette roue, et de la quantité du quart de la distance entre deux dents, afin qu'une palette soit vis-à-vis d'un intervalle de dents, et libre de tourner sans y toucher, lorsque l'autre est vis-à-vis d'une pointe de dent et soumise à son action, sans quoi leurs mouvements en sens contraire seraient bridés et impossibles. Mais à cette époque, on n'attachait pas autant d'importance à l'obliquité d'action des palettes, augmentée ici par cette situation de la verge à l'égard de l'axe de la roue de rencontre, et d'ailleurs, celle-ci étant plus nombrée et plus grande, l'obliquité devenait moins sensible. Il aurait fallu 29 ou 31 dents pour éviter l'inconvénient; alors les oscillations du balancier n'auraient plus été d'une seconde juste avec les nombres ci-dessus, difficulté peu importante, puisque l'horloge aurait été réglée en conséquence, mais le calcul du rouage ne serait pas non plus aussi simple.

Pour compléter ce qui concerne le mouvement de cette horloge, nous allons expliquer aussi la disposition de la force motrice. Le cylindre que la corde enveloppe, fixé dans un sens à la roue H par le cliquet, et ne tournant qu'avec elle par l'action du poids, fait aussi sa révolution en une heure. Si ce cylindre a un pied de diamètre, plus celui de la corde, comme dans l'Horloge du Palais, chacune de ses révolutions développera environ 42 pouces de corde par heure, et pour 24 heures, une longueur de 84 pieds dont le poids descendra. Mais comme la latitude pour l'instant du remontage exige 28 à 30 heures, il faut compter sur cent pieds de corde ou de descente du poids. Cette mesure peut être réduite à la moitié, en mouflant la corde par une seule poulie, attachée immédiatement au poids; la corde y sera reployée, et le bout viendra s'attacher sous la base de l'horloge. Le poids n'aura plus besoin que de 50 pieds de descente, mais il en faudra doubler la masse, car celle-ci se trouvant suspendue à deux cordons par un point qui est le centre de la poulie, également distant des deux cordons, chacun d'eux n'en supporte que la moitié, et si le cordon qui tire sur le cylindre doit avoir une force de 500 livres, il faudra 1000 livres de poids total. Il faudra même un peu plus pour vaincre le frottement de l'axe de la poulie et la résistance à se ployer d'une corde assez forte. Le poids sera donc de 1,050 livres, par exemple, et le cylindre n'éprouvera qu'un tirage de 500 livres, avec une descente de 50 pieds, plus toutefois la longueur du poids et de sa poulie, et l'allongement accidentel de la corde dans les variations de température.

Si la hauteur de l'édifice ne permet pas une descente de 110 pieds, y compris l'augmentation ci-dessus et la corde étant simple, ou de 60 pieds, la corde étant mouflée, ou si l'horloge est placée trop bas dans l'édifice par une nécessité locale, on pourra diriger la corde autrement, pourvu que la hauteur totale disponible, depuis le comble jusqu'au fond des caves, présente ou 110 pieds, ou au moins 60, que le poids puisse parcourir librement. Alors, à quelque hauteur que soit l'horloge, on pourra en faire sortir la corde latéralement, en lui occasionnant un coude le plus ouvert ou obtus possible, par une poulie de renvoi, d'où la corde montera verticalement jusqu'au comble : là une seconde poulie la laissera descendre perpendiculairement et simple, s'il y a 110 pieds de descente, ou mouflée au poids, s'il n'y en a que 60. On conçoit qu'il faudra alors consolider le bâtis dans sa place contre l'effet de ce tirage latéral. Mais il faudra porter le poids à environ 600 livres pour la corde simple, et à 11 ou 12 cents si elle est mouflée. A en juger par la décoration antique d'une sorte de fenêtre de la tour carrée du Palais, qui regarde sur le quai aux Fleurs, et paraît avoir porté le cadran de l'horloge, celle-ci était peu élevée, et il serait assez probable que les cordes étaient dirigées à peu près comme il est indiqué ci-dessus, car les poids n'auraient pu descendre assez profondément dans les caves, inondées annuellement par les grandes crues des eaux dans ce quartier. Mais nous en sommes réduits à cet égard aux conjectures, et *Julien Leroy* n'en fait pas mention dans ses notes (1).

On verra par la suite combien la composition des Horloges publiques a été perfectionnée, à commencer par les Horloges horizontales imaginées par *Julien Leroy*, jusqu'à celles de nos jours, dont l'Horloge du Palais que nous décrivons ne peut que faire ressortir les grands avantages. On ne fait plus même aujourd'hui d'horloges *verticales* telles que celles-ci, mais on se trouve quelquefois dans la nécessité de réparer ces anciens ouvrages; il est donc utile de les connaître (2).

(1) Nous avons dit à l'égard du pignon B, monté sur le pivot prolongé de la roue H du Mouvement, que ce pignon est à ailes, et mène la roue de cadran, tandis que les autres de ce rouage qui sont menés sont à lanterne, ainsi que ceux des remontoirs, qui mènent pourtant leurs roues dans le remontage. Il aurait été nécessaire alors que ce pignon B à ailes eût eu ses dents terminées en ogive, produisant un plus grand diamètre total du pignon ; mais on ne peut guère le supposer pour cette époque, où l'on ignorait les vrais principes des engrenages, comme la mauvaise exécution des dentures de ce temps le prouve de reste. Ce qui est plus remarquable que tout cela, c'est que, malgré les heureuses découvertes des géomètres dans les temps modernes, aucun auteur d'horlogerie n'en ait donné l'application pratique en mesures positives. Nous l'avons déjà remarqué dans nos définitions, à l'article *Pignon*, et nous avons promis d'en donner la règle exacte, satisfaisante et facile, en petit comme en grand, dans le traité des engrenages faisant partie de ce livre. On y verra que cette méthode est conforme aux principes géométriques, par la démonstration de ce genre, que nous ajouterons en note, comme vérification, et pour l'usage des artistes auxquels ces études sont familières Il en sera de même des formules d'algèbre et de divers articles mathématiques des auteurs, que nous rapporterons exactement en notes, bien que nous en donnions la traduction dans le texte, ou au besoin, des méthodes pratiques propres à les remplacer avec toute l'exactitude permise dans l'exécution; c'est ainsi que nous satisferons aux exigences de la science, en facilitant l'application, et que nous réunirons la théorie à la pratique, comme l'annonce le titre de cet ouvrage.

(2) On nomme horloges horizontales, celles que l'on construit généralement aujourd'hui, parce que les mobiles, au lieu d'être placés les uns au-dessus des autres, sur une ligne verticale, comme dans l'Horloge du Palais et tant d'autres anciennes, sont au contraire disposés sur une ligne parallèle à l'horizon, au moyen de châssis couchés dans cette situation qui offre de très-grands avantages, et dont la première idée appartient à notre célèbre *Julien Leroy*, ainsi que bien d'autres perfectionnements de l'horlogerie. Ses successeurs ont encore beaucoup amélioré cette heureuse pensée, notamment dans l'Horloge de l'Hôtel-de-Ville de Paris, par MM. Lepaute, et dont le Pendule compensateur à gril a 12 pieds de longueur, avec une lentille du poids de 240 livres, entretenue en mouvement par un poids de 8 livres. Les verges de compensation pèsent seules plus de 100 livres. On retrouve la même construction horizontale dans l'Horloge du Jardin des Plantes, de beaucoup moindre dimension, exécutée avec soin par feu M. Robin, et dans la belle Horloge de la Bourse composée tout récemment par M. *Michel* Lepaute, l'un des descendants des auteurs de l'Horloge de l'Hôtel-de-Ville. Il existe encore aujourd'hui plusieurs artistes de cette famille, qui ont continué à exercer l'Horlogerie avec des succès

DE LA FORCE TRANSMISE A L'ÉCHAPPEMENT PAR LE ROUAGE DE L'HORLOGE DU PALAIS.

Le balancier étant suspendu assez librement par le double cordon en *a* Z, n'a d'autre frottement que celui de ses pivots contre les parois de leurs trous; ce double cordon, passé dans une boucle qui termine le pivot supérieur, se tord très-peu, et il n'est pas besoin d'une grande force motrice appliquée immédiatement aux palettes de la verge pour entretenir les oscillations. Aussi, bien que l'action du poids moteur soit celle de 500 livres, il n'y a guère ici qu'une force d'environ deux livres, appliquée aux palettes par chaque dent de la roue d'échappement.

La force transmise dans les rouages se mesure généralement par la longueur des leviers qu'elle fait agir. Les roues et les pignons ne sont qu'un assemblage de leviers, inégaux d'un mobile à l'autre, mais égaux dans chaque mobile, et qui s'y succèdent à chaque dent ou aile en action. Le levier de première espèce, le seul dont il s'agit ici, est composé de deux bras presque toujours inégaux (hors le cas d'équilibre entre deux forces semblables), ces bras sont en bascule sur un centre de mouvement intermédiaire; la puissance est au bout de l'un des bras, et la résistance ou la masse à mouvoir est à l'autre bout. Le point d'appui entre les deux bouts est la place du pivot, ou de la broche, ou du couteau sur lequel le levier se meut en bascule. La force du bras de la puissance est estimée par la comparaison ou le *rapport* de sa longueur avec celle du bras de la résistance, et ces longueurs se mesurent en ligne droite, tirée ou supposée telle, depuis le point d'appui, centre du mouvement du levier, jusqu'à sa rencontre *perpendiculaire avec la ligne de direction* ou de gravité des deux forces; les rayons des roues et des pignons représentent ces bras. Il n'importe pas que les deux bras forment un levier coudé à son centre, et qu'ils fassent ou non un angle quelconque entre eux, ou que ces bras soient courbes, ou qu'ils soient tous les deux du même côté, ou qu'ils soient dans le même plan qui coupe l'axe perpendiculairement, ou dans deux plans éloignés l'un de l'autre (pourvu qu'ils soient parallèles), ce sont toujours les lignes droites ou existantes ou supposées qui les mesurent. La direction d'effort de la puissance et de la résistance est également importante, parce que la longueur de la ligne droite, *virtuelle*, du levier ne compte que du point où elle rencontre perpendiculairement la ligne de direction de la puissance et de la résistance. Par ce moyen, les directions obliques sont réduites à leur véritable valeur. Ainsi, les forces qui se font équilibre au bout des bras inégaux sont entre elles en raison ou rapport *inverse* des longueurs de leurs bras mesurées en ligne

distingués. M. *Henri* Lepaute, héritier aussi des talents répandus si généralement dans la famille, est encore chargé de l'entretien et des soins que mérite l'Horloge de l'Hôtel-de-Ville de Paris, et de ceux d'autres horloges publiques. Il y a plus de différence encore entre l'ancienne pratique du temps de *Henri de Vic* et la théorie actuelle, que dans les progrès déjà si marqués de la main-d'œuvre. Nous traiterons en son lieu ce sujet qui exige une expérience toute spéciale, en citant les auteurs les plus remarquables en ce genre, et en exposant leurs méthodes.

droite, et comme il vient d'être dit; mais la quantité de l'espace parcouru est *directement* comme les longueurs des bras, et en raison *inverse* des masses, etc. Ceci sera plus amplement expliqué avec figures, dans les notions de Physique générale placées plus loin; nous n'en donnons ici une première idée que par anticipation. Nous avertissons seulement qu'il y a trois sortes de leviers qu'il ne faut pas confondre, et qui seront distinguées à leur article.

Dans le rouage que nous examinons, le poids ou la puissance agit par la corde sur l'extrémité d'un levier de première espèce, qui est le rayon du cylindre. L'autre bras du même levier (ici angulaire) est le rayon de la roue H, agissant par son extrémité sur celle du rayon du pignon N, qui sera aussi un autre bras de levier à l'égard de la roue P. La longueur du rayon H est trois fois ou environ celle du rayon de cylindre, et par conséquent l'action est trois fois plus faible au bout du rayon H; il n'y a donc que le tiers de la force du poids transmis au rayon du pignon N; celui-ci n'est que le huitième du rayon de la roue P, et par suite, le rayon P ne transmet à la circonférence ou au rayon du pignon Q que le huitième du tiers de la force du poids, ou le vingt-quatrième de cette force. De même, le rayon Q n'est que le sixième de celui de la roue S, celle d'échappement, et ne produit à la circonférence ou au bout du rayon de cette roue que le sixième d'un vingt-quatrième, ou le cent quarante-quatrième de la force primitive, c'est-à-dire environ 3 livres et demie; mais dans les machines, les frottements absorbent à peu près un tiers de la force, terme moyen, et qu'il faut retrancher, soit du résultat, soit de la force première employée, en sorte que ce tiers étant prélevé ici, il ne reste guère qu'un peu plus de deux livres à la circonférence ou aux dents de la roue d'échappement pour agir sur les palettes; celles-ci étant plus courtes que le rayon moyen d'inertie du balancier, n'agissent en outre sur lui qu'avec une lenteur proportionnée à ce rapport particulier, composé de l'inertie du balancier et de la force imprimée au rayon moyen de la palette. Il convient d'ailleurs que la force motrice soit réduite à ce degré pour ne pas produire un mouvement trop vif dans les oscillations.

On voit par ce calcul des leviers combien la force motrice est réduite rapidement; mais aussi, ce que l'on perd en force est regagné en temps ou en durée, abstraction faite de celle absorbée par les frottements; et cette même force, qui ferait descendre le poids en peu d'instants, si le rouage était libre et sans échappement modérateur, fait osciller le balancier pendant vingt-quatre ou trente heures, en se distribuant en légers efforts et par petites parties. Ce principe se conserve dans tous les ouvrages modernes d'horlogerie plus ou moins délicats. La force de quelques livres de poids dans les uns, de quelques onces dans d'autres, suivant l'espèce des pièces et leur volume, se réduit à celle d'un plus ou moins petit nombre de grains à la circonférence de la roue d'échappement. Il y aurait bien d'autres développements à exposer sur ce sujet, mais ils doivent être réservés pour des chapitres plus avancés dans cet ouvrage.

NOMBRES DES DENTURES DE LA SONNERIE ET RÉVOLUTIONS DE SES MOBILES.

La grande roue H de sonnerie, fig. 1, côté de droite, et fig. 3, a 64 dents et porte, comme on l'a vu, 8 chevilles pour faire lever le marteau; une révolution de cette roue H de 64, produit huit révolutions du pignon N de 8 ailes et de la roue P, fixée sur le même arbre O que le pignon N.

La roue P de cercle a encore 64 dents et engrène avec le pignon Q aussi de 8 ailes, qui fait de même 8 tours pour un de la roue P; ainsi, le pignon Q, sa pièce *g h* de préparation, et le volant *l k l*, font 8 fois 8 tours, ou 64 tours, pour un seul de la roue H.

Lorsque la roue H ne fait sonner qu'un coup, elle n'avance ou ne tourne que de 8 dents, ou que d'un huitième de sa révolution entière, pendant lequel le pignon N de 8 et la roue P de cercle ne font qu'un tour. Le pignon extérieur *q p* de 8 ailes, porté par le pivot prolongé de la roue H, n'avance non plus dans ce mouvement que d'un huitième de tour ou d'une aile; alors, la roue de chaperon ou de compte, de 78 dents, menée par le pignon *q p*, n'avance aussi que d'une dent (c'est-à-dire d'un plein et vide d'une dent). Or, cet intervalle d'un plein et vide d'une dent correspond sur la roue de compte, au mouvement nécessaire pour un coup de marteau. Cette relation entre l'avance de huit dents de la roue H, ou un huitième de sa révolution, ou l'espace d'une cheville, l'avance d'une révolution entière du pignon N et de la roue P qui sont fixés sur le même axe, et l'avance d'une seule dent ou d'un soixante-dix-huitième de la roue de compte ou chaperon, trois effets qui ont lieu en même temps pour un seul coup de marteau; cette relation, disons-nous, est à remarquer ici, pour l'intelligence des effets de sonnerie, et trouvera son application dans l'exposé qui suit des fonctions simultanées des détentes, qui exigent encore plus d'attention que les autres effets précédents.

DÉTENTES DE LA SONNERIE ET BASCULES DU MARTEAU.

Les détentes forment des espèces de bras qui pénètrent dans l'intérieur du rouage de sonnerie, et sont entés solidement et comme d'une seule pièce sur des arbres horizontaux et dans une direction parallèle à celle des arbres des roues; mais ceux des détentes sont placés tout-à-fait au bord du bâtis et portés par les deux montants angulaires d'un même côté.

Dans la fig. 3, le montant angulaire de droite *t* 3 *z z t t*, est l'un des deux du devant de l'horloge, côté du cadran; ce montant correspond à celui de l'arrière qui serait ici près de l'observateur, et à droite, s'il n'était pas supprimé dans cette figure, pour laisser voir les bouts des arbres de détente. C'est entre ces deux montants angulaires à l'avant et à l'arrière de l'horloge, et sur un des côtés de sa longueur, que se trouvent placés les arbres des détentes. Ces arbres ont donc toute la longueur de l'horloge et ne peuvent être vus dans cette figure que par le bout, puisqu'ils pénètrent perpendiculairement jusqu'au montant d'angle du fond de la fig. 3, lequel est du côté du cadran, et vu ici par l'arrière; les deux montants d'angle, celui de droite de la figure côté du cadran, et celui de l'arrière de droite aussi, mais supprimé, sont entaillés à différentes hauteurs sur leurs faces qui se regardent, par des espèces de rainures destinées à servir de coulisses à des clefs un peu à queue d'aronde. Immédiatement au-dessous des entailles se trouvent les trous qui reçoivent les pivots des arbres de détente. Ces trous sont ouverts en haut dans les entailles, en sorte que c'est par elles que l'on fait arriver les pivots à leurs places, après quoi les clefs remplissant les entailles où elles sont chassées un peu à force, empêchent les pivots de sortir de leurs trous. On conçoit que ces trous et les entailles n'entament que d'environ un tiers l'épaisseur des montants.

L'arbre le plus bas en *u*, fig. 3, où l'on n'en voit que le bout et son pivot de l'arrière, porte trois bras soudés sur lui et ne formant qu'une seule pièce ; le premier bras *v*, le plus bas, est situé au fond de l'horloge (suivant son aspect actuel dans la fig. 3, qui la montre du côté de la roue de chaperon), et même quelque peu au-delà du niveau de la face extérieure de la roue de cadran ; ce bras est, par conséquent, fixé tout au bout de son arbre au fond de la fig. 3, et se termine vers la roue de cadran par un *pied de biche,* dont la charnière est en *v*. On sait que l'on entend sous le nom de *pied de biche*, une sorte de genou qui peut se ployer à un certain point (ici en contre-bas d'un angle d'environ 40°), mais qui, redressé, est arrêté par un talon de charnière, dans la situation où on le voit ici, et que son mouvement de genou ne peut dépasser. Ce pied de biche, qui retombe librement par son propre poids de la quantité susdite, est redressé et soulevé avec le bras entier *v* à chaque heure, par une des douze chevilles de la roue de cadran, dont une partie du cercle a été ponctuée seulement dans cette fig. 3 ; la cheville près de *v*, indiquée au travers de la roue P, n'appartient point à cette roue, mais bien à la roue de cadran, qui est beaucoup plus loin en profondeur, et à l'avant de l'horloge. Ainsi, cette cheville ne doit être considérée ici que comme une des douze de la roue de cadran, et la roue P ne se trouve passer au-dessus que par l'effet accidentel de la projection géométrale des mobiles.

Le même arbre *u* porte un second bras *y*, un peu courbe et plus relevé, placé à une profondeur qui, dans la fig. 1, côté de droite, serait au niveau de la cheville *h* de la pièce de préparation en 8 de chiffre *g h*, fixée sur l'arbre R du volant. On a préféré ces indications au tracé des détentes dans la fig. 1, pour éviter, comme on l'a déjà dit, la confusion dans le rouage.

Un troisième bras *z*, fig. 3, plus court et moins relevé que le précédent, est encore porté par l'arbre *u*, et se trouve dans la sonnerie au niveau du cercle *c* de la roue P. Ces trois bras se meuvent ensemble, puisqu'ils ne font, avec leur arbre *u*, qu'une seule et même pièce dont nous indiquerons plus loin les diverses fonctions.

Un peu plus haut, vers *z z*, les deux mêmes montants angulaires portent un second arbre, dont les pivots sont maintenus de la même manière, et qui a deux bras, dont celui en *h* et *zz* s'appelle *bras de coq*, parce qu'il est terminé en *h* par une tête qui offre une sorte de faible ressemblance avec celle de l'animal; cette tête a une portée coupée en dessous et carrément à la tige, et suivie d'un plan incliné en contre-bas; ce bras de coq est dans le rouage, au niveau du cercle *c d*, et affleurant presque la roue P, fig. 1; sa portée peut s'accrocher comme elle l'est actuellement fig. 3, au bout *c* du cercle *c d*, pour empêcher la roue de tourner. Mais quand ce bras de coq est soulevé par le bras *z u* de la première détente, le cercle est dégagé de l'entaille carrée, et se trouvant forcé de tourner par l'action du poids, il passe sous le plan incliné de la tête de coq, qu'il soulève encore davantage. Le même arbre porte encore le second bras 2, *z z*, mais tout-à-fait en avant, proche du montant supprimé ici, et au niveau du cercle de la roue de chaperon, fig. 1; l'extrémité de ce second bras, vers 2, est repliée carrément en contre-bas, pour entrer dans les entailles du cercle de la roue de chaperon, au-dessus duquel il correspond, sur le haut de ce cercle dans l'horloge. Les deux bras dont nous venons de parler faisant corps avec leur arbre, et comme d'une seule pièce avec lui, se meuvent tous les deux à la fois. Il y a, de plus, au fond de l'arbre et fixée sur lui, une pièce en forme de virgule renversée, vers *z z*, sur le bout de laquelle appuie continuellement un ressort vertical attaché au montant angulaire du fond de la fig. 3, et qui fait abaisser les deux bras 2 *z z* et *h z z* avec plus de sûreté et de vitesse que ne le ferait leur seule pesanteur.

Enfin, un troisième arbre vers 3 porte un seul bras de détente, 1, 3, dont l'extrémité 1 est recourbée à l'équerre vers le fond de la figure, et saillante d'environ un pouce du côté du cadran. Cette détente est élevée par le bras *y* peu de temps avant l'heure; sa partie d'équerre peut alors arrêter la cheville *h* du 8 de chiffre, ou pièce de préparation *g h*, fig. 1, lorsque le rouage la fait tourner et que la cheville *h* passe dans le haut, où elle est rencontrée et arrêtée par le bras de détente ou de préparation 1, 3, quand il est relevé; mais lorsque ce bras retombe, il est soutenu par une pièce aussi en forme de virgule retournée, portée par l'extrémité du fond de l'arbre près de son pivot de ce côté, et cette virgule butte sur une pièce d'arrêt que l'on voit au-dessous, et qui est fixée au montant angulaire du fond. Ces deux pièces maintiennent alors le bras 1, 3, quand il tombe, à la hauteur convenable pour ne plus rencontrer la cheville du 8 de chiffre, et ne pas toucher aux ailes du pignon qui roule au-dessous.

Nous avons encore à mentionner ici l'établissement d'une bascule à l'autre côté opposé du bâtis de l'horloge, et toujours sur sa longueur; ce côté est celui qu'elle présente à l'observateur dans la fig. 1, où cette bascule en avant aurait embrouillé l'aspect du rouage. On en aperçoit mieux la disposition dans la fig. 3, sur le montant de gauche qui est au fond de la figure. Entre ce montant du fond et celui qui est supprimé sur le devant, est aussi un arbre dont les pivots sont portés par les deux montants angulaires au moyen de deux tenons, rapportés comme en

6, 4; un bras 5 de la bascule pénètre dans la cage des chevilles rivées de la roue H, et est soulevé par le passage de chaque cheville de cette roue; le bras opposé de la bascule, tronqué ici faute de place, est deux ou trois fois plus long que l'autre, et s'abaisse d'autant pour tirer un fil de fer attaché à la queue du marteau établi près du timbre, et aussi en bascule. Là, un ressort très-raide reçoit la chute du bras du côté de la tête du marteau, et ne cède quelque peu que par le mouvement acquis de sa masse, qui arrive jusqu'à frapper le timbre, mais qui est relevée aussitôt de quelques pouces par le ressort, pour que son contact n'éteigne pas les vibrations de la cloche; ce sont ordinairement des cloches sans battants qui servent de timbre à ces grosses pièces. On dispose aussi quelquefois le marteau pour frapper sur des cloches de volée.

Toutes les pièces de détentes étant maintenant connues, ainsi que leur principale destination, nous allons expliquer la succession de leurs effets pour régler le nombre des coups de la sonnerie.

Lorsque l'aiguille du cadran approche du point de division de chacune des 12 heures, une des 12 chevilles de la roue de cadran rencontre le pied de biche libre et un peu ployé par son poids dans sa charnière *v*; la cheville relève d'abord ce pied de biche jusqu'à son arrêt de charnière, puis continuant à avancer, elle soulève avec le bras *v* les deux autres bras *z* et *y*; ce dernier, celui *y*, va soulever d'abord peu à peu la détente de préparation 1, 3, de manière à pouvoir arrêter dans son passage en haut la cheville *h* du 8 de chiffre, quand il tournera. Pendant ce temps, le deuxième bras *z* va soulever la détente de coq *h z z*, et avec elle la détente de chaperon, effets qui ont lieu lentement et peu à peu, à mesure de la progression en avant de la cheville de la roue de cadran; quand cette cheville est parvenue à soulever assez le pied de biche et le bras *z* en élevant le bras de coq, pour que le cercle *c d* soit dégagé de l'entaille carrée qui le retient, le rouage étant sollicité par le poids, ce cercle passe sous le plan incliné de la tête de coq, ce qui l'élève davantage et achève de faire sortir le bout de la détente de chaperon de son entaille; dans ce premier mouvement très-borné du rouage, le 8 de chiffre fait un demi-tour, mais il rencontre l'extrémité repliée à l'équerre du bras de préparation 1, 3, qui a continué à s'élever sans que sa largeur ait quitté la cheville, et le rouage se trouve arrêté après ce premier mouvement très-court de rotation, presque insensible même aux premiers mobiles, et c'est là ce qu'on appelle la *préparation* de la sonnerie. Cependant la roue de cadran continuant d'avancer, au moment où l'aiguille atteint la division de l'heure sur le cadran, la cheville arrive à lâcher l'extrémité du pied de biche, qui retombe, et avec lui retombent aussi les deux autres bras du même arbre *u*, ainsi que la détente du haut 1, 3, par son propre poids, et le 8 de chiffre dégagé tourne avec le reste du rouage. Mais les bras 2 *z z* et *h z z* sont maintenus élevés par le cercle *c d* qui est avancé d'un huitième environ de tour sous le plan incliné du coq, le rouage roule, et une cheville de la grande roue H soulève le bras 5 de la bascule de marteau 6, 5, 4, et l'abandonne ensuite; alors le marteau frappe un coup sur son timbre. Pendant ce mouvement de la roue H, le pignon *q p* a avancé d'une dent, ainsi que la roue de chaperon que ce pignon mène. Mais si c'est l'entaille marquée 7 du cercle de chaperon, fig. 4, qui se trouve alors dans le haut de la roue, sous la saillie en contre-bas du bras 2 *z z*, comme cette entaille est d'une ouverture double des autres, le bras 2 y retombe encore au moment où le vide du cercle *c d* laisse descendre en entier la tête de coq et le bras 2 qui lui est attenant par leur arbre commun; l'entaille à l'équerre du coq arrête alors le bout *c* du cercle, ainsi que tout le rouage qui est aussi retenu brusquement, tandis que le volant continue à épuiser sa force par le frottement de ses ressorts sur la noix *m i*, arrêtée aussi, et produit le bruit momentané de *crecelle* dont nous avons déjà parlé.

Si, au contraire, après un coup sonné, le cercle du chaperon présente à l'extrémité coudée en dessous du bras 2, une partie pleine comme celle entre 7 et 8, fig. 4; le bras 2 ne trouvant pas d'entaille après le premier coup sonné, maintient le bras *h z z* du coq qui lui est attenant par l'arbre, assez élevé pour ne pas encore accrocher le bout du cercle *c d*, et la roue P continue un tour de plus; le marteau sonne encore un second coup, après quoi l'entaille entre 8 et 9 de la fig. 4, toujours en haut de la roue, se trouve recevoir la saillie du bras 2, et le coq descend assez au moment où le vide du cercle *c d* passe sous la tête de coq, pour que la portée carrée accroche le bout du cercle de la roue P et arrête tout le rouage. On conçoit que si l'entaille de chaperon n'était pas encore arrivée, sa partie pleine empêcherait le bras de chaperon, et, par suite, celui de coq, de descendre assez pour arrêter le cercle et la roue P, qui ferait encore un tour, et ferait sonner une heure de plus, comme il arrive pour 3 heures; et de même pour 4 heures et les suivantes, à mesure que les entailles du cercle de chaperon sont plus éloignées, leur distance étant déterminée par le chemin que fait la roue de chaperon pour chaque coup; et cette distance étant répétée plus ou moins de fois entre les entailles suivant le nombre de l'heure. La distance dont il s'agit est d'un plein et vide d'une dent, dont la roue avance pour un seul coup de marteau. Enfin, lorsque la roue de chaperon présente le plus grand espace plein de son cercle, qui est celui de 12 heures, la sonnerie a le temps de sonner 12 coups, et après le dernier, la première entaille double, en 7, se présente de nouveau, et le bras 2 tombant dans la première moitié de cette entaille, le rouage est arrêté après les 12 coups. A l'heure suivante, l'effet que nous avons dit en premier lieu recommence; le rouage sonne un seul coup, après quoi le bras 2 rencontrant, après la première révolution de la roue P, la deuxième partie de la double entaille, y retombe de suite, et n'a laissé sonner qu'une heure; le reste s'effectue comme nous l'avons exposé : le bras 2 et la tête de coq restent assez relevés pour que la roue P, qui fait une révolution par chaque coup, ne puisse avoir son cercle accroché, tant que le cercle de chaperon ne présente pas une entaille sous la saillie ou petite partie reployée en équerre en dessous et à l'extrémité du bras 2, dit aussi *bras de chaperon*.

On vient de voir que les effets des détentes dans la sonnerie sont encore plus compliqués que tous ceux qui précèdent; on pourrait aisément, par défaut d'habitude, ne pas les saisir complètement dans une première lecture; mais à la deuxième ou tout au plus à la troisième, le succès manque rarement, pourvu qu'on y laisse assez d'intervalle pour le repos de l'esprit. Nous croyons utile de le répéter, cette méthode est la plus commode et la plus sûre. Après cette première étude bien faite, le lecteur n'aura la plupart du temps à observer que ce qui caractérise chaque composition moderne, dont les autres parties plus matérielles et généralement les mêmes, pour le fond, lui seront déjà connues.

Les constructions de cette ancienne époque étant encore peu sûres dans leurs effets, ne donnaient un service passable qu'au moyen des corrections continuelles du gardien chargé de les surveiller et de les monter tous les jours. Ce sont ces défauts qui ont occasionné tant de recherches, de dispositions diverses et d'améliorations, suggérées par l'observation, l'expérience et la méditation, au talent et au génie d'un si grand nombre d'Artistes et de Savants, et dont nous donnerons seulement le résultat définitif. Mais avant de passer brusquement de la pratique ancienne à la perfection actuelle de l'Art, nous considérons comme avantageuse et bien digne au moins de la curiosité de l'artiste et de l'amateur, la connaissance des dispositions que le célèbre Huyghens substitua à une pratique presque aveugle, à l'aide d'une analyse ingénieuse et savante, qui n'a été encore indiquée que trop succinctement; elle se rattache intimement à l'érudition utile en ce genre et au degré actuel d'avancement de l'art, et jettera une lumière nécessaire et un intérêt plus vif sur les travaux modernes que nous aborderons à notre prochain chapitre, où commencera aussi le numérotage de chaque alinéa ou paragraphe de ce Traité.

DU PENDULE SIMPLE TROUVÉ PAR GALILÉE, MATHÉMATICIEN DU GRAND-DUC DE FLORENCE, ET APPLIQUÉ A L'HORLOGE PAR HUYGHENS, GÉOMÈTRE HOLLANDAIS; INVENTIONS DIVERSES DE HUYGHENS.

Le pendule simple, usuel, dont l'invention est attribuée à *Galilée* (1), est formé d'une petite sphère ou boule de métal C, pl. II, fig. 14, du poids de quelques onces, suspendue par un fil ou une soie très-fine à un point fixe A, ou à un axe D A D. La longueur de ce pendule, du centre ou axe d'oscillation A, jus-

(1) Suivant *Édouard Bernard*, professeur d'astronomie à Oxford, versé dans la langue des Arabes, il paraîtrait que les astronomes de cette nation connaissaient plus anciennement l'usage du Pendule simple, et l'auteur de l'Histoire de l'astronomie moderne pense qu'il n'est pas impossible que les Arabes aient puisé cette méthode dans quelques manuscrits ou traditions de l'Orient, comme leurs connaissances astronomiques, celle des clepsydres, des cadrans solaires, etc. Nous avons dit ailleurs comment les idées de ce genre peuvent pénétrer d'un bout du monde à l'autre; mais des hommes de génie, stimulés par les mêmes besoins de la science, peuvent aussi rencontrer séparément la même idée, et l'exemple s'en présente assez fréquemment. Quoi qu'il en soit, l'usage du Pendule simple, ou, suivant l'expression même de Galilée, *l'usage du cadran ou de l'horloge physique universel* (traduit en français en

qu'au centre C de la sphère, doit être, à Paris, de 3 pieds 8 lignes, 57 à infiniment peu près, mes. de Fr. Le savant mathématicien de Florence imprimait à la sphère, avec la main, de courtes oscillations (de 3° à 4°), qui, persistant d'elles-mêmes pendant un certain temps, avec une égalité fort rapprochée des arcs et de leur durée, ont servi d'abord aux courtes observations d'astronomie (et même à d'assez longues, en renouvelant l'impulsion), moyennant que l'on comptait à vue le nombre des oscillations. Cette méthode ingénieuse et simple, et au fond très-savante, quant au principe qui l'établit, était du reste fort propre à exercer la patience des observateurs, fatiguée de plus du soin de voir à la fois les mouvements de ce pendule et l'arrivée des bords de l'astre aux pinules ou au fil, et de compter les oscillations. Mais l'horloge *à Pendule* donnant le nombre des oscillations sur un cadran, sans obliger à les compter ni à les entretenir à la main, (moyen très-sujet à en altérer le temps et l'étendue), n'était pas encore inventée. Ce n'est pas ici le lieu d'examiner les causes du phénomène de ces oscillations presque égales, que nous expliquerons et analyserons plus tard dans un chapitre traitant des propriétés du *Pendule*, dont quelques-unes sont encore aujourd'hui peu connues; nous ne considérons ici que le fait.

Mais si le *Pendule* fut trouvé par *Galilée*, c'est au Géomètre Hollandais *Huyghens*, pensionnaire de Louis XIV et membre de l'Académie des sciences de Paris, que les Mathématiciens et de savants Artistes s'accordent à attribuer son application à l'horloge, et cette opinion, long-temps discutée, paraît établie aujourd'hui presque sans contradiction. On sait combien les horloges étaient imparfaites avant l'époque des travaux d'*Huyghens* sur ce sujet, et quoique l'on en eût déjà d'une dimension assez réduite pour servir dans les appartements, les effets divers de la température se joignant à l'imperfection de la main-d'œuvre, à celle des engrenages et à d'autres défauts de construction, rendaient fort inégaux les mouvements du balancier *à folliot* et du balancier rond sans spiral, d'où la durée des 24 heures était fort irrégulière. Huyghens conservant une partie des dispositions du rouage, maintenu dès-lors entre deux platines verticales dans ces petites horloges, employa la *roue de champ* des montres ordinaires, en A, pl. II, fig. 1, qui représente la première horloge à pendule construite en Europe, et fit engrener cette roue avec le pignon *d* de la roue d'échappement B, dont l'axe devint vertical et parallèle aux platines C D, vues par leur épaisseur dans cette figure, disposition déjà employée dans les montres portatives; il remplaça le cylindre du premier mo-

1639, in-8°. Paris, Rocolet), était très-borné et souvent inexact, par la diminution naturelle des arcs et de leur durée, comme par la nécessité de rétablir à la main la première étendue, pour des observations prolongées qu'il fallait compter à vue. Cependant *Gabriel Mouton*, prêtre et astronome à Lyon, employa ce moyen vers 1670, pour mesurer le diamètre du Soleil, par le temps du passage du méridien terrestre sur le disque entier de cet astre, et en conclut ce diamètre de 31 minutes, plus 31 secondes et demie de degré. Un siècle plus tard, Lalande, avec un excellent micromètre objectif, n'a pas trouvé plus d'une seconde à retrancher. La détermination de *Mouton* était déjà plus exacte que celle d'*Auzoud* et *Picard* en 1666.

bile par la poulie P dont la gorge est garnie de pointes, et qui est fixée à demeure sur l'axe de la première grande roue E; il plaça dans cette poulie une *corde sans fin*, fig. 3, avec poids P et contre-poids O, nécessairement mouflés chacun par leur poulie particulière, dont la disposition extérieure est vue en perspective dans cette figure; on y voit que la corde partant des deux côtés de l'intérieur de la caisse (où elle embrasse la poulie du mouvement), descend dans les deux poulies des poids et remonte ensuite jusqu'au-dessous de la caisse, pour passer sur une autre poulie N, considérée comme fixe quant au gros poids P, c'est-à-dire ne pouvant tourner dans le sens du tirage de ce poids, au moyen d'un encliquetage établi derrière la poulie N, et qui la retient dans ce sens (la dimension et la situation de la pièce n'ont pas permis de représenter cet encliquetage, mais il est facile de l'imaginer). On concevra aisément qu'avec cette disposition, la moitié de la force du poids P ne peut faire descendre le cordon de N en P, mais que l'autre moitié de cette force agit librement sur l'autre partie extérieure du cordon de droite de P, jusqu'à l'insertion dans la boîte de ce côté, et par conséquent sur la poulie P fixe du mouvement, en faisant remonter d'autant le contre-poids O plus faible, à mesure que la première grande roue tourne. Lorsque le contre-poids O arrive près de la caisse par la suite des révolutions lentes de la première grande roue, le gros poids P étant alors descendu au plus bas, il suffit de tirer verticalement non le contre-poids O, mais seulement le cordon intérieur N O, pour obliger la poulie N de tourner dans le sens permis par l'encliquetage, ce qui remonte le côté du cordon intérieur P N, et avec lui le poids P; pendant ce temps, la moitié du poids P, qui seule agit toujours sur le cordon extérieur de droite au moyen de sa poulie en P, continue son action égale sur le rouage, et l'horloge ne cesse pas de marcher pendant le remontage, ce qui est ici une propriété de l'emploi de la corde sans fin. Les effets de l'encliquetage décrits dans nos définitions, et l'article de l'Horloge du Palais où nous avons averti de la réduction à moitié de la force motrice par le *mouflage* simple du poids, peuvent suffire ici au lecteur. Il conçoit qu'en tirant à la main le seul cordon intérieur N O, il ne change point l'effet du contre-poids sur ce côté de la grande roue du mouvement, ni celui du gros poids P sur l'autre côté, effets toujours réduits à moitié par les poulies, soit que les poids montent ou descendent et que la prépondérance du poids P sur l'autre reste, pendant le temps du remontage, la même que pendant qu'ils sont libres; il s'ensuit donc que l'horloge ne cesse pas de marcher pendant qu'on la remonte, et n'éprouve point par là une différence sensible d'action de la force motrice.

Nous insistons sur cette partie du mécanisme, 1° parce qu'étant employée ici, elle devait être décrite; 2° parce qu'elle reparaîtra de nouveau à l'article du remontoir d'égalité de *Huyghens* et *Leibnitz*, et que le lecteur se trouvera alors l'avoir déjà appréciée d'avance. Nous lui ferons seulement remarquer qu'il y a transposition de poids dans cette figure 3, quant au mouvement résultant pour les aiguilles du cadran, lesquelles, suivant la situation actuelle de ces poids, marcheraient à gauche au lieu de le faire à droite. Le gros poids doit être en O et le petit en P ; cette erreur de peu d'importance a été imitée par mégarde, d'une gravure fautive de Berthoud; mais elle est ici sans conséquence. Quant à la combinaison d'une corde-sans-fin, pour faire marcher l'horloge pendant le remontage, c'est déjà une amélioration que l'on doit au génie d'Huyghens.

Mais ce qui fut bien plus important pour la régularité de l'horloge, ce fut la substitution du pendule au balancier. Ici l'axe des palettes étant horizontal, le cercle ou les lames du balancier qu'on y placerait, circuleraient en oscillant dans un plan vertical parallèle aux platines. Au lieu du balancier, Huyghens fixa sur l'extrémité de l'axe des palettes vers F, une fourchette F G, coudée en G, fig. 1, et fendue dans ce retour d'équerre, comme on le voit en perspective fig. 2, pour recevoir librement le bout d'une tige de métal. Une pièce H, servant de support, soutint par un double cordon la suspension du pendule I V L, formé d'une tige métallique d'environ 3 pieds de longueur (indiquée rompue et réduite faute d'espace, sans quoi elle dépasserait le filet de la planche), portant à son extrémité inférieure une boule de métal du poids d'environ 3 livres : on y a substitué plus tard une lentille métallique du même poids, pour diminuer la résistance de l'air. Le curseur que l'on voit de profil en V, également de forme lenticulaire, pourrait en donner une idée en petit; la grosse lentille étant adaptée dans le bas du pendule, dans cette même position, y serait aussi vue de profil. Cette disposition était en quelque sorte la réalisation solide et métallique, dans toutes ses parties, du pendule simple des astronomes, sauf le cordon de suspension toujours conservé en soie. La puissance d'une masse de plusieurs livres, au bout d'un levier de trois pieds, sensiblement inflexible pour les légers efforts de la fourchette, faisant d'elle-même pendant un certain temps des oscillations presque égales par sa seule propriété physique (la gravitation), la même que celle du pendule simple, avait un avantage considérable sur le balancier, qui, n'étant point susceptible d'oscillations propres, ne les recevait que de l'échappement, mu très-inégalement par la force motrice ; d'ailleurs, dans les horloges, le balancier, comparé au pendule, était léger, d'un petit diamètre, et sa faible inertie était trop dépendante des irrégularités du rouage ; ses oscillations, par la nature même de l'échappement à roue de rencontre, étaient plus ou moins accélérées par l'augmentation ou la diminution de force motrice transmise par un rouage mal fait, sans principes, et soumis lui-même aux effets de température, de coagulation des huiles, de frottements peu ménagés et par là plus inégaux. Aussi la fusée, ou des moyens analogues, étaient-ils devenus indispensables dans les montres nécessairement à balancier et alors sans spiral, où le ressort moteur avait une action trop différente du haut en bas de son armure. Le pendule, au contraire, maîtrisait le rouage par sa grande puissance, et ses oscillations naturelles et physiques conservant pendant quelque temps une sorte d'égalité approchée, malgré les anomalies instantanées de la force transmise, les dissimulait en quelque sorte jusqu'à leur rétablissement. Aussi les horloges *à pendule*, d'une régularité supérieure comparativement, furent-elles généralement préférées.

Mais avec l'échappement à roue de rencontre, les oscillations étaient fort étendues ; ce n'est même qu'à une époque assez rapprochée de notre temps que l'on a su les réduire par l'allongement de palettes courbes, et en élevant le centre d'oscillation fort au-dessus du centre de mouvement de la fourchette, notamment dans les horloges dites *de Comté*. *Huyghens*, qui observait l'exécution de sa première idée en géomètre exact, y aperçut bientôt un reste d'inégalité dépendant de la variation encore sensible dans l'étendue des oscillations. La connaissance des lois du mouvement lui ayant démontré qu'en effet les grandes oscillations, dans le cercle, doivent être plus lentes que les petites, loi géométrique que l'expérience a d'ailleurs toujours confirmée dans l'horlogerie, il imagina d'y remédier par l'application des deux portions de courbes semblables, qui sont en M l'une sur l'autre, fig. 1, et que l'on voit en perspective, fig. 2, réunies au support H, où elles sont fixées, contenant entre elles un double cordon de soie qui porte le pendule. Ces courbes étaient les naissances de deux *cycloïdes*, sur lesquelles les cordons fléchissaient à droite et à gauche dans les oscillations, et qui les raccourcissaient davantage à mesure que les oscillations étaient plus étendues ; en sorte que le centre de la boule décrivait lui-même au lieu d'un arc de cercle un arc de *cycloïde* ; or, la propriété de cette courbe renversée et concave vers le haut, et sur laquelle nous reviendrons ailleurs, est telle, que les corps qui descendent suivant ses côtés, emploient le même temps mathématique, pour arriver au bas de la courbe (sommet renversé de la cycloïde), quelle que soit la hauteur d'où ils commencent à descendre, propriété singulière démontrée par l'analyse, et que le demi-cercle qui remplacerait la cycloïde ne pourrait pas avoir : on trouvait encore, il y a une quarantaine d'années, ces courbes imitées plus ou moins mal et conservées dans des pendules anciennes.

Pour faciliter cet effet, le cordon double de suspension devait être plus allongé avec ce pendule qu'avec les autres, et ses deux branches étaient maintenues parallèles, au moyen d'une poulie de dimension convenable contenue dans une chape portée par le haut de la verge, comme il est indiqué dans les fig. 1 en I, et au même lieu correspondant de la fig. 2.

Cette invention était ingénieuse et très-savante ; mais la longueur indispensable des cordons faisait varier la longueur totale du pendule par les différences hygrométriques, c'est-à-dire celles de l'humidité et de la sécheresse de l'air; Huyghens y substitua une chaîne délicate dont le frottement dans ses anneaux était un autre inconvénient, ce qui, joint nécessairement aux effets des différentes températures sur le métal même du pendule, que l'on ne soupçonnait pas encore alors, et que l'on confondait parmi les autres défauts nombreux de la main d'œuvre, fit abandonner l'usage de ces courbes. On remarqua que les arcs de cercle très-petits se confondaient presque avec les petits arcs de *cycloïde*, et *Clément*, horloger de Londres, imagina un autre échappement, celui dit *à Ancre*, qui n'exigeait que de petits arcs. Cette invention fut revendiquée par le fameux docteur *Hook*, qui était en possession de réclamer en sa faveur presque toutes les inventions nationales et étrangères. Enfin, sans l'application de la cycloïde au pendule, on eût peut-être été long-temps avant de penser à l'avantage des petits arcs ; cette courbe du moins devait encore avoir plus tard une influence heureuse et constante sur la perfection des engrenages, souvent sans être directement employée, mais en indiquant ce qu'on pouvait aisément lui substituer (1).

Nous avons expliqué plus haut l'effet de la corde sans fin avec poids et contre-poids mouflés l'un et l'autre simplement, c'est-à-dire chacun avec une seule poulie, disposition représentée dans la fig. 3 de la pl. II, et qui offre l'avantage de ne pas interrompre le tirage ni la marche de l'horloge pendant le remontage : il faut y joindre celui de doubler à très-peu près le temps de la marche pour une même hauteur, ou un même espace de descente du poids. Ce moyen est encore conservé dans beaucoup de régulateurs anciens d'atelier à long pendule et à secondes, et aussi dans plusieurs anciennes petites pendules à poids. Néanmoins, dans les horloges astronomiques, plusieurs artistes préfèrent le poids simple, dont la corde s'enroule sur un cylindre métallique cannelé en vis, et rendu très-régulier au moyen d'un outil propre à exécuter cette opération exactement, parce qu'ils se défient de l'inégalité de pénétration des pointes de la poulie du mouvement (vue en P, fig. 1) dans la corde, dont les parties plus ou moins serrées peuvent rester plus élevées en certains moments, et faire ainsi varier le rayon *actif* de la poulie, et par suite l'intensité de force motrice. Il faut d'ailleurs, avec la corde-sans-fin, un poids plus fort à cause du contre-poids, ce qui augmente la charge et le frottement sur les pivots du premier mobile. Quant à la continuité du tirage pendant le remontage, il peut avoir lieu au moyen d'un *ressort auxiliaire*, dont nous décrirons ailleurs les diverses dispositions, et dont on réunit alors l'application à l'emploi du cylindre avec le poids simple. Avant cette invention, on armait une détente à ressort garnie d'un pied-de-biche et qui faisait marcher le rouage pendant le remon-

(1). On a découvert en effet dans la courbe appelée *Cycloïde* diverses propriétés, et entre autres celle-ci : *Que si, depuis le point de contact entre le cercle générateur et le plan sur lequel roule celui-ci, on tire un rayon jusqu'au point décrivant, ce rayon est toujours perpendiculaire à la tangente de la courbe en ce point, et à la courbe même que ce point décrit*; et par suite on en tira le principe d'uniformité de force et d'arc parcouru dans la *menée* des engrenages, comme on le dira ailleurs en expliquant la formation de la Cycloïde et ce qu'on entend par *cercle générateur*, etc. Quoique l'on n'emploie guère directement cette courbe que pour des dentures *en grand*, et qui exigent une précision particulière dans la menée, où la Cycloïde est alors praticable, on connaît du moins par elle l'arc de cercle qui peut lui être substitué, même *en très-petit*, en sorte que c'est encore à cette courbe que nous devons la perfection des engrenages soignés et *bien entendus*. Nous ajoutons ce dernier mot, parce que des praticiens ont employé cette courbe en sens contraire au véritable, et que *Prudhomme* paraît aussi l'entendre à contre-sens. On pourrait soupçonner néanmoins que des hommes capables qui ont employé ainsi cette courbe, ne se sont permis ce renversement que pour favoriser les rentrées dans les engrenages courants de fabrique dont les mobiles sont si rarement de grandeur juste, et où les proportions sont peu exactes. Quoi qu'il en soit à l'égard de cette interprétation bienveillante, il est du moins certain que les limes cannelées des outils à arrondir ont leurs gorges courbées en épicycloïde renversée, prise à rebours, et dans un sens contraire au principe géométrique. La courbe épicycloïdale doit être d'autant plus cintrée qu'elle se rapproche davantage de sa naissance confondue avec l'extrémité du flanc de la dent, et s'aplatir d'autant plus qu'elle approche de la pointe de la dent, ou de l'ogive ; or les limes des outils, taillées dans leurs cannelures, produisent précisément le contraire, ce qui est une contradiction avec l'emploi de cette courbe, et anéantit sa propriété.

tage; mais son action avait souvent plus ou moins de durée que celle de la remonte, ce qui n'était pas assez exact.

Le génie fertile d'Huyghens, toujours dirigé par la science, tira un autre parti de la corde-sans-fin, en l'appliquant à un *remontoir d'égalité*, imaginé par lui, et en même temps, à ce qu'il paraît, par le célèbre Leibnitz, grand géomètre aussi, et même alors le plus habile métaphysicien de l'Allemagne : deux genres d'application de l'esprit humain qui sont rarement d'accord ; mais, à cette époque, les fantômes de l'imagination se mêlaient souvent aux sciences. Huyghens paraît néanmoins avoir été exempt de ce délire si commun de son temps; tout en laissant la poulie à pointes du mouvement sur le premier mobile, il en mit une autre de proportion plus délicate, sur le dernier mobile, sur la roue d'échappement, ou sur l'avant-dernière roue, afin de les soustraire à l'inégalité du reste du rouage; et ce reste toujours mu par son poids précédent, mais ne communiquant plus avec le dernier mobile, ne fut employé qu'à remonter de minute en minute, ou même plus souvent, le petit poids, seul moteur de l'échappement, au moyen d'une autre poulie à pointe portée par le rouage, et fonctionnant dans ce remontoir comme la poulie N de la fig. 3, mais mobile à chaque instant du remontage si fréquent de ce mécanisme, qui remplaçait ainsi l'action de la main dans le remontage ordinaire. Un volant modérait la vitesse de cet effet, et se trouvait dégagé au moment convenable, par la descente même du petit poids moteur de l'échappement, sur lequel appuyait une détente qui opérait le dégagement quand le petit poids était assez descendu, et arrêtait de nouveau le volant quand ce poids était remonté; nous en donnerons ailleurs les détails. On conçoit que la petite corde sans fin avait aussi son petit contre-poids, comme celle du grand rouage, et que les deux petits poids inégaux du remontoir d'égalité avaient chacun leur mouflage simple d'une seule poulie proportionnée à leur masse.

Huyghens fit même construire *artistement*, dit-il, *une petite chaîne parfaitement travaillée*; cette chaîne valait mieux en effet qu'une corde de soie; et si elle avait pu être de la construction de celle dite aujourd'hui de *Vaucanson*, mais qui n'était pas encore inventée, elle eût été encore meilleure, parce que les mailles ouvertes et régulières de celle-ci peuvent être enfilés à fond par les pointes, pour empêcher le glissement, et que du reste la chaîne appuie toujours en plein sur le fond de la poulie qui la remonte. Les deux poulies du remontoir, dans le haut, ont leur gorge garnie de pointes, les deux autres des poids n'en ont pas besoin. On emploie aujourd'hui la chaîne de Vaucanson dans quelques remontoirs d'égalité de pendules soignées.

Cette construction du remontoir d'égalité fut imitée par la suite, avec quelques changements, par un horloger français de talent nommé *P. Gaudron*, et plus perfectionnée encore dans ces derniers temps, en supprimant les poulies à pointes, la chaîne, etc.; mais on ne pratique guère ce mécanisme que pour les grosses horloges, afin d'en soustraire l'échappement aux effets de température sur le rouage, et aux frottements variables des pivots de mobiles trop pesants, ainsi qu'à quelques pendules à ressort, pour y éviter l'effet des inégalités do ce moteur. On emploie très-rarement et presque sans avantage ce moyen dans les montres, et quant aux horloges astronomiques et de précision, plusieurs auteurs préfèrent un rouage simple et soigné. Nous traiterons plus amplement cette question en son lieu. La fig. 3 et la poulie P de la fig. 1, indiquent assez les dispositions de la corde-sans-fin, pour le moment, jusqu'à ce que nous traitions l'article du *Régulateur astronomique*. Nous ajouterons seulement ici le passage historique qui suit :

Dans la *Règle Artificielle du Temps* de *Sully*, deuxième édition, augmentée par *Julien Leroy*, on trouve les remarques ci-après du célèbre Leibnitz; il dit d'abord, au sujet du remontoir d'égalité pour les horloges : « J'ai pensé quelquefois à un » moyen d'égalité pour les horloges, qui n'est pas physique, mais mécanique, et » *consistant dans une parfaite restitution de ce qui doit vibrer*. Mais voulant faire » exécuter cette invention, j'ai toujours manqué de l'assistance d'un bon maître, » qui eût une bonne volonté d'y travailler, nos ouvriers, surtout en Allemagne, » n'ayant point envie de s'écarter de leur routine. Cependant une Montre ou une » Horloge faite de cette manière pourrait se passer de fusée, et irait de même, » quand on redoublerait le poids ou la force du premier moteur; elle serait aussi » plus propre aux voyages de mer que l'horloge à pendule. » On voit que Leibnitz entendait se servir du balancier des montres. Le docteur Hook, en écrivant contre *Huyghens*, prétendait avoir eu la même pensée, mais avouait ne l'avoir jamais fait paraître. *Ferd. Berthoud* observe : « Combien il est remar- » quable que la même idée se soit présentée à peu près à la même époque à trois » des plus beaux génies de ce temps, *Huyghens*, *Leibnitz* et le fameux docteur » *Hook* (qui revendiquait tant). On a vu de même l'application du pendule à l'hor- » loge de *Huyghens*, réclamée par le docteur *Hook*, par *Juste-Berge* et par Ga- » lilée. L'application du spiral réglant a aussi été réclamée par le docteur *Hook*, » l'abbé *Hautefeuille* et *Huyghens*. Sans doute il y a des époques pour les sciences » et les arts, où les meilleures têtes, s'occupant des mêmes objets, trouvent les » mêmes résultats, ou font les mêmes découvertes, sans qu'on puisse penser qu'ils » ont cherché à se copier. » Cette solution, souvent très-applicable, serait aussi, dans certains cas, extrêmement polie.

Tout cela prouve du moins que les savants du premier ordre s'occupaient alors d'Horlogerie, non-seulement sous le rapport de la théorie, mais aussi sous celui de l'application dont ils avaient une connaissance suffisante et toujours nécessaire, et peut victorieusement être opposé à certaines gens qui, par ignorance du fond de la question, en font peu de cas, parce qu'ils en trouvent les produits trop répandus, et la pratique en toutes sortes de mains. Cette erreur est le résultat du travail négligé de plusieurs manufactures ou fabriques à quantités, qui tuent ordinairement l'art et les artistes. Il serait utile que l'on sût plus généralement que ce n'est pas ainsi qu'il faut juger du mérite des Arts.

DU CURSEUR ADAPTÉ AU PENDULE PAR HUYGHENS.

Dans la vingt-troisième proposition de son ouvrage (1), Huyghens annonce comme il suit cette invention, dont nous traduisons littéralement les premières phrases : Manière de *régler le mouvement des horloges par l'addition d'un léger poids secondaire, qui puisse être mu en haut et en bas sur la verge du Pendule, divisée suivant une certaine proportion.*

Pour y réussir, il faut : 1° *trouver le centre d'oscillation du Pendule composé d'une verge qui a une certaine pesanteur connue, et d'un poids connu suspendu à son extrémité inférieure.*

Soit une verge avec un poids suspendu A C (v. fig. 14 et fig. 15, pl. II), *dont la longueur soit appelée* a ; *soient en outre, et la verge* A *et le poids suspendu* C, *divisés en parties minimes égales, la verge ayant le nombre* b *de ces parties, et le poids* C *le nombre* c, *et supposant le nombre* b *à* c, *comme la pesanteur de la verge à celle du poids suspendu, etc., etc.*

Nous ne pousserons pas plus loin cette citation d'un long article hérissé de calculs algébriques, qu'il serait bien facile de traduire, mais que nous avons promis d'éviter ; renvoyant donc le reste au chapitre où nous traiterons ce sujet, nous dirons seulement que l'auteur, après avoir déterminé les centres de gravité et d'oscillation de son pendule, en conclut la longueur *virtuelle* du pendule composé dont il s'agit, rendu isochrone au pendule simple. Il trouve ensuite le moyen de fixer le point un peu plus élevé que le milieu de la verge, au-dessus et au-dessous duquel le poids ajouté produit un effet égal sur le réglage ; tout ceci n'a trait qu'à la théorie : quant à l'exécution, comme il est toujours plus avantageux de porter la puissance vers le bas du pendule, l'auteur choisit judicieusement ce dernier parti ; puis, ayant pris pour base de son calcul la supposition que le poids de la verge est la cinquantième partie de celui de la sphère ou de la lentille, et que le petit poids *curseur* est égal au poids de la verge, il dresse une table des diverses hauteurs auxquelles le curseur produira une modification déterminée sur la marche de son horloge, comme on le voit pl. II, fig. 4. Nos pendules actuels sont trop différents de ceux de ce temps, surtout avec leur compensation, pour que cette table puisse être aujourd'hui d'un usage fréquent. D'ailleurs, à l'article du pendule, on trouvera dans cet ouvrage la méthode pratique et sans calculs de l'application du curseur, comme aussi celle qui sert à déterminer le centre d'oscillation (ou de percussion) du pendule avec une seule verge, ou avec plusieurs verges compensantes, pour en fixer la longueur totale, par une de ces simples opérations de pratique auxquelles les Artistes sont plus habitués. *Lalande* en donne une toute géométrique dans un chapitre du Traité de *Lepaute*, qui n'est point à l'usage des ateliers, et la nôtre ne sera que d'expérience commune, prompte, facile et susceptible de la même précision ; nous rapporterons aussi la table des hauteurs du cur-

(1) *Chr. Hugenii Horologium Oscillatorium, sive de motu Pendulorum ad Horologia aptato demonstrationes geometricæ.* 1673.

seur pour un pendule compensateur moderne de dimensions et poids donnés, insérée par M. de Prony dans un volume de la *Connaissance des temps*. Nous ne sommes entrés dans ces détails à l'occasion du curseur, que pour indiquer que les longs calculs, indispensables pourtant dans bien des cas de théorie, ne donnent pas davantage dans la pratique la précision (qu'on n'obtient toujours que par des tâtonnements matériels, pour arriver à l'application définitive des principes), pas plus, disons-nous, que de bonnes méthodes pratiques usuelles, dont le choix a été dirigé toutefois par la connaissance théorique des effets, et mises à la portée des ateliers qui peuvent alors les appliquer, non pas sans raisonner, mais du moins sans calculs compliqués.

Cet article doit surtout faire remarquer la singulière propriété du curseur, de produire un effet contraire, c'est-à-dire de diminuer l'accélération qu'il avait produite (mais de moins en moins, à mesure qu'il a été plus élevé), quand il est arrivé au-delà d'une certaine hauteur, qui est un peu au-dessus du milieu de la longueur du Pendule. Cette propriété connue de Ferd. Berthoud, mais dont il a dit à peine deux mots, a dû surprendre beaucoup d'artistes qui ont essayé cette construction, d'après la connaissance vulgaire des lois du Pendule, qui sont plus compliquées qu'on ne le suppose communément. Nous reprendrons ce sujet à l'article spécial du *Pendule*, où nous rapporterons aussi l'instruction pratique de l'habile géomètre cité plus haut, qui donna en même temps une autre savante analyse du *Curseur*. Ces détails seraient ici trop déplacés.

DU PENDULE A DÉVELOPPEMENT PARABOLLOÏDE DE HUYGHENS.

Tandis que nous traitons ce sujet d'une manière provisoire et uniquement pour indiquer combien les études d'horlogerie peuvent être compliquées, et par suite, la nécessité d'en simplifier l'application par des méthodes pratiques toujours basées sur les principes de la science, sans fatiguer ceux qui ont à s'en occuper, ni leur ravir un temps précieux et toujours trop court, nous en prendrons occasion de citer seulement une autre invention savante et curieuse de Huyghens, qui offre une application différente des propriétés du Pendule, susceptible d'une bonne précision, et de produire aujourd'hui un effet bien neuf dans l'usage civil, auquel elle convient plus généralement.

On nous excusera sans doute en faveur de la singularité du sujet de donner encore ici la traduction suivante. Nous avons déjà prévenu que si nous entrons dans ces détails, en partie historiques et descriptifs, c'est uniquement comme une introduction à laquelle ce premier chapitre est destiné. Les chapitres suivants seront, autant que possible, dégagés de ces dissertations, et tout en instruction directe.

L'auteur annonce d'abord, au sujet de ce singulier pendule, qu'il existe une autre sorte de mouvement oscillatoire, outre celui dont il a traité jusqu'ici, savoir celui qui conduit le poids suivant un *parabolloïde*, d'où il a déduit aussi une autre invention, presque dans le même temps que la précédente, et appuyée de même sur un principe certain d'égalité, mais dont l'usage a été moins répandu, parce que la construction de la première est plus simple et plus facile. « Néanmoins, ajoute-t-il, » plusieurs du genre de celle-ci ont été exécutées et avec succès, etc... J'avais » même résolu d'en publier la construction avec celle des autres, *sur quoi j'ai tant* » *de choses à dire, que je ne le puis en ce moment.* Mais pour que les amateurs » de ce sujet jouissent plus tôt d'une combinaison neuve qui n'est pas inutile, et » qu'elle ne périsse point par quelque accident, je l'expose succinctement ici. Je » n'ai pas cru devoir détailler la disposition des roues intérieures de cette hor- » loge dont les Artistes pourront arranger et varier de diverses manières l'ordre » et la situation; je me borne à en expliquer le principe par la figure suivante:

» PRINCIPES DE CONSTRUCTION DE LA DEUXIÈME HORLOGE A PENDULE PARABOLLOÏDE.

» La ligne D H (*v.* pl. II, fig. 10) doit être conçue porter en A une lame » qui lui est fixée; elle est d'une certaine largeur et courbe suivant la ligne A B » qui est cette ligne parabolloïde dont nous avons montré ailleurs que la révolu- » tion peut décrire une parabole, quand on y a joint une certaine ligne droite » A E, et la courbe E F donne la parabole décrite par l'évolution de toute la ligne » B A E. La ligne appliquée à la courbe B A dont l'extrémité décrit la parabole » est B G F. Le poids qui lui est attaché est F. La ligne B G, étendue en ligne » droite, conduit F de manière à lui faire parcourir des espaces plus grands ou plus » petits, suivant les inégalités des mobiles, pourvu qu'ils soient tous compris dans » la courbe parabolique, et par cela même, les temps seront toujours égaux. »

Suivent quelques mots sur l'exécution, à peu près aussi clairs que ce qui précède, et c'est le seul article contenant le principe tout entier, expliqué, suivant Huyghens, par la fig. 10 citée ci-dessus.

Nous souhaiterions bien volontiers que les amateurs de la concision trouvassent dans cette succincte exposition de l'auteur toute la facilité désirable pour la comprendre, mais nous avouerons que son intention ne nous semble pas suffisamment éclaircie par ce peu de mots. Il nous paraîtrait bien étrange que Huyghens, si attentif ordinairement à prévenir toute obscurité pour ses lecteurs, se fût expliqué cette fois d'une manière aussi énigmatique, si nous ne soupçonnions pas que, mécontent des injustes réclamations qui eurent lieu lors de l'invention de sa première horloge à pendule, il a voulu cette fois garder en partie le secret de sa méthode. Il en fit autant, lorsque ayant découvert le premier, avec un télescope fait de sa main, un satellite de Saturne, il grava sur le bord du verre le temps de la révolution de ce satellite, en caractères énigmatiques dont le sens ne fut expliqué que plus tard par l'auteur même.

Huyghens fit exécuter plusieurs horloges parabolloïdes, et, entre autres, une pour le Dauphin, fils de Louis XIV; elle a été entre les mains de Ferd. Berthoud vers 1765; celui-ci dit que cette invention *est savamment combinée, et que quoiqu'elle n'ait pas été imitée, la théorie n'en est pas moins admirable.* Berthoud, du reste, ne donne aucune autre explication. Cet abandon, en effet, n'a pu tenir qu'à l'état d'imperfection de la main d'œuvre à cette époque, où l'on ne sut pas d'ailleurs disposer le mécanisme plus favorablement, tout en conservant le principe et son effet aussi exact que singulier (1).

Mais nous consolerons les amateurs et nous adoucirons peut-être leurs regrets en leur annonçant ici qu'à notre article des pendules perfectionnées, nous expliquerons complètement et clairement la pensée de Huyghens, que l'on a découverte depuis; et comme nous avons eu occasion d'étudier cette construction extraordinaire et de nous en instruire à fond, nous donnerons des moyens simples et faciles pour son exécution, ainsi que pour la suspension toute particulière du pendule soit simple, soit composé pour la compensation. L'auteur n'avait donné que le principe qui peut être conservé, en remplaçant sa courbe parabolique comme ses cycloïdes, par des moyens d'une égale précision. La construction de Huyghens ne serait plus d'ailleurs au niveau des moyens actuels, plus exacts et plus durables, ainsi qu'on le verra par l'exemple que nous donnerons d'une autre construction à secondes déjà éprouvée, toute moderne, très-différente de celle de Huyghens, mais conservant son principe, aussi aisée à exécuter qu'une bonne pendule ordinaire à demi-secondes, et capable de produire un effet exact, propre à captiver l'attention des amateurs (2).

Il ne suffisait pas au génie de notre savant géomètre hollandais d'avoir ébauché si heureusement la perfection de l'horloge fixe, et d'avoir mis les Artistes sur la voie des vrais principes de la mesure du temps; il voulut encore tenter de résoudre le fameux problème de la détermination des *longitudes* en Mer, dont la solution presque complète n'était réservée qu'au XVIIIe siècle. Nous disons presque complète, parce que l'on travaille encore aujourd'hui à la perfectionner. Huyghens a été en effet le premier dont les inventions de cette espèce aient été essayées sur mer, et elles indiquèrent tellement la possibilité du succès, que ces expériences

(1) Quel que soit notre empressement à satisfaire la curiosité bien naturelle que peut exciter cette construction singulière, on conçoit évidemment que son explication serait tout-à-fait déplacée dans cette introduction, où nous ne traitons encore l'horlogerie que d'une manière historique, et en n'émettant que des idées générales. Nous avons à donner avant tout le calibre moderne de la pendule simple à sonnerie ordinaire, article d'autant plus urgent qu'il n'existe nulle part. Les derniers copistes incomplets du premier volume de l'Essai, qui n'ont presque rien extrait du second volume, n'ont donné pour la pendule que des calibres anciens et abandonnés depuis long-temps. Nous aurons à joindre au calibre le plus moderne divers effets de sonnerie, soit pour distinguer la demie d'avec une heure du matin, soit par des dispositions à limaçon et à rateau propres à produire au besoin une sorte de répétition, etc., etc. On sent bien que tous ces articles utiles doivent passer avant ceux de simple curiosité.

(2) Ce sujet nous amène à expliquer ici celui du frontispice de cet ouvrage; c'est un monument que nous avions projeté il y a plusieurs années pour la décoration d'un établissement public; il devait

déterminèrent le célèbre *Newton* à mettre l'horlogerie au premier rang des moyens que l'on croyait propres à la détermination des longitudes. L'Espagne, la Hollande avaient déjà proposé des prix assez considérables pour cette découverte; mais l'Angleterre, encore plus intéressée au succès, dépassa les autres nations par l'élévation de son premier prix à 500,000 fr., et par d'autres prix moindres pour des succès inférieurs. On sait déjà que Harrison obtint le grand prix, et qu'en France, quelques prix de 20 à 30,000 fr. furent obtenus par les efforts heureux de *Ferd. Berthoud* et *Pierre Leroy*, fils de *Julien*. Quelques autres encouragements furent aussi accordés à d'autres artistes qui s'en occupèrent, et nous avons remarqué ailleurs avec quel désintéressement.

La construction de l'horloge marine de Huyghens, sa suspension dans le vaisseau et ses premiers succès offrent une telle originalité, comparativement aux moyens employés actuellement, et connus au moins par les relations ordinaires, que nous croyons qu'il ne sera pas sans intérêt pour nos lecteurs d'en trouver ici une première idée. On y remarquera le début d'un art difficile, engagé pour la première fois, et avec plus de bonheur qu'on n'eût dû l'espérer, dans cette tentative hardie, mais dont le succès plus complet ne pouvait être obtenu que beaucoup plus tard.

PREMIÈRE HORLOGE MARINE A PENDULE, IMAGINÉE PAR HUYGHENS.

A l'époque où le génie créateur de l'horlogerie essaya de résoudre le problème des longitudes en mer, il ne pouvait adopter pour régulateur de son horloge que le pendule dont les oscillations paraissaient avoir obtenu l'isochronisme par les courbes adaptées à la suspension, car le spiral n'était pas encore inventé, et le balancier rond était sujet à de trop grandes irrégularités; mais le balancement du vaisseau était aussi un obstacle à la régularité des mouvements du pendule, qui n'auraient pu se maintenir dans le même plan. Il fallut donc imaginer une suspension différente qui les maintînt dans ce plan, et c'est ce que Huyghens trouva avec sa sagacité ordinaire. Mais il y avait si peu de confiance, qu'il recommandait d'avoir plusieurs horloges dans le vaisseau (probablement ayant le plan de leurs oscillations dans des directions différentes), afin que si quelqu'une d'elles venait à s'arrêter, on pût la remettre en mouvement et à l'heure, sur celles qui avaient continué de mar-

contenir une horloge paraboloïde de Huyghens perfectionnée, où le mouvement du pendule, assez différent de l'ordinaire, aurait été fort remarquable. Mais des difficultés éprouvées par les entrepreneurs dans les commencements, leur en firent ajourner indéfiniment l'exécution, et nous cessâmes de nous en occuper. Nous avons pensé que la représentation en serait agréable à quelques lecteurs; ce monument avait quatre faces garnies de glaces et quatre cadrans répétant l'heure, la minute et la seconde, et divers quantièmes devaient y être distribués. Le dessin a été composé par l'un de nos plus habiles architectes. On nous a rapporté que ce projet avait été copié en petit par un plagiaire d'ailleurs fort ignorant, ne concevant nullement la disposition de Huyghens, hors d'état de s'en faire expliquer la construction, et encore moins le perfectionnement moderne indispensable; il a été forcé, dit-on, d'y placer un mouvement de pendule ordinaire, au lieu de celui qui aurait produit à la fois et facilement un effet excellent et curieux, en petit comme en grand volume.

cher. Aujourd'hui même, on conseille encore d'avoir plusieurs de nos horloges marines sur le même bâtiment, non par la crainte qu'elles ne s'arrêtent, l'emploi du balancier rond et du spiral suffit pour rassurer à cet égard, mais afin de prendre un moyen terme entre les petites irrégularités qui restent encore dans leur marche, toute améliorée qu'elle soit actuellement.

La fig. 11 de la pl. II indique la forme extérieure de l'horloge marine et sa suspension dans le bâtiment, le tout vu en perspective. La disposition particulière du pendule est plus clairement indiquée dans la fig. 6.

La caisse A B, fig. 11, contient le mouvement de l'horloge indiqué par son cadran, dont le plus grand cercle est celui des minutes, avec une grande aiguille concentrique; le cercle moyen supérieur est celui des heures, et le cercle inférieur plus petit est celui des secondes. La disposition du rouage mu par un ressort de barillet, est renversée, en sorte que la roue de rencontre est dans le bas de la cage, où se fait l'échappement; la fig. 6 représente l'ensemble de celui-ci; on y voit en N H la roue de rencontre, renversée avec sa tige N dirigée vers le haut, et tronquée au-dessous de son pignon supprimé ici. La tige H verticale en-dessous, n'appartient pas à cette roue; cette tige H est celle de la fourchette, fixée au milieu de la verge d'échappement presque cachée par la roue, et dont les palettes, aperçues vers les deux extrémités de la verge, tournent vers le haut l'arc de l'angle qu'elles forment entre elles. Le pendule en triangle isocèle, renversé aussi, est composé d'une tringle légère de fer coudée suivant cette figure, et dont les côtés B L A, B L C, prolongés en crochets, s'attachent aux cordons flexibles A E, C G, qui, dans les oscillations, se ploient de chaque côté sur leurs courbes cycloïdales en E et G. Le triangle porte à son sommet B, tourné ici vers le bas, une lentille de plomb du poids d'une demi-livre. Les deux petites lentilles *l l* sont deux curseurs (de l'espèce citée précédemment), destinés au réglage de l'horloge; ils sont placés, ainsi que la grosse lentille B, dans un sens propre à éprouver moins de résistance dans l'air. La base A C du triangle porte à son milieu en K un petit rouleau mobile sur son axe, pour adoucir le peu de frottement que sa fourchette H K pourrait y éprouver, si les axes de suspension n'étaient pas absolument dans la ligne de l'axe de la verge. Il est palpable ici que le triangle ne peut osciller, sans déplacer un peu avec lui la base A C, dont la distance depuis l'axe de suspension et l'étendue des arcs, déterminent la quantité de déplacement. Cette base entraîne avec elle la fourchette et fait tourner sur son axe la verge et ses palettes, dont les entrées et sorties alternatives laissent échapper une dent de la roue de rencontre à chaque oscillation, en recevant d'elle aussi la restitution du mouvement du pendule, comme dans l'échappement à roue de rencontre décrit dans nos articles précédents, puisque l'échappement est ici de même nature, et seulement renversé.

DE LA SUSPENSION DE L'HORLOGE MARINE DE HUYGHENS.

La boîte de l'horloge est suspendue par deux tourillons ou gros pivots roulants vers C et B, dans les côtés du châssis de fer F D C L E, fig. 11, lequel est soutenu de même et en équilibre par deux autres tourillons en F et en L, ajustés aux deux bras H F et K L d'une barre méplate de fer H K, fixée solidement sous un pont du bâtiment et près du grand mât, lieu du vaisseau où l'horloge, placée d'une manière commode pour l'observation, peut éprouver le moins d'agitation. Deux planches fixées au bas de la boîte de l'horloge en descendent et s'écartent pour former un angle droit avec deux autres planches qui vont, en se rapprochant, s'attacher aux deux bords supérieurs d'une caisse G, contenant un poids solidement fixé et de 50 liv. La boîte de l'horloge suspendue par ce moyen, dit *de Cardan*, comme la boussole de mer, certaines lampes, etc., se trouve maintenue toujours à très-peu près droite par le poids en G, quel que soit le sens d'inclinaison du bâtiment. Les quatre tourillons de la suspension sont assez gros pour éprouver, au moyen du poids, un frottement capable d'absorber les oscillations de l'ensemble, en conservant sa verticalité et son aplomb très-approchés, malgré les mouvements du navire en tous sens.

La distance verticale du centre de la lentille B, à la ligne horizontale de l'axe de suspension, est celle qui convient au pendule à demi-secondes, joint à son échappement. Les lames ou courbes cycloïdales se réunissent dans la ligne ou l'axe d'échappement et d'oscillation, ainsi que le plan commun des quatre tourillons. Les oscillations du pendule font approcher la lentille alternativement du milieu de la largeur des deux premières planches inclinées, vers leur jonction à l'équerre avec les deux autres, et il y a assez d'écartement pour que la lentille B ne puisse les toucher dans ses plus grandes excursions. On prévoit aisément que si les mouvements du vaisseau dans le plan des oscillations tendent à augmenter ou à réduire celles-ci, le temps des oscillations n'en sera pas altéré, puisque par l'effet de la suspension cycloïdale, les grandes et petites oscillations sont isochrones, et que d'autre part la forme triangulaire du pendule attaché en E G, fig. 6, pourvoit à ce qu'il ne prenne aucun mouvement latéral dans le sens perpendiculaire au plan de ses oscillations, par les balancements du navire dans ce même sens ; ces balancements du navire en un sens quelconque étant toujours très-lents, comparativement au temps des oscillations du pendule, il ne pouvait y avoir de rapport rationnel et constant entre les temps de ces deux mouvements. Telle était du moins la pensée et l'intention de l'auteur de cette combinaison extrêmement adroite.

Il y eut encore diverses autres dispositions un peu différentes de ces horloges, mais qui ne changent rien à l'idée principale que nous venons d'esquisser ; une d'entre elles était pourvue du remontoir d'égalité dont il a déjà été question avant cet article : le poids moteur de l'échappement y était remonté à chaque minute. Une autre, imitée par un seigneur écossais ami de l'auteur, n'avait qu'un pendule de

» troublait cette coïncidence, elle se rétablissait promptement d'elle-même. Surpris » pendant quelque temps de cet accord extraordinaire, je découvris enfin par un » examen approfondi, que la cause provenait de l'ébranlement propre de la tra- » verse, transmis par elle d'une horloge à l'autre, quelque léger qu'il fût, et » qu'il était inévitable que les *Pendules* n'en fussent pas affectés, pourvu qu'ils fussent » réglés à un degré très-rapproché. »

L'auteur s'exprime encore avec plus de détails sur ce phénomène assez remarquable dans une lettre de *La Haye*, en 1675, recueillie dans ses œuvres. Voilà donc encore une observation ancienne de notre savant géomètre, et dont l'application parut aussi neuve, il y a quelques années, que les anomalies apparentes du curseur; ces deux phénomènes étaient pourtant consignés dans les œuvres de Huyghens depuis le règne de Louis XIV. Huyghens y parle aussi des oscillations qui se croisent. Nous traiterons ailleurs des influences de ce genre sur les corps vibrants ou oscillants.

DU RESSORT SPIRAL RÉGLANT.

Le *Spiral réglant* est un ressort délicat, en acier, ployé en spirale géométrique, et fixé dans cette forme par la *trempe* ou par le *revenu bleu*. Son centre est attaché à l'axe du balancier, et son bout extérieur l'est aussi à un piton arrêté sur la platine dans les montres ordinaires. L'élasticité de ce ressort très-faible et très-long, formant 6 à 9 tours assez écartés pour ne pas se toucher, facilite l'égalité et l'étendue des vibrations du balancier, déjà produites mécaniquement par l'échappement à recul, mais qui, sans ce ressort, étaient jadis trop inégales.

Les fig. 8, 9 et 16 de la pl. II, représentent un balancier ordinaire de montre garni de son spiral *b c e a*, fig. 8. Le piton est en *i*, et son tourillon entre à frottement dans un trou de la platine. Ce piton contient, serrée par une goupille en coin, l'extrémité extérieure du spiral. L'autre extrémité du centre est contenue de même dans un trou avec goupille, pratiqué vers *d*, à une virole qui peut tourner à frottement sur l'*assiette* de laiton saillante en dessous du balancier. La verge est soudée au centre de cette assiette, que l'axe de la verge traverse pour se terminer en-dessus par un pivot *g*, qui roule dans le coq. Le balancier est aussi rivé à demeure sur l'assiette; *h* est le pivot inférieur qui roule dans le trou d'une pièce appelée *potence*; *e* et *f* sont des palettes d'acier de même pièce avec la verge, et qui reçoivent alternativement l'impulsion des dents du haut et du bas de la roue de rencontre ou d'échappement que l'on voit en F D, fig. 9. Ces figures sont un peu massives, et dans l'exécution de la montre, on les tient plus délicates. Le cercle du balancier peut être une baguette ronde, ou carrée, ou méplate. Les dents de la roue d'échappement sont inclinées, et leurs pointes se dirigent vers chaque palette avec laquelle cette pointe, adoucie et légèrement arrondie, doit seule entrer en contact. Ici, les dents de la roue n'ont pas leur direction très-régulièrement rendue, parce qu'elles sont copiées d'une gravure mal dessinée de Berthoud, que l'on a néanmoins corrigée en partie. Mais l'effet de perspective leur fait prendre à la vue une courbe contraire à la véritable, car géométralement, le côté des dents qui paraît ici convexe, est au contraire concave ; ceci est l'effet du tournant de la roue, lequel influe plus sur la forme apparente que la figure réelle, et prouve que généralement il serait très-désavantageux de ne représenter tous les objets de ce genre qu'en perspective. Le dessin géométral est préférable et seul propre à donner une juste mesure des formes que la perspective décompose. Du reste, ces deux figures donnent assez bien ici l'idée de la situation respective du spiral, du piton, de la verge, de ses palettes et de la roue de rencontre, dont le pignon G, fig. 9, est mené par la roue dite *de champ*, qui n'est pas figurée ici.

On voit en plan géométral le balancier et son spiral dans la fig. 16, ainsi que le rateau *d d*, qui se trouve au-dessous du balancier. Le rateau est couvert et maintenu par une coulisse non représentée; le bras *e* du rateau se meut avec lui, et reçoit librement dans une fente étroite, pratiquée à son extrémité *e*, le spiral attaché du bout de dehors au piton *f*. Le pignon *g* fait mouvoir le rateau dans sa coulisse, et déplace le bras *e*, ainsi que le point d'où le spiral commence à exercer son élasticité, moyen qui sert à modifier presque insensiblement la raideur du spiral et son influence sur la vitesse des vibrations du balancier. Le pignon est couvert par un petit cadran divisé, dit *de rosette*, et l'aiguille *h* est montée par-dessus ce cadran sur la tige carrée du pignon, où l'on place la clef, pour le faire tourner au besoin, mais toujours d'une division au plus à chaque fois, lorsqu'il s'agit d'obtenir le réglage définitif de la montre.

En place de rateau, de roue et de cadran de l'ancien calibre encore usité dans les pièces communes, on emploie dans des calibres plus modernes une pièce d'acier appelée *raquette* et que nous décrirons en son lieu.

Le spiral réglant, tel que nous l'employons aujourd'hui, est encore dû au savant Huyghens; et s'il n'en eut pas la première idée, il lui donna au moins sa forme actuelle infiniment mieux appropriée à ses fonctions, que celle de l'idée première que l'on attribue à d'autres auteurs ; ce ressort si délicat remplit une fonction importante dans plusieurs parties de l'horlogerie, puisque c'est à lui que l'on est redevable de la plus grande régularité des montres de poche et même des horloges marines. On trouve dans *la Règle artificielle du temps*, de Sully, déjà citée à l'occasion de Leibnitz, l'observation suivante de ce célèbre géomètre allemand : « Ce fut vers 1674, » que parut le premier ressort spiral réglant de la montre. J'allai alors à Paris, où » M. Huyghens fit exécuter cette invention par M. Thuret, habile horloger. M. Hook » lui fit une querelle à ce sujet, prétendant dans un écrit public, avoir déjà fait » auparavant une montre réglée par les vibrations d'un ressort; mais on n'avait » point encore vu aucune montre réglée de sa façon, au moins avec un *ressort* » *vibrant spiral*. M. l'abbé Hautefeuille intenta même un procès au parlement de » Paris (sur le même sujet) à M. Huyghens, prétendant que c'était son invention, mais il fut débouté. » Le P. Alexandre dit le contraire, et que l'abbé

Hautefeuille empêcha Huyghens d'obtenir un privilége pour son invention. Il convient d'observer ici que Huyghens était Protestant, et que même la prévision de la révocation de l'édit de Nantes lui fit quitter de bonne heure la France, et renoncer à la pension de Louis XIV. En résumant toutes les longues discussions dont l'invention du spiral fut l'objet, l'opinion la plus accréditée est que le docteur Hook peut avoir eu la première idée d'un ressort droit appliqué au balancier ; que l'abbé français peut l'avoir ployé en ondes, et toujours dans la direction totale droite, mais que Huyghens seul perfectionna ces idées informes, en donnant le premier à ce ressort la forme spirale qui, ne gênant plus les grandes vibrations du balancier comme les deux précédentes, a procuré à ce régulateur un principe de justesse extrêmement précieux. Cet avantage consiste principalement en ce que le spiral, uni au balancier sans échappement, lui fait exécuter une suite de vibrations plus régulières que ne ferait l'échappement seul sans spiral, et que ces deux moyens qui conspirent dans le même sens étant réunis, le spiral soutient assez l'égalité des vibrations dans les moments où le rouage éprouve des inégalités instantanées, pour que celles-ci aient le temps de disparaître, avant que les mouvements du balancier, entretenus par le spiral, aient changé sensiblement.

Il y a encore avec ce ressort l'avantage qu'il accélère les vibrations du balancier, et que celui-ci ayant besoin d'être plus pesant par cette seule cause, devient un régulateur plus puissant, et parcourt de très-grands arcs que le ressort droit ou ployé en ondes sur une ligne droite, n'aurait pas permis ; en outre, ce dernier aurait gêné les pivots contre les parois des trous et augmenté beaucoup leur frottement ; tandis que les tours concentriques et multipliés du spiral de Huyghens permettent des vibrations beaucoup plus libres, de plus de la moitié du cercle avec la roue de rencontre, d'environ trois quarts avec le cylindre, et de plus d'un tour, et même assez près de deux tours, avec le cercle à *détente-ressort*, sans gêner les pivots ni augmenter trop sensiblement les frottements ; cette propriété est de la plus grande importance dans les fonctions du balancier modérateur, devenu ainsi avec son spiral un excellent régulateur portatif. L'isochronisme des vibrations ne se trouve même que dans les spiraux dont les tours sont nombreux, et, par suite, plus serrés ; ils s'ouvrent et se ferment ainsi plus concentriquement, et ne tendent que faiblement à porter les pivots vers un côté quelconque de leurs trous ; mais l'isochronisme a toujours besoin d'être combiné avec ces frottements, et surtout avec ceux des effets de l'échappement et des résistances particulières qu'ils produisent, en sorte qu'un spiral qui a la progression de tension élastique qui constitue sa propriété isochrone, étant éprouvé tel, mais seul, avec la balance élastique ou par d'autres moyens, perd plus ou moins de sa propriété avec l'échappement qui la modifie inévitablement, et avec lequel il faut toujours chercher de nouveau un isochronisme combiné.

Ce sujet nous fournit l'occasion de placer ici quelques notions succinctes et anticipées que nous développerons davantage ailleurs, mais dont il pourra ne pas être indifférent de trouver une première idée dans le coup-d'œil général que présente cette introduction. Ces notions sont appuyées sur la pratique et les opinions de quelques artistes expérimentés. Ceux-ci s'accordent à penser que la bonne harmonie des effets d'un échappement, leur régularité et leur constance, exigent un juste équilibre entre la résistance du spiral et l'action de la force motrice, c'est-à-dire de celle qui a lieu à l'extrémité des dents de la roue d'échappement, condition qu'ils trouvent avantageuse en principe à l'entretien, à l'étendue et à l'égalité des vibrations ou des oscillations des corps qui éprouvent cette sorte de mouvement. Cette recherche comprend aussi la connaissance et la mesure du diamètre, du poids, de la vitesse et de l'étendue des arcs du balancier. Dans l'échappement à roue de rencontre avec fusée, l'usage, l'expérience et peut-être une sorte de tact ou de sentiment, bien plutôt qu'une analyse exacte, paraissent avoir réglé le diamètre du balancier sur le diamètre intérieur du barillet, suivant les uns, sur celui du couvercle, suivant d'autres, et enfin sur le diamètre extérieur de la virole du barillet, quantités qui diffèrent peu entre elles. Cette règle a été établie sur des montres à deux platines ou à fusée, où l'espace est ménagé de manière à donner aux mobiles le plus de grandeur proportionnelle que permet une montre assez *ramassée* pour former au total peu de volume, à dimension égale des mobiles ; dans ces pièces, le barillet occupant toute la hauteur entre les platines, le bord inférieur de sa virole passe tout près des ailes du pignon du centre ; et du côté opposé, son bord supérieur et sa chaîne ne doivent dépasser que de très-peu le bord de la petite platine, et être assez en arrière de la feuillure de la grande platine pour ne pas frotter au bord de la boîte lorsque l'on ouvre le mouvement ; on voit qu'il s'agit ici de mouvements à charnière. Dans ce cas, le diamètre extérieur de la virole de barillet occupe donc le rayon de la grande platine, *moins le rayon total du pignon du centre, son jour avec la virole et la quantité dont celle-ci rentre en arrière du bord de la grande platine.* On a considéré principalement dans cette mesure le diamètre occupé par le ressort moteur ; et l'on paraît avoir pensé que ce moteur ayant ordinairement le même nombre de tours dans les barillets de ces montres (cinq tours et demi), devenait nécessairement plus faible d'épaisseur et d'action, à proportion de la réduction du volume de la montre, et par suite de celle de son barillet, et que le diamètre qui détermine en partie l'inertie du balancier devait suivre la même progression, opinion qui, à la précision près des quantités, semblerait ne pas manquer d'une sorte d'analogie raisonnée, d'où serait provenue cette méthode pratique. Le diamètre du balancier ainsi déterminé, on en a réglé le poids en faisant *tirer* au mouvement 27 minutes par heure, avec le balancier sans spiral et laissé d'abord un peu trop lourd, mais réduit progressivement pour obtenir cette quantité de mouvement, qui a été modifiée par quelques auteurs à 25 minutes, par d'autres à 23 et même à 22, pour donner plus de puissance au balancier. Ces dernières mesures laissent cependant redouter alors une trop grande facilité de ce qu'on appelle *arrêt au doigt*, qui peut accidentellement avoir lieu, dans certains mouvements circulaires éprouvés par la montre, particulièrement lors de l'état d'épaississement des huiles. Quant à la vitesse définitive du mouvement du balancier, avec les deux proportions précédentes, elle se règle par la force du spiral, et en y essayant plusieurs ressorts de ce genre, jusqu'à ce qu'on ait rencontré celui qui convient à la marche diurne, laquelle exige une révolution entière et juste de la roue du centre, en une heure de temps. Ce choix du spiral, assez long souvent pour celui qui exécute la montre, est un acte d'habitude fort rapide pour ceux qui se bornent en fabrique à cette petite mais délicate opération, ainsi qu'on l'a vu dans nos définitions. (V. *Spiral réglant.*)

Mais il en est autrement chez ces auteurs quand il s'agit d'échappements à repos, à cylindre, à virgule, de Duplex, ou libres à ancre ou à cercle, qui ne peuvent marcher sans spiral; nous prendrons pour exemple l'échappement libre isochrone à cercle, comme pouvant fournir des règles pour les autres échappements, dans les parties de ses principes qui leur sont applicables. La méthode est ici renversée et prise à rebours, c'est-à-dire qu'elle commence par établir la condition la plus difficile à obtenir, celle de l'isochronisme du spiral, à laquelle toutes les autres, d'un établissement plus facile, se trouvent subordonnées. La pièce existant en blanc roulant, et avec les proportions principales usitées en ce genre, et que nous donnerons en traitant spécialement cet article en son lieu, les auteurs que nous suivons ici cherchent d'abord ou exécutent un spiral ou plusieurs spiraux de dimension propre au calibre adopté, de force et figure usitées, et de longueur à pouvoir y trouver la propriété isochrone, le point d'isochronisme, soit avec la balance élastique, soit en adaptant momentanément ce spiral avec sa virole et son propre piton à un mouvement pareil déjà fait et éprouvé; ils font marcher alors cette pièce sans s'occuper de la vitesse diurne, et uniquement pour trouver le point où le nouveau spiral donnant ses grandes et courtes vibrations d'égale durée, est par là reconnu propre à l'isochronisme, sauf le point précis qui sera cherché définitivement sur le mouvement même auquel le spiral est destiné. Le point du spiral dans le piton une fois trouvé, ils laissent ce piton à sa place sur le spiral et ne l'en détachent plus, mais ils montent sa virole, où la position du spiral est également conservée, sur l'axe où cette virole doit rester définitivement, avec un balancier d'essai un peu trop lourd, du diamètre réglé par la mesure du barillet (sauf la mesure différente qu'ils auraient adoptée antérieurement par l'expérience). Ils cherchent ensuite une force motrice qui puisse faire équilibre à ce spiral, en essayant divers ressorts moteurs, jusqu'à ce que l'un d'eux (en conduisant doucement le balancier au doigt, et en le quittant de même vers la fin de la levée), fasse équilibre, par la pointe des dents d'échappement, avec la résistance du spiral au bout de cette levée, et par conséquent *arrête au doigt*, mais en sorte que quelques légers coups secs donnés contre la platine puissent suffire au dégagement complet de la dent. Le poids surabondant laissé au balancier n'influe dans ce cas que par un peu plus de lenteur dans le dégagement sollicité. Alors la force du ressort moteur et du spiral, et le diamètre du balancier, sont déjà trouvés, il ne reste plus qu'à en régler le poids par la marche diurne, dans une température moyenne et constante. Si la pièce est destinée à porter un balancier compensateur, on en règle le diamètre et le poids sur celui de balancier d'essai en partageant définitivement ce poids en masses réglantes et compensantes, et en suivant à cet égard les méthodes qui seront expliquées à l'article du balancier compensateur, et dont les détails ainsi que nombre d'épreuves subséquentes ne peuvent être expliqués ici. Il est aisé de pressentir que l'artiste peut d'ailleurs essayer diverses grandeurs de balancier, et modifier de même au besoin l'échappement et le reste de la montre. Nous ne parlons pas davantage non plus des nouvelles épreuves pour compléter l'isochronisme particulier du spiral avec l'échappement de la pièce à laquelle il est destiné. Ces retouches sont une conséquence nécessaire et sous-entendue. On conçoit aussi que l'expérience en ce genre dispense ordinairement d'une grande partie des tâtonnements dont nous venons de parler, par les mesures et les résultats déjà éprouvés dans des travaux précédents, et qui exigent, pour abréger et marcher plus à coup sûr, de varier le moins possible le petit nombre de calibres adoptés ; c'est ce que l'on devrait faire en tout genre de pièces d'horlogerie, une fois que l'on a arrêté des proportions favorables, et sans s'inquiéter du goût particulier des acquéreurs et de la mode du jour, qui peuvent bien s'appliquer à l'usage des bijoux de fantaisie, mais nullement aux productions utiles et solides de l'horlogerie.

Une partie de cette méthode se pratique également pour les échappements à cylindre et autres généralement à repos, dont la force motrice est de même subordonnée et équilibrée à celle du spiral à la fin de la levée ; nous parlerons en son lieu de cet échappement et des autres, des dimensions adoptées pour chacun d'eux, des conditions de leur spiral, etc. Mais nous avons voulu indiquer par ce peu de mots sur les échappements, l'enchaînement des moyens qui en règlent les dimensions et la marche. On voit qu'une partie résulte des tâtonnements pratiques, et que d'autres parties sont données par l'observation physique analysée; une application analogue de principes a lieu pour le pendule, où d'ailleurs les propriétés physiques sont plus puissantes et plus développées.

Plusieurs artistes ont préféré cette méthode plus rationnelle à celle de Ferd. Berthout, qui propose de régler les dimensions d'une nouvelle montre sur celles d'une ancienne pièce qui, dit-il, paraît bien faite et est connue pour avoir bien marché. N'en trouve-t-on pas quelquefois qui marchent également bien avec des proportions très-différentes, et dont le résultat satisfaisant n'est dû qu'à une compensation accidentelle de défauts qui peut produire long-temps un équilibre assez stable, et qu'on obtiendrait même difficilement en le cherchant exprès ? Cette compensation de défauts peut avoir lieu de diverses manières ; quel sera le moyen de les connaître, et comment choisir entre des pièces dont les proportions sont différentes et qui marchent également bien ?... (Essai de Berthoud, art. 1953 et 1954.) On peut aisément croire que Berthoud a éludé ici la difficulté, sous prétexte de faciliter le travail, en passant brusquement aux calculs de l'article 1955 et suivants, pour réduire les proportions d'un calibre pris comme modèle, à quelque autre grandeur voulue. Ce ne sont pas là des premiers principes de construction, mais une imitation simple dont l'original peut manquer de bases certaines établies par l'analyse. Quand le fil analytique nous manque, il faut en convenir, plutôt que d'en masquer la recherche supposée, par des calculs que l'on sait que peu de lecteurs approfondiront.

Du reste l'élève et l'amateur qui parcourront cette introduction pourront juger par ce fragment et par tous ceux dont elle se compose, que de toutes les méthodes adoptées dans les détails de l'horlogerie, les unes sont établies sur des connaissances mathématiques certaines, comme la plupart de celles de Huyghens et de plusieurs habiles géomètres; que d'autres sont plutôt le résultat du sentiment et d'un tact heureux qui a cherché à deviner et a souvent découvert les véritables lois de la nature, sans pouvoir s'en rendre d'autre compte que par le fait obtenu; qu'il en est encore plusieurs dont la base est incertaine et où l'on est obligé de suivre une pratique plus ou moins approximative. Ils devront en conclure que l'Horlogerie est à la fois une Science assez profonde et un Art bien difficile, en faisant même abstraction des exigences de la main-d'œuvre qui a son mérite particulier et son importante utilité; ils devront donc distinguer plus que l'ignorance ne le fait communément, l'Horlogerie d'avec les autres arts mécaniques et les métiers ordinaires, où des méthodes fixes et bornées amènent des résultats nécessaires et prévus, qui n'exigent ni la contention de l'esprit, ni les éclairs du génie, ni les méditations de la science.

L'application du ressort réglant, de forme spirale, que Huyghens fit à la montre de son temps, lui suggéra aussi une autre disposition de l'échappement à palettes et à roue de rencontre, toujours le seul connu. Il imagina d'en transporter les effets à la roue de champ, en faisant porter à celle-ci les dents inclinées de rencontre; alors l'axe de la roue d'échappement parallèle aux platines eut, au lieu d'un pignon, les deux palettes, et l'ancienne roue d'échappement fut elle-même convertie en roue de champ, dont les dents droites à l'ordinaire engrenaient avec un pignon porté par l'axe du balancier. Cette disposition semblait offrir alors plusieurs avantages; celui de permettre au balancier de très-grands arcs sans renversement, et qui, donnant plus de rapidité au mouvement du modérateur, pouvaient le garantir des agitations du *porter*; celui de diminuer le recul qui, trop grand, accélère les vibrations suivant les inégalités de la force motrice; enfin, celui de procurer par l'étendue des vibrations la lenteur du rouage propre à marquer les secondes d'un coup: ces grands arcs développant davantage le spiral, obligeaient de le tenir plus long, et auraient pu lui faire acquérir la propriété de l'isochronisme, que l'on aurait encore comptée au nombre des précédentes, si elle avait été connue à cette époque. Mais on ne soupçonnait pas même alors que cette propriété pût se trouver dans ce ressort, au moyen d'un rapport particulier entre la progression ou la tension de sa force élastique, et l'étendue des arcs à parcourir, et que ce rapport dépendît d'une certaine longueur trouvée plus tard par l'expérience. Cette disposition de Huyghens est l'origine de quelques autres constructions postérieures, sous le nom d'échappement *à pirouette*, destinées à donner les secondes d'un coup, ou les demi-secondes, en diminuant les révolutions du rouage. La fig. 17, pl. II, donne une idée suffisante de l'échappement *à pirouette:* E est la roue de champ, devenue roue d'échappement par la forme de ses dents inclinées, qui s'engagent alternativement avec les palettes *f e* de l'axe horizontal et parallèle aux platines de la roue D; celle-ci, convertie en roue de champ, engrène avec le pignon *d* porté par l'axe même du balancier C, dont le ressort spiral réglant est vu de profil en *a*. La cage A B est réduite ici à ne contenir que ces trois mobiles, mais on conçoit aisément que le tout doit être entretenu en mouvement par une force motrice et un rouage non représentés, et dont le dernier mobile engrènerait avec le pignon *g*. On n'a pas figuré non plus les contreplaques nécessaires à la liberté du balancier, en supprimant le frottement des portées de son axe, dont l'une devrait soutenir le bout du pivot du côté D, en dessous du tout, et dont l'autre remplissant la même fonction en dessus, serait portée par le coq. Tous ces détails se suppléent facilement, et ils auraient été superflus pour une composition abandonnée.

L'expérience, en effet, a manifesté presque constamment les inconvénients d'un engrenage continu sur l'axe du balancier. La succession non interrompue des dents de la dernière roue sur les ailes du dernier pignon, pendant l'arc entier de vibration et pendant celui de son retour, équivaut à une menée continuelle de ces arcs; or, plusieurs auteurs modernes pensent que la marche d'une pièce d'horlogerie est d'autant moins régulière, que la levée de son échappement est plus long-temps sous l'influence variable du rouage. L'avantage des échappements appelés *libres* est de produire précisément le contraire : la levée ou réparation de la force du balancier modérateur n'a lieu dans ceux-ci que pendant un instant, un arc très-court, et laisse, pendant une très-grande partie de l'arc de vibration, le balancier et son spiral libres dans leur mouvement très-étendu suivant l'ordinaire, sauf la résistance des pivots et d'un court dégagement. Les échappements à repos en pendule n'offrent pas cet avantage, mais il est compensé par la grande puissance d'une lentille fort pesante, au bout d'un levier très-long, et la force motrice très-faible n'agit sur un repos concentrique que pendant un temps rendu le plus court possible; le reste d'action est employé en réparation de force sur le pendule qui en perd si peu à chaque oscillation, que la force du rouage peut y être considérablement plus modérée à proportion, que dans la montre à échappement libre ou autre. On a fait aussi des horloges astronomiques à échappement libre; mais comme ce mécanisme n'échappe que d'une oscillation sur deux, l'aiguille ne saute que de deux en deux secondes, division trop incommode pour l'observateur, et qui n'a pas été conservée. On ne l'emploie que pour les petites pièces astronomiques dont le pendule de 9 pouces 2 lignes est à demi-secondes, parce qu'alors l'aiguille marque les secondes d'un coup. On préfère même pour l'observation les secondes dites *trotteuses*, de cinq battements par seconde, que donnent les chronomètres de poche, et que l'oreille ou la vue aidée du microscope peuvent aisément compter, avec un peu d'habitude.

L'échappement à cylindre des montres a un repos très-étendu; il s'y opère une sorte de compensation particulière qui les rend propres à l'usage civil et que nous expliquerons à son article. Mais on ne fait pas de chronomètre de poche avec cet échappement; on n'y emploie que l'échappement libre à cercle ou à ancre, et à repos indépendant du balancier. Berthoud avait essayé l'engrenage sur les balanciers, et y avait renoncé. Cependant, celui de son horloge marine n° 8, dont il a souvent cité le succès, avait un échappement à cylindre à lèvres de rubis, un râteau et un engrenage sur le balancier, mais les repos y avaient très-peu d'étendue. Le même auteur a fini par n'employer en ce genre que des échappements *libres, à cercle*. Il y a tant d'effets à combiner dans cette matière, qu'il n'est pas toujours possible d'en analyser rigoureusement toutes les influences, et que l'expérience en devient le seul juge définitif; celle-ci est en effet plus certaine que la théorie dans bien des cas difficiles. La préoccupation d'une idée principale fait négliger des effets, des détails accessoires, qui ont souvent plus d'influence qu'on ne l'aurait pensé d'abord. C'est ce qu'éprouvent les artistes en tout genre. La critique après coup est souvent facile, tandis que l'art et l'invention offrent, comme on le sait, bien des difficultés.

DES COURBES AJOUTÉES PAR HUYGHENS A LA SUSPENSION DU PENDULE DANS SA PREMIÈRE APPLICATION A L'HORLOGE, ET ABANDONNÉES DEPUIS; UTILITÉ CONSTANTE DE CES COURBES MODIFIÉES POUR LA THÉORIE DES ENGRENAGES, ET MANIÈRE DE TRACER LA COURBE DANS LES DEUX CAS.

Ce que nous rapportons ici de cette courbe n'a pas de relation directe avec la méthode pratique que nous avons annoncée.

On se prévient quelquefois dans la pratique contre les expressions de la science, par la crainte d'avoir à changer ses habitudes; cependant, si l'on veut réfléchir mûrement, on s'apercevra que ces expressions, loin de nuire, portent au contraire avec elles la précision des idées, et qu'il suffit d'en user sobrement. Le terme de *cycloïde* a été souvent réprouvé parce qu'on n'en connaissait pas assez la signification; c'est celle de *forme approchant de la circulaire*. Ce nom est celui d'une courbe tracée sur un plan droit, par le point donné d'un cercle qui roule sur un autre plan droit et à l'équerre du premier. Lorsque la roue d'une voiture roule très-près d'un mur, et sur un sol droit, si le clou le plus bas maintenait une tige horizontale projetée en dehors de la roue et atteignant continuellement le mur, cette tige y tracerait la courbe dite *cycloïde*, qui s'élevant à mesure du développement de la roue quand celle-ci avance sur le sol, atteindrait sa plus grande hauteur ou son sommet lorsque la roue aurait avancé d'un demi tour, et commencerait ensuite à descendre jusqu'à atteindre de nouveau le sol, au moment où la roue aurait achevé de développer sur celui-ci sa circonférence entière. Si la voiture continuait d'avancer de la même manière, la roue retracerait sur le mur une suite d'autres courbes semblables, une sorte de *feston* dont les parties, chacune de figure à peu près demi-ovale, seraient jointes par le bas et formeraient entre elles des angles curvilignes dont le sommet toucherait le sol. L'observation de cette courbe et les premières recherches analytiques qu'elle occasionna sont attribuées par les uns à *Galilée*, par d'autres au P. Mersenne, savant géomètre; suivant d'autres, cette observation serait encore plus ancienne. Quoi qu'il en soit, cette courbe fut analysée sous le nom de *cycloïde* ou *roulette*, par *Huyghens*, *Pascal*, et autres

à ces opérations dans notre méthode générale pour les engrenages, qui ne s'établit que par de simples rapports linéaires calculés à l'aide des quatre premières règles, et où nous remplaçons la courbe *épicycloïdale* par un seul arc de cercle approprié, et donné dans nos mesures, sans que celui qui opère ait à en rechercher l'origine.

Soit donc une règle A B, fig. 5, pl. II, de 9 lignes environ d'épaisseur, fixée sur une table au-dessus d'un papier préalablement bien tendu, en F L I; soit ensuite un disque (ou *roulette*) de même épaisseur C D E H, dont le diamètre est la moitié de la longueur du pendule : si on fait rouler ce disque sur la ligne A B, son point d'attouchement C, garni d'une pointe ou d'un crayon, tracera sur le papier une cycloïde, à mesure que la circonférence du disque se développera sur la règle, sans toutefois laisser glisser les points successifs du contact. Si le point décrivant est D, placé d'abord en contact avec la règle en K, la courbe tracée sera K I ou K M, suivant le côté sur lequel le disque se sera développé. On voit que c'est le même effet que celui de la roue de voiture dont nous venons de parler ci-dessus. Pour la facilité de la gravure, K M et K I ne sont dans cette figure que de simples arcs de cercle qui ne pourraient servir, mais la courbe réellement tracée par le crayon ou la pointe D est le commencement d'une sorte de demi-ellipse ou ovale, dont la naissance en K est plus cintrée que le reste de la courbe, et par conséquent se redresse ou plutôt devient de moins en moins cintrée, à mesure qu'elle approche de son sommet C et C', fig. 18, pl. II, sur les courbes A C O, et O C' A', ou du sommet P de la courbe C P C', qui est la *développante* par le fil O P représentant la longueur du pendule. On voit dans cette figure que le diamètre du disque ou de la roulette O B n'est que la moitié de la longueur du pendule O P, dont la tige, supposée n'être qu'un fil, a été primitivement ployée de O en C, ou de O en C' sur les cycloïdes O C A ou O C' A', et que P, qui est la lentille, a tracé par le développement du fil tendu par son poids, la nouvelle cycloïde semblable C P C', appelée la *développante* des deux autres courbes. Comme le Pendule de *Huyghens* ne décrivait pas un arc aussi étendu à beaucoup près que C P C; son développement n'exigeait que la longueur des deux portions ou naissances de cycloïde que l'on voit dans la fig. 2, même Pl., et la longueur représentée du double cordon qui se prêtait à ce développement, était suffisante. Cette mesure lui permettait de composer le reste de la longueur du pendule d'une tige raide métallique; mais l'étendue de ce double cordon, quelque court qu'il fût, introduisait toujours de la variation dans la longueur totale, par les changements hygrométriques de l'air (l'humidité ou la sécheresse); une chaîne substituée avait contre elle le frottement continuel et variable d'intensité de ses chaînons multipliés, ainsi que l'allongement et la destruction qui en résultaient; enfin, un mince ressort très-flexible se serait aussi collé irrégulièrement dans le contact par une adhérence nuisible, outre que son élasticité aurait augmenté la vitesse du pendule dans d'autres proportions que celles produites par la cycloïde seule, et ces motifs durent en effet en exiger l'abandon, malgré sa propriété si précieuse, mais si peu applicable. Nous remarquerons que dans cette figure 18, comme dans la fig. 5, on a employé des arcs de cercle dans la gravure pour en simplifier le travail, au lieu des vraies courbes cycloïdales, suivant en cela l'usage habituel pour les figures de géométrie. Nous avons aussi comparé cette courbe avec celle d'une demi-ovale, mais par simple approximation, car la progression de la cycloïde est essentiellement différente en ce qui constitue sa propriété géométrique.

Dans la figure 5, on a indiqué par un double trait sur la demi-circonférence du disque, comme en C H E, un ruban très-mince attaché à la règle en F A, qui, toujours tendu par la main qui opère la rotation du disque, empêche celui-ci de glisser sur son point de contact. Si ce ruban a une épaisseur sensible, on peut pour plus de précision tenir le diamètre du disque d'autant moins grand; mais cette réduction est presque nulle à l'égard d'une courbe tracée sur de grandes dimensions.

Une autre méthode plus précise quant au glissement, est d'employer trois rubans étroits et très-minces de l'espèce dite *faveur*; on en colle les deux bouts sur l'épaisseur du disque au point E, par exemple; mais chacun au bord de cette épaisseur, et de manière à laisser entre eux un peu plus que la largeur du troisième ruban. En supposant dix lignes d'épaisseur au disque et à la règle, et trois lignes de large à chaque ruban des bords, l'intervalle de quatre lignes au milieu pour le troisième ruban donnera une demi-ligne de vide entre eux pour qu'ils ne montent pas l'un sur l'autre. Les deux rubans des bords seront roulés suivant E H C, pour être fixés en A et en F aux bords correspondants d'un bout de la règle, le troisième ayant aussi son extrémité collée au milieu de l'épaisseur en E et entre les deux premiers rubans, avec un petit intervalle pour ne pas toucher à leurs bords (ne pas y chevaucher), sera roulé au contraire en E D C, et attaché en B au milieu juste de l'épaisseur de la règle. Le tout bien tendu empêchera le disque de glisser vers A ou B, dans son mouvement de rotation. Si l'on veut encore retenir plus sûrement le disque contre la règle au point de contact, on élevera la règle à une ligne au-dessus de la table et du papier bien arrêté, au moyen de deux hausses mises sous les deux bouts, et l'on fera un trou arrondi ou évasé un peu par les bords, au centre du disque; on y passera une chanterelle de violon ou autre corde de boyau suffisamment forte, dont l'un des bouts passant en dessus de la règle et l'autre en dessous seront dirigés vers une poulie au bord le plus éloigné de la table, d'où descendant verticalement ces bouts réunis embrasseront une autre poulie chargée d'un poids suffisant pour bien tendre la corde. Ce moyen retiendra le disque constamment contre la règle, tandis que les trois rubans empêcheront son glissement.

Nous développons ainsi les détails de cet appareil, non pour tracer une cycloïde qui n'a plus d'application actuelle dans l'horlogerie, mais pour tracer l'épicycloïde des dentures, qui exige la même préparation avec le peu de changements qui suivent.

Il est presque superflu de faire observer que le crayon ou la pointe dépassent sensiblement l'épaisseur du disque en dessous, et répondant juste au bord de la circonférence, ne peuvent manquer de tracer ainsi la courbe voulue avec une précision très-suffisante obtenue par les dispositions les plus simples.

Comme ce n'est plus de la *cycloïde* qu'il s'agit, mais de l'*épicycloïde*, voici le peu de changements nécessaires dans l'appareil. Au lieu d'une règle droite, il en faut une de courbe circulaire, suivant le diamètre *primitif* de la roue dont la denture doit trouver ici la figure cherchée de son excédant, ou de son ogive. Le diamètre *primitif* de cette roue étant amplifié, 20, 30 ou 40 fois, à volonté, donnera celui du cercle dont la règle courbe devra suivre le contour. On assemblera solidement au milieu de la règle, par une mortaise ou autrement, un bout de planche de même épaisseur, sur laquelle sera tracé un rayon de la roue, amplifié de même. On percera cette planche d'outre en outre au centre où commence le rayon, et l'on y ajoutera un axe d'acier, un arbre lisse, par exemple, assez long pour dépasser l'épaisseur des deux côtés et entrer suffisamment dans un trou juste fait à la table; il servira ainsi de pivot au rayon et au secteur ou portion de cercle que cet assemblage représente.

Un papier étant tendu à la place convenable, du trou de la table destiné au pivot du secteur, comme centre, on tracera sur le papier la portion de circonférence *primitive* amplifiée de la roue qu'il pourra contenir, et l'on divisera au compas cette circonférence en pleins et vides de dents amplifiées à proportion, à partir à droite et à gauche d'une ligne droite tracée sur le milieu du papier et passant par le centre du pivot, et représentant un rayon prolongé même au-delà de la circonférence de la roue. On tracera ainsi autant de rayons du centre qu'il y aura de divisions sur le diamètre de la roue, et toutes ces lignes dépasseront la circonférence de la roue d'un peu plus que le diamètre du disque; celui-ci étant établi avec ses rubans tendus sur l'épaisseur du secteur (de la règle courbe) comme il a été indiqué ci-dessus, son point décrivant sera mis parfaitement en contact avec le secteur, ce que l'on jugera par un diamètre tracé sur le disque et passant juste au-dessus du point décrivant, et s'alignant avec un rayon quelconque du secteur. Le secteur sera garni en dessous des deux hausses qui doivent permettre à un des bouts de la corde de boyau de passer librement en dessous pour aller s'attacher par une boucle au pivot intérieur roulant dans la table. Le bout de corde de boyau passant en dessus, ira de même s'attacher à la partie supérieure du même pivot, de manière à être suffisamment tendue, en mettant en jeu l'élasticité naturelle de cette corde, qui n'aura plus besoin de poulies ni de poids tendant.

On mettra le diamètre tracé du disque et passant par le point décrivant (le crayon), sur la ligne même d'un rayon quelconque du secteur, on sera ainsi assuré de la juste correspondance de départ du point décrivant ou rayon. On amènera le secteur, jusqu'à ce que ce point et le diamètre tracé sur le disque correspondent juste avec un des rayons tracés sur le papier par les divisions des dents, et appuyant légèrement le disque contre le papier, on lui fera décrire une portion de la courbe, par un pouce ou deux de développement. Puis on procèdera de même pour une autre division ou rayon, en y transportant le secteur, mais de deux en deux et en sautant une division d'intervalle à cause du vide entre chaque dent. Le nombre voulu de dents, comme 3, ou 4, ou 6, à volonté, ayant ainsi un côté d'épicycloïde tracé, on parviendra par un développement en sens contraire, à tracer l'autre côté sur les divisions sautées d'abord; il en résultera des intersections de courbes formant juste l'ogive demandée et servant d'excédant pour chaque dent. Cette opération, très-simple en elle-même, serait plus longue à décrire qu'à exécuter, si l'on ne comptait pas ici sur l'intelligence du lecteur, qui n'est invité à s'en servir qu'autant qu'il aura déjà de suffisantes notions préalables de l'engrenage. Nous ajouterons seulement qu'après avoir tracé les flancs des dents au-dessous des courbes par des lignes tirées au centre sur le papier, et avoir déterminé la profondeur des intervalles qui est d'environ les 3/5es de leur largeur, on aura la vraie figure des dents de la roue, si le disque a pour diamètre exact le rayon primitif seulement du pignon avec lequel la roue doit engrener, rayon *primitif* amplifié de même 20, 30, ou 40 fois, comme il a été pratiqué pour celui du secteur en bois représentant une portion de la roue mesurée *au primitif*. On sait distinguer le rayon *primitif* du rayon total, quand on est un peu familiarisé avec la théorie de l'engrenage et même avec la bonne pratique.

L'expérience des travaux minutieux, précis et compliqués de l'horlogerie, donne aux artistes assez d'habileté à copier avec une suffisante régularité, même en petit, les formes qu'ils ont sous les yeux, ou à juger de celles que les limes des outils à arrondir donnent aux dents des roues, formes que le changement successif de limes parvient à rendre assez approximatives. Cependant, puisque nous en sommes sur ce sujet, nous ajouterons ici un moyen optique très-commode pour juger si la forme d'une dent en petit imite suffisamment le dessin tracé en grand.

On place ce dessin en grand à la hauteur de l'œil et dans un plan vertical; puis on examine à la loupe placée contre un œil, l'autre étant fermé, une dent de la roue placée au foyer de la lentille du microscope, en se plaçant en face du dessin; on ouvre alors l'œil fermé qui aperçoit le dessin, en sorte que les deux yeux voient à la fois deux images, que l'on parvient aisément à faire coïncider l'une sur l'autre. En s'éloignant ou s'approchant plus ou moins du dessin on arrive à donner aux deux images la même dimension, et l'on remarque facilement en quoi elles diffèrent, et les points à corriger de la denture.

La méthode ci-dessus de tracer l'épicycloïde concerne la roue qui mène un pignon soit de haut, soit de bas nombre, dont généralement l'excédant particulier dans l'usage, est un demi-cercle ayant pour rayon la demi-épaisseur de l'aile. Ce demi-cercle remplace très-bien la petite partie d'épicycloïde des pignons de 6, 7, 8 et 9; dans les autres, le demi-cercle n'est pas en contact. Mais lorsque le pignon mène la roue, ses ailes doivent avoir alors leur excédant en ogive plus ou moins allongée suivant le nombre d'ailes de ce pignon, et c'est ce qui en change sensiblement la grosseur totale; ce changement doit être une quantité fixe donnée par les nombres, et non une simple recommandation de le faire *un peu* plus gros, en lui laissant la même forme demi-ronde d'excédant, méthode trop usitée et qui réunit deux erreurs déjà signalées.

Pour trouver l'ogive du pignon qui mène, on en substitue le diamètre *primitif*, c'est-à-dire le diamètre total, moins l'épaisseur d'une aile ou bien moins les deux arrondis, à celui de la roue citée dans notre opération ci-dessus; et le cercle générateur (le disque) a pour diamètre entier le seul rayon primitif de la roue roulant alors et se développant sur la circonférence primitive du pignon; telle est la différence des dispositions pour le pignon qui mène. Toutes les fois que la roue est menée par le pignon, ses dents perdent leur ogive, et ne sont plus qu'arrondies en demi-cercle, ce qui diminue le diamètre total de la roue menée, tandis que le diamètre total du pignon qui mène est augmenté par l'ogive. Il s'ensuit que la distance entre les centres des deux mobiles ne change pas pour cela, et qu'il ne s'opère qu'une substitution de l'ogive et de l'arrondi en demi-cercle, d'un mobile à l'autre.

En petit, c'est-à-dire en montre, en pendule et même dans les horloges (car ce que nous avons appelé denture en grand ne concerne que les machines très-volumineuses), deux arcs d'un cercle proportionné donnent suffisamment la figure de l'ogive nécessaire aux dents des roues qui mènent, ou aux ailes des pignons menants. Mais la figure tracée en grand par le procédé indiqué, ou avec la méthode d'une courbe menée à vue par des points plus ou moins multipliés d'intersection et que nous donnerons ailleurs, n'en est pas moins nécessaire pour trouver la dimension du cercle qui en petit remplace très-bien l'épicycloïde. C'est ainsi qu'a été tracée la courbe des dents de la roue de 54 de la fig. 13, qu'il ne s'agit plus que de copier à vue pour faire un très-bon engrenage *usuel* de 6; ce n'est pourtant pas la vraie proportion géométrique : mais on la propose ici seulement avec les échappements à repos; la menée de toute l'épaisseur d'aile avant le centre convenant mieux avec l'échappement à recul, qui en facilite le frottement rentrant.

Nous avons pensé que ce moyen graphique ci-dessus pourrait intéresser quelques lecteurs : nous avons encore les principales parties de l'appareil décrit que nous pourrions leur communiquer, et nous avons même entendu dire que des Artistes qui ont l'esprit assez juste et conséquent pour mettre de l'importance à de bons engrenages, avaient pratiqué cette méthode par des moyens analogues, et qui ne peuvent guère différer des nôtres que par quelques détails dans l'établissement de cet appareil très-simple. Mais nous ne croyons pouvoir trop le dire, à cause de la répugnance de certains esprits pour les méthodes inusitées, tout ceci n'a rien de commun avec notre méthode pratique annoncée pour les engrenages, où il n'est question ni d'épicycloïde, ni de machines, ni même d'autres outils particuliers, qu'un bon calibre pour prendre des mesures linéaires, calculées très-simplement au moyen des quatre règles communes de l'arithmétique.

Il nous reste à faire observer que, dans la première opération où la roue mène, si l'on suppose la circonférence primitive du pignon se développer aussi sur la circonférence primitive de la roue, pendant qu'un point du cercle générateur (le disque), trace la courbe voulue, ce même point trace aussi dans l'intérieur du pignon la ligne droite qui forme le flanc de l'aile. Car c'est un résultat géométrique nécessaire, que lorsqu'un cercle dont le diamètre est juste la moitié de celui d'un autre cercle, et roule dans l'intérieur de ce cercle double, comme il arrive ici; en effet, au cercle générateur employé, un premier point de contact du cercle générateur, pris pour point décrivant, parcourt, en se développant dans le cercle double, un diamètre de ce cercle en ligne droite, pendant le développement complet du cercle générateur dans la demi-circonférence intérieure du cercle double, en sorte qu'une seconde révolution du cercle générateur ramène le point décrivant, en le faisant rétrograder, exactement sur ce même diamètre déjà tracé, ce qui se répète autant de fois que le cercle double fait une révolution pour deux du cercle générateur. Les mécaniciens ont profité de cette propriété pour en tirer un mouvement de va-et-vient en ligne droite, produit par le mouvement circulaire d'une petite roue qui tourne dans l'intérieur d'une roue double en diamètre, au moyen d'un engrenage intérieur. C'est encore un exemple entre mille, de l'utilité de la géométrie qui seule a donné ce moyen mécanique, ainsi que tant de mouvements divers, et c'est une des constructions qui s'énoncent ordinairement par ces mots : *conversion du mouvement circulaire continu en mouvement rectiligne de va-et-vient;* il y en a encore plusieurs autres qui produisent ce même effet.

REMARQUES PROVISOIRES ET IMPORTANTES SUR L'ENGRENAGE.

Trois conditions principales contribuent au succès de la division exacte du temps, par le moyen de l'horlogerie : 1° l'égalité et la constance de la force motrice ; 2° sa transmission facile et uniforme par le rouage ; 3° la liberté, la régularité et la puissance réglante de l'échappement.

La force motrice provient de l'élasticité ou de la pesanteur. Le ressort, bien régulier et de bonne trempe, l'emploi de la fusée, du ressort auxiliaire, forment la force motrice des instruments portatifs. La pesanteur des corps, avec la corde-sans-fin, ou le cylindre, atteignent le même but pour les instruments fixes. Ces divers moyens doivent être employés avec la connaissance suffisante de leurs propriétés physiques.

L'échappement le plus simple et le plus libre, la puissance du régulateur, une bonne suspension, et les moyens préventifs bien choisis des effets de température, procurent de leur côté de très-heureux résultats. Mais ces deux parties extrêmes, la force motrice et la force réglante, en équilibre mutuel, perdent tous les avantages de leur application soignée, sans le moyen exact et régulier de communication entre elles, par le rouage intermédiaire, qui, de plus, en prolonge les résultats, et cette liaison serait défectueuse, si les engrenages n'avaient pas de leur côté autant de régularité et de perfection que les deux autres parties.

Toutes les recherches, tous les efforts du génie de la mécanique la plus subtile, se sont portés sur les deux parties extrêmes, et notamment sur les échappements ; on s'est étudié à perfectionner, à combiner les avantages des anciens, à en créer de nouveaux, et l'on a presque constamment négligé le rouage dans ses principes, par suite de la prévention que les mesures usitées suffisaient. C'est une erreur importante encore trop commune aujourd'hui. L'exécution de cette partie est restée en arrière, parce qu'on l'a crue trop facile. Ce n'est pas que l'on n'ait exécuté de beaux pignons, de belles dentures, mais comme simple apparence de luxe de main-d'œuvre, sans songer assez à l'exactitude des effets dans leur emploi ; la géométrie les a vainement fixés de la manière la plus exacte et la plus heureuse ; la pratique, trouvant leur étude et son application trop longue, y a substitué des moyens simples, rapides, mais très-imparfaits, dont la correction reconnue ensuite indispensable lorsqu'il s'agit de précision, n'a été indiquée que d'une manière vague, incomplète, plus difficile et plus longue et incertaine que l'application directe des principes ne l'aurait été. On n'a point donné jusqu'ici de bonne méthode, soit qu'on n'en ait point imaginé, soit que ceux qui l'ont trouvée pour leur usage n'aient point voulu la publier. Il importe donc d'appeler l'attention des Artistes sur cette partie, et puisque la série d'observations préliminaires de ce premier chapitre nous a amenés sur cette matière, nous en prendrons l'occasion de quelques réflexions sur ce sujet, en attendant les chapitres spéciaux, où elle sera abordée de front, et exposée par une méthode tout-à-fait complète, à laquelle ce qui suit servira de préparation.

Une observation qu'on ne devrait jamais perdre de vue dans les compositions d'horlogerie, c'est que ses effets les plus sûrs sont ceux qui dépendent entièrement de rouages bien établis. Rien de plus régulier en effet que des mouvements circulaires sur un centre obligé ; rien de plus libre, de plus certain que les révolutions des roues, dont l'engrenage ne se compose que de l'action successive de leviers, au moyen desquels la force est d'un calcul simple et facile, et n'ayant, comme roues, presque aucun autre frottement que celui assez constant des dentures et des pivots qui suspendent ces roues en équilibre. Les vitesses respectives, les forces transmises, les espaces parcourus, y sont presque mathématiquement appréciables. C'est tout le contraire pour les cadratures, les sonneries, les effets de quantième, etc. ; les pièces qui les composent sont inégales, excentriques, montées sur des broches, retenues par des clefs, mues par des bascules, des ressorts en opposition, avec des mouvements accélérés ou retardés, lents ou subtils, qui éprouvent une décomposition continuelle de forces changeantes dans leurs directions, plus la variation des frottements, etc. ; en sorte que ces effets échappent à l'analyse par leur calcul trop incertain et souvent inapplicable. Aussi les compositions de ce genre sont-elles loin de l'exactitude des rouages convenablement disposés ; il est bien peu de cadratures de répétition, de sonneries, qui ne manquent de temps à autre, même dans les ouvrages les plus soignés, et qui ne fassent, par contre-coup, manquer le meilleur mouvement. C'est pourquoi l'exacte mesure du temps repousse, des compositions qu'elle emploie, toute complication de ce genre, et semble établir pour principe *qu'il ne faut pas*, en ce sens, *mécaniser l'horlogerie*, et principalement, dans les *chronomètres*.

On a pu remarquer, au nombre des obstacles qui auraient empêché le succès des horloges marines de *Huyghens*, le mauvais état des engrenages à cette époque où les dentures étaient rondes, pointues, en triangle, et où les proportions des mobiles étaient établies sans rapports exacts et trouvés par le seul tâtonnement. Huyghens ne paraît pas s'en être occupé. Ce ne ne fut que plusieurs années après, que les savants géomètres Roëmer, Lahire, Camus, Lalande, etc., appliquèrent à la menée des engrenages l'analyse et la construction géométriques ; et même ces savants n'étant pas praticiens, leur théorie si lumineuse est encore restée un peu incomplète, sous quelques rapports que nour ferons remarquer en son lieu. Au lieu de profiter de cette heureuse découverte, de chercher l'application la plus propre à en conserver les principes, on l'a négligée comme trop savante, on lui a substitué des moyens d'une pratique aveugle préférée pour sa rapidité, mais jamais absolument juste, et le plus souvent très-défectueuse. La méthode géométrique pouvait être trop abstraite et trop longue pour les ateliers, mais il était essentiel et facile d'en réduire l'application à l'usage commun, au lieu de laisser prendre la mesure des pignons sur la distance de tel nombre de dents des roues, suivant celui du pignon, et cela avec fractions arbitraires dans leur appréciation, mesures dépendantes de la maigreur ou du trop plein des dentures établies sans guide, ne convenant à peu près qu'à certains nombres accidentellement, différentes de la montre à la pendule, et sur lesquelles les auteurs n'étaient pas même d'accord. Cette pratique suppose la roue faite avant le pignon, contre l'ordre et l'économie du travail, où il est bien plus facile de modifier la roue pour le pignon, que d'assujettir celui-ci à la grandeur de la roue. Ces procédés n'indiquent point non plus la grandeur précise de la roue pour un pignon donné, ni la grosseur du pignon qui mène, nécessairement différente du pignon mené. Les bons auteurs ont avoué ces défauts. Berthoud lui-même, se bornant à rapporter la tradition vulgaire, en remarque l'inexactitude dans la montre et la pendule, et recommande de la corriger, en armant momentanément chaque mobile d'une aiguille qui, parcourant les divisions d'un cercle, indiquera l'irrégularité et la correction nécessaires; ce n'est sans doute pas là un moyen expéditif; il est vrai que, pour l'acquit apparent de sa conscience, il a donné, au début du second volume de l'essai, une démonstration géométrique de l'engrenage la moins claire et la plus compliquée, avec un exemple de l'engrenage du pignon de 6, de proportion hors d'usage et presque impraticable dans les ouvrages ordinaires, et qu'il renvoie ensuite au traité de Camus, beaucoup plus clair en effet, et plus propre à instruire sur ce sujet que Berthoud.

On sait que des Artistes très-intelligents et bons observateurs atteignent à cet égard un degré de perfection suffisant pour produire ce qu'on appelle communément un bon engrenage, sans avoir néanmoins eux-mêmes la démonstration d'y être parvenus exactement, surtout sous le rapport de l'uniformité de force; nous ne parlons d'ailleurs ici que de ce degré d'exactitude permis par la matière, les outils usités, etc. Mais ce tact heureux, ce talent, ne sont pas le partage du grand nombre, même avec beaucoup d'habileté d'ailleurs; on ne les acquiert souvent que par une longue pratique, ou des dispositions rares, et lors même que tous les hommes de talent pourraient se flatter d'y parvenir, pourquoi attendre de longs efforts et avec perte d'un temps précieux, ce que l'on peut obtenir plus promptement et plus sûrement par une bonne et simple méthode d'application, conforme aux principes, dont elle fait sentir la liaison et les conséquences. Il en est ici comme des bons outils, qui font mieux et plus juste que la main la plus habile et la plus exercée, ou comme des instruments précis de mathématique et d'astronomie, qui donnent des résultats subits plus justes que ceux obtenus par les anciens astronomes, d'une mesure moyenne entre de nombreuses années d'observation.

Quant aux géomètres qui s'occupèrent si heureusement et si utilement de la théorie de l'engrenage, ce n'était pas à eux de trouver la méthode d'application. Il faut être initié dans les opérations de main-d'œuvre, en connaître les ressources et les limites. C'était aux artistes à la fois géomètres et praticiens, comme il y en a eu, qu'il appartenait de créer une bonne méthode pour les ateliers ; il n'en est aucunement question dans les ouvrages français, hors l'indication d'insuffisance de la pratique connue, et des moyens vagues d'y remédier. Les ouvrages étrangers indiquent aussi quelques corrections, mais d'une manière superficielle, arbitraire et sans aborder franchement la question. C'est ce qui nous a déterminé à consacrer quelques chapitres à ce sujet, que l'on y verra traité complètement et sans aucun embarras de théorie géométrique.

Une autre inexactitude introduite dans ces derniers temps, à l'égard de l'engrenage, c'est l'usage de ne faire commencer la menée qu'à la ligne des centres, ou trop près de cette ligne, avec les pignons de bas nombre, de 6, 7 et 8 ailes. Le principe vrai et géométrique est que ces pignons soient menés, partie avant et partie après la ligne des centres (ou après le centre), à proportion du nombre des ailes, pour obtenir une menée de force uniforme, impossible sans cette condition. Le pignon de 6, par exemple, dont l'arc de menée est de 60° et dont l'épaisseur d'aile est communément de 20°, doit être mené de toute cette épaisseur, c'est-à-dire de 20° avant le centre, et de 40° degrés après. Ceux de 7, de 8, ont proportionnellement moins de degrés de menée avant le centre et moins aussi après, et sont d'autant moins désavantageux. Mais, parce que le frottement *rentrant* du flanc de la dent sur l'arrondi de l'aile avant le centre, présente une sorte de tendance à l'arc-boutement que l'on redoute plus qu'il ne faut, il a paru convenable à quelque praticien de le supprimer, soit par la réduction du diamètre du pignon, soit par la pénétration exagérée de l'engrenage, toutes deux contraires au principe, et dont on n'a pas prévu les résultats défectueux, la perte de force au début de la menée, et son excès sur la fin. Ce paradoxe a séduit des imitateurs, qui ont même oublié l'inconvénient plus grave encore avec les pignons de la forme vicieuse dite *grain d'orge* qui, dans cette pratique, occasionne des glissements rapides, et presque toujours des chutes, à la fin de la menée, et comme il faut plus de force au rouage au début plus défavorable de la menée, ce surcroît rend encore plus sensible l'excès de la force de la fin, d'où résulte la destruction plus rapide des trous de pivots, des dentures, des ailes et même de l'échappement.

On a oublié ou méconnu le motif des géomètres qui ont adapté la théorie de l'engrenage aux pignons de bas nombre : l'échappement à recul était généralement et presque uniquement employé à cette époque ; aussi avaient-ils compté sur le recul du rouage qui, se propageant à tous les mobiles, soulage, aide et facilite le glissement rentrant de la menée avant le centre. Sans ce secours, il est probable qu'ils auraient rejeté les pignons de bas nombre, et n'auraient admis que ceux de dix et au-dessus, dont la menée n'a lieu qu'à la ligne des centres et après, mais uniformément.

C'est précisément avec l'échappement à recul que la fausse pratique de prolonger la menée en la faisant commencer trop tard est la plus inconvenante, en ce qu'elle s'oppose bien plus directement au recul, contre lequel la dent arc-boute vers la fin de la menée, que le frottement rentrant avant le centre ne produit de résistance; cette précaution fautive est précisément ce qui gêne l'étendue des vibrations. C'est ainsi que l'on voit des échappements à recul donner, dans les premiers moments après le remontage, des vibrations satisfaisantes, qui se réduisent bientôt après, parce que le recul gêné éprouve un grippement, que le poli des surfaces adhère avec destruction des parties et surtout des palettes de l'échappement, ainsi que des trous des mobiles qui éprouvent le plus cet effort. On attribue cet effet à la mauvaise qualité ou à la préparation négligée des métaux, qui souvent, en effet, viennent s'y joindre, mais n'en sont pas toujours la principale cause, puisque l'on voit le même effet avoir lieu après la correction de ces inconvénients de la matière, par la substitution de pièces neuves et de bonne qualité, mais en laissant encore exister les défauts des engrenages. Si l'effet est plus lent, il n'en est pas moins assuré, et son retard à se déclarer ne provient alors que des soins particuliers donnés de plus à l'ensemble.

Il eût donc été préférable de laisser aux pignons de bas nombre leur proportion de grosseur et de pénétration, ou bien de n'employer que des pignons de 10, ce qui est le moindre nombre exempt du frottement rentrant avant le centre; encore est-il nécessaire que ce pignon de 10 ait ses ailes un peu maigres et que la denture de la roue tienne un peu du plein. Les pignons de 12 et au-dessus n'exigent plus cette dernière précaution, et leurs ailes plus fortes s'accommodent très-bien d'une denture autant pleine que vide. Cette observation n'avait point échappé à l'habile Artiste directeur de la manufacture d'horlogerie de Belleville (1). Il n'employait dans toutes ses pièces que des pignons de 10 (et de 12 à la grande moyenne), pour éviter la menée avant le centre, et ménager la force devenue ainsi plus uniforme. *Ferd. Berthoud* n'employait dans ses pièces à longitudes et dans ses dernières horloges astronomiques que des pignons de 16, 18 et 20, etc., et fut imité par son neveu qui lui succéda pour la marine. L'oncle instruit et expérimenté savait bien qu'avec des mobiles nombrés suivant ce système excellent, la dent menant l'aile par un arc moins étendu et dans le moment le plus favorable, celui où il y a le moins de frottement (sortant seulement), il épargnait la force en obtenant plus d'uniformité.

(1) Cet artiste était le frère aîné de notre meilleur fabricant de ressorts, M. *Vincent*, dont on a regretté la retraite prématurée. Leur père s'était distingué dans le même genre. L'artiste de Belleville avait quitté dans sa jeunesse le travail des ressorts, pour se livrer uniquement à celui de l'horlogerie; il y fit des progrès rapides et raisonnés, et fut choisi au concours pour diriger l'établissement. Le talent a été héréditaire dans cette estimable famille. Les événements politiques de 89 paralysèrent les travaux de cette manufacture, qui n'avait encore que peu d'années d'existence et qui commençait à prospérer, moyennant toutefois une subvention annuelle du gouvernement, que l'épuisement des finances à cette époque suspendit. Les rentrées de fonds étant, sans ce secours, fort inférieures aux dépenses, comme cela ne peut manquer d'arriver dans les grandes villes, et aux environs, où la main-d'œuvre est trop chère et la vie trop coûteuse, les travaux de la manufacture furent arrêtés. On y formait aussi des élèves dont le seul qui reste aujourd'hui est M. *Becquerel*, horloger instruit et alors élève d'élite, soigné plus particulièrement par l'habile directeur lui-même, qui avait remarqué en lui des dispositions et une intelligence qu'il se plaisait à développer; aussi est-il devenu l'un de nos meilleurs professeurs, et a-t-il formé à son tour plusieurs élèves distingués.

F. Berthoud, que nous venons de citer, voulant donner, dans le début du deuxième volume de son *Essai*, un aperçu du principe géométrique, établit dans la 21e planche des proportions de la denture de la roue et de l'aile du pignon de 6, qui seraient moins défavorables, si elles étaient plus faciles à exécuter; cette figure est reproduite dans notre pl. II sous le n. 12, où sa singularité est un peu moindre que dans l'auteur original, parce que au lieu d'être prise dans l'essai, où il aurait fallu la réduire, elle se trouve copiée d'une réduction assez inexacte déjà faite par l'auteur dans un autre ouvrage. Car dans l'essai, les ailes sont encore plus maigres et les dents plus larges et d'une courbe plus surbaissée que dans notre figure qui en dissimule en partie l'exagération. Cette figure n'est destinée ici qu'à faire ressortir les inconvénients et la difficulté d'exécution qui résultent d'avoir voulu trop obtenir du principe géométrique, d'ailleurs toujours conservé ici. Elle démontre qu'en voulant réduire la menée avant le centre, on tombe dans une forme qui n'est plus applicable aux ouvrages ordinaires, et pour laquelle il faudrait d'autres instruments que ceux en usage. Mais il y a plus encore : c'est que pour ne faire commencer la menée que 10° avant la ligne des centres, au lieu de 20° que le pignon de 6 comporte avec la proportion géométrique et ordinaire, on voit que les ailes seraient déjà trop maigres (et elles le sont encore plus dans l'original), susceptibles de se fausser à la trempe, trop fragiles pour le poli, et ne pouvant pour cette raison s'appliquer qu'aux derniers mobiles qui exigent peu de force. On voit aussi qu'il serait impossible de produire avec les limes ordinaires de nos outils à arrondir, l'excédant en ogive si plein, si surbaissé de la denture (encore plus aplatie au milieu des courbes, dans Berthoud), que les languettes des limes propres à une denture aussi forte ne pourraient pénétrer dans le vide des dents, qui ne seraient ainsi praticables qu'au burin et à la roue, etc.; mais ce n'est pas précisément de cette difficulté qu'il s'agit, puisqu'il serait possible de faire des outils exprès, car l'inconvénient de la maigreur des ailes subsisterait toujours, comme défaut de solidité dans l'exécution et peut-être même dans l'emploi. Cependant cet engrenage est conforme au principe géométrique; mais l'extension donnée à ce principe, sans y déroger, est à la disposition de l'Artiste, qui doit s'arrêter au degré propre à en balancer les avantages, comme à ménager les sûretés et la possibilité d'exécution. *Berthoud* semblerait avoir voulu montrer ici à quel point il faudrait exagérer la forme et la largeur de la denture et l'exiguité des ailes, pour faire commencer la menée plus près de la ligne des centres, en conservant la régularité géométrique. C'est du moins le côté le plus favorable sous lequel on puisse considérer sa proposition. Cependant, il faut avouer qu'il n'en a point averti son lecteur, et qu'il a même choisi pour exemple un nombre peu propre à cette démonstration, celui de 20 dents à la roue, qui peut à la rigueur produire un engrenage roulant sans conséquence, comme dans un petit rouage de répétition, tandis qu'il faut ici 40 dents au moins pour appliquer régulièrement et avantageusement les principes connus. Il se peut que l'auteur, préoccupé de ses nombreuses compositions, eût moins médité cette matière, et qu'il ait tranché la question par les hauts nombres de ses pignons dans les pièces marines, en se contentant des engrenages communs dans ses ouvrages à l'usage civil. D'autres Artistes renommés en ont fait autant, en éludant la difficulté sans la résoudre, et quelques-uns même ne l'ont pas soupçonnée.

Quant à la condition de ne commencer la menée que sur la ligne des centres avec les pignons de 6, 7 et 8, d'une manière géométrique, c'est-à-dire en conservant l'uniformité de la menée, sa réalisation est absolument impossible. La moindre épaisseur de l'aile, et, même en théorie, il lui en faut supposer une quelconque, suffirait pour gêner la rentrée, à moins de diminuer d'autant la largeur de la dent, qui ne mènerait plus 60°, et qui ne peut le faire qu'en supposant les dents assez larges pour se toucher à leur naissance, mais alors il n'y aurait plus de vide pour l'entrée de l'aile, quelque mince qu'elle fût, etc. Ainsi la menée uniforme de 60° *après la ligne des centres* est impraticable. Mais, dira-t-on, la règle géométrique est donc insuffisante ou défectueuse? Non : elle est juste, vraie et fondée en principe; c'est la prétention de ne commencer la menée des pignons de bas nombre qu'au centre, qui est erronée pour qui connaît bien la question. La règle géométrique s'applique parfaitement bien, et même la seule bien, aux engrenages de ces pignons, quand ils sont menés avant le centre de la quantité convenable. Elle s'y applique tout aussi exactement qu'à ceux de 10 et au-dessus; avec ceux-ci, la menée n'a lieu qu'après le centre; avec les autres, elle se fait partie avant, partie après, parce que chaque règle tirée de la nature des choses a ses limites, et cesse peu à peu d'être applicable de la même manière, en-deçà comme au-delà; ce sont ces limites qu'il ne faut pas dépasser. C'est au pignon de 10 que la menée commence déjà un peu avant le centre, ce qui oblige d'en tenir les ailes plus maigres et la denture plus pleine, parce que le degré est encore assez faible pour éviter l'inconvénient. Mais il augmente au pignon de 9 et ne pourrait disparaître qu'en tenant les ailes beaucoup trop maigres; cette nécessité s'accroît à proportion de la diminution du nombre des ailes, dont l'épaisseur enfin au pignon de 6 se réduirait à la ligne mathématique, si l'on prétendait éviter la menée avant le centre; l'avantage de ne mener qu'après le centre ne s'étend pas au-delà du pignon déjà maigre de 10. C'est après ce nombre que le frottement rentrant commence à se manifester, et on n'a dû employer les nombres inférieurs qu'avec les échappements à recul propres à détacher l'espèce d'arc-boutement qui s'y fait remarquer. Il faut employer chaque propriété à la place qui lui convient. Nous avons vu des compositions de gens très-capables d'ailleurs, manquer constamment leurs effets par l'obstination à n'employer que des pignons de 6 avec de grandes roues, pour obtenir d'en supprimer une, et en attachant à cette suppression une fausse idée de simplicité, de réduction du frottement, qui augmentait au contraire, ainsi que l'inertie, ce qui faisait arrêter le mouvement, parce que ces auteurs n'avaient pas assez médité les principes de cette matière. Le calcul et l'expérience prouvent que les engrenages peu nombrés des roues, leur grandeur augmentée et l'inertie qui en résulte, produisent plus de résistance que deux pivots et l'inertie particulière d'une roue de plus, avec des pignons de haut nombre, et que d'ailleurs les frottements sont ici plus constants.

C'est avec les échappements à repos que les pignons de bas nombre sont plus défavorables, et surtout aux premiers mobiles. Cependant la réparation des ouvrages ordinaires exige que l'on tire parti de leur construction actuelle, en balançant et éludant les défauts autant que possible, comme nous allons l'indiquer pour ce sujet.

Il y a deux cas à distinguer dans l'emploi de ces pignons, c'est l'*allure*, pour ainsi dire, du rouage, si différente, suivant que l'échappement est à recul ou à repos. Dans le premier cas, le recul est considérable et très-visible dans l'engrenage et par la marche de la roue de champ, et c'est même à proportion du recul si marqué de cette roue que l'on présume, à la première vue, de la liberté plus ou moins grande de l'échappement. Dès que le recul de la roue de champ diminue ou cesse tout-à-fait d'être sensible, il annonce un embarras quelconque dans l'échappement ou dans l'engrenage de champ; c'est une observation connue et de pratique. Le recul libre, encore visible à la petite moyenne, diminue peu à peu dans les autres mobiles, sans cesser d'avoir lieu, et son mouvement alternatif de va-et-vient est encore sensible, avec le microscope, à l'extrémité de l'aiguille des minutes portée par la tige du centre; par conséquent un léger ébranlement en ce sens a encore lieu dans l'engrenage de la première grande roue (de fusée) avec le pignon du centre, qui n'en a pas besoin s'il est de 12, mais qui peut en être aidé s'il n'est que de 10, comme il arrive souvent. C'est d'après ce recul que les géomètres ont admis les pignons de bas nombre, et nous en avons assez dit le motif: c'est que le va-et-vient y facilite le frottement rentrant.

Avec l'échappement à repos, au contraire, le rouage n'éprouve pas ce va-et-vient, mais un simple mouvement progressif et intermittent. Les mobiles en opposent d'autant plus d'inertie pour sortir de l'état de repos au commencement de chaque vibration; nous avons même vu des gens d'expérience attribuer à cette inertie, à l'adhérence des arc-boutements habituels sur les mêmes points, et y formant probablement à la longue, suivant eux, de petites facettes, la suspension totale, accidentelle, de la force motrice, lorsque rien autre ne semblait motiver ce phénomène, attribué alors à ces pignons de bas nombre. Nous laisserons du reste aux artistes expérimentés à juger la question. Mais nous n'avons jamais trouvé ni entendu dire que le fait soit arrivé avec des pignons nombrés, nous le croyons même impossible avec cette condition.

Il semble donc résulter pour ces deux cas que, dans les rouages à recul, il faut laisser aux pignons peu nombrés toute leur menée géométrique avant le centre, ou du moins, en certains points, presque toute cette menée, puisqu'elle paraît suffisamment dégagée par le va-et-vient du recul, et qu'il en résulte surtout que le recul est moins contrarié à la fin de la menée, article très-important; que c'est principalement à l'engrenage de la roue de champ, où le recul se fait plus sentir, que la menée de toute l'épaisseur de l'aile avant le centre doit être conservée, puisque le va-et-vient y est plus puissant pour dégager, aider le frottement rentrant, et que sur la fin de la menée, l'aile a besoin d'une réaction plus directe contre la dent, dans le sens d'en opérer plus facilement le recul. Plusieurs bons praticiens tiennent généralement l'engrenage de roue de champ un peu faible, et prétendent en obtenir une meilleure marche, expérience qui paraît confirmer la méthode que nous exposons, car alors la menée se prolonge moins, son premier contact a lieu plus en avant du centre, et le recul à la fin de la menée n'ayant pas lieu si tard, réagit avec plus de facilité sur la dent. Mais cette application est subordonnée aux proportions du pignon avec la roue, et suppose le pignon de juste grosseur, ce qui souvent n'a pas lieu; or, dans ce dernier cas, le peu de pénétration est souvent un palliatif insuffisant et qui peut augmenter l'arc-boutement. Il est donc mieux de s'assujettir à la vraie mesure et d'y ramener au besoin l'un des mobiles. Nous ajouterons encore que l'application de la Géométrie à l'engrenage n'a pu avoir lieu, sans avoir égard à l'état de l'Art à cette époque, et que les Géomètres durent compter sur le recul de l'échappement à roue de rencontre, le plus généralement, nous l'avons dit, et presque le seul employé. Ce serait donc tout au plus, à mesure que l'engrenage est plus loin de l'échappement, et que le recul est moins sensible, que l'on pourrait se permettre d'en faire dévier la règle géométrique, si tant est que l'on puisse admettre quelque raison de s'en écarter, dans un rouage avec échappement à recul.

Nous avons déjà exprimé, et croyons ne pouvoir trop le répéter, combien, avec les échappements à repos, le cas est différent, puisque l'engrenage n'a plus de va-et-vient si propre à surmonter le frottement arc-boutant et l'inertie du rouage : l'emploi des pignons de bas nombre n'ayant pas été combiné dans l'origine avec l'échappement à repos, alors assez rare, le principe y peut souffrir quelque modification, pourvu, toutefois, qu'elle n'arrive pas à faire varier trop sensiblement la force imprimée à l'aile du pignon ; car ce résultat, plus ou moins réduit, sera toujours inévitable, dès que l'on s'écartera de la règle géométrique de la menée; mais l'on peut combiner ici des proportions où la différence devient peu sensible.

C'est donc, en définitive, avec les échappements à repos qu'il serait plus nécessaire de ne pas employer des pignons au-dessous de 10, pour éviter les inconvénients signalés. C'est aussi pour la même cause que l'on peut se permettre, faute de mieux, d'y réduire, et même avec quelques avantages sur la méthode ancienne, le frottement rentrant des pignons de bas nombre, qui conviennent le moins dans ce cas, en altérant légèrement l'uniformité de la menée, vu que cette altération modérée peut être ici moins nuisible que la résistance des effets combinés de l'inertie et du frottement rentrant, tandis qu'il convient au contraire d'adopter le système opposé avec les échappements à recul qui, par les raisons expliquées, exigent véritablement et plus rigoureusement toute l'exécution de la règle géométrique.

Cette latitude tolérable, en raison des observations précédentes, nous a déterminé à mettre en regard de l'engrenage peu exécutable de Berthoud, celui de la fig. 13, avec un pignon de 6 d'une exécution facile et toute ordinaire, où l'on trouve une proportion moyenne entre les excès dont nous avons parlé. Nous ne le donnons point comme entièrement conforme à la règle géométrique, mais seulement pour *modifié*; et quant à cette règle, nous en exposerons la rigoureuse application dans le traité complet des engrenages; nous y indiquerons aussi séparément la tolérance analogue que l'on peut appliquer aux pignons de 7 et de 8, dans le cas des échappements à repos. Ce n'est même qu'en attendant, et pour mêler à ces réflexions quelques articles dont le lecteur puisse profiter d'avance, que nous entrons dans des détails provisoires sur ce sujet, en compensation d'autres trop élémentaires, mais indispensables dans ce début.

La fig. 13, pl. II, représente très en grand le pignon de 6, d'une bonne facture ordinaire, mené par une roue de 54 dents, nombre à peu près moyen entre ceux employés dans le rouage d'un *mouvement* ; les ailes en sont fortes : leur épaisseur de 20°, est la moitié du vide ; l'excédant est arrondi en demi-cercle, et les flancs droits, dirigés au centre, n'affaiblissent pas trop les ailes vers le fond, enfoncé modérément, mais un peu plus que dans les pignons ordinaires, afin d'éviter l'accotement au fond des vides par la pointe de la dent qu'il importe de conserver. La denture de la roue est autant vide que pleine ; la courbe de son excédant en ogive, est un arc de cercle dont le centre est sur la circonférence *primitive* de la roue, laquelle passe en O par son point de contact avec la circonférence *primitive* du pignon. (Si l'on divise la distance ou le vide entre chaque dent, en six parties prises sur cette même circonférence, la première division de l'un et de l'autre côté, est le centre d'une des portions de cercle qui forment l'excédant.) La figure de la dent s'obtient aisément en mariant au besoin les effets de diverses courbes des limes à arrondir, comme aussi en taillant et arrondissant au burin, ou d'autre manière. La hauteur de l'exeédant de la roue est juste la moitié du rayon *primitif* du pignon.

On voit que la dent B n'entre en contact avec la naissance en *a* de l'arrondi de l'aile O, qu'au moment où le milieu de l'épaisseur de cette aile arrive sur la ligne des centres O A, moment aussi où la dent C finit sa menée en *b* sur l'aile qui lui correspond ; il y a donc ici 10° de moins en arc-boutement ou frottement rentrant, que si le contact avait lieu entièrement avant la ligne des centres, c'est-à-dire de toute l'épaisseur de l'aile qui est néanmoins ici celle ordinaire de 20°. C'est le même avantage que Berthoud avait essayé d'obtenir, mais qui amaigrissait beaucoup trop l'aile, tandis qu'elle conserve ici toute la force convenable ; il est vrai que cette aile est conduite avec un peu plus de force à la fin de son arc, par l'effet de son inclinaison plus grande, puisqu'elle est menée un peu plus loin que dans l'engrenage géométrique ; mais il s'y trouve aussi une correction : c'est que l'excédant de la roue est augmenté d'un tiers de plus que l'excédant géométrique, et que la force du levier de la roue en est affaiblie d'autant en ce point et progressivement, tandis qu'elle est la même au point O que dans la règle géométrique. En outre, la résistance du glissement un peu plus étendu de l'ogive sur le flanc de l'aile, tendant à diminuer la force, vient encore en déduction de son accroissement sur la fin de la menée, en sorte que ces effets sont à peu près équilibrés, à une très-petite différence près qu'il serait difficile d'apprécier, et qu'au total, il y a véritablement une grande réduction de l'arc-boutement ou frottement rentrant au début de la menée, et à peine une augmentation imperceptible de force vers la fin ; la menée a lieu bien avant l'extrémité extérieure du flanc droit, et l'on voit que lors même qu'un pignon déjà existant aurait ses ailes en *grain d'orge*, leur courbure atteindrait tout au plus au point *b*, et ne pourrait produire de glissement ni de chute, avec la proportion d'excédant de cette roue. De plus, on trouve que le point *b* est ici le même que celui où finirait la menée, si l'aile était conduite 10° moins avant selon la règle géométrique, car l'excédant de la dent y serait moins élevé, et sous ce rapport même, la résultante des forces serait presque égale. Il ne reste donc à la rigueur que la plus grande inclinaison de l'aile, quant à la difficulté du recul, mais nous verrons bientôt que cette difficulté s'évanouit entièrement par l'emploi auquel nous allons borner cet engrenage ; ces diverses applications sont rarement étudiées.

1° Cette proportion moyenne est moins désavantageuse dans le pignon de bas nombre, principalement avec l'échappement à repos, où l'arc-boutement est plus à redouter. 2° On peut l'employer aussi pour certains mobiles du rouage à recul, comme entre la roue de longue tige et le pignon de petite moyenne; mais dans ce cas de recul, à mesure que l'engrenage a lieu vers les derniers mobiles, comme entre la petite moyenne et le pignon de roue de champ, nous conseillerons de faire commencer la menée un peu plus tôt, c'est-à-dire lorsque l'aile n'est avancée que du quart de son épaisseur sur la ligne des centres ; enfin, pour l'engrenage de la roue de champ, nous proposons la proportion tout-à-fait géométrique dont la menée commence avant le centre, de toute l'épaisseur de l'aile, parce qu'alors le recul plus considérable soulage mieux le frottement rentrant, et que l'action de l'aile à la fin de la menée moins prolongée, étant plus directe sur la dent, a plus d'avantage pour la faire obéir au recul, et laisse d'autant plus de liberté à la réaction des palettes qui l'occasionne ; il s'ensuit donc que nous réservons principalement l'emploi de cette proportion de la fig. 13 pour les rouages à repos, où, par l'absence de tout recul, l'inclinaison plus grande de l'aile à la fin de la menée devient indifférente, pourvu qu'elle ne produise ni glissement ni accroissement sensible de force, ainsi que nous l'avons déjà observé plus haut et que nous le reproduisons ici exprès, afin de présenter sous plusieurs faces la même idée, et de la développer ainsi plus complètement, son importance étant trop souvent négligée et ignorée.

Le rayon primitif de la roue de 54 dents, lequel finit en O (rayon que l'étendue de la planche n'a pas permis de tracer en entier), contient neuf fois le rayon primitif A O du pignon, ainsi qu'il est coté dans la gravure, conformément au rapport des nombres, où celui de 6 ailes du pignon est contenu neuf fois aussi dans le nombre 54 des dents de la roue. L'espace entre le revers de la dent et celui de l'aile laisse un ébat suffisant pour que la rentrée soit préservée de l'accotement latéral, malgré l'inégalité ordinaire et présumable de la division de la roue. S'il est permis de s'écarter de la règle avec les pignons de bas nombre, cette proportion doit sembler bien préférable à l'usage de tenir le pignon plus petit et d'augmenter la pénétration au-delà du principe ; nous pensons que les connaisseurs l'approuveront et que généralement on trouvera de l'avantage en suivant scrupuleusement les proportions indiquées et dont notre traité fournira plus amplement les moyens. Le trait de la fig. 13 a été gravé avec une exactitude remarquable, et à laquelle on peut se fier pour en calculer la réduction en petit.

Nous terminerons ici cette introduction. Elle a mis sous les yeux un certain nombre d'articles variés qui pourront donner un premier aperçu des combinaisons et des travaux de l'horlogerie ; ils se trouvent entremêlés de quelques observations anticipées d'une utilité directe, et nullement indifférente à ceux qui en sauront tirer un parti habile et en faire une juste application. Nous nous flattons même que les Artistes instruits qui connaissaient la plupart de ces idées avant d'en trouver ici l'exposition, ne verront pas sans quelque satisfaction des opinions conformes aux leurs, car lorsque les recherches séparées de ceux qui connaissent la matière, rencontrent les mêmes résultats, c'est une grande probabilité en faveur de leur réalité. Du reste, l'impatience naturelle d'arriver au sujet principal aura dû être modérée par la réflexion que l'on ne peut guère traiter ce genre sans préparation. Si l'Essai de Ferd. Berthoud emploie plus de 60 pages en observations préliminaires, cet ouvrage-ci, presque double de l'Essai, et plus complet, peut avoir aussi son introduction un peu plus étendue.

Ce serait trop se défier de la sagacité des lecteurs que d'entreprendre de leur démontrer que les divers articles précédents ne sont qu'une ébauche préparatoire pour les sujets qui seront spécialement et plus amplement traités dans la suite de l'ouvrage. Il en offrira même un très-grand nombre d'autres qui n'ont pas encore été indiqués.

Nous croyons encore devoir avertir que si nous contredisons dans l'occasion quelques idées de Ferd. Berthoud (ou d'autres auteurs), ce n'est aucunement avec l'intention de critiquer ou rabaisser un Artiste habile, dont nous apprécions d'ailleurs tout le mérite, et dont les écrits ont été long-temps les plus instructifs sur la matière qu'il a traitée généralement avec un sens droit et beaucoup de jugement. Mais les progrès successifs des Arts et des Sciences font toujours découvrir quelques erreurs des temps passés, contre lesquelles il convient de prémunir les nouveaux adeptes, et tout en rendant justice aux talents et à la capacité de nos prédécesseurs, sans lesquels nous serions sans doute encore fort arriérés, nous ne pouvons nous dispenser de faire remarquer les parties de leurs travaux que l'époque ne leur a pas permis d'amener à la perfection actuelle, ou sur lesquelles il peut rester des doutes légitimes. Nous nous ferons également un devoir de rendre une justice malheureusement trop tardive à la mémoire de ceux que la faveur prodiguée à d'autres a souvent éclipsés.

Suivant le premier plan de cet ouvrage, le lecteur aurait trouvé à la suite de l'introduction les perfectionnements successifs apportés à la pendule d'appartement, depuis l'horloge à pendule de Huyghens. Mais des Artistes que nous consultons souvent, nous ont fait remarquer que les dispositions anciennes de ce genre n'étant presque plus praticables avec les formes des boîtes modernes, composées toutes pour le mécanisme actuel très-simplifié et surtout plus ramassé, la lenteur de ces développements nuirait à l'utilité plus urgente de la description des travaux de notre temps. Ce motif joint au retard déjà trop prolongé de nos livraisons, par les difficultés d'impression et de gravure pour les matières de ce genre, si rarement traitées par le temps qui court, retard que nous espérons abréger bientôt, nous a déterminés à passer immédiatement, dans le second chapitre, à la pendule moderne telle qu'on la pratique le plus communément, sans renoncer toutefois à revenir par la suite sur quelques constructions plus anciennes, dont l'idée simple ou ingénieuse serait utile dans des cas particuliers.

CHAPITRE II.

PENDULE MODERNE ORDINAIRE D'APPARTEMENT.

DESCRIPTION, CALIBRE ET EXÉCUTION.

1. D'après la détermination précédemment annoncée d'entremêler dans ce traité les travaux de la montre et de la Pendule, nous commençons par celle-ci pour faciliter aux élèves et aux amateurs l'intelligence de l'Horlogerie et de ses travaux, et comme une conséquence de notre début dans cet ouvrage, car le mécanisme de la pendule n'est au fond que la réduction à de très-petites dimensions, de l'horloge que nous avons expliquée dans le premier chapitre. Les mobiles sont seulement içi un peu plus nombreux et plus rapprochés, mais les principes et les moyens d'action y sont presque les mêmes. Nous avons également dans la pendule un régulateur, le *Pendule* de Huyghens sans cycloïdes, un rouage et une force motrice ; mais celle-ci est produite par un ressort contenu dans un *barillet denté*, comme dans certaines montres, et l'échappement est le plus souvent un de ceux dits *à ancre*, quelquefois aussi celui dit *à chevilles* que nous décrirons ailleurs. Quant aux effets ordinaires du ressort moteur, à ceux de l'*Ancre* et du *Pendule* et du *rouage* intermédiaire, nous renverrons à ces articles de nos définitions préliminaires, et pour le surplus aux observations ultérieures sur le perfectionnement de la pendule en général, que nous traiterons plus tard.

2. La sonnerie de la pendule actuelle présente aussi quelques différences dans les nombres de mobiles et dans la disposition des détentes, mais le *chaperon*, cette ancienne invention pratiquée long-temps même avant l'époque de notre première horloge, est conservé dans la plupart des constructions modernes, sauf que cette pièce est montée à carré, hors de la platine, sur le prolongement du pivot de la grande roue de sonnerie, et tourne simultanément avec cette roue, au lieu d'être menée, comme anciennement, par l'engrenage d'une roue de chaperon et d'un pignon extérieur. On a aussi quelquefois substitué à ce moyen celui d'un râteau denté et d'un limaçon des heures. Cette méthode, que nous expliquerons dans la suite, peut offrir des moyens simples pour une sorte de répétition, aux dépens toutefois de la durée ou tirage du ressort, et a l'avantage de ne pas faire mécompter la sonnerie, lorsque l'aiguille de minutes est portée en sens rétrograde ; mais d'un autre côté, quelques artistes trouvent plus de sûreté dans l'usage antique du chaperon, et nous soumettrons ces différentes dispositions à l'examen et au choix de ceux qui sont à même d'en décider.

3. L'étude préparatoire de l'ancienne horloge du Palais recommandée à son article, nous dispensant d'entrer dans les mêmes détails sur l'action mutuelle des mobiles entre eux, et sur l'enchaînement d'effets des diverses parties dont on a déjà dû se faire une première idée, nous n'en répèterons pas ici l'observation, et nous nous bornerons à y suppléer et à la compléter; nous allons passer de suite à l'énumération succincte des pièces qui composent le mécanisme actuel le plus ordinaire. Ici les mobiles sont distribués entre deux platines rondes, comme dans les montres communes que chacun connait, de manière à produire un moindre volume, et pour trouver plus aisément sa place dans les compositions de décor conformes au goût dominant, soit avoué par la raison éclairée dans ce genre, et que l'on ne consulte pas toujours, soit inspiré par le caprice et l'attrait séducteur de la nouveauté.

4. On réserve aujourd'hui assez généralement l'ancienne forme des platines en carré long, dans le sens horizontal ou vertical, pour les régulateurs à secondes et autres pièces d'observation. Plusieurs grands régulateurs, de Berthoud et d'autres, ont néanmoins leurs platines rondes, comme plus faciles à envelopper immédiatement d'un tambour, pour garantir encore plus le mouvement de la poussière que ne le fait la botte seule en forme de pilastre, plus ou moins garnie de glaces, et qui renferme avec le mouvement, le pendule et le poids. C'est donc pour nous conformer à l'usage actuel et au besoin le plus senti du moment, et non par défaut d'ordre, que nous allons traiter de suite de la pendule ordinaire à platines rondes. La dimension que nous adoptons dans ce premier type de la pendule, est le diamètre des platines de 3 pouces et quart, avec une longueur du pendule de 7 pouces et demi, donnant environ 8,000 oscillations par heure, termes à peu près moyens entre les grandeurs et nombres généralement adoptés, et qui permettent aisément dans l'exécution toute la perfection que le genre comporte. Nous indiquerons ailleurs les moyens de varier les nombres des mobiles et de calculer la longueur résultante du pendule, ou de régler et distribuer les nombres d'après une longueur de pendule donnée, même sans le secours de la table déjà publiée, et dont l'usage, plus court que le calcul, sera néanmoins expliqué.

5. Ce qu'on appelle particulièrement *le mouvement* dans une pendule, partie principale qui mesure les petites durées du temps, compte le nombre des oscillations, et règle les effets de sonnerie, se compose d'un barillet I, marqué du chiffre 80', qui indique le nombre des dents, et est vu en plan, pl. III, fig. 3, sur la platine ronde C D E F G H, à la gauche du spectateur. Ce barillet engrène avec le pignon de douze ailes de la roue 75, dite roue *de temps*. Le même barillet est vu de profil dans la partie à gauche de la fig. 4, en A C *d d e e* avec le même nombre 80'. Tous les mobiles en plan de la fig. 3 se retrouvent de même dans cette fig. 4, en profil, et désignés par les mêmes chiffres qui sont les nombres des pignons et des dentures, avec cette seule différence, que les mobiles du mouvement et de la sonnerie, disposés sur des directions diverses dans la fig. 3 qui pourrait au besoin servir de *calibre*, sont, dans la fig. 4, rangés de suite sur une ligne droite, et séparés en deux parties par le pilier du milieu, pour faciliter les mesures des hauteurs en cage, l'élévation des roues et pignons en ce

sens, la longueur des tigerons, etc. Il s'ensuit que les platines vues aussi de profil, fig. 4, et par leur seule épaisseur, sont supposées d'une longueur nécessaire à cette disposition feinte, en ligne droite, tandis que le plan véritable de la fig. 3 indique le diamètre réel qui n'est qu'environ les 2/5es de la longueur supposée de la fig. 4.

6. Le barillet A C de cette fig. 4 est vu ici *en coupe* pour en distinguer l'intérieur, ainsi que les formes et proportions de l'arbre, des pivots, portées et tétines et du drageoir qui retient le bord du couvercle *d d*; l'épaisseur de la virole en *e e*, enfin la situation en A du crochet de l'arbre; on en remarque en C B, la partie carrée qui reste à couper à fleur du cadran et sur laquelle se place la clef de remontage. L'armure du ressort est retenue par l'encliquetage du rochet 26 et 26', fendu sur ce nombre, ou mieux sur 24, placé à carré sur l'arbre et maintenu par le cliquet *o* repoussé continuellement dans les dents par le ressort *p* ou *q*; ce rochet est retenu en place par le pont ou bride D ou E. Le tout est vu en plan fig. 1, et de profil fig. 4 en 26, 26' et *o*. L'effet est expliqué à l'article Encliquetage des définitions, et au chap. I, dans la description de l'horloge.

7. La roue de temps 75 engrène avec le pignon de 8 de la roue 84 dite *du centre*, ou *de longue tige*, ou *de minutes*, dont un pivot très-prolongé et arrivant au-dessus du cadran, est muni, au-dehors de la platine, d'une roue 33, rivée à un canon qui s'élève aussi jusqu'en *s*, fig. 4. Cet ensemble, qui est la *chaussée*, est placé à frottement demi-ferme sur la tige 8 *u x*, et après que le canon a été équarri en *s*, il y reçoit l'aiguille de minutes. La roue de chaussée 33 engrène en dessus de la platine avec une deuxième roue 33', c'est-à-dire de même nombre, car ces deux roues pleines peuvent également avoir 32 dents ou plus, mais jamais moins; il suffit que leurs nombres soient égaux, comme leurs révolutions respectives; la roue 33', dont l'axe est très-court, roule entre la platine et le pont F, fig. I ou 33' et 7 fig. 4, où sont les trous de ses pivots, et porte en dessus un pignon de 7 qui mène la roue de canon, ou d'heure *r* de 84 dents, laquelle roule librement sur la chaussée; le canon prolongé en *q* de la roue *r* reçoit à simple frottement élastique un canon fendu fixé à l'aiguille des heures, placée ainsi au-dessous de l'aiguille des minutes et à fleur du cadran. Ces pièces composent ce qu'on appelle *la minuterie*, dont les détails seront suppléés dans l'article de Main-d'œuvre, mais on conçoit déjà aisément que si la roue du centre fait une révolution par heure, les deux roues 33 et 33' feront aussi chacune un tour dans le même temps, puisqu'elles ont le même nombre (plus ordinairement de 32), et que le pignon 7 tournant en une heure ne fera passer que sept dents à la roue des heures ou 1/12e de son nombre 84; que pour un tour de la chaussée et de la roue du centre, ou pour une heure, l'aiguille d'heure n'aura marché que de 1/12e de la circonférence du cadran, ou d'une heure, enfin qu'il faudra 12 tours de la roue du centre et de sa chaussée pour que la roue 84 fasse un tour entier du cadran et que son aiguille passe sur les 12 heures.

8. On conçoit aussi que l'aiguille de minutes faisant un tour en une heure, comme la chaussée qui la porte, passera dans cet intervalle sur les 60 minutes qui divisent son

cercle particulier, et qu'elle fera ainsi 12 tours et passera sur 720 minutes pour un seul tour entier de l'aiguille des heures, ou pour les douze heures du cadran. Nous entrons ici dans ce détail parce qu'il n'est pas expliqué dans notre première horloge n'ayant qu'une seule aiguille d'heure, et ne marquant pas les minutes, comme on le voit encore dans plusieurs machines anciennes de ce genre. Cette portion séparée de rouage qui existe dans les montres, mais autrement nombrée, ainsi que dans d'autres pendules, et donnant toujours 12 tours de l'aiguille des minutes pour un de l'aiguille des heures sur les cadrans ordinaires, désignée sous le nom de *minuterie*, et parfois inexactement de *cadrature*, est vu en plan telle que nous l'avons expliquée, dans la fig. 1, qui est la face extérieure de la platine des piliers A *t u v x*; ces quatre dernières lettres indiquent aussi la rivure pointée des piliers de la cage. Cette face de la platine est couverte par le cadran; celui-ci est maintenu à une distance suffisante de la platine pour permettre la place et le mouvement libre des roues de minuterie, au moyen d'une autre platine mince d'un plus grand diamètre appelée *faux cadran* ou fausse plaque, qui a trois piliers courts, lesquels se fixent à la platine susdite du mouvement au moyen de goupilles intérieures. On n'a pas représenté ici cette fausse plaque ni le cadran qui y est attaché, ni marqué les trois trous de ses piliers; on en retrouvera la figure sur une autre planche, faute de place sur celle-ci.

9. La roue du centre ou de minute de 84, fig. 3, est pointée presque entièrement parce qu'elle passe sous les deux barillets et autres roues; mais on voit qu'elle engrène avec le pignon de 7 pointé aussi sous la roue 70 plus haut que le centre de la platine, et porté par la tige de cette même roue qui mène le pignon de 7 de la roue 34, dite d'échappement, ou simplement rochet, parce que ses dents plus écartées sont inclinées; ce sont ces dents qui *font échappement* avec l'ancre D dit *à demi-repos*. Ce nom lui vient de ce que, dans les oscillations du pendule répétées par l'ancre au moyen de la fourchette, le bout triangulaire de l'ancre produit un recul en faisant rétrograder la dent de la roue, quand il pénètre entre ses dents pendant une oscillation, tandis que l'autre extrémité de l'ancre, pénétrant à son tour à la deuxième oscillation, n'oppose à la pointe de la dent qu'une courbe concentrique à l'axe de mouvement de l'ancre sans faire reculer cette dent, et la maintient en repos pendant une oscillation sur deux que fait le pendule. Une autre espèce d'ancre, représentée dans la fig. 10, produit deux repos momentanés à la roue, c'est-à-dire un repos à chaque oscillation, et est dit simplement *ancre à repos*. Nous en parlerons plus loin.

10. L'ancre D, fig. 3 et 4, est fixé à carré sur une tige et communique avec le pendule *v* S vu horizontalement au-dessous de la fig. 4, par le moyen de la fourchette D' *t* placée en D' sur le bout de l'axe D' D. Le pivot de ce côté de l'axe est reçu dans un trou du pont D' *f* de la fig. 4 et de la fig. 2 où *a x* indique la virole ponctuée de la fourchette fixée solidement à cette extrémité de l'axe quand l'échappement est une fois établi. La fourchette est coudée auprès de ce pont arrêté sur la platine de l'arrière par sa patte et une forte vis *f g*, fig. 2. Les dimensions ordinaires de la planche ont obligé de représenter la figure 4 horizontalement, mais on conçoit que sa situation naturelle

est verticale pour que le pendule puisse se trouver suspendu librement par son crochet à la soie *v* portée par la tige *a'* percée de deux trous à cet effet; c'est du dessus de l'un de ces trous que la soie descend obliquement par côté, pour s'enrouler sur la tige du bouton *r*, fig. 2; cette tige, qui porte ce bouton suffisamment éloigné de la platine, porte de l'autre bout un tourillon ou virole de laiton, serrée à ressort et à frottement doux sous une plaque élastique de laiton *f*, fig. 4 et 2, et entre cette plaque et la platine; la plaque est prise et serrée par la tête de vis de pont D', en sorte que le frottement de la tige du bouton *r*, fig. 2, sert à retenir la soie *v* et à rendre plus ou moins allongé ou aigu le triangle qu'elle forme. Ce moyen de réglage détermine la longueur totale du pendule qui se compte à partir de son axe de suspension immédiatement au-dessous de la tige *a'* jusqu'au centre de la lentille, ou à très-peu au-dessus. On fait un usage fréquent aujourd'hui de la suspension à deux ressorts que nous expliquerons en son lieu; elle exige une lentille plus pesante qui règle mieux. Cette idée, déjà fort ancienne, a été reprise à l'occasion du pendule décoré d'ornements dont une soie n'aurait pu soutenir le poids. Mais l'usage de la soie, étant encore très-répandu, devait être décrit ici le premier.

11. Le pendule, qui doit être ici un simple fil d'acier et n'est souvent que de fer, porte à la hauteur de *t* une partie de laiton de forme carrée appelée communément *la passe*, un peu plus épaisse d'un sens que de l'autre, et qui traverse dans l'ouverture de la fourchette ployée à l'équerre en *t*, fig. 4; on voit cette ouverture en plan fig. 9, avec la passe au milieu. Le bas de la tige porte une lentille vue de face, fig. 7. Elle est circulaire, et plate, et a ses bords en biseau, indiqués dans son profil fig. 8. Le plan de la lentille est toujours placé parallèlement aux platines, pour éprouver par ses angles moins de résistance de l'air. Les anciennes lentilles sont formées de deux sections de sphère qui produisent encore moins de résistance, mais la différence est insensible dans l'usage civil. Les effets et réactions mutuelles de la roue, de l'ancre, de la fourchette et du Pendule, ont été indiqués en gros au mot Ancre des définitions; on en trouvera l'analyse plus développée au chapitre des divers échappements.

12. Quelques pivots des mobiles, au lieu d'avoir leurs trous dans les platines, sont reçus par des ponts ou barrettes extérieures maintenues sur les platines par une vis noyée et deux pieds ou tenons, comme en *y* et *s*, fig. 1 et 2, en *y* et *d*, fig. 4, et ailleurs; cette disposition a pour but principal de laisser un *tigeron* entre le pignon et son pivot, dont l'huile pourrait sans cela gagner l'engrenage où il ne faut point d'huile, car dans les montres et pendules celui-ci doit se faire à sec et entre métaux différents. Ce n'est guère que dans les grosses horloges toutes en fer, que l'on use de l'interposition d'un corps gras et même plus épais que l'huile, pour adoucir le frottement des dentures.

13. Les deux platines, celle dite *des piliers*, fig. 1 et 3, et celle dite *du nom* parce que celui de l'auteur y est souvent gravé ou frappé en dehors, et dite aussi *petite platine*, parce qu'elle est souvent plus mince et d'un diamètre un peu moindre (mais mieux égale sous ces deux rapports, comme ici), sont maintenues solidement et parallèlement entre elles, à une distance convenable, par 4 piliers rivés sur la platine, fig. 1

et 3. Leur position est ponctuée, fig. 1 en *tuvx*, côté extérieur et de la rivure, on les voit fig. 3 en E F G H, sur le côté intérieur de la même platine, et légèrement ombrés pour en faire reconnaître la saillie; ces piliers ont à l'autre bout des tenons qui pénètrent dans la petite platine qu'ils dépassent, et celle-ci est retenue sur les piliers par des goupilles, comme en *pqr*, fig. 2. L'un des 4 piliers en *m'* fig. 2 et 4 est taraudé pour recevoir une vis à tête noyée, parce que le tenon se trouve rencontrer la patte du pont ou coq d'échappement. On goupille quelquefois ce tenon dans l'épaisseur de la platine, mais la vis est préférable. La hauteur des piliers qui règle celle de la cage et la longueur des tiges ou axes de presque tous les mobiles, est vue dans le profil de la fig. 4 en E F G. La gravure indique assez les autres détails qui se trouveront plus précisément développés à l'article de Main-d'œuvre, qui en complètera l'explication.

SONNERIE DE LA PENDULE ORDINAIRE OU D'APPARTEMENT.

14. La situation des mobiles de la sonnerie offre dans la pendule comme dans l'horloge, beaucoup d'analogie avec celle des mobiles du *Mouvement*; ici c'est de même un barillet que son ressort intérieur armé fait tourner lentement, ainsi que le reste des mobiles, mais ceux-ci successivement avec plus de vitesse, au moyen de l'engrenage. Le rouage de la sonnerie ne se meut que par intervalles, à chaque demi-heure, lorsque les détentes qui retiennent la sonnerie sont dégagées par la marche continue de l'autre partie de rouage qu'on appelle plus spécialement le *Mouvement*.

15. L 80", fig. 3, à droite, et fig. 4, vers le milieu, est le barillet de sonnerie, de même grandeur et même nombre de dents que celui qui est vu en coupe à la gauche, même fig. 4. La denture du barillet L 80", engrène aussi avec le pignon de 12 de la roue 63, dite *première de sonnerie*; celle-ci mène le pignon de 7 (1) de la roue 70, située près du bord de la platine à droite, et dite *de chevilles*, parce qu'elle en porte 10 également espacées et rivées sur le plat et au milieu de son limbe; ces chevilles agissent sur un petit bras de l'axe du marteau *h' i"*, fig. 2. Le marteau est en-dehors de la petite platine, et sa virole *h'* porte un canon monté à carré et goupillé en dehors sur le prolongement de l'axe du marteau indiqué en bas de la fig. 4 (mais plus prolongé qu'il n'est besoin pour en dégager la figure), l'axe du marteau est en cage; on en voit le petit bras fig. 3, dirigé de *h'* en 70, et passant sous la roue des

(1) Ce pignon, porté par l'axe de la roue de chevilles, se trouve marqué de 8 ailes par erreur; elle a été corrigée et ce pignon est coté 7, à la main, dans les premières épreuves, mais le nombre a été rétabli depuis sur la planche. Ainsi tous les pignons de cette sonnerie sont de 7, hors celui de 12 de la première grande roue. Dans des calibres plus grands on met 8 ailes au pignon de la seule roue de chevilles, mais alors la première roue a 72 dents et non pas 63. Ceci est un avertissement au lecteur de ne compter sur les nombres des figures, qu'autant qu'ils sont d'accord avec le texte plus sûr, et qu'il faut toujours lire et consulter. Les nombres de dents des roues, figurés, et ceux des ailes de pignons dans les gravures de Berthoud et d'autres, ne sont presque jamais ceux du texte, parce que les dents ou ailes deviendraient souvent trop petites pour le dessin et la gravure. C'est le texte qui porte les vrais nombres, ainsi que les observations et l'explication de certains détails, que la gravure ne peut pas toujours exprimer exactement.

chevilles, où il est rencontré par celles-ci. Du côté du bord de la platine, l'axe porte, mais au bout opposé, c'est-à-dire à peu de distance de la petite platine, un autre petit bras environ moitié plus court, sur lequel presse un ressort droit formé d'une tige ronde très-mince et diminuée en fouet, de toute la longueur nécessaire pour atteindre et s'engager dans une encoche du petit bras et renvoyer le marteau sur le timbre. Ce ressort qui a les 5/6es de la hauteur des piliers, n'a pu être indiqué dans la fig. 3 que par sa forme extrêmement raccourcie, parce que sa hauteur est vue perpendiculairement au plan de la platine. La tête de ce ressort est vissée par le dehors de la grande platine des piliers, très-près de son bord et proche le pilier H. La tête en est indiquée en *j*, fig. Ire, près du pilier pointé *x*, et entre le bord de la platine et le trou *w*, qui reçoit un pivot de l'axe de marteau. Les dix chevilles de la roue 70 de ce nom, étant en dessous de cette pièce pour le spectateur, n'ont pas dû y être marquées, mais il est facile de se les imaginer : elles marchent en remontant vers le haut de la planche, en *m* ; elles sont vues de profil dans la fig. 4 à la roue de sonnerie 70, et sont espacées de 7 en 7 dents, pour régulariser les distances entre les coups du marteau.

16. La roue de chevilles 70 mène le pignon aussi de 7 de la roue 63', fig. 3, qui est dite *d'arrêt*, parce qu'elle porte une cheville pour arrêter le rouage après le dernier coup de chaque heure. Cette roue 63' engrène avec le pignon suivant de 7 de la roue 56 qui mène le dernier pignon de 7 du volant marqué de ce même chiffre. La roue 56, dite *de volant*, a aussi une cheville qui est momentanément arrêtée par le bras *g* de la détente de minuterie, fig. 1 et fig. 4, dont une saillie méplate traverse la platine.

17. Nous donnerons plus loin le calcul de révolution des deux rouages, et nous remarquerons ici que c'est dans la disposition des détentes que la pendule diffère le plus d'avec l'horloge. Il n'y a ici que deux détentes, celle dite *de minuterie*, en laiton, qui se trouve placée sur la grande platine au-dessous du cadran, en *g k l*, fig. I, dont les deux bras dans le même plan forment un angle ayant son sommet en *k*. Elle roule sur une broche d'acier *à portée* fixée à vis sur la platine. L'autre détente, dite *à couteau* et toute en acier, est représentée à part avec son axe *i i' n*, fig. 5. Cet axe est tenu en cage entre les platines, le pivot du haut est prolongé par une partie carrée en *i*, qui reçoit un bras de laiton *i h*, appelée l'S (esse) à cause de sa forme, fig. 1 et 4, continuellement repoussé par un long ressort faible *s r*, fixé par une vis et un pied en *r* au bord supérieur de la platine, fig. 1. Dans le bas de la fig. 5, en *n*, on voit un bras d'acier rivé à l'équerre sur l'axe et comme de la même pièce, qui s'étend en *n o l*, et porte en contre-bas la branche *m* rivée aussi sur le bras, et dont les deux tiers de la longueur sont figurés en couteau *m*, vu par le bout, fig. 2 et 3 ; le plan incliné de ce couteau est soulevé par les parties pleines et plus élevées du chaperon, pendant que la pendule sonne, pour que le bout de détente *l* laisse passer la cheville de la roue d'arrêt 63', qui fait un tour par coups de marteau, jusqu'à ce qu'une entaille du chaperon permette au couteau de s'y enfoncer, et d'arrêter la roue 63', à la fin du nombre des coups de marteau pour chaque heure ; pour chaque demi-heure, le couteau n'est soulevé que par la détente de minuterie au moyen de l'S, et ayant laissé passer

une fois la cheville d'arrêt, il retombe dans la même entaille assez étendue pour cet effet; la roue d'arrêt ne fait alors qu'un tour et vient s'arrêter sur le bras *l* de la détente à couteau ; alors le marteau ne frappe qu'un seul coup, pour la demi-heure, ainsi que pour une heure après-midi. On voit le bras *l* de la détente arrêtant la cheville de la roue 63', dans le bas de la fig. 4, près de ces mots : *suite de la fig.* 4.

18. Une seconde tige montée aussi en cage sur pivots, tout près de celle de la détente à couteau et dont la place est marquée *h'*, fig. 3 et *w* fig. 1, porte au-delà de son pivot en *h'*, fig. 2, un carré sur lequel se place le canon de la virole de marteau retenue par une goupille en *h'*, fig. 4, tout au bas ; c'est cette tige qui porte un bras rivé pénétrant sous la roue de chevilles dans la direction de *h'* à 70, fig. 3, rencontré et soulevé par chaque cheville à mesure que la roue tourne pour élever le marteau (comme il a été dit art. 15). Le disque ou masse du marteau, sa tige et son canon sont vus en plan en *h' i''*, fig. 2, et en profil, fig. 4, avec les mêmes lettres ; il y a encore pour le marteau un contre-ressort F *w v u*, qui sert à tenir le marteau un peu relevé aussitôt qu'il a frappé sur le timbre, pour qu'il n'y reste pas appuyé, ce qui en absorberait les vibrations sonores. Ce contre-ressort est un fil fort de laiton recourbé en pincette, et dont le bout relevé est rencontré par la branche du marteau lorsqu'il est près de toucher au timbre. La patte F du contre-ressort est fixée à vis sur la platine du nom, fig. 2, et en H C, fig. 4. La fig. 6 indique comment le timbre *g o* est placé et porté par son support *k o* E, dont la patte E est fixée par une vis sur le dehors de la platine *du nom*, fig. 2. Le timbre est assez élevé pour que la fourchette d'échappement et le pendule passent librement entre lui et la platine et sous son marteau, comme on le voit dans la fig. 2.

19. Le chaperon est une roue plate sans dents, mais entaillée à sa circonférence et à des distances calculées pour soutenir élevé le couteau de détente *m*, fig. 2 et 4, pendant le nombre de coups exigé par chaque heure. Le chaperon est porté à carré par le pivot prolongé de la première roue de sonnerie 63 en *d*, fig. 2 et 4. Ce chaperon est marqué C dans la fig. 2 et de C en *m* dans la fig. 4. C'est une grande roue croisée de cinq rayons ou barrettes, dont l'exécution et la division seront expliquées à l'article Main-d'œuvre, ainsi que d'autres parties de détail qui allongeraient trop et embarrasseraient cette description, et que nous mentionnerons et développerons davantage en nous occupant de l'exécution générale et particulière de toutes les pièces de la pendule. On y trouvera alors leurs formes plus précisées et nécessaires pour en assurer les fonctions ; les motifs de ces formes très-détaillées alors, en complèteront l'étude.

DU CALIBRE OU PLAN DE LA PENDULE MODERNE.

20. Avant d'exécuter une pièce quelconque d'horlogerie, il convient d'en tracer un calibre sur une sorte de platine à part qui ne fait pas partie de l'ouvrage, soit que l'on se propose d'imiter celui de quelques habiles Artistes, soit que l'on soit assez avancé pour avoir conçu une composition nouvelle. Il ne suffit pas d'en avoir l'idée dans

l'esprit, il faut encore en arrêter le plan pour se rendre compte plus rigoureusement et en détail de la disposition, des rapports de chaque parties, et de leurs proportions.

Nous observerons en passant que les différences introduites uniquement pour *faire du neuf* sont presque toujours dangereuses et souvent vicieuses, parce qu'elles n'ont pas la sanction de l'expérience ; il faut que cette expérience ait accompagné l'étude, pour innover avec quelque espoir d'amélioration. Quant au calibre ou plan, il dirige toujours, dans l'ébauche de toutes les pièces qui doivent entrer dans la composition de la machine. On commence même par tracer sur un papier fort ou sur quelque carton la situation des mobiles et des autres pièces, comme essai de distribution, et ordinairement après avoir essayé et corrigé plusieurs combinaisons, l'on en arrête une dernière plus pure et plus exacte, tracée ensuite plus précisément encore, avec légèreté et propreté, sur la plaque de laiton bien dressée et adoucie des deux côtés, dont nous avons parlé d'abord. On emploie pour le mieux un compas dit à calibre, dont une des pointes est mobile à vis de rappel et placée comme celle d'un *compas à verge*, et dont l'autre est formée en champignon et à pompe, avec vis de pression, afin de tracer plus légèrement les cercles des rouages. Les Artistes qui mettent de la recherche et des soins dans leurs ouvrages, ou qui veulent assujettir ceux qui les ébauchent à une plus grande précision, ont même un compas à pignon qui est une sorte de petite pince à ressort très-délicate, au bout d'un manche allongée, pour tracer juste les diamètres des pignons en proportion de leurs nombres et des grandeurs des roues, ainsi que les quantités dont leurs cercles se croisent pour déterminer la pénétration des engrenages, et, par suite, la véritable place des centres des mobiles. Nous traiterons ailleurs de ces calibres soignés, et utiles pour les ouvrages d'une grande précision. Ici nous ne parlons que du calibre ordinaire. Cependant, nous engageons à déterminer avec assez d'exactitude sur le carton les diamètres calculés des mobiles, afin de donner aux roues et aux pignons sur le calibre de laiton, leurs vrais diamètres *primitifs*, qui ne font que se toucher sans se croiser, dans les engrenages ; on peut ensuite y ajouter un second trait extérieur, qui donne à chaque mobile son excédant de diamètre pour la partie de la denture qui dépasse sa circonférence *primitive* ; on assure mieux ainsi la place et l'intervalle nécessaires pour que les mobiles qui n'engrènent pas ensemble ne se touchent pas entre eux, et ne puissent frotter contre d'autres pièces dont il faudrait ensuite diminuer des portions qui en seraient affaiblies. On voit souvent tracer un calibre sans autant de soins, et à vue d'œil, quant à la pénétration des engrenages, sauf à rétablir l'exactitude des distances entre les centres, au moyen de bouchons excentriques, etc. Mais sans négliger ce dernier moyen utile dans l'occasion, on conçoit que des mesures plus détaillées doivent dispenser de corrections tardives et parfois nuisibles, en évitant ainsi de longs tâtonnements et l'altération imprévue d'autres pièces. Les précautions préliminaires et le soin des préparatifs procurent un succès plus prompt et plus complet dans les résultats.

21. C'est d'ordinaire sur un seul et même calibre que l'on trace la figure et dimension des pièces dont plusieurs sont les unes au-dessus des autres, telles que celles

intérieures, en cage, à des hauteurs différentes, et celles qui sont en dehors de l'une ou de l'autre platine, et dont les projections sur le même plan se croisent et s'enjambent mutuellement. La connaissance de leur destination et l'habitude les font distinguer avec assez de facilité. La face principale du calibre porte à la fois le tracé des mobiles de l'intérieur de la cage et du dehors de la platine du nom ; l'autre face porte le tracé de la minuterie, des ponts de ce côté et autres pièces, dites de cadrature. Les centres des mobiles, toujours percés de part en part, servent à établir la correspondance entre les diverses pièces du dehors et du dedans, dont quelques tiges ou pivots, ou autres parties, traversent les platines pour communiquer entre elles et déterminer, ou leurs centres, ou leur position.

21. On commence par arrêter la place des parties principales, exigée par leur destination, ou par un usage motivé, ou par la symétrie de l'extérieur, qui ne doit être souvent consultée qu'en dernier lieu. Ainsi, la roue de longue tige, dont l'axe porte les aiguilles, est de toute nécessité au centre du cadran, lorsque sa division est concentrique aux platines et qu'elle embrasse et couvre comme ici tout le mécanisme. Il s'ensuit que cette roue est aussi au milieu des platines et doit être placée la première, parce que c'est aux effets qu'elle produit sur le cadran que doivent se lier la plupart des autres effets intérieurs. Les barillets dont les carrés de remontoir sont apparents par deux trous du cadran, doivent avoir leur centre à égale distance de celui des aiguilles, et à égale hauteur, sur une ligne horizontale, non-seulement pour la symétrie du cadran, mais plus particulièrement pour que leur dimension profite de tout l'espace disponible de l'intérieur, sans excéder le bord des platines, et en laissant la place convenable aux autres mobiles. L'échappement et sa roue doivent être placés au plus haut point des platines, afin que le pendule dont l'axe de suspension coïncide avec celui de la pièce d'échappement descende moins bas dans la boîte, ainsi que sa lentille, et que la longueur du pendule s'accorde plus aisément avec les dimensions ordinaires des boîtes, etc., etc. On concevra aisément la nécessité de ces premières conditions qui servent de base au tracé de la pl. III expliqué ci-après, et qui doivent principalement et avant tout être conformes aux principes d'une bonne construction. Les autres mobiles intermédiaires du mouvement et de la sonnerie étant assujettis aux parties précédentes, n'ont leur place assignée qu'en conséquence de celle de ces parties, et comme en second lieu. Dans la sonnerie, la situation obligée des détentes et de la tige du marteau, en communication directe avec quelques roues principales, déterminent de même la première position de celles-ci, position à laquelle est ensuite subordonnée la situation des autres mobiles de sonnerie. Généralement, les pièces de détail plus accessoires sont placées les dernières, parce qu'elles peuvent souvent être disposées sans inconvénient de diverses manières, d'après la situation des autres pièces principales ; cependant il faut, en disposant celles-ci, avoir dans l'esprit la nécessité de réserver aux autres l'espace convenable pour leur position la plus avantageuse ; car, outre la correspondance nécessaire entre toutes ces parties, il faut encore que chacune à part ait la situation la plus favorable à la sûreté de ses effets. L'instruction et l'expérience servent de guide dans

cette combinaison compliquée, souvent difficile, et qui exige une prévoyance très-exercée. « Il n'y a rien de si commun, dit Ferd. Berthoud, vers la fin de son *Essai*, que la » fabrication des calibres (la composition de nouveautés en ce genre); il n'y a pas jus- » qu'au moindre ouvrier qui ne se donne les airs d'en tracer, et il n'y a cependant rien » de plus difficile et de plus essentiel : car, pour le faire avec intelligence, il faut avoir » dans la tête tous les principes dont nous avons traité ci-devant, et il faut join- » dre à ces principes l'expérience ; et ce n'est que du moment actuel que je commence » à être capable de donner une bonne disposition à une montre. Je ne propose donc en- » core qu'un essai : je ne prétends pas que mes règles soient toujours exactes, je m'en » propose seulement la recherche, etc. » C'est dans l'intérêt de l'instruction que nous opposons ici la modestie d'un artiste fort capable et très-expérimenté, à la suffisance de ceux qui affichent des prétentions à l'invention de nouveaux calibres, pour usurper, sans les conditions requises, le titre d'inventeurs. On ne voit que trop de nouvelles inventions décéler l'ignorance de ceux qui veulent ainsi en imposer au public. On aurait à leur recommander d'apprendre plutôt à bien faire, à bien répéter et concevoir les compositions des maîtres habiles, celles dont les avantages sont confirmées par l'expérience, avant que d'oser, sans de longues études, corriger ce que souvent ils ne sont pas même encore en état de bien imiter : nous ne parlons ici que des débutants en ce genre.

22. Pour tracer le calibre, on en établit donc d'abord la disposition générale, qui n'est encore qu'un à peu près, susceptible d'être modifié, pour en réduire ou augmenter les parties de manière à pouvoir en fixer définitivement la dimension et le placement, en les modifiant les unes pour les autres, à proportion de leur importance et des avantages qu'elles peuvent exiger.

23. On tracera donc d'abord sur le papier un cercle de la grandeur voulue du mouvement, qui figure la platine des piliers. On le partagera perpendiculairement par un trait diamétral, croisé à angles droits par un second diamètre horizontal, l'un et l'autre passant exactement sur le centre du cercle. Cette première opération préalable a lieu dans tous les plans et calibres de pendules, de montres, et d'autres compositions. Du point d'intersection de ces deux diamètres, comme centre de la roue de minutes ou de longue tige, on tracera le cercle de cette roue, qui aura pour diamètre provisoire environ un tiers au plus de celui de la platine et même ici que les 9/30es. On en portera le rayon sur les deux extrémités du diamètre horizontal et perpendiculairement vers le bas, pour tracer au-dessous une ligne parallèle à ce diamètre, et distante de lui de toute la longueur de ce rayon, moins environ une demi-ligne. Cette parallèle sera la ligne des centres des deux barillets, car la roue étant tracée ainsi que la largeur de son limbe qui est ici d'une ligne et un quart, c'est environ vers le milieu de la largeur de ce limbe que passe la parallèle au diamètre horizontal. Le point des deux centres des barillets seront cherchés sur cette parallèle. Le diamètre extérieur de la denture de chaque barillet est à très-peu près les 16/36es de celui de la platine. On cherchera donc ces deux centres avec la moitié de cette distance, pour tracer les barillets de manière à ce que le bord de leur denture soit en dedans du bord de la platine au moins

d'un demi-quart de ligne de chaque côté et qu'il y ait entre les deux barillets sur la ligne diamétrale perpendiculaire, un intervalle d'environ une demi-ligne, afin que les dentures ne puissent jamais se toucher, comme on le voit pl. III, fig. 3, et dans le calibre de demi-grandeur de la fig. 2. Cette figure est une réduction fictive à moitié (pour ménager l'espace) de la véritable dimension de la fig. 3 de trois pouces un quart de diamètre, à l'exactitude près de la gravure et du papier mouillé et séché, dont tout l'ensemble et les détails sont de grandeur naturelle, et double du calibre en petit sous le rapport des diamètres, mais non en superficie ; mais il ne s'agit pas ici de l'étendue des surfaces. Par une autre manière de mesurer la distance entre le diamètre horizontal de la platine et la parallèle des centres des barillets, on trouve encore que cette distance est à très-peu près un septième du diamètre de la platine. Il est donc facile d'établir ainsi les dimensions et la place de ces trois mobiles principaux, et par lesquels il fallait commencer.

24. Le mobile du mouvement, qu'il faut placer ensuite, est l'ancre D à demi-repos, dont le centre doit se trouver sur la ligne du diamètre vertical, vers le haut de la platine, mais assez en dedans de son bord pour qu'il ne soit jamais dépassé par les extrémités de l'ancre dans les plus grandes oscillations de l'échappement ; par ce moyen, l'axe de suspension, toujours au niveau de celui d'échappement, étant élevé autant que possible, la longueur du pendule dépasse le moins qu'il se peut le bas des platines, pour trouver plus facilement la profondeur nécessaire au fond de la boîte, et, à cet égard, la longueur du pendule est ordinairement déterminée en conséquence, puis les nombres du rouage sont combinés avec cette longueur.

25. Les deux autres roues du mouvement, la deuxième moyenne (ou petite moyenne) et la roue d'échappement, qui sont presque égales en diamètre, et ont pour celui-ci le huitième environ du diamètre de la platine, se placent presque en ligne droite au-dessus de la roue de minute, c'est-à-dire que la petite moyenne, qui est un peu plus grande que celle d'échappement, est centrée à environ une ligne de distance à droite du diamètre vertical tracé, et la roue d'échappement tant soit peu plus petite, est centrée au contraire à gauche et à une ligne à peu près de ce même diamètre. Il eut sans doute été beaucoup plus facile de ne donner à ces deux roues que les diamètres nécessaires pour atteindre l'ancre ; mais la pratique enseigne que cette condition peu importante pour *le mieux*, entraîne la difficulté d'établir chaque engrenage à son juste degré, sans déplacer et déranger un engrenage voisin ; en faisant au contraire les roues un peu plus grandes, et en plaçant leurs centres hors de la ligne verticale, on peut déplacer à part le centre de chaque roue, pour obtenir la pénétration voulue de sa denture, en tenant le centre plus ou moins près de la ligne droite, sans déranger d'autre engrenage.

A mesure que les mobiles s'éloignent de la force motrice, on en diminue ordinairement le diamètre comme l'épaisseur, et par suite le poids total, pour réduire en partie le frottement de leurs pivots et l'inertie que ces mobiles opposent à la transmission de la force, affaiblie encore plus rapidement dans la succession des leviers. Cette réduction du diamètre a sensiblement lieu ici pour la petite moyenne comparativement à la roue du centre, sans atteindre à beaucoup près la réduction de force par les leviers; mais les dimensions de l'échappement deviennent un obstacle à cette juste proportion, parce qu'il faut aussi assez de distance entre les dents de la roue de rochet pour que les plans de repos et d'impulsion y trouvent des dimensions praticables, et que les effets en soient assez sensibles: ce motif, joint au nombre voulu de révolutions, borne la réduction des derniers mobiles, qui sont ici presque égaux et ont l'un pour l'autre en diamètre environ un huitième de celui de la platine; cependant la dernière roue est toujours ici un peu plus petite que l'autre.

26. Il reste à placer la première grande roue du mouvement dite roue *de temps*, parce que les nombres de son pignon et de ses dents règlent le temps ou le nombre de jours pendant lesquels la pendule doit marcher. Car la roue du centre ou de minutes faisant un tour par heure, les nombres des roues suivantes et la longueur du pendule sont déterminés pour produire 24 tours de la roue de minute par chaque jour; mais le nombre des jours ou le temps de marche de la pendule dépend du nombre des tours du ressort dans le barillet, et du nombre de révolutions de celui-ci et de la roue du temps, produites par les nombres de leurs dentures et du premier pignon. Nous donnerons ce calcul un peu plus loin.

27. Le diamètre de la roue de temps de 75 dents, est à peu près moyen entre ceux du barillet et de la roue du centre, mais plus rapproché de ce dernier. Ce diamètre un peu plus grand ici que le tiers de celui de la platine, en contient les 11/30es. Mais cette grandeur peu importante peut être un peu augmentée ou diminuée, car sa position assujettie à son engrenage avec le pignon de 8 du centre, et à celui de son pignon de 12 avec le barillet, ne peut gêner dans le rouage et trouve une large place dans la cage. On fixe la position du centre de cette roue par une ouverture du compas, qui contient le rayon primitif du barillet, plus le rayon primitif du pignon de 12. avec laquelle on trace, du centre du barillet, une première portion de cercle, vers le lieu que doit occuper le pivot de la roue de temps; puis, avec une autre ouverture du compas, contenant le rayon primitif de la roue de temps, plus le rayon primitif du pignon du centre de 8, on forme, du centre de ce pignon, une intersection sur la précédente portion de cercle, et le point d'intersection donne le centre de la roue de temps.

28. Il reste à trouver de la même manière la place de chaque mobile de la sonnerie, dont la situation est à peu près déterminée par ses effets. Le barillet de sonnerie se trouve déjà placé : la première grande roue de sonnerie 63, porte à carré sur son pivot prolongé en dehors de la platine du nom, le chaperon ou roue de compte extérieure C, fig. 2, qui doit avoir le bord de son limbe à portée de la détente à couteau, au point *m*; de plus, cette roue 63 a besoin de force pour mener la roue de chevilles, dont le mouvement éprouve une forte résistance des effets du marteau; il faut donc que le levier ou rayon de la roue 63 soit plus court pour avoir plus de puissance. Le diamètre de la roue 63 est à peu près les 13/48es du diamètre de la platine, c'est-à-dire un peu plus du quart; elle ne se place que la dernière, comme celle de temps dans le rouage du mouvement.

29. La roue 70, qui porte en dessous 10 chevilles, doit être près du bord de la platine, où se trouve nécessairement l'axe du marteau, afin que cet axe soit le plus éloigné possible du timbre, et celui-ci ne doit pas déborder les platines. La roue d'arrêt 63' doit être aussi assez près du bord de la platine pour que la seule cheville qu'elle porte puisse s'arrêter sur l'extrémité supérieure en tangente *l*, fig. 3, de la détente à couteau. La roue de préparation 56 a aussi une cheville arrêtée momentanément, et abandonnée ensuite par la détente de cadrature, laquelle pénètre dans le mouvement par une ouverture de la grande platine vers *g s*, fig. 1. Le volant 7 exige beaucoup de place libre pour la rotation de ses ailes, qui doivent avoir le plus d'étendue possible, et doit donc aussi être d'autant plus éloigné des mobiles du mouvement; il résulte de toutes ces conditions, que tous les mobiles de sonnerie doivent être portés au bord des platines, à l'exception de la première grande roue 63.

30. Les mesures de ces mobiles sont données dans la fig. 3 et dans le calibre de demi-grandeur, fig. 11, et leurs positions s'établissent par des intersections semblables à celle dont nous avons indiqué l'opération pour la roue de temps. Et en cas de dimension différente des platines, et, par suite, du calibre total, on comparera le diamètre de chaque mobile de la sonnerie avec un diamètre de la platine; ou si l'on veut former en pouces et lignes deux échelles, l'une de la dimension du diamètre de la fig. 3, et l'autre de la dimension du nouveau diamètre choisi, on mesurera les grandeurs des pièces de la gravure sur l'échelle qui s'y rapporte, et ayant remarqué le nombre de lignes qu'elle y occupe, on prendra ce même nombre de lignes sur l'autre échelle qui se rapporte à la nouvelle grandeur adoptée, et l'on aura ainsi des mobiles dans les mêmes rapports entre eux.

31. Nous ferons observer ici que le cercle de rotation des ailes du volant 7 ne doit pas sortir au-delà du bord de la petite platine, pour éviter de toucher aux parois intérieures de la boîte, qui n'a parfois qu'un simple tambour enveloppant le mouvement; dans la fig. 3, ces ailes sont un peu plus larges qu'il ne le faut, mais on ébauche toujours le volant un peu trop large, pour n'en diminuer les ailes que juste autant qu'il est nécessaire à sa vitesse, plutôt difficile à modérer. Nous traiterons ce sujet, ainsi que beaucoup d'autres, à l'article de main-d'œuvre.

32. On voit ainsi, par ces observations qui paraîtront longues, mais qu'il n'était guères facile d'abréger, surtout pour donner la première idée d'un calibre, à combien de conditions sont subordonnées les dispositions d'un rouage, et nous aurons encore plus d'une observation à faire sur ce sujet dans d'autres occasions.

33. Nous laissons à l'intelligence du lecteur l'étude des pièces de la minuterie, ainsi que des rochets, des encliquetages et de la détente de cadrature, que l'inspection des figures fera aisément distinguer. Ces parties sont tracées d'ordinaire sur le revers du calibre, au moyen des trous percés au centre des mobiles intérieurs; on peut tracer aussi sur ce revers les pièces attachées à l'intérieur de la petite platine, qu'il peut représenter comme vues géométralement au travers de la grande, en la supposant transparente. Le premier et principal côté du calibre réunit les fig. 2 et 3,

et peut encore porter, au travers des traits des autres mobiles, le tracé du cercle du chaperon C, fig. 2, de la forme en plan du coq D*amfgr*, de la fourchette *a' t'' t*, du marteau *i''*, de sa tige et de sa virole *h'*, du contre-ressort *uvw* et de sa patte F, de la patte et support du timbre E *o k*, du bouton de réglage *r*, etc. Souvent aussi l'on supprime le tracé de ces parties accessoires, pour ne pas trop charger le calibre ; mais il y faut marquer nécessairement la place et le diamètre des quatre piliers E F G H de la fig. 3, ainsi que les ponts et barrettes. Nous avons préféré distribuer ces pièces à leur place sur les trois figures, pour ne pas charger et embrouiller le dessin de chacune d'elles ; d'ailleurs, la plupart des calibres ne portent que les diamètres des mobiles et les piliers, comme dans la fig. 11, et tout au plus les détentes, la connaissance de la destination et des effets des pièces suppléant aux indications du reste, que l'on dispose suivant l'opportunité, mais toujours après de mûres réflexions, et l'essai de leurs vraies dimensions sur le plan provisoire.

34. Lorsque l'on a ainsi disposé sur le papier le calibre inévitablement corrigé et raturé, on en tire une copie au net sur quelque carton mince et surtout bien uni (comme celui dit *de Bristol*), et lorsqu'un examen approfondi en a fixé l'adoption, on le transporte définitivement sur une platine de laiton, mince, droite et bien adoucie des deux côtés, où l'on trace d'abord le diamètre total de la platine des piliers, et sur laquelle on place avec délicatesse et correction, tous les traits arrêtés du carton ci-dessus, au moyen d'un traçoir et d'une règle, l'un et l'autre en acier trempé, pour les lignes droites, et d'un compas à calibre pour les roues et autres parties circulaires ; ce compas est garni d'une pointe à champignon et à pompe avec vis de serrage, et d'une autre pointe de rechange aiguisée en ciseau et mobile sur la longueur d'une tige à l'équerre attachée au corps du compas, figurant en petit ce qu'on nomme compas à verge ; une longue vis de rappel fait mouvoir la boîte coulant sur la tige. Pour tracer le diamètre primitif des pignons, on emploie un autre petit compas très-délicat, formé de deux branches à ressort, ramenées ou écartées à volonté par une vis, comme le calibre ordinaire à pignon ; mais ici, une pointe est ronde, et l'autre est afutée en ciseau et tranchante. Avec ces deux outils très-commodes, l'un pour avoir le centre au moyen du champignon et pour les grands diamètres, l'autre presque indispensable pour les petits diamètres des pignons, on trace d'abord toutes les circonférences primitives des roues et des pignons, auxquelles on ajoute les circonférences totales comprenant l'excédant ou arrondi des dentures et des ailes, suivant notre méthode des engrenages, et même quelquefois le cercle d'enfoncement des dentures. Au reste, ces recherches dépendent de l'importance de l'ouvrage. Il est entendu qu'avant de tracer les pièces portées par le revers du calibre, on a eu l'attention de percer de part en part et bien droit, des trous au centre de chaque mobile de la face principale, suivant la grosseur présumée des pivots, afin d'avoir ces mêmes centres au revers, pour y tracer la minuterie ou quelque partie de cadrature. On perce aussi des trous au centre de chaque pilier, pour en reconnaître la place sur le revers.

35. Aux deux instruments cités pour tracer un calibre, il faut joindre une autre

sorte de compas à verge à vis de rappel, avec *Nonius* ou *Vernier*, pour les petites subdivisions. Ce troisième instrument est très-utile pour établir les distances des centres, les diamètres des mobiles, la différence de leurs cercles d'après des calculs exacts faits à part; il sert aussi de compas d'épaisseur pour divers usages ; on peut en trouver de faits chez les ingénieurs constructeurs d'instruments de mathématiques, ou les commander exprès de la dimension voulue ; cette construction connue n'est pas chère ; d'ailleurs c'est un outil dont l'utilité est continuelle et précise dans les autres travaux d'horlogerie.

36. On ajoute aussi au calibre en plan un second calibre des profils, dit simplement *un profil* ; c'est une élévation géométrale du rouage sur une seule et même ligne, tracée sur une plaque de laiton oblongue, où sont marquées les *hauteurs en cage* des mobiles et leurs épaisseurs. F. Berthoud a aussi usé de ce moyen pour indiquer plus clairement l'enchaînement des effets d'un mobile à l'autre, et c'est ce que représente la fig. 4 de la pl. III pour la pendule, dont les détails en plan sont dans les trois figures supérieures; cette disposition, fictive quant à la disposition en ligne droite, mais réelle pour la hauteur en cage, précise nettement les hauteurs des roues et des pignons sur leurs tiges, la longueur de celles-ci, les épaisseurs, etc.; elle aide à reconnaître les parties qui, dans le plan, se trouvent entrelacées, et doivent être à diverses hauteurs ; elle soulage l'imagination tendue à retenir les dispositions en hauteur, tout en s'occupant des rapports en plan. C'est une méthode très-utile, surtout pour faire exécuter par d'autres que l'auteur une composition, dont il se rend aussi mieux compte à lui-même.

37. Telles sont les opérations principales et les attentions nécessaires pour tracer un calibre de pendule, ou plutôt pour en copier un (l'habitude instruit sur plusieurs autres soins de détail), car, pour en composer, c'est un travail bien plus compliqué, et qui doit être précédé de la détermination particulière des nombres et de dispositions qui ne peuvent être dictées que par l'expérience, ainsi que le remarque Berthoud dans le passage que nous en avons rapporté en abordant ce sujet.

38. Devant quitter ci-après et momentanément l'article Pendule et celui de son calibre, nous ajouterons encore, au sujet de l'échappement, que dans les anciennes pendules d'appartement, on ne pratiquait d'abord que celui *à palettes* et à roue de rencontre horizontale, avec une roue de champ, qui menait le pignon d'échappement dont l'axe était vertical. Le pendule léger avait des oscillations très-étendues, pour lui procurer plus de vitesse et de puissance ; mais il réglait d'autant plus mal, par les variations de la force motrice; car, ainsi que nous l'avons déjà observé ailleurs, les différences de durée des oscillations sont plus fortes dans les grandes oscillations que dans les petites, qui approchent plus de l'isochronisme, mais celles-ci ne conservent de puissance que par la grande masse de la lentille ; or, les suspensions usitées alors n'étaient pas en état d'en soutenir le poids sans d'autres inconvénients. C'était un reste de la construction d'Huyghens, dont on avait seulement supprimé les courbes cycloïdales. On ne connut pas alors d'autre échappement, jusqu'à l'invention de l'Ancre de *Clément*, avec sa roue plate taillée en rochet; cette forme de roue a été conservée et s'emploie encore le plus souvent aujourd'hui, mais l'ancre a reçu plusieurs

modifications. Du temps de Ferd. Berthoud, on ne pratiquait guère que l'ancre à deux reculs; cet auteur avait même espéré d'obtenir l'isochronisme au moyen d'un degré de recul tâtonné; mais cette méthode aurait été fort incommode, car ce degré aurait dépendu de la longueur du pendule, du poids de la lentille, du diamètre du rochet, etc. On a ensuite tranché la difficulté en formant l'ancre à recul d'un côté et à repos de l'autre, avec un très-petit plan d'impulsion à ce dernier. Cette disposition a obtenu assez de succès et se pratique actuellement sous le nom d'ancre *à demi-repos* : tel est l'ancre figuré en D, pl. III, fig. 3. Enfin, on a employé dans ces derniers temps, l'*ancre triangulaire* de la fig. 10, même pl. III, que l'on a tenu à repos des deux côtés, avec des plans égaux d'impulsion ; on lui a donné vulgairement le nom d'*ancre en toit* : c'est une imitation approchée de l'ancre à repos de *Graham*, mais embrassant moins de dents de la roue ; cette construction est très-bonne pour réduire l'étendue des oscillations, gênée par certaines formes de boîtes dont elles touchent aisément les parois ou autres parties, pourvu que l'on tienne la lentille beaucoup plus pesante qu'avec les ancres précédentes (des pendules de cheminée), car les frottements des dents sur les repos de leviers aussi longs et sur des points aussi éloignés du centre d'oscillation, exigent d'autant plus de puissance de mouvement dans le pendule. On a construit aussi des *ancres en triangle* avec recul des deux côtés. On trouvera des détails plus étendus sur ce sujet aux chapitres des Échappements, où nous passerons en revue tous ceux qui ont eu quelque emploi suivi, parce qu'ils peuvent devenir l'origine de nouvelles modifications heureuses ; nous y détaillerons à plus forte raison les échappements les plus usités actuellement et qui paraissent les meilleurs, soit pour la pendule, soit pour la montre. C'est là que seront décrits avec tous les développements requis les trois échappements de la pendule actuelle, afin de ne pas diviser cette matière, où la plupart des constructions sont dérivées les unes des autres avec des modifications propres à chaque auteur. Nous distinguerons ce qui a été imaginé d'une manière plus indépendante et d'après des idées neuves. Nous bornerons ici ces articles de la pendule : le reste se retrouvera parmi les détails d'exécution.

39. Les mêmes principes qui servent à tracer un calibre de pendule s'appliquent avec peu de différence pour le fond, au calibre des montres, et suivant la proportion et les effets de chaque espèce. Les instruments, les compas, etc., sont moins volumineux, parce que la légèreté et la précision des outils doivent être proportionnées à la dimension des pièces, tant pour le sentiment de la main en opérant, que pour l'exactitude même des résultats. Il est à remarquer, par exemple, que les gros tourillons, les forts collets, sur lesquels tournent des parties volumineuses, quelque bien tournés et rôdés qu'ils aient été, ne laissent pas de conserver un certain défaut de rondeur, qui provient le plus souvent de la dureté inégale de la matière ; or, ce défaut se transporte aux plus petites pièces dans l'exécution, et se maintient sans diminution. Si le défaut est d'un 48e de ligne, c'est-à-dire presque insensible, sur le diamètre des premiers mobiles d'une pendule, il ne serait pas moindre et deviendrait très-défectueux sur un pivot de montre de 3/48es de diamètre, puisque la différence d'un tiers en rendrait les

deux diamètres croisés très-inégaux, et le pivot très-ovale ou aplati en olive. C'est une observation à laquelle on ne donne pas toujours assez d'attention. Le fait a néanmoins lieu plus ou moins, suivant la différence des dimensions, et les cas extrêmes dont nous faisons ici la supposition, ne sont apportés comme exemple, que pour en rendre plus sensible à l'esprit le résultat proportionnel.

40. Avant donc que de traiter de l'exécution de la pendule, qui s'applique en plusieurs parties aux travaux de la montre, à la délicatesse près des pièces et des moyens de travail, sauf quelques opérations particulières à chaque espèce, que nous aurons soin de distinguer, nous allons décrire la disposition générale de la montre représentée en grand et sur une échelle double du vrai, dans la Pl. IV, quoique ce ne soit pas l'ordre annoncé dans l'aperçu provisoire des articles de cet ouvrage, placé à la dernière page du Prospectus et Avant-Propos. Les travaux ordinaires de la pendule sont si généralement connus, et nous avons tant traité de la pendule commune à l'entrée de cet ouvrage, que nous cédons volontiers ici à l'impatience de ceux qui ne s'occupent que de l'horlogerie en petit. Les Amateurs et les Artistes qui s'occupent plus de la pendule, ne perdront rien pour cela des détails qui les intéressent, et qui seront incessamment réunis aux chapitres de main-d'œuvre, comme nous venons de le dire un peu plus haut.

41. Quant au choix de la montre simple à roue de rencontre que nous allons décrire, quelque connue qu'elle soit aussi, son étude préliminaire est indispensable au début de cet ouvrage, malgré la multitude des pièces du calibre *à ponts, de Lépine*. Lorsque l'on a fait débuter dans quelques apprentissages par ce calibre avec l'échappement à cylindre si généralement employé, ce n'a pu être que pour abréger le temps à l'égard d'élèves déjà instruits dans l'autre espèce, et qui étaient pressés d'arriver à ce terme. Mais on ne doit pas oublier que les montres à roue de rencontre sont encore les plus communes, surtout dans les provinces, et que l'élève qui, après son apprentissage à Paris, va s'établir au-dehors, serait souvent embarrassé par l'échappement à roue de rencontre et à fusée, s'il ne l'avait pas pratiqué dans ses premiers travaux. La bonne exécution de cet échappement si ancien et l'observation de ses principes ont leurs difficultés, et exigent peut-être même plus d'habitude et d'analyse que l'échappement à cylindre. Nous connaissons des Artistes instruits qui estiment ce dernier moins difficile que l'autre, pour arriver à une égale perfection. D'ailleurs, ainsi que nous l'avons déjà fait observer, un traité général doit débuter par les commencements de l'Art, en suivre les époques et les méthodes usitées, tant qu'elles sont d'accord avec la raison. L'instruction, les difficultés et la complication doivent être progressives. Tous les bons ouvrages sur l'horlogerie ont suivi ce plan. Nous serions sans doute plus intéressés que le lecteur à nous débarrasser de ces commencements, mais quelles que soient son impatience et la nôtre, nous ne pouvons guère nous éloigner de la marche méthodique toujours obligée jusqu'à un certain degré. La jouissance présente ou anticipée doit être subordonnée aux nécessités de l'avenir et de l'expérience; ces premières connaissances indispensables seront bientôt parcourues, et nous traiterons immédiatement après des parties de l'art, que recommandent les perfectionnements modernes.

ponctuées qui en donnent aussi le profil. Les platines sont supposées coupées par la moitié pour y laisser apercevoir la creusure qui reçoit la roue du centre, noyée au niveau de la surface de la platine et n'y frottant nulle part. On y voit aussi celle que traverse l'arbre de fusée, les trous laissant passer les tiges de seconde moyenne et de roue de champ, pour arriver jusqu'au pont qui en reçoit les pivots, et à l'autre extrémité gauche de la figure, le carré de l'arbre de barillet qui reçoit en dehors sous le cadran, le rochet *c*, lequel, au moyen d'un cliquet figuré au calibre, maintient l'arbre sans pouvoir tourner lorsque le ressort est armé. Toutes les parties de ce côté de la grande platine sont recouvertes et cachées à la vue par le cadran. Dans la fig. 4, les mobiles sont aussi sur une seule ligne supposée, comme pour la pendule, mais leurs positions respectives et réelles sont un peu différentes : les vraies hauteurs y sont seules conservées, ainsi que les diamètres et les épaisseurs, comme on l'a déjà dit.

44. Les vraies positions et les dimensions doublées sont exactement représentées en plan dans la fig. 1, qui est la face intérieure de la grande platine, de diamètre supposé double de la réalité pour la facilité de la gravure et de l'étude. On y retrouve le barillet *e*, la fusée *f* et sa roue, la roue du centre ou grande moyenne 75, noyée dans sa creusure, la deuxième moyenne 64, et la roue de champ 60. La petite platine fig. 3, vue aussi par sa face intérieure, porte la Potence *g*, qui lui est adhérente au moyen d'une vis et de deux *pieds*, ainsi que la contre-potence *h*, qui reçoivent les deux pivots de la roue de rencontre 15, comme dans une cage particulière; le garde-chaîne *i* et son ressort *k* y sont également fixés. L'autre face de la petite platine fig. 2 est garnie de la coulisserie *lm* du piton de spiral *n* du cadran d'avance et retard dit *de rosette o* et du pont de fusée *p*. Ces pièces sont maintenues sur la platine par des vis. Dans quelques autres calibres, cette platine porte encore deux autres ponts pour les pivots de seconde moyenne et de roue de champ. Nous indiquons ici toutes ces pièces sans leurs détails, parce qu'ils se trouveront aux articles de Main-d'œuvre, où il aurait toujours fallu les répéter et où l'on pourra recourir au besoin, outre que les figures en indiquent suffisamment la forme pour le moment. Par exemple, nous n'expliquons pas que les deux pivots de deuxième moyenne et roue de champ sont simplement ici dans des trous de la petite platine, au lieu d'être reçus dans les ponts que nous avons dit exister dans certains calibres, pour que les cages en soient moins élevées et que ce moyen rétablisse de ce côté la longueur des axes, qui est au contraire suffisante ici. En effet, la longueur des tiges et la situation des roues et des pignons au milieu des tiges, quand cela se peut, ont toujours été considérés et avec raison comme des avantages à ménager pour la liberté des mobiles et la constance de leur position. Il est évident qu'avec des tiges très-courtes, comme on n'en voit que trop, le moindre agrandissement des trous fait déverser sensiblement des roues qui ont beaucoup plus de diamètre que leur tige n'a de longueur, et qu'en ce cas, dans les pièces neuves, les mobiles qui dans les premiers moments passaient les uns au-dessus des autres avec un petit jour suffisant pour ne pas se toucher, finissent, au moyen de l'agrandissement des trous, par frotter l'un sur l'autre, et produisent ainsi des causes d'arrêt ou au moins de variation. Les montres

plates *à la mode* sont particulièrement dans ce cas, et ce n'est pas leur seul défaut, quoique un auteur moderne ait fait l'éloge de ces montres en imprimant que, n'ayant point de tiges et les pivots s'y trouvant rapprochés immédiatement l'un de la roue, et l'autre du pignon sur lequel la roue est rivée, cette roue et le pignon se trouvaient par là le plus près possible du milieu des tiges, c'est-à-dire *au milieu de zéro*, puisqu'il n'y a point du tout de tige; mais quand on a parlé de l'avantage de placer les roues vers le milieu des tiges, c'était pour les éloigner des pivots, et dans les montres plates ceux-ci sont plus rapprochés que jamais des roues et des pignons... « *Et voilà justement comme on écrit l'histoire.* » Cette manière de juger des compositions d'horlogerie est loin de celle des grands Maîtres, et ne servira pas de guide pour l'exécution des pièces marines, où la régularité serait peu favorisée par les formes plates; les auteurs des pièces solides sont fort éloignés de cette opinion plus que bizarre : ceux-mêmes qui, pour satisfaire un moment le goût du jour, plus flatté du *Joli* que du *Bon*, ont produit des montres plates, ne les ont jamais considérées comme de bons ouvrages. Ils auraient souri de pitié en entendant proférer par des flatteurs ignorants, cet éloge nouveau et inattendu. Pour exécuter des montres plates susceptibles momentanément d'un service passable, il faut y porter des soins extrêmes et propres à en dissimuler pour un temps les défauts, soins que le travail accéléré des fabriques ne permet aucunement. Mais celles-ci comptent au contraire sur une prompte destruction qui leur procurera un nouveau débit pour la suite. Nous ne parlons ici que de certaines fabriques à quantités, car nous avons assez dit ailleurs qu'il sort de très-beaux et bons ouvrages de plusieurs établissements de Genève et du comté de Neufchâtel, mais ils les font momentanément et de temps à autre pour entretenir leur réputation, et ne trouveraient pas leur compte à n'être occupés que de semblables produits, au prix modéré qu'ils en retirent. Les vrais artistes n'ont établi leur renommée que sur la bonne exécution des montres d'une suffisante épaisseur, et encore profitaient-ils de toutes les ressources pour en prolonger les axes. Mais c'est trop s'arrêter sur des idées fausses qui ne plaisent qu'à ceux qu'elles trompent si lourdement. Quant au calibre que nous donnons ici, sa hauteur dépasse un peu la mesure que l'on peut donner aux bons ouvrages de ce diamètre : cette proportion n'est destinée qu'à faciliter les premiers travaux en ce genre; s'il s'agissait de la première montre d'un élève, nous la lui ferions exécuter sur une échelle plus grande encore, comme étude. D'ailleurs, les mouvements de ce genre retouchés par les maîtres, sont solides et trouvent à se placer dans des cartels et des montres, dont le prix est plus à la portée des acquéreurs peu fortunés qui ont absolument besoin de régler leur temps, et se contentent de ces ouvrages solides à un prix médiocre. Ils sont en cela plus raisonnables que les amateurs de la mode et les flatteurs du goût du jour.

45. Il est convenable sans doute de réunir l'agréable, ou mieux le commode à l'utile quand les principes le permettent, mais il n'est pas nécessaire d'arriver pour cela aux *platitudes* à la mode, où la régularité et la durée sont si follement sacrifiées à l'agrément. C'est aux artistes instruits et expérimentés qu'il appartient de déterminer les formes et

proportions des montres qu'ils savent d'ailleurs assez disposer actuellement et depuis long-temps d'une manière convenable pour l'usage civil. Il est absurde que des amateurs sans instruction veuillent diriger le jugement de ceux qu'ils devraient consulter. Quant au commerce dont l'avidité est uniquement tendue à spéculer sur l'engouement du public, nous laisserons volontiers à l'un et à l'autre leurs jouissances, dont l'expérience finit toujours par faire bonne justice, mais toujours aux dépens des dupes. Revenons à notre sujet principal.

46. On doit concevoir facilement par la fig. 4 l'action successive de la force motrice dans la série des mobiles ; le barillet contenant le ressort moteur encore armé, et continuant de tirer un reste de chaîne encore enveloppé sur la fusée, tend à faire tourner cette dernière, qui, au moyen de l'*encliquetage* caché dans sa base (*v.* Encliq., Fusée, aux définit.), entraîne la roue de fusée *f* ; celle-ci tournant vers la gauche dans la fig., agit sur le pignon du centre de 12 de la roue 75 pour le faire tourner à droite, ainsi que cette roue noyée, qui porte ce pignon. La roue du centre engrène avec le pignon de 10 de la deuxième moyenne 64 et la fait tourner à gauche. La deuxième moyenne mène à droite le pignon de 8 de la roue de champ 60, qui tourne aussi à droite. Celle-ci passant sous le pignon 6 de la roue de rencontre *r*, fait encore tourner cette roue à droite, c'est-à-dire que les dents du haut dans cette figure descendent en se rapprochant du spectateur. Ces dents inclinées agissent alternativement sur les palettes du haut et du bas de la verge du balancier, dont elles entretiennent les vibrations alternatives à droite et à gauche, comme dans notre première horloge, avec cette différence que dans l'horloge du palais les dents étaient inclinées en sens contraire, et que cette roue marchait à gauche, mais le mouvement n'avait alors que trois roues. Les effets de cet échappement, la disposition du balancier, etc., paraissent suffisamment indiqués dans les fig. 8, 9 et 16 de la pl. II.

47. L'axe ou verge du balancier pénètre très-près du fond de la cage, où son pivot inférieur est reçu par le *nez* de potence en *s*, qui porte en dessous une plaque d'acier trempé très-dur et très-poli, sur laquelle repose la pointe arrondie du pivot ; aussi ce pivot n'a-t-il point de portée. Le tigeron supérieur du balancier trouve dans le coq un trou très-libre qu'il traverse sans toucher à ses parois, pour loger son pivot dans un *coqueret* de laiton porté en dessus par le coq, et surmonté d'une autre plaque d'acier dur et poli qui supporte, comme celle de potence, la pointe arrondie du pivot, lorsque la montre est à plat avec son cadran en dessus. Ce pivot n'a point non plus de portée.

48. Nous avons adopté pour cette première montre le calibre de Ferd. Berthoud ; mais comme il est déjà ancien, nous avons profité de l'expérience de ses successeurs, pour l'améliorer en partie, à l'imitation de quelques bons auteurs. Il y a ici plus de différence entre les diamètres de la deuxième moyenne et de la roue de champ, pour approcher davantage du principe de diminuer le poids et l'inertie, sinon à proportion, du moins dans le sens de la diminution de la force transmise. La roue de champ est ici plus près du bord de la platine, afin que les dents de la deuxième roue moyenne devenue plus grande, ne passent pas trop près de la chaîne enroulée sur la fusée. La

grandeur de la roue de champ est aussi un peu réduite. Le diamètre du balancier est moindre que celui de Berthoud, qui les recommandait grands et légers, à l'époque où il préférait l'échappement à roue de rencontre à celui à cylindre, opinion qu'il n'a point rétractée dans la deuxième édition de son *Essai*, quoique, dans ce même temps, il n'employât que l'échappement à cylindre dans ses meilleures montres simples ou à répétition pour l'usage civil. Du reste, malgré l'opinion et les calculs de cet auteur en faveur des balanciers grands et légers, on a généralement préféré de les tenir un peu plus petits et un peu plus pesants, d'après l'expérience commune depuis ce temps. La hauteur du pont sous le cadran et la profondeur des creusures destinées à empêcher l'extravasion des huiles, la hauteur de la minuterie, sont exagérées et peu praticables dans la figure de l'*Essai*; elles sont réduites de moitié dans la fig. 4 de notre pl. IV. Berthoud place la roue de renvoi de minuterie en cage et roulant sur deux pivots, ce qui nécessite un pont et plus de hauteur sous le cadran : ici cette roue de renvoi roule sur une tige à portée, implantée à vis dans la platine, et cette disposition plus moderne, pratiquée dans les meilleurs ouvrages, est suffisamment améliorée, surtout par une roue libre et qui marche sans effort, en comparaison de l'ancienne négligence qui faisait rouler cette roue sur la platine à plat, ou tout au plus avec un filet circulaire en dessous, pour en diminuer le frottement, et la résistance de l'huile qui l'atteignait; alors l'engrenage n'était maintenu que par un tourillon du pignon de renvoi, reçu dans un trou de la platine, méthode vicieuse à laquelle l'emploi de la tige à portée est bien préférable; elle suffit complètement : le pignon en ce cas forme en dessus une petite portée saillante au-dessus de ses ailes, qui est retenue par la face inférieure du cadran, laquelle en règle l'ébat en hauteur. Berthoud faisait sa coulisserie très-massive par sa largeur et comprenant une très-forte partie du cercle; il y avait peu de vide au centre, ce que permettaient les spiraux de ce temps, de trois à quatre tours. On a donné depuis plus de tours aux spiraux, en tenant le piton plus loin du centre; par suite, la coulisse a été moins large et l'on y a encore ménagé la place des vis de coulisserie, sans avoir besoin d'oreilles saillantes au-delà du coq. Berthoud était obligé d'assujettir les extrémités trop étendues de sa coulisse au moyen de deux clefs à vis; mais les coulisses actuelles dépassant de très-peu la demi-circonférence, n'ont plus besoin de ce secours Il y aurait encore bien d'autres observations à faire sur ce calibre de Berthoud, donné à la fin de son essai, comme le résumé de tous les perfectionnements qu'il n'a point pratiqués dans ses compositions. Le calibre de notre pl. IV est néanmoins une disposition intermédiaire entre celle de Berthoud exagérée dans plusieurs points, et quelques dispositions modernes souvent trop négligées dans le but de les simplifier. La cage un peu haute, laisse utilement plus de diamètre à la roue de rencontre. On reconnaîtra le reste des détails dans l'exécution, tels que ceux de la vis de rappel et du lardon de potence, auquel Berthoud recommande de pratiquer une contre-plaque en acier, pour le bout de pivot du devant de la roue de rencontre. On n'a jamais appliqué depuis, cette précaution difficile à exécuter et complètement inutile, puisque la roue est continuellement repoussée vers la contre-potence, où une autre contre-plaque existe et fonctionne sans interruption. Lors même que la position verticale de la montre serait renversée de manière à faire tomber la roue de rencontre de tout son jeu en longueur sur les palettes, elle ne pourrait obéir en ce sens à son faible poids, par l'action successive et immédiate de chaque palette qui la maintiendrait toujours éloignée, en sorte que l'extrémité du pivot de devant n'atteindrait jamais la plaque du lardon. Enfin, outre que Berthoud s'est contredit souvent dans le cours de son ouvrage, ainsi que nous l'avons remarqué dans notre Avant-Propos, il est reconnu aujourd'hui que sa pratique était rarement conforme aux principes émis dans son *Essai*, entraîné qu'il était alors par une théorie peu d'accord avec son exécution et par les conséquences d'un calcul souvent idéal. L'expérience raisonnée est la plus sûre des théories. Il faut donc raisonner ses méthodes et les corriger par les épreuves et l'observation. Nous avons fait toutes ces remarques pour indiquer combien l'horlogerie de Berthoud a vieilli en partie, bien qu'il en soit resté beaucoup d'améliorations utiles et que cet auteur ait rendu à l'horlogerie de son temps de grands services, qui ont préparé plusieurs perfectionnements modernes. Ses longs travaux n'en ont pas moins fait époque et mérité la reconnaissance de ses successeurs.

49. A la suite du calibre de la pendule, il nous semble à propos de traiter ici de celui de la montre ; on en pourra mieux distinguer les différences, et se fortifier d'autant plus dans ce genre de travail. Nous terminerons par là cette question et l'étude suffisante des calibres, pour n'y plus revenir par la suite autrement que par des renvois à ces articles. Nous prévenons de plus qu'il ne s'agit pas seulement ici de copier un calibre comme pour la pendule précédente, mais d'en composer un, ce qui nécessite certains calculs dont il n'a pas été question ci-devant, et dont la méthode exposée achèvera de perfectionner quelques lecteurs dans cette partie.

50. Pour tracer le calibre d'une montre, on commence par déterminer le diamètre total du cadran, qui est aussi ordinairement celui de la grande platine. On doit avoir arrêté d'avance la hauteur de la cage à très-peu près, sauf à la modifier un peu plus tard, mais d'une très-légère quantité ; il convient surtout d'avoir déterminé les nombres du rouage et ceux des vibrations, pour en chercher la distribution et les rapports de grandeur qui en résultent pour les mobiles ; enfin, il faut, comme on l'a déjà dit à l'article de la pendule, avoir son plan général dans la tête, à quelques modifications près, dont on ne découvre guère la nécessité imprévue, qu'en traitant les parties de détail et en calculant leurs dimensions.

51. Le cercle du cadran, ou le diamètre total de la grande platine adopté, étant représenté par un cercle tracé avec le porte-crayon du compas, sur un carton fin, ou sur un papier fort, uni et bien tendu, on tire avec la règle et le crayon une ligne horizontale passant par le centre du cercle, puis divisant chaque demi-cercle en deux parties, on abaisse sur le centre une perpendiculaire qui passe par les deux divisions du haut et du bas, comme on a dû le pratiquer pour la pendule à deux platines rondes. Nous avons déjà dit qu'un calibre est un plan véritable, comme ceux d'architecture ou

de dessins de mécanique ; or, pour établir un plan de cette espèce, la première opération est de tracer vers le centre de l'ensemble une ligne horizontale, sur le milieu de laquelle on abaisse une perpendiculaire par les divers moyens connus, et qui seront donnés dans notre chapitre des Éléments de Géométrie. Ces deux lignes essentielles, parfaitement à l'équerre entre elles, servent ensuite à établir toutes les parallèles, soit verticales, soit horizontales, qui deviennent nécessaires. Cette opération et les suivantes se font d'abord au crayon, pour les corriger au besoin ; après quoi on passe les traits adoptés à l'encre, au moyen de la règle et d'un tire-ligne très-fin, pour les lignes droites, et de celui du compas, pour les traits circulaires ; quant aux deux premières lignes, ainsi que celles qui indiquent des principes ou des rapports intellectuels, on se contente de les ponctuer pour les distinguer, comme aussi les parties qui passent sous d'autres, etc. Si nous avons commencé ici par le cercle, c'est parce qu'il est une partie essentielle de notre plan de montre ou de pendule, et que la division des deux demi-cercles en deux autres parties, est aussi un moyen simple d'établir les deux lignes à l'équerre.

52. La première pièce de la montre à tracer sur ce plan est la roue de fusée, qui doit profiter de presque toute la grandeur disponible du rayon de la platine, c'est-à-dire de ce rayon, moins le rayon primitif du pignon du centre, et moins un bord de platine à laisser libre et dont nous allons déterminer l'étendue. Nous avons dit que les nombres des mobiles devaient être arrêtés d'avance ; ces nombres sont ici : 84 pour la roue de fusée menant le pignon du centre de 12 ; 75 à la roue de minutes ou grande moyenne menant le pignon de dix de la deuxième moyenne de 64 dents, qui mène le pignon de 8 de la roue de champ de 60, laquelle engrène avec le pignon de 6 de la roue de rencontre qui a 15 dents. La fusée est taillée pour quatre tours deux tiers, la chaîne formant trois tours sur le barillet, pour faire marcher la pièce environ 32 heures 1/2. Résultat en vibrations par heure : 18,000. En supposant donc que la roue de fusée ait 84 dents, et engrène avec un pignon du centre de 12 ailes, nous remarquerons que le nombre du pignon est contenu sept fois dans celui des dents de la roue, et qu'il doit en être de même du rayon *primitif* du pignon à l'égard du rayon *primitif* de la roue, suivant la règle exacte et générale des engrenages. Or, le diamètre total de la platine étant ici supposé de 19 lignes, ainsi que le cadran, la platine aura 9 lignes 1/2 de rayon ; il en faut retrancher d'abord un quart de ligne tout autour, pour la feuillure de la platine qui s'encastre dans la gorge de la boîte et y embrasse un filet intérieur de cette même gorge, destiné à empêcher la platine de pénétrer plus avant; puis, comme nous ne calculons que sur les rayons ou les diamètres primitifs, il faut réserver en plus la saillie de l'excédant ou ogive des dents de la roue, qui dépasse entièrement la circonférence primitive. La connaissance des engrenages indique assez que pour cette force de dents, l'excédant sera au plus un quart de ligne, que nous ajouterons plus tard au rayon primitif ; ce sera donc une demi-ligne à retrancher sur la partie disponible du rayon de la platine, qui ne sera plus que de 9 lignes. On pourra provisoirement tracer le grand cercle plus intérieur de 1/2 ligne tout autour du calibre. Il reste à trouver dans 9 lignes

de rayon disponible, le diamètre *primitif* de la roue, plus un rayon primitif du pignon. On voit ici que pour tracer régulièrement un calibre, il faut déjà avoir la connaissance précise de l'engrenage, qu'il y faut appliquer le calcul rigoureux de l'arithmétique, et même des fractions, et que bien que ce calcul ne soit lui-même que très-élémentaire, plusieurs ouvriers ne le possèdent souvent pas assez, et que Berthoud avait quelque raison de se plaindre que des hommes trop peu instruits se mêlassent de composer des calibres. Il est pourtant des Artistes qui, avec beaucoup de tact et de talent naturel, surmontent cette difficulté; à la vérité, ils ne le font qu'en tâtonnant et ne sont pas sûrs d'avoir tiré profit de tout l'espace; ils y suppléent alors par des corrections plus ou moins habiles; mais nous donnons ici les moyens d'opérer à coup sûr. Nous avons trouvé par les nombres, que le rayon primitif du pignon du centre est contenu ici 7 fois, dans le rayon primitif de la roue, ou 14 fois dans son diamètre primitif. Il y faut ajouter un rayon primitif du pignon : ce sera donc 15 rayons primitifs du pignon qui diviseront les 9 lignes disponibles. Or, 9 lignes divisées en 15 parties donnent pour chacune 9/15es de ligne, égaux à 3/5es de ligne; le rayon primitif du pignon sera donc de 3/5es de ligne, et le rayon primitif de la roue sera de 7 fois 3/5es de ligne, ou 4 lignes et 1/5e. L'autre rayon opposé formera, avec celui du côté du pignon, un diamètre primitif de roue de 8 lignes et 2/5es, à quoi joignant les 3/5es du rayon du pignon, on retrouvera les 9 lignes justes disponibles. Nous dirons maintenant : 4 lignes et 1/5e, rayon primitif de la roue, et 3/5es, rayon primitif du pignon, font 4 lignes et 4/5es, qui sont la distance de centre de la roue au centre de la platine; on tracera donc avec cette distance ou cette ouverture du compas, du centre de la platine et du côté seulement où doit être la fusée, une *portion* de cercle pour y placer le centre de la roue de fusée; puis n'ouvrant plus le compas que seulement de 4 lignes et 1/5e, rayon primitif de la roue, on pourra tracer un cercle entier qui passera juste sur le grand cercle, qui est d'une demi-ligne en dedans du bord de la platine. Mais avant, et pour que la charnière du mouvement se trouve à peu près au milieu entre la fusée et le barillet, on choisira sur la portion de cercle un point tel, que la circonférence primitive de la fusée rase, à une demi-ligne d'éloignement, la perpendiculaire qui divise en deux la platine. Ce point étant facilement trouvé, sera le centre fixe de la roue de fusée, d'où l'on tracera définitivement la circonférence primitive. Ensuite, si l'on veut y tracer aussi le cercle de la pointe des dents, on augmentera l'ouverture du compas d'un 5e de ligne, et l'on tracera un second cercle; car nous avons compté un quart de ligne pour la hauteur de l'ogive des dents, pour sûreté, mais elle ne sera que d'un 5e. Puis traçant si l'on veut autour du bord de la platine le cercle de la feuillure qui peut aussi être réduit à 1/5e de ligne, il se trouvera un 10e de ligne entre cette feuillure et la circonférence totale de la roue, ce qui suffira pour que ses dents ne puissent toucher à la boîte. Maintenant, on pourra, avec le compas à pignon dont nous avons parlé précédemment, tracer la circonférence primitive du pignon de 3/5es de ligne, qui passera juste sur le trait de la circonférence primitive aussi de la roue. Enfin, augmentant l'ouverture du petit compas de 1/10e de ligne, on pourra tracer la circonférence totale du pignon. On trouvera alors que la pénétration de l'engrenage est de 3/10es de ligne, et que les deux mobiles occuperont juste, sans perte, la partie de rayon disponible de la platine, sans toucher à la boîte, et avec l'exacte proportion requise par leurs nombres. On saura aussi la grandeur totale et exacte de la roue, dont le diamètre total sera de 8 lignes et 4/5es, avec la pointe des dents, et la grosseur totale et exacte du pignon qui est ici de 1 ligne et 2/5es, c'est-à-dire de très-près d'une ligne et demie. Nous pensons que ceux qui auront la patience de suivre attentivement cette petite opération, la trouveront simple, claire et exacte. L'approximation de 1 ligne 1/2 ne sert qu'à préparer le pignon.

53. Le barillet doit également profiter de toute la grandeur du rayon de la platine, moins sa feuillure, moins le rayon *total* du pignon du centre et un jour réservé, et moins la largeur de la chaîne d'un seul côté, au bord de la platine ; car vers le centre, cette chaîne passe avec sûreté au-dessus du pignon ; le reste sera le diamètre extérieur de la virole du barillet, sans y comprendre son filet saillant du haut.

54. Ainsi, nous avons pour rayon entier de la platine 9 lignes et demie, dont nous retranchons pour rayon *total* du pignon du centre 7/10es, plus 2/10es pour son jour avec la virole qui ne doit pas risquer d'y frotter ; ensemble : 9/10es ; reste 8 lignes 6/10es, dont il faut retrancher encore une largeur de chaîne estimée 4/10es, plus la feuillure de la platine 2/10es, ensemble 6/10es ; reste 8 lignes justes pour le diamètre extérieur de la virole de barillet ; donc, rayon de barillet, 4 lignes. Pour en placer le centre, on fera la même opération que pour le centre de la fusée : on ajoutera aux 4 lignes de rayon du barillet, le rayon total du pignon, 7/10es, plus son jour, 2/10es ; total 4 lignes 9/10es ; avec cette ouverture de compas et du centre de la platine, on tracera en haut sur le côté du calibre opposé à la fusée, une portion de cercle sur laquelle sera le centre de barillet ; puis, réduisant l'ouverture du compas à 4 lignes justes, on cherchera sur la portion de cercle ci-dessus, un point d'où le bord de virole du barillet passera juste sur la perpendiculaire du calibre ; c'est de ce point pris pour centre, que l'on tracera le cercle extérieur de la virole de barillet. La largeur de la chaîne 4/10es ajoutée sur la circonférence du barillet, atteindra juste le cercle de la feuillure occupant les 2/10es restants. On n'a pas ici réservé de jour pour le passage de la chaîne contre le filet de la boîte, parce qu'il vaut mieux entailler le filet pour ce passage, que de réduire le diamètre de barillet, qui doit conserver toute la grandeur possible, ainsi qu'on le trouve pratiqué dans ce calcul. On peut enlever aussi le filet de la boîte vers la fusée.

55. La troisième pièce à placer est la roue de minutes ou de longue tige, dont le centre est nécessairement celui de la platine, où elle porte le pignon de 12, mené par la roue de fusée ; mais le diamètre de cette roue reste encore à déterminer et dépend de la distance du centre de fusée et du diamètre de son arbre, autour duquel il faut laisser ordinairement une épaisseur suffisante de laiton en dehors de la creusure de la roue de minutes. Ici, l'arbre de fusée a un tigeron qui descend dans une creusure pour conserver l'huile au pivot, et celui-ci arrivant au niveau plus éloigné de cette creusure, trouve dans la tétine formée sous le cadran, l'épaisseur de laiton requise, sans réduire le dia-

mètre de la roue du centre, ce qui servira à tenir cette roue plus grande, pour éloigner davantage la deuxième moyenne d'avec la roue d'échappement. Or, le point de centre de la fusée est distant du centre de platine, de 4 lignes et 4/5es ou 8/10es (fractions égales); l'arbre de la fusée sera assez fort avec 8/10es de ligne de diamètre. Mais nous le supposerons pour sûreté, d'une ligne de diamètre ou de 5/10es de rayon, à retrancher de la distance 4 lignes 8/10es, reste 4 lignes 3/10es; nous en retrancherons encore 2/10es pour l'excédant de la denture de la roue de centre; reste 4 lignes 1/10e pour rayon primitif de cette roue. Une roue de cette grandeur divisée en 75 dents et engrenant avec un pignon de 10, n'a pas 2/10es de ligne d'excédant, l'arbre de fusée n'aura pas non plus tout-à-fait une ligne de diamètre; il y aura donc environ 1/10e à retrancher du rayon de l'arbre, et un demi 10e sur la roue, ce qui laissera au moins un jour de 1/10e et demi entre la pointe des dents et la circonférence de l'arbre, dont on peut au besoin creuser un peu en gorge le tigeron, afin de ne rien perdre du côté de la roue. Ainsi la roue du centre pourra avoir librement 4 lignes 1/10e pour rayon primitif, ou 8 lignes 2/10es de diamètre primitif; sa grandeur et celle du barillet seront à très-peu moins, presque les mêmes que celle de la roue de fusée, en ménageant toute la place disponible comme il vient d'être dit; et l'on suivra la même méthode pour le reste.

56. En plaçant la roue de champ sur le bord de la grande platine, c'est-à-dire de manière à ce que son centre étant sur la perpendiculaire du plan, sa circonférence passe à 3/4 de ligne du bord de la grande platine, elle sera assez en dedans de la petite platine pour ne pas risquer d'être atteinte à son entrée dans la boîte. Cette roue est ainsi placée si près du bord, pour conserver à la deuxième moyenne plus de diamètre et l'éloigner suffisamment de la chaîne de la fusée, afin que ses dents ne puissent y toucher. Ainsi on calculera suivant la méthode précédente, ayant égard au nombre du pignon de deuxième moyenne et à celui de la roue du centre, la distance du centre de la deuxième moyenne à celui de la roue de champ. On tracera donc aussi par la méthode ci-dessus une portion de cercle, entre la roue de champ et la fusée; et le centre de la deuxième moyenne y sera cherché de manière à ce que la circonférence primitive de son pignon de 10 touche juste la circonférence primitive de la roue du centre; que le rayon primitif de petite moyenne atteigne juste le cercle primitif du pignon de 8 de roue de champ; et que du côté de la fusée, la circonférence totale de la deuxième moyenne laisse avec la base et la chaîne de fusée une distance suffisante pour l'excédant de sa denture et le jour de sûreté. On voit donc encore que pour combiner ces grandeurs avec tout l'avantage possible, il faut être habitué aux principes des engrenages que nous développerons en leur lieu, et que nous ne pouvons pas anticiper ici; et, en attendant, on pourra copier les mesures données sur le calibre de grandeur naturelle que l'on trouve sur la pl. IV, fig. 5.

57. La roue de champ est maintenue ici sur la ligne perpendiculaire de midi à 6 heures, dans l'intention de faire servir ce même calibre à porter de petites secondes dites *trotteuses* dans le bas du cadran, avec un échappement à cylindre, sans changer la place des principaux mobiles, et en substituant alors à la roue de champ une roue

plate ordinaire, et à la roue de rencontre la roue de cylindre ponctuée en *t*, fig. 8 ; un très-petit demi-cercle ponctué sur un point de sa circonférence indique la place du cylindre. Dans l'un et l'autre cas, les nombres du rouage sont calculés pour 18,000 vibrations par heure, et, en cas de secondes, pour que leur aiguille portée par le pivot prolongé de la roue de champ ou de la troisième moyenne qui la remplacerait, fasse juste une révolution par minute, avec 5 battements de l'aiguille ou 5 vibrations du balancier par seconde. Les nombres sont, comme on l'a dit d'abord, de 64 pour la seconde moyenne menant le pignon de 8 de la roue de champ qui a 60 dents, et engrène avec le pignon de 6 de la roue de rencontre de 15 dents. Ces nombres sont nécessités par la révolution au besoin de l'aiguille de secondes. Sans cette condition, les nombres de ces deux roues pourraient être différents et plus en raison des autres; mais ils sont ici seulement ceux que permet cette disposition du calibre; souvent ces deux dernières roues sont presque de même diamètre, l'espace se refusant en partie au principe de diminuer en ce sens l'inertie, suivant la réduction de la force. La roue de champ a été tenue plus petite que d'ordinaire pour ce motif, et l'on a tâché de conserver à la seconde moyenne un peu plus de grandeur; sa hauteur en cage est indiquée dans la figure des profils, et se trouve immédiatement au-dessous de la roue de champ, avec le seul jour indispensable de sûreté, afin d'être plus dégagée de la base et de la chaîne de fusée ; le calibre indique sa véritable place ramenée par la disposition forcée de l'ensemble en 64 et 10, fig. 8, tandis que dans le profil sur une seule ligne droite, elle en est supposée très-loin. Ainsi, pour connaître dans cette figure la hauteur de cette roue à l'égard de l'autre mobile, il convient d'en prendre la hauteur du dessous, au-dessus de la platine, et de transporter l'ouverture du compas auprès de la fusée. On mesurera de même la hauteur des autres mobiles.

58. La roue de rencontre exige aussi une position telle, que son axe, dirigé du centre de la roue de champ au point où il aboutit perpendiculairement au flanc de la potence, soit assez éloigné du centre de platine, pour que cette roue de rencontre ponctuée ici ne puisse toucher à la denture de la seconde moyenne. On y voit même que pour sûreté, l'angle du bord de derrière de la roue de rencontre peut être légèrement abattu en chanfrein. Ces dispositions doivent en outre laisser à la roue de rencontre le plus de diamètre possible; il est toujours trop petit, surtout dans les calibres à piliers un peu bas; enfin cette roue ne peut être employée dans les montres plates. Il y faut substituer l'échappement à cylindre, qui souvent même n'y trouve pas assez de hauteur, quoiqu'il en exige moins, en ce que sa roue est parallèle aux platines. Un des perfectionnements essentiels de l'échappement à cylindre, est de pouvoir garnir la partie frottante avec un demi-cylindre de rubis presque indestructible; mais la réduction d'épaisseur des montres de fantaisie a obligé de renoncer à cette excellente méthode, et de ne plus faire dans les montres usuelles trop aplaties, que des cylindres d'acier qui n'ont pas à beaucoup près la même durée.

59. Il y a encore une autre condition assez gênante dans la combinaison des calibres : c'est qu'il ne faut pas non plus trop écarter la roue de rencontre du centre de

la pièce, pour que le balancier ne vienne pas trop au bord de la petite platine, ce qui forcerait d'élever le fond de la boîte et laisserait un vide inutile ailleurs. Dans le profil de la montre sur une seule ligne, le balancier *d e* se trouverait beaucoup trop à l'extrémité de droite en dessus de cette petite platine; mais sa situation n'est, comme le reste, que supposée, par suite de la distribution des mobiles en ligne droite ici et autrement que dans la montre, comme on l'a déjà dit, et cette disposition occasionnerait à un trop haut degré l'inconvénient que nous venons de signaler : car, bien que l'on doive assujettir la forme des boîtes aux dispositions les plus favorables du mouvement, on peut néanmoins chercher celles qui, indifférentes à l'exactitude des effets, permettent d'améliorer et de rendre plus commode la forme des boîtes. Toutes ces conditions, jointes à celles nécessaires à la bonté et à la durée du mécanisme intérieur, dont les exigences sont souvent en contradiction, soit par l'exiguïté des dimensions qui gêne, soit pour satisfaire à toutes les convenances du *mieux*, ne laissent pas d'augmenter la difficulté de composer un bon calibre qui soit commode pour l'usage, indépendamment des conditions mécaniques bien plus importantes, et qui compliquent essentiellement la solution du problème. On peut réduire aussi le diamètre de la base de fusée.

60. Il reste encore, dans celui dont nous nous occupons, à placer la potence *g*, comme on le voit dans la gravure, c'est-à-dire à une distance du barillet telle, que la chaîne et son crochet surtout, souvent plus élevé, puissent circuler librement et sans toucher en aucun point. Il faut aussi que la potence soit assez forte et solide pour que l'on puisse pratiquer dans son épaisseur, vers le milieu de la hauteur de son flanc antérieur, une entaille longitudinale servant de coulisse à un *lardon* qui, d'un bout, reçoit le pivot de devant de la roue de rencontre, et porte à l'autre bout une entaille où pénètre la tête en disque d'une vis de rappel, pour amener le pivot exactement en face de la verge, afin de rendre égale l'action des dents de la roue sur les palettes. Les autres détails relatifs à cette pièce, l'une des plus difficiles et compliquées de la montre, se trouveront aux articles de main-d'œuvre, ainsi que ce qui concerne le *coq*, fig. 5, dont le coqueret est enlevé.

61. Après la distribution des mobiles sur le calibre, il faut y marquer la situation des quatre piliers de la cage; s'ils n'y sont pas également espacés, condition, en effet, assez difficile, ils doivent du moins n'avoir pas entre eux une différence trop exagérée de distance, pour maintenir le parallélisme exact des platines, et prévenir la flexion des parties qui ne sont pas directement soutenues. Il faut donc porter de plus dans la composition générale, l'attention de réserver d'avance la place convenable de ces piliers, dans la distribution des mobiles. Le pilier 1 doit se trouver entre le barillet et la fusée, partie des platines qui éprouve le plus d'effort de la puissance motrice; il doit être à une distance du bord telle, que sa rivure soit solide et ne se trouve pas dans le filet extérieur de la bâte, ou cercle saillant, réservé en dehors de la grande platine pour porter les bords du cadran; on doit aussi ménager auprès de ce pilier la place de la charnière, d'un côté, et celle du plot du garde-chaîne, de l'autre côté, enfin le passage de la chaîne, dont la ligne de direction change de place du sommet à la base de la fusée. Le pilier 2 est entre le bord de la fusée et celui de la seconde moyenne; le troisième est au-

près de la roue de champ, du verrou et de la contre-potence, et ne doit pas en. gêner le mouvement, ni le déplacement possible; il doit être assez loin de l'ouverture faite à la grande platine de part en part, pour le passage du verrou, afin que la solidité de sa rivure n'en soit pas affaiblie; enfin, le quatrième, entre le barillet et la patte de la potence, doit laisser libre le passage de la chaîne, et surtout du crochet de cette dernière. Ainsi, cet article des piliers d'un calibre, si simple en apparence, exige encore plusieurs attentions qu'il n'est pas toujours facile de concilier.

62. On trace sur l'autre face du calibre les roues de minuterie, le rochet de barillet et son cliquet à masse, le pont des pivots de seconde moyenne et de roue de champ, dont les axes se prolongent sous le cadran, le verrou et son ressort, enfin les trous des pieds de cadran, lorsque celui-ci est fait exprès pour la pièce, comme il convient mieux en effet; on donne alors à l'*Émailleur* une carte coupée circulairement de la grandeur juste du cadran, semblable à celle de la grande platine, où sont marqués, le trou du centre de la platine, le point de 60 minutes, ou midi, le trou du carré de remontage, enfin les trous des trois pieds du cadran, d'après leur place percée sur le calibre, après y avoir choisi les points propres à faciliter le placement et l'extraction des goupilles du côté du rouage; la saillie de ces pieds ne doit y gêner aucune pièce.

63. Dans ce calibre de la montre, à la fin de l'art. 45, page 144, nous avons cessé le calcul à l'égard de la seconde moyenne, pour laisser au lecteur une occasion de s'exercer sur ce sujet, en y appliquant lui-même la méthode indiquée; et nous avons dit à l'article (56) suivant, que l'on pourrait au besoin copier proportionnellement les mesures de la figure. Mais comme les espaces entre les pièces d'horlogerie de petite dimension sont trop difficilement rendus par la gravure avec toute leur précision, et que même le papier des épreuves, mouillé et séché alternativement, éprouve toujours un changement de grandeur, nous allons ajouter ici quelques mots sur la manière de continuer ce calcul et donner les mesures qui en résultent.

64. On se rappellera que nous avions assigné au rayon *primitif* de la roue du centre, 4 lignes et 1/10e; mais pour plus de sûreté de son jour avec l'axe de la fusée, nous ne lui donnerons ici que 4 lignes juste, comme au rayon de la virole du barillet. La roue du centre a 75 dents, et mène le pignon de seconde moyenne de 10 ailes : d'après la méthode donnée, on a 5/10es de ligne, ou une 1/2 ligne pour rayon primitif du pignon de 10, en négligeant une fraction minime, toutefois en faveur de l'engrenage (car, pour prévenir les petites inégalités de division de la roue, l'expérience apprend qu'en effet il vaut mieux que le pignon tienne *du petit* que *du gros*, pourvu que la quantité en soit presque imperceptible, mais nous avons déjà fait observer aussi qu'on abuse souvent trop de cette latitude); la distance donc du centre de seconde moyenne, au centre de la platine ou de la grande moyenne, sera de 4 lignes 1/2. C'est avec une ouverture de compas de cette grandeur que l'on tracera en dehors et autour de la grande moyenne, près de la roue de champ, *une portion de cercle* sur un *point* de laquelle devra se trouver le centre de la seconde moyenne; mais ce *point* ne peut être déterminé que par le rapport du nombre 64 de petite moyenne, avec le nombre 8 du pignon

de roue de champ, comme on l'a déjà vu pratiquer pour l'engrenage précédent.

65. Le centre de la roue de champ a reçu primitivement sa position forcée sur la perpendiculaire de 60 minutes et à 3 lignes 7/10es du bord le plus extérieur du bas de la platine, en cas d'usage des secondes. En continuant d'employer la méthode pour la distance des centres, le *point* cherché sur la *portion de cercle* tombera obliquement à gauche à 3 lignes juste de distance du centre de la roue de champ, et donnera le *point* demandé, et indiqué dans la figure par une petite droite ponctuée ; en divisant cette distance en 9 parties, le rayon primitif de la seconde moyenne sera 2 lignes 7/10es, tandis que le rayon primitif du pignon de roue de champ sera de 0 ligne 3/10es, en laissant un peu d'avantage à la roue. Ces mesures ne comprenant pas les excédants, on les ajoutera suivant la largeur des dents et des ailes, d'après l'expérience commune, en attendant la règle générale que nous avons annoncée, et l'on trouvera un demi 10e à ajouter au rayon primitif du pignon ; on prendra alors 0 ligne 7/10es pour diamètre total du pignon de 8 ailes. Quant à la roue de 64, son diamètre total, y compris l'excédant, sera 5 lignes 6/10es. Pour la roue de champ de 60 dents, son diamètre *primitif et total* est ici de 5 lignes ; on sait qu'elle n'a point d'excédant en dehors du primitif, puisque les dents sont verticales au plan de la roue ; le pignon de 6 d'échappement a pour diamètre primitif 5/10es de ligne, et avec son arrondi ou excédant 6/10es de ligne pour diamètre total. Ce pignon vient ici d'une assez petite dimension, mais il est aussi bien moins difficile à exécuter, vu son petit nombre d'ailes. Nous aurions préféré le nombre 8, si *le train* de 18,000 l'avait permis. Ce nombre de vibrations est nécessité par les secondes trotteuses, dont on a conservé, dans ce calibre, la possibilité. Le nombre de 18,000 est plus propre à prévenir les agitations du porter, même à cheval ; les mouvements simples actuels sans secondes ont le plus communément leur nombre entre 17 et 18,000. Il a été porté jusqu'à 21,600 dans certains chronomètres de poche. Dans la fig. 5 et 8 du calibre, le cercle ponctué en dehors de la seconde moyenne et de son pignon, indique le sens où l'on peut l'éloigner du centre, suivant l'augmentation possible du diamètre de la grande moyenne, indiquée aussi par un cercle ponctué. Ces proportions et situations en petit et de grandeur naturelle se déterminent mieux sur un calibre de laiton, et l'on y juge les mesures avec bien plus de précision que sur le papier. Ici, le pignon porté par la roue de champ est tracé trop grand, et devra être réduit à la mesure du calcul ci-dessus.

66. Le calibre fig. 6 est une variété du genre, où quelques auteurs ont préféré d'établir la seconde moyenne entre la roue de champ et la potence, pour la soustraire plus sûrement au contact possible de la chaîne de fusée : d'autres l'ont placée sous la fusée et sous la roue du centre, et la seconde moyenne est alors noyée dans la platine ouverte en entier pour cela. On pourrait aussi la placer tout-à-fait sous le cadran, dans une creusure faite seulement au revers de la platine, en tenant le pont plus long, comme on l'a ponctué fig. 7. Mais ces deux dernières dispositions portent davantage l'effort de la roue sur le pivot de ce côté. Ici, voulant tenir la roue plus près du milieu entre les deux pivots, on est gêné par la chaîne de fusée et par la situation de la roue de champ pour

les secondes. Du reste, nous dirons comme Berthoud que nous ne prétendons pas donner ici le meilleur calibre possible pour la montre à roue de rencontre : chaque artiste capable l'a disposé différemment, et il en est peu qui n'aient changé la disposition de leurs devanciers et contemporains. On y gagne rarement d'un côté sans perdre d'un autre. On pourra également faire des changements à celui-ci, surtout si l'on renonce à l'emploi et à la position des secondes. Enfin, nous n'avons voulu qu'indiquer une méthode de calcul pour s'assurer de la place des mobiles et des rapports de leurs dimensions mutuelles; nous donnerons bientôt d'autres calibres pour la montre *à ponts*, de *Lépine*, plus moderne, et perfectionnée encore par ses successeurs.

67. On a dit précédemment (43) que la minuterie de la montre, formée de deux pignons et deux roues, entre la grande platine et le cadran, reçoit son mouvement par la rotation de la tige du centre. Ce passage semble avoir besoin d'extension, et nous allons développer davantage ce sujet. L'effet dont il s'agit a lieu au moyen de la *chaussée* 12 *x t*, fig. 4, pl. IV, sorte de *canon* d'acier (*v.* aux Déf.) dont la base est taillée en pignon; les ailes de celui-ci *mènent* une roue plate sans axe, dite *de renvoi*, dont le pignon percé roule sur une broche ou tige à portée, vissée sur la platine (48). Ce second pignon, dit aussi *de renvoi*, *mène* une seconde roue appelée *de canon* ou *de cadran*, parce que son centre est monté sur un tube ou canon de laiton, qui roule librement sur le canon d'acier de la roue de chaussée, et s'élève assez pour porter en dehors du cadran l'aiguille des heures. Ici ce sont les pignons *qui mènent* les roues, dont les révolutions sont plus lentes que celles des pignons, à proportion du plus grand nombre de dents de celles-ci, relativement à celui des ailes de chaque pignon. L'effet contraire a lieu, comme l'on sait, pour les mobiles intérieurs du *mouvement*, où les roues mènent les pignons. La chaussée est montée à frottement demi-dur sur la tige extérieure du centre, et son bout pénètre carrément le centre de l'aiguille des minutes, un peu au-delà de celle des heures, et dépasse même assez l'aiguille des minutes pour que son extrémité carrée puisse entrer suffisamment dans la clef de remontage; on surmonte aisément avec cette clef le frottement élastique de la chaussée sur la tige, pour changer la direction de l'aiguille des minutes indépendamment de son mouvement propre; mais, pendant la marche, le frottement est assez ferme pour entraîner la minuterie. Le pignon de chaussée, de 12 ailes le plus souvent, *menant* une roue de renvoi de 36 dents, fait ainsi trois tours, comme l'aiguille de minutes que porte la chaussée, pour produire un seul tour de la roue de renvoi; celle-ci ayant au centre un pignon de 8, et mieux de 10, *mène* la roue de canon de 32 dents, au premier cas, ou de 40 dans le second, afin que ce pignon ait quatre tours à faire pour en produire un seul de la roue de canon. C'est donc quatre fois 3 tours, ou 12 tours faits par la chaussée et l'aiguille de minutes pour produire un seul tour de la roue de canon et de l'aiguille des heures sur le cadran divisé en 12 heures; il en est de même, comme on l'a déjà vu, pour la minuterie de la pendule, à la différence près des dimensions et de la distribution des nombres. Cet article sur la minuterie, et celui qui suit, nous dispenseront de revenir sur ce sujet, presque toujours le même au fond, dans les diverses constructions.

68. Ces deux engrenages, l'un au-dessus de l'autre, qui diffèrent de nombre et de révolutions, et sont établis sur les deux mêmes centres à même distance au lieu de trois centres qu'il faudrait s'ils étaient *de suite*, causent quelquefois de l'embarras pour en accorder les proportions exactes, à ceux qui n'ont point de méthode fixe. Ils sont forcés d'en tâtonner avec incertitude les mesures. Le cas devient très-simple avec notre méthode. Soit donc que la distance du centre de chaussée à celui de la roue de renvoi se trouve déjà donnée, soit que l'on ait à la déterminer en raison de la place ou de la grandeur choisie des roues, dans ces deux cas, disons-nous, cette distance étant arrêtée, il s'agit de la faire servir à deux engrenages de divers nombres. Pour le premier engrenage de chaussée, dont le pignon fait 3 tours pour un de la roue de renvoi, on divisera la distance des centres en 4 parties, dont une seule formera le rayon *primitif* du pignon de chaussée, tandis que les 3 autres parties restantes formeront le rayon *primitif* de la roue de renvoi (*v.* aux Définit. pour le mot *Primitif*, les articles Pignon, Aile, Dent), on ajoutera après l'excédant *en ogive* aux ailes du pignon de chaussée, parce que c'est lui *qui mène*, et le simple arrondi en demi-cercle sera l'excédant de la roue *menée*; chacune de ces quantités, ajoutée au rayon *primitif* de chaque mobile, achèvera son *rayon total*, qu'il faut essentiellement distinguer de l'autre. Ensuite, pour le second engrenage du pignon de renvoi, qui fait 4 tours pour un de la roue de canon, on divisera *la même distance des centres* en 5 parties, dont une seule formera le rayon *primitif* du pignon de renvoi, tandis que les 4 parties restantes formeront le rayon *primitif* de la roue de canon : on ajoutera de même, à l'aile du pignon de renvoi, son excédant en ogive, au-delà du rayon *primitif*, et à la dent de la roue de canon, son excédant en demi-cercle, en dehors aussi de son rayon primitif, et l'on aura ainsi le *rayon total* de cette roue et celui du pignon comme pour les mobiles précédents. On sait que le *rayon total*, pris deux fois, donne le diamètre total et la grandeur ou grosseur totale d'un mobile ; on voit encore ici que les rayons *primitifs* ne font qu'aboutir entre eux et se toucher, et que le croisement des circonférences totales, ou l'empiètement de leurs bords, n'est produit que par les excédants, qui forment seuls la pénétration des engrenages. Les rayons primitifs dépendants des rapports de nombres (qu'ils représentent), ne changent jamais, quelles que soient les dimensions des mobiles menants ou menés, tandis que la hauteur des excédants varie suivant les nombres des pignons et la largeur des dents ou des ailes, etc. ; et le seul moyen de fixer la vraie dimension des mobiles est de la considérer sous ces deux rapports, en distinguant les rayons, diamètres ou circonférences, *au primitif*, sur lesquels s'établit exactement le principal calcul, de ceux avec les excédants qui forment la quantité de pénétration de l'engrenage, et pour lesquels nous donnerons aussi une règle générale dans le chapitre spécial sur ce sujet. Elle ne pourrait être développée ici sans trop compliquer cet article.

69. En suivant cette méthode, le second engrenage de minuterie sera aussi exact que le premier, quoiqu'ils soient établis tous deux avec des nombres et des diamètres différents sur une même distance des centres. La règle est générale et universelle, soit que le pignon mène ou se trouve mené; dans ce dernier cas, la seule différence consiste en ce

que c'est l'aile du pignon menant qui prend l'ogive, laquelle augmente davantage son rayon total et son diamètre total, pendant que la roue menée perd l'ogive qu'elle a ordinairement quand elle mène, en ne prenant qu'un arrondi en demi-cercle, ce qui diminue un peu le rayon total et le diamètre total de la roue. Telle est la cause qui fait recommander vaguement de tenir le pignon *qui mène un peu plus gros* : il aurait fallu ajouter, *et la roue menée un peu plus petite* ; mais cette observation n'offre rien de précis, et la règle géométrique que nous appliquons ici est seule exacte, et beaucoup plus simple dans son application qu'on ne se l'imagine d'abord, quand on ne l'a point pratiquée. Il faut que les rayons primitifs de la roue et du pignon, quel que soit le mobile qui mène, soient toujours entre eux dans le même rapport que leurs nombres respectifs ; l'ogive menante change seulement de place suivant l'un des deux cas, et les deux excédants changent aussi un peu de hauteur suivant les nombres ; mais cette dernière partie des proportions, très-peu sensible au fond, sera déterminée ailleurs (1).

70. L'article (38) précédent cite diverses ancres d'échappement et en renvoie les détails au chapitre spécial de ce sujet ; mais, en attendant, et pour utiliser davantage ces commencements, suivant notre usage, nous expliquerons provisoirement, et d'une manière pratique, les deux ancres les plus usitées de la pl. III. Quant à l'ancre triangulaire à

(1) Des horlogers de talent qui exécutaient les ouvrages d'un artiste renommé et connu pour changer souvent ses calibres et ses nombres, laissant le reste à l'exécution de ceux qui en étaient chargés, étaient quelquefois embarrassés pour trouver d'eux-mêmes la proportion de certains rouages, faute d'une méthode générale que les auteurs n'ont jamais donnée complètement, et à laquelle les mesures pratiques ordinaires et inexactes, prises sur les dents des roues, ne peuvent pas toujours suppléer ; il est reconnu et avoué qu'elles ne peuvent servir ni exactement ni généralement pour tous les nombres, qu'elles ne donnent point, par exemple, la proportion d'une roue qui n'existe pas pour un pignon qui existe déjà, etc. C'est ainsi que, pour une minuterie dont les nombres sont autres qu'à l'ordinaire, exigeant, comme on l'a vu, deux engrenages sur la même distance des centres, avec des révolutions dont les quantités diffèrent, il semble plus difficile d'en trouver les justes proportions. La pratique commune n'y arrive que par des *à peu près* assez indifférents, il est vrai, pour la simple conduite ordinaire des aiguilles, mais qui peuvent devenir importants dans d'autres applications particulières. Un de ces horlogers, décédé aujourd'hui, et d'un talent estimé, se trouvant dans cet embarras pour une pièce marine où la régularité de la minuterie était exigée, parce que celle-ci avait à mener d'autres effets de précision, nous demanda de lui tracer sur une platine les dimensions exactes des mobiles dont en effet les nombres n'étaient pas ceux ordinaires. Nous lui avions donc tracé sur un petit calibre les circonférences primitives et celles totales, avec une note simple et courte pour l'application du principe général à tout autre nombre, comme on l'a développée ci-dessus. Mais quelques jours après, une autre minuterie de nombres différents renouvela l'embarras de l'artiste exécutant, et il nous fallut lui en donner de nouveau les proportions ; la note était devenue inutile, par le seul défaut d'habitude d'une méthode aussi simple que commode. L'horloger était bien en état de la saisir, mais il n'osait l'aborder, comme étrangère à sa pratique. Les moyens réguliers d'un calcul simple sont en effet trop négligés. Cependant, aujourd'hui, d'habiles artistes s'attachent à distinguer le rayon *primitif* des mobiles d'avec leur rayon *total* contenant l'excédant, ou cette partie du rayon total, qui forme seule la pénétration de l'engrenage. Ces questions, du reste, seront, comme on l'a dit, développées ailleurs. Nous n'avons anticipé ici sur cette matière que pour semer dans ces premiers chapitres, ainsi que nous l'avons déjà fait, quelques réflexions utiles sur des points plus avancés, en attendant mieux ; cette observation bien méditée donnerait déjà presque complètement la clef de la méthode. (Quant aux calibres, en général, on tient d'abord les mobiles grands, et on les réduit ensuite suivant le besoin.)

2 reculs, à l'ancre courte ancienne de même espèce, et à celle dite *à moyen recul et isochrone* de Berthoud, de la planche IV, fig. 10, elles seront expliquées dans le chapitre indiqué ci-dessus, après la théorie générale du pendule, qui suppose la connaissance des lois du mouvement; mais celles-ci auront été alors développées dans les notions élémentaires de physique générale : ici, le trait seul n'est point assez exact (63-65).

71. L'ancre à demi-repos de la planche III, vue en D, fig. 3, a sa roue de 34 dents, ainsi nombrée d'après le calcul du rouage et la longueur de son pendule, de 7 pouces et demi, déjà donnée (4). Les angles de dessous des deux bras de l'ancre embrassent six dents de la roue, en y comprenant la première dent arrivée sur la fin du repos à droite, jusqu'à la sortie à gauche de la 6e dent, échappant du plan d'impulsion de cet autre côté. Cette ancre se trace au moyen d'un cercle dont le centre est au milieu du trou carré de l'axe d'oscillation. Ce cercle forme, à droite, le repos extérieur concentrique à l'axe, et aboutit, à gauche, à la pointe du grand plan de recul et d'impulsion. Il y a aussi à droite, après le repos concentrique, un petit plan d'impulsion d'une étendue égale à la moitié d'un intervalle de deux pointes de dents; la direction de ce plan d'impulsion est sur une ligne droite, dirigée de la fin du repos à droite jusqu'à l'angle de l'autre bras de gauche. Cette ligne est une *corde* de l'arc qui retranche 7 parties du cercle de l'ancre, divisé en 22 parties. C'est très-peu plus du tiers de la circonférence. La distance verticale du centre de l'ancre à cette ligne est un tiers de sa longueur. L'inclinaison intérieure du grand plan de recul et d'impulsion de gauche est aussi dirigée suivant une *corde* d'arc qui retranche 5 parties du cercle de l'ancre divisé en 12 parties. On conçoit, du reste, que ces mesures pratiques ne sont qu'approximatives, et que, dans l'exécution, après avoir tracé l'ancre sur ces données, il faut se réserver partout une latitude de correction pour terminer l'échappement. On en trace donc la figure sur une plaque mince de laiton que l'on découpe à la lime très-près du trait, et que l'on corrige sur le compas d'engrenage en l'y essayant avec la roue déjà faite et justifiée, et ce calibre de laiton, retouché au besoin, sert ensuite à tracer l'ancre sur la pièce d'acier, que l'on éprouve aussi de même sur le compas avant de la terminer entièrement. Le pivot du côté de l'ancre est dans l'axe même d'oscillation, et est reçu dans un bouchon excentrique, tournant à frottement dur dans la platine des piliers. Sa tête extérieure est vue en *z*, fig. 1, pl. III. Ce bouchon sert à approcher ou a éloigner l'échappement, pour trouver définitivement son vrai point de distance; mais cette latitude est très-restreinte et serait insuffisante, si l'ancre n'était pas déjà conforme, autant que possible, aux mesures données ci-dessus.

72. La même planche III donne, dans la fig. 10, l'Ancre triangulaire, dite *en toit*, à deux repos, diminutif de l'Ancre de de *Graham*. Les bras de cette ancre embrassent 10 intervalles de dents de la même roue de 34, ou 11 dents en comprenant la première et la dernière, depuis l'angle extérieur obtus de la fin du repos, au bras E C, où aboutit la première dent à droite, jusqu'à l'angle aigu en A D, qui laisse échapper la 11e dent à gauche. L'axe d'oscillation, centre de l'ancre, est beaucoup plus distant du centre de la roue que dans l'échappement à demi-repos. Cette distance moyenne est

ici un rayon total de la roue plus 4/5es du même rayon (la roue est de même diamètre dans les deux fig.). Cette élévation de l'axe au-dessus de la roue peut être augmentée ou diminuée suivant le degré d'étendue que l'on veut donner aux oscillations totales et aux excursions de la lentille du pendule ; mais elle a ici la mesure moyenne la plus usitée. La longueur des bras y exige un Pendule plus lourd et plus puissant.

73. L'épaisseur du bout à l'équerre de chaque bras est aussi la moitié de l'intervalle entre deux pointes de dents, ou de l'intervalle d'une dent à la suivante. Les deux repos sont des portions de deux cercles concentriques à l'axe d'oscillation B, pour ne pas occasionner de recul, et ces repos sont, l'un en dehors de E C, et l'autre en dedans de A D. Un même cercle trace les courbes extérieures de A D et de E C. Un autre cercle, plus petit, trace les deux courbes intérieures ; ils ont également l'axe d'oscillation B pour centre. La longueur moyenne de chaque bras, prise de l'axe d'oscillation jusqu'au milieu de l'épaisseur des repos, est, ici, un rayon total de la roue, plus 5/8es de ce même rayon. L'inclinaison des plans d'impulsion est disposée pour produire 2° d'arc constant de chaque côté, pour chaque demi-oscillation, et donne 4° d'oscillation totale, sauf l'arc de supplément sur les repos qui, sous l'effet moyen de la force motrice d'un ressort, peut produire 2 degrés de supplément de chaque côté dans ces courts pendules, dont l'arc moyen total est de 8° (huit degrés ; *v. Arc*, aux Défin.). On en donne quelquefois davantage ; mais les petits arcs, avec un pendule lourd qui permet la suspension à ressort, règlent mieux. Ces mesures pratiques peuvent suffire à l'exécution ordinaire. On en varie ailleurs les dispositions que nous donnerons plus tard ; mais une règle générale, c'est que les deux rayons de la roue qui aboutissent aux bras de l'ancre doivent toujours former un angle droit avec les deux lignes tirées de la naissance des plans d'impulsion à l'axe d'oscillation. C'est ce qui détermine fondamentalement la hauteur de l'axe au-dessus de la roue, d'après le nombre des dents comprises entre les bras de l'ancre, comme nous le dirons plus tard en traitant de la théorie.

74. La même Ancre triangulaire, ou *en toit*, se pratique aussi avec deux reculs, mais plus rarement. La fig. 9 de la pl. IV en donne la disposition, qui ne diffère de l'autre que par ses deux plans d'impulsion et recul avec la même roue, mais alors *retournée* de manière à présenter ses dents par le côté incliné ; l'ancre est un peu plus difficile à établir pour arriver à donner à chaque côté le même degré de recul. Cependant si l'on considère les repos ordinaires de l'ancre précédent, comme des plans droits rentrant dans les dents suivant la direction des rayons de la roue en *a e* et *b e*, on trouvera le moyen d'établir l'égalité des plans du recul en faisant former à chacun, avec le rayon de la roue, le même angle d'inclinaison *c a f*, *d b g*. On peut donner aux plans inclinés la courbe du cercle de la roue, afin que la dent, marchant circulairement, agisse sur eux comme par une direction en ligne droite, agissant sur un plan droit. Nous traiterons de ces observations plus minutieuses avec celles des autres ancres. Les deux premières sont en ce moment les plus utiles ; les trois dernières, moins employées, auront leur explication détaillée au chapitre spécial des échappements, comme nous l'avons dit ; elle prendrait ici trop de place sans utilité urgente. La seule ancre *à moyen*

recul isochrone de Berthoud, fig. 10, occupe plusieurs pages de sa démonstration, que nous donnerons aussi, quoiqu'elle ait été rarement appliquée depuis cet auteur. Mais ce sujet rentre dans l'histoire et l'explication générale des échappements qui se rattachent plus ou moins les uns aux autres, et dont la connaissance peut amener successivement de nouvelles améliorations. Les meilleurs échappements seront toujours les plus simples, ceux dont l'action sera plus directe, avec le moins de frottement, de points de contact, le moins de développement et de décomposition des forces (1).

75. Pour compléter le calibre de la pendule de la pl. III, nous avons ajouté dans la pl. IV la figure de demi-grandeur et l'ajustement du faux cadran, qui supporte le mouvement au moyen de trois courts piliers, et dont la lunette fixe est seule attachée à la boîte par deux brides latérales qui pénètrent jusqu'au fond de cette boîte, où elles reçoivent deux vis d'une autre lunette vide, à gorge ou feuillure comme la première. Cette disposition est suffisamment représentée dans la fig. 11, pl. IV, qui donne le plan du cadran supposé ici en *Émail*. On le fait souvent aussi en laiton ciselé ou fondu avec ses ornements, ou uni, et toujours doré ou argenté au mat. Les heures et minutes y sont peintes après coup au vernis et peuvent être effacées par l'esprit de vin ou par le frottement. Il faut donc ménager cette peinture et ne pas la frotter. On a ponctué au travers du cadran la place des trois piliers qui, rivés sur le faux cadran, soutiennent la première platine de ce côté, au moyen de trois tenons retenus en dedans du mouvement par des goupilles. Le faux cadran est un cercle vidé d'une demi-ligne d'épaisseur ; son limbe a 6 à 7 lignes de largeur et déborde le cadran d'émail d'environ une demi-ligne. Le pourtour extérieur du faux cadran est le trait ponctué en dehors du cadran. C'est tout au bord de ce trait qu'on a ponctué aussi trois plots retenus dans la gorge de la lunette par trois vis entrant par le dehors et dont la tête y est noyée. Ces vis sont indiquées dans le profil. Les trois piliers ponctués et leur place se distinguent des trois plots, en ce que les derniers sont ponctués dans le plan, et rivés tout au bord du faux cadran, et que les piliers ne sont rivés qu'au milieu de la largeur du limbe. On les reconnaît aussi dans le profil, en ce que ces piliers y sont plus longs, pour pénétrer dans la platine voisine du cadran, vue aussi de profil. Toutes ces pièces, réduites à la moitié de leur grandeur réelle par économie de place, seront facilement rétablies à leur véritable dimension, en doublant simplement toutes les mesures de longueur, largeur et épaisseur.

76. Le profil le plus rapproché à droite du cadran, représente l'ensemble et des parties en coupe. On y distingue en haut et en bas la coupe de la lunette du cadran, et, dans le bas, un des trois plots pénétré par sa vis ; le cadran légèrement bombé y est aussi ponctué. Une bride est à moitié de la hauteur de la figure et en représente deux, l'une derrière l'autre, placées vers 3 et 9 heures ; elles sont vues par leur largeur. C'est une

(1) Quelques auteurs font du mot *ancre* un substantif mascul., ce qui en pourrait autoriser l'usage. Mais comme ce nom provient de la ressemblance de cette pièce avec l'*ancre* de navire, dérivé du latin *anchora* ou *ancora*, fém., comme aussi l'ancre des tirants de bâtiment, de charpente, etc., et que l'*Académie* fait ce mot féminin, nous avons cru devoir suivre cette même règle dans ces derniers articles.

bande de laiton recuit, dont un bout est rivé intérieurement à la gorge de la lunette du cadran; le reste, aussi mince que le bout rivé, se prolonge jusqu'au fond de la boîte, où il se termine en talon épaissi vers l'intérieur, pour recevoir une vis un peu longue, dont la tête repose en dehors sur la largeur de la lunette du fond. Cette disposition est indiquée en lignes ponctuées dans le haut de la même figure, où elle est seulement supposée, pour en montrer le profil. Du reste, la bride est interrompue dans son milieu, pour ménager l'espace sur la planche, et a pour longueur réelle celle de l'épaisseur de la boîte. Cette manière d'attacher un mouvement dans sa boîte paraissant simple et commode, est aussi la plus usitée, et il nous a paru utile de la consigner ici. On la trouve toute établie dans les mouvements en blanc du commerce, et l'on y change au besoin la longueur des deux brides, qui sont d'un travail très-négligé mais suffisant, et extrêmement faciles à refaire suivant la nouvelle longueur voulue.

77. Avant que les deux vis de la lunette du fond soient tout-à-fait serrées, on peut aisément faire tourner la lunette du cadran dans sa feuillure, en faisant obéir à proportion celle du fond, pour placer le midi perpendiculairement au-dessus de 6 heures. Ensuite, on achève de serrer les deux vis, pour que le mouvement ne puisse pas rouler sur lui-même par l'effort de la clef de remontage. Si la cheminée ou le meuble solide qui porte la pendule est parfaitement de niveau, le pendule étant accroché et mis en mouvement, doit, par la disposition de la fourchette, se trouver *juste* d'*échappement*, c'est-à-dire, en faire entendre les coups en temps égaux. On remédie au cas contraire en calant la base de la boîte. Le cercle ou trait extérieur au faux cadran indique toute la largeur de la lunette du devant, décorée en guirlande, filets ou moulures quelconques. Il n'y a point de cristal à la lunette, parce que le tout est garanti de la poussière par le *cylindre* de verre de forme méplate ou ovale, et quelquefois même carrée, ce qui n'en change pas le nom établi dans l'origine, parce que le travail de cette partie commence par une forme cylindrique, soufflée ainsi dans les verreries, et aplatie en dernier lieu. Le plateau en bois, et qui serait mieux en marbre blanc ou de couleur, pour la solidité des pièces de précision, porte une rainure où s'engage la base du cylindre garnie d'une bande plucheuse connue sous le nom de *chenille*. Toutes ces dispositions modernes qui ont remplacé les anciennes plus ouvragées, ne sont rapportées ici qu'à cause de leur commodité et de leur simplicité *propres à l'espèce*. Nous donnerons dans d'autres chapitres, des pendules modernes plus recherchées, soit dans leur mécanisme, soit par divers effets, au choix des amateurs.

78. La fig. 12, pl. IV, est la petite ancre à deux reculs, sur le principe de celle à demi-repos; le bras *a* est pareil, mais le bras *b* est plus épais; son petit plan incliné se continue en courbe, pour produire le même recul qu'en *a*; cette partie laissée d'abord trop épaisse, est ensuite réduite à son degré voulu. La petite ancre de Berthoud, à deux reculs, sera vue dans sa pendule à répétition : la roue, fig. 12, est aussi *retournée*.

79. Nous ne terminerons pas ce chapitre sur la pendule ordinaire et ses échappements, sans rappeler une maxime importante relative aux compositions de ce genre, si variées en tout temps, pour régulariser les oscillations, et obvier aux inégalités de force mo-

trice, etc. : c'est que l'expérience paraît avoir établi que les échappements compliqués d'effets, de points de contact d'une adhérence variable, de traînée sur les surfaces, de développement de rouleau, etc., ont souvent produit à la longue des inconvénients pires que ceux que l'on tâchait d'éviter. Le succès d'un équilibre momentané des forces y est souvent détruit par l'usage. Les meilleures compositions en ce genre ont toujours été les plus simples, les plus directes et d'une exécution facile. Tout mécanisme doit être basé sur des principes assez avantageux, pour réussir sûrement, même avec une exécution médiocre. L'isochronisme des oscillations a été cherché par le *recul* de l'échappement, par la *suspension* du pendule, par l'effet des *remontoires*, et autres moyens dont l'expérience prolongée a rarement confirmé l'efficacité, surtout en petit volume. En attendant que nous puissions traiter avec une suffisante étendue cette question importante de l'horlogerie, nous citerons encore ici au nombre des échappements à ancre simples (1), d'un bon et solide résultat, une construction de M. *Brocot*, qui tient à la fois de l'ancre de *Graham* et des chevilles de *Lepaute*, les deux plus simples et les meilleures suivant l'estime générale. Le rochet est ici le même que celui de Graham, ou des autres ancres déjà décrites, mais les plans d'impulsion sont établis sur deux chevilles de l'ancre, soit demi-rondes, soit triangulaires, en rubis de forte dimension, faciles à placer, solides, d'un frottement très-doux, et sans altération. L'expérience multipliée de plusieurs années en a confirmé le bon résultat dans l'usage civil. Nous ne pouvons entrer ici dans les détails, mais nous en donnerons la figure et les proportions à l'article annoncé des pendules perfectionnées, d'autant plus librement et d'après l'aveu de l'auteur, que lui-même n'en fait aucun mystère, et les laisse volontiers voir aux artistes et amateurs, dans son établissement, rue d'Orléans, 9, au Marais. Nous parlerons aussi de ses deux sonneries particulières, l'une à râteau, sans ce doigt de relèvement, qui manquait si souvent, l'autre sans râteau ni chapperon. Toutes deux sont débarrassées de la nécessité des *repères*, si gênants dans le remontage des sonneries. Ces pendules prennent aussi leur aplomb par un moyen plus sûr, et ne craignent plus le déplacement. Le même auteur a imaginé encore un *compteur*, qui règle en peu d'instants la longueur du pendule. Ces inventions, dont les deux premières n'augmentent pas sensiblement la dépense ordinaire, ont paru justement distinguées et encouragées lors de nos Expositions. Avant de commencer le chapitre suivant qui traite de la répétition, nous saisissons cette occasion de faire observer que les sonneries à râteau pourraient offrir un moyen plus simple de tirage, sans augmenter autant le mécanisme de la partie de cadrature, si compliquée, comme on va bientôt en juger, et qui, dans sa nature actuelle, ne paraît guère pouvoir être simplifiée, malgré divers essais.

(1) Nous avons consulté d'habiles artistes contemporains sur quelques-uns de ces articles, ainsi que nous l'annonçons dans l'Avant-Propos. Les renseignements pratiques sur les Ancres à repos, demi-repos et grand recul, nous ont été fournis par l'un de nos plus habiles penduliers de Paris, M. *Julien de Calonne*, rue Dupuis-Vendôme, n. 5, artiste instruit et laborieux, que nous nous empressons de citer ici, pour restituer ce qui appartient à chacun de ceux qui veulent bien nous aider de leurs avis dans l'exécution de cet ouvrage ; nous aurons encore à en citer d'autres d'un mérite très-distingué.

CHAPITRE IV.

DE LA PENDULE A RÉPÉTITION, DITE TIRAGE.

80. On appelle tirage, la pendule sans la sonnerie spontanée de l'heure et de la demie, qui contient à la place du rouage ordinaire de sonnerie, un petit rouage de répétition dont le ressort moteur n'est armé, chaque fois qu'on la consulte, que par le tirage même d'un cordon. Cette sorte de pendule, qui reste muette tant qu'on n'emploie pas le tirage, très-commode dans une alcôve, était fort usitée, mais on a presque généralement cessé d'en construire; cependant ces anciennes pièces sont encore assez recherchées par les amateurs, pour qu'il soit difficile d'en trouver aujourd'hui d'occasion et bien conservées. Il y en avait de très-bien traitées. Il semble qu'il serait facile de renouveler cet usage dans les pendules actuelles à sonnerie, en plaçant dans le vide assez grand qui reste du côté du mouvement, le petit rouage d'une répétition, dont les pièces, dites de *cadrature*, seraient en dehors de la platine du nom, ou de l'arrière, où elles trouveraient plus d'espace libre que sous le cadran; dans les pendules de cheminée, ordinairement assez pesantes, le cordon de tirage serait aisément dissimulé dans sa route jusqu'à l'alcôve, ou ailleurs. C'est l'ancienne position d'une partie du mécanisme sous le cadran, comme dans les montres, qui a fait donner aux pièces de ce côté le nom collectif de *cadrature*. Les premières répétitions avaient une pièce des quarts, à cinq doigts, de la forme d'une *main*, que l'on retrouve encore dans quelques montres anciennes et qu'il est bon de connaître; c'est pourquoi nous commençons cet article par un ancien tirage donné dans le Traité général des horloges du P. *Alexandre*. La répétition fut ensuite améliorée et simplifiée par *Julien Leroi*, puis Berthoud l'appliqua avec quelques changements encore à ses pièces à platines rondes; nous donnerons ces deux calibres à la suite du premier, en les abrégeant ou éclaircissant au besoin, pour préparer le lecteur à l'étude de la répétition des montres anciennes et modernes.

81. Nous commençons par la pendule à répétition du P. *Alexandre*. La fig. 1, pl. V, représente la platine des piliers vue en dessus, lorsque le cadran est enlevé. A est une étoile de laiton divisée en 12 dents aiguës, sur laquelle est centré et fixé un *limaçon* des heures B, divisé aussi en 12 degrés, qui se rapprochent en spirale du centre de cette pièce. D est un *râteau* (ou *crémaillère*) qui doit avoir au moins une dent de plus que le pignon E, qui le mène; ce pignon est au centre d'une poulie G, où s'enveloppe le cordon V de tirage. Le râteau porte un talon H qui atteint un des degrés du limaçon

des heures, quand le cordon tiré fait tourner la poulie. Le chemin parcouru par le râteau, suivant l'enfoncement des degrés du limaçon, règle le nombre de coups que l'axe de la poulie fait frapper sur un timbre, au moyen d'une roue à chevilles fixée sur ce même axe ; la poulie porte en dehors sur son disque une cheville I, qui entre dans l'un des intervalles des doigts de la *main* M, à la fin du retour de la poulie quand elle se renveloppe du cordon laissé libre. Lorsque l'on tire le cordon, la poulie et la roue de chevilles du même axe reculent, et arment le ressort du petit rouage au moyen d'un rochet avec encliquetage, jusqu'à ce que le râteau soit arrêté par le degré du limaçon qui se présente suivant l'heure des aiguilles ; le cordon est ensuite abandonné, et la poulie et la roue de cheville reviennent par l'effet du ressort alors armé ; les chevilles qui ont rétrogradé en premier lieu en renversant une levée mobile sur un axe horizontal, rabaissent en revenant cette levée, de manière à faire agir le marteau qui sonne autant d'heures qu'il passe de chevilles sur sa levée. Après le passage de la dernière cheville des heures, la même roue porte à une petite distance trois autres chevilles, qui font frapper de plus, un, deux ou trois coups pour les quarts, suivant que la cheville extérieure de la poulie G rencontre l'un ou l'autre des intervalles qui séparent les doigts de la main M. C'est au fond d'un de ces intervalles que cette cheville appuie et arrête le mouvement de la poulie et du rouage. On conçoit que ces intervalles doivent être plus ou moins profonds et se présenter l'un ou l'autre suivant le nombre de quarts à sonner, par un autre moyen que nous allons expliquer. L'axe du marteau est vertical.

82. La main est composée de deux pièces M L, qui ont leur centre commun au point N. La partie supérieure M est susceptible de faire quelque mouvement dans un sens par une pression quelconque, sans mouvoir la partie L, qui est comme brisée au point N, à l'égard de l'autre, mais qui naturellement ne fait qu'une pièce avec la partie M, au moyen d'une mortaise en P avec une vis à portée, et d'un ressort O qui presse habituellement la partie L appuyée au fond de la mortaise. La queue L de la main est maintenue à une certaine distance d'un autre limaçon des quarts, par l'engagement de la cheville I de la poulie dans les doigts de la main, et un ressort 4 tend continuellement à ramener la queue L sur ce limaçon des quarts. Celui-ci est divisé en 4 parties ou degrés et tourne en une heure, parce qu'il est conduit par la tige de la roue des minutes, et fixé sur la chaussée. Lors donc que l'on tire le cordon, la cheville extérieure de la poulie G abandonne la main M, dont la queue L tombe par l'effet du ressort 4 sur un degré du limaçon des quarts, où elle reste tant que le retour de la poulie G fait sonner les heures, comme il a été dit plus haut ; mais après la dernière heure, et moyennant un petit intervalle pour en distinguer les quarts, la cheville I de la poulie rencontre un des intervalles des doigts de la main, et va s'arrêter à la profondeur convenable pour ne faire sonner que le nombre de quarts déterminé par le degré de son limaçon, qui règle en même temps l'intervalle où la cheville doit rentrer. L'action de la cheville sur la main la relève en même temps, de manière que la queue L reste éloignée du limaçon des quarts, pour lui laisser la liberté d'avancer pendant la durée de l'heure. La brisure de la main dont nous avons parlé, sert à permettre à la

première place. Lorsque l'on tire le cordon V et que l'on fait rétrograder avec la poulie la roue des chevilles, celles-ci rencontrent la levée et la renversent vers le haut, mais lorsque le râteau enfoncé en même temps par son engrenage avec le pignon a atteint le degré du limaçon des heures, le tirage est arrêté; alors on abandonne le cordon à lui-même; le ressort du rouage armé par son centre au moyen aussi de l'axe de la poulie et d'un encliquetage, ramène la roue de chevilles, ainsi que le petit rouage terminé par un volant, pour modérer le mouvement. Alors, la roue de chevilles rencontre la levée toujours renvoyée sur les chevilles par son petit ressort, et dans le sens propre à faire mouvoir le marteau : on a dit qu'elles font sonner autant d'heures qu'il y a eu de chevilles rétrogradées dans l'étendue de mouvement du râteau, permise par le degré du limaçon. Quand ces chevilles ont sonné l'heure, la cheville extérieure de la poulie G n'a pas encore atteint les doigts de la main M, et il reste encore, mais à une plus grande distance de la dernière cheville, les trois autres chevilles pour les quarts, dont la première, ou les deux premières, ou les trois successivement, font encore sonner un, deux, ou trois coups, suivant la profondeur de celle des entailles de la main, que l'enfoncement de chaque degré du limaçon des quarts oblige de se présenter à la cheville de la poulie G. Le petit espace que nous avons dit se trouver entre les trois chevilles des quarts et la dernière des heures sur la roue intérieure à chevilles, sert à laisser un intervalle suffisant de temps, pour ne pas confondre les coups du marteau pour les heures, avec les derniers pour les quarts; l'action du marteau est horizontale, par renvoi de leviers.

85. Depuis cette disposition, on a supprimé la main et ses entailles, et cette partie de la pièce des quarts forme un doigt allongé qui pénètre entre deux des quatre chevilles que l'on a placées à distances différentes sur la poulie G, pour arrêter également le mouvement du rouage au nombre voulu des quarts. La pièce est plus simple et l'effet est le même, comme on le voit dans l'article suivant, qui explique la construction de Julien Leroy, améliorée encore sous d'autres rapports.

86. La pl. 1, fig. VI, représente les pièces de répétition disposées, non sous le cadran comme dans l'art. précédent, mais en dehors de la platine du nom, ou en arrière de la cage par Julien Leroy, de la Société des Arts. Cet article est extrait de ses Mémoires sur différentes parties de l'horlogerie, à la suite de la nouvelle édition que l'auteur français donna de la règle artificielle du temps de *Sully*, après la mort de cet artiste anglais qui avait été fort accueilli en France. (Paris, 1737.) *Julien Leroy*, parlant à une société d'artistes, ne décrit pas en détail les effets des pièces dont les fonctions étaient assez connues de ses auditeurs, et pour lesquelles les détails précédents sont nécessaires ici. L'auteur se borne à quelques observations que nous allons tâcher d'abréger encore, car ces matières compliquées sont toujours longues à développer; du reste, Julien Leroy va ici s'expliquer lui-même.

« Dans le recueil des machines approuvées par l'Académie, p. 61, année 1728, » il est fait mention d'une pendule que j'ai faite pour mettre à côté du lit du Roi; la » planche qui suit au même livre en représente au juste les machines de la cadrature : » mais comme la description de cet ouvrage y est trop abrégée pour en donner toutes

» les idées qu'on en peut prendre, j'ai pensé qu'il ne serait pas inutile d'en dire quel- » que chose ici, afin d'en faire connaître toutes les propriétés aux curieux et aux hor- » logers du royaume..... Un des principaux avantages de cette construction, c'est que » toutes les machines de la répétition sont visibles quand on regarde la pendule par der- » rière.... C'est pourquoi j'en disposai toutes les pièces, savoir, le tout-ou-rien, la cré- » maillère (*râteau*), les limaçons, le rochet, les échappements des marteaux, la pièce des » quarts, les marteaux et le timbre, de manière qu'on peut les voir toutes en général d'un » seul coup-d'œil, et l'effet de chacune en particulier, afin que par ce moyen l'on » pût facilement passer par degrés, de la démonstration des effets simples à celle des com- » posés.... les pièces peuvent en être facilement raccommodées; on peut toujours en » faire les machines plus grandes et plus solides que dans la construction ordinaire, parce » qu'on n'y est point gêné par les roues de cadran, les faux piliers, l'arbre de remontoir » et son rochet, et parce que l'effort du cordon se fait toujours au pied des chevilles qui » servent d'axe aux machines..... Celles-ci sont placées dans l'intervalle même que l'on » est toujours obligé de laisser entre le mouvement et (*le fond de*) la boîte, afin que le » Pendule et sa fourchette aient assez d'espace pour se mouvoir librement. Il résulte » de cette nouvelle disposition, que l'on peut laisser plus de hauteur aux piliers, aux » arbres des roues et au grand ressort, que dans l'ancienne.

» Pour mettre ceci en évidence, je dirai deux mots concernant les machines des » répétitions ordinaires, auxquelles je remarquerai un défaut dont la nouvelle con- » struction est exempte ; ensuite je parlerai des avantages qu'on en peut retirer.

» Aux répétitions ordinaires, on attache le limaçon des quarts sur la roue de mi- » nuterie; on fait passer l'étoile sur le limaçon des quarts, la roue de cadran passe » dessus le limaçon des heures, lequel est placé au bout de son canon et près *du* » *bout de la longue* tige qui lui sert d'arbre; la crémaillère et son pignon sont » toujours à la même hauteur que le limaçon des heures, de manière que ces » pièces sont placées chacune sur le bout de tiges assez longues, et sujettes à plier » par un tirage un peu fort, ce qui est cause que la répétition sonne une heure ou » deux de plus, selon que ces mêmes tiges ont cédé à l'effort du cordon. On y remédie » en tenant les tiges plus grosses, ou en faisant pénétrer leurs extrémités dans la » fausse-plaque, ou en y mettant des ponts, mais elles prennent toujours plus de hau- » teur sous le cadran, aux dépens de celle du mouvement.

» Ce défaut est totalement anéanti dans la nouvelle manière, où la crémaillère, son » pignon et le limaçon des heures sont à plat sur la platine, de sorte que l'on casserait » plutôt le cordon que de faire plier les tiges, ou de faire sonner une heure de plus.

» A l'égard de l'exécution, elle est absolument plus aisée que l'ordinaire, en ce » qu'elle est débarrassée du coq (*pont*) de la roue de renvoi, et des trois roues de » cadran, lesquelles occupent des places qui empêchent souvent de poser les machines » aussi commodément qu'on le souhaiterait. Je passe à d'autres avantages qui résultent » de cette construction.

» 1° Cette manière est applicable aux sonneries à limaçon, à crémaillère, et généra-

» lement à toutes les répétitions composées, comme celles qui sonnent les heures et » les quarts et qui les répètent; elles seront même bien plus faciles à exécuter, en ce » que l'on pourra mettre une partie de la cadrature sous le cadran, et l'autre sur la » platine qui porte le Pendule; par ce moyen on pourra faire les machines grandes et » assez séparées les unes des autres pour rendre leur effet constant, ce qui a tou- » jours été un obstacle à la perfection des pendules qui sonnent les heures et les quarts » et qui les répètent.

» 2° Il est évident que cette construction est préférable à l'ancienne, en ce » que les horlogers apercevront au premier coup-d'œil les causes qui feront man- » quer leur ouvrage, et les pourront corriger sur-le-champ; au lieu qu'il arrive sou- » vent que l'on apporte de fort loin une pendule chez l'horloger, qui est obligé » d'ôter le mouvement de la boîte, et de démonter ensuite le cadran et les aiguilles pour » une bagatelle, comme de donner un coup de pincette à un ressort, ou remettre une » goupille qui sera tombée de sa place.

» 3° Cette construction contribuera nécessairement à la perfection des répétitions; » car les horlogers du second ordre seront obligés de faire leurs efforts pour faire des » machines qui soient plus solides et mieux faites que par le passé; à cause qu'étant » pour ainsi dire exposées à la vue de leurs confrères, ils en craindront davantage la » critique.

» 4° Ceux qui auront des pendules de cette façon, auront l'agrément d'étudier » par eux-mêmes l'effet des machines de leur répétition, et même d'entendre assez » leur construction pour apercevoir la plupart des défauts qui la feront manquer.

» 5° J'ajouterai encore que l'adoption et l'empressement avec lesquels plusieurs » habiles horlogers ont pratiqué et mis en usage la nouvelle construction, sont » de plus sûrs garants de sa bonté que toutes les conséquences que j'en pourrais tirer.

» Je remarquerai, en finissant, que les horlogers de Londres qui ont fait les premières » montres à répétition, ont employé presque tous bien du temps à mettre des secrets, » pour priver les autres horlogers de la connaissance de leur disposition; on en a » même trouvé de si difficiles à découvrir, que lorsqu'il a fallu raccommoder les mon- » tres, on a été obligé de couper le cadran ou la fausse-plaque. Ce procédé a produit » un très-mauvais effet, car les horlogers étant privés par là des lumières qu'ils auraient » pu tirer les uns des autres, ont tous fait dans ce temps-là de fort mauvaises » *compositions*; de sorte que de dix répétitions à secret, à peine en trouve-t-on une » bien faite, *en ce qui concerne surtout la cadrature*.

» J'espère que la nouvelle construction produira un effet contraire, et qu'à l'avenir » les pendules à répétition seront mieux faites que par le passé.

» Comme tous les horlogers ne sont pas à portée d'acquérir ou de voir le recueil » des machines approuvées par l'Académie, on a joint ici le dessin de la cadrature » de la pendule que j'ai faite pour le roi, à celui des cadratures de répétition ordi- » naires que je *faisais avant, mais toujours suivant ma* nouvelle construction.»

87. De ces deux figures annoncées par *Julien Leroy*, nous donnons, planche VI,

d'abord la plus simple, ensuite la deuxième qui contient une pièce des quarts à double effet pour deux marteaux, avec tout-ou-rien ; cette dernière composition se retrouve dans sa montre à répétition qui sera décrite un peu plus loin. Voyez, pl. VI, fig. 2, d'abord la répétition simple en pendule de *Julien* placée à l'arrière de la petite platine, de celle du nom ; puis, fig. 3, celle à tout-ou-rien dont il vient de parler. Les descriptions qui précèdent, et au besoin la suivante de Berthoud, suffiront pour les faire comprendre. Plusieurs articles s'y trouvent répétés, mais du moins sous un nouveau jour.

88. Dans l'extrait précédent du discours de *Julien Leroy*, adressé à la Société des arts, nous avons retranché le protocole obligé et des éloges concernant la caisse de la pendule, dont l'extérieur fut composé par un valet de chambre de Louis XV, pour qui cette pendule fut exécutée ; mais nous avons rapporté tout ce qui pouvait développer le bon esprit et la manière de voir en horlogerie d'un auteur si justement estimé, toujours remarquable, en effet, par le jugement et la saine raison que l'on reconnaît dans ses compositions. Celles-ci, loin de vieillir et d'être abandonnées, ont puissamment contribué aux progrès de l'art, et parmi tant de constructions diverses imaginées depuis, celles de *Julien Leroy*, qui ne cherchait point à éblouir par des nouveautés singulières et opposées aux bons principes, sont encore appréciées généralement comme les mieux pensées, les plus simples et les plus solides.

89. La pl. VI représente toutes les parties d'une pendule à répétition plus moderne, de Ferd. Berthoud, dont l'explication pourra compléter les notions principales des effets d'un Tirage, et suppléer aux détails que les articles précédents du P. Alexandre et de *Julien Leroy* ne fournissent pas. Nous allons ici laisser parler Ferdinand Berthoud, en soulignant seulement quelques suppléments à son texte.

« Les roues B C D E F sont celles du mouvement ; B est le barillet qui contient le moteur ou ressort de l'horloge ; C est la grande roue moyenne ; D la roue des minutes ; E la roue de champ ; F le rochet ou roue d'échappement. La roue D des minutes fait un tour en une heure ; *la tige de cette roue, qui porte d'un bout le pignon du centre, a son gros pivot de l'autre bout* prolongé au travers de la platine des piliers, fig. 3 ; *ce pivot*, fig. 4, entre à frottement dans le canon de la roue de chaussée *m*, vu en perspective fig. 5, lequel fait aussi, par ce moyen, un tour par heure ; ce canon porte l'aiguille des minutes, et la roue *m* engrène dans la roue de renvoie S, de même nombre de dents et de même diamètre que la roue *m* ; le pignon de celle-ci (S) fait 12 tours, tandis que la roue C en fait un. Cette roue C, qui est celle de cadran, emploie donc 12 heures à faire une révolution : c'est *elle* qui porte l'aiguille des heures.

» Il faut observer que ces trois mobiles C, *m*, S, qu'on nomme souvent mobiles ou roues *de cadran*, ont toujours le même effet à produire, c.-à-d. une révolution de la roue de cadran ou d'h. en 12 h., soit en pendule, soit en montre simple à sonnerie ou à répétition ; mais la distribution des nombres y peut être changée, pourvu que le résultat soit le même.

» Les roues G L M N, fig. 1, et le volant V, forment le rouage de la répétition. La propriété de ce rouage est de régler l'intervalle qui doit être entre chaque coup de marteau. Le rochet R ou d'encliquetage, la première roue G, qui est celle des chevilles, le ressort *r* et le cliquet *c*, sont tous portés par l'axe de la roue L.

» Lorsqu'on tire le cordon qui entoure la poulie P, fig. 2, le rochet R, fig. 1, fixé sur le même axe que la poulie, rétrograde, et les plans inclinés des dents éloignent le cliquet *c* O; ensuite le ressort ou moteur ramène le rochet dont les dents arcboutent contre la pointe du cliquet, ce qui entraîne la roue L et le rouage M N V : or, tandis que le rochet R entraîne ainsi la roue L, et que la roue G des chevilles et la poulie P de la fig. 2, qui sont fixées sur le même axe, tournent aussi, les chevilles de la roue G agissent sur les pièces *m n*, fig. 1, *qui font mouvoir* les marteaux *m n*, fig. 2; chaque pièce *m n* est pressée par un ressort pour renvoyer le marteau après que les chevilles lui ont fait parcourir son chemin. On ne voit que le ressort *r* qui agit sur la pièce *m*; celui qui agit sur la pièce *n* est placé sous la platine qui porte la cadrature, fig. 2. La pièce *o* sert à communiquer le mouvement de celle *m* à la tige ou pièce *n* qui porte le marteau des heures.

» La pièce ou bascule *m x*, fig. 1, se meut sur la tige qui porte le marteau des quarts. Sur cette tige, en dessous de *m x*, se meut un bras comme celui *m*, sur lequel agissent trois chevilles portées par le dessous de la roue G; ces trois chevilles servent à lever le marteau des quarts fixé sur la tige qui porte la pièce *m* : c'est ce marteau que presse le ressort *r*. Lorsqu'on tire le cordon, on fait rétrograder la roue G, dont les chevilles viennent agir sur le derrière du bras *m*, lequel obéit et vient de *m* en *x*; le petit bras qui est dessous, pour les quarts, fait le même mouvement; et lorsque le grand moteur ramène la roue G, un petit ressort, qui agit sur ces pièces *m*, les oblige à s'engager dans l'intervalle des chevilles, et à présenter les plans droits sur lesquels agissent ces chevilles pour lever les marteaux.

» La poulie P, fig. 2, porte le pignon *a* qui engrène dans le râteau B C, dont l'effet est d'aller porter sa pointe *b* sur les pas du limaçon L et de déterminer le nombre des coups que doit frapper le marteau des heures.

» L'étoile E et le limaçon L sont fixés ensemble par deux vis. Cette étoile se meut sur une vis à tige V, attachée à la pièce T R, mobile elle-même en T. Cette pièce forme avec la platine une petite cage, en dedans de laquelle tourne l'étoile E : *deux* rayons ou dents de l'étoile *portent* sur le sautoir Y, lequel est pressé par le ressort *g*. Lorsque la cheville *c* du limaçon des quarts fait tourner l'étoile, le sautoir Y se meut en s'éloignant du centre V de l'étoile jusqu'à ce que la dent de l'étoile soit parvenue jusqu'à l'angle du sautoir; ce qui arrive lorsqu'elle a fait la moitié du chemin qu'elle doit faire; et lorsqu'elle a échappé à cet angle, le plan incliné du sautoir la pousse comme par derrière, et lui fait achever précipitamment l'autre moitié; de sorte qu'au changement d'une heure à l'autre, celui de l'étoile et du limaçon se fait en un instant : c'est lorsque l'aiguille des minutes est sur 60' du cadran.

» Le sautoir, achevant ainsi de faire tourner l'étoile, chaque dent située en *c* vient poser sur le derrière de la cheville *c* et fait avancer la surprise *s*, à laquelle elle tient. La surprise est une plaque ajustée sur le limaçon des quarts; elle tourne avec lui au moyen de la cheville *u* qui passe dans l'entaille de la surprise ; le chemin que fait faire l'étoile à la surprise *s* sert à empêcher que le bras Q du doigt ne descende dans le pas 3, ce qui ferait répéter 3 quarts sur 60'. Aussitôt que l'étoile change d'heure, elle oblige donc la surprise d'avancer pour recevoir le bras Q : ainsi, dans ce moment, si l'on tire le cordon, le marteau sonne l'heure précise, et il n'y a point de quarts.

» Le bras Q et le doigt sont mobiles sur le même centre. Lorsqu'on a tiré le cordon et que les chevilles de la poulie ont dégagé le doigt, pour lors le ressort *p* fait approcher le bras Q du limaçon des quarts, et le doigt D se présente à l'une ou l'autre des chevilles de la poulie ; ces deux pièces peuvent tourner l'une sur l'autre et se mouvoir séparément. Cela sert dans le cas où, le bras Q allant poser sur le bras *h* du limaçon des quarts, et le doigt D étant engagé dans les chevilles de la poulie, ce bras fléchit et obéit aux chevilles de la poulie, *lorsqu'on la fait* rétrograder. Il faut que la cheville *alors* en prise, puisse faire mouvoir le doigt séparément de la pièce Q ; le ressort B ramène le doigt D quand la cheville a rétrogradé, pour qu'il se présente à celle des chevilles qui arrête pour l'heure seule, ou pour le quart si le bras porte sur le pas 1, etc. *La pièce des quarts doit donc être flexible en* i, z, *pour laisser dégager les chevilles* 4, 3, 2, 1, *au besoin.*

» Nous avons vu les parties les plus essentielles de la répétition, il n'en reste qu'une dont il faut donner une idée, et que je vais tâcher de faire concevoir : c'est le *Tout-ou-rien*, dont la propriété est que, si l'on ne tire pas tout-à-fait le cordon, et de manière que le bras *b* du râteau C vienne presser le limaçon L, le marteau ne frappera pas ; en sorte que, par ce mécanisme ingénieux, la pièce répètera l'heure juste, sinon elle ne la répètera pas du tout.

» On a vu que, lorsque l'on tire le cordon, la roue des chevilles G, fig. 1, renverse la pièce *m* et la fait venir en *x* ; et que, pour que le marteau frappe, il faut qu'un ressort ramène cette pièce *m* pour la remettre en prise avec les chevilles. Après cela il est aisé de voir que si, au lieu de laisser reprendre à cette pièce *m* sa situation, on la fait encore renverser davantage, le ressort ou moteur ramenant la roue des chevilles, le marteau ne frappera pas tout le temps que cette pièce restera renversée ; c'est précisément l'effet que produit la pièce T R, fig. 2, qu'on nomme pour cela *Tout-ou-rien*. Voici comment : la pièce *m*, fig. 1, porte une cheville qui passe à travers la platine par l'ouverture *o*, fig. 2 : si l'on tire le cordon, la roue de chevilles fait mouvoir la pièce *m* (*en arrière*), comme nous venons de le voir ; la cheville (*o*) qu'elle porte vient presser contre le bout *o* du Tout-ou-rien et l'écarte, en sorte que (cette) cheville parvient à l'extrémité *o* qui est un peu inclinée (*parce que son retour forme un angle un peu obtus*). Or, le ressort *d* tendant à ramener le bras *o*, le plan incliné (*du bout de celui-ci*) oblige la cheville de parcourir encore un petit espace qui, éloignant le bas *m*, fig. 1, le met entièrement hors de prise des chevilles, en sorte que le marteau ne frappera pas à moins que la cheville ne soit dégagée du bout du bras *o*. Pour cet effet, il faut que le bras du râteau vienne poser et presser (*sur*) le limaçon L qui se meut sur la tige V fixée au Tout-ou-rien T R. Or, *le râteau* pressant le limaçon fait écarter le bras *o* de la cheville, laquelle étant dégagée donne au bras *m* (*ramené par son petit ressort*), la liberté de se présenter aux chevilles de la roue G, et au marteau, celle de frapper les heures et quarts donnés par la cadrature et par les aiguilles.

» Le rochet R, fig. 3, est celui d'encliquetage (*de barillet et ressort*) du mouvement; *c* est le cliquet; *r*, le ressort de cliquet. Le rochet R est mis en carré sur l'arbre du barillet, ce carré prolongé sert à remonter le ressort (*de mouvement*) au moyen de la clef. B est le (*petit*) barillet dans lequel doit être le ressort ou moteur de la répétition. V est une vis appelée l'*excentrique* ou *Porte-pivot*. Sur la partie (*de cette espèce de bouchon mobile*) qui entre à frottement dans la platine, est percé un trou hors de l'axe *du bouchon*; ce trou est celui du pivot de l'ancre A; en faisant tourner le bouchon, on approche ou l'on éloigne le pivot de l'ancre, et par conséquent l'ancre *elle*-même, de sorte que ses pointes engrènent plus ou moins, suivant le besoin, dans les dents de la roue d'échappement.

» A, fig. 2, est le coq d'échappement; il porte la soie à laquelle on suspend le Pendule; un des bouts de la soie est attaché à la tige *e* (*serrée à frottement élastique dans la partie fendue en A e*), et qu'on appelle *Avance ou Retard*; l'autre bout de cette tige passe au cadran, et est carré pour y *placer* une petite clef par le moyen de laquelle on fait tourner cette tige *e* de côté ou d'autre, pour faire allonger ou raccourcir la soie *qui suspend* le Pendule dont la longueur change par ce moyen.

» L'ancre A, fig. 1, est fixée sur une tige comme *celle* de la pendule (précédente): cette tige porte la fourchette T qui *se meut avec* le Pendule; le pivot que porte cette tige du côté de la fourchette entre dans un trou fait au coq A, fig. 2.

» La figure 4 représente en perspective la roue D (*du centre*), dont la révolution est d'une heure; c'est sa tige qui porte la roue (de chaussée) *m* de la fig. 3. Cette roue *m* est vue en perspective dans la fig. 5; son canon *a* (*entaillé de deux côtés, en la manière que l'on voit, dite en lanterne*) sert à porter l'aiguille des minutes.

» La figure 6 représente en perspective la roue S (*de renvoi de minuterie*), fig. 3; c'est la tige prolongée de cette roue qui passant à la cadrature (*à l'arrière*), porte le limaçon des quarts *h*, fig. 2; le pignon de cette roue S engrène dans la roue de cadran; vue en perspective fig. 7. Enfin, c'est sur le canon de cette roue (*de cadran*) que s'ajuste l'aiguille des heures. »

90. Ici se termine la description de Ferdinand Berthoud que nous avons rapportée comme exemple de sa méthode descriptive, nous avons souligné quelques mots ajoutés et explicatifs. L'auteur en donnant à côté des principales pièces de sa répétition plusieurs développements à part des détentes, etc., accompagnés de lettres de renvoi, n'en dit pas un mot dans cet article ni ailleurs. Il a sans doute compté sur l'intelligence du lecteur, et nous espérons qu'il ne se sera pas trompé. C'est ce qui nous fait laisser cet article intact, à cela près des suppléments signalés ci-dessus. On pourra s'apercevoir que l'article, bien qu'assez long, laisse encore assez à désirer. Nous essaierons d'y suppléer par la suite. La première invention Anglaise de la *Répétition* fut appliquée à la montre avant de l'être à la Pendule; nous avons débuté par celle-ci pour plus de facilité: nous allons revenir à la montre de ce genre.

DE LA RÉPÉTITION D'UNE MONTRE A CYLINDRE DE F. BERTH.

91. La cadrature des montres à répétition, telle qu'on l'exécutait du temps de Berthoud, avait déjà été améliorée et disposée à très-peu près de cette manière par Julien Leroy, dont on a vu ci-devant la répétition pour la pendule, et les articles qui précèdent aideront aisément à l'intelligence du même mécanisme en montre, quoiqu'il soit disposé différemment, tant à cause de l'exiguité de la place, que par la situation forcée des mobiles du mouvement et de ceux du *petit rouage* de répétition subordonné à l'autre comme position. La nécessité de réserver la place de ce petit rouage entraîne aussi quelques déplacements dans le mouvement, dont plusieurs pièces sont nécessairement un peu plus petites dans la montre à répétition que dans la montre simple pour n'employer que le même espace.

92. On reconnaît cette différence dans la fig. 1 de la pl. VII, qui peut servir de calibre amplifié, et qu'il est facile de réduire au moyen de deux échelles. Toutes les pièces apparentes ou tracées simplement dans les deux premières figures, sont celles placées entre les deux platines. A est le barillet du mouvement, contenant le grand ressort moteur ; B est la première grande roue de fusée; C, la grande moyenne dont le pivot de longue tige porte la chaussée de minuterie ; D est la seconde moyenne ; E, la troisième moyenne plate et remplaçant la roue de champ ; F est la roue de cylindre. La potence P, fig. 2, a ici une forme différente de celle de la montre simple et occupe moins de place. Le cylindre, sa roue, son balancier et l'effet de l'échappement sont vus à part, renversés et en perspective dans la fig. 3 sur laquelle nous reviendrons ailleurs. Nous rappellerons seulement que la vue perspective peut aider aux développements des pièces en particulier, mais ne donne plus leurs vraies dimensions comme nous l'avons dit page 91, chap. 1er, celles-ci ne pouvant être bien connues que par le dessin géométral.

93. Le *petit rouage* de répétition est composé de cinq roues, *a*, *b*, *c*, *d*, *e*, et d'un pignon F, seul sur sa tige sans roue : c'est celui qu'on appelle *pignon de délai*, qui ne sert qu'à ralentir le rouage, par sa masse, et par le frottement et le contre-battement de son engrenage ; il tient lieu de volant, quoiqu'il soit dépourvu des ailes de ce dernier. La première roue *a* est de 42 dents ; la seconde *b*, de 36 ; la troisième *c*, de 33 ; la quatrième *d*, de 30 ; et la cinquième *e*, de 25 ; elles engrènent toutes avec des pignons de 6 : ces engrenages sont plutôt destinés à ralentir la course du rouage qui règle la distance des coups de marteau, qu'à produire des menées uniformes ; le bas nombre des roues et des pignons ne le permettrait guère ; mais il suffit ici que les engrenages roulent librement sans cotement ni arrêt, ce qui a lieu quand ils sont passablement exécutés dans leur espèce. Pendant un tour de la roue *a*, le dernier pignon en fait 4812—1/2. Le rochet R sur l'axe de la première roue *a* est divisé pour 24 dents, dont on retranche la moitié, puisque 12 suffisent pour faire frapper les heures: en divisant 4812 par 24, on a 200 tours 1/2 du pignon F, pour chaque dent du rochet R.

94. La première roue de sonnerie *a* reçoit, dans une creusure plate depuis son centre

jusque près du bord de sa denture, un rochet d'acier très-fin fixé sur l'arbre, et un, même souvent deux, petits cliquets et leurs ressorts. Le tout est placé sous le grand rochet R, des 12 heures. Quand on enfonce le poussoir de la boîte, le grand rochet R rétrograde par le tirage de la chaîne de cadrature, sans que la roue *a* tourne, et l'arbre qui porte les deux rochets, arme en même temps le ressort du petit rouage contenu dans le petit barillet B, fixé à la petite platine, fig. 2; ce barillet est centré avec la roue, et n'occupe environ que la moitié de la hauteur entre les platines, l'autre moitié étant occupée par l'épaisseur de la roue *a*, et celle du rochet R. Lorsque la main abandonne ou retire le poussoir, le petit rochet de dessous arc-boute contre ses cliquets et entraîne avec la roue *a* le petit rouage, pendant que le grand rochet R fait frapper le marteau M, dont le bras de levée *m* se trouve alors engagé dans les dents de ce rochet; mais cet effet n'a lieu que quand ce bras de levée a été mis en prise par un ressort *n* fixé intérieurement à la petite platine, fig. 2, et qui agit sur la partie *n* de la levée *m*, fig. 1. L'effet de ce ressort est de ramener le bras *m* dans les dents du rochet, quand ce bras a été dégagé par une pièce de cadrature, comme on le verra plus bas, car dans l'état de repos la levée est hors de prise, et les dents du rochet R pourraient passer sans la toucher.

CADRATURE DE LA MONTRE A RÉPÉTITION.

95. La fig. 4, même pl. VII, représente en plan l'ensemble des pièces d'acier trempées et ordinairement très-polies, qui forment la cadrature et dont l'enchaînement et les effets compliqués intéressent justement les amateurs, lorsqu'après avoir levé le cadran on fait agir la répétition à découvert. Nous allons en passer les pièces en revue en expliquant séparément les fonctions de chacune, puis nous décrirons en une seule fois la suite de leurs effets successifs, lorsque l'on fait sonner la répétition. Cette explication sera assez étendue, mais elle servira aussi à abréger à l'avenir les détails de ce genre. La disposition et la forme des pièces sont ici celles anciennes de Julien Leroy, et diffèrent plus ou moins de celles que l'on varie tant aujourd'hui, avec les nombreuses nouveautés de calibres; mais cette construction-ci est généralement plus simple, plus solide et d'une exécution plus facile; nous donnerons plus tard les changements qu'on y a introduits, dont quelques-uns sont réellement avantageux.

96. La fig. 4, pl. VII, dont nous allons nous occuper, représente l'état de la cadrature, après que l'on a enfoncé le poussoir à midi et un quart; les pièces, dans la situation opérée par ce mouvement, sont prêtes à revenir ensuite à leur place ou au repos; ce moment choisi découvre mieux la forme et position de quelques-unes des pièces qui au repos se trouveraient cachées, et facilitera davantage, d'abord, l'énumération et la description particulière de chaque pièce.

97. Le poussoir de répétition qui tient à la bélière ou anneau de la boîte, est une tige d'acier P, cylindrique en partie, contenue par le canon O de la boîte, dans lequel la tige peut s'enfoncer perpendiculairement vers le centre de la platine, ouverte en cet endroit pour laisser entrer le poussoir. La moitié inférieure de la longueur de celui-ci est en-

taillée en dessous de tout son demi-diamètre, et frotte en entrant, librement, contre le bord d'une plaque d'acier maintenue de champ par deux vis dans l'épaisseur des côtés de la boîte, vis-à-vis du canon dont cette plaque intercepte à moitié l'ouverture, ce qui empêche le poussoir et l'anneau extérieur de tourner sur leur axe ; la suppression du demi-diamètre de la tige est pratiquée pour ce motif, et pour ne pas produire d'épaisseur en dessous de celle de la platine. On a réservé à l'extrémité inférieure *p* un bord saillant demi-circulaire, qui empêche le poussoir d'acier de sortir tout-à-fait de la boîte quand on le retire. La partie ressortie du poussoir, et qui se trouve en dehors, est recouverte presque toute entière d'un canon de même métal que la boîte, canon établi au moyen d'une réduction avec portée de toute la partie visible; en sorte que leurs diamètres extérieurs sont semblables et de niveau, le canon de la boîte étant assez long pour ne pas laisser voir d'acier en dehors. La charnière H rapportée à la platine par 2 vis, est entaillée en dessous et à son milieu pour laisser passer la partie demi-cylindrique du poussoir. Lors donc que celui-ci est retiré complètement jusqu'à son bord d'arrêt, et que la montre a sonné ses heures et ses quarts, s'il y en a, la grande pièce plate d'acier *e c b t y*, qu'on appelle la *Crémaillère*, est appuyée presque tout-à-fait contre la charnière; la vis *y* est le centre de son mouvement angulaire. Dans la figure actuelle, le poussoir est enfoncé à fond pour faire sonner 12 heures et un quart, par conséquent la crémaillère a opéré son plus grand mouvement angulaire, en ayant rapproché ses parties *e c b* du centre de la platine, ainsi que son bras *b* prolongé sur cette platine où toute la pièce appuie à plat, et est maintenue librement par un pont d'acier *b*, Y ; or ce bras *b* est étendu en ce moment dans la direction de 2 à V, et atteint le degré le plus enfoncé du limaçon des heures L, aperçu sous l'étoile 1. Ce point ou degré du limaçon est celui de 12 heures.

98. Au bras *e* de crémaillère est attachée une extrémité de la chaîne *s*, *s*, qui après avoir tourné sur la *Poulie de renvoi* B, revient atteindre vers A G, une autre poulie A que l'on aperçoit en partie sous la *Pièce des quarts* F Q G R. L'autre extrémité de la chaîne est fixée par une cheville à un point de la rainure de cette poulie A, et dans la situation actuelle, la chaîne a déjà fait rétrograder cette poulie, ainsi que le rochet R intérieur, et aussi un doigt *k* rapporté à carré sur le bout du même axe qui porte ces deux pièces, ce doigt est élevé immédiatement au-dessus de la pièce des quarts, tombée en ce moment sur le limaçon des quarts ; mais quand on laisse le poussoir libre, le doigt est ramené par le ressort du petit rouage ; il rencontre alors la cheville *z* de la pièce des quarts, et ramène ce côté de la pièce près du bord de la platine, parce que la pièce des quarts est susceptible de tourner horizontalement sur une broche centrale dont l'on voit le bout vers x'. Il faut donc considérer ici qu'avant que le *poussoir* eût été enfoncé, la partie G de la pièce des quarts était au bord de la platine, et que le doigt *k* était alors appuyé sur la cheville. Ce doigt et le *tout-ou-rien* ayant reculé, la pièce des quarts sollicitée par l'effet du ressort D *x*' est en ce moment tombée sur le premier quart de son limaçon 1, 2, 3, O N; la plus intérieure de ses trois dents, vers G, a déjà dépassé la pointe d'une levée du marteau des heures en *q* ; tandis qu'à l'autre bras F de la pièce des quarts, la plus exté-

rieure des 3 dents a dépassé la levée 14, 6, du petit marteau. Ainsi, la pièce des quarts ramenée de cette position par le doigt *k* agissant sur la cheville *z*, après la dernière heure frappée, ne donnerait ici qu'un quart, produit par un double coup de marteau, du petit d'abord, et presque immédiatement après du gros marteau, pour distinguer les coups des quarts d'avec les coups simples des heures, frappés par le gros marteau seul; on a déjà remarqué aussi que la pièce des quarts n'est tombée que sur le premier degré de son limaçon vers 1. Ces détails se trouvent nécessités ici, vu la situation des pièces déjà déplacées par l'enfoncement opéré du poussoir.

99. La position stationnaire de la pièce des quarts, quand elle est une fois ramenée par le doigt K, est maintenue pendant le repos de la cadrature, par l'accrochement d'un bras *m* sur l'extrémité *y'* du Tout-ou-rien *y' x* I V *i* T; cette extrémité étant susceptible d'un petit mouvement de recul et de retour pour produire cet effet, décrit plus loin.

100. Le long ressort D x' ayant sa patte en D, est toujours en tendance ou effort d'action sur la cheville x' de la pièce des quarts, et la fait tourner subitement et frapper de son talon d'équerre en 1 sur le limaçon des quarts, dès que le poussoir a fait appuyer la crémaillère sur le tout-ou-rien, et décrocher la pointe *m* d'avec l'extrémité *y'*; et avant que cette action du tout-ou-rien ait eu lieu, on conçoit que le recul du doigt k qui abandonne la cheville z, ne suffit pas pour faire tomber la pièce des quarts, puisqu'elle est encore retenue par le tout-ou-rien.

101. Quand le limaçon des quarts présente sa 2e ou 3e entaille, la pièce des quarts descend d'autant plus bas, et fait passer deux dents, ou ses trois dents de chaque bras, devant les levées des marteaux, ce qui produit à son retour deux quarts ou trois quarts, toujours par doubles coups.

102. Le limaçon des quarts 1, 2, 3, O N est fixé à demeure et en dessous, au pignon de chaussée 2, 3, qui tourne, comme on sait, en une heure, et porte encore au-dessous sa surprise 3 Z O N, destinée à prévenir l'erreur des trois quarts lors du changement d'heure, ainsi que nous l'avons expliqué à cet article de la pendule à tirage (83). Le mouvement de la surprise est borné par le jeu de la cheville N de surprise dans la mortaise O du limaçon. Un mentonnet porté encore plus bas, c'est-à-dire en dessous, par la surprise, et qu'on ne voit pas ici, pénètre à chaque tour d'une heure, entre deux des 12 dents de l'étoile E du limaçon des heures; on a déjà vu que cette étoile saute ainsi d'heure en heure au moment de 60 minutes au moyen du sautoir (ici d'une seule pièce, avec son ressort) en S T H'; l'étoile est adhérente sur un canon d'acier du limaçon des heures au moyen de deux vis, et la dernière partie de leur mouvement fait avancer la surprise, de tout le jeu permis à sa goupille, dans la mortaise du limaçon des quarts, comme dans les pendules précédentes.

103. La cheville à tige du Tout-ou-rien en V, sert d'axe au limaçon des heures centré sur l'étoile, et le bout du canon d'acier du limaçon, qui roule sur cette tige et dépasse en dessous, entre dans un trou un peu ovale de la platine qu'il affleure en dedans, pour régler la quantité de recul du tout-ou-rien sous la pression de la crémaillère; un ressort en *i x*, fixé en *i* au-dessus du tout-ou-rien, appuie par le bout *x* sur un plot fixé à

la platine, et ayant, au-dessus d'une portée, une sorte de pivot qui pénètre aussi dans un trou oblong de l'extrémité x du tout-ou-rien. Ce ressort ramène ainsi le tout-ou-rien à sa place après la pression momentanée de la crémaillère. La portée du plot soutient le bout x de la pièce, et une entaille qui reçoit le bout du ressort empêche cette pièce de s'éloigner de la platine. Le mouvement angulaire très-borné de cette espèce de cage a son centre sur une tige en T, qui peut osciller un peu dans un plot d'acier fixé à la platine, et une clé à vis y retient le jeu en hauteur du tout-ou-rien, qui, sous ce rapport, n'a juste que la liberté de son petit mouvement angulaire. C'est ce retour du tout-ou-rien, produit par le ressort $i\,x$, qui fait accrocher le bras m de la pièce des quarts sur l'extrémité y' du tout-ou-rien. L'accrochement a lieu, lorsque le doigt k, après la dernière heure frappée, atteint la cheville de la pièce des quarts et la ramène vers le bord de la platine, en faisant frapper les quarts, s'il y en a. Au retour du bras m, un autre bras courbe u, de la même pièce, arrive sur le bout de la tige 1' de levée intérieure des heures, et en la faisant reculer, met la levée intérieure hors de prise du rochet R. Ainsi, lorsque le poussoir fait d'abord reculer le doigt k par le tirage de la chaîne, la pièce des quarts sollicitée par son ressort D x' ne tombe pas, tant que la crémaillère n'a pas fait reculer le tout-ou-rien, et il n'y a ni heure ni quart de frappés parce que la pièce des quarts n'a point encore été dégagée et que la levée des heures n'est pas en prise. Il faut donc que le tout-ou-rien ait reculé, et que le poussoir ait appuyé à fond sur le limaçon des heures, pour que la pièce des quarts tombe sur son limaçon des quarts et que la levée mobile du marteau rentre en prise, ce qui fait sonner alors avec certitude le nombre d'heures et de quarts. C'est cette combinaison ingénieuse qui a fait donner à la cage particulière et un peu mobile de l'étoile et du limaçon des heures, le nom de *Tout-ou-rien*. L'ouverture circulaire que l'on voit en T près du centre de mouvement du Tout-ou-rien, n'est pratiquée que pour laisser passer le carré de la fusée pour le remontage. La partie équarrie de l'arbre de fusée ne descend pas tout-à-fait au niveau du Tout-ou-rien, ce qui empêche la clé de remontage de toucher à cette pièce. L'invention du *Tout-ou-rien* est attribuée à JULIEN LEROY.

104. Parmi les principales pièces de la cadrature il faut aussi remarquer les levées extérieures des marteaux, destinées à faire frapper les quarts; ces pièces très-ramassées, de dimension très-petite, de forme assez difficile, ont à remplir des fonctions subtiles, au moyen de ressorts délicats, et exigent beaucoup de précision; de justesse et de liberté. Les détails de forme et d'exécution de ces levées seront réunis dans la main-d'œuvre, comme ceux de tant d'autres pièces, avec des figures particulières de renvoi. Il suffira d'indiquer ici sommairement les principaux effets dans la cadrature, des deux levées extérieures dont il s'agit seulement ici.

105. On voit en $2q$ la levée du gros marteau, et en 5, 6, 14, celle du petit marteau, fig. 4, pl. VII. Elles diffèrent assez de celles de la pendule et sont autrement situées. Chacune des levées a ici la forme à peu près de deux virgules placées l'une au-dessus de l'autre et à pointes divergentes, bien que de la même pièce; elles sont montées librement sur le bout de chaque pivot des marteaux, avec portée à ces pivots, pour que

les levées ne touchent pas à la platine, étant retenues en hauteur par l'appui de ressorts très-faibles qui ne sont pas représentés ici, mais le seront ailleurs; ils pressent dans certaines entailles dont la direction fait revenir les levées sur les points voulus quand les dents de la pièce des quarts, en tombant, les font renverser. Les virgules supérieures des levées sont attaquées par les dents de la pièce des quarts dans son retour après sa chute, de manière à faire lever et frapper les marteaux. Mais quand la pièce des quarts tombe, ces levées cèdent comme un encliquetage pour se trouver ramenées en prise par leurs petits ressorts, au retour de la pièce des quarts. La virgule inférieure, bien que de même pièce que celle de dessus, dans chaque levée, atteint une cheville de marteau qui sort par une ouverture oblongue de la platine pour que celui-ci puisse être élevé lorsqu'il s'agit de le faire frapper. Les virgules supérieures sont de forme à peu près semblable, à la dimension près, dans les deux levées, mais leurs virgules inférieures sont un peu différentes, comme on le voit dans la fig. 4 en plan; leurs profils se trouveront ailleurs pour l'exécution.

106. Il résulte des détails précédents que le gros marteau des heures a deux levées mobiles, une intérieure entre les platines, qui engrène avec le rochet R, et dont une branche coudée vient sortir au-dessus de la platine, et est laissée libre ou mise hors de prise, suivant le cas, par le bras courbe *u* de la pièce des quarts; cette levée intérieure ne sert qu'à faire frapper les heures; l'autre levée est celle 2. *q*. extérieure, et destinée uniquement à faire frapper le gros marteau pour les coups forts des quarts. Le petit marteau, qui ne sert qu'à doubler les coups des quarts pour les distinguer, n'a qu'une levée extérieure sur le bout de son pivot.

107. Chaque marteau est une masse contournée de manière à passer entre les vides des mobiles, pour exécuter son mouvement angulaire sans toucher aucune pièce : le marteau M peut en donner une idée. Il semble découpé et entaillé d'une manière irrégulière et bizarre, motivée néanmoins par son passage dans le rouage et par la nécessité de conserver au marteau le plus de masse possible. Le poids y était d'autant plus nécessaire que, dans les répétitions anciennes, dites *à tac*, les coups ne portaient que sur un plot soudé intérieurement à la boîte, lorsque *Julien Leroy* eut supprimé le timbre, pour donner toute la place de la boîte au mouvement et le garantir de la poussière que laissaient entrer les ouvertures ou trous destinés à transmettre le son du timbre. Dans les temps modernes, on a imaginé des ressorts-timbres qui n'exigent pas d'ouverture ni de hauteur, mais qui prennent encore de la largeur sur la platine. Avec les timbres, comme avec les ressorts-timbres, les marteaux n'ont pas besoin d'être aussi volumineux et lourds. Mais quelques artistes préfèrent encore la disposition *à tac* de Julien Leroy, et nous nous rangeons aussi à leur avis.

108. Les deux marteaux sont renvoyés par de forts ressorts particuliers en 3 *r*, pour le gros marteau, et en 4, 7, pour le petit. Un des ressorts de levée 10, 14, a sa patte attachée sous celle du ressort D de la pièce des quarts : mais il est mieux de placer cette patte ailleurs. Les autres petits ressorts de levée n'ont pas été figurés pour éviter la confusion : ils seront reproduits dans une autre figure. Le sautoir STH' est d'une seule pièce avec son

ressort. Un sautoir séparé, roulant sur une tige avec son ressort à part, est souvent pratiqué de préférence. On fait quelquefois opérer deux fonctions ou trois par le même ressort; mais presque toujours désavantageusement. Il vaut mieux que chaque pièce séparée opère une seule fonction, ordinairement mieux remplie. Il en est de même des outils compliqués, propres à exécuter plusieurs opérations ou à former des pièces différentes; celles-ci y sont moins exactement confectionnées que par les outils qui leur sont spécialement et uniquement destinés. Le ressort 1' W est celui du verrou, dit *de cadran*, et mieux de platine, puisqu'il sert à retenir la grande platine et le mouvement dans la boite. La pièce 8, 2, est ce qu'on appelle un contre-ressort, elle sert à retenir, par le moyen de sa tige en 2, le coup du marteau qui vient appuyer élastiquement sur le contre-ressort, avant que la tête du marteau n'atteigne, ou le plot de la boite, ou le timbre, ou le ressort-timbre. Cet effet rend le coup plus net, et empêche les contre-battements. Il y en a un aussi au petit marteau; mais il est ici supposé sous la platine. On le met plus habituellement aujourd'hui en dessus comme le précédent. Ces contre-ressorts sont mobiles vers leur milieu, sur une vis à portée, avec un peu de frottement; et le bras, opposé à celui qui reçoit le coup de marteau, est ordinairement retenu par une vis de rappel ou de pression, placée latéralement dans l'épaisseur de la platine ou autrement, suivant la disposition variable et peu importante, pour régler le degré auquel le coup de marteau doit être comme intercepté en partie, sans toutefois cesser de frapper au point voulu.

109. Après avoir décrit ci-dessus une partie des détails fort multipliés de forme et de fonctions des pièces d'une quadrature de répétition, détails encore incomplets, malgré les articles répliqués pour soulager la mémoire du lecteur, et dont plusieurs ont été déjà indiqués dans les pendules à tirage, mais auxquels l'intelligence naturelle de l'artiste aura encore beaucoup à suppléer, nous allons récapituler sommairement l'effet général.

110. Lorsdonc que l'on enfonce le poussoir, doucement, comme il convient toujours, un des bouts de la crémaillère avance vers le centre de la platine et tire la chaine *s*, *s*, qui, repliée sur la poulie de renvoi B, va aboutir à la poulie A, qu'elle fait rétrograder, ainsi que le doigt *k*, ainsi que le rochet R de l'intérieur, plus le rochet d'encliquetage de la première roue du petit rouage, plus le noyau où est accroché le centre du ressort moteur, qui en est armé d'autant, et plus qu'il n'était déjà (ces cinq pièces sont fixées au même axe). Quand, disons-nous, dans ce mouvement, le bras *b*, *f* de la crémaillère atteint un degré quelconque du limaçon des heures, sans toutefois le faire reculer, si l'on abandonne ou retire le poussoir, on n'entend aucun coup, parce que la levée intérieure des heures et du grand marteau est hors de prise, par l'effet de la pièce des quarts restée près du bord de la platine et par les autres raisons qui s'ensuivent et ont été dites. Il n'y a point non plus de coups des quarts, puisque la pièce des quarts n'est point tombée, quoique le doigt *k* ait abandonné sa cheville en rétrogradant. On n'entend donc rien que la course du rouage, qui ne s'en fait pas moins, et sans aucun autre résultat. Mais, si le poussoir est assez enfoncé pour faire reculer le tout-ou-rien, alors le bras *m* de la pièce des quarts est dégagé du bout *y*' du tout-ou-rien, et la partie QGR

de cette pièce, sollicitée en x' par le ressort D, toujours armé, fait tomber subitement son bras ou talon en 1, sur le limaçon des quarts, et ici dans la figure sur le degré du premier quart. Dans ce mouvement, la première dent intérieure de la partie G a dépassé seule la levée extérieure du marteau des heures, et la première dent la plus extérieure F de l'autre côté s'étant rapprochée du bord de la platine, a dépassé seule aussi la levée 6 du petit marteau, en faisant céder un peu ces deux levées et leurs ressorts qui les ont ramenées subitement en prise. Le bras *u* de la pièce des quarts a aussi dégagé la cheville coudée de la levée intérieure du gros marteau, que le ressort intérieur de la petite platine en *r* fig. 2, ramène aussi en prise : c'est ce que représente l'état actuel dans la figure. Alors le poussoir étant abandonné ou mieux retiré, le ressort fait courir le rouage, le rochet R fait sonner le nombre d'heures voulu, suivant le nombre de dents qui ont rétrogradé, d'après l'enfoncement du degré du limaçon des heures, et ces heures sont frappées par le gros marteau. Pendant ce temps, le doigt *k* revient sur lui-même, et après la dernière heure frappée, moyennant un intervalle suffisant pour frapper 2 quarts de plus s'il en était besoin, il atteint finalement la cheville *k*, et ramène la pièce des quarts en faisant frapper par deux coups le seul quart permis par le degré actuel de chute sur le limaçon central. De ces deux coups de marteau celui du petit précède toujours l'autre, mais de très-peu, de manière à faire entendre un double coup, c'est-à-dire un coup faible et précipité sur un plus fort, sur celui du gros marteau des heures. Au moment où ce double coup est frappé, le bras *u* de la pièce des quarts rencontre et repousse la cheville coudée de la levée intérieure en I', et la met hors de prise pour établir le premier silence du poussage suivant, si le tout-ou-rien n'y fonctionne pas, et en même temps le bras *m*, qui, dans son retour, a fait reculer un peu le bout R y', du tout-ou-rien, ramené de suite par son ressort *i*, se trouve accroché par l'extrémité y', de sorte qu'en faisant enfoncer de nouveau le poussoir et rétrograder le doigt K, sans faire assez reculer le tout-ou-rien, aucun marteau ne frappe, parce que la pièce des quarts ne peut tomber qu'elle ne soit dégagée de l'accrochement en y' par le recul du tout-ou-rien, et que celui-ci n'a lieu que quand la crémaillère enfoncée à fond, a fait reculer un peu, avec le limaçon, l'étoile et le sautoir, ce même tout-ou-rien qui leur sert de cage, et qui, sans ce dernier mouvement, retiendrait toujours la pièce des quarts immobile, comme il a déjà été dit ci-dessus.

111. On conçoit aisément que si, avec la position de l'aiguille de minute, d'accord avec le limaçon des quarts, celui-ci présente son degré 2, la chute de la pièce des quarts étant plus profonde, il passe deux dents de chaque extrémité, en avant des levées extérieures, et pour le troisième degré, trois dents, qui au retour font frapper autant de coups doubles que l'aiguille marque de quarts. Immédiatement après le changement de l'heure, le limaçon des quarts présente son quart de cercle le plus élevé, celui *h*, et dans ce cas, la pièce des quarts qui le rencontre ne descend pas assez bas, ses dents ne dépassent point les levées, et il n'y a point de quarts. La pièce des quarts est assez relevée par le doigt *k*, pour n'être point rencontrée par ce quart de cercle, et en est même encore à une petite distance suffisante, pour y faire une chute modérée dont le seul effet dégage la

cheville 2 et sa levée intérieure, afin que les heures puissent être sonnées sans quarts, parce que la quantité de chute n'est pas assez grande pour que la première dent de chaque bras de la pièce des quarts passe devant chaque levée extérieure; alors l'heure quelconque sonne, mais elle n'est point suivie de quarts, comme on vient de le dire.

112. On comprend aussi que la pièce des quarts étant ramenée à sa station d'accrochement, par le doigt *k*, qui reste ensuite appuyé sur la cheville Z, la poulie A s'est renveloppée de la chaîne et a fait remonter la crémaillère tout près de la charnière du mouvement A, c'est-à-dire en contact avec le poussoir par son talon *t*, qui est une pièce de rapport *t* C *y*, laquelle double cette partie de la crémaillère, et lui procure plus d'épaisseur en la fortifiant; la partie demi-circulaire *t* est entaillée, et son excès d'épaisseur en dehors de la crémaillère qu'elle dépasse, assure la rencontre et la menée de l'extrémité *p* du poussoir.

113. L'effet des principales pièces de la cadrature en action, paraît au premier coup-d'œil assez commodément indiqué en perspective sur une seule ligne, dans une autre figure supplémentaire de l'essai de Berth.; mais en l'examinant mieux, on y trouvera des erreurs et des contre-sens qui nous forcent de renoncer à la reproduire. Les pièces y sont vues renversées, et les faces qui frottent à plat sur la platine sont en dessus dans la figure; ce ne serait là qu'un embarras de plus pour le lecteur, mais ce qui importe davantage, c'est que plusieurs mouvements sont indiqués à contre-sens; il aurait fallu, dans ce renversement des surfaces, que la crémaillère fût à la place occupée par le marteau des heures, et disposer aussi autrement les diverses pièces, dont la position est fausse et ne pourrait qu'induire en erreur, comme on peut s'en assurer en examinant attentivement cette figure dans l'ouvrage. Il semblerait que l'artiste ne fût pas assez versé dans la perspective, ni le dessinateur assez horloger ou mécanicien, comme il arrive souvent. L'auteur même paraît néanmoins s'en être aperçu après coup, car il a supprimé toute explication de cette figure, qui porte des lettres de renvoi, dont il n'est pas fait mention dans le texte. Il l'a peut-être laissée, parce qu'elle flatte l'œil avec une certaine apparence de clarté, ou parce qu'elle se trouvait gravée avant que l'on se fût aperçu de l'inexactitude. Nous avons dit ailleurs que la perspective n'est guère propre à représenter l'ensemble des pièces mécaniques, à moins que pour un premier aperçu, qu'elle n'en peut donner les vraies dimensions, et qu'on n'y peut prendre aucune mesure en rapport exact avec d'autres. On peut cependant employer quelquefois ce moyen, et nous n'y renonçons pas, mais il faut toujours en produire le plan géométral et les élevations et profils, qui seuls s'accordent juste avec l'explication et l'exécution. Nous n'avons point donné ici de profil, parce que la plupart des pièces sont à plat sur la platine et souvent de même épaisseur et hauteur. Il en est néanmoins quelques-unes qui passent au-dessus d'autres, mais elles sont faciles à distinguer dans le plan général. D'ailleurs les amateurs et tous ceux qui voudront prendre plus facilement une idée de la cadrature, auront plutôt fait de faire lever le cadran d'une montre à répétition et d'en faire fonctionner lentement les pièces à plusieurs reprises. Ce moyen plus sûr et plus commode a déjà été indiqué quelque part et avec raison. Les élèves et les artistes

habitués aux calibres concevront suffisamment les effets d'après le plan et l'explication. Rien n'empêche d'ailleurs de réunir les deux moyens. Nous prenons occasion de faire observer ici que l'on est souvent paresseux de lire le texte et d'en suivre les renvois détaillés aux figures, et que l'on se contente trop fréquemment d'observer superficiellement les planches : ce moyen n'est pas celui d'une bonne instruction. Nous avons déjà dit que le dessin et la gravure ne peuvent pas toujours donner exactement certains détails que l'explication écrite peut seule préciser. Si la description a souvent besoin de planches, celles-ci, à leur tour, ont souvent besoin de l'explication : les deux moyens doivent être consultés ensemble; on a vu des opuscules assez récents copier sans discernement les fautes d'anciennes planches, comme aussi des erreurs du texte, ce qui prouve qu'il faut examiner, étudier, lire et réfléchir sur son travail, et dans toute étude quelconque, et ne pas observer superficiellement.

114. Les pièces de cadrature sont toujours très-minces, et ne prennent de solidité que dans leur largeur, afin d'occuper moins de hauteur sous le cadran; il s'ensuit qu'elles doivent être ajustées sur leurs centres de mouvement avec une précision qui en prévienne le déversement, car elles ne peuvent agir les unes sur les autres que par leur épaisseur coupée bien carrément, etc. C'est un talent particulier des *cadraturiers*, dont nous parlerons ailleurs, en traitant spécialement des répétitions, de leur repassage et rhabillage, de leurs défauts à prévenir ou à corriger, etc.

115. Nous n'avons pas suivi dans notre explication celle de Berthoud plus abrégée, mais qui nous a paru très-insuffisante, et à laquelle on ne pouvait guère ajouter, sans y porter de la confusion, comme nous l'avons aperçu en voulant user d'abord de ce moyen. Nous avons préféré la méthode d'expliquer en détail les fonctions de chaque pièce à part, dans une énumération suivant l'ordre de leurs effets autant que possible, puis de décrire l'effet total de suite : cette marche s'allonge par l'explication préparatoire de chaque pièce, qui exige de l'attention, de la patience et de la mémoire ; mais le résultat pour la clarté et l'intelligence en est plus facile et plus sûr.

116. Nous n'avons pas fait mention de la minuterie, qui n'est pas représentée dans le plan, où elle aurait trop couvert les pièces de cadrature; hors le limaçon, elle est comme dans la montre simple. Le point marqué 12 dans la figure est la broche ou tige vissée dans la platine, et à portée assez haute, pour maintenir au-dessus de la crémaillère la roue de renvoi de 36 dents, menée par le pignon de chaussée de 12. Le pignon de renvoi est de 10 et mène la roue de canon de 40, en sorte que la chaussée portant l'aiguille de minutes, a 12 tours à faire pour en produire un de la roue de canon portant l'aiguille des heures. C'est la disposition ordinaire et le meilleur nombre simple de la plupart des bonnes minuteries de montre. Les pignons de 10 à la chaussée, de 8 ou de 6 au renvoi, avec des nombres analogues aux roues, ne mènent pas aussi également.

117. Le bord de la grande platine est entouré d'une bâte ou cercle de laiton, avec feuillure pour recevoir ce bord, et le tout est maintenu par trois clés interieures à vis dont les têtes pénètrent dans de petites creusures au-dedans de la bâte; l'effet de celle-ci est de soutenir le cadran assez élevé pour le jeu des pièces de cadrature, et pour la

hauteur de minuterie augmentée par les pièces qui passent dessous. On y pratiquait jadis un *faux cadran*, comme celui de la pendule du chapitre II, avec trois courts piliers, et sans emboîtement sur le bord de la platine. La *Bâte levée* du mouvement en tient lieu aujourd'hui; cette amélioration est encore attribuée avec tant d'autres à *Julien Leroy*. C'est dans l'épaisseur de la bâte que sont placées souvent, sur le côté, les vis de rappel des contre-ressorts, celles des pieds de cadran, le passage du bras de *sourdine*, etc. Des parties du bord intérieur de la bâte s'avancent quelquefois vers le centre, servant comme de ponts au-dessus de la cadrature, pour recevoir les pieds du cadran, ou la vis qui l'attache, ou pour maintenir d'autres pièces. On a aussi, dans les derniers temps, tenu la grande platine assez épaisse pour creuser dans son épaisseur et sur le *Tour* la place de la cadrature, en réservant tout autour de cette creusure, dont le fond est plat et droit, un bord propre à supporter et quelquefois même à embrasser les bords du cadran; alors les parties saillantes ci-dessus sont remplacées par de véritables ponts. Les *Monteurs de boîtes* appellent aussi *bâte*, la gorge d'une boîte de montre, sur laquelle appuie à nu le bord ressortant du cadran de la montre simple : les orfèvres donnent le même nom à cette partie d'une boîte quelconque qui entre dans un couvercle. Le mot *gorge* pourrait éviter l'équivoque, mais l'usage est, dit-on, le tyran des langues, et il n'y a guère moyen de lui demander raison.

118. Il est utile et commode que le poussoir d'une répétition soit facile et doux à enfoncer, qu'il soit d'une médiocre longueur, et que les coups de marteau des pièces *à tac* soient forts, secs et nets. Les deux premières conditions dépendent du point de levier où le poussoir agit sur la crémaillère, et de la résistance du *ressort moteur* de *petit rouage* : ce que l'on y gagne en facilité est ordinairement perdu en raccourcissement du poussoir. Quant à la force du coup de marteau, effet direct du ressort particulier de celui-ci, elle est limitée aussi par la force du principal *ressort moteur* ci-dessus. Car il est évident que c'est l'excédant seul de la force nécessaire à mouvoir le rouage, qui peut être employé à vaincre la résistance du ressort de marteau. Dans les anciennes répétitions *à Tac*, les coups étaient secs, nets et forts, sans que le poussoir fût dur à enfoncer, ni trop long. Un poussoir trop doux aurait aussi des inconvénients. Les *petits rouages* soignés ont souvent en place du *pignon de délai* un petit échappement à ancre, adapté dans l'origine par Julien Leroy, et dont les vibrations sont fort rapides; l'axe de l'ancre porte même aussi quelquefois un petit pendillon, espèce de fourchette, dont les vibrations ont leur étendue plus ou moins réduite par un obstacle que leur oppose le *vite-et-lent*. Ce moyen est bien moins sujet à varier de vitesse du chaud au froid, ainsi que par les divers degrés de tension du ressort moteur, que le rouage à simple pignon de délai; mais ces détails seront développés dans la répétition du calibre *Lépine*, où l'on avait adopté généralement l'ancre de Leroy.

119. Nous ne pouvons terminer ces articles déjà si longs concernant la répétition, sans y joindre les dernières observations qui suivent (1). On vient de voir quatre

(1) A la page 160 ci-dessus (art. 86), au lieu de pl. I, fig. 6, lisez : pl. V, fig. 2; et page 162, ligne dernière, au lieu de pl. VI, lisez : pl. V.

exemples de la répétition à tirage en pendule, et un de la répétition en montre. Il paraît que la première invention fut d'abord sans *surprise* pour la sûreté du changement d'heure et des quarts, comme sans tout-ou-rien pour celle du nombre d'heures; le premier des deux moyens, également ingénieux, est aussi attribué à *Julien Leroy*, comme on l'a déjà dit du second. La première cadrature tirée de l'ouvrage du P. Alexandre, et la deuxième de Julien, n'ont point de tout-ou-rien, ni de doubles marteaux pour les quarts; on ne commence à en trouver que dans le troisième exemple de la pendule, faite pour Louis XV; nous avons fait copier exactement les deux premières figures anciennes, et la troisième est tracée d'après l'édition originale de 1738, faite sous les yeux de l'auteur, et nous avons déjà donné à ce sujet plusieurs explications. Mais comme il serait souvent trop fatigant pour le lecteur de tout lui dire de suite sur chaque pièce, nous nous en sommes reposés sur le résultat des descriptions successives du même sujet, qui se corroborent en se suppléant mutuellement sur divers points. A la suite de ces trois pièces, vient la quatrième de Ferdinand Berthoud. Nous joignons à sa description du rouage la copie exacte de la planche qu'il en a donnée; nous avions dit que l'explication des détentes manquait dans cette partie du texte où il était assez naturel de les placer; l'auteur y a suppléé dans les articles de main-d'œuvre, et nous renverrons aussi ces détails à nos chapitres du même genre, mais avec quelques remarques nécessitées par l'incorrection des figures, qui sont fort mal rendues et placées souvent sous un faux point de vue. La disposition réelle même de ces détentes n'est pas heureuse, et l'on a fait mieux depuis. Nous n'avons pu hasarder ici des corrections dont nous n'avions pas le modèle, qui aurait du moins pu être suppléé facilement par ces figures, si elles eussent été plus exactes. Ceux qui sont trop prévenus en faveur de l'*Essai*, pourraient reconnaître par cet exemple et bien d'autres, que cet ouvrage était déjà assez incomplet dans son temps, indépendamment de son insuffisance actuelle si prononcée. Il n'en était pas moins préférable aux livres antérieurs de ce genre, et même à tous ceux de son temps, où le sujet de l'horlogerie était souvent traité uniquement pour augmenter la réputation de l'auteur. Berthoud avait su se rendre plus directement utile; mais les progrès de l'horlogerie ont beaucoup vieilli cet ouvrage : et plusieurs parties en sont aujourd'hui bien surannées. Néanmoins, comme bon nombre d'articles de cet auteur sont toujours excellents, nous aurons soin de les recueillir, et le lecteur, en trouvant ici tout ce que l'expérience subséquente a reconnu de juste dans Berthoud, se trouvera en même temps préservé des erreurs de cette époque.

120. On trouve dans ces quatre figures placées suivant l'ordre historique, les dispositions fondamentales de la répétition de la montre, plus compliquée, et l'explication de celle-ci achève d'éclairer la question; c'est pour la compléter tout-à-fait que nous ajouterons ici quelques autres développements utiles.

121. 1° La fig. 1 de la pl. V représente, comme on sait, le revers de la platine des piliers, côté du cadran ; la minuterie s'y compose à l'ordinaire des roues T de chaussée et X de renvoi, dont le pignon mène la roue *de canon* ou *des heures*, non représentée.

Le canon de chaussée qui a son carré pour l'aiguille des minutes sur le centre prolongé de la roue T, porte au-dessus de cette même roue le limaçon des quarts rivé sur une portée, à une distance suffisante de la roue T pour que ce limaçon des quarts passe même au-dessus de l'étoile du limaçon des heures ; quant à celui-ci, il est placé assez haut pour ne pas rencontrer la surprise. Le limaçon des quarts est vu à part à droite et hors de la platine, vers le haut de la planche ; au-dessous de ce développement séparé, on voit aussi à part la surprise K R ; ces deux développements sont supposés avoir fait trois quarts de tour en avant de plus que les deux mêmes pièces de la fig. 1, où la surprise enfilée sur le canon de chaussée, et portée librement sur le limaçon des quarts, est maintenue en place avec un très-petit jeu, par une virole placée à frottement dur sur le canon de chaussée. La surprise porte en dessous une cheville, dont on aperçoit le côté de rivure sur le développement séparé. Cette cheville est assez longue en dessous de la surprise, non-seulement pour pénétrer au travers de la mortaise du limaçon (que l'on voit au-dessus et qui n'est pas ici tout-à-fait assez étendue), mais même pour la dépasser encore d'un peu plus que l'épaisseur des dents de l'étoile A. La longueur de la mortaise du limaçon des quarts permet à la surprise et à sa cheville un certain mouvement libre angulaire de *va-et-vient*, d'environ quarante-cinq degrés, ou à peu près de l'étendue d'un demi-quart du cadran. Le limaçon des quarts passe, comme il a été dit, au-dessus de l'étoile, à peu de distance, mais assez pour ne pas y toucher dans l'ébat des pièces en hauteur. La partie de la cheville de surprise qui dépasse en dessous le limaçon des quarts, pénètre à chaque révolution d'une heure de celui-ci, entre deux dents de l'étoile, lesquelles se rapprochent entre elles vers le centre, et au moment où la cheville y engrène le plus avant, qui est celui du changement de l'heure et des quarts, cette cheville ne trouve plus entre les dents de l'étoile qu'un léger ébat, c'est-à-dire qu'elle s'y trouve presque juste à l'espace, et sans y être gênée. On a vu précédemment comment la dent de l'étoile, poussée alors par la cheville qui reste appuyée au fond de sa mortaise, et tourne peu à peu, du même mouvement que le limaçon des quarts, la chaussée et l'aiguille de minutes, fait parvenir une des deux autres dents de l'étoile pressées par le sautoir, jusqu'à l'angle de celui-ci ; après quoi l'élasticité du ressort de sautoir et l'autre plan incliné de ce dernier, achèvent de faire parcourir subitement à cette dent l'autre moitié du chemin, pour que le sautoir revienne au repos. On conçoit, d'après cela, comment du côté de la surprise, la cheville ayant mené sa dent de l'étoile jusqu'à moitié, celle des dents qui est en arrière de la cheville, achevant aussi par l'effet du sautoir l'autre moitié de son chemin, pousse tout-à-coup cette cheville en avant, de toute la longueur de la mortaise du limaçon, et avec la cheville, la surprise dont la partie la plus haute empêche le bras L de la pièce des quarts de tomber encore dans l'entaille des trois quarts, après que l'heure vient de changer ; or, ce mouvement subit en avant est éprouvé en même temps par le limaçon des heures fixé à l'étoile, et c'est ce qui assure subitement aussi le changement du degré de l'heure ; ainsi, au moment du tirage du cordon V, le bras du rateau ne peut pas accrocher l'angle qui sépare les degrés, et accuse alors l'heure avec certitude. C'est pour éclaircir cet effet subtil de la surprise que nous revenons sur cet article, peu compris quelquefois, et que nous avons ajouté les deux pièces de développement à côté de cette figure première. Dans cette cadrature, l'étoile est un peu trop éloignée du centre de la chaussée, pour la pénétration de la cheville, et les dents de l'étoile sont trop courtes et trop obtuses. On les fait aujourd'hui bien plus aiguës et plus profondes.

122. 2° Dans la fig. 2, même pl. V, la surprise qui doit y produire les mêmes effets n'est pas tout-à-fait disposée de même; elle se trouve ici en dessous du limaçon au lieu d'être au-dessus; mais son mouvement angulaire est de même borné dans la mortaise au moyen d'une petite vis à tête et à portée, en place de cheville. La surprise porte alors en dessous un plot fixe, un peu plus saillant vers la platine que l'épaisseur des dents de l'étoile; ce plot pénètre de même entre deux dents de l'étoile, avec l'ébat nécessaire pour produire le changement connu. La surprise passe alors immédiatement au-dessus et très-près de l'étoile. Dans la position de ces pièces, fig. 2, le plot inférieur, que le limaçon et sa surprise ne laissent pas voir, commence à atteindre une dent de l'étoile, celle qui doit être menée d'abord; aussi la surprise libre se trouve-t-elle repoussée, ainsi que la vis qu'elle porte, vers le fond opposé de la mortaise: les deux parties les plus élevées de la surprise et du limaçon sont ainsi l'une sous l'autre, et leurs bords s'affleurent exactement. On a indiqué dans la cadrature de la fig. 2 cette duplication d'épaisseur, au bord latéral du grand degré du limaçon, par trois lignes ou rayons parallèles, qui indiquent ces deux épaisseurs, comme vues en perspective, pour cet endroit seulement.

123. Mais dans le développement ajouté à côté, à droite, de la fig. 2, vers le bas de la planche, le mouvement de l'étoile étant supposé opéré, la surprise est avancée sous le limaçon de toute la quantité angulaire permise par la mortaise, dont la tête de vis occupe l'autre extrémité, parce que la dent de l'étoile du côté du sautoir ayant achevé tout-à-coup la deuxième partie de sa route, a fait pousser en avant le plot de la surprise, par la dent d'étoile qui était derrière lui, comme on l'a déjà expliqué de la cheville dans la fig. 1. Ce plot qu'on ne peut voir parce qu'il est en dessous de la figure, est indiqué dans le développement par un petit cercle ponctué; sa place se règle de manière qu'au moment du changement subit opéré par le sautoir, l'aiguille des minutes soit sur 60' et que le dernier tiers environ du grand degré du limaçon des quarts soit alors sous le point de chute du bras L de la pièce des quarts. C'est donc par ces moyens combinés que se trouvent prévenus, et l'arriéré accidentel des trois quarts au point de 60' marqué par l'aiguille, ou même avant ce point, et l'incertitude du degré du limaçon des heures qui change aussi à la fin de l'heure, époque que l'on appelle le *moment critique* de la répétition.

124. 3° La fig. 5 au bas de la planche dans l'angle à droite, représente à part et au trait le bras brisé ou mobile L de l'ancienne pièce des quarts en forme de main, de la fig. 1. Ce bras est vu en plan et a son profil à côté, où le retour d'équerre du bas est supposé en dessous et comme s'enfonçant dans la planche, en sorte que, des deux

lignes montantes de ce profil, celle qui est à droite appartient à la face du dessous qui regarde la platine des piliers.

125. 4° Les deux développements à part des limaçons des quarts des figures 1 et 2, sont plus réguliers que dans ces figures calquées sur les anciens dessins de l'époque. La cadrature simple et sans tout-ou-rien de la fig. 2 est la moins irrégulière des trois.

126. 5° Le dessin de la fig. 3 présente encore plus d'inexactitudes que les précédents, principalement dans la disposition du rochet des heures, qui devrait avoir son cercle denté plus exactement concentrique au carré de l'arbre, et dans celle des levées, trop éloignées de leurs ressorts mal indiqués, et autres parties paraissant avoir été mal entendues jadis par le dessinateur. La gravure originale en est très-grossière, comme la plupart de celles de ce temps. Le bas du calibre a moins d'irrégularités; mais comme il ne s'agit point aujourd'hui d'imiter ces anciennes machines, mais seulement d'en saisir l'esprit, qui est à très-peu près le même dans les cadratures actuelles, et que nous sommes d'ailleurs privés des originaux en nature, nous avons cru devoir respecter ce que leur auteur nous a légué, quoique mal rendu par une autre main que la sienne, bien que sous ses yeux. Les artistes instruits reconnaîtront aisément les erreurs du tracé, et les autres n'auront pas à copier ces constructions, qui ont été beaucoup perfectionnées depuis (on sait que nous donnerons plus tard les principales cadratures modernes). Nous ferons seulement remarquer que le peu de longueur du pendule d'environ cinq pouces, et qui paraît disproportionné dans ce calibre, a dû être motivé par les dimensions de la boîte, composée par un valet-de-chambre de Louis XV, comme Julien l'annonce; on oubliait alors que c'était à l'artiste seul qu'il appartenait de dicter les principales dimensions de la boîte. Mais il est au contraire forcé souvent d'accepter celles qui existent, ce qui n'étonnera pas ceux qui voudront réfléchir sur toutes les contrariétés que les arts éprouvent. Ce pendule paraît avoir été terminé par une petite sphère au lieu de lentille, soit pour lui donner plus de puissance, en remplissant de plomb cette petite masse, soit que ce fût un reste d'imitation des horloges de *Huyghens*, ordinairement terminées aussi par un poids sphérique; on a donné généralement depuis à cette masse la forme lenticulaire, qui éprouve moins de résistance dans l'air. Mais Newton ayant déterminé la figure de moindre résistance dans un fluide, la lentille convenable, d'après lui, serait loin d'être aussi plate qu'on la fait généralement aujourd'hui.

127. Quant à la fig. 4, elle offre trois échelles de réduction ou d'amplification, au besoin, pour diverses figures quelconques des planches. Nous avons indiqué précédemment ce moyen de conserver, avec des dimensions différentes à volonté, les mêmes rapports respectifs des parties. On se sert dans ce cas d'une bonne division de quelques pièces d'étui de mathématiques, ou d'autres instruments qui portent assez exactement, soit les pouces et les lignes, soit les centimètres et les millimètres, ou même on en trace une de ce genre, comme celle moyenne et intermédiaire de la fig. 4. Ensuite, on forme une autre échelle plus grande, par exemple, d'un tiers, comme celle du haut de

la même figure, si l'on veut que l'imitation soit plus grande d'un tiers que le modèle, ou bien d'un quart plus petite, comme celle d'en bas, si l'on veut exécuter plus en petit d'un quart, ou enfin suivant tout autre rapport voulu, et l'on divise la nouvelle échelle d'augmentation ou de réduction en autant de parties et subdivisions égales, que la première prise sur les instruments susdits, ou faite exprès ; ainsi après avoir pris une des mesures de l'objet à copier, sur cette échelle moyenne, que nous appellerons ordinaire, et avoir remarqué ou noté le nombre de divisions qu'elle embrasse, on prend le même nombre de divisions correspondantes sur l'autre échelle amplifiée ou réduite, pour avoir la grandeur de la même partie de la copie, et ainsi de suite pour les autres mesures à prendre, et l'on a un tout amplifié ou réduit, au degré désiré, et dans les mêmes proportions relatives entre elles. Pour réduire à moitié, on peut prendre directement avec le compas la moitié de toutes les dimensions de détail, comme pour augmenter au double, on peut simplement doubler toutes les mesures; l'opération devient si simple alors, que l'on peut se passer d'échelles.

Nous sommes forcés, dans les premiers chapitres de cet ouvrage, de traiter ces questions connues des artistes instruits; on a déjà dit assez comment ces détails sont essentiels à ceux qui commencent l'étude de l'art, pour avancer du simple au composé et des dispositions communes aux plus savantes, et combien cette marche était nécessaire dans ce traité *général;* nous allons bientôt exposer des ouvrages plus modernes, usuels aujourd'hui, pour passer ensuite aux perfectionnements plus rares et d'un choix plus distingué; de là nous arriverons aux sommités actuelles de la science et de l'art, pour préparer des progrès ultérieurs encore plus difficiles. On conçoit que ces connaissances diverses doivent être progressives. L'art est resté long-temps borné à l'imitation et au renouvellement d'effets simples et utiles à l'usage commun; son emploi dans les sciences l'a forcé de se perfectionner davantage, et bientôt de réaliser le plus haut degré où la science, l'expérience et la main-d'œuvre pussent alors atteindre; mais ces efforts n'ont pas toujours été bien dirigés. Après les tentatives heureuses de F. Berthoud et de ses contemporains, le génie des artistes se reposa en négligeant l'instruction et en s'occupant plus de *subtilités* que de principes solides. L'époque actuelle est déjà plus avantageuse; des cours très-utiles sur diverses parties des sciences et des arts se sont multipliés, et quoique les esprits soient encore égarés par des goûts futiles, que le charlatanisme exploite en tout sens, on peut dire que l'exposition plus fréquente de la science a rendu plusieurs Artistes, sinon plus savants, du moins plus informés de ce qui leur manquait, et c'est déjà beaucoup pour ceux qui ont une volonté ferme de conquérir de véritables progrès. On a ignoré et négligé long-temps, en horlogerie comme ailleurs, par exemple, la dilatation des métaux, et l'on n'y a eu égard ensuite que pratiquement et sans règles positives; on peut aujourd'hui en connaître le calcul exact, rectifié par de bonnes expériences spéciales. Le pendule a été long-temps privé des moyens possibles de compensation, malgré les expériences connues de Muschembroeck et d'autres physiciens, et plusieurs artistes ont refusé d'y croire. On ne commet presque plus dans les grandes constructions la négligence si connue du pont du Louvre, en face de l'Institut : non sans doute que les constructeurs de cette entreprise ignorassent l'effet de la chaleur, mais parce qu'ils ne lui ont pas attaché assez d'importance au milieu des grands travaux que ce pont, d'un goût léger, et d'une disposition commode et bien exécutée, a dû exiger des constructeurs qui y ont fait preuve d'ailleurs d'une véritable habileté. Aujourd'hui, la nouvelle coupole en fer de la *Halle au Blé* offre à l'examen minutieux la réunion des conquêtes de la science physique et de la puissance du calcul; non-seulement les effets de dilatation y sont habilement prévus, mais la détermination des courbes y a été établie par de savantes méthodes, le seul moyen de tracer les grands cercles étant basé sur le calcul mathématique, au lieu du tracé pratique et inexact du compas ou des moyens matériels jadis usités et qui en tenaient lieu. Il est à désirer que ce bel exemple serve de modèle pour diverses applications. Dans la matière qui fait le sujet de ce livre-ci, il est très-utile d'être averti des propriétés physiques de la nature, expliquées dans des cours, et d'avoir des tables basées sur des expériences générales, trop rarement dirigées, il est vrai, dans le sens particulier que chaque art exige; mais ce n'est pas tout, il faut encore que l'artiste fasse lui-même des expériences spéciales et qu'il se tienne en garde contre l'inexactitude des moyens généraux, les anomalies de la matière, et les imperfections de l'application commune, puisqu'il s'agit ici d'influences infiniment petites, mais dont la multiplication acquiert en définitive beaucoup d'importance. Ce que nous disons ici de la dilatation, comme exemple plus sensible de divers phénomènes, s'applique à beaucoup d'autres recherches utiles en horlogerie, dont nous nous entretiendrons dans la suite de cet ouvrage, en traitant des hauts progrès de l'art et des moyens probables d'y ajouter encore. Mais ces articles ne peuvent être développés qu'autant que l'on est bien au fait des divers degrés qui y conduisent; c'est, nous l'espérons, ce qui justifiera pour les lecteurs les plus impatients, la marche plus lente et sagement progressive que nous sommes forcés de suivre, pour que cet ouvrage solidement traité tienne lieu de tous les nombreux auteurs, où une partie seulement des connaissances préparatoires se trouve disséminée. Ce serait encore une erreur de croire que des excursions dans le domaine d'autres connaissances soient inutiles ici; on doit au contraire ne pas perdre de vue que les sciences et les arts divers s'entr'aident mutuellement, et que les lumières des uns servent à éclairer les autres, par l'analogie générale des lois et des forces que nous découvre le rapprochement des faits naturels. L'expérience et la comparaison en sont les meilleurs moyens.

MONTRE A RÉVEIL.

128. Avant de quitter les montres de l'ancienne construction primitive, à deux platines, avec échappement à roue de rencontre, et les anciennes montres à répétition disposées de même, nous devons rendre compte d'une autre composition qui se rattache à ce genre, et qui, moins commune, se pratique encore assez souvent; c'est la montre *à réveil*, qui va nous occuper ici. Ce genre de pièces n'est point spécifié dans l'aperçu sommaire de nos articles, on n'y trouve pas non plus l'annonce des *compteurs*; ni di-

verses autres compositions, que nous n'en ferons pas moins connaître en son lieu. On se rappellera que la note abrégée qui suit l'Avant-Propos n'est point une table générale, mais un simple tableau provisoire ; il était visible que le format et l'espace même typographique nous manquaient pour tout dire. Mais le titre de l'ouvrage et les développements de nos intentions ont dû rassurer à cet égard. La montre à réveil aurait pu être décrite entre la montre simple et celle à répétition, parce qu'elle participe de l'une et de l'autre : le mouvement, proprement dit, est celui de la montre simple à roue de rencontre, à quelques proportions et déplacements près ; la plus grande différence y est dans la potence. La partie du réveil exige entre les platines un barillet et un moteur particuliers, et un petit rouage, plus forts que dans la montre à répétition ; il y faut aussi une sorte de cadrature, mais beaucoup plus simple dans ses effets, composée de moins de pièces, et qui sont d'une exécution bien plus facile.

129. On sait que les anciennes montres simples étaient d'un fort volume, en sphéroïde aplati, forme peu avantageuse et assez semblable à celle d'un gros *Oignon*, surnom qui leur est souvent donné aujourd'hui ; cependant les ouvriers d'Allemagne avaient déjà fait très-anciennement des montres, sinon très-plates, comme celles si défectueuses de la mode actuelle, au moins d'un très-petit diamètre et propres à être portées en bague, même en pendant d'oreilles, etc. Elles étaient aussi épaisses que larges, et souvent d'une forme ovale sur la hauteur, qui leur avait fait donner le nom d'*Œufs de Nuremberg*, ville d'Allemagne d'où les premières montres vinrent en France, ainsi qu'on l'a vu dans la préface de ce livre. Indépendamment des ornements et ciselures émaillées de la boîte et du cadran, on avait porté l'industrie jusqu'à les décorer de cadrans ovales, dont les aiguilles s'allongeaient et se raccourcissaient suivant les différences diamétrales de cette figure. Toutes ces particularités surprenantes n'annonçaient au fond que l'absence de la science. On s'attachait alors à étonner la curiosité bien plus qu'à produire l'exacte mesure du temps. On se rappelle que le balancier n'avait point de spiral, que la fusée n'y était employée qu'avec une fine corde de boyau ; les dentures divisées et arrondies à la main étant fort irrégulières, ne pouvaient transmettre au balancier qu'une force très-inégale ; les vibrations de celui-ci éprouvaient des alternatives très-variables de vitesse et de lenteur, avec des arcs peu étendus et fort inégaux. L'échappement ne pouvait que *chipoter* ou *chicoter*, comme on le dit quelquefois dans les ateliers, et les ouvriers les plus adroits de ce temps, si dépourvus de l'instruction des premiers artistes actuels, se trouvaient heureux de pouvoir obtenir la continuité de ce mouvement irrégulier pendant vingt-quatre heures ; ce fut Huyghens, comme on l'a vu, qui mit un terme à ces tâtonnements aveugles, à cette mécanique de simple industrie, en étudiant les lois du mouvement, en soumettant les oscillations du pendule à l'analyse mathématique, en imaginant si heureusement la courbure spirale du petit ressort réglant du balancier, en composant en même temps que Leibnitz le remontoir d'égalité, en essayant les premières horloges marines, etc., etc. On voit, en effet, qu'il y a loin de la mécanique, subtile à la vérité, des *œufs de Nuremberg*, aux échappements à repos ou libres, et au spiral isochrone !...

130. Les premières montres à réveil datent aussi de ces anciennes époques ; leur volume était nécessairement augmenté par le timbre qui enveloppait le mouvement, comme pour les répétitions ; mais celles-ci étaient souvent réduites à d'assez petites dimensions. On voit encore d'anciennes répétitions anglaises d'un très-petit diamètre et très-hautes de cage, avec une cadrature épaisse, en sorte que la forme totale de la boîte est à peu près sphérique, au lieu que le mouvement et tout le rouage d'une montre à réveil exige de plus grandes dimensions, et un timbre grand et profond pour produire un effet plus fort et plus assuré dans son but. Les montres à réveil ont donc toujours été très-grosses, et celles que l'on fait actuellement sont généralement d'une plus forte proportion que les montres simples et même que celles à répétition.

131. Les premiers réveils bien faits à Paris paraissent avoir été ceux de *Julien Leroy*. Nous croyons devoir rapporter l'essentiel de ce qu'il en dit dans un mémoire lu à la Société des Arts, en 1734. On doit voir avec intérêt le texte simple et clair des bons auteurs ; le lecteur en saisit mieux le vrai de la question.

« Jusqu'ici, dit *Julien Leroy*, les horlogers n'ont suivi en général que deux constructions pour la sonnerie de réveil : l'une est fort ancienne et connue sous le nom de rouage à roue de rencontre ; l'autre, plus moderne, sous celui de rouage à deux marteaux. Une troisième construction, que j'ai imaginée, m'a paru meilleure que celles dont je viens de parler, et l'ayant appliquée avec succès à plusieurs réveils à timbre qui font beaucoup de bruit, cette propriété m'a encouragé à l'appliquer à un réveil sans timbre dont le marteau ne frappant que sur la boîte, produit un bruit qui surpasse même celui de la plupart des autres à timbre. La propriété avantageuse de cette nouvelle construction me donne lieu d'en attendre quelque succès, et d'espérer qu'aidé des conseils de ceux à qui j'ai l'honneur de parler, je pourrai la rendre encore plus digne d'être proposée au public. Je vais commencer par décrire celle à roue de rencontre comme la plus en usage parmi les horlogers.

» Toutes les anciennes montres à réveil ont ordinairement quatre roues pour leur sonnerie : la roue de barillet, la roue moyenne, celle de champ et celle de rencontre. Les autres pièces sont : la *potence*, le *marteau*, *sa verge* et la *contre-potence*. Quoique cette manière soit la plus usitée, cependant elle est difficile à exécuter, parce que les dernières roues sont d'acier ; celle de rencontre surtout est difficile à faire, à cause qu'elle est invariablement bornée par le timbre et par le barillet du mouvement.

» Le rouage de sonnerie des réveils à deux marteaux est ordinairement composé de cinq roues et d'autant de pignons, qui sont : la roue de barillet, et les deuxième, troisième, quatrième, et la cinquième qui engrène dans le pignon de volant ou de délai. Un rochet est placé sur la deuxième roue pour faire lever alternativement deux ou trois marteaux qui font sur le timbre un bruit moins désagréable que celui des roues de rencontre, dont le cliquetis se mêle au son du timbre ; en sorte que beaucoup d'horlogers, et surtout ceux de Londres, préfèrent toujours les réveils à deux marteaux.

» La nouvelle construction est composée de deux roues, de deux pignons, d'un rochet d'acier rivé sur le dernier pignon, et d'un échappement à deux palettes (à double levier), avec des portions de pignon qui s'engrènent, comme on le faisait autrefois. Le bruit du réveil étant proportionné à la grandeur et l'épaisseur du marteau, il faut que la petite roue moyenne du mouvement passe entre la roue de fusée et celle du centre, noyée dans la platine des piliers, et à fleur de sa surface, pour permettre de faire le marteau fort épais et plus grand. Un autre avantage est que des trois roues du réveil, deux, le rochet et la deuxième roue sont dans la cadrature ; la deuxième est noyée dans la platine des piliers et passe sous le rochet, ce qui laisse aux autres roues et barillets plus de grandeur. Les pièces sont d'un travail plus aisé et plus solide. Je remplace le cadran du réveil par une aiguille placée sous celle des heures et mobile au doigt. Elle se place et reste sur l'heure où le réveil doit sonner. Ce qui laisse totalement découvert le cadran d'émail que l'on aime à voir, quand il est beau et bien peint, comme ceux de M. *Julien* (émailleur), de cette Société, qui embellissent nos ouvrages l'admiration des connaisseurs.

» La construction sans timbre permet plus de grandeur au mouvement, qui devient plus solide et durable ; la boîte n'étant point alors percée, garantit le mouvement de la poussière. D'après l'expérience, le bruit des réveils sans timbre est plus que suffisant pour interrompre un sommeil qui n'est pas extraordinairement profond.

» Ne pourrait-on pas augmenter encore ce bruit avec une espèce de porte-voix, une concavité parabolique de bois sonore ou de métal, pour réfléchir le son d'un certain côté? peut-être trouverait-on dans cette recherche des applications auxquelles on n'a point encore pensé. »

132. Nous avons un peu abrégé le discours précédent pour laisser plus de place aux observations suivantes, destinées à compléter autant que possible ce sujet. Les dispositions principales des montres à réveil ont peu varié depuis *Julien Leroy* ; mais comme il ne donne aucune figure de son mécanisme, nous allons y suppléer ici par la description avec figures de la construction que donne Berthoud ; elle paraît tirée en partie de la précédente, et nous citerons aussi à la suite diverses autres constructions de détentes, etc., conservées par Thiout, et qui peuvent inspirer d'autres améliorations, car ces instruments sont utiles et commodes pour l'usage civil, et seront toujours appréciés. D'ailleurs, il faut souvent rétablir d'anciens réveils mal faits dans l'origine et presque toujours fort usés, puis il faut nettoyer, réparer et entretenir les plus modernes. Nous passons maintenant à la construction de Berthoud.

133. « Les montres *à réveil*, dit Ferd. Berthoud, dont nous allons citer une partie du texte avec quelques modifications, sont des instruments disposés de manière que, une heure quelconque étant donnée, un marteau frappe subitement à cette même heure à coups redoublés et continus sur un timbre, et fait un bruit inattendu et capable d'éveiller. Ce marteau est mis en action par un petit rouage particulier sur lequel agit un ressort moteur, comme le fait celui du mouvement. Mais tout, dans le rouage de réveil, est ordinairement plus en petit, comme diamètre, et plus fort comme épais-

seur et grosseur des pivots, etc. Lorsque l'on veut déterminer l'heure où le réveil devra *détendre*, on fait tourner le petit cadran intérieur ou du centre A, fig. 1, pl. VIII, jusqu'à ce que l'heure à laquelle on veut être éveillé se trouve sous la pointe E de la queue de l'aiguille des heures ; on remonte le ressort du réveil et on laisse marcher la montre : le petit cadran marche avec l'aiguille. Quand le fleuron de l'aiguille des heures est parvenu sur le grand cadran extérieur à l'heure marquée par la queue de cette aiguille sur le petit cadran A, le bras *f* 4, d'une détente, fig. 3, dont le centre de mouvement est fixé sur la platine, et qui communique avec le petit cadran, ou du moins avec une roue sans dents qu'il porte en dessous, ce bras *f* 4, tombe dans une entaille 4 de cette roue, et l'autre bras *f d* de détente qui arrêtait en 1, 2 l'échappement du marteau, permet à celui-ci d'obéir au rouage poussé par le ressort moteur, et de produire une suite rapide de coups multipliés, au moyen de l'échappement qui occasionne cet effet. Il y a plusieurs dispositions différentes de *réveil* ; mais la plus simple, la plus facile à exécuter, la plus solide, étant même médiocrement faite, dit Berthoud, est celle dont on va trouver ci-après la description, et qui est représentée dans les fig. 1, 2, 3, 4 et 5 de la planche VIII. Nous avons cru aussi devoir entremêler ces articles de quelques passages utiles ou propres à les éclaircir.

134. » La fig. 1 est celle du cadran entier du réveil, composé de deux pièces : 1° d'un grand cercle émaillé et fixe portant les chiffres ordinaires d'heures et minutes, et percé de deux trous vers 3 et 9 heures pour les carrés de remontage du rouage de mouvement et de celui du réveil ; ce grand cadran est ouvert au milieu pour recevoir et laisser tourner librement, 2° un autre petit cadran de laiton plus ou moins ciselé et doré, et portant sur son limbe les douze chiffres des heures ; quatre divisions y sont établies d'une heure à l'autre pour en faire distinguer les quarts. On ne porte guère plus loin la subdivision du petit cadran, parce que, de sa nature, une montre à réveil est rarement bien régulière, à moins de soins et de dispositions dispendieuses qu'on n'y porte que dans le cas de commande par des connaisseurs, (ceux-ci deviennent rares en horlogerie ; on est plus curieux d'acheter l'élégance et l'éclat futile d'un bijou de fantaisie, que d'acquérir un ouvrage soigné et solide ; aussi ne trouve-t-on la plupart du temps que des pièces de bijouterie qui, à proprement parler, ne sont pas des montres, ni de ces compositions de bonne facture que nous recommandons continuellement dans cet ouvrage).

135. » La fig. 2 représente la disposition des mobiles de l'intérieur, entre les deux platines, dont celle du balancier ou du *nom* est enlevée, et vue en dessous fig. 4. La grande platine des piliers est M A, fig. 2 ; B est le barillet du mouvement ; C, la grande roue moyenne ; D, la seconde moyenne ; E, la roue de champ ; et R, fig. 4, est la roue de rencontre ou d'échappement. Les roues C R, fig. 3, sont celles de minuterie, sous le cadran. Ces parties sont jusqu'ici celles de la montre ordinaire déjà décrite précédemment, soit simple, soit comme mouvement considéré à part dans la répétition. Nous allons passer à ce qui concerne proprement le mécanisme du réveil.

136. » La roue G, fig, 2, est la première roue de réveil, elle est portée par l'axe *m*,

sur lequel est fixé le rochet N, en communication avec le cliquet de la roue G. La platine, fig. 4, s'applique sur celle fig. 2, ce qui forme la cage. Alors l'axe m passe par l'ouverture du barillet de réveil B, fig. 4, en sorte que le crochet N du noyau de l'arbre entre dans l'œil du centre du ressort moteur du petit rouage. Ce ressort est préalablement contenu dans le barillet B fixé à la petite platine par deux oreilles et deux vis. L'extrémité du centre du ressort doit être disposée de manière à en faciliter l'entrée et l'accrochement au noyau de l'arbre, qui porte même un biseau à son bord entrant pour en aider l'effet. Il est essentiel de veiller à ce point, et de même dans les répétitions, pour ne pas s'exposer dans le remontage à un obstacle de ce genre fort contrariant, et qui empêche d'assembler les platines. Lorsque la clef remonte l'axe N en le faisant tourner dans le sens permis par l'encliquetage, le crochet de cet axe tend le ressort dont le bout extérieur traverse une entaille de la virole de barillet, pour aller attacher son œil à un crochet extérieur, comme dans les répétitions de l'ancien calibre. Quand le ressort armé ramène le crochet N de l'axe et le rochet m, celui-ci agit sur le cliquet de la roue G et l'oblige de tourner, ainsi que la roue n, portée par l'axe du pignon g, et placée dans l'épaisseur de la platine ouverte à cet effet. La roue n fait tourner le pignon f : sur celui-ci est fixée la roue de rochet R, placée en dehors de la platine, fig. 3 ; ces deux dernières roues sont en acier trempé et revenu bleu, à cause du violent mouvement qu'elles éprouvent, et leurs pivots du côté du cadran sont reçus dans les trous du pont H ; les deux autres pivots ont leurs trous dans la petite platine.

137. » Les dents du rochet d'échappement R, fig. 3, agissent alternativement sur les leviers d'échappement a b, qui se communiquent le mouvement mutuel, au moyen des dents par lesquelles ils s'engrènent. Le levier d'échappement a est fixé carrément sur le pivot prolongé du double marteau M P M de la fig. 5 ; ce marteau mobile sur les pivots de son axe en I, fig. 2, passe sous le barillet B du mouvement, qui est assez distant de la platine, pour passer lui-même au-dessus du bord de la roue de fusée. L'autre levier d'échappement b se meut sur une broche de la platine, où il est retenu en hauteur par une espèce de pont ou de clef formé par la patte du ressort 3 d'encliquetage D pour le rochet de barillet du mouvement. Les deux leviers a b sont donc entretenus en vibration par le rochet d'échappement R, comme dans l'échappement à double levier de quelques pendules, et les deux têtes du marteau atteignent alternativement et rapidement le bord intérieur du timbre, qui emboîte en quelque sorte le mouvement sans y toucher. La force des coups et le bruit sont proportionnés au chemin parcouru par le marteau, à la grandeur et *profondeur* du timbre, et à la forcedu ressort moteur.

138. » Le doigt A, fig. 3, est porté carrément sur l'arbre de remontage du ressort de réveil, pour régler le nombre des tours de clef, au moyen des trois dents de la petite roue d'acier F, qui permettent environ quatre tours de remontage avec arrêt au commencement et à la fin. La roue F tourne sur une broche de la platine, et un ressort G presse à plat la pièce avec un frottement doux, qui n'offre pas une résistance

sensible au doigt A, et suffit pour que la roue F ne change de position que par l'engrenage momentané de ce doigt, à chacune de ses révolutions. Nous allons passer au moyen qui retient d'abord la course du rouage et l'effet de l'échappement, lorsque le ressort est totalement armé, et dégage ensuite le marteau à l'heure voulue (ces détails de Berthoud serviront de supplément aux autres articles).

139. » Le levier d'échappement *b*, fig. 3, porte le bras angulaire 1, 2, dans l'embranchement duquel pénètre l'angle saillant d'un des bras *d* de la détente mobile sur le centre *f*. L'autre bras *f*, 4, appuie sur l'épaisseur de la roue sans denture, ou disque *p*, dont le canon est ajusté à frottement demi-dur sur le canon de la roue des heures; et les leviers d'échappement ne sont libres que quand la seule entaille de la roue *p* se présente sous l'extrémité du bras 4 qui tend à s'y enfoncer, par l'effet des plans inclinés du bras 1, 2, et par la pression légère d'un ressort *q*; c'est alors seulement que le marteau peut frapper sur le timbre. Le petit cadran central divisé en douze parties ou douze heures, se fixe à carré ou à 5 ou 6 pans, sur l'extrémité supérieure du canon de la roue ou disque *p*, qui ne tourne que par le mouvement lent de la roue des heures; nous avons dit que celle-ci porte le disque avec un frottement suffisant pour l'entraîner avec sûreté. Le levier d'échappement *b* porte encore un bras x, qui oscille entre deux branches à ressort d'une espèce de pincette fixée à la platine, et qui, cédant à l'action vive du marteau, le ramène assez promptement pour rendre le coup plus net, et surtout pour empêcher le marteau de *dandiner* sur le timbre lorsque le ressort moteur est au bas.

140. » La disposition des figures indique assez que si le chiffre 12 du petit cadran se trouve sur le rayon de 6 heures du grand cadran, vis-à-vis la queue ou pointe d'aiguille d'heure, quand le fleuron de celle-ci est sur midi du grand cadran, et si alors l'entaille de la roue *p* se trouve vers 3 heures du grand cadran, sous l'extrémité du bras 4 qui aboutit à ce point, le réveil sera libre de sonner; si l'entaille se trouve en arrière de l'espace d'une heure dans le sens de 3 heures à midi, au moyen du petit cadran, dont on fera alors arriver le chiffre voisin 1, ou de une heure, sous la queue de l'aiguille (ce que permet le frottement demi-dur entre les deux canons), cette entaille sera aussi plus loin du bout de la détente de l'espace d'une division, et arrivera au point de dégagement une heure plus tard, et ainsi de suite pour 2 h. ou 3 h. ou autre intervalle que l'on voudra établir après midi ou minuit, jusqu'au moment où le réveil devra sonner; et sans en faire le calcul, il suffira de mettre sous la pointe ou queue de l'aiguille des heures le chiffre du petit cadran qui exprime l'heure où l'on veut que le réveil soit détendu. Il faudra seulement avoir soin de faire marcher le petit cadran à rebours de l'ordre de ses chiffres, à cause de la direction de l'entaille du disque qui arc-bouterait contre l'extrémité de la détente si l'on amenait dans le sens de leur ordre naturel les chiffres du petit cadran sous la pointe de l'aiguille des heures. Tout ceci bien entendu, on conçoit qu'il est facile, avec de l'attention, de placer dans l'exécution, et l'entaille du disque *p*, et la position du petit cadran sur son canon, et les chiffres qu'il porte, de manière à ce que ces effets se produisent avec une suffi-

sante exactitude. Le bord du petit cadran peut avoir des saillies qui aident à le faire tourner malgré la résistance de son frottement. Le rochet D et son cliquet 5 tiennent lieu de vis sans fin pour déterminer l'armure primitive du ressort moteur du mouvement. Cet encliquetage, même sans ressort, est depuis long-temps substitué à la vis sans fin, et n'exige pas à beaucoup près autant de travail ; l'effet en est plus sûr et plus prompt ; mais ces deux pièces n'ont pas de rapport avec le réveil. »

141. On ne marque sur le petit cadran, avec la division et les chiffres des heures, que leur subdivision en quarts, parce qu'ici les effets ne peuvent avoir la précision de la minute, comme nous en avons déjà prévenu, et que ce n'est guère qu'à cinq minutes près, ou même à un demi-quart d'heure, que l'on a besoin d'être réveillé. Ce mécanisme, préférable pour sa simplicité et surtout à cause des opérations que le propriétaire doit faire lui-même, ne comporte guère plus de précision. Le frottement de la détente sur la roue p_1 plus ou moins long suivant l'heure à laquelle on remonte le réveil, change l'intensité de la force motrice sur l'échappement du mouvement, ordinairement à roue de rencontre, et susceptible par sa nature de variations dans sa marche, suivant celle de cette force, ou suivant le degré des frottements qui en absorbent une partie ; on ne pourrait donc pas compter sur la précision de la minute, lors même que la cadrature serait à double détente, une pour l'heure, et l'autre pour la minute, comme on l'a pratiqué quelquefois. Il y faudrait un échappement à repos, moins susceptible des variations de la force motrice, et un mécanisme plus compliqué, qui occasionneraient une dépense au-dessus de l'avantage cherché. Il est plus simple d'user de précaution à cet égard, en fixant le départ du réveil à 5 minutes ou un demi-quart d'heure avant le moment d'être éveillé, pour éviter un retard imprévu. L'habitude de s'en servir, la connaissance de sa marche diurne et l'expérience, font qu'on ne s'y trompe pas même de cinq minutes.

142. Nous ajouterons au sujet du ressort en pincette qui bride l'effet du marteau sur le timbre, que, dans quelques cadratures de ce genre, cette pièce forme une bascule mobile sur une vis à portée, vers le centre de sa longueur, dont un bras a son extrémité formée en sautoir, et appuie sur la partie lisse de la roue d'arrêt de remontage. Lorsque le doigt vient buter à la fin du tirage du ressort contre cette roue, il y trouve encore une demi-entaille qui fait un peu avancer la roue, avant d'arc-bouter au fond, et ce petit mouvement suffit pour faire tomber le sautoir de la bascule dans le premier vide des dents qui s'offre en cet instant. La bascule est déterminée à s'y enfoncer par l'effet de sa branche de droite à ressort qui appuie contre une goupille de la platine placée entre les deux branches, et à laquelle le bras x ne peut pas toucher. Cet appui qui écarte un peu les branches de la pincette ne l'empêche pas de produire son effet sur le marteau quand il sonne à la fin du tirage ; car lorsque le sautoir de la bascule tombe dans le vide dont on a parlé, la fourchette se resserre davantage et retient assez le marteau pour l'empêcher de toucher au timbre. On peut, du reste, produire un arrêt subit du mouvement du marteau, par diverses manières faciles à imaginer. On voit celle-ci indiquée par une figure ponctuée qui passe sous la roue des heures.

143. Dans le cours des articles précédents, nous nous sommes permis plusieurs changements, additions et retranchements du texte de Berthoud, sans en changer le sens, et sans en augmenter la longueur; nous l'avons même abrégé en partie et dégagé de quelques redites, mais nous y avons ajouté en place des développements sur d'autres parties que nous avons crus utiles. Cet auteur est ordinairement assez concis dans ses descriptions, et l'un de ses principaux mérites en ce genre est d'être habituellement simple et clair ; il y manque assez rarement. Il est souvent bien difficile, et quelquefois même impossible, de réunir ces qualités avec une explication suffisante, dans une matière ordinairement si compliquée. En faisant ici l'éloge mérité de Berthoud, qui a encore bien d'autres droits à la reconnaissance de la postérité, nous n'entendons pas dire que son style soit toujours pur et correct. *L'abbé de la Caille* y a laissé beaucoup de *négligences* et d'inexactitudes. Peut-être n'a-t-il pas voulu toucher à des détails techniques qu'il ne possédait pas assez, ou bien a-t-il pensé qu'en ce genre, il suffisait d'être compris ou aisément deviné. Les savants ne sont pas toujours initiés aux difficultés de l'art, à l'expérience des travaux manuels, aux anomalies de la matière et de l'exécution ; et, d'un autre côté, l'artiste qui a manié toute sa vie la lime et le compas, ne peut pas être aussi habile à tenir la plume. Le titre et les talents de l'homme de lettres n'appartiennent pas à l'homme d'atelier : il lui suffit d'être assez *lettré* pour entendre ses auteurs, et pour ne pas laisser de contre-sens ou d'équivoques nuisibles dans ses explications. Nous aurions renoncé à cet ouvrage, s'il fallait absolument ici un style pur et châtié. Privés de secours à cet égard, nous n'avons pu nous en reposer que sur l'intelligence de l'artiste, et sur l'indulgence du littérateur.

144. Nous allons maintenant faire observer ici les changements introduits dans les diverses parties du mécanisme de la montre à réveil dont nous venons d'exposer un des modèles. On en a d'abord supprimé le petit cadran métallique qui obstruait le centre du grand cadran d'émail. Celui-ci est établi comme dans la montre ordinaire ; on y a placé une simple aiguille d'acier, assez semblable au dehors à celle d'un quantième, mais plus forte ; celle-ci est fixée au cadran même, au moyen de son canon qui remplit juste le trou du centre du cadran, et doit y être exactement concentrique. Ce canon est retenu en dessous du cadran, et avec frottement un peu ferme, par une clavette élastique qui embrasse les deux extrémités diamétrales d'une rainure pratiquée en dehors, dans l'épaisseur du canon, en acier comme son aiguille, et d'une seule pièce avec elle. Le vide du canon d'acier laisse passer avec beaucoup de jour le canon de la roue des heures, sur lequel se place à frottement un peu ferme le canon assez long que l'on rapporte exprès à l'aiguille des heures. La partie du canon d'acier qui fait recouvrement sur le bord du trou central du cadran, est assez épaisse pour que, sans l'affaiblir trop, on puisse pratiquer sur sa hauteur une encoche dont un côté est à l'équerre avec le plan du cadran, et dont l'autre côté incliné se relève en pente douce jusqu'à la surface supérieure. L'aiguille des heures porte, en dessous de la virole de son centre, sous le bord qui recouvre en partie ou en totalité la virole d'acier, un mentonnet triangulaire qui pénètre dans l'entaille de

cette virole, lorsque l'aiguille des heures est au-dessus de celle du réveil, et qu'elles sont toutes deux dirigées sur un même point du cadran. Alors le mentonnet du dessous de l'aiguille des heures remplit juste l'entaille de celle d'acier, parce qu'il est de même forme; nous avons dit qu'un de ses côtés est vertical sur le cadran. On conçoit d'après cela que tant que les deux aiguilles sont l'une sur l'autre, elles peuvent se toucher dans toute l'étendue de leur figure, et que si l'on veut faire tourner l'aiguille des heures en arrière, elle en sera empêchée par son mentonnet engagé à angle droit dans l'entaille de l'aiguille d'acier; mais que, si, au contraire, on fait tourner l'aiguille des heures dans son sens naturel, le mentonnet pourra glisser sur le plan incliné de l'entaille de l'aiguille d'acier, jusqu'à ce qu'il ait atteint le dessus de la virole, et que ce mouvement ne pourra se produire sans élever l'aiguille des heures de toute la saillie du mentonnet. Enfin, qu'une fois sorti de l'entaillé, le mentonnet circulera parallèlement au cadran, sans élever davantage l'aiguille des heures, jusqu'à ce qu'ayant fait un tour, il rencontre de nouveau l'entaille dans laquelle il pourra se plonger par l'abaissement subit de l'aiguille des heures (sollicité par le ressort de détente), et en la laissant toucher dans toute son étendue sur l'aiguille d'acier; celle-ci reste fixe sur le cadran par le frottement de sa clavette, qui n'empêche pas de la pousser à volonté pour la faire rester sur un point voulu du cadran. Il paraîtrait que ce serait à peu près la construction ancienne dont parle *Julien Leroy*. C'est sur cet effet qu'est établi le mouvement de la détente du marteau, qui n'a plus son mouvement parallèle à la platine, mais en hauteur; un ressort fait appuyer cette bascule alors plongeante, sur la roue des heures, et abaisser l'aiguille d'heures quand son mentonnet arrive à l'entaille de l'aiguille d'acier. L'autre bout de la bascule peut atteindre, dans son mouvement vertical vers la platine, une cheville du marteau qui traverse une ouverture de cette platine, et s'élève un peu au-dessus. Lors donc que la roue des heures est élevée par le mentonnet de son aiguille, comme nous venons de le dire ci-dessus, elle soulève un bout de la bascule, et l'autre bout s'abaisse vers la platine en comprimant le ressort, et atteint l'excédant de la cheville du marteau, qu'elle empêche de vibrer. Mais aussitôt que le mentonnet de l'aiguille d'heures retombe dans l'entaille de l'aiguille de réveil, la roue de canon s'abaisse en glissant verticalement sur le canon de chaussée, bien adouci et poli pour faciliter ce mouvement, et l'autre bras de la bascule, sollicité par son ressort, se relève et dégage la cheville du marteau. Celui-ci alors est livré à l'impulsion de son échappement et frappe rapidement sur le timbre. On conçoit que le ressort de détente contribue complètement à faire descendre le mentonnet dans l'entaille de l'aiguille d'acier, et produit également l'abaissement de la roue et de l'aiguille des heures, qui n'ont pas assez de poids pour tomber d'elles-mêmes, fussent-elles dans une position horizontale, la détente étant d'ailleurs retenue en partie par la tension du marteau.

145. Mais avec cette disposition dégagée et séduisante, le frottement continuel de la bascule sur le plan de la roue de canon, et de ce canon même contre celui de chaussée, le frottement du mentonnet sur la virole d'acier, bien que les points en action soient

graissés d'huile, produisent des résistances variables qui ne laissent pas que d'influer sur le réglé de la montre, suivant que la partie du réveil reste montée plus ou moins de temps. Il faut aussi que la cheville du marteau, retenue par la détente, soit un peu conique pour faciliter son dégagement, ce qui contribue à faire presser celle-ci sur la roue de canon. En laissant cylindrique la cheville du marteau, et sans aider le dégagement sous ce rapport, il faudrait augmenter la force du ressort de détente, et ce serait une autre cause de pression continuelle sur la roue. Cependant, les réveils actuels ont, pour la plupart, cette dernière disposition, et sont généralement assez mal réglés, comme montres de poche, si l'on se sert irrégulièrement de la sonnerie et sans habitude fixe. Ainsi, le moyen que nous venons de décrire, parce qu'il fallait le bien faire connaître, quoique préféré actuellement, en laisse toujours désirer un autre meilleur. Un Artiste expérimenté et qui a réparé beaucoup de réveils anciens et modernes, M. *Becquerel*, déjà cité dans une note antérieure (p. 109), a eu l'idée de terminer le bout de la détente, vers la roue, par deux branches en fourchette, dont les deux extrémités, garnies de petits rouleaux, appuient également à plat sur les deux rayons diamétralement opposés de la roue, et près de son canon, afin d'en prévenir le déversement et d'en réduire le frottement; mais ce moyen, très-bon en lui-même, augmente beaucoup le travail de la détente, et prouve toujours la difficulté fondamentale de la méthode, dont il serait d'ailleurs un excellent auxiliaire. Il n'en reste pas moins le besoin d'une disposition principale plus simple, et moins sujette à des frottements si variables. Nous devons ajouter, à l'article des défauts des anciens réveils à roue de rencontre pour le marteau, celui du peu de diamètre de leur roue de champ et de celle de rencontre, en acier toutes deux, et dont la proportion est réduite par le défaut de place et pour conserver plus de force; il en résulte beaucoup d'usure, et pour la verge et pour l'engrenage de champ, déjà si défectueux par sa nature.

146. Un changement plus avantageux a été fait à l'échappement du marteau : celui de *Julien Leroy* et de Berthoud produit de grands frottements, tant dans l'engrenage de son double levier d'un court rayon, que dans le mouvement rapide du second bras, dont l'action est également rapprochée de sa tige ou broche établie fixe sur la platine. Cet effet exige beaucoup d'huile, s'use, se salit et s'empâte promptement. On a supprimé d'abord le marteau à deux têtes imité de celui des anciens réveils où, comme l'observation ci-dessus vient de le rappeler, l'échappement était à roue de rencontre, en acier, de forte et courte proportion, ainsi que la verge à palettes; on a ménagé dans le rouage la place d'un marteau massif disposé à peu près comme celui d'une répétition, sur l'axe duquel est établie une ancre d'une assez forte dimension, comparativement au reste du rouage. Celle-ci est fixée sur la largeur du marteau, entaillée parallèlement aux platines, pour la recevoir et pour y laisser pénétrer un côté ou portion du rochet. Le marteau, enarbré vers le tiers de sa longueur, ne frappe que par le plus long bout, garni d'un bouton saillant, avec toute la force acquise de sa masse par l'arc parcouru, et augmentée par la réaction du recul de l'oscillation muette; on ne fait pas frapper les deux bouts du marteau, parce qu'on a remarqué

que les coups trop précipités sur le timbre en étouffaient les vibrations sonores. Le rochet, en laiton et assez épais, n'a que 6 à 8 grandes dents inclinées, qui permettent ainsi plus d'étendue aux oscillations ou vibrations du marteau. Le reste du rouage, tenu fort et solide, est composé de trois roues, celle du barillet, une intermédiaire et celle d'échappement. Ce réveil sonne très-fort, et les mobiles ne s'usent pas autant que dans celui de Berthoud.

147. On a aussi adopté dans ces derniers temps la disposition sur le cadran de l'aiguille de réveil de *Julien*, mais en la faisant mouvoir par un bouton roulant pratiqué au pendant de la montre. Ce bouton a la forme de celui d'un poussoir couronné, imaginé pour quelques répétitions modernes, et fort incommode la nuit, par les préparatifs gênants qu'il exige. Ici le bouton godronné ne peut que rouler sur son axe, dans un seul sens, celui où l'on doit faire marcher l'aiguille de réveil, à cause de son entaille, et ce sens est ici déterminé par un encliquetage établi sur l'axe du bouton, à son entrée dans l'intérieur de la boîte. L'axe du bouton porte au-delà une petite roue qui mène le pignon d'un autre axe horizontal de la cadrature, lequel engrène par un second pignon, avec une roue de champ pleine et en acier fixée en-dessous du cadran au canon de l'aiguille de réveil. Le dégagement du marteau se produit par une bascule plongeante, comme celle que nous avons décrite ci-dessus (art. 144); mais son mouvement se fait en sens contraire, c'est-à-dire dans celui de soulever la roue de canon qui porte en-dessus le mentonnet, lorsque celui-ci rencontre le vide propre à le recevoir, pratiqué à la roue de champ d'acier de l'aiguille. Ainsi, les cercles des aiguilles ne sont plus chargés de cet effet; du reste le résultat est le même, l'action de la détente étant disposée en conséquence à l'égard du dégagement du marteau. On voit seulement qu'à l'instant de cet effet, la roue et l'aiguille des heures s'élèvent au lieu de s'abaisser. Cette disposition plus compliquée pour obtenir la commodité du bouton extérieur du pendant, et n'avoir pas besoin d'ouvrir la lunette pour le déplacement de l'aiguille de réveil, afin d'éviter ainsi des glissements maladroits, laisse toujours à la méthode citée, tous les frottements qui gênent la minuterie et influent sur le réglé du mouvement.

148. Le traité de *Lepaute* donne aussi pour un réveil, le même échappement de marteau que *Berthoud*, et le même marteau, mais avec le dégagement par les cercles des aiguilles, le mentonnet et la bascule plongeante. Sa détente pour produire le silence net du marteau à la fin de la sonnerie, est un peu différente de celle de Berthoud. Le mouvement parallèle à la platine d'une détente fait appuyer, au moyen d'un ressort, l'un des bras formé en sautoir, sur la partie pleine de la roue de compte des tours de remontage du réveil, et alors, l'autre bout terminé en fourchette laisse la cheville de marteau dégagée : à la fin de la sonnerie, le bout en sautoir tombe dans un des vides de la denture de la roue, et la fourchette de l'autre bout, embrassant la cheville du marteau, intercepte tout-à-coup son mouvement. La roue de compte susdite est aussi à sautoir, par un effet séparé de cette espèce. Ces moyens peuvent être si aisément variés, que de plus amples détails deviendraient superflus.

149. Nous n'avons plus à citer sur ce sujet que certaines pièces de ce genre données dans le traité de *Thiout*, en 1741; la première pièce citée dans cet ouvrage est un réveil joint à une répétition, dont l'ancien auteur, *Regnault* de Châlons, paraît avoir voulu ménager la place, en employant le rouage même de la répétition à l'effet du réveil, *sans empêcher le service de la première*, *lors même que le réveil est monté*. L'exposition ne nous en paraît ni claire, ni satisfaisante; mais pour ceux qui croiraient pouvoir tirer parti de cette idée, en parvenant à la comprendre, nous ne laisserons pas de rapporter le texte de *Thiout*, que chacun pourra tâcher d'interpréter. Pour ne pas altérer le sens que l'on y pourrait chercher, nous avons suivi l'orthographe et la ponctuation de l'ouvrage, bien plus irrégulières encore dans d'autres endroits de ce livre très-mal imprimé. Les fautes laissées ici sont légères en comparaison.

« A A sont deux platines. B est la grande roue de répétitions ordinaire qui est enarbré sur une tige assez longue, ainsi qu'on le voit, fig 2 *Th*. (*à la suite*). Cette tige passe dans le canon G qui est au-dessus, qui porte cette roue qui est creusée des deux côtés pour y recevoir deux rochets qui sont retenus quand il est nécessaire par un encliquetage de même qu'on le voit représenté dans son plat *figure* 6 *Th*. C'est le barillet qui renferme le ressort pour la répétition. I fait voir la poulie sur laquelle s'enveloppe la chaîne du râteau de la cadrature. H est l'arbre quarré sur lequel elle entre. Le rochet M, le ressort qui est dans le barillet C, la poulie I ont tous rapport à l'arbre creux H et servent seulement pour la répétition. L est un autre rochet rivé sur l'arbre creux qui sert au Réveil. D est encore un autre rochet ou roue de chevilles, qui sert seulement à faire frapper alternativement les mêmes marteaux de la répétition pour faire l'effet du Réveil par des levées à part qui y ont rapport. Le ressort qui sert au Réveil est placé au point F, dedans l'épaisseur de la platine supérieure. F est un couvercle tenu avec deux vis, qui sert à couvrir le ressort de ce côté et à contenir le pivot de l'arbre creux G.

» Il faut que les rochets L M ayent des dents couchées de façon que la grande roue B puisse tourner avec l'un des deux séparément : le reste du rouage est à l'ordinaire.

» A l'égard de la détente du Réveil qui ne sert qu'à le tenir monté, on la fera suivant qu'il conviendra au calibre de la montre, c'est-à-dire, si c'est un calibre français ou anglais, on fera toujours en sorte que la détente se fasse sans grands efforts.

» Celle que l'Auteur a faite tient le réveil monté par une cheville fixe au point D qui détend très-aisément par une bascule brisée. Le quarré G est pour remonter le Réveil où tiennent toutes les pièces assemblées. On les voit encore séparément par les *figures* 2. 3. 4. 5. et 6.

150. Réveil à deux marteaux. » La figure 15 *Th*. est le calibre dont le rouage est semblable à celui d'une sonnerie. L'arbre de la seconde roue passe à la cadrature et porte quarrément le rochet 20. fig. 16. (*à la suite*) qui engrenne dans les levées des marteaux, de sorte qu'une de ces levées étant échappée, l'autre est levée à moitié. Ces deux marteaux frappent très-vite et plus fort qu'avec l'échappement à roue de rencontre (*ceci est faux et impossible*). Les roues de la Cadrature *fig*. 16. sont à l'ordinaires, de même

que leurs nombres. La roue de cadran est posée à frottement sur la roue de 24. dont le canon porte le cadran de Réveil. Cette roue engrenne dans une seconde roue de pareil nombre qui porte une cheville; elle a un canon quarré dont un des bouts est mobile dans la platine et l'autre dans le cadran.

» Quand on veut mettre ce réveil à l'heure on a une clef quarré qui entre dans le canon, par ce moyen on fait tourner le cadran du réveil sans rien gâter, comme il arrive à ceux qui n'ont que des trous. Ce Cadran est à l'ordinaire divisé en 12. chiffres, les roues de 24. faisant leurs tours en 12. heures, la cheville lève la détente A avec beaucoup de douceur, pour lors le rouage étant libre, le Réveil sonne. Ces sortes de Réveil sont fort audessus du Réveil à roue de rencontre; les nombres sont 40-10. 48-6. 36-6. 30-6. 24-6.

151. Détente de réveil *à la minute de J.-B. Dutertre.* » Cette détente *fig.* 7. *suiv.*, est formée de deux chaperons. Le premier E est placé à frottement sur le canon des minutes et fait son tour par heures. L'autre qui n'est point représenté dans cette *figure* est à l'ordinaire placé sur la roue de Cadran, et fait une révolution en 12 heures. La détente ACD est à deux bras. Le bras C porte sur le chaperon E des minutes, et l'autre bras D pose sur le chaperon des heures, de sorte que la détente ne peut tomber, que les deux entailles faites au chaperon ne se présentent. Le canon des minutes porte le Cadran G où les 60 minutes sont marquées.

» Le canon de chaperon qui est sur la roue de Cadran porte le Cadran des heures du Réveil F. Il est divisé en 12 parties, de sorte que, quand on veut faire sonner le réveil, on place sous la queue de l'aiguille des minutes, celle à laquelle on veut être réveillé. Par exemple, on veut faire sonner le réveil à 4 heures 10 minutes, on tourne le chiffre 4. sous la queue de l'aiguille des heures, ensuite le chiffre 10 du petit cadran sous la queue de l'aiguille des minutes; le Réveil sonnera juste, on verra facilement que la détente tombe lorsque le chiffre de 6 h. se rencontre avec les 30 minutes à midi.

152. Autre détente *de Réveil.* » Le chaperon R qui est joint à frottement contre la roue de Cadran, *fig.* 9. *suiv.*, au lieu d'une entaille porte l'élévation S, la détente TVX mobile au point V ne frotte point sur le bord du chaperon, l'extrémité X retient le marteau du Réveil et par conséquent le rouage, de manière que cette détente ne dégage le rouage que lorsqu'elle est levée par la rencontre de l'élévation S. On a fait beaucoup de cas de cette détente; on n'y voit cependant rien de si remarquable. Celles marquées 10. et 12. ont paru mériter la préférence. La *figure* 11. est une détente ancienne qui permet de tourner le Cadran à gauche de même que les autres.

Nouvelle détente *de Réveil.* » La commodité de cette détente est de n'avoir sur le Cadran qu'une seule aiguille conduite sur l'heure que l'on veut que le Réveil sonne, ce qui est plus simple et plus facile que les autres constructions. Cette composition est mobile à frottement sur la fausse plaque, au travers de laquelle passe librement la roue de Cadran. Cette roue de cadran porte la cheville B marquée au profil, et l'aiguille des heures est placée quarrément sur son canon, de sorte que la cheville et l'aiguille sont toujours *paralleles* ensemble. (V. la fig. 13 *suivante*).

» L'aiguille du Réveil qui est placée tout rase du Cadran de la montre, tient quarrément sur un canon que porte la pièce A, de sorte qu'en tournant l'aiguille on fait tourner cette pièce, qui est toujours parallele avec l'aiguille. Cette pièce A porte le levier coudé AD mobile au point H sur la pièce A. Le bras D porte le grand cliquet F, et l'autre bras est levé par la cheville qui est sur la roue de cadran, de sorte que la roue de cadran tournant, la cheville qu'elle porte rencontrant le bras H *r*, elle oblige le cliquet E de pousser les dents du rochet *c* et de le faire mouvoir. Ce rochet étant libre entre la fausse plaque et la pièce A, il agit en raison de ce que la détente l'entraîne. Le détentillon E étant obligé de hausser (par la cheville que le rochet porte), le côté G permet au rouage de tourner, et le Réveil sonne, de sorte qu'à tel endroit que le bras A se rencontre, la cheville qui est sur la roue de cadran le lève, et le bras entraîne après lui le cliquet qui fait mouvoir à son tour le rochet C, et le rochet C lève le détentillon E G. Cette détente ne charge pas tant le mouvement que dans les autres constructions, et elle est aussi solide. On peut tourner l'aiguille du Réveil à droite et à gauche sans aucun inconvénient. »

153. Après avoir reproduit textuellement ce que nous trouvons sur les montres à réveil dans cet ancien auteur, qui, pour être concis, n'en est pas toujours plus clair et intelligible, nous terminerons ce sujet par une observation sur la disposition des boîtes de réveil, laissées à jour, ou avec double cuvette assez incommode.

154. Ce n'est pas tout en ce genre que d'avoir adopté la meilleure composition du mouvement, il faut encore disposer le timbre et la boîte de la manière la plus avantageuse, pour obtenir l'éclat et la sonorité propres à dissiper l'engourdissement du sommeil ; il paraît qu'il faut généralement, dans ce but, un espace suffisant d'air autour du timbre, tant en dedans qu'en dehors, afin que le son n'en soit pas étouffé par des parois trop voisines. Nous rapporterons ici notre propre expérience sur ce point. Ayant exécuté pour notre usage un mouvement de montre à réveil, avec échappement à cylindre pour le mouvement, et l'échappement à ancre dont nous avons parlé plus haut pour le marteau, voulant garantir le mouvement de la poussière, nous l'enveloppâmes d'une calotte ordinaire, comme on en met souvent aux mouvements soignés ; ce réveil était de forte proportion, et lorsqu'il fut dans sa boîte à double fond qui s'ouvrait, et laissait à découvert le fond fixe et découpé très à jour, nous fûmes étonnés du peu d'effet du timbre, malgré le diamètre et la hauteur de celui-ci, et la force peu ordinaire du marteau, etc., et nous remarquâmes qu'il gagnait déjà beaucoup, lorsque le mouvement était débarrassé de la calotte qui le fermait; ce qui semblait alors donner plus d'air intérieur au timbre. Mais nous avions de la répugnance à supprimer la calotte si nécessaire pour garantir un mouvement soigné de la poussière, que les ouvertures du fond introduisent nécessairement, et qu'un corps agité et en vibration répand encore plus abondamment. Nous avons donc préféré de laisser la calotte, et nous avons fait exécuter un autre timbre d'un diamètre un peu plus grand et même un peu plus haut de bords, ce qui entraîna la nécessité d'une autre boîte, car ayant donné primitivement à la seconde boîte deux lignes et demie de diamètre de plus qu'à la

grande platine, et de même au cadran, au lieu de laisser recouvrir les bords du timbre par le bord rabattu en dedans de la gorge de la boîte à l'ordinaire (gorge qui, dans ce cas, est de rapport, comme dans les répétitions), nous avons laissé le bord plus élevé du timbre arriver jusqu'auprès de la grande platine, sans être recouvert par la gorge de la boîte, alors d'une seule pièce avec sa cuvette; ensuite, renonçant au double fond, nous avons adopté la forme de boîte à collier, pour en tirer le parti que nous allons dire. Au lieu d'un double fond, nous avons fait pratiquer un double collier, en garnissant la boîte intérieurement d'une virole de laiton rodée et appliquée fort juste dans toute la hauteur du cercle et susceptible de glisser, et tourner facilement et à frottement gras. Puis avant d'assembler les bords de la boîte, nous avons fait graver au dehors de larges cannelures séparées par des ornements un peu plus larges, et ces cannelures ont été percées à jour ainsi que le collier du dedans; les parties pleines étaient presque doubles en largeur des parties ouvertes, en sorte qu'au moyen d'un bouton latéral, qui faisait glisser le collier intérieur d'environ deux lignes, les cannelures du dehors se trouvaient bouchées par les parties pleines de la virole intérieure, et on pouvait les laisser à jour à volonté. Alors, en tenant les cannelures ouvertes, tout en laissant la calotte sur le mouvement, nous avons obtenu presqu'autant d'éclat et de sonorité qu'avec le timbre hors de la boîte. Ce réveil est à double détente pour les minutes, et règle très-bien pour l'usage civil, par l'effet de son échappement à cylindre qui corrige les inégalités du frottement. Nous ferons observer, en définitive, que pour être réveillé sûrement par ces instruments, il ne faut pas s'en servir continuellement; autrement l'oreille s'habitue à ce bruit, et quelque imprévu qu'il soit, l'organisation peut le percevoir et oublier que c'est pour se lever, et souvent l'on se rendort. Le propre de l'habitude est d'émousser la sensation.

155. On a essayé dans les pendules de voyage de faire frapper le marteau du réveil sur un *ressort-timbre*, mais le bruit en était moins intense et ne produisait qu'un son faux, *chaudronné*, assez semblable à celui d'un timbre *fêlé*. Le mode sans timbre, de *Julien*, semblerait préférable. En plaçant le réveil sur une table ou sur quelque corps sonore, il doit produire plus de sensation : mais pour peu que le meuble ne soit pas de niveau, l'ébranlement total peut déplacer l'instrument et en occasionner la chute. Le plus sûr serait de le suspendre contre un corps sonore. On pourrait aussi le placer dans quelque vase un peu concave. La variété de ces moyens préviendrait l'insensibilité de l'habitude, en même temps que les accidents.

156. Les réveils de pendules à poids et d'horloges intérieures sont si simples, que nous n'en dirons que peu de mots : dans les horloges de *Comté* et dans plusieurs d'Allemagne, il n'y a qu'une roue de rencontre accompagnée de poulie à pointes, avec poids et contre-poids. Une simple détente dégagée par le petit cadran de réveil du centre, cesse de retenir un mentonnet d'arrêt à la circonférence de la roue de rencontre, dont les dents font mouvoir les palettes d'une verge portant un marteau à deux têtes qui oscillent dans l'intérieur du timbre. L'arrêt peut aussi avoir lieu par une tige ou un bras porté par l'axe d'échappement. Le traité du P. Alexandre n'en indique

pas davantage, et c'est assez sur un sujet où chacun peut aisément suppléer. Dans les pendules d'appartement ou de voyage, il y a un rouage et un mécanisme d'une dimension alors proportionnée au mouvement, mais toujours analogues à ceux que nous avons décrits pour les montres. Plusieurs constructions de réveil, hors de la montre, ont été publiées dans ces derniers temps, et seront citées dans un chapitre des variétés en horlogerie, où nous indiquerons celles que l'expérience aura fait préférer (1).

157. Nous terminerons ce chapitre par la mention de deux perfectionnements nouveaux concernant l'échappement à roue de rencontre. Le premier est un chariot mobile tenant la roue en cage, amélioration réelle due à M. Duchemin, Artiste expérimenté et distingué d'ailleurs par des recherches plus importantes de haute horlogerie, place du Châtelet, 2. L'auteur va s'expliquer lui-même à ce sujet.

« L'échappement à roue de rencontre, dit cet habile et estimable Artiste, sera pro- » bablement en usage long-temps, malgré ses imperfections et l'emploi si commun au- » jourd'hui du *Cylindre*. Les variations de l'ancien échappement, dépendantes de » celles de la force motrice, qu'il ne corrige point comme l'autre, n'empêchent pas les » montres à verge de donner encore une régularité suffisante pour l'usage ordinaire; » les palettes n'exigent point d'huile, la montre n'a pas besoin d'un nettoyage aussi » fréquent, et il est plus facile de la rétablir. Sans faire ici l'apologie de l'échappe- » ment à roue de rencontre, je pense que l'on verra peut-être avec intérêt l'appareil » ou chariot que j'ai disposé pour conserver aux pivots de cette roue, le même » avantage que dans le reste du rouage, celui de rester toujours parallèles à leurs » trous, malgré le déplacement de la roue pour former l'échappement. Le *Remonteur* » n'aura pas à s'en occuper avant le nettoyage, et ensuite, chacune des opérations né- » cessaires ne nuira point à l'autre : car, dans l'ancien système, 1° le va-et-vient par » la vis de rappel, pour égaliser les chutes et les levées, change le jeu en longueur de » l'axe de la roue, et fait dévier la direction des pivots dans leurs trous; 2° ces trous » ont besoin d'être tenus plus grands qu'aux autres mobiles exempts de cette dévia- » tion : les pivots peuvent se rompre ou être du moins gênés, si les trous sont trop jus- » tes et non ébiselés fortement d'un côté, et, dans le dernier cas, ces trous s'usent ra- » pidement et deviennent ovales; 3° le lardon de potence, pressé par sa vis latérale au » fond de sa coulisse, et relevé par une autre vis près de la roue, pour en borner le » jeu, fléchit et peut même se briser sous une main inhabile ou peu modérée, qui fixe » souvent ce lardon comme s'il devait être immobile. »

158. Le chariot A B F qui tient, comme en cage particulière, la roue de rencontre D, est appliqué intérieurement à la petite platine fig. (*à la suite des figures de ré-*

(1) Nous donnerons aussi au chapitre des échappements, d'abord les proportions anciennes adoptées pour celui à verge, par *Julien Leroy* et *Sully*; ensuite celles des modernes, et leurs modifications diverses et accessoires, telles que : la plus grande inclinaison des dents, la première application anglaise des trous en rubis d'un *Fatio*, de Genève, refusés en France; les palettes plaquées en rubis; l'ouverture des palettes portée récemment et avec succès à 110° et à 115°; la direction de l'axe de la roue de rencontre sur celui de la roue de champ, au lieu de le faire passer à côté, etc., etc.

veil). Le plan du chariot qui est en contact avec cette platine est la face de la fig. 2, où l'on voit que le nez de support vers D', de même pièce que le chariot, se reploie deux fois à l'équerre pour recevoir le pivot de la roue de rencontre D, fig. 1. F est, dans les deux figures, la contre-potence vue de profil et formée d'une plaque oblongue de laiton, fixée à l'épaisseur du chariot par un ou deux pieds, et maintenue par la vis F qui contient aussi en place la contre-plaque ordinaire d'acier. La face de la fig. 2 est unie et formée d'un seul plan, sauf l'élévation d'un tourillon B réservé et de même pièce. C est une tête d'acier, fendue comme celle d'une vis, et à bords carrés ; son épaisseur toute en dehors du chariot, est égale à celle de la platine ; cette tête est excentrique à sa tige, et sert de rappel pour égaliser les chutes et les levées. G est le trou taraudé de la vis de serrage pour fixer le chariot, avec rondelle d'acier vue en G fig. 3. B est une autre vis de rappel, buttant contre l'épaisseur de la platine pour éloigner le chariot de la verge. Dans la fig. 1, la partie de l'extrémité du chariot vers D, est plus épaisse et en saillie du côté du rouage, pour établir le nez de support à la hauteur voulue par la roue. La contre-potence F doit être également saillante en partie des mêmes côtés. D est la roue de rencontre; sa denture est couverte ici à la vue par le nez V de la potence H, qui reçoit le pivot inférieur de la verge du balancier.

159. La fig. 3 est la face extérieure de la petite platine; elle porte le coq L L', avec sa contre-plaque d'acier L'. M est le balancier ; SS, le spiral ; I, une raquette d'acier retenue par son cercle à ressort (*pointillé*) dans l'ouverture de la platine où passe la verge. E est une autre ouverture quadrangulaire et oblongue, où se loge la tête excentrique de rappel C, qui en occupe juste la largeur. G est la vis de serrage, dont le trou dans la platine, a plus de diamètre que la tige de vis, et permet au chariot un mouvement suffisant en tout sens ; le vide du trou est recouvert par la rondelle. L'entaille de la platine en B, reçoit le tourillon du chariot maintenu juste par les côtés, comme centre du mouvement latéral, mais mobile du tourillon à la verge.

160. A ce premier perfectionnement, le second qui suit a été ajouté par M. VALLET, rue Neuve-Bourg-l'Abbé, 2, Artiste avantageusement connu par l'invention de plusieurs outils ingénieux et utiles, et par l'instruction qu'il a su donner à un sourd-muet de naissance, et dont le succès a mérité une médaille à l'une de nos Expositions. L'auteur a prévenu par un *piton mobile* du spiral, l'inconvénient d'extravaser les huiles lorsqu'on veut mettre le balancier d'échappement, et a fourni un moyen commode d'en modifier la correction à volonté sans enlever le balancier. Ce piton est placée en R sur une seconde raquette *rr*, avec le même frottement dur qu'on lui donne ordinairement dans la platine, et peut de même en être séparé ; le cercle à ressort de cette raquette est plus grand que le précédent, et incrusté à fleur dans la platine. Le déplacement de son bras J, est marqué sur une petite division par la pointe de son index, ce qui donne le moyen facile de changer et fixer à volonté le point de repos du spiral, et d'égaliser sa résistance aux levées. Les deux Artistes se sont concertés pour représenter dans le dessin de la fig. 3, ces deux améliorations commodes et utiles pour le remonteur, pour la précision et la solidité de l'échappement, et pour la sûreté à l'égard de l'huile.

CHAPITRE V.

DES MONTRES MODERNES POUR L'USAGE CIVIL.

161. Les progrès des arts et des sciences sont accueillis ou négligés suivant les circonstances contemporaines : celles qui succèdent en font souvent oublier les premiers auteurs ; et de même que les produits de la culture sont dus en partie à la nature du sol, il semble aussi que le succès d'une idée neuve dépende beaucoup de la disposition qu'elle rencontre dans les esprits du temps. Une invention sans résultats importants ni utiles, peut séduire en flattant l'opinion régnante, tandis qu'une autre plus féconde en conséquences avantageuses, sera à peine remarquée. Nous avons assez fait connaître l'influence de *Huyghens* sur l'horlogerie : cette époque amena celle de *Julien Leroy*, dont la famille se distingua dans plus d'un genre. *Pierre Leroy*, entre autres, l'un des fils de Julien, composa des horloges marines d'une disposition originale et toute de génie, qui rivalisèrent de succès avec celles de Berthoud. Celui-ci n'en dit guères, dans son Histoire de la mesure du temps, que ce qu'il n'en pouvait dissimuler ; car cet auteur semble n'avoir principalement écrit ce livre, que pour y rappeler avec étendue ses propres ouvrages, qui y occupent en effet une large place, et n'a cité que brièvement les autres artistes, en gardant même le silence sur plusieurs productions de mérite de son temps. Les nouvelles montres de *Lépine* avaient alors une vogue méritée, mais Berthoud n'en fait aucune mention, quoique l'établissement de ce nom fût alors très-distingué à Paris et en France, et que sa réputation eût devancé de plusieurs années celle de feu Breguet. La famille de *Lépine* était établie à Ferney, village à une lieue de Genève, sur le territoire français, dont le célèbre Arouet de Voltaire avait fait une petite ville, en y fondant une colonie d'horlogers fugitifs, à la suite de quelques troubles de la république voisine. La colonie ne s'occupa d'abord que de ces montres de commerce confondues avec la bijouterie par leurs boîtes ciselées, émaillées, décorées d'or de couleur, de perles, de diamants, etc., où la mesure du temps n'est plus qu'accessoire. Les relations étendues et élevées du patriarche de la littérature, contribuèrent beaucoup au succès de cette industrie.

162. Mais ce ne fut que vers l'époque du dernier voyage de Voltaire à Paris et de son décès, que la famille *Lépine*, de Ferney, se distingua tout-à-coup par des montres à boîtes simples et unies, où le mouvement, établi sur une seule platine, avait nécessité plusieurs dispositions tout-à-fait nouvelles et bien entendues ; et ces

construction de *Lépine* supprime la fusée ; le barillet porte à son pourtour extérieur la même denture en petit que celui d'une pendule, mais, dans cette montre, le barillet peut être retiré du rouage sans démonter celui-ci. L'arbre de barillet est fixé à la platine par une seule de ses extrémités, dont l'allongement pénètre dans un canon solide d'acier, d'une seule pièce avec le rochet de remontage, placé du côté du cadran. Le canon du rochet et la tige de barillet qui y pénètre, sont maintenus ensemble par une forte cheville. Le rochet porte dans le trou de platine un tourillon qui n'est qu'une prolongation de son canon, et roule seul dans la platine quand la clef remonte le ressort moteur. Sur le dehors de la platine, côté du cadran, une plaque de laiton, ovale, ou à deux oreilles, évidée en dessous, se place sur le rochet, qu'elle presse et assujettit convenablement, au moyen d'une vis à chaque oreille, ou dans la direction du grand diamètre de l'ovale ; le rochet graissé d'huile, tourne dans cette espèce de boîte, sans jeu ni ballottement, et avec un frottement doux, éprouvé uniquement par la main qui remonte ; un fort cliquet, poussé par son ressort, atteint les dents du rochet, soit par un vide ménagé sous la petite plaque ovale, soit par une entaille de toute l'épaisseur de la plaque. L'arbre accroche comme à l'ordinaire l'œil intérieur du ressort du barillet, toujours entraîné par l'accrochement de l'œil extérieur à sa virole, et après le remontage, l'arbre reste immobile, et le barillet roule, comme dans la pendule, sur les deux collets ou pivots de son arbre, dont l'autre extrémité reste en l'air. Cet ensemble peut être exécuté et maintenu très-solidement ; d'ailleurs, le barillet ayant sa denture à son bord inférieur près de la platine, l'action du ressort a peu d'avantage pour déverser l'arbre retenu par le serrage de la plaque ovale, et le carré du remontage peut être pratiqué du côté du rochet. Enfin, la montre ne cesse pas de marcher pendant le remontage, et cela sans aucune addition de pièces ; or, cet avantage important, quand il y a des secondes, ne s'obtient dans les pièces à fusée qu'au moyen d'un *ressort auxiliaire* d'un travail assez considérable, qui manque son effet pour peu qu'il ne soit pas établi avec de grands soins, et dont la fonction, malgré cela, n'est pas même toujours bien assurée.

165. On trouve donc déjà ici, dans la première transmission de la force motrice, un mobile de moins que dans la montre ordinaire, celui de la fusée, pièce d'un travail long et difficile ; il n'y a pas non plus de chaîne, et les chances de sa rupture et de la destruction d'un encliquetage délicat sont évitées. Les accidents de ce genre sont à la vérité peu à craindre avec une fusée bien établie, une forte chaîne, un double encliquetage à pivots, etc.; mais alors la fusée exige un grand travail et une exécution soignée, et la disposition de Lépine fait disparaître cet assujettissement, comme aussi celui d'égaliser la fusée au ressort. La marche de la montre resterait ainsi exposée à l'inégalité du tirage, du haut au bas de ce ressort ; mais l'échappement à repos, comme ceux à virgule et à cylindre, qui sont employés dans ces pièces, compensent assez bien cette inégalité. Cette dernière propriété a été long-temps contestée, et l'objection appuyée du sentiment de Berthoud, quant au cylindre, a été reproduite par les copistes de l'*Essai*, peu au fait de cette question ; mais le fréquent usage actuel de l'échappement à cylindre avec le barillet denté, a mis la solution hors de doute, quand il ne s'agit pas d'extrêmes

trop éloignés, et si l'on met exprès dans les barillets dentés, des ressorts à tours faibles du dehors, on a aussi l'expérience, qu'avec un ressort diminué suivant la méthode ordinaire pour fusée, la différence de tirage du haut avec celui du bas, bien que presque double, ne produit pas un quart de minute dans les pièces bien faites, et souvent reste insensible : c'est ce que nous reverrons à l'article des échappements, et particulièrement de ceux-ci. Le ressort dit *à fusée* est d'un effet plus constant et plus sûr.

166. Quant à la distribution du rouage, elle est ici à peu près la même, sauf qu'il a fallu y réserver la place du balancier, qui souvent ne s'élève pas au-dessus des autres mobiles; mais comme il occupe à peu près la place de la fusée des autres pièces, il laisse sous ce rapport le même espace pour les roues. Celle du centre a particulièrement ici un axe percé dans toute sa longueur, et qui porte dans la platine et dans le pont opposé, ses pivots assez gros pour être percés de même, parce que cet axe est traversé entièrement par la tige du pignon de minuterie, formant une verge mince et longue qui pénètre, et tourne au besoin à frottement doux dans la tige de la roue du centre. Ainsi, ce qu'on nomme *chaussée* dans la minuterie ordinaire, parce que son canon est comme *chaussé* sur la longue tige du centre du côté du cadran, ne mériterait plus ici ce nom, mais l'usage l'a conservé : la chaussée de Lépine traverse donc l'axe de la roue de minutes, pour porter du côté de la cuvette et au-delà du pivot percé de cette roue de minutes, un carré de rapport qui sert à mettre les aiguilles à la minute et à l'heure. Il résulte bien de cette disposition, que le diamètre des pivots en est augmenté, et surtout celui du pont, mais le frottement qu'ils ont de plus en ces points, n'est pas encore à comparer à celui des deux gros pivots de la fusée supprimée. et il y reste toujours une assez forte réduction de frottement sous ce rapport. L'axe plein du pignon central de minuterie est prolongé au travers du cadran, comme le canon de l'ancienne chaussée; mais il a moins de diamètre, et soutient le canon de la roue des heures, qui roule sur lui à l'ordinaire. Cet axe, au lieu de se terminer par un carré, porte seulement un pivot à portée, sur lequel est établi à frottement le rosillon de l'aiguille de minutes, dont ce pivot ne dépasse point la hauteur, puisque le carré pour mettre à l'heure est rapporté du côté de la cuvette. Cette construction permet déjà un cristal beaucoup moins convexe.

167. Dans les premières montres du *calibre Lépine*, il y avait un grand pont qui recevait plusieurs pivots du rouage; mais on a préféré par la suite de multiplier ces ponts, pour pouvoir démonter séparément un plus grand nombre de mobiles sans désarmer le ressort moteur, que l'on peut tenir bridé dans les mobiles qui précèdent celui que l'on veut enlever. Il est aussi très-facile de désarmer ce ressort et d'enlever le barillet, dans d'autres constructions qui varient plus ou moins entre elles, sans cesser d'appartenir à ce calibre; car, au lieu de fixer une extrémité de l'arbre à la platine, comme nous l'avons indiqué ci-dessus, on a imaginé depuis d'ouvrir tout-à-fait la platine, et de faire arriver le barillet jusqu'à la minuterie, pour lui ménager plus de hauteur dans les pièces plates; alors, la partie de l'axe qui porte le rochet est fixée sur un pont placé du côté de la cuvette et auquel on a donné diverses formes; ce

pont très-épais porte donc le barillet, le rochet et le cliquet ; et lorsque le ressort est facilement désarmé, on enlève et sépare cet ensemble d'avec le mouvement, sans démonter le reste du rouage. Il résulte de cette dernière disposition, que la roue de minutes ou grande moyenne n'est plus située près de la platine, comme avec le barillet qui passait au-dessus de la roue, au commencement de cette description, mais que la roue moyenne, rivée près de son pivot supérieur du pont, passe au-dessus du barillet, ce qui n'empêche pas celui-ci d'être retiré assez facilement de l'ouverture de la platine ; alors la denture du barillet est établie dans le haut près du bord de son couvercle qui est en dessus, du côté de la cuvette de la boîte. Les moyens d'arrêt que nous expliquerons plus loin, sont sous le cadran, et établis extérieurement dans l'épaisseur du fond du barillet, dont le pont est encore plus solide, avec deux pattes et deux vis.

165. Une autre différence notable est celle de la situation du balancier : ici, il n'y a plus de petite platine pour recevoir le piton du spiral et les deux pattes du coq ; aussi ce dernier est-il formé d'un pont plus large et plus fort que tous les autres, excepté celui du barillet. Ce pont, qui retient le nom de coq, reçoit le pivot supérieur du balancier, dont le pivot intérieur est porté par une barette ou par un *Chariot* dont nous parlerons ci-après. Le cercle du balancier est placé au-dessous de la roue du centre, que nous avons dit reportée vers son pivot supérieur, pour passer au-dessus du barillet, et le spiral, au lieu d'être sous le balancier, a, au contraire, sa virole montée sur le tigeron tenu plus long, du haut du balancier. Le nouveau coq a deux saillies latérales, espèces d'ailes ou d'oreilles, dont une reçoit en dessous le tenon du piton de spiral ; l'autre reçoit en dessus le coqueret et sa vis ; celui-ci est, à l'ordinaire, formé d'une plaque d'acier poli, et souvent garnie d'une pierre fine sur laquelle roule le bout arrondi du pivot, qui dépasse un peu le dehors du trou, percé aussi dans une pierre fine, ordinairement un rubis. Ainsi, le balancier se trouve lié au coq par le moyen du spiral et de son piton, et l'on ne peut enlever le coq sans enlever aussi le balancier, du moins dans la construction ordinaire. Ce n'est que quand on tient à part ces deux pièces renversées, que l'on détache avec une bruxelles à bec fort, le piton d'avec l'oreille du pont dans laquelle le tenon du piton se pose et s'arrête à frottement, comme l'ancien dans la petite platine. Il y a aussi une autre manière de fixer le piton du spiral, au moyen d'une plaque d'acier à plusieurs vis, que l'on desserre pour détacher le piton du spiral d'avec le coq, avant de dévisser celui-ci. Mais nous parlerons ailleurs de cette disposition, qui exige plus de travail, et permet d'enlever le coq seul, sans le balancier ; le placement libre du piton, dans ce cas, bride moins le spiral.

168. La coulisserie ordinaire ne pouvant plus avoir lieu ici, est remplacée par une seule pièce d'acier appelée *raquette*, à cause de sa forme, composée d'un cercle garni de deux bras diamétralement opposés, dont le plus court porte en dessous deux petites chevilles saillantes et très-rapprochées, qui maintiennent le dernier tour extérieur du spiral, comme le fait le bras ordinaire de râteau, tandis que l'autre bras forme une longue aiguille, dont la pointe peut se promener sur des divisions tracées vers la patte du coq, où elle sert d'index, lorsque l'on fait glisser circulairement l'an-

neau central de la raquette, sur une portée prélevée au-dessus du coq, concentriquement au pivot du balancier. Cette pièce sert donc à régler l'effet du spiral sur la marche diurne, de même que l'aiguille du cadran ordinaire de rosette.

169. Nous avons parlé d'un *Chariot* qui reçoit le pivot inférieur du balancier (nous l'appelons *inférieur*, parce que le mouvement d'une montre dans sa position horizontale pour les travaux ou l'examen de l'artiste, a toujours son cadran en dessous, tandis que la petite platine, le balancier, le coq, le petit cadran de rosette, de presque toutes les montres, ou la tête des ponts dans le calibre Lépine, se trouvent alors dans la partie supérieure du mécanisme); ce chariot est une grande pièce généralement plate, posée sur la platine du côté du cadran, et portant une saillie circulaire ou quadrangulaire, reçue dans une ouverture de même forme, mais un peu plus grande, pratiquée à la platine; cette saillie affleure et même dépasse un peu la surface de la platine du côté du rouage; c'est sur cette partie que se fixe la patte du coq, au moyen de trois pieds et d'une forte vis, en sorte que le chariot en dessous de la platine et le coq en dessus, tenant ensemble, forment une sorte de chape ou de cage particulière pour le balancier. Comme l'ouverture de la platine est un peu plus grande que la dimension latérale de la saillie susdite du chariot, elle permet à cette sorte de cage un peu de glissement, propre à approcher plus ou moins l'axe du balancier des bords de la roue d'échappement, pour régler par ce moyen la pénétration voulue. Ce petit mouvement, parallèle à la platine, se fait angulairement sur un pied fixe qui sert de centre au chariot, et quand le degré de pénétration de l'échappement est déterminé, le tout est fixé par une vis de serrage. Nous donnerons ailleurs les détails de ces principales pièces, que nous ne faisons que signaler, et nous mentionnerons alors aussi plusieurs autres pièces accessoires, omises ici pour simplifier l'explication.

170. Le garde-chaîne de fusée est remplacé par un arrêt de remontage, que nous avons dit être incrusté en quelque sorte dans l'épaisseur et en dehors du fond du barillet. Ce fond était du côté de la cuvette dans la première position du barillet que nous avons expliquée d'abord, avec la platine pleine; mais quand celle-ci est ouverte pour laisser pénétrer le barillet jusqu'à la minuterie, et ménager plus de hauteur au ressort dans des pièces presque toujours trop basses, l'arbre du barillet est maintenu alors par le pont placé du côté du rouage et qui contient le rochet servant de base à cette situation isolée de l'arbre; alors le fond du barillet se trouve du côté du cadran. L'arrêt de remontage pratiqué sur ce fond peut être de diverses sortes. Outre celui de la première position, composé d'un cercle d'acier denté, incrusté, à ressort dans le barillet par le dehors, et conduit par un doigt à carré sur l'arbre, on y place quelquefois celui dit en *croix de chevalier*, formé d'un rosillon entaillé suivant le nombre de tours nécessaires, et que le doigt de l'arbre fait tourner un peu à chaque tour de clef, jusqu'à butter enfin contre une partie pleine. Un autre arrêt par engrenage est composé de deux pignons très-bas, de 8 et 10 ailes au moins, qui s'engrènent et portent chacun une rondelle découpée dont les bords ont une saillie; l'une de ces saillies, après avoir circulé pendant quelque temps, sans rencontrer l'autre, finit par butter dessus. Cet

effet est dû au choix des nombres différents des deux pignons, dont l'un est porté par l'axe, et l'autre roule librement sur le fond du barillet, comme nous l'expliquerons en son lieu; la différence des nombres accélère l'une des deux révolutions plus que l'autre.

171. Une partie remarquable de la montre de *Lépine* est l'échappement *à Virgule*, dont nous parlerons au chapitre général sur ce sujet, comme de celui à *double Virgule* et des réclamations qu'il a occasionnées, dont Berthoud, suivant son usage, ne dit pas un seul mot dans son Histoire de la mesure du temps. La *virgule* est une pièce d'échappement difficile, et dont les principes et les proportions sont assez peu répandus. Nous donnerons par la suite ce que l'on connaît de mieux sur ce sujet. La virgule règle très-bien, du moins pour l'usage civil, comme échappement à repos, dont les vibrations sont étendues et plus libres que celles du cylindre, dans une oscillation sur deux, car la distance au centre des deux repos de la virgule, est très-inégale, et les levées sont encore plus différentes. L'intervalle entre les deux battements est *boiteux* aussi quand l'échappement est à son vrai point. Il a cela de commun avec l'échappement dit *Duplex*. La virgule bien faite, dure au moins autant que le cylindre avec sa roue en laiton. La roue de virgule a ses dents en rochet très-inclinées et dégagées; elles portent au bout, des chevilles relevées de la même pièce, comme celle de la roue intérieure de *Duplex*. On n'exécute guère plus la virgule actuellement, tant par la difficulté de sa forme et de ses proportions peu connues, que par l'usage adopté du cylindre d'acier, ou garni en rubis avec sa roue d'acier, qui a enfin obtenu plus de confiance, et offre des formes et des proportions communément plus faciles à concevoir et à mesurer.

172. Nous venons de parler d'un autre échappement du même nom et du genre de celui de *Lépine*, et que l'on adapta vers cette époque à quelques montres, mais qui fut presque abandonné, parce qu'il est encore plus difficile à exécuter; c'est celui dit à *double virgule*, décrit par Lepaute; il est très-libre et, suivant l'auteur, c'est une application réduite à l'usage de la montre, de son échappement à chevilles pour les pendules, qu'il déclare lui-même n'être qu'un *retournement* de celui à ancre et à repos de Graham, dont les leviers sont rapprochés, et opèrent sur un seul côté de la roue garnie de chevilles sur son champ, en place des dents en rochet. Un des avantages de la roue à chevilles est que l'action sur chaque repos et sur chaque plan d'impulsion, commence et finit sur chaque levier à une égale distance du centre. Cela est vrai, mais plusieurs artistes ne trouvent pas cet avantage aussi important, et se plaignent de la difficulté de conserver aux chevilles, l'huile que le cercle de la roue attire presque inévitablement en l'enlevant aux parties frottantes. Cependant, avec le soin de renouveler l'huile, cette invention simple et très-heureuse n'en est pas moins estimable, et paraît principalement plus propre aux horloges de forte dimension. On l'a même employée avec succès dans les pièces à secondes. La facilité d'exécution est encore un des mérites de cette disposition, et quant à son origine, il ne faut pas oublier que la plupart des échappements dérivent les uns des autres. Ce sont les modifications et les propriétés résultantes, qui en caractérisent la qualité. La virgule et la double virgule ont leur origine du même temps,

et il est facile de supposer que l'une de ces idées ait donné naissance à l'autre. Ce n'est point une objection contre des dispositions neuves ou différentes, si elles sont plus simples ou plus directes ; on sait que celles-ci sont les meilleures comme les plus rares. Si l'on connaissait la série des idées qui ont amené les inventions les plus appréciées, on en trouverait souvent l'origine dans des conceptions antérieures connues, et d'abord bien moins parfaites, dans ces rapprochements heureux qui constituent la plupart des progrès. Ce succès une fois trouvé peut paraître fort simple, mais, suivant l'expression d'un navigateur célèbre, *il fallait y penser* (1).

173. L'échappement à *Double virgule*, pour en dire ici deux mots anticipés, suivant notre usage, est attribué à J.-A. *Lepaute*, auteur du bon Traité d'horlogerie que l'on connaît et qui n'a manqué dans son temps que de plus d'extension. Cet échappement reçut presque de suite des améliorations que se disputèrent *Romilly* et *Caron* fils, plus connu depuis dans la littérature sous le nom de *Beaumarchais*. Ces discussions sont indiquées dans l'article *Horlogerie*, fort confus et souvent insignifiant, de l'Encyclop. méth. La *Double virgule* règle très-bien, et avec une bonne étendue d'arcs, comme nous l'avons long-temps éprouvé nous-mêmes, surtout quand ses deux repos qui sont au centre de l'axe évidé, sont réduits à n'admettre qu'à peu près le diamètre d'une cheville très-fine de la roue ; mais elle exige l'emploi de la fusée, parce que le frottement des repos est trop réduit pour compenser les inégalités de la force motrice, comme le fait le cylindre qui a cet avantage avec certaines proportions, malgré tout ce qui a été dit contradictoirement, et que l'expérience actuelle réfute complètement, lorsqu'il ne s'agit que de la régularité exigée par l'usage civil. L'exécution de la double virgule est difficile, et ses levées s'usent quelquefois assez promptement. Il les faudrait en rubis, ce qui ne diminuerait sans doute pas la difficulté ; celle-ci ne serait peut-être pas insurmontable avec la perfection acquise aujourd'hui dans le travail des pierres fines, mais il est douteux que l'avantage en compensât la peine et les frais. Nous renverrons cette question à l'article des échappements, pour reprendre la suite du calibre Lépine.

DESCRIPTION ET FIGURES DU CALIBRE LÉPINE, PL. X.

174. La figure 1re, pl. X, représente l'ensemble de ce calibre ; on y reconnaît aisément le barillet ; la roue du centre ou grande moyenne ; la petite ou deuxième moyenne ; ensuite celle qui remplace la roue de champ et qu'on pourrait appeler la troisième moyenne ; et enfin la roue de cylindre ; elles ont chacune leur pont à part, pour les pivots supérieurs, les autres sont dans la platine, ou plutôt dans les barettes qu'elle porte du côté du cadran ; on y distingue aisément le balancier et le coq. La platine

(1) On demandait à *Christophe Colomb* comment il avait découvert l'Amérique ; il proposa dans sa réponse de faire rester un œuf droit sur sa pointe, sur un corps uni et horizontal ; et sur l'objection d'impossibilité, il en frappa la pointe et y forma une facette. « Avec ce moyen, s'écria-t-on, le succès est facile ; sans doute, répliqua-t-il, *mais il fallait y penser*. »

unique de ce calibre est vue à part fig. 2. On y remarque d'abord l'ouverture qui loge le barillet, car dans les montres plates il a fallu le faire arriver jusqu'à la minuterie et fixer l'arbre à un seul pont, auquel on donne le moins d'épaisseur qui puisse conserver une certaine solidité, afin de laisser quelque hauteur à la lame du ressort, toujours trop étroite dans cette sorte de montres. A l'occasion de ce défaut des montres plates, l'artiste cité (157), observe justement que la disposition exigée ici pourrait être également pratiquée dans un mouvement de bonne hauteur, comme surcroît d'avantage pour le ressort, ce à quoi l'on n'aurait peut-être pas pensé sans l'exigence des montres de mode, qui en sont un peu moins mauvaises, parce que ce moyen leur permet du moins de marcher. Le pont du barillet peut être de diverses formes. La première qui ait différé de la disposition générale de *Lépine*, que l'on retrouvera ci-après dans sa répétition, a été celle de feu Abr. Breguet, qui ouvrit alors la platine, et employa le pont vu fig. 3; il est maintenu en l'air par une patte avec deux pieds et une forte vis. L'extrémité *a* du pont, a son épaisseur divisée en deux parties, comme on le voit de face et dans le profil en *b*, fig. 4, pour recevoir dans une creusure le rochet de l'arbre prélevé d'une seule pièce avec cet axe; une plaque fixée par deux petites vis, presse juste et mollement le rochet, qui, graissé d'huile, bien adouci et sans jeu, roule facilement pendant le remontage seulement, entre les deux surfaces de laiton. La plaque porte un canon *b* de même pièce, d'un diamètre propre à laisser pénétrer librement la clef sur le carré jusqu'auprès du rochet. Le haut du canon arrive à fleur du dehors de la cuvette, et préserve le mouvement de la poussière et des corps étrangers que la clef pourrait introduire. Le pont est entaillé sur le côté, pour y placer de champ un ressort-cliquet *c*, ayant sa tête formée en crochet, pour retenir les dents du rochet; sa lame est affaiblie du milieu, et se termine par une patte plus épaisse en bas, fixée dans le côté du pont par un pied et une vis qui pénètrent dans son épaisseur. L'arbre du rochet passant par le trou juste du pont, entre dans le barillet, où le ressort est supposé ici placé avec sa bride ou barrette, et porte à carré dans l'intérieur du barillet un noyau de rapport *d e*, qui s'arrête au moyen de deux clefs à vis; leurs têtes sont entaillées en un point, pour laisser passer deux angles diagonalement opposés du carré de l'arbre; lorsque ce noyau est enfoncé à fond, on peut tourner les deux clefs, parce que la partie pleine de leur tête peut pénétrer en coin dans deux entailles pratiquées aux mêmes angles du carré de l'arbre; la position et l'épaisseur du noyau, et de plus une portée, déterminent le jeu en hauteur du barillet, lorsque le couvercle est dans son drageoir; ce couvercle se trouvant placé ainsi du côté du cadran, porte en dehors l'une des deux roues d'arrêt du remontage, qui sont en partie noyées dans des creusures prises dans l'épaisseur du couvercle; l'autre roue est portée par le carré du bout de l'arbre. Le couvercle placé dans le drageoir, retient aussi dans une petite entaille l'un des tenons de la bride du ressort. Le milieu du couvercle, en dehors, est plus épais que ses bords, pour y noyer les roues d'arrêt, en laissant un peu plus de matière au pas de la vis de sa roue d'arrêt, ainsi qu'à une tétine sur laquelle elle roule; c'est cette tétine et non la vis, qui reçoit l'effort de l'arrêt. Le bord du couvercle est moins épais que le centre au moyen d'une portée en gorge qui fait la différence; et comme ce bord vient à fleur du drageoir, il laisse un *jour* pour le passage libre de la roue de canon de la minuterie. Le centre renforcé du couvercle du barillet arrive plus près du cadran, mais de manière que les roues d'arrêt et le bout de l'arbre n'y touchent pas; la goupille du bout est noyée à moitié dans l'épaisseur de la plaque.

175. L'arrêt de remontage est formé des deux petites roues d'acier dont nous venons de parler, ou plutôt, d'après leur nombre, de deux pignons d'acier de 10 et 8, ou de 12 et 10, suivant le nombre et fraction de tours que le barillet doit faire. Le nombre le plus fort est celui du pignon à carré sur le bout de l'arbre, où il est retenu par la goupille, noyée pour ménager la hauteur. Chaque pignon est formé de deux pièces d'acier superposées, l'une divisée en ailes et ayant un canon, l'autre unie dans son pourtour, sauf une portion circulaire plus saillante et qui couvre l'intervalle de trois dents pleines; c'est le pignon du couvercle. Celui de l'arbre a aussi sa plaque unie n'ayant qu'une saillie, mais plus étroite et en pointe émoussée. Les deux plaques sont rivées sur les canons ou portées des pignons, et même avec une ou deux goupilles d'acier rivées, pour fortifier la rivure contre l'effet de l'appui de la main dans le sens qui va suivre, et au moment de l'arrêt. Ces deux pièces sont au niveau l'une de l'autre, ou dans le même plan; leurs dents s'engrènent mutuellement. Elles sont placées de manière que les saillies de leurs plaques arc-boutent l'une contre l'autre, lorsque le ressort est au bas, c'est-à-dire armé de 1/2 ou 3/4 de tour, armure qui doit toujours rester quand le ressort a produit tout son tirage. Les saillies sont dégagées par le remontage, et comme les nombres sont différents et que les révolutions le sont aussi à proportion, les saillies ne se rencontrent pas après le premier tour, et se trouvent éloignées de plus en plus à chaque révolution, jusqu'à ce que la différence de l'une à l'autre étant arrivée à un tour juste de plus pour l'un des pignons (celui du moindre nombre), les saillies se rencontrent de nouveau et produisent un arrêt, après un nombre de tours qui dépend du rapport entre les nombres des ailes. L'exemple suivant et les figures aideront à comprendre facilement cette combinaison très-simple, dont nous avions annoncé l'explication (167, à la fin); en effet, si l'on suppose, par exemple, dix dents au pignon monté à carré sur l'arbre, et huit dents à celui du couvercle, les saillies de leurs plaques se trouvant en arrêt au bas du ressort comme dans la fig. 5, lorsque, en le remontant avec la clef, l'arbre et son pignon de 10 auront fait un tour, ils auront fait avancer le pignon de 8, d'un tour et d'un quart de plus, et les saillies ne se rencontreront plus au passage. A la deuxième révolution de l'arbre, le pignon de 8 aura avancé de deux tours et demi; à la troisième révolution de l'arbre, il y aura au pignon de 8 trois tours trois quarts; enfin, à la quatrième révolution de l'arbre, si son pignon pouvait faire encore un tour entier, ce qui ferait quatre tours du pignon de l'arbre, il en résulterait cinq tours entiers pour le pignon du couvercle, et les mêmes points de départ se rencontreraient de nouveau; mais comme ce sont les deux extrémités opposées de la saillie large du pignon de 8 qui sont rencontrées alternativement par la pointe de l'autre, celle-ci sera arrêtée à trois tours trois quarts, tandis que le pignon du couvercle

aura fait aussi environ trois quarts de tour de plus, en opposant l'autre extrémité de sa large saillie. Ainsi, la clef n'aura remonté le ressort que de trois tours et trois quarts.

176. Le même effet a lieu par le développement du ressort pendant la marche de la montre, sauf que c'est le pignon de 10 qui reste immobile, et que c'est celui de 8 qui, emporté par le barillet, tourbillonne, pour ainsi dire, autour de l'autre; le rapport des révolutions est toujours le même. Or, si le barillet a 96 dents, et mène un pignon de minutes de 12, celui-ci fera huit révolutions ou huit heures pour un tour du barillet, et marchera 30 heures pour trois tours trois quarts; si le pignon de minutes n'est que de 10, comme il n'arrive que trop souvent, le barillet n'aura que 80 dents, et la durée de marche sera la même. Les dents seront un peu plus fortes, mais l'engrenage sera moins avantageux qu'avec le pignon de 12, ainsi que nous l'avons indiqué dans un article anticipé sur l'*Engrenage* (page 109 et suiv. de l'Introduction).

177. Il y a encore une autre modification du même arrêt par engrenage, ou les proportions et la forme des plaques de rapport sont un peu différentes, avec les nombres 12 et 10. La plaque du pignon de 12 de l'arbre a deux saillies en pointe, deux espèces de cornes, qui embrassent l'intervalle de trois dents pleines. La saillie du pignon de 10 du couvercle n'en couvre qu'une dent et deux vides, c'est-à-dire un vide de chaque côté de cette dent. Une des pointes du pignon de 12 butte contre la saillie de l'autre pignon dans le bas du ressort, mais à la fin du remontage c'est l'autre pointe qui vient butter sur cette même saillie; il en résulte un quart de tour de plus de remontage et de développement du ressort, qui peut alors être de quatre tours pleins, et faire marcher 32 heures, avec les mêmes nombres ci-dessus du barillet et du pignon du centre. Voy. fig. 6, où la largeur de saillie du pignon de dix est un peu plus réduite.

178. Quand on exécutera cette sorte d'arrêt pour la première fois, il sera bon de l'essayer provisoirement en laiton, pour plus de facilité, et après les corrections nécessaires et s'en être suffisamment rendu compte, on l'exécutera en acier, que l'on trempera et fera revenir bleu, etc. Nous en donnerons les proportions exactes à l'article de main-d'œuvre, pour le faire réussir au premier coup.

179. On trouve néanmoins dans cette méthode d'arrêt par engrenage, des inconvénients qui font préférer par quelques artistes celles que nous décrirons en dernier lieu : d'abord, la double épaisseur de la plaque et du pignon rendent ces pièces plus minces, et l'arrêt moins solide sous l'effort de la clef; puis les bords des pièces, déjà très-minces, ont besoin d'être un peu arrondis pour que le moindre ébat ne les fasse pas accrocher entre elles en passant les unes au-dessus des autres, d'où il résulte que, faute d'une grande précision, les points buttants glissent et chevauchent en se dérivant; d'ailleurs, l'engrenage entre deux pignons est vicieux; la menée ne peut y être pleine et uniforme. Il y a beaucoup de travail aussi dans l'exécution difficile du noyau de barillet, du rochet et de son ressort, du pont de barillet, etc., en sorte que d'autres artistes et les fabriques ont généralement adopté des ajustements et dispositions plus simples et que nous allons aussi faire connaître.

180. Dans les premiers articles du *Calibre Lépine* (170) on trouve déjà indiquée une

première disposition d'arrêt, consistant en un limbe d'acier fendu en un point pour faire ressort, comme une *raquette*, et incrusté dans l'épaisseur du barillet dans une rainure à queue d'aronde d'un côté seulement, et que remplit ce limbe; il est divisé dans une partie de son pourtour en autant de dents, *moins une*, qu'il y a de tours à faire pour le remontage. On en trouvera la figure sur le barillet du mouvement à répétition de Lépine dont nous allons bientôt nous occuper. Une roue d'acier unie et portant un doigt, fait glisser à chaque tour de clef une dent du cercle qui est à frottement doux dans la rainure, et le doigt butte dans le haut et le bas du remontage contre les parties pleines du limbe. Mais cet ajustement est peu facile; et lorsque le limbe grippe il peut arrêter le développement du ressort; si le glissement est trop doux, le cercle d'acier se déplace au moindre contact accidentel, et l'engrenage arc-boute. Ces difficultés diverses de l'un et l'autre arrêt, ont fait adopter plus généralement celui dit *en croix de chevalier*, plus facile à concevoir et à exécuter. Il exige aussi une certaine précision, mais quelle est la partie d'horlogerie qui n'en demande pas?

181. L'arrêt *en croix* a quatre ou cinq ailes, suivant le nombre de tours nécessaires. Ces ailes plus ou moins larges, d'après leur division, sont séparées par des entailles assez semblables à des vides de denture, et beaucoup plus étroites que les ailes. Le contour extérieur de celles-ci, au lieu de conserver sa courbe circulaire vers le dehors, est au contraire concave, suivant le cercle de la roue d'acier de l'arbre; celle-ci porte un doigt de même pièce et saillant hors de sa circonférence; ce doigt pénètre alternativement dans chaque entaille de la croix, et fait changer l'aile de place comme par une sorte d'engrenage. Le doigt est dégagé à sa base, comme l'indique la fig. 7, pour laisser pénétrer librement les angles des ailes lors du changement; pendant le reste de la révolution de cette roue de l'arbre, la partie unie de sa circonférence remplit assez juste, sans gêner, le contour concave des ailes de la croix, qui ne peuvent par cette cause se déplacer. La dernière des ailes n'a point son contour extérieur concave, et cette différence produit l'arrêt: il faut ainsi une aile de plus que le nombre de tours voulu. La croix et la roue du doigt sont entièrement planes; leur épaisseur, dont les angles ne sont point arrondis, occupe tout l'espace libre en hauteur, ce qui donne à l'arrêt toute la solidité désirable. L'épaisseur de chaque pièce est logée en tout ou en partie dans des creusures appropriées, et la croix roule sur une tétine réservée, où elle est maintenue par une vis à tête noyée, comme pour l'arrêt à engrenage. La roue d'arrêt du centre ne pouvant être tournée sur son champ, à cause de la saillie du doigt, doit être bien arrondie à la lime et vérifiée avec le burin sur le tour, où elle doit être montée sur son arbre; bien qu'alors elle ne puisse faire qu'une seule révolution par l'archet, en promenant le burin à plusieurs reprises sur sa circonférence comme si on la tournait, on peut la rendre assez régulièrement ronde et enlever tous les traits de la lime; sans cela, elle pourrait gripper dans son frottement contre la roue en croix; mais l'exécution ordinaire apprend assez à donner aux parties leur régularité et leur liberté sans trop d'ébat. Ces observations et les détails d'exécution ajoutés en leur lieu, suffiront pour l'intelligence de ces divers arrêts de remontage connus des artistes,

mais qu'il fallait expliquer aux élèves et aux amateurs ; le dernier prend moins de hauteur ; l'arrêt par un doigt plus fort, avec une entaille de moins, serait plus direct.

182. Quant au pont de barillet dont nous avons déjà parlé, les fig. 3 et 4 en font assez distinguer les dimensions de face et de profil pour en concevoir les ajustements, et nous nous y arrêterons d'autant moins, que l'on commence à abandonner cette construction qui exige trop de soins et de travail, pour les deux suivantes plus simples, et dont la dernière que nous décrirons est aussi la plus solide.

183. Le pont de barillet le plus ordinaire dans les montres actuelles de *Lépine*, soit de France, soit de fabrique étrangère, est celui que représente la fig. 1, pl. X. C'est une grande portion de cercle qui couvre une assez forte partie de la platine en *a* et *b*, où elle s'appuie solidement sur deux larges pattes opposées, au moyen de deux vis et de deux pieds ; le dessous est évidé circulairement pour recevoir dans sa creusure et avec le jour nécessaire, toute la partie de denture du barillet qui dépasse la surface de la platine. L'arbre du barillet est aussi tenu sur ce pont par un seul bout, et l'autre est en l'air comme dans la construction précédente. Mais le rochet est rapporté en dessus du pont au moyen de trois petites vis. Malgré cette différence, l'arbre n'en exige pas moins d'être tiré d'une pièce d'acier d'un assez fort diamètre, pour y pratiquer de la même pièce un disque uni, avec feuillure à son bord, dont le moindre diamètre traverse l'épaisseur du pont qu'elle affleure en dehors ; le filet de la feuillure retient le disque en dessous du pont ; on trouve à la vérité des arbres forgés et ébauchés pour l'exécution de ce disque. Ces parties doivent être ajustées et rodées sans jeu et à frottement doux. Le rochet est rapporté en dehors sur le disque, où le maintiennent les trois vis noyées qui déterminent le serrage de cet ajustement, rarement bien fait, car le frottement ne devrait pas y dépendre du serrage, qui doit avoir lieu à fond et laisser la liberté nécessaire déjà établie. Le rochet est évidé au milieu, pour laisser pénétrer la clef sur le carré jusqu'au disque. Ce rochet ayant plus de diamètre que l'ouverture du pont, sert à retenir le disque par le dessus ; en sorte que cette partie du pont est embrassée en dessus par l'excès du diamètre du rochet, et en dessous par le filet du disque, qui n'y frotte que pendant le remontage. L'arbre de barillet prend sa naissance sous le disque ; il est presque cylindrique ou légèrement conique sur toute sa longueur, sauf l'extrémité équarrie pour recevoir le doigt d'arrêt.

184. On enfile d'abord le couvercle de barillet sur l'arbre, puis on y place le noyau de rapport portant le crochet du centre du ressort moteur ; le noyau est maintenu en place par une goupille d'acier qui en traverse l'épaisseur, ainsi que le corps de l'arbre. Le ressort étant placé dans le barillet avec sa bride, on fait entrer l'extrémité de l'arbre dans le trou du fond, et ensuite les bords du couvercle dans le drageoir, et toutes les pièces sont assemblées. Il est assez évident que le jour du couvercle avec le dessous du disque, et l'ébat du barillet en hauteur, sont réglés par la position de la goupille d'acier et par l'épaisseur du noyau, car cet arbre n'a point de portées. On voit en dessus du pont l'ajustement du cliquet, de sa vis à portée et à tête noyée, et du ressort de cliquet. Leur épaisseur, pareille à celle du rochet, est toute en saillie sur le

pont. Le disque d'acier caché ici par le rochet, est noyé dans l'ouverture totale du pont.

185. Le travail est ici plus facile et moins long que dans la disposition précédente, mais il n'a pas toute la solidité nécessaire. 1° Les trois vis de rochet sont sujettes à se desserrer, parce que l'huile y pénètre en s'extravasant, et qu'elles sont ébranlées par le remontage ; alors l'arbre pressé par l'action du ressort qui prend son appui sur l'engrenage du centre, se déverse nécessairement, et vu le peu de jour dans les montres basses, le barillet frotte soit au dessous du pont, soit à la roue de canon, soit au cadran par les pièces d'arrêt qui s'en rapprochent en dessous. 2° Le noyau très-plat s'ajuste mal par une simple goupille, et en déversant, il peut faire brider le ressort et altérer le jeu intérieur déjà très-juste du barillet.

186. Avec ces deux dispositions, on peut séparer aisément le barillet tenant à son pont et désarmé, d'avec la platine et le rouage, soit pour remplacer un ressort cassé, soit pour toute autre réparation, bien que la roue du centre placée en dessus du barillet semble s'y opposer ; mais avec un peu d'adresse, et en faisant céder un peu cette roue, grande et mince, on retire facilement l'appareil de la force motrice, sans démonter aucune autre pièce. Il en est de même avec la troisième construction qui suit, mais celle-ci peut nécessiter le démontage du second pont rajouté du côté du cadran, particulièrement à cause des pièces d'arrêt qui, étant libres, tomberaient aisément, et qu'il faut remettre en place après coup ; et par conséquent, il faut alors lever le cadran. Cependant, un artiste adroit pourrait aussi, avec quelques précautions, comme en renversant la platine, retirer le barillet toujours désarmé, sans faire tomber les pièces d'arrêt, et le replacer de même sans avoir à lever le cadran, comme on pourra en juger facilement dans l'article suivant.

187. Quelques constructeurs avaient cherché à consolider l'arbre par un second pont placé du côté du cadran. L'artiste déjà cité (157), M. *Duchemin*, a eu la même idée, encore plus perfectionnée. Il rapporte en effet un deuxième pont d'acier mince et large sous le cadran, où la place ne manque pas : le trou de ce pont est rebouché en laiton ; il supprime entièrement le disque, et réduit l'arbre à son ancienne forme ordinaire, plus facile, avec son noyau de même pièce, ses portées, ses pivots, etc. ; il rapporte le rochet en dessus du pont et à carré sur l'arbre, et au lieu des trois vis peu solides, il retient le rochet par une petite plaque de laiton à oreilles avec deux vis, et portant un canon saillant qui pénètre la cuvette, dont il affleure le dessus, en garantissant le mouvement de la poussière, comme dans le premier pont ci-dessus. Le cliquet et son ressort sont, du reste, comme nous venons de les décrire, du côté de la cuvette. Le même auteur ajuste sa roue d'arrêt à croix de chevalier avec la roue portant le doigt, dans leurs creusures, mais sans vis ni goupilles, parce qu'elles sont retenues en place et libres, par la largeur suffisante du pont d'acier. La tétine sur laquelle roule la pièce en croix n'étant plus percée, en est plus solide, par la suppression d'une vis qui n'ayant qu'un ou deux filets à peine, ne tient presque pas, ou dont la tête grippe étant trop serrée, ou dont le bout intérieur gêne les lames du ressort à la suite d'un serrage répété. Enfin ici, une partie de l'exécution est ramenée à l'ancien système plus facile, le

reste est amélioré, et le tout réunit les avantages de solidité et simplicité de main-d'œuvre, exigées dans la construction actuelle ; cette disposition sera facilement entendue à l'aide des fig. 8 et 9.

188. En expliquant précédemment le *chariot* du cylindre (169), nous n'avons cité que celui qu'on pratique aujourd'hui, et forcément dans les montres plates ; mais dans l'origine, et pour des mouvements plus élevés, ce chariot, qu'on attribue à feu Ab. Breguet, était placé du côté du rouage, mobile de même sur un pied comme centre, et rapproché à volonté de la roue d'échappement, au moyen d'une *clef* comme actuellement, enfin fixé aussi par une vis de serrage. Cette disposition, constamment appliquée par cet Artiste, à presque toutes ses pièces marines, permet d'enlever de dessus la platine la cage entière du balancier avec tous ses accessoires, sans faire sortir ses pivots de leurs trous, sans en rien déplacer, sans extravaser les huiles, etc., afin de visiter librement cette partie importante, d'y pratiquer les corrections, pour la situation et la liberté du spiral, le jeu de l'axe, les effets de raquette, de piton, etc. C'est ce que l'on ne peut faire avec le chariot du côté du cadran, et le coq du côté du rouage ; il faut les démonter pour les séparer de la platine et pour les replacer, avec l'incertitude d'altérer les corrections pratiquées. C'est un des inconvénients des ouvrages d'une hauteur trop réduite, et qui ne permet plus les perfections d'une proportion raisonnable, et une preuve de plus que la raison et la mode sont rarement d'accord.

189. Nous avons déjà fait observer (art. 166 et suiv.) la disposition des mobiles et de l'échappement de *Lépine*: quelques autres particularités ajoutées après lui, telles que le compensateur, le pare-chute, le piton de spiral, etc., seront expliquées à l'article des perfectionnements de la montre moderne; voy. le *chariot actuel* au revers de la platine, fig. 2 bis. Nous allons passer en revue la première répétition de Lépine, et nous completterons ensuite par d'autres observations finales ce qui concerne les montres ordinaires.

PREMIER CALIBRE DE LA RÉPÉTITION DE LÉPINE. PL. X ET XI.

190. Le calibre de cette répétition diffère d'abord nécessairement de celui de la montre simple, par le rapprochement des mobiles du mouvement pour laisser la place du petit rouage, du marteau et de la patte d'un grand pont qui, dans l'origine, maintenait presque tous les mobiles des deux rouages. Mais on a fait depuis à cette partie des changements analogues à ceux de la montre simple, comme nous le verrons à l'article des répétitions modernes perfectionnées. Nous retrouvons encore ici une particularité propre aux montres de *Lépine* à peine citée par un mot (162), qu'il a souvent supprimée dans d'autres pièces, et qui n'a pas été imitée, parce qu'elle augmente le travail sans offrir des avantages marqués, du moins dans les travaux ordinaires. C'est la denture dite en rochet, parce qu'elle est inclinée en apparence, bien que véritablement elle n'agisse qu'à la manière des autres, par sa partie ogive, sur les flancs de pignons dirigés au centre du côté utile, l'autre flanc étant seul incliné en rochet comme

les dents de la roue. L'intention de l'auteur paraît avoir été de prolonger, d'un côté seulement, la courbe de menée de la dent, aux dépens de celle qui ne sert pas, comme si la dent était plus large, et d'en faciliter les rentrées ; le tout dans le sens tenté par F. Berthoud (cité p. 110 de l'Introduction), pour mener l'aile plus loin, et diminuer d'autant la partie de menée avant la ligne des centres, sans s'écarter en cela du principe géométrique, afin de conserver toujours l'uniformité de force et de vitesse. C'est ce que nous examinerons en traitant des engrenages divers, et ce qui serait peu utile en ce moment.

191. La platine est fixée dans cette pièce au moyen de quatre vis à une forte bâte ou cercle évidé, de toute la hauteur du mouvement, et l'emboîtage ne porte point de lunette pour le cristal, tenu par le drageoir de la boîte même. On sait que, au besoin, les aiguilles se meuvent ici en plaçant la clef du côté de la cuvette, que l'axe de grande moyenne est percé et traversé par la tige de chaussée portant un carré de rapport au-delà du pont, du côté du rouage. La bâte est fixée par deux clefs, dans l'intérieur de la boîte ; celle de cette répétition de *Lépine* que nous avons acquise pour modèle, était d'une construction recherchée pour le temps, avec charnière perdue ; elle ne s'ouvrait qu'en tordant le poussoir. Nous avons vu plusieurs montres de ce genre du même auteur, dont une, à secondes mortes, se remontait en enfonçant plusieurs fois le poussoir, après l'avoir tourné d'un quart de tour, comme les pendants à couronne de répétition moderne. Celle-ci appartenait à un amateur qui désirait ne pas ouvrir sa montre pour la remonter, afin d'éviter sous ce rapport l'entrée de la poussière ; mais cette boîte s'ouvrait au besoin par un secret. Nous allons passer à la cadrature de la répétition *Lépine*, et y faire remarquer des innovations plus importantes pour l'Art, *dues*, comme les précédentes, *à la Colonie Génevoise de Ferney*.

CADRATURE DE LA RÉPÉTITION DE LÉPINE. PL. XI.

192. La cadrature de cette pièce a pour distinction principale l'usage rétabli d'une crémaillère dentée, et par suite, sans chaîne. On trouvait cette disposition dans les premières répétitions anciennes ; mais comme on pratiquait alors à la main de très-mauvaises dentures, sans aucun principe de forme ni de rapport entre les mobiles, l'engrenage de crémaillère avec le pignon du rochet, était fort dur dans ces anciennes montres, et se faisait désagréablement sentir au poussoir. C'est ce qui avait fait imaginer et adopter généralement la chaîne et sa poulie, dont le mouvement est d'ordinaire plus doux. Mais la chaîne est sujette à s'allonger par un fréquent usage, et à faire mécompter, ou même à se rompre ; le rétablissement de sa juste longueur n'est pas facile. La crémaillère est exempte de ces défauts ; à l'époque de Lépine, on entendait mieux l'engrenage, et celui de son poussoir était d'un effet très-doux. Aussi cet usage est-il repris dans la plupart des répétitions actuelles, mais l'engrenage n'y est pas toujours aussi coulant que dans les pièces de *Lépine*, ce qui n'étonnera pas, puisque celui du rouage y est si rarement suivant les vrais principes : les cadraturiers,

qui ne font point de rouages, sont plus rarement habiles dans cette partie de la crémaillère. Plusieurs horlogers sont même embarrassés pour pratiquer l'engrenage de crémaillère avec son pignon, et pour trouver les proportions de l'un ou de l'autre qui est perdu. Notre traité des engrenages donnera des mesures exactes pour cet article comme pour le reste, parce que cette méthode, dérivée des vrais rapports géométriques, est nécessairement universelle.

193. Une autre différence notable de cette cadrature, comparée à celle de *Julien Leroy* que nous avons décrite ci-dessus, est dans la pièce des quarts qui ne tombe pas elle-même sur son limaçon ; elle est bien entraînée par son ressort, mais celui-ci porte séparément le doigt ou la touche qui vient appuyer sur les degrés du limaçon des quarts. La tête élargie de ce ressort est entaillée comme en fourchette, et reçoit une cheville de la pièce des quarts, par laquelle le ressort fait tourner cette pièce, lorsqu'elle est dégagée par le tout ou rien. La pièce des quarts roule ici, non sur une broche à part, mais sur le prolongement de l'axe du rochet. Celui-ci porte en dessus un tenon ponctué en *a*, parce qu'il est actuellement couvert par la pièce des quarts dans la figure ; ce tenon recule pour la sonnerie de l'heure, et après l'avoir produite, il rencontre un autre tenon vissé en dessous de la pièce des quarts et fait agir celle-ci. La circonférence de ce deuxième tenon est aussi ponctuée dans la figure autour du cercle de la tige à vis du tenon, dont le bout de vis est seul apparent au-dessus de la pièce des quarts. L'avantage de cette disposition est que le rappel de la pièce des quarts a lieu sans décomposition de force, parce que les deux mouvements sont concentriques, les deux pièces étant portées par le même axe. Il n'en est pas de même dans la répétition ordinaire (la précédente de *Julien* en montre), où le doigt qui ramène la cheville de la pièce des quarts change son point d'appui avec glissement, frottement et décomposition de force, au moment où le ressort du petit rouage a perdu le plus de son armure; et l'on remarque souvent dans les pièces communes, et même dans de belles pièces, une grande difficulté pour faire sonner ou frapper le dernier quart. Le reste des pièces fonctionne comme dans les autres répétitions, et quelques-unes n'en diffèrent que par la forme. Une plaque de laiton couvre le rochet du grand ressort moteur du mouvement ; ce rochet est serré convenablement contre la platine par sa goupille ; la plaque qui le couvre sert en même temps à guider la crémaillère et à maintenir le centre de son mouvement.

194. On doit encore remarquer dans cette cadrature la suppression d'un marteau, de sa levée et de ses ressorts, parce que les doubles coups des quarts sont frappés par le seul et même marteau des heures. C'est ce qui explique l'inégalité des dents de la pièce des quarts. Il n'y a ni timbres ni ressorts sonores, la répétition est celle dite *à tac*, suivant l'usage du temps, encore conservé depuis *Julien Leroy*. Le délai du petit rouage de répétition a lieu par un échappement à ancre avec pendillon, dont l'étendue des vibrations est plus ou moins bornée par une bride à vis qui devient la pièce de *vite et lent*. Les deux parties opposées qui interrompent le pourtour de la bâte à son bord seulement, sont fixées par des vis et uniquement destinées à couvrir des ouver-

tures que nécessitent, à droite la charnière perdue de la boîte, et qui alors est en dedans, et à gauche le ressort de fermeture de la boîte.

195. Si l'on fait abstraction du pont du rochet de remontage et de celui du bas de la figure qui reçoit les pivots des derniers mobiles du mouvement, cette cadrature paraîtra plus simple qu'à l'ordinaire par la place que laisse ici la pièce des quarts portée au-dessus du rochet de cadrature ou des heures, et par la suppression du petit marteau et de ses ressorts; les autres ressorts sont plus longs qu'à l'ordinaire, ce qui en rend l'action plus uniforme; mais leur figure un peu différente et celle de la pièce des quarts, rendent l'exécution totale plus difficile, en sorte que les soins et le travail ne sont pas moindres ici que dans les autres cadratures. Les répétitions de *Lépine* faites à *Ferney* étaient toujours d'une exécution belle et soignée, et fort recherchées.

EXAMEN *de toutes les parties d'une montre, avec le détail de toutes les attentions nécessaires pour visiter, repasser, finir ou réparer un* MOUVEMENT, *par M. P. Gaudron, de la Société des Arts, horloger ordinaire de S. A. R., etc.; auteur du premier remontoir dont les détails aient été publiés* (1).

Article utile d'un ancien auteur estimé, et qui nous a été signalé par plusieurs Artistes.

196. Nous terminerons par cet article tout ce que nous avions à dire ici, pour la connaissance des pièces ordinaires, soit du calibre courant de Lépine, soit de celui à deux pla-

(1) « M. P. Gaudron, habile horloger de Paris, et membre de la Société des Arts, soumit à cette » Société plusieurs mémoires utiles, et entre autres la description et les dessins d'un remontoir d'égalité de sa composition (il sera décrit dans la suite de cet ouvrage), car ni Huyghens, ni Leibnitz, ni » Sully, ni aucun des auteurs qui ont parlé de ce mécanisme, n'ont donné le plan des remontoirs qu'ils » ont exécutés. » (*Histoire de la mesure du temps*, de *F. Berthoud*, p. 44). On a beaucoup varié depuis les compositions de ce genre, comme on le dira en son lieu. *Lepaute* s'exprime comme il suit à ce sujet, à l'occasion du décès de *Sully* : « *M. Gaudron* surtout n'oublia rien pour balancer les avantages » que les manufactures d'horlogerie promettaient à la France ; ce fut alors qu'il imagina la pendule ingénieuse dont le poids est remonté par un ressort, et que l'on a imitée depuis de diverses manières. » (*Traité d'horlogerie*, préf. hist.) *Thiout* parle avantageusement et avec rectitude du même artiste, et l'on verra qu'en recueillant cet article, si nous critiquons quelquefois ce dernier auteur, nous en extrayons aussi ce qu'il a de bon. *Julien Leroy*, dans un mémoire pour servir à l'histoire de l'horlogerie, fait beaucoup d'éloges de *M. Gaudron*, et après avoir parlé des travaux de Versailles et de Saint-Germain, il remarque que « ces deux manufactures produisirent une émulation utile, et contribuèrent à » donner un mouvement général à l'horlogerie de Paris vers un plus haut degré de perfection..... Ce » n'est pas, dit-il, que les horlogers français eussent négligé leur art avant ce temps-là : on sait le contraire; mais ils étaient en trop petit nombre, et les bons ouvriers étaient extrêmement rares. » *M. Gaudron*, entre autres, était estimé de M. le Régent, comme un homme de mérite qui excelle dans » son art; il exécuta pour ce prince une répétition si parfaite, que S. A. R. Madame en demanda une » pareille, et l'éloge qu'ils en tirent à la cour fut un coup de parti pour l'horlogerie de Paris qui, depuis, s'est toujours élevée par degrés jusqu'à l'état florissant où nous la voyons aujourd'hui, par les » recherches et les soins de quelques horlogers... La pendule à remontoir de *M. Gaudron* a plusieurs » fois été très-utile à *M. Grandjean* pour ses observations astronomiques, par la facilité de la transporter et de la placer où l'on veut, sans rien altérer de sa précision; en sorte qu'aujourd'hui (en 1736) » cette machine soutient l'honneur que S. A. R. lui a fait. » (*Règle artificielle du temps de Sully*, par *Julien Leroy*, de la Société des Arts.)

tines et à roue de rencontre, qui bien traité a encore son mérite; car comme nous l'avons déjà dit, quoique l'exécution commune en soit destinée à l'emploi civil le plus général, c'est néanmoins par les pièces à roue de rencontre que l'élève doit débuter, et il lui importe de les bien connaître, puisqu'il est souvent dans le cas d'en réparer de semblables ou de juger des réparations qu'il y fait exécuter. Le mémoire de M. Gaudron a été estimé et recueilli par de bons auteurs, et quoiqu'il rassemble des observations minutieuses en apparence et généralement assez connues, il est néanmoins utile de les réunir de suite pour se les rappeler au besoin et s'assurer qu'on n'en a omis aucune, dans un visitage soigné, où les remarques à faire sont si multipliées, qu'on est difficilement certain d'avoir pensé à toutes. La moindre attention oubliée peut faire arrêter ou manquer une pièce parfaitement bien traitée dans tout le reste. Ceux qui ne goûteraient pas ces observations prouveraient, à notre avis, qu'ils n'ont jamais été assez pénétrés de toutes les précautions et attentions de détail et de patience exigées par l'horlogerie; ces détails sont le complément de la connaissance du mécanisme, et un avertissement pour les soins de main-d'œuvre propre à prévenir les inconvénients signalés. *Lepaute* les a même considérés comme un abrégé suffisant de la main-d'œuvre dont il n'a point autrement parlé dans son traité; mais les chapitres spéciaux qui en contiendront ailleurs les développements prouveront que nous sommes loin d'adopter cette omission. Nous profiterons au besoin des abréviations de *Lepaute* pour resserrer autant que possible un sujet fort étendu de sa nature; mais nous recourrons aussi au besoin à l'original donné par *Thiout*, que nous modifierons suivant que la clarté l'exigera. Du reste, on conçoit aisément que cette méthode, nécessairement très-détaillée, n'est applicable qu'aux pièces d'une certaine importance, ce qui reste toujours au jugement de l'artiste (1).

197. « L'horlogerie, dit *Thiout*, demande beaucoup de temps dans son exécution; » ainsi on ne peut trop chercher les moyens d'arriver à sa perfection par la voie la plus » courte, pourvu qu'elle soit en même temps aussi sûre. C'est ce qui a donné lieu à » *M. Gaudron* de publier cette méthode. Il dit avoir particulièrement remarqué un » défaut presque universel parmi les horlogers, qui est que lorsqu'ils veulent raccommo- » der une montre, la plupart commencent par la démonter totalement pour en exa- » miner les pièces l'une après l'autre, ce qui est une double faute : 1° C'est perdre un » temps que la méthode ci-après abrège beaucoup, en la suivant à la lettre; 2° et ce » qui est plus essentiel, c'est qu'il suffit de démonter ainsi un mouvement pour n'y » plus trouver certaines imperfections que l'on pouvait découvrir aisément et mieux

(1) Tant que ceux qui feraient peu de cas de cet article ne prouveront pas qu'ils n'ont jamais rien oublié en remontant une pièce, nous persisterons à les croire dans l'erreur. Quant aux pièces compliquées dont le particulier veut connaître exactement d'avance le prix de réparation, nous demanderons pourquoi un tel visitage, qui peut occuper plus d'une journée, ne serait pas considéré comme un surcroît de travail? Faites ou non réparer votre pièce, mais dédommagez toujours du temps employé à la visiter ainsi dans le plus grand détail. Lorsque vous consultez un homme de loi, vous êtes toujours libre de poursuivre ou de renoncer à plaider; mais n'êtes-vous pas obligé en attendant, de satisfaire aux frais de consultations, de vacations d'experts, d'architectes, etc.?

» avant le démontage, soit par la situation de chaque roue avec le pignon qu'elle » mène, dans l'état actuel de la montre, soit en ayant égard au tirage du moteur, soit » aussi par la différence des trous remplis d'huile plus ou moins épaissie. Il paraît » même que, bien loin de démonter d'abord une montre pour la visiter, il faudrait au » contraire y sonder autant que possible l'état des pièces, ensuite la démonter et net- » toyer provisoirement, en examinant leurs proportions relatives, puis la remonter et » remettre dans sa boîte pour renouveler l'examen de l'ensemble.

198. » Il y a pour cette méthode plusieurs raisons : rien n'instruit autant l'élève sur » les sujétions des parties entre elles, et l'on a besoin de bons réparateurs qu'elle peut » former, sans quoi, les meilleurs ouvrages sont gâtés. Plusieurs horlogers adoptent » faussement le préjugé que le raccommodage est la partie la moins estimable de l'art, » tandis qu'il est facile de prouver que l'exécution du blanc roulant peut n'être sou- » vent qu'une imitation machinale, et, par suite, le travail le plus borné ; que le finis- » sage même, cette dernière main donnée à l'ouvrage, n'est au fond qu'un degré de » capacité de plus, puisqu'il n'y a guère qu'à retoucher des pièces, où il reste ordinai- » rement de la matière, pour en rétablir les rapports ; enfin, il est aisé de démontrer » que l'habile réparateur est l'artiste le plus distingué, puisqu'une montre toute finie » venant à manquer ses effets, il faut bien plus de théorie, d'expérience et de saga- » cité pour juger la cause du mal, et y joindre encore l'habileté de la main pour la bien » réparer. »

199. « L'art de réparer les montres étant pour le moins, suivant *Lepaute*, aussi essentiel que celui de les finir, nous nous bornerons, dit-il, à les mettre ici de pair, et comme les horlogers ont toujours besoin d'entrer dans de nombreux détails, pour ne rien laisser à désirer dans leurs ouvrages, on ne saurait les leur remettre trop tôt et trop souvent sous les yeux. Nous avons cru avantageux aux finisseurs en particulier, et à tous les horlogers en général (et surtout aux élèves), de leur rappeler toutes ces minutieuses attentions si utiles et nécessaires, et si faciles à oublier. Nous croyons même que les amateurs trouveront ici de l'avantage à connaître par eux-mêmes, d'un côté, toute l'importance de ne confier leurs montres et pendules qu'à des artistes en état de suivre tous ces détails, et de l'autre, toute la peine et la patience qu'exige un examen aussi scrupuleux. » Ce que l'on dit ici de la montre s'applique en grande partie à la pendule.

200. « Nous n'appuierons pas beaucoup sur l'observation de l'extérieur de la boîte ; c'est la première que fait l'artiste *prudent* auprès de qui l'on essaie souvent de dissimuler les accidents de la maladresse. Il est naturel qu'il observe, avant d'ouvrir la boîte, si la montre n'a pas éprouvé de chute ou de choc, ou de pression extérieure et apparente. Il remarquera en l'ouvrant si le cristal ne touche point au cadran de manière à le presser ou déplacer, ou à risquer de l'éclater, ou a gêner la fermeture de la lunette. Si le nez de verrou ne touche pas à celle-ci, de manière à le faire reculer ou décrocher ; il observe en ouvrant le mouvement, si sa charnière est ferme, si le verrou encliquète bien et juste, s'il ne force ou n'use point le bord de la boîte ; si le mouve-

ment ne ballotte point, la montre étant fermée, à cause du *porter* et des aiguilles.

201.» En continuant l'examen de l'extérieur du cadran, et avant d'ouvrir le mouvement, on doit remarquer si les aiguilles sont assez éloignées entre elles pour passer librement ; si elles sont bien fixées ; si l'aiguille de minutes ne vacille point latéralement sur son carré, défaut assez fréquent et qui expose le propriétaire à la faire accrocher, ou frotter au cadran ou au cristal, en la remettant au point voulu avec la clef ; si cette aiguille tourne parallèlement au cadran, sans y toucher, ni au cristal, ce qui dépend du plantage de la roue du centre et du tirage de la force motrice. Dans les pièces très-anciennes, l'aiguille des minutes peut toucher au nez du ressort passant au-dessus du cadran et par une ouverture de celui-ci ; il peut reculer par l'effet du cristal plus que dans son état naturel et accrocher alors l'aiguille de minutes. Il conviendrait aussi que l'aiguille des heures ne frottât point au cadran ; elle y traîne le plus souvent ; elle doit tourner droit et également sur son canon, et ne pouvoir toucher au carré de fusée qui excède quelquefois le cadran. Le bout du canon de l'aiguille des heures ne doit pas non plus toucher à l'aiguille des minutes, son jeu vers le cadran devant être borné par l'assiette de cette roue. »

202.» En levant le cadran, il convient de s'assurer s'il n'est point forcé par le tirage des goupilles, si les engrenages de la minuterie sont à leur point, si la roue de cadran a son jeu modéré sur la chaussée des minutes, si la roue de renvoi est libre en tout sens et sans déverser ni quitter l'engrenage, si elle n'a pas trop de frottement sur la platine. On la creuse souvent en dessous, en ne laissant frotter qu'un filet près de la base des dents. L'huile gagne souvent l'engrenage et lui ôte une partie de sa liberté. » L'usage plus moderne de faire rouler la roue de renvoi sur une tige d'acier mince et vissée à la platine est préférable à la disposition même de Berthoud, à pivots et avec un pont qui prendrait trop de hauteur. »

203. » Si la chaussée de minutes n'est pas bien ajustée, si elle ne s'arrête pas sur sa portée, il faut y remédier avant de remonter la pièce, parce qu'il arrive souvent que l'on fausse une dent en plaçant les aiguilles. Pour que le frottement demi-dur de la chaussée sur la longue tige se conserve, il est avantageux d'y pouvoir pratiquer ce qu'on nomme une *lanterne*, en limant plat deux côtés opposés du cylindre de la chaussée, de manière à atteindre l'intérieur du canon, et en laissant une partie cylindrique en haut et en bas, pour soutenir le canon de la roue d'heures ; il est même utile de diminuer d'abord sur le tour la partie du canon que l'on doit limer ensuite, en préparant au burin les deux petites portées. Ensuite, les deux jours avec l'intérieur étant pratiqués, on remplit la chaussée d'une goupille de laiton bien ronde et juste, et un coup de marteau sur chaque branche de cette sorte de lanterne la fait resserrer à l'intérieur sur le laiton qui cède à la pression du marteau, et préserve néanmoins les branches de fracture. L'intérieur de la chaussée serre alors un peu plus du centre et élastiquement. On diminue aussi sur le tour, mais faiblement, le diamètre de la longue tige, et en mourant, là où doit presser la lanterne, ce qui l'empêche de remonter lorsque l'on met les aiguilles à l'heure. Cette précaution est nécessaire, surtout quand la

chaussée n'est pas goupillée par le bout, ce que l'abaissement du cristal trop plat ne permet pas toujours. On observera aussi si les jours des mobiles entre eux, ou avec la platine ou avec le cadran, sont bons et assurés.»

204. » On doit éprouver, pendant un tour de la fusée, si chaque dent du rochet arc-boute bien, si ces dents ne sont point trop longues, si elles sont assez inclinées, si le cliquet est solidement rivé, si sa rivure n'atteint point la grande roue moyenne, si le cliquet est assez long et libre; quelquefois le rochet et l'encliquetage sont sous la roue, et si le cliquet se soulève, son bec peut frotter et même accrocher sur la grande moyenne; voir si le ressort du cliquet fonctionne convenablement et sans une dureté qui ferait user l'encliquetage; s'il atteint le cliquet au point convenable pour le faire retomber facilement, et s'il n'arc-boute pas quand le cliquet se relève; si le garde-chaîne résiste bien à l'effort de la main, si le crochet de fusée est bon et fort, s'il appuie carrément sur le garde-chaîne, et avec les sûretés convenables. (On entend par sûreté, une légère surabondance dans les proportions, les jours ou les effets quelconques pour prévenir les cas d'usure, ou d'inégalité, de flexion, etc., des diverses parties de la montre.)» Le bout cannelé du garde-chaîne en prévient le glissement en hauteur.

205.» Pendant la marche actuelle du mouvement, il faut observer les engrenages de la petite roue ou seconde moyenne, et de la roue de champ; voir si le pignon de la roue de rencontre paraît de juste proportion, si les rentrées s'y font à point, s'il a son recul libre dans les dents de la roue de champ, et si le pignon de la roue de champ est de bonne proportion avec la petite moyenne. On juge de celui-ci par sa pénétration, par les lenteurs et les précipitations de la menée, par les glissements ou chutes lorsque la dent quitte l'aile, par le commencement de la menée convenablement avant la ligne des centres pour les pignons de 6, 7 et 8, et même de 9 rarement employé.» Nous avons déjà dit ailleurs que la liberté du recul de l'engrenage de champ, annonçait en grande partie le bon état de l'échappement.

206.» Le peu de jour en cage du balancier exige qu'il tourne très-droit, et qu'il ait peu de jeu dans ses trous même en hauteur; les trous généralement justes aux pivots, doivent néanmoins permettre le léger ébat qui laisse une liberté nécessaire à l'huile. Les pivots de l'échappement ont le plus besoin de cette précision, et le pivot du haut (du côté du balancier) plus que l'autre dans son trou du coq; il doit être plus long pour user moins, à cause du poids de cette partie. Les bouts des pivots doivent être les plus plats possible, pour approcher d'obtenir dans leur appui, quand la montre est à plat, autant de frottement que sur les côtés des pivots, quand la montre est droite ou pendue; mais les angles du bout des pivots ne doivent pas gratter sur l'ongle.»

207.» Il doit rester un jour assuré entre le balancier et le coq, et avec la coulisserie; entre la virole et la platine et avec la roue d'échappement; il en est de même pour l'assiette du balancier. La goupille de la virole ne doit point faire appuyer le bout du spiral sur le contour de l'assiette, ni percer par conséquent en dedans de la virole, parce que l'ajustement du spiral pourrait être dérangé en faisant tourner la virole pour mettre la pièce juste dans son échappement, ou *d'échappement*. Le balancier doit être *d'équilibre*, quelques-uns disent *de pesanteur* en ce même sens, mais mal à propos; un balancier simplement *de pesanteur* peut être réglé de poids, à plat, sans être d'équilibre ni réglé, dans sa situation verticale à l'horizon.»

208. » Le ressort spiral doit avoir ses tours à distances égales, excepté le tour du dehors un peu plus écarté ; les tours doivent avoir la forme régulière de la courbe spirale, tourner droit, et ne point battre contre aucune pièce, hors les goupilles du râteau, où la lame doit avoir peu de jeu ; il faut qu'elle soit très-libre dans toute la marche du râteau, qui doit suivre la courbe du spiral, et s'accorder, pour sa distance du centre, avec la situation du piton. Le trou du piton doit répondre à la fente, ou à l'intervalle des goupilles du râteau, de manière à ce que le spiral, pressé sur le côté intérieur du piton par sa goupille, réponde juste au milieu de l'intervalle ou fente du râteau ; ce piton doit être à environ une ligne du point où s'arrête le bras du râteau, à l'extrémité du retard, afin que le bout le plus mince de sa goupille ne puisse y toucher. Le piton ne doit pas non plus être trop épais, pour que la longueur de son trou ne force point le spiral. La goupille doit être un peu plate du côté du spiral ; il serait utile que, dans les montres soignées, le trou du piton fût carré, ainsi que sa goupille ; il serait plus facile d'abaisser ou lever le spiral avec les brucelles. »

209.» On examinera les effets du râteau, et après avoir enlevé le cadran de rosette, on verra si sa roue engrène sans jeu dans la coulisse et sans la forcer ou la faire lever, afin que les mouvements faibles de l'aiguille soient communiqués sans perte au râteau, autrement on pourrait faire marcher quelque peu l'aiguille pour régler la marche diurne, sans avoir agi sur le râteau. Le carré de la roue de rosette doit être de même grosseur que celui de la chaussée et de la fusée, ou légèrement plus petit pour que la même clef puisse y servir.»

210.» Après avoir observé tous les effets extérieurs, en démontant les parties au besoin, on passera à l'intérieur du mouvement ; on verra si la palette du bas n'approche pas trop du talon de la potence ; si elle n'est point non plus trop à fleur du cercle ou diamètre extérieur de la roue de rencontre, de crainte que la montre étant à plat, les dents de cette roue ne prennent la palette inférieure trop bas, ou trop au bord ; on observera encore si la roue de rencontre ne touche point à l'assiette du balancier ; si les palettes de la verge ont l'ouverture requise de 90 degrés (au moins), si leurs faces sont plates et polies, de largeur égale et propre à faire lever en tout 40°, c'est-à-dire 20° de chaque côté. L'angle extérieur en avant de la face doit être imperceptiblement arrondi, pour ne point marquer le devant des dents à la fin du recul, dans les plus grandes vibrations ; l'épaisseur des palettes doit être dégagée en arrière, afin de ne jamais frotter au dos concave des dents de la roue. » (*On trouvera la suite plus loin.*)

211. Nous terminons ici ces observations externes pour la plupart, en réservant pour les chapitres de main-d'œuvre, celles des mêmes auteurs, qui concernent l'intérieur. Nous alons passer à des notions de physique générale qu'il importe de posséder, tant pour bien comprendre les soins d'exécution, que pour apprécier des compositions plus perfectionnées.

CHAPITRE VI.

NOTIONS ABRÉGÉES DE PHYSIQUE GÉNÉRALE.

PREMIÈRES IDÉES ÉLÉMENTAIRES DE GÉOMÉTRIE A L'USAGE DE L'HORLOGERIE.

212. Les travaux précis, minutieux, longs et difficiles de l'horlogerie absorbent trop le temps des élèves, dans l'instruction ordinaire, pour qu'ils puissent se livrer à l'étude avantageuse de la géométrie, et nos anciens auteurs n'ont pas assez insisté sur cette partie des connaissances nécessaires à l'artiste : plusieurs d'entre eux n'en parlent même pas. En attendant que cette étude soit plus cultivée et mise à la portée des ateliers, nous essayons d'en donner un premier aperçu par quelques définitions, explications et remarques sur son utilité, et sur ses conséquences. Le lecteur en concevra mieux les expressions et les passages des auteurs. Les hommes instruits n'ont, sans contredit, aucun besoin de ces principes ; mais bien des gens de talent d'ailleurs, peuvent en avoir oublié la pratique ; des circonstances difficiles peuvent même les avoir privés tout-à-fait d'une instruction trop souvent à peine ébauchée chez les élèves. Nous ne ferons, du reste, que les premiers pas dans cette utile et belle carrière, mais avec l'espoir qu'ils inspireront aux uns et aux autres le désir d'en faire davantage (1). *Mesurer, peser, comparer, sont les bases de la* PHYSIQUE GÉNÉRALE.

213. Ces premières notions des sciences physiques seront celles qui s'appliquent le plus communément dans l'horlogerie et dans la mécanique ; c'est pour en faciliter l'intelligence que nous remplaçons des définitions savantes par des explications plus familières, et que nous développons celles qui pourraient paraître trop concises ailleurs,

(1) Nous supprimons ici les démonstrations que fournira l'étude conseillée des éléments de géométrie, et nous supposons les élèves initiés aux premières notions du calcul arithmétique et habitués à en pratiquer au moins les quatre premières règles et celles de proportion, qui suffiront généralement dans cet ouvrage ; elles sont enseignées dans les moindres écoles. Il n'est pas présumable que les gens réfléchis n'aient pas procuré d'avance ce degré d'instruction à des élèves destinés à l'étude du premier des arts mécaniques, qui tient en partie aux sciences et aux arts libéraux par la subtilité et la profondeur de conceptions plus ou moins compliquées, mais exigeant toujours l'emploi du calcul. Nous comptons donner à la fin de ce livre, comme supplément, des exemples faciles des premières règles d'arithmétique, pour mettre sur la voie ceux à qui des dispositions heureuses permettent de tirer parti des moindres secours. Les autres doivent se résigner à l'emploi commun de talents plus ordinaires qui ont aussi leur utilité. *Il n'est pas libre à tous d'arriver à Corinthe.*

lorsqu'on n'a pas l'habitude de saisir l'acception complète des expressions de la science; mais nous tâchons d'en conserver l'esprit (1). Quant aux questions d'un ordre plus élevé, que la nature de cet ouvrage ne comporte pas, ceux qui en sentiront le besoin et en auront la facilité les atteindront au moyen des Cours publics, des leçons particulières et de l'étude des bons auteurs indiqués.

214. L'*Arithmétique*, dont la connaissance est supposée acquise, peut-être divisée en théorie des calculs et en application pratique ou l'art de nombrer et calculer par des méthodes; c'est le premier pas dans les mathématiques. Elle a pour objet, 1° les propriétés des nombres; 2° les moyens de trouver des *nombres demandés* au moyen d'autres *nombres* dont la relation aux premiers est déjà connue.

215. La *Géométrie*, partie essentielle des mathématiques, n'aura pas ses premiers principes complètement développés ici; nous avons annoncé que dans le cours de ce livre nous lui substituerions des méthodes pratiques. Nous n'exposerons donc qu'un petit nombre de propositions et une partie de leurs conséquences. Si nous employons les termes propres de la science, nous avons soin d'expliquer immédiatement ceux qui sont moins connus. Ce peu de notions a pour but de recommander une suite d'études ultérieures plus complètes à ceux qui en auront l'occasion (2), et en même temps qu'il y servira de préparation, il pourra suffire à d'autres pour les travaux ordinaires, et même pour des productions très-distinguées; pour s'en pénétrer et prendre l'usage du trait, il faut en tracer les figures à part, en les raisonnant.

216. La GÉOMÉTRIE est la science de l'*étendue* simple figurée, la science de la *grandeur* en général, terminée par des *Lignes*, des *Superficies* ou *surfaces*, et figurant ainsi des *Solides*.

217. La *Ligne* est une étendue en longueur seulement; la *Superficie* est une étendue en longueur et largeur; le *Solide* est une étendue en longueur, largeur et profondeur ou épaisseur.

218. On se fait assez quelque idée de cette troisième étendue, par la vue, l'usage et le toucher des corps, mais on ne conçoit pas avec autant de facilité comment les deux

(1) Un habile jurisconsulte, logicien et mathématicien, que le Conseil-d'État vient de perdre, M. Devaux du Cher, se faisait fort d'expliquer clairement dans la langue usuelle toutes les questions d'*Algèbre*. Il en est sans doute qui prendraient ainsi trop de développement; mais celles-ci sont rares dans l'horlogerie. Que doit-on donc penser des mémoires sur cet art, où les plus simples rapports ne sont exprimés que par des formules ignorées des ateliers et de beaucoup d'artistes, tandis que deux lignes d'explication et quelques chiffres ordinaires seraient à la portée de tous les lecteurs. Cette affectation prend une apparence scientifique, mais il vaudrait mieux se rendre intelligible au plus grand nombre des lecteurs, et c'est ici le but que nous nous proposons.

(2) L'étude de la *Géométrie* développe et fortifie la méthode, la justesse et la liaison dans les idées; les esprits droits et conséquents sont les plus propres à la cultiver avec succès. Le nom de géométrie est formé des mots grecs *ghé*, terre, et *métron*, mesure, parce qu'elle servit d'abord à la mesure des propriétés; elle fut cultivée par *Pythagore*, à qui l'on attribue la fameuse proposition du *carré de l'hypoténuse*. La géométrie se répandit beaucoup plus tard dans l'Occident; il est probable que l'on en retrouverait l'origine bien plus ancienne dans l'Orient, si l'on avait conservé plus de traditions de ce berceau de plusieurs connaissances humaines, dont l'histoire se perd dans la nuit des temps.

premières peuvent en être distinguées. On ne peut même le faire que par une abstraction que nous essayerons d'abord d'expliquer.

219. La *Superficie* ou *surface* n'est proprement que l'extrémité d'un corps; on pourrait en quelque sorte la considérer comme une enveloppe infiniment mince qui contiendrait le corps; or, le dehors d'un corps comme surface, doit avoir longueur et largeur pour terminer le corps, mais cette surface ne peut pas avoir d'épaisseur, car alors elle serait elle-même un corps : donc, la superficie doit être considérée comme une étendue en longueur et largeur, abstraction faite de toute idée d'épaisseur.

220. La *Ligne*, droite ou courbe, est le bord d'une superficie : or, le bord d'une superficie doit avoir de la longueur pour entourer la superficie; mais il ne peut avoir ni épaisseur, puisque la superficie à qui le bord appartient n'en a point; ni largeur, parce que le bord serait lui-même une superficie: donc, la ligne est une étendue en longueur seulement.

221. Le *Point* est le bout ou l'extrémité d'une ligne; ainsi le point ne peut avoir ni longueur, ni largeur, ni épaisseur: 1° il ne peut avoir ni largeur, ni épaisseur, puisqu'il appartient à la ligne, qui n'en a point elle-même; 2° il ne peut pas avoir de longueur, autrement il serait lui-même une ligne, quelque courte qu'elle fût, et non pas l'extrémité d'une ligne. Le point n'est donc pas une étendue; et bien qu'énoncé dans les propositions, il ne reçoit pas d'applications géométriques.

222. On voit donc que le *point*, la *ligne* et la *superficie* n'existent pas par eux-mêmes; mais il est évident qu'ils existent par les corps et avec les corps. L'esprit ne les considère à part, qu'en faisant abstraction de la matière, ainsi que dans les propositions suivantes, et dans toutes les autres questions de ce genre.

223. Quoique le *Point* n'ait aucune dimension, on peut le considérer, *provisoirement*, comme le premier principe générateur de l'étendue produite par le mouvement.

224. 1° Un *Point* qui se meut décrit une ligne, car il parcourt une longueur, sans largeur ni épaisseur; 2° une ligne qui se meut dans un sens horizontal, de manière que tout en elle aille de front, parcourt une étendue qui a longueur et largeur, et engendre par conséquent une superficie; 3° enfin, une superficie horizontale qui s'élève en hauteur, de manière que tout en elle s'élève de front, parcourt une étendue qui a longueur, largeur et profondeur, ou épaisseur, et qui peut par conséquent contenir ou représenter un corps.

225. Ces concessions de l'esprit, ces abstractions que nous n'employons que comme telles, peuvent aider à concevoir les propositions de la géométrie. Ceux à qui elles paraîtraient trop subtiles, peuvent les laisser de côté; néanmoins elles paraissent faciliter l'intelligence des propositions.

226. Les formes plus ou moins régulièrement circulaires, ovales, carrées, lozanges, triangulaires, les polygones, les polyhèdres (*figures planes, et solides à plusieurs faces*), etc., sont assez communes dans l'horlogerie, et il est utile d'en connaître les vraies définitions, l'analyse, les propriétés. Les formes les plus simples sont assez généralement conçues, mais on n'en aperçoit pas toujours toutes les conséquences. La juste appréciation des rapports en fait d'*angles*, de *diamètres*, de *rayons*, d'*arcs*, ou de dimensions quelconques, étant le premier moyen de connaître les formes des corps, nous commencerons par expliquer l'*Angle*.

227. Un ANGLE *rectiligne* est formé par les directions de deux lignes droites, mais obliques entre elles, ou qui ne sont point parallèles, et qui, par suite, convergent en un sens, vers un même point où elles se joignent, soit effectivement, soit en les supposant prolongées vers ce point. On sait que deux ou plusieurs lignes droites sont appelées *parallèles* quand elles conservent une égale distance entre elles sur toute leur longueur. Les lignes courbes, circulaires et autres, avec égalité de distance, sont aussi dites *concentriques*; il en est de même des superficies ou surfaces planes ou courbes. L'angle est aussi formé par des *plans*. Voy. les fig. 1, 2, 3, etc. de la pl. XI.

228. Les *angles* se mesurent par les degrés d'un cercle de diamètre quelconque, dont le centre est au sommet ou à la pointe de l'angle, car la grandeur d'un angle, ou son *ouverture*, ne dépend point de la longueur de ses côtés ni de la grandeur du cercle, mais de l'inclinaison que ces côtés ont entre eux, et les degrés de cercle peuvent seuls mesurer la quantité de cette inclinaison. (*Nous l'avons déjà dit dans nos définitions, et nous le reproduisons pour l'ordre de ces articles et pour les renvois aux figures.*)

229. Quant aux degrés du cercle, soit grand, soit petit, ils sont toujours au nombre de 360, comme on va l'expliquer plus loin. (Voy. aux définitions ANGLE et ARC.) On désigne souvent l'angle B A C ou tout autre de différente ouverture, par la seule lettre A placée à sa pointe ou sommet; quand on exprime les trois lettres, celle du milieu répond toujours au sommet. V. fig. 1 et 11, les deux angles A ou BAC.

230. L'angle est *rectiligne*, fig. 1, lorsqu'il est formé par deux lignes droites; *curviligne*, fig. 2 et 3, si les deux lignes sont courbes; *mixtiligne*, fig. 4 et 5, si l'angle est formé de ligne courbe et de ligne droite.

231. Le CERCLE est une figure plane renfermée par une seule ligne courbe qui retourne sur elle-même, dont la courbure est égale dans toutes ses parties, et au milieu de laquelle est un point d'où toutes les lignes droites tirées à la circonférence sont d'égale longueur. A proprement parler, le cercle est l'espace renfermé par la circonférence; c'est une sorte de disque rond. Cet espace n'est point à considérer lorsqu'il s'agit d'*angle*; très-souvent, dans le langage ordinaire, on entend par *cercle*, la *circonférence*, ou la seule ligne courbe qui termine cette figure. Suivant une ancienne méthode, tout cercle, grand ou petit, est divisé, comme on vient de le dire, en 360 degrés, que l'on écrit : (360°) (1). Chaque degré se divise en 60 minutes, marquées : (60'); chaque minute en 60 secondes (60''); chaque seconde en 60 tierces (60'''); de même en quartes, etc. Les intervalles seulement de ces degrés, diminuent comme les diamètres des cercles; mais relativement aux angles mesurés, les degrés conservent toujours la

(1) On a adopté dans les nouvelles mesures la division du cercle en 400°; mais pour l'horlogerie, celle-ci n'offre pas autant de diviseurs sans reste, ou sans fractions, que l'ancienne; du reste, il est facile de convertir les mesures du cercle de 360, en mesures de même valeur du cercle de 400, comme de réduire celles-ci en mesures de 360.

même valeur, et pour un angle dit *le même*, ils sont en même nombre, quelles que soient la dimension du cercle et la longueur des lignes. Comme on le voit aux fig. 6 et 7, un angle est droit, lorsque l'une des deux lignes est perpendiculaire à l'autre. Ainsi, l'angle B A C est droit, parce que le rayon B A est perpendiculaire au diamètre D C ; il forme même alors deux angles égaux et droits, un de chaque côté, tels que l'angle B A C, et l'angle B A D, chacun de 90°, quart du cercle. Les deux ensemble occupent 180°, moitié de 360 ou de la circonférence entière. Or, l'angle droit formé par le rayon B A sur le diamètre D C, est le même dans ces deux figures, c'est-à-dire le quart du cercle entier ou 90 degrés, quoique l'une de ces figures ait trois fois la grandeur de l'autre. Un angle *droit* est donc toujours de 90°, quart de 360, quelle que soit la grandeur du cercle. Un angle *obtus* est plus ouvert que l'angle droit, et comprend plus de 90°. L'angle obtus D A E, fig. 7, comprend en effet 120°. Un angle *aigu*, moindre que l'angle droit, comme celui GAC, fig. 8, ne comprend que 45°, moitié de l'angle droit et la huitième partie du cercle. L'angle aigu H A C ne comprend que 20°, dix-huitième partie du cercle. Enfin, soit que de grands cercles soient comparés à de plus petits, soit que l'on fasse le contraire, les angles dans les uns et les autres, mesurés par un même nombre de degrés, sont toujours de même ouverture ou de même valeur, parce que l'on ne considère que la quantité dont les lignes convergentes au centre, sont inclinées l'une à l'égard de l'autre, quantité qui ne peut être appréciée et exprimée que par les degrés du cercle. Nous avons dit que le centre de ce même cercle est toujours le point commun d'intersection ou de concours, effectif ou supposé, des deux lignes droites inclinées l'une à l'égard de l'autre. V. fig. 11. Nous avons déjà développé en partie ce sujet dans nos définitions, et même avec une insistance particulière, parce qu'il y a beaucoup de personnes de talent qui ne le connaissent pas assez, et que ces premières notions sont très-importantes dans les questions de mécanique et autres : c'est pourquoi nous les répétons encore ici, soit pour les renvois aux figures que n'ont pas nos définitions, soit comme suite dans la série des principes que nous exposons, et pour qu'on s'exerce à tracer ces fig. et les suivantes.

232. Pour mesurer les angles tracés sur un plan quelconque, on se sert du *rapporteur*, fig. 10, demi-cercle plat évidé, en laiton, en argent, etc., et dont le limbe est divisé en 180°, moitié de 360°. Sa dimension peut varier, mais d'après ce qui précède, la valeur de ses divisions ou de ses 360° est toujours la même. Il y en a de divisés en demi-degrés, chacun de 30' ; on en fait aussi en corne transparente et non évidés, pour apercevoir les lignes au travers du limbe. Le milieu du diamètre intérieur de celui de métal, porte une petite encoche demi-circulaire, et celui de corne un petit trou, au centre desquels se place le sommet de l'angle, dont on mesure l'arc d'une ligne à l'autre par le nombre de degrés qu'il contient ; on applique alors l'un des deux demi-diamètres de l'instrument sur une des lignes de l'angle dont le centre ou sommet est dans l'encoche ou le trou susdits, et la division du limbe où passe l'autre ligne de l'angle, indique le nombre de degrés, ou l'*ouverture* de cet angle, comme on le voit fig. 10.

233. Chacun sait assez que le *diamètre* d'un cercle est une ligne droite qui passe par son centre, et dont chaque extrémité se termine à la circonférence ; cette ligne divise le cercle en deux parties égales, ou en deux demi-cercles. Dans les fig. 6, 7, 8 et 9, la ligne D A C est le *diamètre* du *cercle*.

234. On sait aussi assez communément que le rayon est égal à la moitié du diamètre et, par ce que nous avons dit déjà (231), que toutes les lignes droites tirées du centre d'un cercle à sa circonférence, sont des rayons d'égale longueur entre eux. Deux rayons qui ne sont pas sur une même ligne, ou qui ne sont pas confondus dans un même diamètre, forment nécessairement entre eux un angle *aigu* ou *obtus* d'un nombre quelconque de degrés, comme le rayon D A et le rayon H A, fig. 8 ; celui-ci n'étant pas sur le diamètre D C avec lequel l'autre se confond, forme avec lui un angle *obtus* de 160°. Le rayon D A et le rayon A C, même fig., étant sur la même ligne droite que le diamètre, ne forment pas d'angle, c'est le diamètre lui-même ; et l'arc compris entre leurs extrémités à la circonférence est de 180°, ou la moitié du cercle entier de 360°. Le diamètre devient la *Corde* de l'arc D B E F C fig. 7, ou D 90° C, fig. 8.

235. On appelle donc en général *angle aigu*, tout angle moindre que 90°, qui font l'ouverture de l'angle droit, et *angle obtus* tout angle plus ouvert que 90°, jusqu'au point le plus près de la demi-circonférence, où les deux rayons sont près de se confondre avec le demi-diamètre ; à cette coïncidence absolue, l'angle disparaît. Les deux rayons forment alors une seule ligne droite, ou un diamètre, si le cercle a son centre sur cette même ligne droite.

236. La Tangente d'un cercle est une ligne droite extérieure qui touche le cercle en un point, sans le couper (sans y entrer), lors même qu'elle est prolongée au-delà du point de contact. La ligne droite A B, fig. 9, est une *tangente* du cercle qui s'arrête au contact B, et qui prolongée, n'entrerait point dans le cercle. La ligne A' B' C' est également une tangente qui dépasse le point de contact sans entrer dans le cercle. La ligne droite ou courbe, comme on la conçoit dans notre définition précédente (220), n'a point de largeur, mais on ne peut la tracer physiquement sans une largeur quelconque : il s'ensuit que, dans le tracé, le point de contact prend à la vue une certaine longueur dont le milieu est le vrai point mathématique du contact ; on le détermine encore plus sûrement en tirant du centre du cercle, sur ce point de la circonférence, un rayon qui soit perpendiculaire à la ligne tangente, ou en élevant sur l'extrémité du rayon une perpendiculaire qui est la tangente. (Nous avons vu qu'on peut employer le rapporteur pour établir un angle droit de 90°, qui est celui d'une ligne perpendiculaire à une autre ligne ; il y a aussi d'autres manières qu'on trouvera plus loin). La *tangente* se cherche souvent pour établir les lignes d'un échappement, et dans plusieurs autres circonstances ; on en trouvera l'application dans les différents tracés des pièces et calibres.

237. On appelle Corde d'un arc, une ligne droite tirée d'une extrémité d'un arc à son autre extrémité. La *corde* a moins de longueur que l'arc qu'elle *soutend*. Cependant, quand l'arc est extrêmement petit, sa corde, quoique plus petite encore insensiblement, peut souvent être prise sans erreur importante pour l'arc lui-même ; mais seu-

lement comme approximation. Les diverses cordes dans un même cercle ne conservent pas entre elles les mêmes rapports que leurs arcs entre eux ; par exemple, la plus grande corde qu'un arc puisse avoir, est le diamètre même du cercle ; or le diamètre a pour longueur environ les deux tiers de la demi-circonférence qu'il soutend ; cette longueur varie peu d'abord à l'égard des différences très-sensibles en degrés d'un segment de cercle un peu moindre qu'un arc de 180°, comme pour celui de 10° à 170°, fig. 32' ; nous avons dit aussi que la longueur de la corde varie presque autant que les très-petits arcs, avec lesquels on peut souvent la confondre ; la différence devient moyenne avec l'arc de 90°. Elle ne suit donc pas la proportion des changements des arcs, comme on le verra quand il sera question de la durée des oscillations diverses en étendue ou en degrés du Pendule. La corde D C, fig. 9, qui est en même temps un diamètre, soutend 180°. Les cordes B C et B D soutendent chacune 90°, moitié de l'arc de 180°. Cependant chacune d'elles est beaucoup plus longue que la moitié de la corde D C ; et de même dans la fig. 32', la corde de 10° à 170° n'est guères plus courte que de deux degrés de moins que le diamètre, et les arcs diffèrent déjà de 20°; tandis que de 80° à 100°, même fig. 32', qui est le cas opposé de très-petits arcs, la corde n'en diffère pas sensiblement, donc les cordes ne conservent pas entre elles les rapports des arcs, car la réduction des arcs est toujours uniforme.

238. La Circonférence *du cercle* est estimée, pour l'usage ordinaire et par approximation, égale à trois fois le diamètre de ce même cercle, plus très-près de un septième de ce diamètre ; nous disons très-près, parce que le diamètre et la circonférence sont, rigoureusement, *incommensurables* (1) ; c'est ce qui rend impossible la *Quadrature* exacte *du cercle*. Le rapport approximatif de 1 à 3, plus un septième, ou de 7 à 22, suffit aux usages ordinaires ; ainsi, lorsqu'on connaît le diamètre, si on multiplie sa longueur par 3 et un septième, on a au produit la valeur ou l'étendue très-approchée de sa circonférence ; le diamètre est donc estimé à sept vingt-deuxième de la circonférence. Donc si l'on divise la circonférence en 22 parties, sept de ces parties donneront à très-peu près le diamètre, et 3 parties et demie donneront presque juste le rayon. Nous répétons ici la même idée sous plusieurs faces, parce qu'elle rencontre beaucoup d'applications dans l'horlogerie. Le rapport approché ci-dessus, de 7 à 22, est celui d'*Archimède*. *Adrien Metius* a donné celui de 113 à 355 ; c'est le plus près de l'exactitude de tous ceux qui sont exprimés en petits nombres. Il ne produit pas une erreur de 3 unités sur 10,000,000, c'est-à-dire qu'il ne diffère pas du vrai de trois dix-millioniémes ; des rapports plus approchés exigent trop de chiffres.

239. Le Triangle-*plan-rectiligne* est une figure terminée par trois lignes droites, ou trois côtés droits, dont les extrémités se touchent. Les trois points de contact suffisent à former un plan, terminé ici nécessairement par trois angles, qui peuvent être d'ouvertures égales ou différentes, mais qui, additionnées ensemble, valent toujours 180°,

(1) On appelle *incommensurables* deux quantités qui n'ont point de mesure géométrique commune, cette sorte de mesure n'est pas celle approchée des moyens graphiques, mais celle intellectuelle dont l'évidence résulte des conditions de la proposition, et qui seule comporte la précision géométrique.

ou la moitié du cercle. Ainsi, *la somme des trois angles d'un triangle quelconque est égale à celle de deux angles droits*, qui embrassent également la moitié du cercle. Si les trois lignes sont courbes, ou convexes, ou concaves, dans le sens latéral, ou de l'extension du plan, le *triangle* est *curviligne*, fig. 14 ; il est *mixtiligne* s'il a un côté ou deux en ligne droite, fig, 15. Le *triangle rectangle* a toujours un angle droit, fig. 32. Ces figures appartiennent à la *trigonométrie plane*, qui trouve dans l'horlogerie des applications plus fréquentes que la *trigonométrie sphérique* où les lignes sont *cintrées* sur le plan, c'est-à-dire en profondeur ou hauteur, et dont il ne s'agira pas ici.

240. On nomme *triangle équilatéral*, fig. 12, celui dont les trois côtés sont d'égale longueur; les trois angles y sont aussi égaux ; il est facile de le tracer au moyen d'un cercle divisé en trois, et en tirant trois lignes droites, chacune d'une division à l'autre.

241. On nomme *triangle isocèle* celui qui a deux côtés égaux, du grec *isos*, égal, et *skélos*, jambe. Tel est le triangle BDC, fig, 9, sans égard au reste de la figure.

242. On nomme *triangle scalène* celui dont les trois côtés et les trois angles sont *inégaux*, du grec *scalènos*, boiteux, fig. 13. Les triangles fig. 14 curviligne, et fig. 15, mixtiligne, sont dits ainsi, quel que soit le sens de leurs courbes.

243. La surface de tout triangle est égale au produit de sa base multipliée par la moitié de sa hauteur; car le triangle A B C, fig. 16, est la moitié d'un parallélogramme A D E C, de même base et de même hauteur. Ainsi, dans tout triangle quelconque, si AC a huit lignes de longueur, et si sa hauteur B F perpendiculaire à la base a quatre lignes, en multipliant huit lignes par la moitié de quatre, c'est-à-dire par deux, on aura seize lignes, et la superficie du triangle sera égale à celle de seize lignes carrées, ou de seize carrés chacun d'une ligne de hauteur sur autant de largeur, ou égale à celle d'un carré qui a *quatre lignes de côtés ;* car ce carré divisé en lignes offre aussi seize carrés, chacun d'*une ligne de côtés*. Voy. la fig. 16. Deux triangles de même base et de même hauteur sont égaux. Voy. le triangle rectangle A E C, même fig. 16.

244. Si deux côtés et un angle d'un triangle sont donnés, le troisième côté peut être connu sans le mesurer ; comme si deux angles et un côté sont donnés, le troisième angle peut également être connu, ainsi que plusieurs autres solutions, obtenues au moyen des tables des *Sinus*, des *Tangentes*, employées dans la *Trigonométrie*.

245. En réduisant les surfaces en triangles, on peut apprécier leur étendue. Si les bords en sont circulaires ou irréguliers, on y pratique de petits triangles mixtilignes, et comme les petites cordes sont sensiblement égales à leurs arcs, on a très-approximativement la valeur d'une superficie dont quelques côtés sont courbes. On peut employer la similitude des triangles pour mesurer des hauteurs ou des distances inaccessibles. L'usage des triangles est extrêmement étendu et d'un grand secours.

246. Le Carré *parfait* ABCD, fig. 17, est une figure plane à quatre côtés égaux et parallèles dont les quatre angles sont droits, et dont les côtés qui se joignent sont perpendiculaires entre eux. Les deux *diagonales* d'un carré (les lignes tirées d'un angle formé par deux côtés, à l'angle opposé des deux autres côtés), se coupent juste à leur milieu, qui est le centre du carré ; mais on ne sait pas aussi généralement que la dia–

gonale d'un carré, est géométriquement incommensurable (1) avec l'un quelconque de ses côtés. Toute diagonale divise le carré et même tout parallélogramme, f. 18 et 29, 2 parties égales, ou en 2 triangles égaux: le *carré parfait* A B C D, f. 17, dont le côté est double de celui du carré DGEH, a sa surface quadruple de celle de cet autre carré.

247. On voit par ce qui précède, que les plans ou figures planes ont toujours deux dimensions, *longueur* et *largeur*.

248. Le CUBE est un corps solide, régulier, qui a trois dimensions, *longueur*, *largeur* et *profondeur* ou *épaisseur*. Le cube est composé de six faces carrées et égales, dont tous les angles sont droits, et les côtés rectilignes et égaux ; un cube dont le côté est double de celui d'un autre cube, contient huit fois autant de matière, et est dit avoir huit fois autant de *solidité* ou de poids que cet autre cube, v. les 2 fig. 19 en perspective.

249. La SPHÈRE (boule régulière) est un solide qui a aussi ses trois dimensions comme le cube, mais qui présente, entre autres, cette différence, que si de son point milieu ou de son centre, on suppose des rayons ou lignes droites tirées jusque vers un point quelconque de sa surface, ces rayons seront tous égaux ; on ne peut pas en dire autant du cube, puisque les lignes ou rayons supposés tirés du centre du cube aux angles de ses carrés sont plus longs que tous les autres. Ainsi, *la sphère est le solide dont la surface a tous ses points également éloignés du centre*. V. les deux sphères, fig. 20.

250. Le CYLINDRE est un solide terminé par deux bases opposées et parallèles, qui sont des cercles égaux, et par un plan courbé autour des circonférences de ces bases. Le *cylindre* est *droit*, quand son axe est perpendiculaire aux deux plans ou bases circulaires qui le terminent, fig. 21. Il est oblique, si cet axe est incliné sur ces bases, fig. 22. La coupe oblique à l'axe du cylindre droit, est une ovale ; si la coupe oblique du cylindre droit restait ronde ou circulaire, ce serait parce que le cylindre serait aplati ; mais dans ce cas, ce serait un *cylindroïde*, et sa coupe perpendiculaire à l'axe serait elle-même ovale ; nous parlerons plus loin de l'ovale et de la manière de tracer cette courbe, soit comme ellipse géométrique, soit comme courbe vulgaire.

251. La surface de la sphère est égale à la surface latérale ou à l'enveloppe du cylindre qui circonscrit la sphère et qui a pour hauteur le diamètre de la sphère ; on n'y comprend point les deux bases du cylindre. La solidité (le poids) de cette même sphère est égale aux deux tiers de celle de ce même cylindre. Il y a plusieurs autres propriétés de la sphère très- connues en géométrie. V. fig. 24, qui s'explique assez d'elle-même ; nos lecteurs sont d'ailleurs habitués à comprendre des figures.

252. Les *Solides* de figures semblables, quoique de diverses grandeurs, sont entre eux, comme les cubes de leurs *côtés homologues* (de même espèce), ou de leurs *dimensions homologues ;* en conséquence, si une sphère creuse, d'un rayon intérieur donné, contient une mesure connue d'un liquide, la sphère d'un rayon intérieur double contiendra huit mesures semblables ; il en sera de même de leurs poids. Les rayons des

(1) Voyez la note précédente. Le mot *diagonale* est formé du grec *dia*, par, et de *gónia*, angle. C'est la ligne qui traverse une figure angulaire en passant par les angles opposés.

deux sphères, fig. 20, sont des dimensions de même espèce et remplacent ici les *côtés homologues*. Il en est aussi de même pour deux cubes creux de diverses grandeurs, fig. 19.

253. La PYRAMIDE est un solide renfermé par plusieurs triangles qui ont les côtés de son plan pour bases, et dont les sommets aboutissent à un même point. Une *pyramide* est appelée *triangulaire*, *carrée*, *pentagonale*, etc., suivant que sa base est un triangle, fig. 25, ou un carré, un pentagone, etc. On les distingue en droites et en obliques.

254. Le CÔNE *droit*, fig. 26, est une figure pyramidale dont la surface latérale est ronde, et a pour base un cercle; sa masse se termine en pointe, que l'on appelle le sommet du cône ; celui-ci peut être considéré comme *engendré* par le mouvement d'une ligne droite dont un bout est fixé à un point immobile A (sommet du cône), et qui rase par son autre bout la circonférence d'un cercle qu'on nomme la base du cône. Il peut être aussi engendré par la révolution sur lui-même d'un triangle rectangle ayant pour axe un côté A B de l'angle droit A ; alors la surface cônique est décrite par l'*hypoténuse* (par le plus grand côté) ou *sous-tendante* A C de l'angle droit. Un cône droit peut être *tronqué* (coupé avant sa pointe); si la coupe du cône droit est parallèle à sa base, elle forme aussi un cercle; si la coupe est oblique, elle forme une ellipse (ovale régulier) ou d'autres courbes. Le cône oblique, les coupes ou *sections côniques*. etc., appartiennent à la haute géométrie. La fig. 31 est le PRISME (v. 262.)

255. On appelle ordinairement POLYGONE *régulier*, une figure plane qui a plus de quatre côtés et de quatre angles, et dont les côtés sont également inclinés les uns à l'égard des autres; cependant le triangle et le carré peuvent être comptés parmi les *Polygones* et en sont les premiers et les plus simples. Le *Pentagone* a cinq côtés; l'*Hexagone* en a six, fig. 27 ; l'*Eptagone* en a sept; l'*Octogone*, huit ; l'*Ennéagone*, neuf; le *Décagone*, dix ; l'*Ondécagone*, onze ; le *Dodécagone*, douze, etc.

256. Pour former un Polygone *inscrit* (intérieur au cercle), fig. 27, on divise le cercle en autant de parties que le polygone a de côtés, et l'on tire des lignes droites d'une division à l'autre. Pour former un polygone *circonscrit* (extérieur au cercle), on prolonge des rayons sur chaque division au-delà du cercle, et l'on mène de l'un à l'autre en-dehors du cercle, des tangentes également inclinées au deux rayons où chacune se termine. Pour facilité, on peut mener d'abord un rayon intermédiaire au point de contact d'une première tangente, c'est-à-dire au milieu juste de l'arc entre deux rayons ; on abaisse une tangente perpendiculaire sur ce rayon intermédiaire, et l'intersection de la tangente avec les deux rayons voisins prolongés, fixe la longueur de tous les autres ; on trace donc un second cercle avec une ouverture de compas prise du centre à l'extrémité d'un des deux rayons coupée par cette première tangente, et l'intersection du nouveau cercle avec tous les autres rayons, donne les points de rencontre des autres tangentes, ou côtés du *polygone ;* cette opération est un peu plus longue que celle du polygone *inscrit*. Quant à l'*Hexagone inscrit*, f. 27, chacun de ses six côtés est égal au rayon du cercle ; ainsi l'ouverture du compas qui a tracé le cercle le divise naturellement en six arcs égaux. On conçoit que les six cordes de ces arcs mises bout à bout ne feraient que trois diamètres du cercle, dont les longueurs réunies sont moindres que

plicité et clarté. On a essayé d'en donner ici une première idée pour en faire sentir l'utilité et en inspirer le goût aux élèves, que nous invitons à ne pas se borner à ces premières notions. Nous y avons marché un peu vite pour abréger : l'étude ordinaire en est plus développée, plus lente, plus graduelle et d'autant plus solide.

265. Pour tracer ces figures, et autres, on n'emploie que les instruments connus, comme la règle, le compas à pointes *trempées*, l'équerre, le rapporteur, le compas de proportion, etc., qui garnissent communément l'*étui* dit *de mathématiques*.

266. Les premières opérations sont presque toujours d'élever ou d'abaisser une perpendiculaire sur une ligne donnée, de tracer et diviser un cercle, de former un carré parfait, un carré long, des figures angulaires ou de formes mixtes, etc.

267. Il y a plusieurs manières d'établir une ligne perpendiculaire sur une autre ligne donnée. (C'est le début de toute opération pour le tracé des figures.)

268. 1° La plus commune et la plus simple, vulgairement connue sous le nom de *Trait carré*, consiste à marquer avec la même ouverture du compas, sur la ligne donnée comme A C, f. 33, deux distances bien égales et les plus éloignées possible à droite et à gauche du point B donné pour la perpendiculaire; puis de chaque point extrême, comme centre, ouvrant davantage le compas de manière que, sans que ses jambes dépassent de beaucoup l'équerre, il puisse atteindre le plus haut point possible de la perpendiculaire voulue, on trace l'intersection des portions d'arcs *b* et *c*, alors la ligne tirée du point d'intersection sur le point B donné de la ligne, lui est perpendiculaire et forme avec elle deux angles droits de 90°, c'est-à-dire un de chaque côté. Pour assurer mieux l'opération, on trace aussi, quand la place le permet, une intersection pareille au-dessous de la ligne donnée, avec la même ouverture de compas et tout en traçant la première : et tirant la perpendiculaire d'une intersection à l'autre, elle doit passer aussi par le point donné, si le plan est bien droit, la règle bien dressée, les pointes du compas fines et aiguës, et les points bien établis juste sur la ligne; enfin, si l'on opère avec attention. Ces lignes au centre d'une fig. en règlent les parallèles.

269. Ces premières opérations sont si simples, que l'on semble abuser de la patience du lecteur en les décrivant avec détail; cependant, ceux qui les exécutent pour la première fois ne sont pas sûrs d'y bien réussir, et même ceux qui en ont l'habitude, ne s'en acquittent pas toujours avec la précision requise. Le bord de la règle n'est pas toujours mis précisément sur les points, ni à une légère distance bien égale; car le tranchant aigu d'un crayon dur et taillé en ciseau reste un peu éloigné de la règle, à moins de pencher en avant le crayon d'une quantité trouvée par l'usage, et d'en conserver la pente constante pendant toute la longueur de la ligne, etc. L'intelligence de l'opérateur et l'expérience en enseigneront plus que nous n'en pourrions dire : mais tel qui dédaigne ces détails est souvent le premier à y manquer. D'ailleurs, ceux qui possèdent l'habileté du trait ne doivent pas détourner les autres de l'acquérir, à moins que par ambition ils ne prétendent rester seuls capables.

270. 2° Si l'on propose un point H, au-dessus ou au-dessous d'une ligne droite D G f. 34, et de faire arriver de ce point une perpendiculaire sur cette ligne en un lieu qui

n'est pas encore désigné, mais qui ne doit pas toutefois être trop près de l'extrémité de cette ligne, ainsi qu'on va le comprendre, on ouvrira le compas de manière qu'une jambe étant sur le point donné H au-dessus de la ligne, ou I donné au-dessous, l'autre pointe atteigne presque l'extrémité la plus voisine G, on tracera alors l'arc de cercle G K L ayant pour centre le point H, ou l'arc G M L ayant pour centre I; la portion de ligne comprise entre les points d'intersection sera ensuite divisée en deux parties égales au point O, sur lequel on élèvera du point I, ou on abaissera du point H les lignes H O, ou I O, qui seront perpendiculaires à la première ligne donnée D G.

271. 3° Pour élever une perpendiculaire tout-à-fait à l'extrémité d'une ligne qu'on ne peut pas prolonger faute de place, f. 35, on use de la proportion géométrique du *triangle rectangle*, f. 32, dont les trois côtés sont entre eux comme 3, 4 et 5; pour l'établir, on divise la ligne libre, f. 35, ou une partie de la ligne à volonté, en 5 distances égales *a*, *b c d e* à partir du bout ou point donné *f*, pour la perpendiculaire. On ouvrira le compas pour embrasser juste quatre parties de *f* en *b*, puis du point donné *f* comme centre, on tracera avec cette ouverture un arc de cercle *h* au-dessus verticalement du point *f*, et sur l'étendue duquel la perpendiculaire paraît à la vue simple pouvoir passer. Ensuite on ouvrira le compas de manière à embrasser juste cinq parties ou espaces de *f* en *a*; puis de la troisième partie en *c* comme centre, on fera une intersection sur le premier arc de cercle, avec cette ouverture prise de cinq parties. La ligne que l'on abaissera du point *h* de cette intersection sur le point *f*, sera la perpendiculaire demandée et à l'équerre avec la ligne *a f*. C'est ce qu'on voit dans les fig. 35 et 32.

272. Si la hauteur manque pour le premier arc de cercle tracé avec une ouverture de quatre parties, on le tracera avec trois parties; c.-à-d. qu'au lieu de porter 4 parties au-dessus de la ligne donnée on n'en portera que trois en *g*, et au lieu de prendre la troisième partie en *c* pour centre de l'intersection, il faudra prendre la quatrième en *d* pour centre, avec l'ouverture du compas toujours de cinq parties. Généralement on tiendra les parties aussi grandes que l'espace le permettra, pour éloigner le point d'intersection de la base de la perpendiculaire, et rendre l'opération d'autant plus exacte.

273. Si l'on tire dans cette opération une troisième ligne, de la troisième ou de la quatrième partie qui aura servi de centre pour l'intersection, jusqu'à son intersection même, on aura le *triangle rectangle* dans lequel la première ligne donnée *a f*, et la perpendiculaire demandée *h g f* formeront l'angle droit. Les rapports de longueur des trois côtés de ce triangle rectangle sont donc, ainsi qu'on l'a dit d'abord, comme 3, 4 et 5. Ce moyen peut servir à former l'angle droit ou l'équerre que l'on n'aurait pas; on trouve encore dans divers auteurs d'autres méthodes, mais le plus souvent celles-ci peuvent suffire. (*La troisième ligne de 5 parties est l'hypothénuse du triangle rectangle.*)

274. Une manière prompte de se procurer une équerre *à peu près juste* est de plier une feuille de papier bien droite en quatre, l'angle formé ainsi est à très-peu près à l'équerre, sauf le contour du pli pris aux dépens de la surface, et qui ferme un peu cette équerre. Plus le papier sera fin, plus l'équerre approchera d'être juste et suffisamment

pour bien des cas, mais elle ne le sera jamais absolument à cause du contour du pli.

273. Nous ne parlerons pas de la méthode du cercle divisé en quatre par deux lignes qui sont nécessairement à l'équerre et perpendiculaires l'une à l'autre, parceque la division juste du cercle serait plus longue que l'opération des intersections, etc. Ces deux moyens rentrent l'un dans l'autre; nous parlerons encore moins d'élever une perpendiculaire au moyen de l'équerre dont un côté étant appliqué juste sur la base, l'autre côté donne la perpendiculaire ou l'angle droit. C'est un moyen pratique, mais qui ne démontre pas, comme les précédents, dont nous laissons l'analyse fort simple à faire à ceux qui en feront usage, comme celle des autres propositions, pour exercer leur esprit.

276. On a dit à l'article des *Polygones*, que le côté de l'*Hexagone* est égal au rayon du cercle qui le circonscrit. Le côté de l'*Hexagone* est la corde d'un angle de 60°, ou la sixième partie du cercle de 360°; ce pourrait être en ce sens la mesure du rayon du cercle, (*comme jadis chez les* Arabes, *mais elle ne sert plus dans le calcul actuel des* Sinus.) Un pignon de six ailes est un *Hexagone*. Les centres des ailes, pris à la circonférence primitive, c'est-à-dire au centre des arrondis, supposés en demi-cercle exactement, sont écartés entre eux d'une quantité égale à la longueur du rayon primitif du pignon. Ainsi, le diamètre primitif du pignon est deux fois la distance prise à la circonférence primitive et entre les centres de deux ailes : comme le diamètre total (c'est-à-dire y compris l'arrondi) est deux fois le rayon total, ou deux fois la distance entre deux sommets des ailes. De plus, chaque côté de l'hexagone est la base d'un *triangle* équilatéral, par conséquent les lignes coupant les ailes du pignon au milieu de leur épaisseur, forment entre elles autant de triangles équilatéraux : par conséquent encore un flanc de l'aile forme, avec le flanc semblable de la suivante, un triangle équilatéral, etc. Ce sont là déjà quelques-unes des propriétés du cercle; il y en a bien d'autres et plus importantes. On en appliquera plusieurs à l'article des engrenages.

277. En joignant à ce qui précède les propriétés des perpendiculaires abaissées au milieu des côtés d'un *Polygone*, on peut en tirer le moyen de faire passer un cercle par trois points donnés au hasard, et à distances égales ou non, mais dans un même plan, et par conséquent de trouver le centre d'un tel cercle, pourvu que ces points ne soient pas tous trois sur une ligne droite; ce cercle peut passer aussi par les trois angles d'un triangle quelconque, puisque trois points qui ne sont pas sur la même ligne, forment un plan, et peuvent être les sommets des trois angles d'un triangle.

278. Ainsi, en considérant deux des points voisins donnés 1 et 2, fig. 36, comme les extrémités d'une ligne droite, on formera au milieu de cette droite supposée ou tracée, une perpendiculaire au moyen de deux intersections en *b* et *c*, l'une au-dessus, l'autre au-dessous de la ligne supposée joindre les deux points, suivant la première méthode d'établir une perpendiculaire; puis du second point 2 au troisième point 3 on tirera ou l'on supposera une autre droite au milieu de laquelle on fera passer par le même moyen une autre perpendiculaire *b' c'* à cette ligne supposée de 2 à 3. Ces deux perpendiculaires convergeront plus ou moins d'un côté, comme en *d*, et on les prolongera de ce côté jusqu'à ce qu'elles se coupent ou se croisent. Le point *d* de

cette coïncidence sera le centre d'une circonférence qui passera par les trois points donnés. On peut retrouver ainsi le centre perdu d'un cercle et celui d'un arc de cercle ; mais il faut opérer avec toute la rigueur des méthodes de précision, car la moindre inexactitude dans l'exécution déplacera sensiblement le centre cherché, et l'on ne peut guère considérer ce moyen que comme approximatif, bien que le principe en soit incontestable. On trouvera une foule d'autres applications des propriétés du cercle, ainsi que du triangle, du carré, etc., dans l'étude des éléments de *Géométrie*. En attendant, on tracera ces figures pour s'en mieux pénétrer.

279. Nous avons parlé du rapporteur (232) qui ne sert qu'à connaître les degrés des angles tracés, et à un quart de degré près ; encore faut-il beaucoup d'attention pour bien centrer l'instrument et faire coïncider exactement son diamètre avec l'une des lignes de l'angle mesuré. Du reste, l'usage ordinaire de ces instruments n'est qu'approximatif, et ne peut donner les minutes de degré que par estime, et encore moins les secondes. La manière la plus sûre est de les calculer suivant les conséquences géométriques et d'après les principes qu'elles établissent, mais alors il faut avoir fait des progrès plus avancés dans les éléments de la science.

280. Le *Compas de proportion* est une sorte de fausse équerre (1) en laiton ou en argent, composée de deux branches plates assemblées à charnière par un de leurs bouts, à peu près comme la mesure fermante du *pied français* (dit *pied de Roi*), mais ordinairement plus larges, afin de contenir distinctement dans cette largeur plusieurs lignes divisées sur leur longueur. Ces branches peuvent donc s'ouvrir et s'écarter d'un bout, avec un frottement assez ferme à charnière pour qu'elles puissent garder sûrement leur ouverture pendant l'usage. Les faces de cet instrument portent plusieurs lignes convergentes qui se réunissent au centre commun de la charnière, et que l'on emploie dans un si grand nombre de cas, qu'il existe des traités spéciaux des principes de division et de l'usage du compas de proportion, entre autres l'ouvrage d'Ozanam, revu par Garnier ; Paris, Firmin Didot, 1794.

281. Le compas des Anglais en ce genre, est un peu différent de celui de nos *Étuis de mathématiques;* ils ont aussi des règles divisées fort utiles et commodes pour abréger divers calculs dans les arts, et que l'on ne connaît pas assez ailleurs. Le compas de proportion français porte d'un côté les lignes des *parties égales*, des *plans*, des *polygones*, etc., et de l'autre celles des *cordes*, des *solides*, des *métaux*, etc. On va voir comme exemple, quelques usages de la ligne des *Parties égales*, les plus simples et plus communément employées dans l'horlogerie pour des mesures approximatives. On aura recours pour les autres lignes du compas, aux ouvrages sur la géométrie ou aux traités particuliers de cet instrument.

282. Pour diviser une ligne de longueur donnée, par exemple en sept parties égales, on prendra la longueur donnée avec le compas à pointes ; et sur une des deux

(1) On appelle *Fausse équerre* celle dont une charnière à frottement dur dans l'angle, permet d'en varier l'ouverture. On la distingue ainsi de l'instrument appelé simplement l'*Équerre*, dont l'ouverture des branches dans un même plan est fixée invariablement à 90° formant l'*Angle droit*.

lignes des parties égales qui sont sur chaque branche de l'instrument et numérotées de dix en dix points, fig. 37, pl. XII, on choisira un nombre divisible par 7, comme 70, dont chaque septième partie est de 10 points; on ouvrira le compas de proportion d'abord plus qu'il ne faut, pour le refermer peu à peu de la main gauche qui le tiendra, jusqu'à ce que les points 70 et 70 de chaque branche ne soient écartés entre eux que de la longueur juste donnée et prise avec le compas à pointes tenu de la main droite; ensuite, sans déranger l'ouverture de l'instrument, que le frottement de sa charnière doit rendre assez fixe, on prendra avec le même compas à pointes la distance qui se trouvera entre 10 et 10 de chaque même ligne des parties égales, et ce sera la septième partie de la ligne donnée à diviser en 7. L'ensemble des deux faces du compas de proportion est figuré de grandeur naturelle sous les numéros 37 et 49 de la pl. XII, mais sans tous les détails qui y seraient trop confus (1).

283. Si la ligne donnée à diviser est trop longue pour la dimension du compas de proportion, c'est-à-dire si elle oblige de l'ouvrir beaucoup plus qu'à l'équerre, on prendra bien juste une moitié, ou un tiers, ou un quart, etc., de la ligne donnée, que l'on appliquera comme ci-dessus, pour prendre en conséquence le double, le triple,

(1) On conçoit que dans tous les articles de ce chapitre, il ne peut être question de *géométrie pure*, que nous avons promis de traduire autant que possible par les *méthodes du praticien*, par de simples opérations graphiques, aidées du calcul ordinaire, afin d'arriver plus aisément à l'application des principes abstraits de la science. Le compas de proportion n'est lui-même qu'un instrument *de pratique* dont nous indiquons quelques usages, sans entrer dans l'explication des principes de sa division : on la trouvera dans le traité de cet instrument et ailleurs; ils appartiennent à la théorie, que l'on peut quelquefois entrevoir, mais dont nous ne traitons pas ici, où nous n'exposons que des procédés pratiques, et les résultats d'une expérience raisonnée avec des exemples de facile application. Si l'on objectait que ces articles-ci ne sont pas de l'horlogerie, ce serait faute d'y avoir assez réfléchi; car elle se compose essentiellement de formes et mouvements *angulaires*, de leviers calculés, d'équilibre au degré voulu entre les puissances ou forces et les résistances, de rapports entre les quantités et les dimensions, de l'inertie des masses, des frottements en raison du poids et des surfaces, etc., appréciés au moyen des connaissances traitées dans ces premières notions de physique générale, afin que l'on puisse en appliquer les lois mécaniques et physiques, et calculer d'avance leurs effets. Les ouvriers de fabrique n'ont pas ces connaissances : aussi sont-ils réduits à copier, sous la direction d'artistes plus instruits. Mais pour faire des progrès, essayer des innovations, ne fût-ce même que pour comprendre et apprécier ce que l'art et la science ont acquis récemment, il faut raisonner, ou perfectionner d'anciennes ou nouvelles idées; c'est ce qui a produit les succès modernes, de meilleures méthodes, et, en tout temps, les bons produits approuvés par la science et confirmés par de longues épreuves; il faut donc s'instruire en temps utile (et mieux tard que jamais); c'est ce qu'ont pratiqué les plus habiles artistes de ce siècle, et ce dont nous offrons les moyens directs à ceux qui tendent à remplacer ces hommes capables, ou seulement à se perfectionner. On sera étonné de la facilité que l'on retirera même du petit nombre d'articles auquel nous sommes bornés ici, pour une foule d'applications qui seront développées dans le cours de cet ouvrage.

Quant à la marche adoptée dans ces notions, elle est abrégée et analogue à la méthode particulière des ateliers, qui ont leurs usages; par exemple, leur calibre est un véritable *Plan*, où se trouvent confondus quelquefois trois espèces d'étages d'une répétition à deux platines, et où ils distinguent aisément les diverses hauteurs des mobiles, tandis qu'un habile *architecte* y serait fort embarrassé. Tous les arts ont chacun des signes propres et des antécédents qui servent de guides et abrègent les méthodes.

le quadruple, etc., de la seconde distance cherchée. Ce moyen s'applique à tous les autres cas d'insuffisance de la grandeur de l'instrument; mais il y faut de la retenue, car en multipliant les divisions, on augmente les chances d'inexactitude. Les pointes *trempées* du compas ordinaire doivent être très-aigues, et l'on s'assurera par la loupe de leur arrivée juste et libre au centre des points de forme un peu conique, sans glisser par flexion contre les parois de ces petits cônes.

284. Par l'opération ci-dessus, on peut avoir le diamètre *primitif* (mais non *total*) des mobiles d'un rouage, c'est-à-dire des roues en rapport voulu avec leurs pignons; mais on n'a pas les excédants qui forment la pénétration de l'engreuage; on trouvera ceux-ci par notre méthode donnée dans la suite, où nous parlerons aussi de l'usage du compas de proportion. Au reste, pour tracer un calibre, trouver la position des centres des mobiles, etc., ces excédants ne sont pas nécessaires, puisque les circonférences primitives doivent se toucher, et qu'il suffit de réserver un peu plus que la saillie estimée des excédants, à l'égard des pièces voisines.

285. Une ligne droite étant donnée, et le nombre de parties ou mesures qu'elle contient étant, par exemple, de 120, pour en retrancher une ligne plus petite, comme serait celle de 25 parties, on prend avec le compas ordinaire la longueur de la ligne donnée, et on ouvre le compas de proportion, de manière que les pointes du compas tombent juste *au centre* des mêmes points 120 des deux lignes des parties égales; alors la distance entre les deux points 25 des deux mêmes lignes, sera la longueur à retrancher.

286. Pour trouver une troisième ligne proportionnelle *à la suite de* (et non pas *entre*) deux lignes inégales données, on prendra avec le compas ordinaire la longueur de la plus grande ligne, et on la portera *dans le sens de la longueur* d'une des lignes des parties égales, *depuis le point du centre de la charnière jusqu'au nombre* où elle se terminera, et l'on prendra note de ce nombre: on ouvrira ensuite le compas de proportion, et on amènera son ouverture au point que la longueur de la plus courte ligne donnée soit comprise juste entre le point noté et son correspondant de l'autre branche; l'instrument restant ainsi ouvert, on portera encore cette même longueur de la plus courte ligne, *depuis le point de centre de la charnière*, jusqu'au nombre qu'elle atteindra sur une des lignes des parties égales, et la distance de ce nombre à son correspondant de l'autre branche (l'ouverture de l'instrument étant restée la même), sera la longueur donnée de la troisième proportionnelle demandée, plus courte que la deuxième ligne donnée, et qui sera à la seconde ligne, comme cette seconde ligne est à la première ou à la plus grande donnée. On peut trouver un plus grand nombre ou une suite de proportionnelles, en consultant le traité spécial de cet instrument, pour l'étudier et se familiariser avec son usage.

287. Pour diviser une ligne suivant une *raison donnée* (un rapport donné) en deux parties inégales, et qui soient l'une à l'autre, par exemple, comme 40 est à 70 (:: 40 : 70), ajoutez ensemble ces deux nombres donnés: leur somme est 110; prenez avec le compas ordinaire la longueur de la ligne, que nous estimerons, pour le moment,

être de 165 parties ou mesures quelconques, et ouvrez l'instrument jusqu'à ce que cette longueur se trouve comprise entre 110 et 110 des deux lignes des parties égales ; conservant cette ouverture, prenez la distance de 40 à 40, elle sera avec celle de 70 à 70 dans la proportion demandée, et les deux, bout à bout, formeront la longueur entière de la première ligne donnée. Car, comparativement à la supposition de 165 parties, la première distance en donnera 60 et la deuxième 105, qui sont suivant la proportion demandée. En effet, 40 est à 70, comme 60 est à 105 ; ce qui s'écrit ainsi (40 : 70 :: 60 : 105) ; et si 40 et 70 font 110, de même 60 et 105 font 165. On voit que 40 est surpassé par 70 de 30, qui sont les trois quarts de 40, comme 60 est surpassé par 105 de 45, qui sont aussi les trois quarts de 60 ; ces deux rapports sont donc semblables ou en même proportion.

288. Pour trouver une ligne droite égale à la circonférence d'un cercle donné, comme serait une crémaillère *droite* dentée, qui, par sa longueur et son engrenage avec une roue ou un pignon, aurait à produire une révolution juste de cette roue, le diamètre primitif de cette roue ou de ce pignon sera seul à considérer, pour son rapport avec la longueur de la crémaillère. Au lieu du rapport de 7 à 22, ou de celui de 113 à 155, on peut aussi se servir du rapport intermédiaire de 50 à 157. On prendra avec le compas ordinaire le diamètre du cercle *primitif* de la roue ou du pignon, et on le portera sur la ligne des parties égales de l'instrument suffisamment ouvert pour que la distance de 50 à 50 soit égale à ce diamètre primitif. Alors la distance entre 157 et 157 des deux mêmes lignes dont l'ouverture n'aura point été changée, sera la longueur cherchée, égale approximativement à la circonférence donnée. Nous avons assez dit que ce rapport ne peut être que plus ou moins approché ; il est bien entendu qu'on laissera une dent de plus à chaque extrémité pour que l'engrenage n'échappe pas. Quant à la Crémaillère dentée et formée d'une portion de cercle, avec mouvement angulaire sur le centre de ce même cercle, on en trouvera les proportions à l'article des engrenages ; car cette espèce de crémaillère n'est qu'une portion de roue dentée, agissant sur un pignon plus ou moins nombré, en rapport avec la roue supposée entière, et dont la crémaillère n'est ici qu'une partie.

289. Si les mesures prises sur le Compas de proportion ne donnent pas toute la précision requise pour divers points d'horlogerie, à cause des transports de mesure du compas à pointes, de sa flexibilité, de l'incertitude des centres ou points bien pris, etc., elles peuvent suffire aux proportions d'un calibre, aux ébauches des pièces, etc. Quant aux mesures entières des mobiles du rouage, plusieurs horlogers y suppléent arbitrairement, en ajoutant aux diamètres et rayons primitifs, seuls donnés par l'instrument, un point (un 12ᵉ de ligne), deux points, ou un demi-point, plus ou moins, d'après leur expérience, pour avoir à peu près le diamètre *total*, ce qui laisse toujours un degré variable d'incertitude là où il n'en faut aucune. Mais nous traiterons bien plus exactement ce sujet par notre méthode générale. Il est communément plus exact d'employer le compas de proportion à réduire les grandes parties en petites, et, quand on en a le choix, de porter ces grandes parties près de l'ouverture,

pour en prendre de plus petites du côté de la charnière ; l'inexactitude des premières est moins sensible dans les secondes ; mais en prenant un grand résultat d'après un petit, les inexactitudes en sont d'autant plus amplifiées ; c'est pourquoi nous avons tant recommandé de s'assurer de la chute libre des pointes de compas au centre des points (1).

290. La ligne des Plans sert aussi à divers usages (toutes ces lignes sont doubles, et chaque jambe du compas de proportion en porte une semblable à l'autre). Si l'on veut, par exemple, construire un triangle de forme ou figure pareille à celle d'un autre triangle donné, avec cette condition de plus, *que le nouveau triangle soit triple en surface*, il faudra que les côtés homologues de celui-ci aient plus de longueur, tandis que les angles resteront de même ouverture. Il suffira alors de prendre avec un compas ordinaire à pointes la longueur du plus grand côté du triangle donné, et de la porter sur la ligne des plans, et sur le premier point où commence chaque ligne du côté de la charnière. On ouvre toujours d'abord le compas un peu plus qu'il ne faut, pour le refermer plus aisément d'une main et peu à peu, jusqu'à ce que la distance des deux premiers points de la ligne des plans soit égale à la longueur de côté du triangle donné ; alors, en conservant cette ouverture, on trouvera sur les points 3 et 3 la longueur du côté homologue du grand triangle ; on aura chacun des deux autres côtés de la même manière, et avec les deux côtés nouveaux, à partir des extrémités de la première ligne obtenue, comme sommets des deux premiers angles, on formera une intersection qui donnera le sommet du troisième angle, où l'on fera aboutir deux lignes droites, qui fermeront le triangle, semblable au petit, quant à la figure et à la valeur en degrés de chaque angle, mais triple en surface. (Si ces deux premiers points rapprochés du centre font ouvrir le compas trop au-delà de l'équerre, on pourra se servir des numéros 5 ou 10 pour base du triangle donné, et ensuite des numéros 15 ou 30 pour la base du triangle triple en surface demandé.) Il en sera de même de toute autre figure d'un plus grand nombre de côtés, en ayant soin d'observer exactement la valeur des angles, afin de pouvoir fermer la figure exactement, comme pour la levée des plans à la boussole, à la planchette, etc. Le Compas de proportion peut y servir aussi, mais il le faut plus grand et armé de pinules ou visières mobiles, pour mirer les jalons, avec support *à genou*, etc. Nous ne nous étendrons pas sur d'autres usages de la *ligne des plans*, dont plusieurs sont rarement applicables à l'horlogerie.

291. La ligne des Polygones commence par le n° 3, du côté ouvrant de l'instrument, et se termine au n° 12, à environ deux pouces de la charnière ; ses divisions servent à inscrire dans un cercle donné un polygone régulier, d'un nombre voulu de côtés de 3 à 12. On prend avec le compas ordinaire la longueur du rayon du cercle

(1) Nous comptions d'abord ne donner que quelques usages des parties égales, mais sur l'observation que le traité de cet instrument s'exprime trop souvent par des signes peu connus dans les ateliers, nous y ajoutons encore des exemples de l'usage des cinq autres lignes du compas ; ce qui, tant pour l'horlogerie que pour la mécanique en général, pourra suppléer en partie aux règles anglaises déjà citées (281).

donné, et on fait coïncider les deux nombres 6 et 6 des deux lignes des polygones de l'instrument ouvert, avec cette longueur; puis, sans en changer l'ouverture, on prend avec le compas ordinaire la distance entre les nombres correspondants qui expriment le nombre demandé de côtés, comme de 5 à 5 pour un pentagone, de 7 à 7 pour un eptagone; de 8 à 8 pour un octogone, etc. Chacune de ces distances, prise bien exactement et portée sur la circonférence, la divisera en parties du nombre indiqué.

292. Si un des côtés du polygone est donné, et s'il faut au contraire trouver le cercle ou la circonférence qui contient juste un nombre voulu de côtés, on prend avec le compas ordinaire la longueur du côté donné : on ouvre l'instrument jusqu'à ce qu'elle se trouve juste entre deux chiffres correspondants exprimant le nombre de côtés voulu, et avec cette même ouverture de l'instrument, la distance entre les points 6 et 6 est le rayon du cercle demandé. Avec cette longueur du rayon, et des deux extrémités de la ligne donnée, on forme une intersection qui est le centre du cercle proposé. Cette opération est une conséquence déduite inversement de la proposition précédente (291).

293. Cette même division de l'instrument sert aussi à établir des triangles; par exemple, si l'on veut former un triangle isocèle (avec deux jambes égales), dont chacun des angles sur la base soit double de celui du sommet; on ouvre l'instrument jusqu'à ce que les nombres 10 et 10 de chaque ligne des polygones soient écartés de la longueur de la base du triangle, et la distance de 6 à 6, avec cette même ouverture conservée sera la longueur de chaque côté du triangle, dont on aura le sommet par l'intersection de deux arcs, formés par ce rayon de 6 à 6, à partir des deux extrémités de la base.

294. L'autre face du compas de proportion, fig. 49, pl. XII, contient les lignes des cordes, des solides et des métaux.

La ligne des Cordes est divisée en 180 points ou degrés dont les distances vont en décroissant, à partir de la tête du compas. Dans l'usage, les lignes de différentes dénominations du compas peuvent souvent se substituer et se suppléer l'une à l'autre pour plusieurs opérations, comme celle-ci pour la précédente (292); car on peut ici trouver également la circonférence à laquelle on veut appliquer un nombre de fois voulu une ligne droite d'une longueur déterminée, ce qui formera un polygone, etc.

295. Ayant une ligne donnée, si l'on cherche la circonférence que cette ligne divise en 5 parties, par exemple, on divisera d'abord 360, nombre convenu des degrés du cercle entier, par 5; le quotient sera 72. Alors on ouvrira l'instrument de manière que la distance des deux points 72 et 72 des deux lignes des cordes soit égale à la longueur de la ligne donnée, prise avec le compas ordinaire; ensuite, conservant l'ouverture de l'instrument, on y prendra la distance de 60 à 60 qui sera le rayon d'un cercle divisible en 5 parties ou arcs, dont les cordes seront égales à la ligne donnée. On obtient le même résultat par une opération analogue sur la ligne des polygones (291-292).

296. On pourra aussi diviser une circonférence donnée en autant de parties égales que l'on voudra, en portant le rayon de la circonférence entre les deux points 60 et 60 des lignes des cordes ; on divisera 360° par le nombre de parties que l'on veut avoir, comme 72, par exemple ; on aura 5 au quotient. Prenant donc avec le compas à pointes la distance des points correspondants 5 et 5 sur la première ouverture conservée du rayon de 60 à 60, on aura la longueur de la corde comprise 72 fois dans la circonférence donnée. Cette opération est l'inverse de la précédente (295), et c'est pour en rendre le rapport plus sensible que l'on a employé ici les mêmes quantités.

297. Il faut porter beaucoup de précision dans ces opérations. Le compas à pointes, dit *à cheveu*, y est très-propre. A son défaut, un compas ordinaire d'horlogerie à ressort avec son écrou de serrage, peut y servir, pourvu que les pointes en soient très-effilées, c'est-à-dire beaucoup plus qu'elles ne le sont ordinairement, à cause de la pression qu'elles ont souvent à supporter. Mais un tel compas avec ses pointes extrêmement allongées, fines et aiguës, peut être tenu à l'abri des accidents et en réserve pour d'autres mesures délicates et précises.

298. La ligne *des cordes* sert aussi à former un angle d'une ouverture ou nombre de degrés voulus ; mais nous n'en parlerons pas ici, parce que l'on se sert plus communément du *Rapporteur*. Il est néanmoins des cas où celui-ci ne peut s'appliquer. Il faut alors chercher depuis le centre ou le sommet de l'angle les mesures des côtés, dont on ne prend que des longueurs égales, puis mesurer la corde qui *sous-tend* ces extrémités écartées. Avec ces mesures, on trace sur un papier, carton ou plan quelconque, le triangle qu'elles forment, et on y applique le rapporteur, etc. Au reste, s'il s'agit de préciser les minutes ou les secondes de degré, il vaut mieux employer le calcul, avec la réserve du surplus voulu dans la préparation, afin que la matière surabondante permette d'ajuster les pièces définitivement et peu à peu ; avec cette précaution, on est certain de ne pas altérer les dimensions dans l'ébauche.

299. La ligne des Solides sert à augmenter ou diminuer des solides quelconques de figure semblable, mais de poids ou de dimensions à déterminer, suivant des rapports voulus ou donnés. Si l'on demande un *Cube* double en solidité ou en poids d'un autre *cube* donné, problème connu et appelé *Duplication du Cube*, comme on sait que tous les côtés d'un cube sont *égaux*, on portera un côté *quelconque* du cube donné sur les deux *lignes des solides* du compas de proportion, que l'on ouvrira de manière que leurs points correspondants, 20 et 20, par exemple, soient distants entre eux de la longueur juste d'un côté du cube donné, et, conservant l'ouverture, on prendra avec le compas ordinaire la distance entre les points 40 et 40, qui sera la longueur d'un côté ou des côtés du cube demandé double en solidité. Les solidités et les poids, si la matière est sèmblable et homogène (de même nature et qualité), seront dans les mêmes rapports que les deux nombres, c'est-à-dire comme 20 est à 40 (:: 20 : 40), et la longueur du côté du cube double en solidité, ne dépassera celle du cube simple que d'environ un quart fort, en sus du côté de ce dernier. On peut prendre aussi d'autres nombres de ces deux lignes, pourvu qu'ils soient entre eux dans les mêmes rapports.

300. Si l'on demande une sphère ou globe triple en solidité d'une sphère donnée,

le diamètre de celle-ci sur les mêmes nombres 20 et 20, en ouvrant à pro-
ment, comme on l'a déjà vu, et la distance de 60 à 60 sur l'ouverture
iamètre de la sphère triple en solidité de la sphère donnée. L'aug-
diamètre approchera d'être une moitié en sus de ce qu'il était ; on
même opération sur les simples rayons qui sont aussi des dimensions *ho-*
s. Nous avons vu que pour avoir 8 fois la masse, il ne fallait qu'un dia-
re double ; car si les surfaces ne croissent que comme les carrés des côtés homologues, les solidités ou les poids croissent comme les cubes de ces mêmes côtés.

301. Si deux corps de figure semblable, mais de dimensions et solidités différentes sont donnés, on pourra aussi trouver les rapports de leurs solidités ; dans ce cas, on prendra la grandeur d'un côté distinct de l'un des corps, et on la portera entre deux points quelconques correspondants de la ligne des *solides* de l'instrument ouvert comme on l'a dit; puis on cherchera quels points correspondants, au-dessus et au-dessous des précédents, coïncident avec la longueur du côté homologue de l'autre corps; le rapport entre les nombres sera celui des solidités entre les deux corps. Si l'on commence par le corps de plus grande dimension, on portera la longueur de son côté vers l'extrémité ouvrante ou opposée à la charnière. Si le côté du second corps plus petit ne trouve point, sur l'ouverture conservée, de points correspondants auxquels la longueur de son côté homologue puisse s'adapter, il faut bien se garder d'en estimer la valeur par fractions ordinaires entre deux divisions, on se tromperait sensiblement, mais il faut changer quelque peu et plus ou moins l'ouverture, et faisant accorder la première grandeur avec d'autres nombres, on arrivera à trouver l'accord voulu de la seconde grandeur moindre, avec quelque point des lignes de l'instrument. La simultanéité de ces deux rencontres est nécessaire et facile à trouver, ou à très-peu près ; le rapport des solidités sera comme celui des nombres.

302. La ligne des Métaux est la plus courte et n'occupe guère que le quart de la longueur de l'instrument du côté ouvrant ; elle porte successivement, en commençant, du côté de la charnière, la figure du soleil pour l'*Or ;* une espèce d'*h*, dont la tête est barrée pour le *Plomb;* un croissant pour l'*Argent;* un cercle avec une croix vers le bas, pour le cuivre de rosette; un cercle avec une lance vers le haut pour le *Fer*, et pour l'étain un 2 dont la ligne inférieure et horizontale est barrée.

303. Si l'on porte le diamètre, ou le rayon, ou un côté quelconque distinct et homologue d'un solide de l'un de ces métaux sur les points correspondants qui en portent le signe, on trouve aux points correspondants des autres métaux les dimensions dites homologues d'un autre solide métallique de figure semblable, et de même poids ou solidité, mais de dimension différente. Il ne faut pourtant admettre cette donnée que comme un terme moyen un peu vague, car le poids spécifique des métaux qui ont servi à graduer l'instrument, et celui des pièces dont on essaie les rapports, sont parfois un peu différents, et exposent les résultats à des écarts sensibles, tant à cause du défaut d'homogénéité de la matière que par des préparations diverses. Les mêmes métaux forgés, laminés ou pris dans l'état de *fonte*, offrent des différence

de poids assez remarquables ; les métaux simplement fondus sont toujours plus légers.

Il y a en outre sur le bord des deux faces, le compas étant ouvert et formant une seule ligne, le poids des boulets et le calibre des pièces ou canons ; mais ces divisions concernent seulement l'artillerie (1).

304. Certains compas de proportion portent de plus, comme le compas anglais, dit *secteur*, des lignes de *Sinus*, *Tangentes*, *Sécantes*, des lignes *logarithmiques*, de *longitude*, etc.; mais elles ne se trouvent pas sur les instruments ordinaires, et exigent aussi pour leur usage des connaissances plus avancées. On tire beaucoup de secours de cet instrument excessivement simple, peu volumineux et d'un emploi très-expéditif. Il est très-commode dans une infinité de cas rapportés dans le Traité spécial cité (280), petit vol. in-12 très-portatif, ainsi que ce compas; on pourrait lui donner, pour en diminuer le poids, moitié moins d'épaisseur (en laiton ou argent bien écroui). Plusieurs artistes en tirent parti pour nombre d'applications ; en y ajoutant les *pinules* mentionnées, on peut former des triangles sur le terrain, mesurer des distances inaccessibles, comme avec un *Graphomètre*. Ces articles, quoique plus nombreux ici que nous ne l'avions projeté d'abord, n'offrent qu'une très-faible partie de ceux que l'instrument peut fournir; mais ils le feront du moins apprécier pour la grande quantité d'applications de *géométrie pratique* que l'on y trouve. C'est ce qui nous a engagé à en exposer un certain nombre.

305. L'étui de mathématiques contient aussi, comme il a été dit (265), une équerre formée de deux pièces réunies par une charnière *en onglet*. Cet instrument doit être ouvert bien complètement pour donner l'angle droit, et peut aussi tenir lieu de niveau, au moyen d'un *pendicule*. L'équerre porte sur l'une de ses faces extérieures le demi-pied français divisé en pouces et lignes, et sur l'autre face, une échelle de parties égales où la ligne est subdivisée en 10 par des transversales obliques ; la seule inspection en indique assez l'usage ; on y prend aisément des vingtièmes de ligne.

306. On adapte depuis long-temps à divers instruments une autre division nommée *Vernier* ou *Nonius*, encore plus précise et plus distincte, surtout pour des calibres d'épaisseurs et de distances, formés principalement de deux tiges, dont une est mobile à coulisse, sur l'autre, avec vis de rappel. C'est une espèce de *compas à verge*. Une des tiges porte latéralement et à l'équerre une pointe assez longue, à laquelle vient se joindre une seconde pointe portée par la tige mobile. Chaque pointe servant de jambe de compas est demi-ronde ; les deux réunies ne forment qu'une tige ronde ou quadrangulaire un peu losange, diminuant en cheville, et terminée par un cône plus ou moins allongé. Les côtés plats qui se touchent sont parfaitement dressés, et s'appliquent sur toute leur longueur. Leur jointure exacte se soutient jusqu'à la pointe du cône. Les deux branches peuvent s'éloigner l'une de l'autre au moyen de la coulisse, dont le mouvement est marqué sur la verge principale fixe, par des di-

(1) Les mesures anciennes et nouvelles comparées y seraient plus utiles. En attendant, 200 divisions des parties égales équivalent à 72 lignes juste (6 pouces) et à 162 millim. plus 0,420, c.-à-d. 162 mil. 1/2 faible. Dans la fig. 37, ce serait du centre, au bout du compas entier, vu le retrait du papier.

visions en lignes d'un côté et en millimètres de l'autre, et tout au bord des angles. La verge mobile porte une petite pièce saillante oblongue, qui glisse au long du bord divisé, et sur laquelle sont aussi des divisions de même espèce, mais avec cette restriction que neuf petites divisions, ou lignes ou millimètres de la verge fixe, répondent à dix petites divisions de la pièce mobile, qui sont d'autant plus rapprochées. Quand les pointes se touchent, deux points zéro de départ des deux verges coïncident, mais la première petite division mobile est en arrière d'un dixième de celle de la branche fixe; la deuxième division mobile est de deux dixièmes en arrière de la deuxième de la branche fixe; la troisième de trois dixièmes, et ainsi de suite jusqu'à la dixième de la verge mobile, qui n'arrive enfin qu'à la neuvième de la branche fixe. En sorte qu'en faisant mouvoir lentement la vis de rappel, on sépare les deux pointes qui à zéro étaient réunies et n'en formaient qu'une seule, et en faisant coïncider la première division mobile après le zéro avec la première fixe, les pointes sont écartées d'un dixième de ligne ou de millimètre; la deuxième mobile, coïncidant ensuite avec la deuxième fixe, écarte les pointes de deux dixièmes; la troisième, de trois dixièmes; enfin la dixième mobile coïncidant avec la dixième fixe, le point de zéro a été déplacé d'une division entière, c'est-à-dire d'une ligne ou d'un millimètre, dont les pointes sont alors écartées. En desserrant une vis de pression, on fait mouvoir tout-à-coup la branche mobile de plusieurs grandes divisions à volonté; puis, resserrant la vis de pression, la branche mobile ne marche plus que par la vis de rappel, et par dixième, etc. On peut y apprécier des demi-dixièmes ou vingtièmes, et même plus si le vernier contient plus de divisions; en outre, la tête de la vis de rappel peut être un disque divisé à son pourtour, pour fractionner les tours de la vis; et si celle-ci est bien régulière, on peut obtenir des centièmes, et moins encore, de la ligne ou du millimètre, etc. Un calibre de ce genre nous sert depuis long-temps, pour prendre exactement les mesures primitives ou totales des roues et pignons du plus petit volume, avec une très-grande facilité. Quelques artistes commencent à se procurer cet instrument et se félicitent de la commodité qu'il présente, en réunissant la précision des distances par ses pointes à l'évaluation exacte des diamètres mesurés aussi entre les deux parties droites de la jointure des pointes. V. une division de *Vernier*, fig. 50, pl. XII.

307. Les premières questions qui précèdent, comme introduction aux idées géométriques (1), ont dû être succinctes, et dégagées des démonstrations de l'*École*, plus longues à développer et à méditer; mais la plupart de nos propositions offrent une analyse facile pour ceux qui ont déjà des notions de ce genre, ou seulement de ces dispositions naturelles qu'on appelle *esprit géométrique*. On pourrait cependant y trouver parfois une apparence de difficulté qui s'évanouira bien vite, si l'on veut se donner la

(1) Nous avons dit qu'il ne s'agit pas ici d'un traité suivi, mais d'un premier aperçu de la géométrie pratique et d'observations isolées. La seule série des propositions suivant leur ordre, sur les lignes les angles, les triangles, le cercle, les surfaces, etc., occuperait plus d'un demi-volume, avec au moins une douzaine de planches.

peine de méditer un peu les propositions à l'aide des figures; on y trouvera plus de facilité encore, en les copiant avec la règle et le compas, tout en étudiant le texte. Quelques propositions n'offrent pas toujours une solution facile à entrevoir au premier abord; et en négligeant les démonstrations, nous avons dit que nous les donnions (provisoirement) *comme Axiomes*, comme des vérités adoptées par la science. Nous avons alors un peu étendu cette expression, et nous allons passer en revue une partie de nos articles, pour en expliquer davantage quelques-uns. Mais avant de reprendre ce sujet, nous ajouterons quelques mots aux définitions qui sont en tête de ce chapitre.

308. D'abord, en expliquant le mot *axiome*, nous n'en avons pas donné d'exemples, et nous rapporterons ici les suivants, aussi simples qu'ils sont incontestables: *Une seule et même chose ne peut à la fois exister et ne pas exister;* quelque commune que soit cette idée, elle sert de base citée souvent dans des questions de *logique; un tout est égal à toutes ses parties prises ensemble; le tout est plus grand qu'une de ses parties; d'un point à un autre, la direction la plus courte est la ligne droite, etc.*

309. Ces propositions conçues au premier abord et aussitôt qu'elles sont énoncées, n'ont sans doute pas besoin de démonstration. Mais comme nous en avons rangé d'autres dans la même classe, et qui exigent quelque méditation, nous avertissons ici que si elles ne sont pas évidentes d'abord, elles sont tellement démontrées et admises spécialement, qu'on peut d'avance les adopter comme de véritables axiomes, sauf à en trouver les preuves par la suite. Au fond, il faudra véritablement s'en rendre compte, avant de les admettre définitivement, pour prévenir d'autres erreurs de confiance. *Il ne faut pas jurer sur la parole du Maître* est un adage de l'ancienne école; c'est-à-dire qu'il faut examiner par soi-même et se convaincre. Nous n'avons pas le temps de fournir au lecteur les moyens de suivre cette dernière voie; c'est le produit de ces cours spéciaux et d'une étude plus lente, et, nous l'avons dit, plus profonde et plus solide; on devra donc y recourir. Ceux qui n'en ont pas les facilités se contenteront de notre exposition de quelques principes qui ne les tromperont point, outre que l'examen et la réflexion pourront plus tard en établir la vérité. Mais généralement en physique et en mathématiques, comme en philosophie, on ne doit admettre *définitivement* que ce qui est prouvé; il faut user avec de justes proportions du doute sage et méthodique dans ce qui n'est pas complètement clair et démontré, ou prouvé par des faits constants, suffisants et à l'abri de l'erreur. Beaucoup de sujets d'observation n'offrent souvent qu'une extrême probabilité; il ne les faut donc admettre que comme plus ou moins probables, en attendant la certitude absolue. C'est là qu'il faut peser judicieusement les motifs d'une confiance plus ou moins complète, plus ou moins réservée (1). Il est prudent aussi quand on étudie de se défier de sa propre intelligence.

310. Aux définitions des mots ligne, superficie ou surface, etc., il faut ajouter les

(1) Mais peu de gens savent douter. *Le doute*, dit Montaigne, *est un oreiller qui ne convient pas à toutes les têtes.* Du reste, en parlant du doute méthodique en général, nous en exceptons les vérités que nous exposons ici sans toutes leurs preuves, faute d'espace, car elles sont complètement démontrées et adoptées en géométrie.

suivantes pour l'intelligence des auteurs cités ou des passages que l'on pourrait rencontrer ici et ailleurs.

On entend généralement par le mot *Problème* l'énonciation de toute question à résoudre, dont la solution est ou n'est pas possible.

On appelle *Théorème* une proposition dont il faut démontrer la vérité, qui existe.

Le *Corollaire* est une *conséquence* d'un problème résolu, ou d'un théorème déjà démontré.

On nomme *Scholie* (note) une remarque sur l'utilité d'une proposition, ou la récapitulation et l'accord de plusieurs propositions.

Quelques autres explications se trouveront près des termes employés.

311. Ayant donc laissé d'abord le lecteur méditer les premières propositions de ce chapitre, nous allons faciliter l'examen de quelques-unes, en suppléant aux précédentes expositions. On conçoit que c'est uniquement pour l'usage de ceux qui commencent à s'en occuper. Une idée claire conduit à beaucoup d'autres; il en est ici comme des termes usuels d'une langue que l'on étudie : une première centaine de mots peut suffire à de longues conversations qui en enseignent toujours davantage.

312. Si l'on a fait entendre que ceux qui étudieront le peu de notions que permet la nature de cet ouvrage, seront étonnés de la facilité qu'ils en retireront (bien qu'isolées et sans leur enchaînement ordinaire), pour concevoir une foule de propositions qui précédemment leur paraissaient obscures, c'est en supposant l'attention nécessaire et une envie de s'instruire forte et soutenue; alors, plus on avancera et plus on y acquerra de facilité. Ces premières notions éparses de la science en rendront aussi l'abord plus facile à quiconque aura le courage de pénétrer plus avant par la méthode régulière d'une étude spéciale.

313. L'article des Angles suffisamment expliqué aurait été plus court, sans la nécessité de développer complètement une des premières connaissances de la mécanique, qui, jointe aux dimensions bien observées, permet d'apprécier les rapports de forme et de mouvement des diverses parties; on y a dû concevoir assez que tout cercle, grand ou petit, est toujours divisé en 360 degrés, plus ou moins rapprochés entre eux suivant la dimension du cercle. La nature du triangle y est assez expliquée pour concevoir que ses nombreuses propriétés, jointes à celles du cercle et des courbes transcendantes, sont les principales bases de la géométrie. Nous ne pouvions en esquisser ici qu'un petit nombre, comme exemples choisis parmi les plus simples et les plus fondamentaux, dont nous avons supprimé la démonstration tout-à-fait géométrique, vu que, suivant nos fréquentes observations sur ce sujet, ce n'est pas ici un traité même élémentaire de la science; mais le lecteur peut souvent les comprendre par la seule application : par exemple, si nous ajoutons ici que tout *triangle rectangle* inscrit dans un demi-cercle, et ayant le diamètre entier pour base et son sommet à la circonférence, a toujours l'angle de ce sommet *rectangle*, la démonstration pratique s'en trouvera dans l'application même de cette propriété; car si, après avoir planté sur un plan droit deux tiges minces (deux épingles) bien perpendiculaires,

aux extrémités d'un diamètre donné, on fait glisser contre ces deux tiges une équerre dont l'angle ou sommet soit garni d'un crayon ou d'une pointe, cet angle tracera exactement le demi-cercle ; et en retournant l'équerre, on aura l'autre moitié. En divisant en deux ces parties du cercle, et tirant par ces points un diamètre à l'équerre nécessairement du premier, on aura par leur intersection le centre du cercle entier ; ainsi, l'on pourra *former un cercle sans compas, et sans avoir le centre donné*, ainsi qu'il est indiqué dans la fig. 41, pl. XII. On en pourra conclure, ainsi que des autres lignes ponctuées représentant diverses situations de l'équerre, la vérité de la proposition ci-dessus, dont on a ainsi une sorte de démonstration pratique. L'épaisseur des tiges n'aura d'autre inconvénient que de rendre le cercle plus petit d'environ leur propre rayon : mais si l'on y suppose deux parties angulaires **A B**, ou mieux deux gros axes, mais entaillés jusqu'aux centres et roulant sur leurs pointes, on conçoit que le cercle sera exact, parce que les parties entaillées s'appliqueront sur les flancs de l'équerre, en leur présentant toujours le même centre non déplacé. Il en résulte toujours que tout triangle qui a le diamètre entier pour base et le sommet à la circonférence, a ce sommet *rectangle ;* ou cette autre proposition identique au fond : que tout triangle *rectangle* ayant le diamètre entier pour base a nécessairement son sommet à la circonférence. Il y a une foule d'autres propositions concernant les angles, les triangles, le carré, le cercle, etc. Leurs développements suivis et enchaînés sont, comme nous l'avons dit, l'objet d'un cours spécial ou d'études particulières, dont nous ne pouvons suivre les nombreuses propositions, comme celles-ci : les angles formés par deux droites qui se croisent sont dits opposés au sommet, et sont égaux ; les deux angles quelconques formés par une seule droite sur un même côté d'une ligne droite ou d'un plan droit, sont égaux à deux angles droits, car l'un quelconque de ces angles est le complément de l'autre pour 180°; un angle qui a son sommet à la circonférence du cercle, et qui est formé par deux cordes de ce cercle, a pour mesure la moitié de l'arc compris entre ses côtés ; l'exemple ci-dessus de l'équerre en donne la preuve, etc., etc. Deux triangles de même base et de même hauteur sont égaux ; voy. la f. 16, pl. XI. Deux triangles sont dits *semblables* (de figure, mais non *égaux* de côtés), quand ils ont des angles égaux compris entre les côtés proportionnels. L'angle extérieur d'un triangle est égal à la somme des deux autres angles intérieurs opposés, etc., etc. Les carrés sont entre eux, comme surface, en raison doublée de leurs côtés ; il en est de même des cercles, par leurs rayons ou leurs diamètres, etc., etc., etc. Les propositions de ce genre et leurs nombreux corollaires ne peuvent, faute d'espace, être traitées ici, et nous devons nous borner aux esquisses seules, qui nous sont permises, pour faire connaître que tous les mouvements mécaniques se produisent et s'évaluent d'après les propriétés de la ligne droite, du cercle, des courbes, du levier et du plan incliné ; ces effets et les moyens de les produire sont géométriques, et la puissance des machines en petit comme en grand n'est rigoureusement appréciée, en masse comme dans les détails, que par l'analyse ; mais celle-ci peut souvent n'être que pratique ; les forces physiques, telles que celles du vent, des eaux, de la vapeur, du poids de l'air sur le vide, de l'élasticité, etc., sont soumises à cette analyse, qui, jointe à l'expérience des frottements, de l'inertie, etc., devient nécessaire pour leur donner les directions convenables.

314. Ce que nous avons dit des figures cubiques représentées sous le n° 19 fait assez concevoir que le cube B, dont le côté est double de celui du cube A, contient huit cubes semblables dont quatre sont aperçus dans le haut, et dont les trois du bas cachent le quatrième, que l'on n'a pas pointillé au travers de la figure pour éviter la confusion. Mais on sent aisément que le revers doit présenter en arrière la même division.

315. Les deux figures du n° 20 offrent la même application dans leurs rapports : la plus grande des deux sphères contient huit fois la solidité ou *le volume* de la petite, bien que le diamètre de la grande, ou son rayon, ne soient que doubles de ceux de la petite, suivant cette loi : que les côtés ou les dimensions *homologues* des solides de forme semblable étant doubles, leur solidité devient octuple.

316. Quand il s'agit de doubler ou tripler la solidité d'un cube ou d'une sphère *par le seul moyen du calcul*, l'opération n'est pas aussi simple qu'avec la ligne des solides du compas de proportion, bien que l'une et l'autre manière soient fondées sur le même principe. Par le calcul, il faut trouver deux moyennes proportionnelles *entre* (et non en continuant) les dimensions homologues d'un corps simple et d'un corps octuplé. Mais le compas nous fournit encore le résultat pratique de ce calcul. Le côté du cube simple, ou le rayon, ou le diamètre de la sphère simple doivent donc d'abord être doublés, comme pour en faire des solides octuples ; il faut ensuite trouver par le compas une première proportionnelle pour doubler, ou une deuxième pour tripler la solidité, *entre* le côté homologue du cube simple et celui du cube octuple. La ligne des solides en fournit aussi le moyen, pour lequel nous renverrons au traité, attendu que l'horlogerie en offre rarement l'occasion, et que nous avons déjà averti que les côtés homologues du cube ou de la sphère simple ne sont augmentés que très-peu plus de son quart pour une solidité double, et très-peu plus de sa moitié pour une solidité triple, et qu'en cas de mesures précises il faudrait toujours contre-peser les masses, vu la densité différente des matières de même nom, leur défaut d'homogénéité, la préparation antérieure, ou les qualités intégrantes, etc.

317. L'article (237) de la fig. 32', un peu abstrait de sa nature, établit que les cordes des petits arcs augmentent d'abord presque autant que ces petits arcs, mais que la progression de longueur des cordes ne croît pas comme celle de la grandeur des arcs, en sorte que les cordes, en approchant du diamètre, croissent très-peu, tandis que les arcs conservent leur même progression. Parmi les propriétés du cercle, celle-ci est plus importante qu'elle ne paraît (1).

(1) Indépendamment de l'application de cette remarque aux oscillations du pendule, comme on le verra ailleurs, elle doit avoir lieu dans la construction des compas à aiguille (dits à micromètre). Tant que les mâchoires de l'instrument sont peu ouvertes, comme pour mesurer le diamètre des petits pivots, l'erreur fondamentale de cet outil est peu sensible ; mais si, en vue de précision, on s'en sert pour des diamètres un peu forts, il produit une erreur qui peut devenir importante, car un nombre

318. La fig. 16 offre, comme on a pu le voir, un moyen facile d'apprécier les surfaces, soit en les réduisant en triangles, comme les bords de la fig. 17, dont nous parlerons ci-après, soit en calculant directement la superficie d'un triangle donné, comme celui B A C de la fig. 16 dont il s'agit ici. On carre un triangle en multipliant sa base *par la moitié de sa hauteur*, ou *sa hauteur entière par la moitié de sa base* (1). Ce calcul donne en parties carrées le produit des mesures linéaires. On a vu, dans la fig. 16, que le triangle *isocèle* ABC contient douze petits carrés entiers pointillés, plus huit demi-carrés égaux à quatre entiers; total seize. Le triangle *rectangle* ACE donne le même produit, parce qu'il a même base et même hauteur que le précédent. Considéré à part, le rectangle ACE contient aussi douze petits carrés entiers, plus quatre carrés privés d'un quart de leur surface, plus quatre quarts de carré qui complètent les quatre carrés imparfaits; total seize, comme le donne pour ces deux triangles le calcul de la moitié 2, de leur hauteur 4, multipliée par leur base 8; on voit donc que les deux triangles ont même surface, soit entre eux, soit avec la moitié en hauteur AGHC du parallélogramme rectangle DECA de même base, soit avec la hauteur totale du carré parfait BEFC, moitié du parallélogramme DECA, et contenant de même 16 lignes carrées. Cette méthode parle aux yeux comme à l'esprit, mais elle deviendrait assez incommode par les fractions de carrés, qui peuvent occasionner des erreurs. Il vaut mieux et il est beaucoup plus court d'y employer le calcul.

319. Si l'on voulait mesurer le triangle *scalène* (à côtés inégaux) BAC, fig. 13, pl. XI, la perpendiculaire ou la hauteur de A en ''' (tierce) tomberait hors de sa base; et si l'on croyait pouvoir prolonger la base BC jusqu'en ''', pour mesurer la hauteur, on s'exposerait à un mécompte. Il faut, en pareil cas, retourner la figure ou la prendre dans un autre sens, pour que le plus grand côté BA devienne la base sur laquelle puisse être abaissée intérieurement la hauteur perpendiculaire de C, aboutissant au cinquième carré de la base à compter de B, ou sixième à compter de A de la nouvelle base choisie BA. Alors, si BA contient 11 petits carrés en longueur, et si la hauteur de C en contient 3, dont la moitié est 1 1/2, on trouvera que 11 multiplié par 1 1/2 donne 16 carrés 1/2 de superficie. Si cette figure a un peu plus de surface que la fig. 16, c'est

double de divisions de l'aiguille est loin de se rapporter à un diamètre double entre les mâchoires; celles-ci mesurent des cordes, pour l'aiguille qui ne donne que les arcs de ces cordes. M. Perrelet, artiste connu par plusieurs productions distinguées, avait, à la dernière Exposition, un compas à micromètre corrigé de ce défaut par une division progressive et en rapport avec les vrais diamètres. Plusieurs personnes ignorent cet inconvénient de l'instrument ordinaire, démontré par les principes de la géométrie, et c'est une preuve de plus parmi tant d'autres de son utilité pour rectifier les instruments de précision.

(1) On appelle ici *carrer* un triangle, réduire sa surface à un carré parfait ou oblong, qui devient plus facile à mesurer, en multipliant la valeur d'un des côtés par celle de l'autre côté à l'équerre du premier. Quant aux nombres, le *carré* d'un nombre est le produit de ce nombre multiplié par lui-même. Le carré de 2 est 4, celui de 3 est 9, celui de 10 est 100. Le *cube* d'un nombre est le produit de son carré multiplié par ce nombre simple; le cube de 2 est 8, ou le carré 4, multiplié par 2, nombre simple. Le cube de 3 est 27; celui de 10 est 1000. Le nombre simple est aussi appelé racine ou première puissance, le carré deuxième puissance, le cube troisième puissance, etc.

parce qu'elle a d'autres dimensions latérales et une autre forme. Ne devant pas coïncider avec la fig. 16, elle aurait pu être encore plus différente en surface, et le hasard seul en a produit ici le rapprochement. On croirait peut-être aussi pouvoir redresser A et C, en ' (prime), et C : mais ce serait une forte erreur, car on aurait un tout autre triangle BC et ', qui contiendrait plusieurs carrés de plus, parce que la perpendiculaire serait allongée de " (seconde) en '. Il est essentiel de n'altérer ni les angles ni la forme des figures, dans l'espoir d'en faciliter la mesure, autrement, on serait loin d'avoir la surface exactement, comme nous le ferons remarquer plus bas (322). Dans ces deux figures et dans la suivante, les petits carrés pointillés sont supposés être des lignes carrées, ou si l'on veut, des pieds carrés, ou des toises carrées, ou enfin des carrés de toute autre mesure adoptée.

320. On peut carrer ainsi une surface dont les bords sont circulaires ou courbes, telle que celle du cercle de la fig. 17, dont le grand carré ABDC contient déjà 64 lignes carrées (en supposant chaque petit carré pointillé d'une ligne carrée). Les huit triangles du pourtour et les espaces mixtilignes du dehors, que l'on peut supposer ici rectilignes, produisent à très-peu près 38 lignes carrées (en multipliant la base par la moitié de la hauteur), à joindre aux 64 : total, 102 lignes carrées ; c'est aussi le produit en bloc de la surface du même cercle, en multipliant, suivant la règle géométrique, sa circonférence par la moitié du rayon (la circonférence étant ici estimée d'après le rapport approximatif de 7 à 22, ou de 1 à 3 et 1/7ᵉ).

321. Si le petit carré GEDH de cette même fig. 17 était l'une des surfaces d'un cube, celui-ci contiendrait 64 lignes cubes ; car, ses côtés étant de 4 lignes, la face en contient 16, par la multiplication d'un côté par l'autre, et son épaisseur répéterait ce produit 4 fois. Le cube formé sur le grand carré ABDC contiendrait 8 cubes pareils à celui GEDH, et par conséquent 512 lignes cubes. D'où l'on voit qu'en doublant seulement les dimensions des machines, on octuple, comme il a été dit, la solidité ou le poids des pièces, et que les frottements, l'inertie, etc., augmentent dans la même proportion, tandis que la dureté de la matière n'est point changée, ce qui porte encore plus loin la différence des résultats, et change avec le rapport de la charge celui du frottement. Il est telle matière molle qui se soutient sur elle-même dans certaines dimensions, parce que la ténacité ou force de cohésion des parties résiste à leur poids ; mais qui, avec de plus grandes dimensions, s'affaisserait sur elle-même, parce que cette ténacité n'augmente pas à proportion. Si une machine réussit en petit, parce que tout y est en rapport favorable de poids et de dureté des surfaces, avec des pièces semblables, mais de forme et de dimensions extérieures doubles, il ne suffira pas de doubler la force motrice, car alors le poids, l'inertie, l'adhérence par la pénétration des surfaces, les frottements, etc., seront augmentés dans une plus grande proportion. Il en résulte souvent que des machines qui réussissent en petit, n'ont pas le même succès en grand ; il y faut une autre construction qui prévienne les effets de cette différence. Jamais les grosses horloges, parfaitement soignées d'ailleurs, n'ont marché comme le régulateur à secondes d'un observatoire ; les trop petites montres ont aussi des désa-

vantages qui proviennent en partie de la difficulté d'exécuter les pièces aussi exactement que celles d'une dimension moyenne; et, en outre, les forces plus faibles y sont plus facilement troublées par des influences étrangères au mécanisme. D'un autre côté, les grandes forces occasionnent des frottements très-variables; il faut donc, en ce genre, comme dans bien d'autres, s'en tenir à des termes moyens appropriés, choisis et perfectionnés d'après l'experience antérieure, et confirmés par l'analyse.

322. Nous venons de dire ci-dessus que si on altère les angles ou la forme d'une figure en la mesurant, on ne peut plus en connaître exactement la surface ou la solidité; on peut rendre cet effet sensible par la supposition suivante : si on incline les côtés d'un carré pour en former un *rhombe* ou losange, fig. 18, tout en conservant la dimension des côtés, cette dernière figure n'aura plus autant de surface que le carré; car si, continuant d'incliner dans la même figure le côté *a d* sur *a b*, et celui *d c* sur *b c*, on arrivait à faire toucher ces lignes, il est évident que la surface s'évanouirait, et pourtant les dimensions des côtés seraient toujours les mêmes. Il en serait de même du cercle aplati d'abord sur deux côtés et devenu ovale, il n'aurait plus autant de surface; et si l'on aplatissait le cercle jusqu'à faire presque toucher les deux demi-circonférences, il n'y aurait presque plus d'aire ou de surface, quoiqu'il y eût encore le même contour. Il n'en est pas tout-à-fait de même de la matière pleine, parce que ne pouvant rentrer sur elle-même, il faut qu'elle s'étende dans un autre sens; mais si elle s'allonge ou s'aplatit, elle perd ses proportions et leurs résultats. Si les figures planes de forme carrée ou circulaire ont le plus de surface, de même les formes cubiques et sphériques sont celles qui contiennent le plus de solidité, ou de matière, ou de poids, proportionnellement à la surface.

323. Nous n'avons pas multiplié les polygones dans nos figures, parce que nos lecteurs les connaissent assez généralement. Le pentagone (figure à cinq côtés) est la forme d'un outil très-employé, l'*Équarissoir;* on le voit par sa coupe ou sa cassure qui arrive fréquemment. La fig. 22 donne l'hexagone (figure à six côtés) dont nous avons déjà parlé (256). L'eptagone n'est guère relatif en horlogerie qu'au pignon de 7. On trouve l'octogone pointillé et *inscrit* au cercle de la fig. 27.

324. On a quelquefois l'occasion de réduire en octogone un carré bien exact, dont on ne veut pas diminuer les côtés. On en trouve le moyen géométrique dans quelques ouvrages : mais un moyen simple tout *pratique*, et mieux à la portée des ateliers, est d'inscrire au carré un cercle très-juste, et qui en atteigne exactement les bords; de diviser d'abord le cercle par deux diamètres croisés à angle droit, et passant par le milieu des quatre côtés; ensuite, on fera passer deux autres diamètres par les angles opposés du carré, comme diagonales. On aura déjà huit rayons, mais ceux-ci sont au centre des côtés de l'octogone. Si l'on divise chaque espace en deux, on aura huit autres points, par lesquels on fera passer huit autres rayons pour les angles, qui iront un peu obliquement couper les faces du carré aux points où doivent être retranchés les quatre angles, pour que les huit côtés soient égaux. S'il s'agit d'un écrou dont la tête doive être divisée, on aura déjà une division en seize, ou ses multiples, si ce nombre

peut convenir ; tel serait le multiple 48 avec deux filets ou pas de vis par ligne, pour un Pendule à secondes. L'écrou avancerait alors, par chaque 48e de la division de sa tête, d'un 96e de ligne qui produirait à très-peu près une seconde de différence en 24 heures ; toute autre division en rapport avec le pas de vis peut y servir.

325. On a souvent besoin, dans la mécanique, de tracer une *Ellipse*, courbe que l'on nomme plus ordinairement un *Ovale*. La véritable Ellipse est une figure géométrique engendrée dans le *Cône*, fig. 26, pl. XI, par la section d'un plan oblique à l'axe du cône, et qui n'en rencontre ni le sommet ni la base ; ce plan est indiqué en perspective dans la deuxième coupe inférieure du milieu de cette figure. Le grand axe ou grand diamètre de l'Ellipse y est marqué par une ligne pointillée, perpendiculaire au côté A C, et oblique au plan de la base. L'autre coupe, un peu au-dessus, étant parallèle à la base, est un cercle parfait vu de même en perspective, comme toute cette ligne de solides qu'il serait difficile et moins clair de représenter autrement. L'Ellipse est au nombre des *Sections coniques*, comme les courbes *Paraboliques*, *Hyperboliques*, dont nous ne nous occupons pas ici. L'Ellipse a deux axes ou diamètres inégaux qui se croisent perpendiculairement entre eux au milieu de sa figure, et la divisent chacun par la moitié ; la différence de longueur entre les deux axes de l'ellipse dépend du plus ou moins d'inclinaison sur l'axe du cône, de la section du plan qui la produit. Cette courbe est rentrante, continue, symétrique, et renferme un espace oblong, c'est-à-dire plus long que large ; on distingue sur son grand axe deux points également distants des deux extrémités, et appelés *foyers*, tels, que si l'on tire de chacun d'eux une ligne droite sur un même point quelconque de la courbe, la somme des longueurs de ces deux lignes est égale à la longueur du grand axe ; ces deux foyers sont éloignés des extrémités du petit axe de la moitié du grand axe, comme on le voit ci-après, fig. 38.

326. Un *Ovale* proprement dit, qui ressemblerait tout-à-fait à la coupe longitudinale passant par le grand axe d'un *Œuf* (comme l'indique le nom), serait une figure inégale et plus étroite d'un bout, mais ce ne serait pas l'Ovale des ateliers ni l'Ellipse des géomètres. L'Ovale régulier, ou ellipse, peut se tracer au moyen d'un cordeau, et est appelé souvent pour cela *Ovale des jardiniers*, car celui-ci se produit, au moyen près, suivant le principe de la véritable ellipse. On trace d'abord, fig. 38, pl. XII, deux diamètres qui se coupent perpendiculairement en C, au centre de la figure, comme pour le *trait carré;* ensuite, du point D comme centre, pris à une distance de C voulue comme demi-largeur de l'ellipse, et avec un rayon égal à CA, si telle est la demi-longueur du grand axe voulu, on trace une intersection sur le grand axe en F et *f*: ces deux points sont les *foyers* de l'ellipse ; on y plante deux tiges rondes (et en petit deux épingles) ; puis on a un fil fin, égal, et le moins susceptible d'allongement, dont les deux bouts sont formés en boucle, et dont la longueur totale soit A B, plus la distance B*f*, ou plutôt la longueur déjà établie F D*f*, en tant que les deux boucles ou anneaux sont passés autour des deux tiges des foyers sur lesquelles ils doivent tourner librement. Alors, si on tend le fil avec un crayon ou pointe à tracer (actuellement en D), en faisant glisser le crayon

porté de B en GDA sur le fil tendu, on tracera la moitié d'une véritable Ellipse; l'autre moitié se tracera de même du côté opposé. Il est facile de s'assurer par la mesure que la corde en F G*f*, et celle pointillée en F*gf*, suivant les diverses situations de la pointe ou crayon D, sont toujours, prises ensemble, de même longueur que F D*f*.

327. L'Ellipse géométrique, dit un auteur, peut être considérée comme un cercle, pour ainsi dire, à deux centres; et dans ce sens, on pourrait dire de même, ajoute-t-il, que le cercle n'est qu'une ellipse dont les deux foyers sont rapprochés jusqu'à se trouver confondus ensemble : car si les deux anneaux du cordon roulaient sur le point C, le crayon ou la pointe décrirait un cercle; mais ce rapprochement apparent de l'auteur est tout-à-fait idéal, puisqu'au vrai, le cercle ne comporte aucunement les éléments elliptiques.

328. On a construit des instruments propres à tracer l'ellipse; tel est le suivant, qu'on appelle *Compas elliptique*, fig. 39; il se compose de deux règles à rainure ou coulisse, assemblées et croisées à angle droit à leur centre C. Les rainures contiennent deux languettes ou coulisseaux intérieurs mobiles, de proportion oblongue, actuellement en L et en G dans la figure, et que couvrent en partie des boîtes L et G fixées sur la règle D G par des vis, qui permettent d'en arrêter à volonté la distance.. Ces deux boîtes portent chacune en dessous un tourillon ou pivot, qui roule librement et sans jeu au centre de chaque coulisseau. Une troisième boîte en D, portant une pointe ou crayon, sert de traçoir. La forme oblongue des coulisseaux ne permet à celui L, par exemple, que de parcourir toute la longueur de la rainure qui le contient, comme de B en F, sans pouvoir dévier au centre, ni pénétrer dans la rainure de A en E, que le coulisseau G peut seul parcourir de même, sans entrer dans la rainure B F. Les deux coulisseaux passent, en effet, alternativement au centre C, mais à des instants différents, et ne peuvent s'y rencontrer. Il est aisé de concevoir, par l'inspection de la figure, que quand le coulisseau L, supérieur, est au centre C, le traçoir D est au-dessus de A, et qu'alors le coulisseau G se trouve dans la partie inférieure de sa rainure vers E. Mais si l'on fait marcher la règle et son traçoir de A vers B, à la gauche de la figure, la boîte L et son coulisseau passeront du centre C vers l'extrémité de la coulisse en B, tandis que G remontera vers le centre, comme ils sont tous deux actuellement dans la figure, et que G arrivera juste au centre C au moment où le traçoir D arrivera sur le rayon, horizontal ici, du grand axe du côté B. Or, par ce premier mouvement le traçoir aura parcouru de A en B un quart de l'ellipse, en s'éloignant peu à peu du centre commun C, par l'augmentation successive de son rayon. En continuant de conduire le traçoir vers le bas de B en E, le coulisseau G continuera de remonter en entrant dans la branche de rainure A, tandis que L, au contraire, reculera de B en C, et se trouvera au centre des rainures, quand D passera sur le rayon inférieur du petit axe en E. Par ce second mouvement, le point D se sera rapproché du centre au même degré qu'il était en A au commencement du premier mouvement, et son rayon se sera raccourci au même point qu'en A, c'est-à-dire de toute la quantité dont il s'était allongé en B. Alors, une moitié de l'ellipse se trou-

vera tracée. L'autre moitié le sera de même en continuant de faire marcher le traçoir D de E en F, et de F en A. Dans ces deux mouvements, lorsque G était entre C et E dans le bas des rainures, ou lorsqu'il s'est trouvé monté entre C et A dans le haut, le rayon de l'ellipse en A, d'abord, et à la suite en E, s'est trouvé le plus raccourci, et c'est le sens de son petit axe. Mais à la fin du premier mouvement, lorsque G n'était que remonté au centre, le traçoir D était le plus éloigné de ce centre en B, dans le sens du plus grand axe. On voit que la différence entre le grand et le petit axe de l'ellipse est toujours double de la différence établie à volonté entre les deux distances de D à L et celle de D à G, puisque L et G se trouvent alternativement au centre commun de la figure lorsque D passe sur les extrémités de chacun des axes (1).

329. On peut encore décrire l'ellipse mécaniquement de cette autre manière : soit D B C, fig. 46, une équerre où B H soit le demi-grand axe ou grand rayon de l'ellipse, et B I le rayon du petit axe ; ayant une règle D E égale à la somme de ces deux longueurs, où l'on aura marqué leur réunion en F, de manière que E F soit égal à B H, et F D égal à B I, le point F de la règle étant armé d'un traçoir, si l'on applique la règle en B D de l'équerre considéré comme la moitié du grand axe, F répondra au point H. En écartant doucement le pied E de la règle, de B où il touchait d'abord, pour le conduire vers E, l'extrémité D restant toujours en contact contre le flanc de l'équerre au long de laquelle elle glissera en descendant, le point F, lorsque E D sera totalement abaissé sur B E, aura décrit un quart d'ellipse géométrique. L'angle intérieur B de l'équerre sera au centre de la figure, et si l'on a tracé d'abord un *trait carré* sur le papier, on pourra y ajuster l'équerre sur les quatre angles, pour achever la figure. Au fond, cette construction est basée sur le même principe que la précédente. Nous en donnons ici l'exposition purement mécanique, mais ce sujet est susceptible d'une analyse que nous laissons à ceux qui en auraient le goût et la facilité.

330. L'Ovale commun se trace vulgairement par des segments de cercle, comme dans les figures suivantes ; mais ces méthodes ne sont que des approximations de la véritable ellipse. Celle de la figure 38, par exemple, n'admet aucune partie de cercle et en diffère continuellement dans tout son contour. L'Ellipse est, en effet, une courbe particulière (*sui generis*), comme toutes celles des sections coniques, qui ne s'apprécient qu'au moyen des coordonnées, ou par équation, et sont rarement de notre sujet, qui ne comporte ici que des moyens pratiques.

(1) Nous entrons dans ces détails pour ceux qui voudraient construire cette machine, extraite de l'*Enc. mét.*, où elle est aussi confusément expliquée que mal gravée ; l'invention en est attribuée à un artiste du nom de *Roubaud*, constructeur de la première charpente du dôme de la Halle au blé à Paris, d'après les principes de l'ancien et habile architecte *Philibert Delorme ;* elle avait des côtes alternativement vitrées et couvertes en plomb ; elle fut consumée par un incendie, et remplacée de nos jours par la charpente ingénieuse actuelle toute en fer fondu, recouverte en lames de cuivre rouge étamées seulement à l'intérieur. L'effet de la dilatation des métaux y a été savamment et habilement prévu.

NOTA. Quelques artistes ont aussi établi le mécanisme susdit du compas elliptique sur une platine percée d'un vide en croix servant de rainure, avec deux pièces ou coulisseaux qui en parcourent le vide alternativement, comme ci-dessus. La platine porte en dessous des pointes qui s'enfoncent dans le papier, ou dans une table de bois tendre, pour éviter le déplacement, etc.

331. Pour tracer ces ovales ordinaires, comme celui de la fig. 40, on tire une droite C D, selon la longueur de la figure; on divise cette ligne en quatre parties égales en C E F G H; puis, des points E F G comme centres, et de l'intervalle d'une des parties comme E C, on décrit les trois cercles égaux C F, E G, F D. Au milieu F, on abaisse une perpendiculaire H I qui coupe le cercle du milieu en K et L. On tire ensuite du point K et par le centre E, la ligne K M, et de L par E celle L P; de l'autre côté on tire de K en G, et de L en G, les lignes K O et L N; enfin, du point K, et de l'intervalle K M, on trace au compas une portion du cercle M I O, comme du point L, l'autre portion P H N.

332. Lorsque la longueur seule de l'ovale est donnée, et qu'on veut le faire plus large que le précédent, c'est-à-dire avec moins d'inégalité entre les deux diamètres. on ne divise C D, fig. 47, qu'en trois parties comme C Q R D, pour tracer par les centres Q R les deux cercles C R et Q D; puis, par les points d'intersection des cercles, en S et E, comme centres, on décrit les portions de grand cercle V T X et Y S Z.

333. Si les deux diamètres de l'ovale sont déterminés, comme C D et R S, fig. 45, on commence par le *trait carré* de E F, au centre G de C D. Alors, G E et G F sont les moitiés du petit diamètre, et G C, G D les deux moitiés du grand diamètre. On porte G E en H ou en I, et l'on divise une de ces distances en trois parties égales, dont deux sont portées sur G E, de G en K, ou sur G F de G en L. Des deux points K L on tire K I P, K H N, L H M, L I O, indéterminées. Alors, du point H comme centre, et avec l'ouverture de compas H C, on décrit la portion de cercle N C M; de même, du centre I, et avec la même ouverture, on décrit P D O. Enfin, du centre L, on décrit le grand côté M R O; et du centre K, l'autre grand côté N S P.

334. Nous multiplions ici ces exemples pour la facilité du choix, et nous les terminerons par une autre méthode géométrique de fixer la courbe elliptique par des points d'intersection. V. la fig. 42. Il faut ici tracer deux cercles concentriques; celui de l'intérieur détermine le petit diamètre de l'ellipse, et le grand diamètre est réglé de même par celui du cercle extérieur, qui peuvent tous deux être donnés. On divise d'abord le grand cercle en 20, ou 30, ou plus de parties, dont les rayons divisent aussi le petit cercle sur le même nombre. Dans cette figure, les deux cercles sont divisés par 24. On forme deux perpendiculaires à angle droit, telles que C D grand diamètre de l'ellipse atteignant le grand cercle, et A B petit diamètre de l'ellipse. Ensuite, par toutes les divisions *a b e f*, etc., du petit cercle, on prolonge en dehors les cordes horizontales pointillées dans la figure, et de même par toutes les divisions E F G H I, etc., du grand cercle, on abaisse intérieurement les cordes perpendiculaires qui coupent les précédentes. Alors, par les points d'intersections *g h i l*, etc., d'un quart de la figure, on tire dans chaque parallélogramme formé par les lignes ponctuées, les diagonales *g h i l*, etc., et de même sur les trois autres quarts de la figure. Il en résulte une courbe *jarettée* comme un polygone; mais toutes les courbes formées par des points, ont cet inconvénient inséparable de la seule méthode exacte que donne la géométrie, qui ne peut que calculer la position de ces points, sauf à les

multiplier plus ou moins, en sorte que dans l'application il faut toujours en adoucir les passages à l'œil et à la main. C'est ce qu'on voit dans la partie supérieure de la fig. 42, où la courbe paraît continue, bien qu'elle ait été formée d'abord de petites lignes droites, comme celles laissées ainsi dans la moitié inférieure. Mais aussi ces points de la courbe sont à leurs vraies distances géométriques, et elles ne correspondent à aucune portion du cercle, comme le comporte la nature des sections coniques. Ici l'ellipse est très-allongée, parce que le diamètre du grand cercle étant double de celui du petit, il en est de même de ceux de l'ellipse; mais on peut y adapter tout autre rapport voulu, en déterminant les diamètres des deux cercles suivant cet autre rapport.

L'espèce d'ellipse très-irrégulière employée dans les équations des horloges et régulateurs à pendule, et même dans quelques anciennes montres de prix, se trace également avec des points par lesquels on fait passer leur courbe terminée à la main, faute de moyen de couper cette pièce par un mouvement continu, à moins de construire de ces instruments compliqués, qui ont encore plus ou moins leurs inégalités. La figure irrégulière des courbes d'équation dont il s'agit, ne porte le nom d'ellipse que par extension, et en raison de sa forme oblongue.

335. On a aussi quelquefois besoin de tracer la courbe spirale pour certains ouvrages, et la méthode fort simple en est ignorée de quelques personnes, c'est pourquoi nous saisissons l'occasion actuelle de l'insérer ici. La figure 44 est une courbe spirale tracée au compas et non géométrique, mais elle peut suffire dans bien des cas. On commence par diviser un grand cercle d'un diamètre quelconque, en un nombre de parties voulu comme ici de 8, et tout au plus de 16 à 20, toujours en nombre pair, pour le motif que l'on verra plus bas. On tire de ces divisions au centre, des rayons qui doivent y arriver avec beaucoup d'exactitude; et pour plus de facilité à cet égard, on forme la figure sur une platine de laiton ou d'autre métal, bien dressée et adoucie. On trace autour du point du centre le cercle d'un pignon, comme dans un calibre. Plus ce cercle est petit et porte de divisions, et moins la spirale a de rapidité dans sa progression, c'est-à-dire, plus elle a ses tours serrés. Ce petit cercle du centre se trouve ainsi divisé par les rayons qui y arrivent, et où ils forment autant d'intersections que l'on marquera d'un point assez enfoncé pour servir de centre aux positions excentriques, à l'égard du grand cercle, de l'une des jambes du compas ordinaire. On conçoit d'avance que les distances entre les divisions ou points du petit cercle doivent être aussi égales qu'il se pourra, et que sa dimension n'en permet guère un plus grand nombre que celui indiqué ci-dessus. On tourne sa platine devant soi en plaçant un des rayons perpendiculaire à la vue, au-dessus du point central de la figure, pour commencer sur ce rayon la courbe spirale à une distance voulue du petit cercle divisé. On ouvre le compas de manière à atteindre ce premier point après avoir placé une jambe du compas, non dans le point central du grand cercle, mais dans le point du petit cercle, perpendiculairement au-dessous du centre du rayon où doit commencer la courbe, et par conséquent sur le rayon diamétralement opposé dans le bas du petit cercle. On trace donc avec cette ouverture un petit arc, depuis le premier rayon vertical du haut,

jusqu'au second rayon voisin, à droite ou à gauche suivant le sens voulu; puis, faisant tourner un peu la platine à gauche, par exemple, pour ramener ce second rayon dans la verticale, on déplace la jambe fixe du compas pour la porter sur le point suivant du bas du petit cercle qui se trouve verticalement au-dessous de ce même second rayon, et ouvrant quelque peu le compas, qui doit être celui à vis déjà recommandé (297), on partira de l'extrémité bien juste du premier petit arc tracé, pour en continuer un second jusqu'au troisième rayon, et ainsi de suite, pour faire le premier tour de la courbe spirale; après quoi on fera un second tour, et un troisième, et autant qu'on en voudra, toujours composés d'arcs d'un huitième de cercle, si on a fait la première division par 8. Il faut opérer nécessairement à la *loupe* pour les reprises de tous ces petits arcs, lesquelles demandent beaucoup de précision pour que la courbe ne *jarrette* pas (1).

336. Nous avons peu développé les premiers articles du sujet que nous traitons, vu la facilité des premières leçons du dessin au trait que nous avons supposées connues de la plupart de nos lecteurs; cependant, ce que nous en avons dit pourra suffire à ceux qui ne les connaîtraient pas encore. Dans le nombre, nous avons négligé de parler de la manière d'établir les lignes parallèles. Toute simple qu'elle est, plusieurs dessinateurs en varient le procédé, et nous devons dire en passant que le meilleur et le plus sûr est celui indiqué fig. 43, en prenant deux points A B les plus éloignés possibles sur la ligne donnée, et en traçant, avec la même ouverture de compas, deux arcs de cercle surabondants vers le passage de la parallèle demandée, pour faire passer celle-ci comme *tangente* sur ces deux arcs de cercle. Lorsque l'on a plusieurs parallèles à tracer, il ne faut pas non plus se servir de la dernière parallèle établie pour en tirer une autre, ce qui pourrait transmettre à la nouvelle les inexactitudes des précédentes, mais reporter toujours la pointe fixe ou centrale du compas sur la première ligne qui a servi à ces précédentes, en ouvrant le compas à proportion, etc. Quant à l'espèce de *parallélisme*, comme on le dit communément, des cercles *concentriques*, on sait assez qu'il résulte de l'emploi du même centre pour les tracer, comme il est indiqué dans la fig. 51. Le mot *Concentricité* conviendrait mieux dans ce cas,

337. Nous avons aussi parlé, dans une note de la page 126, du théorème fameux de Pythagore, connu sous le nom de *carré de l'hypoténuse*, et nous ne croyons pouvoir mieux terminer cet aperçu de quelques notions pratiques de géométrie, que par une dernière explication de ce sujet, en employant simplement nos procédés pra-

(1) Le ressort du balancier des montres appelé le spiral (subst. masc.) tire son nom de celui de cette courbe. D'autres manières de tracer la courbe spirale, produisent exprès ses tours de plus en plus écartés, comme à celle de la *Volute* de certains *Chapiteaux* dans l'architecture; mais cette progression est rarement utile dans l'horlogerie ; et, au besoin, on la trouvera dans les ouvrages de ce genre, et notamment dans le *Vignole des ouvriers*, ouvrage dont le titre modeste annonce avec simplicité un excellent ouvrage de M. Normand père, ancien pensionnaire de l'Académie de France à Rome, et l'un de nos plus habiles architectes et dessinateurs en ce genre; c'est aussi l'un de nos plus habiles graveurs au trait pour la figure : il a gravé lui-même avec autant de pureté que d'exactitude toutes les planches d'architecture de ses nombreux ouvrages. Il ne faut pas confondre l'ouvrage de M. Normand, avec d'autres où l'on s'est emparé depuis du même titre.

tiques, pour en donner au moins une première idée, qui se rattache aux propriétés du *Triangle rectangle* dont nous avons eu occasion de parler. Nous avons dit plusieurs fois qu'on nomme *hypoténuse* (sous-tendante), le plus grand côté opposé à l'angle droit d'un triangle rectangle. Nous avons déjà fait remarquer la singulière propriété de ce triangle, avec certaines mesures de ses côtés, pour produire facilement et à coup sûr une équerre très-juste, sans la former avec d'autres instruments que les seules mesures 3, 4 et 5. Une autre propriété de ce même triangle rectangle, est de donner toujours par ses trois côtés des carrés, qui sont nécessairement entre eux dans des rapports tels, que le carré formé sur l'hypoténuse, ou grand côté de ce triangle, est toujours égal en surface à la somme des deux carrés formés sur les deux autres côtés. Cette propriété s'étend aussi aux surfaces des cercles et aux solidités des sphères, dont ces côtés seraient des diamètres ou des rayons. Mais nous n'entreprendrons pas d'en parler ici, et encore moins des cas où l'angle principal de ce triangle est aigu ou obtus, questions qui ont occupé avec succès plusieurs géomètres, par l'intérêt qu'a toujours inspiré ce fameux problème dont la découverte avait causé tant de satisfaction à son célèbre auteur. Nous emploierons ici le même triangle dont nous avons parlé, et dont les côtés sont dans les rapports 3, 4 et 5, parce que l'application y sera plus facile pour nos lecteurs, quoique tout autre *triangle rectangle* offre toujours les mêmes propriétés.

338. Un triangle rectangle BAC, fig. 48, pl. XII, étant donné, il est démontré : 1°, que le carré BG, construit sur l'hypoténuse BC, a sa surface égale à celle des deux carrés AH et AO, construits sur les deux autres côtés AB et AC, restants de l'angle droit A.

Et 2°, que si, ayant abaissé une perpendiculaire AD du sommet de l'angle droit A, sur l'hypoténuse BC, on la prolonge jusqu'en F, en partageant alors en deux parties inégales le grand carré BG; le parallélogramme partiel BF sera égal en surface au carré AH, comme l'autre parallélogramme partiel DG sera égal en surface au carré AO.

C'est, nous l'avons dit, une des principales propriétés du triangle rectangle; car s'il n'est pas rectangle, les conséquences sont différentes et trop éloignées de l'objet de ce livre, pour nous en occuper. Nous ne parlerions pas même de ce célèbre *carré de l'hypoténuse*, comme étant une question trop élevée et trop abstraite pour le simple aperçu que nous exposons, si nous n'avions pas à en produire une sorte d'autre démonstration plus accessible à la portée générale.

Nous supposerons donc, pour faciliter le calcul, que le triangle rectangle dont il s'agit est le même que celui de la fig. 32, pl. XI, qui a servi à former l'équerre fig. 35, et dont les trois côtés ont pour valeur ou longueur 3, 4 et 5, comme on l'a vu alors. En retournant ici cette fig. 32 pour former le triangle BAC de la fig. actuelle 48, l'hypoténuse y est toujours le plus grand côté 5 ou BC.

339. Or, il est évident : 1° et sans autre démonstration, que le carré construit sur l'hypoténuse BC de 5 parties, que nous supposerons être 5 lignes de longueur, con-

tient 25 lignes carrées de surface, comme il est facile de les compter dans notre figure ; que le second carré construit sur le côté BA de 4 lignes, contient 16 lignes carrées; enfin que le troisième carré construit sur le côté AC de 3 lignes contient 9 lignes carrées. Le total des deux derniers carrés de 16 et de 9 lignes carrées, sera donc de 25 lignes carrées de surface, somme égale à celle du carré formé sur l'hypoténuse, et contenant aussi 25 lignes carrées.

340. 2° Quant à la perpendiculaire ADF qui coupe le carré BG en deux parallélogrammes inégaux BF et DG, seconde partie du théorème, nous faisons voir ici par la même méthode, que BF contient 15 lignes carrées, plus cinq portions des carrés voisins, chacune d'un cinquième de la surface d'une ligne carrée, et dont l'ensemble équivaut à une ligne entière carrée ; donc le parallélogramme BF contient en tout 16 lignes carrées, comme le carré AH. De même, DG contient d'abord dans une colonne cinq lignes carrées, puis cinq autres espaces d'une ligne de hauteur, mais plus étroits chacun d'un cinquième, et qui ne valent évidemment que 4 lignes carrées; total 9 lignes carrées de ce parallélogramme DG, égal en surface au carré AO. Ainsi 16 lignes carrées de BF, et 9 lignes carrées de DG, font aussi 25 lignes carrées de surface, ce qui établit de deux manières la vérité de la même proposition, et nous permet de terminer cet article par la formule usitée C. Q. F. D. (*ce qu'il fallait démontrer*), comme si nous l'avions traité *suivant la science*. Du reste, ceci sera d'autant plus facilement conçu, que nous n'abordons dans ces sujets que les points de vue les plus simples.

Nota. A l'aide de ce théorème, on trouve aisément un carré égal en surface à deux autres carrés donnés : car si l'on forme avec les côtés de ceux-ci les deux côtés d'un triangle rectangle, son hypoténuse donnera le côté du troisième carré cherché.

Beaucoup de propositions simples de ce genre peuvent servir d'étude pour s'exercer, ou du moins de règles pour l'application, comme celles de l'article (312) pour les angles, triangles et surfaces, et celles ci-après pour les solides. — Exemples : La solidité d'une *Pyramide* ou d'un *Cône droit*, est le produit de la base, par le tiers de la hauteur. (Le cône pris ici pour une pyramide dont la base serait un cercle, ou un polygone d'un très-grand nombre de côtés.) —La surface d'un Cône *droit* se mesure en multipliant la moitié de son côté par la circonférence de sa base. — La surface de la *Sphère* est égale au produit de son diamètre, par la circonférence de son grand cercle, ou est égale à quatre fois la surface de son grand cercle ; elle est aussi les deux tiers de la solidité du cylindre circonscrit. —Les spheres, les cubes (aussi bien que les figures planes), qui ne dépendent que d'une seule ligne, se disent *semblables*, et ne diffèrent que par les échelles servant à les construire. — Les surfaces des solides *semblables*, sont entre elles comme les carrés de leurs côtés *homologues*. — Les surfaces des sphères sont comme les carres de leurs rayons. — Les masses des solides *semblables* sont comme les cubes de leurs côtés homologues, et, par suite, les solidités des sphères sont comme les cubes de leurs rayons., etc., etc.

Nota. Ajoutez à l'article *Corde* (317) que la progression des cordes du cercle se trouve sur le compas de proportion ouvert au diamètre du cercle à diviser, porté sur les deux points de 180°.

CHAPITRE VII.

ÉTAT PHYSIQUE DES CORPS.

341. De tous les Arts, celui qui reçoit avec plus de précision l'application des notions précédentes sur la figure et la mesure des corps, ainsi que des autres à la suite, est sans contredit l'Art de la Mesure du temps, et celui de la Mécanique en général. La connaissance physique des propriétés de la matière y est également utile, soit pour éviter la trop prompte détérioration des parties dans leur action mutuelle, soit pour tenir compte des simples influences naturelles dont les corps peuvent s'affecter entre eux. Si cette instruction n'est pas indispensable pour copier fidèlement des constructions déjà éprouvées et adoptées, elle est très-nécessaire pour créer des compositions nouvelles, et l'on sait combien il est avantageux en tout genre de bien connaître les matières que l'on met en œuvre. C'est principalement sur les métaux que s'exerce l'action mécanique ; les corps solides du règne végétal ne sont guère employés que dans les grandes machines, mais les minéraux, les pierres fines et dures, sont souvent appliqués en petit. Les divers métaux employés dans l'horlogerie éprouvent aussi entre eux des effets particuliers auxquels nous aurons égard dans nos articles d'exécution. Mais tous les corps ont en commun des propriétés générales qu'il importe de développer d'abord, comme bases communes, ainsi qu'on le verra aux articles *Dilatation, Frottement, Alliage, etc.* Du reste, les conditions abstraites de la géométrie pratique ne s'appliquant qu'à des corps dans l'exécution, on sent que la transition du chapitre précédent à celui-ci, est aussi naturelle que nécessaire. La *Science physique* a sagement renoncé aux causes premières des phénomènes, mais non pas à l'enchaînement de leurs causes prochaines. L'*Art* doit de même se borner à l'étude de celles-ci. La première origine des choses nous sera toujours inaccessible.

342. Nous n'exposons ici sur les propriétés de la matière, que les notions générales obtenues au moyen de nos organes par l'expérience, ou déduites par le raisonnement ; elles sont extraites de nos auteurs modernes, mais sans nous arrêter aux distinctions subtiles de certaines qualités sur lesquelles on n'est pas universellement d'accord, comme classement. Les divergences d'opinion à cet égard, n'ont aucune influence sensible dans nos applications aux principes de l'horlogerie et de la mécanique.

343. La Matière en général est considérée comme *étendue*, *solide*, *divisible*, plus ou moins *dense* ou *pesante*, *poreuse*, *impénétrable*, *compressible*, *élastique*, *dilatable* ; elle est soumise à deux sortes d'attraction : 1°, à celle immédiate, dite *moléculaire* ou de *cohésion;* 2°, à celle qui, sous le nom de *gravitation*, produit la pesanteur, suite de l'attraction des masses, même à distance. On distingue aussi dans les corps d'autres

actions qui semblent y pénétrer, et que l'on attribue à des substances intangibles pour nous, impondérables, incoërcibles, comme le feu élémentaire, les subdivisions de l'électricité, le magnétisme, etc., et à d'autres principes à peine soupçonnés, ou qui échappent en partie à notre investigation directe et sont l'objet de simples conjectures ; mais la marche prudente des sciences actuelles se borne à l'observation et au recueil de faits suffisamment constatés, sans établir d'hypothèses hasardées. Ces faits suffisent pour établir des lois et en faire des applications utiles, et leur régularité peut permettre d'établir des axiomes admis par la science. Nous nous bornerons à ce qui concerne la mécanique et l'art dont nous traitons : on trouvera le reste dans les ouvrages de physique dont nous traduisons simplement ce qui suit.

344. L'Étendue de la matière est si évidente, au moyen de la vue, du tact et du raisonnement, que sa réalité ne laisse aucun doute : il suffit de voir et de sentir dans un corps des parties distinctes et adhérentes, quoique plus ou moins éloignées entre elles, et n'occupant pas la même place, pour en conclure l'étendue de ce corps ; la plus petite portion de matière a également la sienne. Il y a étendue partout où il y a contiguité et distinction de parties. Tous les phénomènes naturels démontrent évidemment cette propriété.

345. On a déjà vu en tête du chapitre précédent que l'étendue a des limites droites ou courbes, s'il s'agit de surface, et que les solides sont aussi terminés par des surfaces planes ou courbes (219-225). Les limites d'un corps et les rapports entre elles des lignes qui forment ces limites, leur inclinaison relative, etc., constituent la figure ou la forme de ce corps, et nous avons fait remarquer que les corps de figure semblable peuvent différer entre eux par le volume.

346. La Solidité des corps, prise dans le sens précédent, s'établit, comme on l'a vu, par leur étendue en longueur, largeur et profondeur ; on désigne encore par ce mot la quantité de matière qui compose un corps solide ; il s'applique même aux corps fluides sous le rapport de leur masse, et même par supposition, à l'étendue en tout sens de l'espace vide que pourrait occuper un corps solide.

347. La Divisibilité de la matière se conçoit en y considérant à part des parties distinctes. Cette division est ou de fait ou de supposition. On a beaucoup discuté sur la question de la division indéfinie de la matière; et probablement faute de s'entendre, comme il arrive souvent. La division abstraite peut être conçue par la pensée comme indéfinie, car on y pourra toujours concevoir la moitié de la moitié, en continuant ainsi indéfiniment, et prendre de même la moitié de toute fraction minime quelconque d'un tout, en continuant sans fin cette division intellectuelle. Quant à la division physique et réelle dans la nature, les limites nous en sont inconnues. On sait quelle est la divisibilité matérielle de l'or, au moyen du cylindre d'argent doré, tiré à la filière, qui s'étend à une prodigieuse longueur, et dont chaque parcelle coupée est une molécule d'argent véritablement enveloppé d'une virole d'or, que certains acides peuvent en séparer. On coule autour d'un fil fin de Platine un gros cylindre d'argent fondu, que l'on réduit ensuite par la filière à la dimension d'un fil de broderie, et si l'on dissout

ensuite l'argent par les acides, il reste un fil de platine dont une longueur de 300 lieues, repliée sur elle-même, occupe à peine le volume d'un dé à jouer ordinaire. L'évaporation de plusieurs substances odorantes, telles qu'un morceau d'Ambre, s'étend dans le vaste espace d'air d'une salle immense, renouvelé souvent pendant plusieurs années, sans que la déperdition du poids de la masse d'ambre puisse être appréciée par la balance la plus sensible. Les moindres insectes microscopiques nous offrent des organes assez compliqués dont la ténuité semble incompréhensible. On a objecté contre la division naturelle indéfinie le phénomène de la cristallisation, où les molécules d'une forme nécessairement déterminée devraient avoir une limite, pour conserver les angles par lesquels elles s'attirent; on remarque en effet dans un fluide de cristallisation, que la plus petite partie d'un cristal formé, étant rompue à dessein, est fournie immédiatement par le fluide qui l'entoure, et en achève la figure régulière; c'est ici l'effet de la tendance des atômes à occuper certaines positions *électives*, et se retrouve en quelque sorte dans l'organisation de quelques animaux qui reproduisent des membres perdus. Il n'en reste pas moins la possibilité d'une réduction indéfinie dans la dimension des atômes régulièrement figurés; mais nos organes et les secours de l'optique sont trop bornés pour apercevoir une limite, s'il y en a, dans cette propriété naturelle. Quoi qu'il en soit, la matière est pour nous excessivement divisible physiquement, et la solution de cette question, si c'en est une, n'intéresse pas l'horlogerie, où l'on n'opère que sur des corps d'une dimension sensible, et non sur des atômes; on n'y connaît que ceux détachés par l'usure et ceux de la poussière dont il est si difficile de se garantir. Au reste, la notion des *atômes* est une suite nécessaire de nos remarques sur la constitution intime des corps.

348. **La Densité** est une propriété des corps au moyen de laquelle, sous la même dimension, ils contiennent plus ou moins de matière. La densité paraît être en proportion du rapprochement des molécules qui composent le corps. Les métaux *écrouis* et plusieurs substances pressées, pèsent davantage sous un même volume. Il suit de ce plus ou moins de densité ou *de poids* à volume égal, que les parties ou molécules ne doivent pas se toucher par toutes leurs surfaces, mais seulement par quelques points de contact, tandis que d'autres points sont écartés entre eux, ce qui implique nécessairement l'idée de *porosité*; on soupçonne néanmoins aujourd'hui, malgré les anciennes expériences, que les molécules de certaines matières pourraient être attirées plus fortement que certaines autres; cependant les expériences ordinaires établissent une gravitation égale dans le vide; nous verrons plus loin que les effets ne sont pas toujours proportionnels aux seules causes simples qu'une apparente analogie semblerait d'abord leur assigner.

349. **Porosité.** Cette autre propriété des corps est une conséquence de la précédente. Nous avons remarqué que les corps doivent contenir plus ou moins de matière, à proportion du rapprochement et en raison de la forme de leurs molécules ou des atomes qui composent celles-ci, séparés en partie par une cause quelconque. C'est cette séparation partielle qui doit produire des intervalles, des vides, que l'on appelle *pores*.

Si les atômes qui composent un corps étaient tous de formes cubiques, ou des parallélépipèdes, ou des prismes, entièrement semblables, réguliers, à faces parfaitement droites et polies, ils pourraient être en contact complet dans tous les sens, et alors on ne concevrait dans une telle matière ni vides ni *pores*. La matière remplirait exactement tout son volume. Mais puisque les corps de même dimension et de matière différente sont plus ou moins denses, à en juger par leurs divers poids sous le même volume, et que même quelques-uns laissent apercevoir des vides entre leurs parties, nous sommes déjà autorisés à en conclure, au moins par analogie pour plusieurs corps, que leurs atômes ne se touchent que par certains points déterminés, soit en raison de leur forme primitive, soit par l'effet des pôles, d'une attraction moléculaire qui constitue la solidité ou ténacité de l'ensemble, en laissant d'autres points sans contact ; peut-être même s'y joint-il une répulsion polaire de ces autres points, effets que divers phénomènes semblent indiquer : les différents sels cristallisables ont toutes leurs molécules absolument semblables, et plusieurs circonstances y indiquent ces attractions et répulsions polaires. Plusieurs métaux paraissent aussi être dans ce cas. Un alliage métallique composé de diverses matières dont les molécules ont leurs formes naturelles différentes, produisent un corps solide composé de molécules, ou même d'atômes hétérogènes qui, ne fût-ce que sous le seul rapport de la forme, ne peuvent se placer régulièrement les uns entre les autres, de manière à remplir tous les vides, et laissent nécessairement ces intervalles que nous appelons *pores*. Nous verrons même plus loin qu'il semble probable que les atomes d'un corps ne se touchent pas tout-à-fait, sans cesser pour cela de composer un tout solide. Quoi qu'il en soit, il est évident pour nous, d'après ce qui précède, et par divers autres résultats, que tous les corps ont des pores plus ou moins resserrés, sinon sensibles au moins concevables. Si des matières susceptibles de compression sont pressées au fond d'un vase rempli de quelque liquide, elles font échapper de l'air. Une tranche mince de bois coupée en travers de son fil, et bouchant le fond d'un tube plein de mercure, laisse visiblement échapper une pluie de ce métal et d'un éclat argentin. Les filtres laissent passer des liquides et retiennent les corps étrangers d'une plus grande dimension que les pores du papier, des étoffes, de certaines pierres et autres matières filtrantes. Une pierre siliceuse, dite *hydrophane*, est presque tout-à-fait opaque étant sèche, mais plongée dans l'eau elle acquiert à peu près la transparence du verre.

350. **Impénétrabilité.** Cette propriété négative est prise dans un autre sens que dans l'article qui précède ; il ne s'agit pas ici de l'introduction d'un fluide, ou d'une matière dans les pores d'un corps, mais de celle que l'on voudrait supposer dans la matière même de ses molécules ou de ses atomes, et qui paraît en effet impossible ; *l'impénétrabilité* résulte nécessairement de l'étendue propre et de la solidité de ces parties. Il y aurait contradiction à supposer qu'une autre matière quelconque occupât simultanément la même place que les parties constituantes d'un corps ; si elle les déplace, alors elle ne les pénètre pas. Un corps solide a été plongé dans un corps fluide contenu dans un vase : si celui-ci était plein, le fluide a été obligé de déborder,

de s'extravaser, mais alors il a été déplacé et non pénétré. L'humidité s'introduisant dans les pores d'un corps élastique, le grossit, le gonfle, en écarte et déplace les parties, mais elle ne les pénètre pas.

351. Compressibilité. Les corps élastiques, ou plus ou moins mous, le bois, les métaux ductiles, etc., peuvent être comprimés et réduits à occuper un moindre volume, sans rien perdre de leur poids ou de leur quantité de matière. La pression et la percussion produisent cet effet ; elles augmentent ainsi la densité et souvent la dureté et l'élasticité des corps malléables, en resserrant leurs pores ; mais certains corps durs, quand ils peuvent être réduits, se broient sur eux-mêmes intérieurement, d'où résulte une sorte de décomposition ou de dérangement de leurs parties, de leur mode naturel d'aggrégation. Ces parties ne sont plus aussi adhérentes entre elles, ou même ne le sont plus du tout. Dans ces cas le rapprochement produit entre les parties ou molécules des corps compressibles, prouve qu'ils avaient des vides ou pores plus grands et qui ont été réduits. Tous les corps paraissent compressibles, plus ou moins; l'air est très-compressible, témoin le *fusil à vent*; les gaz le sont aussi, etc. L'eau, que jadis on ne croyait pas compressible, a été trouvée susceptible de quelque compression, dans diverses expériences plus modernes.

352. Élasticité. Après avoir comprimé un corps au moyen d'une puissance mécanique ou d'une pression quelconque, et l'avoir laissé libre ensuite, si ce corps reprend sa forme ou ses dimensions précédentes, il est dit alors *Elastique* : tels sont les ressorts métalliques, les billes d'ivoire, etc. On estime que les corps sont tous plus ou moins élastiques, mais on nomme ainsi principalement ceux dont le retour à leur première figure offre plus d'énergie, et qui souffrent, sans se rompre ou sans *se rendre*, une plus grande compression. L'acier trempé et revenu bleu clair, est le métal le plus élastique; le plomb est celui qui l'est le moins: tout corps élastique peut donc être comprimé, mais tout corps comprimé n'est par pour cela élastique, du moins à un degré sensible.

353. Dilatabilité et Contraction des corps. Tous les corps sont dilatables, quelques-uns par l'humidité, d'autres par la chaleur; ces derniers en augmentant de volume ne changent pas sensiblement de pesanteur spécifique. L'humidité dilate les bois et les matières tendres et élastiques, mais c'est en ajoutant à leur poids. On sait aussi que la chaleur pure les sèche, les diminue, les resserre et les allégit. La chaleur accroît en tous sens le volume des métaux, et à proportion des dimensions. Le thermomètre ordinaire à tube et réservoir de verre, en offre un exemple aussi sensible qu'il est connu des observateurs ; mais bien des gens n'ont pas remarqué que, lorsqu'il est saisi par une chaleur subite, l'enveloppe de la boule ou réservoir augmentant la première en dimension, avant que la masse du mercure ou autre liquide ne soit pénétrée, la colonne descend d'abord un peu dans le tube; et que ce n'est qu'après quelques secondes que le liquide, étant enfin plus dilaté que son enveloppe, commence à remonter. Une vessie flasque et fermée étant approchée du feu, devient tendue par la dilatation du peu d'air qu'elle contient, et peut même crever avec explosion. Le

cercle de fer qui enveloppe la jante d'une roue de voiture, étant forgé d'une seule pièce, est tenu d'abord trop petit pour que la roue puisse y entrer; mais en le chauffant tout autour presque rouge, il s'agrandit et reçoit facilement la roue. Le refroidissement subit et nécessaire pour qu'il ne continue pas de brûler la jante, le resserre au point qu'il n'a pas besoin de boulons pour se maintenir en place, si ce n'est quelquefois par crainte du dessèchement progressif et du retrait de la jante et du moyeu, à la longue; quant aux rayons de la roue, si le fil en est droit, ils ne se raccourcissent pas. C'est une des propriétés du bois d'un fil bien droit, et surtout du sapin, qui a plus communément cet avantage; (aussi s'en est-on servi avec quelques succès pour former la tige du pendule; mais il est sujet à se tordre, et il faut y pourvoir par des moyens que nous dirons ailleurs.) Les rampes droites et horizontales du Pont du Louvre déplaçaient tous les ans les pierres des parapets des deux quais, jusqu'à ce qu'on leur eût pratiqué une entrée libre pour l'effet des diverses températures. Un mur *bouclé* du Conservatoire des Arts et Métiers à Paris, a été ramené à la verticale par des tirants de fer chauffés, et dont on resserrait à mesure les écrous portant sur des ancres extérieures. Cependant, il faut observer pour l'horlogerie, où les moindres anomalies de ces effets deviennent extrêmement sensibles, que les métaux ne se dilatent ou ne se contractent pas au même degré, quand l'effet en est contrarié ou facilité par le poids de la lentille, les frottements, etc., comme quand cet effet est libre, et qu'il y faut avoir égard dans les moyens de compensation de la température, qui n'agissent souvent que par secousses, etc. Mais nous aurons occasion de traiter plus amplement ailleurs ce sujet. Le bouchon de cristal d'un flacon dont le goulot a été rodé à l'émeri, y adhère souvent au point de se rompre plutôt que de se détacher, si l'on ne dilate pas le goulot avec un linge mouillé d'eau chaude, ce qui permet de retirer facilement le bouchon avant qu'il soit pénétré par l'augmentation de température. Une virole chauffée au rouge et chassée sur un cône, y adhère comme soudée.

354. Le froid produit un effet contraire sur plusieurs corps, celui de la contraction, du resserrement, et en particulier sur les métaux, dont il diminue les dimensions; ils en deviennent souvent plus cassants. Il n'en est pas de même des fluides ou des corps pénétrés d'humidité, et qui éprouvent les effets de la gelée. La diminution de température à ce degré augmente le volume de l'eau et d'autres liquides, au point de rompre des vases très-solides qui les contiennent. La même cause fait fendre ou éclater les pierres spongieuses et pénétrées d'humidité. L'eau d'abord diminue de volume par le froid, en descendant jusqu'à environ 4° au-dessus de glace; un froid plus intense lui fait reprendre du volume jusqu'à ce qu'elle arrive au degré de congélation, où elle acquiert tout son gonflement. Les degrés de dilatation et de contraction diffèrent avec la nature de chaque matière. Les fers des bâtiments n'éprouvent pas, dans les diverses températures, les mêmes effets que les pierres et autres matériaux de construction, et cette différence occasionne souvent à la longue des dégradations dans les édifices. Il faut aussi noter que ce mot, *le froid*, n'exprime pas une substance, qui au vrai n'existe pas, mais seulement *la diminution relative du calorique*.

DE L'ATTRACTION MOLÉCULAIRE A PROXIMITÉ, ET DE L'ATTRACTION CENTRALE DES MASSES A DISTANCE. DES AFFINITÉS CHIMIQUES.

355. On distingue en physique deux espèces d'attraction, dont les forces suivent des lois différentes relativement à la distance des corps : 1° celle qui se manifeste entre les parties constituantes, les molécules d'un corps, au moyen d'un extrême rapprochement, et que nous avons indiquée dans les articles précédents; 2° celle qui a lieu entre les grandes masses et à toute distance. La première est dite attraction *moléculaire* ou *de cohésion*; c'est à celle-ci que les corps sur lesquels on opère dans l'horlogerie, doivent leur solidité et la conservation de leur figure. Nous avons déjà remarqué à l'article *Porosité*, que les atomes qui composent chaque espèce de matière, sont retenus entre eux par l'attraction moléculaire, mais seulement par certains points, en laissant aussi entre d'autres points des intervalles que nous avons nommés *Pores*. Les corps solides, purs et homogènes, c'est-à-dire composés uniquement d'atômes de même espèce, offrent plus de ténacité entre leurs parties, et une plus grande ductilité ou plus de malléabilité, que quand les atomes de diverses espèces y sont mélangés. Les métaux alliés qui se trouvent dans ce dernier cas sont ordinairement plus durs et plus cassants; ils sont moins ductiles que les métaux purs, et souvent ils ne le sont presque pas du tout. On suppose aussi qu'il y a plus de points de répulsion, ou de moindre attraction dans ces derniers, et que leurs vides ou pores en sont augmentés. Ces forces attractives et répulsives n'ont lieu néanmoins qu'à des distances presque infiniment petites, mais il suffit pour nous de connaître qu'en fait elles procurent aux corps une certaine solidité, un état de cohésion, comme aussi des interstices qui en constituent la porosité, et permettent l'introduction du calorique, ou d'autres substances connues, et probablement de plusieurs autres seulement présumées. On pense enfin que les atomes, par leur force de cohésion, opposent une résistance d'un degré supérieur à la séparation que d'autres substances peuvent tendre à occasionner, et que cet équilibre maintient la solidité des corps.

356. Si l'on presse l'une contre l'autre deux balles de plomb dont on a fraîchement retranché une portion de sphère, tant pour y former une surface plane, que pour en enlever les corps étrangers, et si on serre ces surfaces neuves l'une contre l'autre avec un peu de force et par un quart environ de rotation, elles adhèrent entre elles assez fortement, quoique bien moins que les parties naturellement unies par la fusion. La chaleur portée au degré convenable parvient à écarter assez les atomes des métaux pour les rendre fluides, tandis qu'à la température ordinaire, ils sont très-solides. Le froid, au contraire, qui n'est que l'absence plus ou moins remarquable de la chaleur, permet aux molécules ou aux atomes de plusieurs corps de se rapprocher autant que le permet leur configuration, et d'adhérer davantage en diminuant plus ou moins le volume du corps. Quant aux liquides, une chaleur suffisante les vaporise ; mais si la vapeur est recueillie dans un vase froid, elle s'y condense et se résout en gouttelettes, en revenant à son premier état de liquide.

357. Cette attraction moléculaire a lieu entre les solides et les fluides, et produit l'ascension des liquides au-dessus du niveau libre de la masse ou réservoir, comme on le voit dans les tubes d'un très-petit diamètre, dits *tubes capillaires* (du diamètre d'un cheveu). Des plans de verre ou de métal, très-rapprochés, ont de même la faculté d'attirer les liquides, comme il arrive fréquemment à l'huile dans les ouvrages d'horlogerie, par l'effet attractif des angles rentrants ou des séparations étroites.

358. L'affinité ou attraction de certains atomes d'une espèce, pour certains autres d'une espèce différente, montre dans plusieurs fluides des propriétés particulières d'agrégation, qui offrent ensuite dans leur mélange des qualités différentes de celle de chaque fluide séparé. Des corps d'une température moyenne, lorsqu'ils sont isolés, peuvent, en se composant ou en se mêlant, acquérir une température plus élevée ou plus basse que dans leur état précédent de séparation; ils occupent plus ou moins d'espace; de liquides qu'ils étaient, ils forment parfois une masse solide; d'autres fois, leur couleur est changée. Ces phénomènes varient suivant la nature des substances. Si dans certains composés *binaires* (de deux substances), on introduit une troisième espèce de matière fluide, l'un des deux premiers corps composants se sépare de l'autre pour s'unir comme de préférence au nouveau corps avec lequel il a plus d'affinité, et le corps abandonné se précipite au fond du vase, ou surnage s'il est plus léger. C'est l'effet de ce qu'on appelle alors *affinité élective*. La chimie offre quantité de phénomènes de ce genre, et une foule d'autres effets que nous ne pouvons citer ici, mais qui sont l'objet de ses études. La métallurgie, qui en fait partie, en a recueilli des observations sur la nature des métaux, sur la manière de les traiter, sur les qualités des alliages, dont nous réservons pour un autre article ce qui intéresse l'horlogerie.

359. L'attraction des grandes masses et à distance, qu'on nomme *attraction centrale*, *gravitation*, et qui produit la pesanteur, exerce sa force en raison directe de la quantité des masses, et en raison inverse du *carré* des distances, tandis que l'attraction moléculaire paraît diminuer bien plus rapidement, et au moins en raison du *cube* des distances, en sorte qu'elle exige un contact presque complet pour se manifester. La gravitation étend sa puissance à d'immenses distances et détermine en grande partie la route parcourue par les corps célestes, et la plupart de leurs mouvements sont appréciés par elle dans l'astronomie, dont ses lois forment une des principales bases. Cette attraction se fait même remarquer dans l'observation du *fil à plomb*, qu'elle fait dévier de la perpendiculaire par la proximité des montagnes. Les diverses directions de l'attraction des parties de chaque masse se résolvent en une seule ligne dirigée au centre des masses, comme résultante moyenne de ces directions. L'attraction centrale détermine aussi en particulier la forme sphéroïde des corps célestes, des planètes, de la terre, etc., dont toutes les parties, attirées vers le centre également, ou à très-peu près, prennent nécessairement une situation égale en forme de sphère. Cette forme est néanmoins un peu altérée dans un sens, celui du plan perpendiculaire à son axe particulier de rotation, qui détermine ce qu'on appelle son équateur, un peu plus élevé que les pôles de rotation, par l'effet de la force centrifuge. L'attraction

particulière de chaque molécule d'un corps vers le centre de celui-ci, produit aussi la forme arrondie des globules isolés du mercure, celle des gouttes de rosée ou d'autres liquides, lorsqu'elles ne contractent pas trop d'adhérence ou qu'elles ont peu d'affinité avec les surfaces sur lesquelles elles se trouvent placées. L'attraction ou *gravitation* des corps voisins de la terre produit enfin le phénomène connu de la *pesanteur* à sa surface, si mal interprété vulgairement (1), si commun en mécanique, et cause première de la puissance et de la direction constamment perpendiculaire des corps pesants librement suspendus. On en a conclu les lois de la *descente des graves* (poids), celles du retour du Pendule à la verticale, de ses oscillations, etc., ainsi qu'il sera dit ailleurs.

360. Nous suivrons plus loin les résultats de l'attraction à distance, sur les corps parsemés dans l'immensité de l'espace, en développant succinctement les premières notions d'*Astronomie physique*, c'est-à-dire seulement celles qui intéressent l'artiste, et peuvent instruire les adeptes sur les bases de la mesure du temps, les causes de l'inégalité des révolutions diurnes de la terre, les mouvements célestes représentés par la combinaison des rouages, etc. Nous allons continuer l'exposition de l'état physique et chimique des corps.

361. Les arts et les sciences ne s'établissent que sur les premiers tâtonnements de l'esprit humain; lorsqu'ils sont amenés à former un corps de doctrine, ils ont besoin, pour soutenir leur perfection acquise, et pour obtenir des succès ultérieurs, fruits de nouvelles observations et combinaisons, du concours de plusieurs autres connaissances accessoires. L'horloger n'a pas ordinairement besoin de pénétrer dans les profondeurs de la géométrie, dans toute la science de la physique et de la chimie; mais il lui importe souvent d'avoir une idée suffisante de leurs principes généraux, pour savoir poursuivre dans l'occasion certaines solutions propres à l'éclairer dans ses recherches. C'est faute de cette instruction préliminaire que tant d'artistes se sont attachés à des chimères qui ont vainement absorbé leur temps et leur peu de fortune. Les premières notions de physique et de chimie ont un rapport direct avec plusieurs parties des travaux de l'horlogerie. La nature des métaux, leur oxidation (sous le nom de *rouille*), les effets occultes de leur contact, la conservation des corps gras qui en facilitent l'ac-

(1) Si l'on suppose un corps seul, une masse de matière inerte, isolée dans l'infinité de l'espace, il est évident qu'elle n'éprouvera aucune attraction, et que ne pouvant se donner de mouvement par elle-même, elle restera immobile, et n'aura nulle tendance à être transportée en aucun sens. Il faut qu'un corps soit attiré ou poussé par une cause quelconque vers un autre corps, pour s'en approcher : telle doit être nécessairement la cause de la *pesanteur* d'un corps, vers le centre de celui qui a le plus de masse et qui en est le plus voisin; cette tendance est réciproque. Un boulet libre est attiré vers le centre de la terre, et *tombe* sur sa surface, comme il attire aussi la terre; mais ces deux effets d'attractions mutuelles diffèrent en raison des masses. Le mouvement du boulet est seul remarquable : celui de la terre infiniment faible ne peut être sensible. Sans cette première cause, le boulet laissé au milieu de l'espace, y resterait immobile : il ne change de place que par l'attraction de la terre, vers laquelle on dit qu'il *gravite*. Telle est la véritable et unique cause physique de ce qu'on appelle *pesanteur*.

tion, etc., etc., ont un rapport direct à la conservation des ouvrages ordinaires, comme au succès des pièces de haute horlogerie; les auteurs précédents n'offrent en ce genre presqu'aucune instruction : nous tâcherons ici d'y suppléer par les expériences des artistes modernes, la plupart inédites. Depuis les progrès récents de l'horlogerie, et ceux des sciences qui l'éclairent, on ne peut plus borner un traité aux simples opérations pratiques. L'artiste qui professe cet art, doit être à la hauteur de son siècle, non-seulement pour sa propre instruction, mais même pour n'être pas, à ce sujet, au-dessous des amateurs qui en raisonnent parfois avec plus d'affectation de supériorité que de véritable profondeur; d'ailleurs, quoique ce qui va suivre paraisse à l'ignorance routinière, un luxe inutile de connaissances chimiques, on verra plus d'une fois, dans diverses questions d'horlogerie, la nécessité de leur application partielle, qui ne saurait avoir lieu sans ce premier aperçu très-circonscrit et fort abrégé de l'ensemble d'une telle étude, mais néanmoins suffisant aux besoins de l'art, et à prévenir les effets perturbateurs de quelques métaux; leur préparation est du reste si négligée aujourd'hui par un esprit de spéculation avide, et nous aurons occasion de l'observer aux articles de métallurgie, qu'il importe d'étudier cette matière; mais pour cela il faut avoir une première idée des principes généraux de la chimie. La plupart des recherches, des expériences et des procédés de fabrication, ont lieu sans égard particulier aux applications de détail, aux travaux, au besoin des artistes, que l'on n'a presque pas consultés. Il faut espérer que ceux-ci, en s'instruisant des principes naturels, des procédés et de la méthode des expériences, parviendront à en diriger eux-mêmes la marche, et à la rendre plus applicable à leurs besoins qu'elle ne l'est depuis quelque temps.

ÉTAT CHIMIQUE DES CORPS.

362. La connaissance des éléments, des principes, et généralement de la nature des corps, est l'objet de la *Chimie*, qui recherche dans leur analyse les effets particuliers que chaque élément peut produire, ainsi que les propriétés de leurs nombreuses combinaisons naturelles ou artificielles. On nomme *Éléments* les corps *simples*, c'est-à-dire ceux qu'aucune épreuve ne peut décomposer; on conçoit que cette distinction n'est qu'en raison du pouvoir actuel de la science humaine. Les auteurs anciens ne reconnaissaient que quatre éléments : le feu, l'air, l'eau et la terre; c'était l'opinion d'*Aristote*, suivie long-temps après : cet auteur fit sans doute pour son temps, un grand pas dans l'ébauche des sciences naturelles, mais les temps modernes, en corrigeant les grandes erreurs presque inévitables de cette époque, ont marqué par plus de progrès en ce genre, que toute l'antiquité n'avait pu en obtenir dans tous les temps antérieurs connus.

363. On distingue aujourd'hui cinquante-quatre éléments ou corps simples, considérés comme tels jusqu'à ce que, s'il y en a encore parmi eux de composés, de nouvelles découvertes puissent en séparer quelques principes. Parmi ces cinquante-quatre éléments, on en reconnaît quarante et un de nature métallique, dont la plupart ne se

trouvent que dans un état d'*oxide*, ayant l'apparence d'une terre particulière qui n'est souvent réductible à l'état de métal, que sous quelque influence momentanée, comme celle de la *Pile de Volta* (l'effet galvanique) : ils se décomposent de suite à l'air libre, en revenant à l'état d'oxide. Les métaux fixes sont, en suivant l'ordre de leur pesanteur : *le Platine, l'Or, le Mercure, le Plomb, l'Argent, le Bismuth, le Cuivre rouge, le Fer, l'Étain et le Zinc*, dont quelques-uns ne sont connus que depuis le quinzième siècle. Nous passons sous silence les autres corps métalliques qui intéressent rarement l'horlogerie, hors le cas des compositions ou alliages, dont nous parlerons plus loin.

364. Parmi les corps simples auxquels on ne reconnaît pas une nature métallique, on distingue principalement : *l'Oxigène, l'Hydrogène, le Carbone, l'Azote, le Phosphore, le Soufre, le Chlore*, etc. Nous avons déjà prévenu que nous nous bornons ici aux notions utiles à l'horlogerie, aux corps qu'elle peut employer, et à quelques autres observations d'une relation directe et propres à faciliter la connaissance de ces premières notions, ou à en aider l'explication (1).

365. L'*air* et l'*eau* que l'on croyait des corps simples, ont été décomposés par les chimistes modernes, ainsi qu'on le verra à leur article. On a distingué dans le feu le calorique d'avec la lumière, et celle-ci était déjà divisée en sept rayons distincts et de diverses couleurs. On sait du reste que le feu est l'agent le plus actif, le plus puissant et le plus répandu dans la nature, le plus souvent employé dans la chimie et dans les arts. C'est une matière subtile qui paraît sans poids, et pénètre tous les corps ; c'est un élément qui éclaire, échauffe et embrase toutes les autres substances, ou les fond, les rend liquides, les fait bouillir ou rougir, ou les convertit en vapeurs et les volatilise. Sa moindre énergie est d'étendre les dimensions ou le volume des corps, et de modifier leurs propriétés les plus cachées ; il ne produit pas toujours la flamme et la lumière : la pensée peut donc en séparer ces deux propriétés, et le principe ainsi isolé porte le nom de *calorique*; on lui substitue souvent le mot *chaleur*, qui n'exprime au fond que la sensation produite par le calorique sur nos organes, ou ses effets sur des corps *non organisés*. Le feu tiré de nos matières combustibles, chargé des matières qu'il embrase, paraît plus grossier, et diffère, en cela du moins, de ce qu'on entend par *feu pur*, *élémentaire*.

366. On appelle *gaz*, des substances à l'état de fluide aériforme, par leur combinaison permanente avec le calorique. Les *gaz* diffèrent des vapeurs en ce que le calorique n'a qu'une adhérence passagère avec celles-ci, en sorte que, à mesure de leur refroidissement, les vapeurs repassent à leur état antérieur, liquide ou solide. Les gaz, au contraire, sont unis au calorique au point de ne reprendre la forme liquide ou solide

(1) Quelques artistes remarqueront peut-être que des notions chimiques sont peu utiles à ceux qui se bornent à l'exécution, au rhabillage et généralement à la simple fabrication ; ils oublieraient alors, qu'un Traité général est aussi à l'usage de ceux qui améliorent, inventent et composent, et ceux-ci pourraient bien mieux dire qu'ils n'avaient pas besoin des commencements de cet ouvrage; mais son but est d'être utile à tous. Il n'y aurait pas d'ailleurs un si grand mal, si ceux qui croient n'avoir pas besoin de ces notions, voyaient enfin un peu plus loin que..... d'ordinaire, et non d'après la vieille routine.

qu'au moyen d'une nouvelle combinaison chimique, avec quelques autres substances dont l'affinité avec eux surpasse celle du calorique, ou lorsque par un refroidissement particulier, on parvient à soustraire celui-ci.

367. L'Oxigène découvert par le docteur *Priestley*, savant physicien anglais, en 1774, fut bientôt après étudié par *Lavoisier*, célèbre chimiste français. C'est principalement de cette époque que datent les grands progrès de la chimie. L'*Oxigène* est un gaz invisible, sans saveur ni odeur, et un peu plus pesant spécifiquement que l'air, dont il forme les 21/100es. Une bougie éteinte, et dont la mèche conserve encore un peu de charbon rouge, s'enflamme subitement lorsqu'on la plonge dans un vase plein d'oxigène, c'est une de ses propriétés les plus caractéristiques. La combinaison de l'oxigène avec un corps quelconque en produit la combustion, et fournit aux arts leurs plus grands moyens de chaleur. La flamme elle-même n'est qu'un gaz échauffé jusqu'à être lumineux. On obtient le plus communément l'oxigène en chauffant au rouge une *cornue* contenant du *per-oxide de manganèse*, qui retient naturellement une combinaison d'oxigène; la chaleur, augmentant la force élastique de celui-ci, le fait échapper au travers d'une masse d'eau disposée pour le recueillir dans un flacon renversé et plein d'eau, où il remplace ce liquide, et que l'on bouche ensuite soigneusement. L'oxigène dissous par le calorique forme la partie de l'air atmosphérique qui entretient la respiration et la *combustion*, et qui, combiné avec différentes bases, forme les *Oxides* ou les *Acides*. C'est l'*oxide* qui produit ce qu'on appelle la *rouille* des métaux, leur *combustion*, qui n'est que la combinaison de l'*oxigène* avec eux, comme avec un corps quelconque, ainsi qu'on vient de l'indiquer.

368. L'Hydrogène est extrait de l'eau, où l'on a mis de l'*acide sulfurique* (huile de vitriol) et du *Zinc* en grenaille; ce mélange dégage subitement l'*hydrogène*, que l'on dirige aussi dans un flacon au travers de l'eau; celle qui contient l'acide sulfurique et le zinc, est décomposée en oxigène et hydrogène, qui sont ses éléments. L'oxigène alors, resté avec le zinc, forme un *protoxide de zinc*, qui, se combinant avec l'acide sulfurique, produit le *Sulfate de protoxide de zinc*. Il se dégage dans ces combinaisons une forte chaleur, et le mélange doit être exécuté peu à peu et par petites quantités, pour ne pas faire rompre le vase. On peut remplacer le zinc par la limaille de fer. Le gaz hydrogène est aussi sans saveur, odeur, ni couleur; mais sa densité n'est que le 14e environ de celle de l'air. C'est à raison de cette légèreté spécifique qu'il sert à remplir les aérostats. Quand l'hydrogène se combine avec l'oxigène de l'air, celui-ci entre alors en combustion. Deux volumes d'hydrogène et un volume d'oxigène détonnent fortement au contact d'un corps enflammé, et l'un et l'autre produisent de l'eau en vapeur.

369. Le Carbone est le nom donné au charbon pur, pour le distinguer du charbon ordinaire, toujours mêlé de cendre et d'hydrogène. Le diamant n'est que du *Carbone* cristallisé et concentré. Avec le calorique accumulé, on est parvenu à volatiliser le diamant, ce qui lui a fait perdre dans le commerce une grande partie de son ancienne valeur idéale. Le charbon en brûlant se combine avec l'oxide de l'air, et passe à l'état

de *gaz acide carbonique* plus pesant que l'air, et si ce dernier n'est pas continuellement et amplement renouvelé, on peut aisément être asphyxié; faute de cette précaution, l'acide carbonique remplit peu à peu le local, souvent sans se laisser apercevoir, empêche la respiration animale et cause la mort; on n'en a que de trop fréquents exemples. On emploie le charbon à désoxigéner les métaux et à les ramener de leur combinaison complète avec l'oxigène (de leur état de chaux), à l'état métallique. Le charbon joint au salpêtre et au soufre sert à former la poudre à canon. Dans son état ordinaire, le charbon absorbe les gaz délétères, la putréfaction des eaux et des substances animales, il clarifie et décolore les sirops et divers liquides, etc.

370. L'Azote est un gaz qui entre dans la composition de l'air atmosphérique, et en forme les 4/5es; mais on peut le séparer de l'air, en faisant brûler du phosphore sous un récipient renversé, plein d'air, et dont les bords touchent à l'eau : la combustion du phosphore en absorbe l'oxigène, et il ne reste que l'azote; ce gaz entre dans la composition des matières animales, les rend nourrissantes, et devient ainsi nécessaire à l'alimentation des animaux carnivores L'homme qui se nourrirait constamment et uniquement de végétaux qui ne contiennent point d'azote, maigrirait et perdrait sa force vitale. L'azote est contraire à la respiration. Son nom vient du grec ζωή, *vie*, précédé de l'α privatif, et signifiant alors, *privation de la vie*. (Par les moffettes, etc.)

371. Le Phosphore est une matière solide, un peu transparente, qui en contact avec l'air devient lumineuse dans l'obscurité, d'où lui vient son nom grec (*porte-lumière*). On le retire de l'urine putréfiée et des os des animaux. On ne doit le manier que dans l'eau froide, pour éviter de profondes brûlures qu'il faut alors laver avec de l'*ammoniaque*. On conserve le phosphore dans l'eau bouillie, et privé ainsi du contact de l'air qui, sans cela, le consumerait entièrement. On sait qu'il s'en fait des briquets *Phosphoriques*, très-différents de ceux dits *Sulfuriques*, où il n'entre pas du tout de phosphore; ces derniers sont garnis d'*Amiante* imprégné d'*acide sulfurique*, qui enflamme des allumettes soufrées et enduites par dessus de *Chlorate de potasse* coloré ou non. L'humidité de l'air, absorbée par l'acide sulfurique qu'elle affaiblit promptement, oblige à en boucher soigneusement les flacons. Toutes ces matières oxident (rouillent) très-promptement la surface de la plupart des métaux.

372. Le Soufre, généralement connu, fond à la chaleur d'environ 85° R.; au-delà, il se volatilise. Combiné par la combustion avec l'oxigène, il produit de l'*Acide sulfureux*, gaz invisible et d'une odeur suffocante; on le trouve à l'état natif, tout formé, aux environs des volcans et dans les *solfatares*, et on le purifie par la volatilisation ou fleur de soufre que l'on recueille dans un lieu clos.

373. Le Chlore est un corps gazeux, d'un jaune verdâtre, ce qu'exprime son nom grec. Il n'est pas respirable et cause une sorte de strangulation avec crachement de sang, et en trop grande quantité, il occasionnerait une mort très-douloureuse. Il est très-utile pour la désinfection des lieux insalubres. Si l'on verse de l'eau contenant ce gaz en dissolution sur des matières animales putréfiées, il en détruit toute l'odeur par sa grande affinité pour l'hydrogène faisant partie de la composition des miasmes

putrides qui, séparés de leur hydrogène, se décomposent et se détruisent. Le chlore et l'hydrogène, réunis à volume égal dans un vase de verre fermé et exposé à la simple lumière blanchâtre du jour, se combinent et forment un nouveau gaz appelé *acide hydrochlorique*, d'un volume égal à celui des deux autres. Ce mélange, exposé à la lumière directe du soleil, entre en combinaison complète et détonne instantanément, en brisant violemment le vase qui le contenait.

374. L'Air atmosphérique qui remplit de si fréquentes fonctions dans les phénomènes naturels et dans ceux de l'art, forme autour du sphéroïde terrestre une couche d'une épaisseur d'environ quinze à dix-huit lieues, qu'on appelle l'*Atmosphère*. L'air n'est respirable que près de la surface de la terre, ou du moins à une médiocre hauteur; mais à celle de quelques lieues, il fatigue la respiration, fait cracher le sang, et éprouver un froid intense, même sous l'influence des rayons solaires que rien n'intercepte au-dessus des nuages; cependant des aéronautes hardis et savants ont parcouru momentanément ces hauteurs. A trois ou quatre lieues de haut, les espèces animales ne pourraient continuer d'exister, et la végétation cesse à une bien moindre élévation. L'air est un fluide *rare*, transparent, inodore et sans couleur, au moins pour nos organes : il nous environne de toutes parts; lorsque son épaisseur prend dans l'espace une couleur bleue, elle ne lui est pas propre, et n'est que celle des seuls rayons de cette couleur provenant de la lumière solaire, et que les particules de l'air réfléchissent vers nous. L'air est très-compressible, très-dilatable et éminemment élastique; quand il est en mouvement, ce qui forme alors un courant que nous appelons *le vent*, il manifeste une force qui peut mouvoir les ailes des moulins, enfler fortement les voiles des navires, etc., et dont les effets prodigieux dans quelques ouragans sont assez connus. L'air est pesant; un litre d'air pèse un gramme + 0,2991 (c'est environ un 800e de l'eau distillée); mais cette proportion varie un peu suivant diverses circonstances. Une colonne d'air de la hauteur de l'atmosphère pèse autant qu'une colonne de mercure de même base, et de 28 pouces de hauteur, ou autant qu'une colonne d'eau de même base et de 32 pieds de haut, d'où il est facile de conclure que le mercure pèse entre 13 et 14 fois autant que l'eau. C'est ce qui borne l'ascension des liquides suivant leur poids dans la pompe aspirante, et produit le vide au-delà de ces hauteurs. Comme les liquides ne montent dans le vide de la pompe que par le poids extérieur de la colonne d'air de même base et de la hauteur de 15 à 18 lieues, quand la colonne de liquide contenue dans la pompe, égale ce poids, suivant sa nature, elle cesse de monter, et une plus haute ascension du piston produit le vide. Le poids de l'air est particulièrement démontré par la suspension du mercure dans le baromètre où, malgré le vide qui reste dans le haut du tube, la colonne ne se soutient qu'à 28 pouces, terme moyen. Le poids de la colonne d'air varie un peu suivant l'état de l'atmosphère, et le baromètre indique les variations de ce poids, comme l'exprime son nom. On en a voulu déduire la prévoyance du temps qui aura lieu, mais comme la pluie et le beau temps ne dépendent souvent pas uniquement du poids de l'air, il s'ensuit que les indications du baromètre sont fréquemment fausses sous ce rapport; aussi les sciences ont-elles réduit l'usage de cet instrument de physi-

que à mesurer la hauteur des montagnes sur lesquelles il est porté, tandis qu'un baromètre semblable reste au bas ; on a des tables particulières comprenant l'effet de la température, pour établir ces calculs qui ne sont pas de notre sujet. L'air est composé de 21 parties d'*oxigène*, et de 79 d'*azote*, lequel en forme les 4/5es, à cela près de quelque vapeur d'eau, et d'un peu d'*acide carbonique*. Dans la respiration l'oxigène de l'air est absorbé par les poumons, où il s'opère sous ce rapport une véritable combustion latente, l'une des premières sources de la chaleur animale. La respiration est impossible dans le vide de la *machine pneumatique*, et tout animal y périt promptement. L'air atmosphérique est nécessaire aux végétaux, qui en absorbent le carbone et en refusent l'oxigène. L'azote et l'oxigène ne sont que mélangés dans l'air, car complètement combinés ils forment un gaz que l'eau dissout en produisant l'*acide nitrique*, ou l'eau forte des graveurs. L'air sec est mauvais conducteur du calorique et de l'électricité. Les observations sur l'air pourraient être bien plus nombreuses; mais pour ne pas nous étendre plus que cette notice ne le comporte, nous sommes forcés de renvoyer pour le reste aux traités de météorologie et de physique.

375. L'Eau, considérée long-temps, ainsi que l'air, comme un élément simple, a été décomposée vers la fin du dernier siècle. On l'a trouvée formée de deux volumes d'hydrogène, et d'un volume d'oxigène combinés, et qui ne produisent ensemble que deux volumes de vapeur d'eau. Dans ces proportions, le feu communiqué au mélange naturellement, ou par une étincelle électrique, le fait détonner avec une violence à laquelle un vase solide peut difficilement résister, comme nous l'avons dit à la fin de l'article *hydrogène*. La décomposition de l'eau fut d'abord opérée par le fer divisé en fils, et que l'on faisait rougir dans un tube de porcelaine ; en y faisant passer de l'eau l'oxigène est absorbé par le fer qui se convertit en oxide (rouille de fer), et l'hydrogène est dégagé. L'électricité, la pile de Volta, etc., peuvent aussi décomposer l'eau. Naturellement liquide à la température moyenne, l'eau prend plus de volume en arrivant à l'état de glace, qu'à + 4° au-dessus, qui est le maximum de sa condensation. A cette température, un litre d'eau pèse un kilogramme. L'eau, chauffée au-delà de l'ébullition, passe à l'état momentané de vapeur, et si celle-ci est dirigée dans un vase réfrigérant convenablement disposé, elle revient à l'état de liquide épuré ; c'est ainsi que l'instrument si connu en chimie et qu'on nomme *Alambic*, sert à la distillation de l'eau et à sa purification ; mais pour l'usage domestique et pour être potable, il faut que cette eau soit battue au grand air, pour lui faire reprendre celui qu'elle a perdu par l'ébullition. L'eau dissout beaucoup de substances, et même l'air, dont elle peut absorber jusqu'à un 26e du volume de l'eau. On sait que l'eau pure est, comme l'air, transparente, incolore, inodore, insipide et élastique surtout en vapeur ; elle a la propriété de transmettre les sons. Nous avons dit ailleurs que dans ces derniers temps on l'avait reconnue un peu compressible. Elle pèse 781 fois le poids d'un pareil volume d'air. Sa vapeur transparente et invisible, dans l'état de liberté, occupe 17 fois le volume de son état liquide à + 4°. Pour descendre de ce point à l'état de glace, son volume, qui avait toujours diminué, augmente d'un 14e. L'eau absorbe les gaz en proportion de

son affinité avec chacun d'eux. Quant à d'autres observations sur ce sujet, on les trouvera dans les traités de physique et des sciences naturelles.

376. La terre comprise au nombre des éléments simples des Anciens est au contraire composée de tous ceux qui ne sont pas à l'état de métal réduit ou revivifié. Et si l'on retire de la terre tous les corps simples ou composés que la chimie a découverts, il ne reste qu'un *résidu* inerte que l'ancienne alchimie, toujours mystérieuse, appelait *caput mortuum*. Ainsi, des quatre éléments d'Aristote il n'est resté que le *feu*, dont la principale substance semblerait devoir être simple, élémentaire, et qui paraît être l'agent principal et le plus puissant, l'ame en quelque sorte, de ce que nous appelons *la Nature*, c'est-à-dire l'ensemble de tout ce qui existe, mais nos moyens chimiques et physiques n'ont encore *aucune action* directe sur cet élément (1).

ÉTAT CHIMIQUE DES MÉTAUX.

377. Les métaux sont considérés jusqu'ici comme des corps simples jusqu'à ce que la chimie ait trouvé le moyen d'y reconnaître d'autres éléments. Les métaux sont brillants en masse et même souvent en poussière, si elle n'est pas trop fine ; quelques-uns reçoivent et conservent un très-beau poli ; réduits en feuilles très-minces, plusieurs ne sont pas tout-à-fait opaques. La feuille d'or battu, qui s'emploie à la dorure, couvrant complètement le seul trou d'une *chambre noire*, et se trouvant exposée au soleil, laisse passer des rayons d'un beau bleu. Les métaux sont bons conducteurs du calorique et surtout du fluide électrique qui s'étend rapidement à leur surface ; ils sont susceptibles de se combiner avec l'*oxigène* en différentes proportions ; tous, excepté l'or et le platine, forment ce qu'on nomme des *Oxides* (de la rouille), lorsqu'ils n'ont pas une saveur piquante, et des *Acides* quand la saveur est plus ou moins aigrelette. Presque tous les oxides sont *ternes*. Les *Oxides* métalliques ont la propriété particulière de s'unir aux *acides* pour former des *sels;* c'est ce que les oxides non métalliques ne peuvent produire. L'ancienne *Alchimie* a découvert plusieurs propriétés de métaux et même l'existence inconnue alors de quelques-uns, ainsi que divers autres corps ou composés, ou simples comme le phosphore, rencontré par *Kunkel*, en cherchant à produire de l'or, suivant l'ancienne croyance *alchimique* à la découverte d'une prétendue *Pierre* philosophale, dont on espérait la propriété de *transmuer* les métaux ; on n'en connaissait alors que sept : *Fer*, *Or*, *Cuivre*, *Argent*, *Etain*, *Plomb* et *Mercure* (ici selon l'ordre de dilatabilité). *Le Platine* dit *or blanc* (*grisâtre*) a été trouvé en Amérique ; on le soupçonne d'être un alliage du fer avec l'or, dont il retient plusieurs propriétés. Son affinage parfait est rare et très-difficile. Le Platine est *à la fois* le *plus* lourd et le *moins* dilatable des métaux.

(1) Cette puissance du feu a paru heureusement exprimée dans le distique latin ci-après, servant d'épigraphe à un mémoire connu sur le *feu*, et déposé à l'ancienne Académie par un auteur célèbre.

Ignis ubique latet, naturam amplectitur omnem ;
Cuncta fovet, renovat, dividit, unit, alit.

« Le feu est répandu dans l'univers et pénètre toute la nature ; il produit, renouvelle, divise, unit, » et entretient tous les corps. »

378. On sait que tous les métaux forment un corps très-solide dans une température moyenne, excepté le *Mercure*, dit vulgairement *Argent vif;* celui-ci ne se solidifie que par un froid de — 39° à 40° R. et peut être alors forgé quelque peu au marteau. (Nous indiquons par la lettre R, l'échelle de Réaumur; autrement, et sans indication, c'est l'échelle moderne *centigrade;* la première porte 80° pour l'eau bouillante, et la moderne 100°; toutes deux ont leur zéro de départ à la glace fondante, dont la température est uniforme et la même sur tous les points du globe terrestre, soit aux pôles, soit sous la ligne. C'est l'unique moyen donné par la nature, qui permette de rendre les thermomètres de tous pays comparables entre eux, dès que l'on connaît combien chacun compte de degrés entre *zéro glace* fondante et l'eau bouillante, au niveau de la mer, et par une hauteur moyenne donnée du baromètre. *V.* l'art. du *Pendule.*)

379. *L'acier* et le *laiton* (cuivre rouge allié de zinc, ce qui le rend jaune) sont les métaux les plus employés dans l'horlogerie. L'acier est une combinaison au premier et moindre degré, du *fer* avec le *carbone*; c'est un *proto-carbure de fer* (*proto*, premier); il contient 5 à 6 millièmes de son poids, en charbon pur. La *plombagine* est composée de huit parties de fer sur 92 parties de charbon; elle forme un *sur-carbure de fer*. C'est à cause de sa couleur que jadis on l'appelait *mine de plomb;* mais elle ne contient pas une parcelle de ce métal. On en forme, pour les grosses machines, une sorte d'amalgame avec la graisse; il adoucit beaucoup les frottements considérables, et conserve assez long-temps son effet sans renouveler la matière. L'*acier*, plus dur, plus raide, mais aussi plus cassant que le fer, est assez ductile et malléable avant la *Trempe*, opération après laquelle il devient encore beaucoup plus dur et plus cassant, et susceptible dans cet état d'un poli presque parfait. Les propriétés de l'acier exposé à l'action de la chaleur *rouge cerise* (indication trop vague que l'expérience peut seule préciser), et refroidi ensuite subitement, sont modifiées sensiblement. Il acquiert dans cet état une plus forte élasticité, mais dont la latitude est peu étendue avant la rupture; il est très-dur alors, et cesse d'être ductible ou malléable. Ce dernier état de l'acier se modifie en le chauffant doucement et également pour faire prendre à sa surface décapée, une série de couleurs successives qu'on appelle *revenu*, ainsi que nous l'avons indiqué à l'article *ressort* de nos premières définitions. C'est en arrêtant le *revenu* entre le *bleu pâle* et le *vert d'eau*, pénultièmes degrés du *revenu*, que l'élasticité de l'acier acquiert plus de latitude, suivant toutefois la qualité particulière du métal, laquelle détermine également le degré de chaleur rouge qu'il doit recevoir avant la trempe. Généralement, plus l'opposition de ces deux températures extrêmes est marquée, plus la trempe produit de dureté; mais l'acier fin trop chauffé se *brûle* facilement, et perd ainsi beaucoup de sa qualité. On a déjà dit ailleurs que pour détremper complètement l'acier, il faut le chauffer jusqu'au rouge, et lui laisser perdre lentement sa chaleur au milieu des charbons rouges accumulés, qu'on laisse s'éteindre insensiblement et même après les avoir recouverts de cendres très-chaudes. C'est le seul moyen de l'amollir un peu. On produit la modification du fer qui le fait devenir acier, en exposant long-

temps à une forte chaleur, des barres de fer séparées par des couches peu épaisses d'un cément dont le charbon fait la principale base. L'*acier de l'Inde* est plus carburé que notre acier ordinaire; il paraît qu'il prend aussi une trempe plus dure et qui oblige de le corroyer avec le fer doux, ce qui produit le *moiré* de sa surface, sous le nom d'acier *de Damas;* on le fabrique actuellement dans plusieurs pays de l'Europe.

380. D'autres notions sur la nature des métaux seront comprises dans celles de métallurgie. Nous nous contenterons ici de compléter la nomenclature des 41 métaux (dont nous n'avions d'abord cité que les métaux fixes), plutôt pour l'instruction générale du lecteur, que sous le rapport de leur emploi; car plusieurs continuellement à l'état d'oxide, et ayant l'apparence d'une terre, ne servent guère dans l'horlogerie que sous la forme de poudres propres à user ou à polir, et nous n'aurons à en parler qu'aux articles de main-d'œuvre. Les noms de ces 41 métaux sont donc les suivants, par ordre alphabétique : *Aluminium*, *antimoine*, *argent*, *arsenic*, *barium*, *bismuth*, *cadmium*, *calcium*, *cérium*, *chrôme*, *cobalt*, *colombium ou tentale*, *cuivre*, *étain*, *fer*, *glucynium*, *iridium*, *lithium*, *magnesium*, *manganèse*, *mercure*, *molybdène* ou *plombagine*, *nikel*, *or*, *osmium*, *palladium*, *platine*, *plomb*, *potassium*, *rhodium*, *sodium*, *strontium*, *tellure*, *thorinium*, *titane*, *tungstène*, *urane*, *vanadium*, *yttrium*, *zinc*, *zirconium*.

DE QUELQUES AMALGAMES ET ALLIAGES.

381. L'amalgame n'est pas une combinaison intime entre des métaux de diverses espèces, mais un simple mélange que la chaleur peut souvent détruire par la volatilisation du plus expansible de ces métaux, tel que le mercure dans son mélange avec l'or. On connaît l'amalgame du mercure et de l'étain qui sert à *l'étamage des glaces*, dans lequel une légère couche de mercure reste appliquée à la glace, prend le poli de la surface du verre, et devient propre à réfléchir régulièrement l'image des objets, si la glace est parfaitement plane. On se garde bien alors de faire évaporer le mercure; il suffit de l'écouler peu à peu, de sorte que la feuille d'étain ne sert plus qu'à entretenir la dernière couche restante, par la faible adhérence du tout ensemble et par l'absence de l'air entre les couches de mercure et d'étain, et la surface du verre.

382. On produit aussi un amalgame de mercure et d'argent qui reste blanc, mou et très-fusible, cristallise aisément, se décompose par la chaleur, et n'éprouve aucune action du contact de l'air pur ordinaire. On chauffe jusqu'au rouge *une partie* d'argent pur en grenaille, dans laquelle on projette *douze à quinze parties* de mercure tenu chaud à environ 200°. On comprime le mélange refroidi dans une peau de chamois, en exprimant par la pression l'excédant du mercure au travers des pores de la peau, et l'amalgame reste plus ou moins mol. En traitant le reste de l'opération d'une manière analogue à celle de la dorure ci-après, on pourrait peut-être produire une argenture dite alors *argent moulu*, plus solide que celle de la poudre qu'on emploie aujourd'hui, et dont nous parlerons aux articles d'exécution.

383. On prépare de même l'amalgame d'or pour la dorure du cuivre jaune ou laiton ; on chauffe la pièce jusqu'au rouge pour la dégraisser, et on la plonge rouge dans l'acide nitrique ou dans le sulfurique, affaiblis par l'eau, pour en détacher l'oxide produit par le feu et la graisse, etc. (il ne s'agit ici que d'ornements de laiton que l'on puisse faire rougir). On lave ensuite la pièce à l'eau pure, on la sèche avec du son ou de la sciure de bois, on mouille le laiton de nouveau avec du nitrate de mercure, et on applique et étend partout l'amalgame d'or avec une *gratte-brosse*. Quelques doreurs n'emploient avec l'amalgame qu'un peu d'*acide nitrique*, en chauffant la pièce progressivement à un degré plus ou moins faible, pour conserver à l'écrouissage toute sa dureté, surtout quand il s'agit de platines ou de roues de montre. Chauffant alors doucement et étendant souvent l'amalgame avec une patte de lièvre ou une brosse très-fine et douce, on volatilise le mercure par la chaleur. Au sortir du feu, qui doit être modéré et de charbon doux, ou de motte bien sèche, enflammée et charbonnée complètement d'avance dans un autre foyer, on fait bouillir la pièce dans l'eau claire, ou dans une décoction de réglisse ou de farine de marron d'Inde, dans lesquelles on la brosse pour la nettoyer ; elle vient souvent tachée, ou conserve au moins un jaune sale : on fait alors revenir la couleur de l'or, en couvrant la pièce d'un mélange épais d'eau, de sel de nitre et d'alun. On l'expose au feu modéré pour sécher, puis on la lave dans l'eau chaude, et on l'essuie avec un linge propre et doux. Nous reprendrons aussi ce sujet à l'article du finissage.

384. Lorsqu'il s'agit de monnaie, de vaisselles, d'ouvrages d'orfévrerie, etc., l'or et l'argent en masses plus ou moins fortes, sont alliés au cuivre dans le creuset, pour leur donner la fermeté nécessaire au fini de l'ouvrage et à sa solidité. Le titre des monnaies est fixé à un 10e de cuivre avec 9 parties de fin ; celui des vaisselles est de 16 à 25 parties de cuivre pour 84 à 75 de fin, sur cent parties en tout. Les bijoux ont 8 parties de fin et 2 de cuivre.

385. Le laiton dit *Similor*, *or de Manheim*, *cuivre de Chine*, est formé de 75 parties de cuivre, et 25 de zinc. On peut y employer le *carbonate de zinc*, en ajoutant un peu de charbon. La dorure dite *sauce* consiste à décaper le laiton dans l'acide nitrique, à le laver dans l'eau, à le sécher dans le son, et à le couvrir de suite d'un vernis de résine dissoute à l'esprit de vin.

386. Le métal des cloches se compose de 78 parties de cuivre rouge, et de 11 parties d'étain ; les timbres d'horloge, de 80 parties de cuivre et 20 parties d'étain. On indique la même composition pour les cimbales, elle semblerait néanmoins trop fragile pour leur choc à nu ; elles paraissent être d'un métal plus jaune que celui des timbres. On attribue aussi la même proportion au *tamtam*, qui offre moins de chances de rupture, n'étant frappé qu'avec un tampon d'une certaine mollesse. On fabrique et on martelle, dit-on, cet instrument après avoir été trempé ; et il paraît que, au contraire de l'acier, l'alliage trempé devient plus malléable, de cassant qu'il était naturellement avant cette opération. Le métal des canons se compose de 100 parties de cuivre et de 11 parties d'étain. Lorsque nous nommons le *cuivre*, seul, c'est toujours

le *cuivre rouge* ou *cuivre de rosette*. Celui qu'on appelle vulgairement *cuivre jaune*, est proprement le *laiton*, alliage de cuivre rouge et de zinc. (Nous le répétons exprès.)

387. Les caractères d'imprimerie sont composés d'un alliage de 80 parties de plomb, et 20 d'*Antimoine*, qui leur procure la dureté et la solidité nécessaires pour résister à la pression du *barreau*.

388. Pour *étamer* le cuivre, on le décape avec le sel ammoniac, qui enlève toute oxidation, et l'on y étend l'étain fondu, que l'on frotte contre le cuivre avec une étoupe de chanvre, au-dessus du feu, pour entretenir la fusion de l'étain.

389. Pour ce qu'on appelle *fer-blanc*, la *tôle* ou fer laminé mince étant décapée par l'acide nitrique étendu d'eau, et enduite de sel ammoniac, est plongée dans le suif fondu, et ensuite dans un bain d'étain fondu, mais recouvert d'une couche de suif.

390. On *moire* le fer-blanc avec un mélange de 2 parties d'acide nitrique, 3 parties d'acide hydrochlorique, et 8 parties d'eau; on laisse mordre le mélange sur l'étain, on lave ensuite la pièce à l'eau pure, on la sèche, et on la recouvre d'un vernis coloré.

391. Nous réservons pour les articles de main-d'œuvre, les proportions d'alliages pour diverses soudures à l'argent et autres, attendu les détails de préparation et disposition dans la facture des pièces, le mode d'opération, etc., qui seront plus convenablement traités à ces articles.

DE QUELQUES DÉNOMINATIONS CHIMIQUES ET PHYSIQUES.

392. Nous ne donnerons ici qu'un aperçu de la nouvelle nomenclature, il faudrait une étude suivie pour en développer l'ensemble. Nous avons vu que des métaux seuls, combinés simplement par le feu, prennent le nom d'amalgame et d'alliage; mais lorsque le composé solide ou liquide provient de la combinaison d'un métal et d'un corps combustible non métallique, celui-ci prend dans la langue chimique la terminaison en *ure*, suivie du nom du métal; ainsi le *soufre*, le *phosphore* combinés avec le plomb, prennent les noms de *sulfure* de plomb, *phosphure* de plomb. Le *carbone* combiné avec le fer, s'appelle *carbure* de fer, etc.

393. Si le composé est gazeux à la température ordinaire, on nomme d'abord le gaz ou l'un des gaz de la composition, et le nom du principe constituant a sa terminaison en *é* (du part. passé adj.), d'où l'on dit gaz *hydrogéné*, *phosphoré* ou *arséniqué*, etc.

394. On dit hydrogène *proto-carboné*, quand dans la combinaison d'hydrogène et de carbone, celui-ci est à la première proportion, c'est-à-dire égale à celle de l'hydrogène; *bi-carboné*, quand la proportion du carbone est double; *tri-* ou *trito*, quand elle est triple, et enfin *per-carboné* ou *sur-carboné*, pour signifier au-delà de 3 fois.

395. On termine en *ate* les noms des sels combinés avec différentes bases, on dit : *oxalate*, *sulfate*, *hydrate*, *muriate*, de soude, etc., le nom de *sel* est donné à tous les composés d'un oxide métallique, d'une terre ou d'un alcali, avec un acide.

396. Suivant que les *oxides* forment une partie sur deux, ou deux parties sur

ou trois parties sur quatre d'une combinaison, ils sont précédés des mots o (1er), *deuto* (2e), *trito* (3e), et *per* ou *sur* pour les quantités excédantes; ainsi on dit : *protoxide*, *deutoxide*, etc., d'hydrogène, de carbone ou d'azote, etc.

397. On appelle *hydracides*, les combinaisons d'un corps simple avec l'hydrogène, avec le *sulfure*, avec le chlore; tels sont l'*acide hydrosulfurique* ou *sulfuré*, et l'acide *hydrochlorique*, etc.

398. On appelle *binaires* les compositions formées de deux corps simples, tels que les oxides métalliques ou autres corps composés ainsi; *ternaires*, quand il y a trois éléments; *quaternaires*, etc. Ces composés résultent de la combinaison des métaux avec l'oxigène; ils forment parmi les autres oxides une classe particulière dont la propriété est qu'ils s'unissent presque tous aux acides, et forment des *sels*, d'où les oxides métalliques sont aussi appelés *bases salifiables*, ainsi que les terres et les alcalis.

399. Chacun de presque tous les métaux peut former deux oxides, et quelques-uns trois; le nombre ne dépasse point quatre; ces oxides métalliques sont solides, cassants, et ternes étant en poussière; sans odeur, hors l'*osmium*, blancs ou de couleur; ils ne décomposent point la teinture bleue de *Tournesol*, et plusieurs en ramènent la couleur au bleu, de rougie qu'elle était par les acides. La couleur violette est néanmoins verdie, et le jaune de *cucurma* est rougi, par les oxides *alcalins*, que l'on nomme aussi eux-mêmes des *alcalis*.

400. La *Pile de Volta* parvient à décomposer presque tous les oxides; cet appareil fait distinguer (comme l'appareil électrique, et suivant les dernières hypothèses sur ce sujet) deux sortes d'électricité, l'une dite *positive*, et l'autre *négative*, ou la première dite *vitrée*, et la seconde *résineuse*. En opérant la décomposition des corps, l'électricité appartient autant à la chimie qu'à la physique, la première d'ailleurs est une partie de la physique générale.

401. Parmi les principes qui agissent sur les corps matériels, sans être visibles, ni tangibles, ni pondérables, il en est qui sans présenter autant de caractères matériels que la *lumière*, donnent lieu néanmoins de les considérer comme des corps, comme des fluides matériels : de ce nombre sont les deux électricités résineuse et vitrée. On étend les mêmes probabilités aux deux principes magnétiques d'attraction et de répulsion, qui se remarquent dans l'*Aimant* et dans les corps aimantés. Tous ces principes actifs paraissent déterminer la plupart des phénomènes naturels, mais on soupçonne qu'il en existe encore beaucoup d'autres, dont la subtilité échappe à nos sens et à nos procédés actuels d'expérience.

402. Parmi les modifications que ces principes font observer dans les corps, plusieurs ne sont que passagères ou d'un effet inégal, et sans qu'elles paraissent ajouter aux particules des corps aucune substance tangible ni pondérable, il s'y développe néanmoins des forces très-puissantes et variables comme les circonstances météoriques ou autres qui les font naître. On peut en inférer combien de variations elles doivent introduire dans les effets délicats de l'horlogerie, et particulièrement dans ces échappements compliqués de plusieurs pièces qui se touchent momentanément, se séparent

si fréquemment, où les moindres différences d'attraction et de répulsion deviennent si sensibles, par la répétition multipliée des mouvements entretenus par des forces mécaniques extrêmement faibles. Or ces influences étrangères au mécanisme varient suivant l'état de l'atmosphère ou des autres causes qui les développent ; les points qui se touchent et se quittent perpendiculairement y sont plus subordonnés que les autres. Le développement des rouleaux y est exposé à des adhérences variables ; les points glissant sur des surfaces légèrement graissées en sont moins susceptibles. L'effet chimique du contact répété sans cesse des millions de fois, va jusqu'à décomposer les métaux les plus durs, qui frappent par un point imperceptible sur des pierres fines exactement polies et parfaitement propres. Tout cela devient sensible dans les résultats, à proportion de la délicatesse des pièces et des forces employées, tandis que, dans les pièces de fortes dimensions où la puissance est vigoureuse, l'effet de ces mêmes influences disparaît. Il importe donc à l'artiste qui compose des ouvrages délicats et de précision, de distinguer d'avance l'emploi et le cas d'application des moyens qu'il imagine, et de ne pas oublier dans une théorie séduisante, les propriétés physiques et chimiques de la matière.

403. Les expériences électriques sont si connues que nous nous arrêterons peu sur ce sujet, pour lequel on peut aisément consulter les ouvrages spéciaux. On sait généralement qu'un bâton de cire à cacheter, ou de soufre, ou un tube de verre, un morceau d'ambre, frottés légèrement et vivement avec une étoffe de laine, ou une peau de chat ou de renard avec son poil et bien sèche, attirent immédiatement de petites parcelles de papier, de paille, des fragments d'or battu infiniment mince, ou autres corps légers qu'on en approche. Cet effet se nomme *électricité*, du mot grec *electron'*, ambre, parce qu'il a été remarqué d'abord avec cette substance résineuse. Si le volume du baton de cire, de soufre ou de verre est d'un pouce de diamètre sur un pied à quinze ou dix-huit pouces de longueur, l'attraction est plus forte et plus prompte : quelques corps restent adhérents, d'autres sont repoussés vivement. Si l'on approche le tube frotté, près du visage sans le toucher, on éprouve à une certaine distance la sensation qu'y produirait le contact d'une toile d'araignée. Si l'on touche le tube de la main ou du visage, on entend le pétillement d'une étincelle (visible dans l'obscurité) qui s'élance entre les deux corps. On sent même comme une légère piqûre, etc. On agrandit ces effets et l'on en développe une infinité d'autres plus extraordinaires et plus importants, au moyen de la machine électrique composée d'un plateau rond de verre, serré entre des coussinets fixes, et mu circulairement par une manivelle. Des conducteurs ou tubes métalliques *isolés*, creux, et d'un fort diamètre, ont leurs extrémités voisines de la surface du plateau, recueillent momentanément le fluide électrique sur leur propre surface, et servent à le communiquer à divers appareils destinés à des expériences aujourd'hui fort connues. Le fluide électrique est de la même nature que le feu du tonnerre et des éclairs, dont il répète en petit les effets. On parvient à l'accumuler et à le retenir dans des appareils composés de bocaux en assez grand nombre pour que leur décharge subite puisse tuer sur-le-champ, un cheval, un bœuf, etc. Il faut donc être

prudent dans ces expériences dangereuses, savoir les diriger, et connaître les moyens sûrs d'en éviter les accidents qui à de bien moins fortes doses peuvent encore faire beaucoup de mal. Au moyen de cerfs-volants dont la corde était accompagnée d'un fil métallique, Charles, célèbre physicien français, a soutiré des nuages orageux et chargés naturellement de fluide électrique, les moyens de répéter toutes les expériences praticables avec la machine de physique, ce qui a démontré l'identité du fluide électrique dans les deux genres d'expériences.

404. On a aussi découvert vers la fin du dernier siècle, que sans appareils mécaniques et sans frottement, l'électricité se manifestait par le seul contact de deux métaux hétérogènes (de matière différente), et même entre toutes les substances quelconques de même nature, mais dont l'une se trouve accidentellement chargée de l'une des deux électricités, différente de celle de l'autre substance, différence qui seule paraît occasionner le phénomène. Plusieurs corps sont par leur nature, ou par d'autres circonstances connues, disposés à recéler ou à se charger d'une électricité positive, et d'autres de celle négative, notamment l'or ou l'argent et le zinc. En posant deux pièces, chacune de l'un des métaux différents, l'une au-dessus, l'autre au-dessous de la langue qu'elles débordent un peu en avant, et en faisant toucher subitement les deux bords saillants de zinc et d'argent, par exemple, les yeux éprouvent même de jour, mais plus fortement dans l'obscurité, la sensation d'un très-léger éclair; de plus, au moment du contact, la bouche perçoit l'effet d'une saveur analogue à celle du sulfate de fer. La première découverte de ce phénomène et de cette action électrique sur les nerfs, qui paraissent être l'appareil naturel le plus susceptible des effets de cette nature, est due à *Galvani*; son explication ainsi que les premiers essais pour développer davantage les résultats de cette découverte, appartiennent au physicien *Volta*, l'un et l'autre savants Italiens. Enfin on parvint à composer des *Piles* dites *Voltaïques*, composées d'un plus ou moins grand nombre de disques métalliques, dont chacun de deux différents métaux soudés ensemble ou parfaitement appliqués, étaient alternativement séparés par des rondelles de drap mouillées et pénétrées d'une dissolution saline ou acide, ou autre, suivant les divers cas et constructions; elles eurent alors assez de puissance pour décomposer les corps métalliques, par l'action simultanée de leurs deux pôles *positif* et *négatif*, transmise par des conducteurs métalliques ramenés de chaque pôle, sur le corps exposé. On a varié depuis de diverses manières, la construction de l'appareil, et notamment en supprimant le drap, et en suspendant verticalement des plaques soudées oblongues, dans des auges remplies d'un fluide approprié. Nous ne détaillons pas ici la théorie de cette découverte, ni les détails de ces constructions et des autres conditions du succès, on les trouve expliquées amplement dans plusieurs ouvrages modernes de physique, où elles sont mieux placées; en y suivant bien la théorie du phénomène de décomposition, attraction et répulsion des corps, l'artiste peut donc encore déduire de ces expériences l'importance du choix des métaux pour les pièces délicates qui agissent fréquemment sur d'autres, et les quittent instantanément, dans certaines dispositions variées d'échappement. L'usage était depuis

long-temps de varier la nature des métaux qui agissent les uns sur les autres, dans la juste intention de diminuer l'usure, l'adhérence et les frottements ; on voit qu'il n'est pas tout-à-fait d'accord avec l'expérience dont nous venons d'ébaucher les effets, plus récemment découverts. On doit sans doute maintenir l'usage ci-dessus dans les gros frottements, dans les mouvements forts, etc. ; enfin là où ces influences sont insensibles, proportionnellement aux forces employées, mais pour les parties délicates, c'est un avis de plus aux compositeurs, et nous y reviendrons en son lieu. Les deux fluides de même nom se repoussent, et ceux de noms opposés s'attirent.

405. Lorsque les propriétés de la pile de Volta furent plus répandues, quelques artistes essayèrent d'obtenir la mesure du temps au moyen du seul pendule, suspendu entre deux colonnes qui contenaient des piles voltaïques à sec (méthode de ces piles essayée aussi dans ce temps), et dont les oscillations étaient entretenues par l'attraction avant le contact d'une pile, et sa répulsion après le même contact. On n'avait plus besoin de force motrice : c'était alors le pendule qui faisait avancer le rouage. Quelques autres avaient cru y trouver le mouvement perpétuel, oubliant sa condition d'être essentiellement un résultat mécanique de leviers sensibles et calculables, sans le concours d'aucune autre propriété physique latente : autrement le cours des rivières qui ne tarissent pas, et les moulins qu'elles mettent en mouvement, etc., seraient la solution du problème. Malheureusement aussi les auteurs des nouvelles horloges voltaïques avaient oublié que la force des Piles est variable suivant l'état météorique de l'atmosphère et suivant diverses autres circonstances, et que de plus, elle s'affaiblit insensiblement, inconvénients majeurs, nous ne dirons pas seulement pour l'exacte mesure du temps, mais même pour le seul usage civil et usuel. Du reste, on ne construit aujourd'hui de ces machines que comme objets de curiosité, ou comme exemple momentané de l'un des effets des *Piles Voltaïques*.

406. N'ayant pas entrepris ici de faire un traité même élémentaire de physique ni de chimie, mais d'en exposer un simple aperçu, nous allons terminer cette notice par quelques autres remarques isolées de chimie, et par un petit nombre d'explications relatives au peu de corps qui sont ou peuvent être employés dans les travaux d'horlogerie; elles limiteront pour l'instant cette première partie des notions de physique générale, dont la suite trouvera mieux sa place dans notre second volume.

407. *L'acide carbonique* est le premier des gaz que l'on ait remarqué ; il est formé d'un volume de carbone et deux volumes d'oxigène, qui se condensent au point de se réduire en un seul ; il se trouve souvent tout formé dans certaines grottes (les voyageurs connaissent celle *du chien* à Pouzzoles, près de Naples), soit libre, soit combiné avec la pierre à chaux, ou *carbonate* de chaux ; sa pesanteur plus grande que celle de l'air le retient dans les lieux bas, où il éteint les corps allumés, empêche l'amorce d'un arme de prendre feu, et asphyxie les animaux qui y restent exposés trop long-temps. La fermentation du raisin dans les cuves, en produit abondamment, ainsi que quelques puits ; on est sûr de son absence, ou du moins de la réduction peu dangereuse, de sa quantité, dans les lieux de ce genre où une bougie brûle avec

facilité. Invisible comme l'air, l'acide carbonique a une légère saveur aigrelette. Les Eaux de *Seltz*, les bières, les cidres, quelques vins, moussent par l'effet de l'acide carbonique qu'ils contiennent.

408. *L'acide phosphorique* est la plus forte des quatre combinaisons acides, formées du phosphore avec l'oxigène.

409. L'azote forme avec l'oxigène trois acides du même genre, dont le plus oxigéné est *l'acide nitrique*, le deuxième en moins, *l'acide nitreux (eux*, diminutif), et le troisième *l'acide hypo-nitreux* (*sous nitr.*). L'acide nitreux est un gaz roux, dont la saveur piquante et désagréable attaque la poitrine. Il est plus pesant que l'air.

410. L'ACIDE NITRIQUE (l'eau forte du commerce) est très-caustique, et ne peut exister que combiné avec l'eau; ses cinq proportions d'oxigène avec une proportion d'azote exigent une proportion d'eau; il est alors très-concentré. On y ajoute une seconde quantité d'eau pour l'étendre, diminuer sa force et former *l'eau seconde*. En absorbant l'eau avidement, l'acide nitrique développe de la chaleur; on reconnaît sa concentration aux vapeurs blanches qui se forment entre sa vapeur acide, et celle de l'eau suspendue dans l'atmosphère. Concentré, il est liquide, blanc, odorant, d'une forte saveur et très-corrosif; il tache en jaune la peau qu'il désorganise promptement; la lumière solaire le décompose et le noircit; il agit sur les métaux à la température ordinaire, en exceptant l'or, le platine et quelques chaux métalliques. On extrait *l'acide nitrique* du *nitrate de potasse* ou salpêtre, par l'acide sulfurique à haute température.

411. Quatre acides sont produits avec le SOUFRE, nous en citerons seulement *l'acide sulfureux* et *l'acide sulfurique*. On use fréquemment du dernier; il peut être solide, anhydre ou sec, sous la forme de longues aiguilles blanches; liquide, c'est-à-dire combiné avec l'eau, il sert à divers usages des laboratoires et des arts; inodore et transparent, il ressemble à de l'huile blanche, aussi portait-il jadis le nom *d'huile de vitriol* et *d'acide vitriolique;* il désorganise subitement les matières animales et végétales; pris à l'intérieur, c'est un violent poison, dont le remède est beaucoup d'eau d'abord pour l'affaiblir, puis quantité d'eau de savon; il pèse plus que l'eau et ne bout qu'à 300°; aussi n'est-il pas volatil, et ne donne-t-il pas de vapeurs blanches comme l'acide nitrique; il absorbe promptement l'eau suspendue dans l'air, et qui augmente son volume en affaiblissant ses qualités; les briquets dits sulfuriques cessent bientôt leur effet, s'ils restent débouchés. *L'acide sulfurique* un peu étendu, agit promptement sur le zinc et le fer, à la température ordinaire; il n'agit pas à froid sur les autres métaux, mais presque tous ceux-ci, à la température de 100 à 200°, le décomposent en *acide sulfureux* qui se dégage, et en oxigène qui se porte sur le métal en formant un *oxide* combiné avec l'acide excédant; c'est ainsi que l'on obtient l'acide sulfureux dans sa pureté.

412. Les *oxides de fer* les plus remarquables, sont le deutoxide ou peroxide de ce métal, dont on tire le rouge à polir l'acier, quand le fer a été converti en acier, et l'oxide magnétique qui forme l'aimant naturel; *ces oxides intéressent l'horlogerie.*

413. *L'arsenic*, métal que l'on ne trouve que sous la forme de sel blanc, donne

plusieurs combinaisons avec l'oxigène; il est âcre de sa nature et nauséabonde, et fait beaucoup saliver. Introduit dans l'estomac, il agit comme un violent poison. Il y forme des taches rouges, gangréneuses, et en perce les parois. Son effet est facile à reconnaître. Vaporisé dans l'air, ce métal très-volatil produit une fumée blanche avec une forte odeur d'ail très-dangereuse à respirer; *on dit* que mêlé avec quelques alliages métalliques, l'arsenic les durcit, les aigrit et les rend plus cassants, et peut-être aussi plus oxidables.

414. Nous terminerons ce premier aperçu de quelques principales notions sur la nature et les qualités des corps par un petit nombre d'articles plus sensiblement relatifs aux travaux de l'horlogerie; ce qui précède n'en était pas moins nécessaire à l'intelligence des bases générales de l'état des corps. L'étendue de cette matière, à peine ébauchée pourtant, nous a entraînés un peu plus loin que nous nous l'étions prescrit. Mais ce ne sera pas non plus un grand inconvénient que quelques artistes commencent à cet égard, à voir un peu plus loin..... que ne le dit l'adage vulgaire. L'expérience prouve, en effet, que les connaissances accessoires en divers genres, deviennent toujours utiles tôt ou tard à l'objet principal de nos études.

Le verre est, par exemple, une matière que l'horlogerie admet quelquefois dans ses combinaisons mécaniques et physiques; il appartient à la classe chimique dite *des silicates*, du latin *silex*, caillou; cette classe comprend les *verres* et *cristaux* fabriqués, les *poteries*, les *émaux*, etc. La *silice* est aujourd'hui dans la classe des acides, comme *acide silicique*; elle est très-abondante dans presque toutes les substances formant les roches primitives, majeure partie du globe terrestre. Nous ne citerons ici que les corps vitreux.

415. Le mot *verre*, dans son sens général, comprend toute substance que la fusion rend plus ou moins transparente, solide étant refroidie, et d'une cassure brillante; mais il désigne plus particulièrement la combinaison de la *silice* avec un *alcali fixe*, tel que la soude, le plus ordinairement, à quoi l'on ajoute suivant les qualités voulues, de l'*oxide de manganèse*, ou de l'oxide rouge de plomb, du *minium*. On a formé aussi un verre soluble dans l'eau bouillante, mais non à froid, applicable sur divers corps qu'il garantit un certain temps de la première action du feu. Le verre dit *de Bohême*, à cause de son origine, formé de 15 parties de *potasse*, 20 de *chaux* et 65 de *silice*, est très-blanc, mais quelquefois il s'altère à l'air, se décompose en se couvrant de graisse, etc. Le verre à vitre contenant de la *soude* au lieu de *potasse* est bleuâtre ou verdâtre; le verre de bouteille contient beaucoup d'*alumine*, du sable argileux et de l'oxide de fer; le verre à glace contient moins de chaux que celui à vitre. Le *crown-glass* verdâtre, s'emploie, pour l'*achromatisme* de l'optique, avec le *flint-glass* ou cristal blanc; ce qui différencie principalement ce dernier du verre ordinaire, est l'emploi de l'oxide de plomb ou minium. L'abondance de cette matière donne au flint-glass plus de densité et la propriété de réfracter davantage les rayons rouges de la lumière, trop réfractaires autrement, et ne se réunissant pas exactement au foyer commun des objectifs; la dispersion des rayons forme les couleurs ou *iris*. Avec plus de minium, on

produit le *strass* imitant le diamant. En ajoutant de l'oxide d'étain ou de l'arsenic, on produit l'*émail* que l'on colore au feu par divers procédés. Tout ouvrage de verre et surtout de cristal blanc, exige un recuit pour ne pas éclater de lui-même par les variations de température. Le verre chauffé fortement et long-temps, dépasse l'état de vitrification, devient opaque, et plus réfractaire au feu. Le *flint-glass* est très-fragile et s'éclate aisément en larges écailles; c'est le moins dilatable des corps compris dans notre table de dilatation. Le verre à glace est plus solide. Cette qualité est employée dans les pendules compensateurs par le mercure, qui ne le pénètre pas comme quelques métaux et l'oxide difficilement, à en juger par l'usage des tubes de baromètre; on en forme aussi quelquefois la tige du pendule. Le *flint* est plus pesant que les autres verres.

416. On appelle aussi cristal, et plus souvent cristaux, toutes les substances minérales qui prennent d'elles-mêmes et sans le secours de l'art, une figure constante et déterminée. Le *cristal de roche* se trouve dans la nature, affectant la forme d'un prisme à six côtés, terminé à ses deux extrémités en pyramides exagones. Il est plus dur que les cristaux factices et se raye difficilement. Le *cristal d'Islande* produit une double réfraction en laissant passer les rayons de deux images pour un seul objet, à moins que les rayons ne soient parallèles à l'*axe de cristallisation;* ceci ne concerne que l'optique, et a servi à faire remarquer que l'agate, le *rubis*, le saphir, etc., ont aussi un axe de cristallisation qu'il importe de connaître pour que la densité soit égale autour des trous qu'on y pratique; nous en reparlerons aux articles de main-d'œuvre, à celui du travail des pierres fines, et dans quelques observations minéralogiques relatives à l'horlogerie.

417. *L'Ammoniaque* est une *base salifiable* qui ne contient ni métal, ni oxigène. Un volume et demi d'hydrogène et un demi-volume d'azote, se réduisent à un seul volume de cette substance; elle a une grande affinité pour l'eau. Le gaz ammoniaque (jadis *alcali volatil*) a une odeur extrêmement piquante et pénétrante qui provoque les larmes. L'*hydrochlorate* ou sel ammoniaque sert à diverses soudures dont il facilite l'écoulement en décapant le métal.

418. *Le Borax* ou borate de soude est un sel minéral qui nous vient d'Asie, formé par l'acide boracique avec la soude. Il sert à fondre, purifier, décaper ou garantir les métaux de l'oxide qui se forme au feu. Son nom vient du mot arabe *Baurack*.

419. L'or (roi des métaux suivant l'expression des anciens alchimistes) ne se dissout que dans une EAU qui en a retenu le nom de RÉGALE. Elle se compose de trois parties d'*acide hydrochlorique* liquide, avec une partie d'*acide nitrique*. L'acide hydrochlorique est aussi appelé dans le commerce *acide muriatique*, parce qu'il se forme en versant de l'*acide sulfurique* sur du sel marin, qui est une combinaison de *chlore* et de *sodium*.

420. *Les Résines* sont très-inflammables comme les essences; leur contact avec les alcalis forme des savons. A l'état solide, elles sont fixes et sans saveur, fondent à 100° et au-delà se décomposent; c'est la colophane, formée de 75, 94 carbone; 10,

72 hydrogène; et 13,34 oxigène. La colophane très-soluble dans l'alcool, y produit le vernis à l'esprit de vin.

421. *La Résine copale* se dissout difficilement dans l'esprit de vin, sa dureté la fait employer à d'autres vernis qui sont dissous par les huiles et les essences; sa dissolution dans l'alcool est néanmoins facilitée par les vapeurs d'essences qui la ramollissent. Le vernis copal se forme de 20 parties d'huile de lin cuite, et de 40 parties d'essence de térébenthine.

422. *La Gomme* ordinaire ou arabique est un produit végétal dont la cassure est vitreuse et la saveur fade; elle est très-soluble dans l'eau froide et nullement dans l'alcool. *La gomme adragant*, sous la forme de petits rubans opaques, rend beaucoup plus mucilagineuse l'eau qui la dissout à chaud, car dans l'eau froide elle se gonfle extrêmement au lieu de fondre. Elle se trouve dans plusieurs graines, et notamment dans celle de lin.

423. *La Gomme laque* est le produit d'un insecte des Indes orientales. Elle sert en teinture, en peinture, et entre dans la cire à cacheter, pour 54 parties sur autant de térébenthine, 3 de cire et 3 de vermillon. Elle se liquéfie au feu. La *laque en écaille*, qui est plus pure, est liquéfiée au feu, filtrée et formée en lames minces et transparentes; c'est celle-ci qui sert à fixer quelques pièces d'horlogerie.

424. *L'Alcool* est produit par la fermentation d'une matière sucrée dissoute dans l'eau, et jointe à un ferment, comme la levure de bière ou autre matière azotée. Il est tout formé dans le vin et s'en extrait par la distillation. L'alcool très-concentré prend le nom d'*esprit;* on rend tout-à-fait pur l'alcool déjà très-concentré, en le distillant sur la chaux vive qui s'empare de l'eau restée en mélange. Il bout à 79° c. On opère au bain-marie. L'alcool est formé d'un volume d'*hydrogène carboné* et d'un volume de vapeur d'eau, condensés en un seul volume.

425. *Les Éthers* résultent de l'action des acides sur l'alcool; on en distingue plusieurs, dont le plus important est l'*éther sulfurique*. Celui-ci résulte d'un mélange de parties égales d'alcool et d'acide sulfurique versé peu à peu. Après quelques jours, on recueille l'éther par distillation. Un seul volume d'éther se forme d'un volume d'*hydrogène demi-carboné*, et d'un demi-volume de vapeur d'eau. En faisant tomber sur du *chlore* sec des gouttes d'éther, celui-ci s'enflamme et produit de l'*acide hydrochlorique* avec un dépôt de charbon.

426. HUILE. La chimie établit peu de différence de proportion entre les éléments, de semblable nature, des *huiles* et des *graisses*. Si une huile congelée par le froid est pressée entre des papiers spongieux, elle les pénètre d'un liquide appelé *Oléine;* il n'en reste qu'une substance solide nommée *Stéarine*, du mot grec *stear*, suif, auquel elle est analogue; ces deux parties distinctes ne sont qu'à l'état de simple mélange. L'alcool en s'emparant imparfaitement de l'oléine, laisse pour résidu la stéarine. L'oléine seule ne se solidifie qu'à — 4° (au-dessous de 0°); mais le mélange des deux matières se fige à 4° au-dessus de zéro; la stéarine ne fond qu'à + 44° (au-dessus de 0°). Le contact de l'air humide fait rancir les huiles grasses. Elles bouillent

à 300°, et se décomposent au-delà. Les acides, les alcalis joints aux huiles forment les savons, et l'*oléïne* et la *stéarine* deviennent alors des *acides*. L'huile d'olives retient l'odeur de son fruit; on y en mêle souvent d'étrangère, telle que l'huile de pavot, dite *d'œillette*, siccative et qui n'a ni saveur, ni couleur. On indique ainsi le moyen suivant de reconnaître le mélange : On joint 92 grammes d'huile d'olives à 8 grammes d'une dissolution de 12 parties de *mercure* dans 15 parties d'*acide nitrique* à 58°; on agite fortement, puis on laisse reposer le tout dans un lieu frais pendant 24 heures. L'huile d'olives se fige à part, et l'huile d'œillette forme un dépôt appréciable par les diverses expériences. L'huile d'olives s'épaissit à la longue; mais seule elle est considérée comme non siccative, du moins relativement, ainsi que celle d'amandes douces; celle-ci, néanmoins, passe pour rancir plus promptement. Nous donnerons dans la suite de cet ouvrage, le procédé d'épuration simple de l'huile d'olives, qui a paru le mieux réussir pour l'horlogerie.

427. La *cire* est une sécrétion particulière de l'abeille nourrie de miel; la cire fondue, exposée mince au soleil plusieurs fois, y blanchit et se purifie, et n'a plus d'odeur ni de saveur. Elle fond à 63°, et un peu plus aisément dans l'alcool à chaud.

428. Le savon est le produit des matières grasses en contact avec les alcalis, comme on l'a vu ci-dessus : l'*oléine* et la stéarine se convertissent en acides, oléique et stéarique, et donnent naissance à l'acide *margarique*. Le savon est un véritable sel, d'où il importe pour l'horlogerie de ne pas laisser long-temps les parties de métal qui ne sont pas dorées, dans l'eau de savon, où elles contractent aisément des traces d'oxide. Ce sel ne peut être bien dissous que dans l'alcool qu'il est bon de tenir un peu chaud. Ceci intéresse le nétoyage des pièces d'horlogerie.

429. *L'Huile de pétrole*, appelée la *Naphte* en chimie et tirée du règne minéral, est formée de 87, 22 de carbone, et 12,78 d'hydrogène; elle dissout le *caout-chouc* ou gomme élastique; celle-ci est insoluble dans l'eau, un peu soluble dans l'éther, mieux encore dans l'essence de térébenthine, et plus parfaitement dans la *naphte*. Cette dernière dissolution forme un vernis qui rend les tissus imperméables à l'eau. Le caout-chouc pur est formé de 87 de carbone et 13 d'hydrogène; ce vernis fond au moyen d'une chaleur convenable, et l'on peut en enduire des bouchons de liége qui ferment alors aussi exactement que ceux à l'émeri, et garantir aussi des effets hygrométriques, les soies de suspension et certains cordons, etc., dans les pendules et les horloges; le caout-chouc ne se gerce pas et conserve son état élastique. L'usage en pourrait être applicable aux verges de pendules en bois, dont l'emploi économique et avantageux commence à être adopté depuis quelque temps; nous en traiterons en son lieu.

430. *La Substance ligneuse* qui constitue le bois est composée de charbon et d'un mélange d'oxigène et d'hydrogène propre à produire de l'eau. Le microscope le montre formé de petites cellules plus ou moins allongées. On sait que le bois se gonfle et se déforme par les variations hygrométriques de l'air. Pour l'en garantir, on l'expose à la vapeur de l'eau jusqu'à ce qu'elle ne s'en colore plus. Ensuite on le fait sécher autant que possible. Pour éviter de nouveaux effets de l'humidité et

le préserver des insectes, on l'enduit d'abord d'une résine chargée de quelque poison contre eux, et l'on aide à la pénétration de l'enduit par le vide ou la pression, et même la chaleur; ce moyen pourrait s'appliquer aux verges en bois pour les *Pendules*. Nous verrons ailleurs que le bois de droit-fil se dilate beaucoup moins en longueur que la plupart des corps métalliques (1).

PREMIÈRES OPÉRATIONS ÉLÉMENTAIRES DE GNOMONIQUE.

De la mesure ordinaire du temps civil, et des moyens pratiques les plus simples de se la procurer (2).

431. On a vu dans la préface de cet ouvrage que le mouvement *apparent* du soleil, qui n'est produit que par le passage *réel* du plan d'un méridien terrestre vis-à-vis de cet astre, avait dû être de toute antiquité l'un des principaux moyens d'établir la mesure du temps (3); c'est encore un de ceux que l'on emploie actuellement. Nous expliquerons à notre article des premières notions astronomiques, comment les retours du méridien terrestre sont sujets à des inégalités annuelles reconnues par l'astronomie, qui les corrige par des tables dites *d'équation* ou du *temps moyen* : telle est à peu près la

(1) On peut concevoir par ces derniers articles, que des connaissances très-étrangères en apparence à l'horlogerie, y peuvent trouver leur application utile dans l'occasion, outre que d'autres articles sont souvent de simples développements nécessaires aux précédents. Nous l'avons dit ailleurs, toutes les sciences, tous les arts s'entr'aident, ce qui paraît inutile aux uns sert à d'autres. Notre ouvrage est fait pour l'utilité de toutes les classes de lecteurs. L'ignorance et l'étourderie présomptueuse peuvent en juger autrement, mais l'approbation connue de quelques artistes habiles et réfléchis nous suffit. Nous n'avons pas entrepris d'ailleurs de changer les effets du climat et des habitudes locales.

(2) Nous venons de recevoir à ce sujet diverses demandes de plusieurs horlogers de petites villes et bourgs de France où l'on manque de moyens à cet égard. Une circonstance particulière paraît avoir suscité une partie de ces réclamations. L'Administration générale des Postes dont les immenses détails exigent une grande exactitude, a procuré à plusieurs bureaux de petites villes ou bourgs, *une table d'équation moyenne*, pour qu'ils eussent à régler leurs pendules sur le temps moyen, et à tenir leurs dépêches prêtes pour le passage précis des courriers qui ne doivent éprouver aucun retard; mais comment régler l'heure du pays sur le *temps moyen* qui n'est que la correction du temps solaire, lorsque celui-ci n'est indiqué par aucune méridienne, aucun cadran solaire, qu'il n'y a dans le lieu personne en état d'en tracer, et lorsque les horloges sonnent à un quart-d'heure, à une demi-heure de différence d'avec le vrai temps solaire du lieu? C'est pour obvier à cet inconvénient trop commun que nous donnons en ce moment cette partie si nécessaire des notions de gnomonique : tant il est évident que la connaissance accessoire de diverses sciences est utile à l'horloger!!! Nous le faisons d'autant plus volontiers, que le retard de deux planches d'horlogerie dont nous rétablissons l'ordre en ce moment, nécessite un choix d'articles qui n'exige, comme celui-ci, que peu de figures, et laisse la place de quelques autres figures arriérées. On a vu que l'essentiel de 8 vol. de chimie, n'occupe ici que quelques pages.

(3) Presque personne n'ignore aujourd'hui que le soleil est considéré en astronomie comme fixe dans l'espace, à l'égard du mouvement de la terre, et que c'est celle-ci dont la rotation diurne ramène chaque jour vers le soleil, le plan du méridien d'un lieu quelconque occupé par l'observateur; ce méridien terrestre est conçu comme un plan droit, passant à la fois par le centre de la terre, dans toute la longueur de son axe, par ses pôles, et se prolongeant indéfiniment dans l'espace, et par conséquent passant aussi par le *zenith*, point de cet espace qui correspond, perpendiculairement en tous sens, à celui que l'observateur occupe sur le globe terrestre. Trois points suffisent pour établir un plan, ainsi que nous l'avons dit (art. 259 et 277), et comme on le verra dans ce qui suit.

table moyenne que nous avons donnée avec notre troisième livraison ; et dont l'usage est applicable avant même d'en connaître les causes astronomiques. La connaissance de l'instant du midi ou du milieu de chaque jour produit par la révolution diurne de la terre à l'égard du soleil, est en effet un des moyens indispensables, pour régler en tous lieux les horloges publiques, les pendules et les montres. Pour y parvenir, il faut distinguer l'instant précis de la plus grande hauteur du soleil pour chaque jour, ce qui exige le tracé d'une *ligne méridienne*, soit horizontale, soit verticale, sur quelque lieu solide, et le passage marqué de l'ombre d'un style ou de l'image solaire reçue par une ouverture ; l'on obtient cet effet par les opérations assez simples que nous allons décrire, et qui comportent un degré d'exactitude suffisant pour l'usage général, si elles sont exécutées avec la précision requise.

432. La première opération et la plus facile en ce genre, est celle de tracer une *ligne méridienne* horizontale par les *hauteurs correspondantes* du soleil, prises à la même distance ou à un intervalle de temps égal, avant et après le midi solaire. Cette première opération doit être faite avec soin, parce qu'elle sert presque toujours de base aux autres méthodes gnomoniques de mesurer le temps.

433. Pour tracer cette méridienne (en petit), il faut d'abord se procurer un plan A B vu en profil sur sa longueur, fig. 1, pl. IX, ayant une face droite en tout sens, tel qu'une ardoise épaisse d'un pouce environ, et de 17 pouces de longueur, sur un pied de large. La fig. 1 présente le plan par son épaisseur prise sous la ligne A B qui est le sens de la longueur. Ce plan aura dans l'opération, sa face supérieure bien nivelée. On peut y employer aussi un carreau de marbre ou d'une pierre inattaquable à la gelée. On y pratiquera en C un trou à un pouce et demi du bord de l'un des deux côtés les plus courts, vis-à-vis le milieu de ce côté, pour y implanter perpendiculairement un *style* ou *gnomon* de fer, ou mieux de cuivre rouge qui s'oxide moins. La forme de ce style portant un disque incliné, est indiquée comme en perspective dans le haut de la fig. 1 de la planche IX, en F E D, et le bas est tout-à-fait de profil. Le disque D est rond et mince, de 2 po. de diam. sur 1/2 à 2/3 de ligne d'épaisseur, percé au centre d'un trou rond E d'environ une ligne et demie, et évasé en dessus jusqu'aux 2/3 de son épaisseur. Ce disque, toujours plus avantageusement en cuivre rouge, est porté par la partie courbe de la tige carrée, un peu élargie du haut et entaillée, où il est soudé ou rivé solidement. L'inclinaison du disque forme avec le prolongement vertical de l'axe ou tige, un angle D F G d'environ 41°, afin que se présentant perpendiculairement au rayon solaire dans l'équateur, il puisse se trouver également oblique à ceux des deux solstices. La tige porte dans le bas une embase de même pièce ou soudée, propre à maintenir le style droit sur le plan, et à permettre le serrage de l'écrou H, vissé à l'extrémité inférieure du tenon carré qui traverse le plan et y est en outre consolidé avec un bon ciment.

434. La hauteur du *gnomon* ou *style*, d'après les mesures ci-dessus, doit être telle que le centre du trou E de son disque soit élevé à 4 po. juste au-dessus du point du plan qui lui correspond perpendiculairement. C'est pour cela que la tige est formée

de deux pièces à coulisse l'une sur l'autre, pour déterminer plus aisément la hauteur du disque, en l'arrêtant au point voulu, par le serrage de deux vis solides, comme il est indiqué par la fig. Du reste en observant bien les dimensions données qui sont en général les moindres que l'on doive se permettre, on peut faire le style d'une seule pièce sans coulisse, en observant la hauteur voulue. On voit par la fig., que le disque doit être tourné vers la plus grande longueur du plan, et dirigé sur la ligne A B qui en partage la longueur en deux demi-largeurs égales.

435. Ces dispositions étant bien observées, on choisira un lieu exposé au soleil du midi, ou à très-peu près, pouvant en être éclairé en hiver, et débarrassé de tout ombrage vers ce moment du jour, tel qu'un parapet solide de terrasse à hauteur d'appui, pour la facilité de l'observation, un appui de fenêtre suffisamment large, ou enfin une construction formant un piédestal solide, pour y placer et niveler le plan d'ardoise ou de pierre, dont on dirigera les deux plus longs côtés, à peu près également dans la direction présumée du midi solaire; on peut aussi y employer la boussole s'il n'y a point de fer aux environs, c'est-à-dire à une dizaine de pieds, ou tout autre moyen d'*orientation*. Il suffit ici d'un *à peu près*, parce que la suite de l'opération donnera par elle-même la direction exacte de la méridienne; mais il est mieux de s'en rapprocher le plus possible. La déviation magnétique est de 22° à l'ouest.

436. Le plan sera mis de niveau en tous sens en le calant solidement par les vérifications d'usage, et sera consolidé en place par quelque ciment dur, et le moins susceptible de mouvement par l'effet des températures extrêmes auxquelles l'appareil sera exposé, et l'on aura soin de vérifier le nivellement pendant ce scellement. Le tout étant solide, on fera passer par le trou du chapeau ou disque du gnomon, le fil de soie d'un *à-plomb* terminé en pointe par le bas, et l'on marquera par ce moyen, ou par quelque autre analogue, le point B du plan qui correspond perpendiculairement dans le bas du fil à-plomb, au centre juste du trou du disque; on marquera ce point par un petit enfoncement peu profond, mais suffisant pour retenir la pointe d'un compas, sans qu'elle y soit gênée; de ce point, comme centre, et avec une ouverture de compas égale à la moitié de la hauteur du gnomon (7/15" ou ici un peu moins de 2 po.). On tracera une portion de cercle, comme un quart ou environ, vers la longueur du plan : c'est-à-dire à l'opposé du pied du style, de manière à ce qu'il s'en trouve une moitié de chaque côté du milieu de la largeur du plan : à deux lignes de distance on tracera une seconde portion de cercle, en dehors du premier et un peu plus étendue, et à la suite 6 à 7 autres cercles d'un rayon toujours agrandi de 2 lignes et plus étendu, comme on le voit dans la fig., en supposant que la ligne A B représente celle du milieu du plan sur sa longueur. Puis, au jour marqué dans l'annuaire pour le milieu du solstice d'été, si le temps et l'état du ciel le permettent, ou du moins aux jours clairs les plus voisins, on observera l'image du soleil, donnée par le trou du disqne, et surtout chaque instant de son passage, depuis environ 9 heures du matin jusqu'à midi, sur la partie occidentale des cercles tracés : on marquera à ces instants, sur chaque cercle, le centre de l'image solaire, au moment

où ce cercle la coupera juste par moitié : ensuite, depuis midi jusqu'à environ trois heures du soir, on marquera de même sur la partie orientale des cercles, le passage du milieu de l'image, à mesure que le soleil paraîtra s'avancer vers l'Occident. On conçoit que l'image solaire décrira aussi un cercle, mais dans un sens opposé à celui des premiers cercles tracés sur le plan, comme en *a b c d*, vu que le soleil étant pour nous plus élevé vers midi qu'à 9 heures du matin et à 3 heures du soir, le cercle décrit par l'image se rapprochera circulairement du pied du gnomon, et plus à midi que dans les autres heures, et qu'ainsi son cercle décrit coupera obliquement les cercles tracés d'avance sur le plan. Ces points étant donc bien marqués, on tirera de chaque point d'un cercle, marqué le matin, à son correspondant du soir, comme de *b* à *d*, une ligne droite que l'on divisera par moitié pour en avoir le point milieu que l'on marquera, et ayant ainsi divisé toutes les lignes pareilles des autres cercles, on aura une suite de points milieux sur la direction d'un rayon du centre donné par le fil à-plomb. Alors on tirera une ligne droite du centre de l'à-plomb marqué sur le plan, en la faisant passer par tous ces points milieux des cercles dont nous venons de parler, ou du moins au milieu de leurs différences, s'il y en a, et cette ligne prolongée au-delà, sur toute la longueur de l'ardoise ou du plan, sera la *méridienne* cherchée A B, et donnera toute l'année l'instant du midi solaire.

437. Nous ne devons pas dissimuler que cette opération du reste plus facile à exécuter qu'à rendre assez claire aux lecteurs qui n'ont pas l'habitude du genre, n'offre pas, étant faite au solstice d'été, toute la sécurité désirable pour son exactitude dans quelques autres parties de l'année, attendu le trop grand rapprochement des cercles vers le pied du style ou vers le point du fil à-plomb. Le midi pourra y être sensiblement juste à cette époque et pendant quelques mois avant ou après, mais la moindre inexactitude peu appréciable à une médiocre distance, deviendra plus remarquable vers le solstice d'hiver en A. Il faut donc ne tracer que légèrement et provisoirement cette ligne méridienne faite au solstice d'été, pour répéter l'opération à l'époque du solstice d'hiver, et la corriger alors au besoin avec plus de certitude.

438. Mais le plan ayant été fixé solidement, et le style étant resté intact et préservé de tout ébranlement, la seconde opération correctrice de la première sera très-facile. Il suffira de tracer du même centre du fil à-plomb (et cette fois avec un compas à verge toujours moins flexible pour les grandes distances), des cercles toujours concentriques aux précédents, mais à l'autre extrémité du plan au-delà de A. Le premier cercle atteindra presque le bord du côté du plan, à l'opposé de celui du style ; on l'accompagnera de même de 7 à 8 autres cercles, ici en dedans du premier, et avec environ 4 lignes de distance entre eux ; enfin au milieu de l'époque du solstice d'hiver, on marquera de même sur ces grands cercles les passages successifs du centre de l'image solaire, avant et après midi ; puis on prendra le milieu juste entre les deux points *correspondants* de chaque cercle, comme dans l'opération de l'été ; on tirera alors par une moyenne entre les différences que pourraient avoir ces points milieux, et jusqu'au centre du fil à-plomb, une nouvelle ligne plus marquée que la première, propre à

la vérifier ou à en corriger la déviation ; de cette manière, on sera plus assuré d'avoir une méridienne exacte pendant tout le cours de l'année.

439. Il est facile actuellement de concevoir que le centre de l'ouverture du disque E, le point du fil à-plomb B, et l'extrémité septentrionale A de la ligne méridienne, déterminent un plan qui est exactement celui du méridien terrestre dont nous avons parlé d'abord et qui, prolongé indéfiniment en tous sens, passerait dans toute la longueur de l'axe de la terre avec lequel sa direction se confond, et par ses pôles, et par le *zénith*. C'est ce même plan qui forme celui des styles triangulaires des cadrans solaires, avec cette différence, que la ligne supérieure et inclinée de ces styles représente l'axe de la terre, auquel cette ligne est parallèle, étant aussi dirigée vers l'étoile polaire du Nord, ou plus exactement vers le vrai point du pôle céleste, car l'étoile polaire en dévie un peu, comme nous le dirons ailleurs. La distance de cette ligne à l'axe véritable de la terre n'étant que d'environ 1500 lieues, devient nulle à l'égard du prodigieux éloignement de l'étoile ou du pôle céleste, et les deux lignes, quoique mathématiquement convergentes, sont considérées, sans erreur appréciable, comme exactement parallèles, puisque le globe lui-même n'est qu'un point imperceptible comparativement à la distance de l'étoile la moins éloignée.

440. Nous avons établi notre méridienne sur une très-petite échelle(4 pouces de hauteur du gnomon), comme plus facile à pratiquer, et si elle est exécutée avec soin, elle peut ne pas offrir l'erreur d'un quart de minute. Mais rien n'empêche d'en amplifier proportionnellement toutes les dimensions ; cependant il faut observer, dans ce cas, que le rayon solaire du solstice d'hiver en A E s'étend jusqu'à plus de trois fois la hauteur du gnomon, c'est-à-dire à environ un septième de plus, à partir du point du fil à plomb B, ce qui oblige de borner souvent la hauteur du style qui, plus élevé, est toujours plus avantageux. Nous verrons plus loin que les astronomes n'ont pu construire des gnomons d'une grande dimension que dans d'immenses édifices. Cependant lorsque l'espace manque pour l'étendue de la ligne jusqu'au solstice d'hiver, on y obvie quelquefois en faisant remonter la ligne méridienne sur un mur lisse et à plomb, comme on l'a pratiquée à Paris pour le gnomon de St-Sulpice, dont la ligne remonte à plus de vingt-cinq pieds sur un obélisque de marbre adossé solidement à l'angle intérieur du croisillon septentrional de l'édifice.

441. La plupart des ouvrages qui traitent de cette matière, ceux même d'horlogerie, indiquent en peu de mots les principes du tracé d'une méridienne, en supposant au lecteur la connaissance de la sphère et quelques notions astronomiques. Mais ce sujet qui intéresse particulièrement les campagnes et les villes d'une médiocre population, et où les artistes manquent des secours que l'on trouve dane les capitales, nous a paru mériter des développements et une bonne méthode d'opérer, détaillée à proportion de son importante utilité. L'opération en elle-même est facile ; il n'y faut que de l'attention et un peu de cette adresse plus commune en horlogerie que dans toute autre profession. En suivant exactement l'esprit de ces développements, on parviendra à faire une méridienne qui, bien que petite, sera plus que suffisam-

ment exacte pour l'usage civil, où l'on ne tient pas compte d'une dizaine de secondes.

442. PREMIÈRE OBSERVATION. Le plan d'ardoise ou de pierre ayant un pied de largeur, on pourra en profiter pour y marquer les lignes de 10 heures, 11 heures du matin, et celles d'une heure et 2 heures après-midi; et pour éviter tout calcul, ainsi que l'usage des tables astronomiques, un moyen très-simple et bien suffisant sera de se servir d'une montre et mieux encore d'une pendule bien réglée et dont on connaît la marche assez uniforme. La pendule étant mise d'accord à midi avec la ligne méridienne pourra servir le lendemain à marquer sur le plan le point de l'image solaire aux heures voisines voulues, et même aux demi-heures et aux quarts-d'heure intermédiaires, que l'on pourrait encore subdiviser par 5 minutes. Une montre assez réglée peut être employée à porter l'heure de l'appartement où se trouve la pendule, au lieu de l'observation. On tirera alors d'autres lignes du centre du fil à-plomb, marqué comme on l'a dit sur le plan, jusqu'aux points désignés par la pendule et l'image solaire. Il est essentiel aussi de faire cette subdivision en heures, demies, quarts, etc., au solstice d'hiver pour plus d'exactitude. Les heures qui précèdent et suivent le midi, sont utiles dans des temps nébuleux où quelques nuages peuvent empêcher l'observation de midi; quand on prévoit cet inconvénient, on peut profiter des instants favorables pour les subdivisions, et la table du temps moyen pour ce jour-là, peut y servir également. La différence de deux à trois heures est trop peu sensible dans l'*équation* pour en tenir compte; car, il ne s'agit pas ici de régler des horloges astronomiques, ni des *chronomètres* ou des montres marines, pour lesquels les plus grandes méridiennes suffisent à peine; et l'on sait, que dans ce cas, l'observation d'une étoile, au moyen d'une lunette murale à réticule et solidement placée, convient beaucoup mieux (1).

443. DEUXIÈME OBSERVATION. Nous avons choisi les époques des deux solstices, parce que, pendant 4 à 5 jours, les *hauteurs correspondantes* du soleil, matin et soir, n'offrent point de différence assez sensible en déclinaison. Mais dans les autres temps de l'année, la déclinaison ou la hauteur de l'astre est différente du matin au soir, pour un même intervalle de temps, suivant les saisons. On a des tables toutes faites de déclinaison, mais il faut convertir les degrés et leurs fractions en temps, et c'est toujours un calcul peu facile pour qui n'y est pas habitué, et que nous évitons dans cette méthode toute pratique.

444. TROISIÈME OBSERVATION. L'époque du solstice d'hiver offre l'avantage de l'éloignement de ses points, d'avec celui du fil à-plomb du trou du gnomon, et d'une marche plus rapide de l'image, qui reste moins long-temps sur le même point. Ce moyen offre plus d'exactitude; mais d'un autre côté, le ciel à cette époque est souvent couvert de nuages ou au moins très-brumeux, et le spectre solaire est moins distinct; souvent on est obligé de se servir des jours voisins du solstice où le soleil a déjà quelque déclinaison. C'est pourquoi nous avons prescrit de prendre le

(1) Nous nous proposons de faire exécuter quelques lunettes de ce genre tout en fer fondu, et à la fois plus courtes, plus solides et économiques que celles qui ont paru il y a quelques années, et nous donnerons dans cet ouvrage l'adresse du fabricant.

centre de l'image et non l'un de ses bords, à cause de la *pénombre* (diffusion des bords) plus grande encore en hiver. On conçoit donc qu'il ne faut pas négliger l'opération de l'été où le ciel est plus dégagé et l'air plus transparent, mais qu'on n'en doit marquer les lignes et les points que légèrement pour les vérifier et corriger par une opération d'hiver, et les tracer ensuite plus fortement et en définitive.

445. QUATRIÈME OBSERVATION. Nous avons dit au début de ces articles, que les retours du méridien terrestre vers le centre du soleil étaient inégaux en temps, et que c'est ce qu'on nomme *temps solaire*, qui est inégal. Il ne faut donc pas oublier dans l'usage de la méridienne de tenir compte de la correction indiquée par la table du *temps moyen* ou égal et uniforme de l'annuaire, ou par notre table *moyenne;* ces tables donnent pour l'instant du midi solaire inégal, appelé aussi *temps vrai* (naturel), la quantité de minutes et secondes dont une montre, une pendule ou une horloge mise une fois d'accord avec la table, c'est-à-dire avec la différence qu'elle indique ce jour-là, la quantité, disons-nous, dont elles doivent paraître en avance ou en retard dans les jours suivants, par le seul effet des inégalités solaires. Si en effet la pièce est bien réglée, elle doit marquer, à très-peu près chaque jour à l'instant de midi, la différence portée dans la table. Cette montre et cette pendule marquent alors le *temps moyen* ou *égal* que l'on a adopté depuis quelques années à Paris, et qui est suivi depuis longtemps dans d'autres capitales de l'Europe. Si après 8 jours pour une montre, ou 15 jours pour une pendule, la différence de leur marche n'est que d'une minute, on se contentera de remettre l'aiguille au point indiqué par la table, sans toucher à l'avance et retard; car il serait trop difficile de remédier à cette variation que l'on risquerait, au contraire, d'augmenter dans l'un ou l'autre sens, en touchant au réglage. On doit savoir *qu'il n'y a point de zéro en horlogerie*, ni même ailleurs, la perfection absolue étant partout impossible; on s'efforce uniquement d'en approcher le plus. La table *moyenne* que nous avons donnée ne remédie aux inégalités solaires que de 5 en 5 jours, ce qui est très-suffisant pour l'usage civil. Elle est dite *moyenne*, parce que les tables annuelles différant entre elles de quelques secondes, pendant les trois années qui suivent la bissextile, cette table intermédiaire tient un milieu entre ces différences, et ne s'écarte du vrai que d'un nombre de secondes peu appréciable dans l'usage ordinaire.

Nota. Lorsque l'on ne fait pas usage de l'appareil ci-dessus, il est utile de le garantir des accidents, des intempéries et de la poussière, par une couverture en tôle ou en fer blanc peint ou d'autre matière, qui n'en touche aucune partie, et n'appuie que par ses bords inférieurs sur le massif, où elle est fixée par quelque moyen sûr et commode.

MÉRIDIENNE VERTICALE.

446. Si l'on veut tracer sur un mur une méridienne perpendiculaire ou verticale, il convient que durant quelques heures avant et après-midi, s'il se peut, la place soit dégagée, pendant toute l'année, de l'ombre des objets voisins. Il serait mieux, sans doute, que le mur se trouvât exactement dirigé de l'*Est* à l'*Ouest* (du levant au

couchant), pour être perpendiculaire au rayon solaire à l'instant du passage du méridien terrestre; mais ce cas est rare, et le mur *décline* presque toujours un peu; quand la différence est petite, on y remédie par un peu plus d'épaisseur du côté de l'enduit lisse et bien perpendiculaire qu'il convient de faire préalablement sur le mur; et pour le surplus, la méridienne horizontale, base de plusieurs opérations de gnomonique (433), pourra dispenser ici d'autres méthodes plus embarrassantes. Car l'ayant une fois tracée quelque part avec précision, elle servira au solstice d'été, préférable ici, pour marquer le point où doit passer la ligne verticale. Il suffira donc de placer dans le haut de la ligne méridienne, en avant du mur, et en saillie de 2 pieds, par exemple, une plaque ronde de fer, du diamètre de 8 à 12 pouces, percée au centre d'un trou rond et de 8 à 9 lignes, rivée et soutenue avec une branche ou deux, ou mieux, trois branches droites de fer, divergentes du côté de leur scellement pratiqué d'avance dans le mur, et dont la 3ᵉ branche sera dans le haut et les deux autres par côté, le tout dans la direction approchée du midi, et la plaque étant inclinée vers le haut du mur d'environ 40°. Au solstice d'été, la plaque projettera son ombre, et l'image solaire du trou à environ 7 pieds et demi au-dessous du point où répond horizontalement la hauteur du trou, d'après la mesure donnée du gnomon. Alors à l'instant où la petite méridienne marquera juste midi, un signal convenu annoncera de marquer subitement sur le mur, un point au centre de l'image solaire. Ce signal est d'ordinaire l'explosion d'un fusil ou d'un pistolet bien amorcé, et dont on tire la gachette un très-léger instant avant le point juste de midi de la petite méridienne. Il ne restera plus qu'à tracer sur le mur au moyen du fil à plomb, de la même hauteur horizontale du trou, une ligne perpendiculaire tombant sur le centre marqué, et la méridienne verticale sera tracée pour toute l'année. L'opération faite au solstice d'été n'aura pas même besoin d'être vérifiée au solstice d'hiver. La ligne méridienne se terminera dans le bas, quelques pouces au-dessous du centre de l'image, pour faire place au chiffre XII, et sera terminée simplement dans le haut, à environ un demi-pied au-dessous du niveau du trou du gnomon. L'usage est d'encadrer cette ligne par un double filet, à une certaine distance de la ligne, du chiffre et de l'extrémité supérieure, comme on le voit fig. 2, pl. IX. On peut donner à ce gnomon des dimensions proportionnelles, plus grandes que celles indiquées ci-dessus pour exemple.

447. Si le terrain auprès du mur se trouvait plan et horizontal, ou s'il était aisé de le rendre tel, on pourrait au défaut de la petite méridienne décrite dans le premier article, en tracer une exprès au pied du mur, mais sur une beaucoup plus grande dimension, telle que la place et les moyens disponibles le permettraient, en proportionnant toutes ses parties aux mesures données pour la petite (432–434); alors la ligne méridienne horizontale prolongée jusqu'au pied du mur, donnerait le point du fil à-plomb pour tracer la ligne verticale et diriger le scellement du gnomon et même sa direction au midi, par un à-plomb tiré du milieu du trou sur la méridienne horizontale, mais cette dernière ne sera suffisamment juste qu'au solstice d'hiver. Tandis qu'ayant d'avance une petite méridienne horizontale tracée avec les soins requis, on pourra tracer la

ligne verticale du mur, dans tous les jours clairs de l'année; tant il est vrai que la petite méridienne horizontale est d'un usage très-multiplié en gnomonique.

DES CADRANS SOLAIRES, *et de celui qu'on nomme* ÉQUINOXIAL.

448. Il ne suffit pas toujours d'avoir une méridienne; il arrive souvent que, par des temps nébuleux, les rayons solaires sont interceptés à l'instant du midi, tandis que le soleil se trouve dégagé dans d'autres moments du jour. Le cadran solaire pouvant marquer les autres heures, remédie à cet inconvénient; mais son exécution sur un mur déclinant la plupart du temps, offre beaucoup plus de difficultés à ceux qui ne sont pas familiarisés avec ce genre. Nous ne nous étendrons pas sur ce sujet, quoique nous ne renoncions pas à en donner ailleurs diverses méthodes. Nous indiquerons seulement ici un moyen graphique et pratique de tracer un cadran solaire pour toutes les heures du jour, soit sur un plan horizontal, soit sur un mur vertical déclinant ou non, ou même *réclinant* (penché en avant ou en arrière); mais il faut préalablement connaître l'espèce et la disposition du cadran appelé *équinoxial*, le plus simple de tous.

449. Dans nos climats, le plan de ce cadran n'est ni horizontal ni vertical; il est incliné à l'horizon comme l'équateur, dans le plan duquel le cadran équinoxial est toujours situé, par toutes les latitudes. Supposons qu'à celle de Paris, on ait planté et fixé dans un mur d'appui de terrasse une baguette ronde de fer, considérée comme inflexible relativement au poids qu'elle devra porter, et que cette espèce d'axe, de grosseur bien égale partout, soit parallèle à l'axe de la terre et dans le plan du méridien, comme la ligne supérieure du style des cadrans solaires (il est facile de le faire, avec une méridienne horizontale, et la connaissance de l'angle ou hauteur du pôle sur l'horizon, toujours égale en degrés à la latitude du lieu); supposons aussi un disque rond de métal d'une médiocre épaisseur, et d'un pied, plus ou moins, de diamètre, percé au centre et ayant une de ses surfaces garnie d'un canon de métal, bien vertical au disque et consolidé à son milieu, en sorte que le trou du disque et celui du canon puissent rouler juste et sans jeu sensible sur l'axe ou tige de fer inclinée au pôle dont nous venons de parler : on conçoit aisément que le plan du disque étant à angle droit en tout sens sur l'axe implanté parallèlement à celui de la terre, se trouvera dans le plan de l'équateur; or, si le soleil est dans sa déclinaison boréale, c'est-à-dire au-dessus de l'équateur en été, du côté qui regarde le pôle nord, dès que le soleil éclairera le disque, l'axe portera sur sa surface supérieure une ombre qui changera de place comme l'élévation diurne apparente du soleil. Si le plan est divisé par 24 rayons à distances égales, et si l'un de ces rayons dans le bas est dans un plan perpendiculaire au sol, celui du méridien, l'ombre du style à midi sera partagée juste par ce rayon inférieur, tandis qu'à 6 heures du matin et du soir, l'ombre sera sur chaque rayon horizontal : enfin, la division du cadran en 24 rayons représente les heures, et l'ombre les couvrira à chaque heure pendant son arc entier diurne, quelle que soit son élévation au-dessus de

l'équateur. En fixant un cordeau fin sur la pointe de l'axe et en alignant l'extrémité de chaque rayon, on voit que l'on projettera aisément la direction des heures sur le plan horizontal, et que l'on se procurera ainsi ce qu'on nomme *cadran horizontal;* les moindres notions communes de la sphère; la seule réflexion, et l'opération l'expliqueront assez. (Le bord du disque est entaillé sur chaque rayon.)

450. Lorsque le soleil, pour passer de sa déclinaison boréale à celle australe, sera revenu dans le cercle de l'équateur, au moment de l'équinoxe, ses rayons raseront la surface du *cadran supérieur équinoxial* dont nous venons de parler, ainsi que celle de dessous du *cadran inférieur équinoxial*, car l'autre surface du disque étant divisée de même, se distingue ainsi, et ces faces du disque n'étant plus assez éclairées, l'ombre du style deviendra insensible (à moins que la moitié du disque ne soit garnie d'un cercle de champ de quelques lignes de hauteur sur les deux surfaces, entre les deux rayons de 6 heures, pour recevoir intérieurement l'effet de l'ombre); mais le soleil s'abaissant en peu de jours vers le solstice d'hiver, l'ombre du style paraîtra sur le cadran inférieur, et marquera de même les heures de l'autre moitié de l'année.

451. Le bord de ce cadran représente ainsi par sa situation la circonférence de l'équateur terrestre, comme s'il était enfilé à angle droit sur l'axe même de la terre, car l'excentrité réelle de 1500 lieues du cadran, est comme nulle à l'égard de la distance du soleil éloigné de 34,000,000 de lieues, terme moyen. Ce cadran *équinoxial* est aussi dit *universel*, parce qu'il peut donner l'heure solaire dans tous les pays de la terre, si l'on établit toujours le parallélisme de son plan avec celui de l'équateur, en tenant son axe parallèle à celui de la terre. Ainsi dans les contrées qui se trouvent à l'équateur même (sous la *ligne*), le plan de ce cadran devient tout-à-fait perpendiculaire, puisque l'axe de la terre y est horizontal, et chaque face est éclairée à son tour pendant tout le temps de chaque déclinaison du soleil, jusqu'au tropique de l'un et l'autre côté.

452. Nous venons d'indiquer dans ces trois derniers articles, comment on peut tracer un cadran solaire horizontal au moyen du cadran *équinoxial;* nous allons maintenant examiner l'emploi du même moyen pour un cadran vertical sur le mur. On tracera d'abord une méridienne horizontale en grand autant que possible, en sorte que le bout d'hiver de la ligne aboutisse au pied du mur, ou soit prolongé jusque-là, pour la relever ensuite perpendiculairement sur le mur; ou bien, on fera d'abord sur le mur une méridienne verticale, avec son style, au moyen de la petite méridienne expliquée au premier de ces articles (432-434), et d'un signal convenu. Il suffirait, sur un mur bien vertical, d'un point et d'une ligne perpendiculaire sur ce point. Puis on fixera dans le haut du mur à la place où doit être le cadran et au bout supérieur de la perpendiculaire, un style ou branche ronde et droite (comme pour le cadran horizontal), mais inclinée sur l'horizon suivant la hauteur du pôle, d'un angle égal à celui de la latitude du lieu (48° 51' minutes avec l'horizon, à Paris, ou 41° 9' minutes avec le mur supposé parfaitement vertical). On la tiendra en déclinaison latérale sur le mur, avec un à-plomb tombant sur la ligne méridienne horizontale faite au pied du mur, si on

a pu en faire une, ou l'on s'assurera de la déclinaison avec une boussole, si l'éloignement du fer le permet, ou par quelque autre observation exacte : enfin on scellera le style du cadran solaire de manière à ce qu'il soit parallèle à l'axe de la terre, et juste dans le plan du méridien. On pourra même y sceller encore un appui préparé assez près du centre, pour ne pas gêner le cadran équinoxial qui sera enfilé à la suite sur le style, on fixera contre le mur un point du bord de ce cadran équinoxial, pour empêcher le disque de tourner, on l'arrêtera de manière qu'un rayon du bas soit dans le plan du méridien terrestre et du style, au moyen d'un fil à-plomb, descendant du style même et partant comme du centre du diamètre de la broche de fer. Tout étant ainsi fixé, et même avec une branche scellée au besoin dans le mur et maintenant le disque immobile, s'il est éloigné du mur, le cours diurne du soleil portera l'ombre du style à chaque heure sur un rayon du cadran équinoxial qui la coupera par moitié, et si l'ombre dépasse et porte sur le mur, on s'en servira pour marquer le point de chaque heure, sinon on se servira d'un cordeau pour alligner la pointe et les entailles du disque à chaque rayon, et marquer sur le mur les points où aboutira le cordeau, quelles que soient la déclinaison du mur et ses inégalités; de ces points au centre scellé du style, on tracera légèrement d'abord des lignes horaires qui seront coupées par les bords du cadran, de forme carrée, ronde ou ovale à volonté. On accompagnera l'extrémité des rayons des chiffres convenables, et le cadran sera tracé provisoirement. Pendant l'opération il pourra être utile de soutenir momentanément le bout du style par un étai empêchant sa flexion; on enlèvera cet étai lorsqu'on aura à retirer le cadran équinoxial. Il conviendra aussi pendant l'opération de vérifier de temps à autre la situation de l'axe, et du rayon équinoxial de midi, en laissant toujours un fil à-plomb à cette partie; ensuite on peindra définitivement les lignes horaires et leurs chiffres. (Nota. *L'aiguille aimantée diffère ici du vrai nord, de 22° 4' à l'ouest.*)

453. Avec ces divers moyens, on se procurera le midi solaire en tout pays, ainsi que des cadrans solaires, en ayant égard à la hauteur du pôle pour chaque lieu, puis on aura le temps moyen en apportant au temps solaire la modification indiquée par la table d'équation. Les cadrans solaires ayant leurs lignes beaucoup plus courtes que celle d'une méridienne, ne donnent pas l'heure avec la même précision, ainsi il sera inutile d'ajouter à 6 heures du soir un quart de plus que la différence du midi de ce jour à celui du lendemain, ce qui se réduirait à quelques secondes, car ces méthodes graphiques pour les cadrans ne sont pas susceptibles de tant de précision; il suffit même ordinairement que les erreurs ne dépassent pas une minute, et leur exécution soignée peut obtenir presque autant d'exactitude que les méthodes du calcul, avec lesquelles il faut toujours en venir à une application qui n'en conserve pas toute la rigueur.

454. De toutes ces opérations, la petite méridienne horizontale que nous avons décrite d'abord, est la plus facile, et en s'y prenant d'avance, on peut par son moyen régler les montres et les pendules de manière à ce qu'elles s'écartent peu du vrai, pendant quelques jours nébuleux qui ne permettent pas d'observation.

455. La plupart des auteurs qui ont traité de l'horlogerie, recommandent les méthodes de tracer une méridienne, comme un objet de première utilité pour l'artiste, lorsque le lieu n'en offre pas d'établie, ou qu'elle peut avoir été altérée, c'est ce qui nous oblige à plus de détails, comme il a été dit (441). Il nous reste maintenant à citer quelques dispositions particulières à certaines localités, et d'autres notions accessoires à ce sujet, qui intéressent la connaissance générale de l'artiste. Cette matière concerne encore plus aujourd'hui l'horlogerie, que l'astronomie en possession d'autres moyens (1).

Méridienne horizontale par réflexion.

456. Un artiste, un particulier même peuvent désirer d'avoir le midi solaire sans sortir de leur habitation; il est possible à chacun, en effet, de tracer une méridienne à sa portée sur le sol d'un appartement; mais la surface en peut être inégale ou obstruée par diverses causes, et la marche peut en effacer la ligne, tandis que le plafond, presque toujours dégagé, offre une place plus sûre, où l'on peut diriger le rayon solaire par la réflexion constante de quelque surface polie, et bien de niveau. Le mercure dans un godet offre avantageusement en ce cas, le poli de sa surface et son horizontalité naturelle. Les moyens de l'employer et les dispositions générales, ainsi que la certitude d'avoir le rayon solaire en tout temps, sont des conditions aisées à prévoir, et les articles précédents dirigeront assez pour les détails d'une telle opération.

457. Cependant il est à remarquer que l'on doit éviter le passage du rayon solaire, soit incident, soit réfléchi, au travers d'un verre à vitre qui en dévierait la direction inégalement à diverses hauteurs. On pratique dans ce cas un carreau ouvrant, et dont la longueur suffise aux directions hautes et basses du rayon solaire. On peut placer le godet à l'intérieur, au moyen d'un support solide. Le point de l'à-plomb du centre du miroir, marqué au plafond, ou à la soffite de la fenêtre, et le centre même de ce miroir de mercure, forment déjà deux premiers points du plan du méridien, le troisième se

(1) A la suite de ces articles de gnomonique, nous allons revenir dans le cours de cette livraison, aux articles spéciaux d'horlogerie, par l'exposé des proportions les plus modernes de l'échappement à roue de rencontre, la description d'un outil propre à mesurer *géométriquement* les palettes de verge, et d'un rapporteur pour repérer les balanciers, déterminer l'ouverture de la coulisse, etc. Ces articles font partie d'un mémoire communiqué récemment par M. *Duchemin*, à la Société chronométrique de Paris; nous y joindrons comme complément du sujet, les proportions anciennes de *Julien* et de *Sully*, dont les hautes verges se conservaient si long-temps. Nous terminerons là, pour le moment, ce qui concerne les montres communes, sauf les détails d'exécution, où les autres meilleures conditions à observer seront comprises, lorsque nous traiterons plus loin de la main-d'œuvre.

Les méthodes pratiques précédentes de gnomonique, et celles qui suivent, donnent, en y portant de l'attention, des résultats aussi précis que celles calculées par la science, avec la connaissance de la sphère, parce que la pratique est ici basée sur la même théorie qui perd sa rigueur dans l'application. « *Ces méthodes pratiques rendent bien des calculs et du savoir inutiles,* » comme l'avoue *Antide Janvier*, dont le témoignage est ici d'autant moins suspect que, habitué aux calculs, il les étalait sans explication suffisante pour la plupart des artistes contemporains, paraissant ainsi vouloir montrer son savoir, sans en faire part. On reconnaîtra aisément que, dans cet ouvrage, nous adoptons une marche tout-à-fait opposée.

[illegible] sur le [illegible] dans les [illegible] à [illegible] [illegible] également [illegible] [illegible] [illegible] sans tracer [illegible] au point [illegible] sur le [illegible] le besoin de [illegible] en se [illegible] et à [illegible] d'hiver. On [illegible] à sa dispo[illegible] [illegible] transportable d'une [illegible] de nouveau. L'égalité [illegible] aussi au même sol.

[illegible]

[illegible] On peut encore [illegible] midi, en traçant une méridienne verticale sur un carreau de vitre [illegible] d'être effacée par le [illegible] et que des repères fixes peuvent permettre de [illegible] au besoin sans erreur. Il faut alors une plaque percée et scellée [illegible] avec toutes les autres conditions requises et adaptées [illegible]. L'époque la plus avantageuse pour les méridiennes verticales est celle [illegible], où le rayon solaire s'étend à une plus grande distance. C'est le contraire pour la méridienne horizontale.

466. Nous devons ajouter ici pour ces diverses opérations, qu'à l'égard d'un signal donné par une explosion ou un coup de grosse cloche, et à une distance un peu grande, on peut tenir compte du retard du son transmis, en raison, à très-peu près, de 12 secondes par lieue de poste de 2000 toises, et par un temps calme (1).

(1) L'ombre d'un cordeau tendu, pour marquer le midi, a été jadis employée par l'auteur de ces articles, pour une autre cause, mais analogue, dans une grande cathédrale antique, où un gnomon de 100 pieds de haut a été construit par l'un des *Cassini*, lorsqu'il entreprit la grande Carte générale de France. Quoique l'édifice ait cinq nefs, l'insuffisance de sa largeur pour l'étendue de la ligne méridienne, y fait remonter en hiver l'image solaire, d'un bas côté sur l'autre, au milieu de piliers à languettes, d'arceaux, de moulures, etc., et la ligne remontante ne pouvant être permise par cette surface inégale, on n'avait plus en hiver l'instant du midi, pour régler la principale horloge de la ville. L'auteur, sollicité d'y remédier, et intéressé, lui-même, au succès, pour ses propres observations, s'avisa de l'expédient simple ci-après. Il fit percer la voûte de la grande nef, perpendiculairement au-dessus de la ligne méridienne gravée sur le pavé, ce qui exigea à la vérité quelques soins : alors, un cordeau pendant de ce trou (c'est-à-dire d'une douille fixe en fer ajustée), et tendu au moyen d'une de ces lanternes destinées à l'usage de l'édifice, remplit complètement en hiver le but désiré. L'image solaire était coupée à midi par ce cordeau dont l'ombre la parcourait latéralement d'un bord de l'image à l'autre, et la situation verticale de l'ombre, au milieu, marquait l'instant du midi solaire, quelles que fussent l'obliquité et les sinuosités du fond sur lequel, dans les diverses hauteurs, l'image

Méridienne horizontale, tracée au moyen de l'observation directe et à la vue simple, de l'Étoile Polaire.

461. Il faut, pour employer cette méthode toute de pratique, distinguer au moins comme la plupart des habitants de la campagne, deux constellations, celle de la *grande Ourse* et celle de la *petite Ourse*, toutes deux vers le nord, et nommées vulgairement le *grand chariot* (*de David*), et le *petit chariot*. Or, ce n'est pas trop exiger de l'artiste et de l'amateur, que de l'engager à acquérir ce faible degré de connaissance astronomique. Il leur suffira de lire les paragraphes suivants; nous espérons même que les premières notions astronomiques exposées brièvement, autant que possible, dans une autre partie de cet ouvrage, engageront le lecteur à parvenir un peu au-delà. La méthode la plus commode pour reconnaître les constellations, est celle dite des alignements, donnée par Lalande.

462. En portant ses regards vers le ciel du nord, pendant la nuit, et par un temps serein, le moindre observateur peut aisément distinguer à l'œil nu, un groupe de 7 étoiles principales de moyenne grandeur et peu écartées, dont l'ensemble affecte la disposition droite, horizontale, ou renversée, suivant l'époque, dont une est représentée par la fig. 4, pl. IX, c'est la constellation de la *grande Ourse*. Quatre étoiles y forment un carré un peu oblong et irrégulier, une sorte de *trapèze* (259), dont l'angle le plus aigu est accompagné en dehors de trois autres étoiles, comme un prolongement extérieur d'une *diagonale* (246), mais non sur une même ligne ni tout-à-fait à égale distance. Cette constellation circule autour du pôle-nord, comme point central de son mouvement, et ce point est à 48° 50' au-dessus de l'horizon, à Paris, hauteur toujours égale à la latitude de chaque lieu. Les quatre étoiles du *trapèze* étant supposées les points des quatres roues du prétendu *chariot*, les trois autres en sont considérées comme le *timon*, un peu contourné et assez mal placé, puisqu'il paraît répondre à un angle du chariot (1). Quoi qu'il en soit, si l'on suppose une ligne droite passant par les deux étoiles α et β de la fig. 4, cette ligne prolongée presque directement vers le centre nord du ciel, à 49 degrés de hauteur, y rencontrera à très-peu près l'étoile *Polaire*, à une distance égalant environ 4 à 5 fois celle qui existe entre les deux étoiles de départ;

se trouvait accidentellement projetée pendant l'hiver. L'observation du premier bord et du dernier, et le milieu de la durée en temps de ces deux observations, y donne l'instant du midi même, en cas de décomposition de la figure par le fond, comme on le pratique pour l'image ordinaire sur un fond uni. On voit par là que l'étude des notions accessoires, fournit les moyens de surmonter des difficultés, en conservant le principe, dans des circonstances relatives à l'horlogerie; or, dans la plupart des villes de province, c'est aux horlogers que l'on s'adresse pour résoudre les difficultés qui concernent la mesure du temps, comme aussi pour la réparation des baromètres, et dans divers autres cas où il est nécessaire aux artistes d'être un peu géomètres, physiciens, etc. On a vu qu'en Angleterre, Graham, célèbre horloger, présidait à la construction des instruments d'astronomie.

(1) Dans les catalogues d'étoiles et sur les cartes célestes avec figures, les timons des deux *chariots* forment les queues de la *grande* et de la *petite Ourse*, et les quadrilatères occupent les corps de ces deux figures idéales, conservées comme beaucoup d'autres de l'antique astronomie.

on distinguera aisément la *Polaire* comme la plus brillante de cet endroit du ciel, à cette distance et dans une telle direction. On s'en assurera encore davantage, lorsqu'on aura reconnu ci-après la constellation de la *petite Ourse* ou *petit chariot*.

463. L'étoile *Polaire* assez facile à trouver par ce moyen, forme elle-même l'extrémité d'un autre *timon* que l'on distingue aussi dans la seconde constellation qu'il s'agit encore ici de connaître ; elle est nommée la *petite Ourse*, fig. 3 gnom., et dans la campagne, le *petit chariot*, parce qu'en effet, par une singularité peu commune parmi les nombreuses constellations, celle-ci est à peu près de même figure que la grande ourse, quoique de moindre dimension; elle est formée aussi de 7 étoiles principales, mais bien moins brillantes, ou de moindre grandeur apparente que les précédentes, et moins faciles à apercevoir si le ciel n'est pas très-pur, excepté pourtant la polaire, toujours de deuxième à troisième grandeur, et formant l'extrémité du *timon* du *petit chariot*, ou de la queue de la *petite Ourse*. Ces deux constellations sont les premières que l'on apprend à connaître par la méthode des *alignements* que nous venons déjà d'indiquer ici; elles servent à distinguer la plupart des constellations dites *boréales*, ou de l'hémisphère *nord*. La grande et la petite Ourse sont en opposition, et dans une situation relative renversée, dans les deux cercles très-inégaux en diamètre, qu'elles semblent décrire en 24 heures autour du Pôle, par l'effet du mouvement diurne et réel de la terre d'occident en orient, par lequel les étoiles nous paraissent tourner de l'orient à l'occident dans la partie supérieure du ciel au-dessus du pôle nord; mais au-dessous, elles offrent l'apparence d'un mouvement contraire, relativement au point du pôle. En n'attribuant à ces constellations que sept étoiles principales, comme dans la carte simple des alignements (1), nous n'indiquons ici que les plus apparentes, qui se distinguent à la vue simple, sauf que la plupart de celles de la *petite Ourse* sont déjà un peu moins visibles à l'œil nu. Mais, dans les Catalogues, la *grande Ourse* se compose de 78 autres étoiles, visibles seulement au télescope, et la *petite Ourse*, de 14 autres également télescopiques; nous n'avons pas à nous en occuper ici. Le rayon du cercle parcouru par la *grande Ourse*, n'atteignant guère qu'à environ 35° à partir du pôle nord, cette constellation ne se cache jamais sous l'horizon, en sorte qu'elle est visible toutes les nuits quand le ciel est dégagé de nuages. Il en est ainsi à plus forte raison de la *petite Ourse*, dont l'étoile du bout du timon, la polaire, dite aussi la *claire des gardes*, approche jusqu'à 2° du véritable point central du nord... L'étoile intermédiaire des trois du *timon* du *grand chariot*, est aussi appelée quelquefois *le renard*, etc. Nous

(1) Dans la petite édition française de l'Atlas céleste de *Flamsteed*, astronome anglais, chez Lamarche, 12, rue Jardinet, on a ajouté une carte des alignements pour les constellations du nord. On y trouvait aussi une mappemonde céleste de *Ruelle*, en grand format, pour les principales étoiles, sans figures, avec la bande à part du zodiaque, et une *méthode* d'introduction pour connaître le lever et le coucher des étoiles, l'heure de leur passage au méridien, etc. Cette grande carte est épuisée, et la planche, qui aurait dû être acquise dans l'intérêt public, n'existe plus; mais les deux beaux hémisphères célestes de Vaugondi existent encore. Mais on n'aura pas encore besoin de ces secours pour les deux constellations dont il s'agit ici, si l'on veut prêter quelque attention à ces articles.

avons dit que ces deux *timons* prétendus forment, dans les cartes figurées, les queues des deux ourses. *Une droite tirée du centre de la fig.* 4, *s'aligne aussi sur* β *de la fig.* 3.

464. L'*étoile Polaire* n'est donc pas exactement au centre du pôle céleste du nord, mais n'en étant éloignée actuellement que de 2°, elle peut aisément servir à préciser ce point central, par lequel passe le méridien terrestre du lieu de l'observateur ; elle se trouve dans le plan de ce méridien, deux fois en 24 heures, dans l'une à 2° au-dessus du pôle, et dans l'autre, au-dessous de la même quantité; ainsi elle décrit pour nous un cercle de 4° de diamètre, ayant le pôle pour centre. Il s'agit donc d'observer l'un des deux temps où elle est exactement dans le méridien, et dans le *vertical* du pôle, pour diriger sur elle une ligne méridienne horizontale ; et même une erreur de quelques minutes de temps ne rendrait pas sensible la déviation de la méridienne qui conserverait encore une précision suffisante dans presque toutes les applications ordinaires de l'horlogerie.

465. Les deux constellations ci-dessus étant connues, nous allons rapporter textuellement, sauf quelques parenthèses explicatives, ce que dit à ce sujet Lalande : « On peut tracer une méridienne par le moyen de l'étoile polaire, aussi bien que par les méthodes précédentes (celles des hauteurs correspondantes). L'étoile polaire n'étant éloignée du pôle que d'environ 2°, elle désigne toujours à peu près le côté du nord, en quelque temps qu'on l'observe : mais si l'on choisit à peu près le temps où elle est dans le méridien, quand on s'y tromperait même de plusieurs minutes, on aura, par le moyen de cette étoile, la direction du méridien, avec une très-grande précision. Il suffira d'élever deux fils à-plomb, le long desquels on puisse bornoyer, c'est-à-dire viser, ou s'aligner à l'étoile (par le trou du gnomon), en faisant cette opération deux fois, quand l'étoile est le plus à l'orient et le plus à l'occident, et prenant le milieu (entre chaque fil, chacun sur l'une de ces positions de l'étoile), on aurait exactement la méridienne. »

466. « Il est encore plus court de choisir le temps où l'étoile polaire est exactement dans le méridien ; et il y a une manière commode pour trouver (cet instant précis). Il suffit d'observer le temps où elle est dans le vertical de l'étoile ε de la grande ourse; c'est la première des trois étoiles de la queue, et celle qui est la plus voisine du carré de la grande ourse. On a reconnu que cette étoile est opposée à l'étoile polaire; de façon qu'elles passent au méridien ensemble, l'une au-dessus du pôle, l'autre au-dessous; ainsi quand elles sont l'une au-dessous de l'autre, dans un même vertical ou à-plomb, on est sûr qu'elles sont toutes deux au méridien. Si dans ce moment on aligne deux fils ou deux règles verticales vers ces deux étoiles, les deux objets ainsi alignés seront dans le méridien, et marqueront sur le pavé la direction de la méridienne.

» Cette opération peut se faire, surtout dans le crépuscule, au mois de Mai et au mois de Juin, avec deux fils à-plomb, de manière à ne pas se tromper de 4 minutes sur le temps où ces deux étoiles passent dans le même vertical ; et 4 minutes d'erreur ne feraient pas un quart de minute sur le moment de midi. Si l'on ne prenait pas l'heure du passage de l'étoile polaire au méridien, on pourrait commettre une erreur de 2° 50' sur la direction de la méridienne, et il en résulterait un quart-d'heure d'erreur sur un cadran horizontal.

» Ces deux étoiles passaient exactement ensemble dans le méridien au mois de Juillet 1751 : mais l'étoile ε de la *grande Ourse* devance l'autre (la polaire), de 1' 13" 1/2 tous les dix ans ; et au mois de Juin (en 1841), elle passera (11' 1" 1/2) plus tôt que l'étoile polaire. Si donc on aspirait dans cette opération à une extrême exactitude, il faudrait d'abord s'assurer, par le moyen de deux fils à-plomb, du moment où les deux étoiles ont passé dans le même vertical ; attendre ensuite (11' 1" 1/2), et diriger alors les deux fils à-plomb à l'étoile polaire seule (et mieux avec un seul fil, et en se servant du trou du gnomon), sans égard à l'étoile ε, qui aura déjà passé au-delà du méridien et du vertical (le second point de la ligne méridienne, avec l'usage susdit d'un seul fil et du gnomon, serait marqué par un autre fil-à-plomb, tiré du trou du gnomon sur le sol ; nous avons dit qu'une différence de plus d'une minute de temps serait insensible dans la pratique). » *Les virg. ci-dessus sont des min. et sec.*

467. L'auteur que nous citons, donne encore, pour aligner les deux étoiles, d'autres moyens aussi peu aisés à pratiquer, et que nous ne mentionnons pas ; car avec la méthode précédente et l'époque de mai ou juin, c'est la grande ourse qui passe au méridien supérieur, et sa hauteur trop rapprochée du zénith, devient très-incommode. La méthode suivante offre plus de facilité, mais elle exige l'époque du commencement de novembre, où la grande ourse passe au contraire au méridien inférieur vers 10 heures du soir, et peut être visée plus aisément, en même temps que la polaire, et par le même trou du gnomon. C'est alors seulement que sa position pour l'observateur regardant le nord, est celle représentée dans la pl. IX, f. 4. La même position donnée par *A. Janvier*, pour les mois de mai et juin, est un contre-sens, qui prouve qu'il n'avait pas consulté l'aspect du ciel pour cette époque ; *Lalande* n'a point donné de figure pour la même observation, beaucoup plus difficile à pratiquer en Mai et Juin, qu'en Novembre, où le ciel est à la vérité moins serein ; l'on prendra donc l'époque de novembre pour la méthode pratique qui suit et qui n'exige aucune science. L'étoile ε y marche à droite sur le méridien inférieur, et la polaire, à gauche, mais insensiblement, sur le méridien supérieur. Les grandeurs des étoiles sont quelquefois d'un autre numéro que dans notre figure, mais nous avons suivi celles de l'Atlas de Flamsteed. *Plusieurs étoiles paraissent varier de grandeur.*

468. Cet autre moyen plus simple d'opérer sur l'étoile polaire, et que nous préférons, est celui de sceller d'abord au mur la plaque de fer, le gnomon, suivant la direction présumée à peu près, d'après l'ombre à midi de ce mur, et à la hauteur permise par l'étendue du sol (un peu moins que son tiers). Si le sol est sensiblement horizontal, et de 23 pieds de long, pour sûreté de 22, la hauteur du gnomon (de l'ouverture de la plaque) pourra être de 7 pieds au-dessus du sol, ou moins si l'espace est moindre, mais toujours dans le même rapport avec la longueur. Ici, le plan de la plaque doit être perpendiculaire et non incliné, pour le motif ci-après. Il en résultera une image solaire plus ovale en été, mais moins en hiver, et le centre de l'image en sera tout

aussi facile à distinguer. La situation verticale de la plaque que nous venons d'indiquer pour son ouverture, est nécessitée ici par l'observation de la polaire, au moyen de ce gnomon. L'ouverture étant de 6 à 8 lignes, et permettant trop à l'œil de s'écarter du centre, on la bouchera, par simple frottement, avec une petite rondelle métallique, d'une épaisseur double de celle de la plaque. La rondelle sera percée d'un trou de deux lignes, évasé largement du côté du nord; cette évasure faite sur le tour, sera conique, et atteindra tout-à-fait le bord extérieur nord du bouchon, tandis que ce cône vide tronqué aura son sommet du côté du midi et de l'œil de l'observateur. On enduira le tout de noir mat. Ce sera par cette petite ouverture que l'on visera l'étoile polaire; ainsi que ε de la grande ourse. Il suffira ici d'un seul fil à-plomb, le plus éloigné possible; on le fera glisser sur un cordeau horizontal de l'est à l'ouest, jusqu'à ce que ε de la grande ourse, passe sur le fil, dans le bas, 11' 1'' 1/2 avant qu'il ne soit sur la polaire (en 1841); il faut plusieurs expériences avant d'atteindre ce point; et nous avons dit (464), qu'une minute d'erreur, d'ailleurs très-évitable, serait peu sensible: l'opération pouvant se faire pendant plusieurs jours de l'époque indiquée, on choisit ceux où le ciel est plus serein. Le point du fil à-plomb boréal, définitivement amené à sa place, étant marqué sur le sol, on y marquera aussi le point d'un fil à-plomb, tombant du centre de ce que nous appellerons la *visière* du gnomon; la ligne droite horizontale tirée sur le sol, et passant sur ces deux points, sera la méridienne cherchée. On ôtera ensuite le bouchon ou visière, pour laisser passer la lumière solaire en suffisante abondance pour le midi.

469. La hauteur de l'étoile polaire étant d'environ 51° au moment et à l'époque des expériences, et le rayon visuel formant ainsi, avec l'horizon, un angle plus ouvert que le demi angle droit, il conviendra de placer le cordeau horizontal de l'est à l'ouest à une grande hauteur, si l'on veut éloigner le plus possible le fil à-plomb d'avec le gnomon; il serait avantageux que ce cordeau pût tomber sur l'extrémité nord de la méridienne, et par conséquent, qu'il descendît du dernier étage d'une maison élevée ou d'une fenêtre de la mansarde ou du comble. Mais on n'a pas toujours vis-à-vis, un édifice où l'on puisse attacher l'autre bout du cordeau. On peut en être dispensé dans le cas suivant: si le mur portant le gnomon présente sa surface à l'est ou à l'ouest, avec peu de déclinaison, on pourra fixer horizontalement une longue perche en saillie à une fenêtre du mur, et attacher le cordeau, d'un bout à son extrémité saillante, et de l'autre bout, à la enêtre même, car alors le fil à-plomb devra être peu éloigné de ce mur. On peut aussi former dans le bas du mur une sorte de trottoir, pour y tracer la méridienne; disposer des cordons de rappel pour faire mouvoir d'en bas l'anneau du fil à-plomb, à droite ou à gauche, tout en visant les deux étoiles, ce qui rendra les tâtonnements moins difficiles, et leur effet plus rapide : il sera bon aussi de tenir le poids de l'à-plomb dans quelque seau plein d'eau, pour en arrêter les oscillations, et si le seau est en fer-blanc, dont le fond puisse appuyer sur le sol, la pointe inférieure du *Plomb* n'y touchant pas tout-à-fait, sera d'autant moins éloignée du sol, afin d'y pouvoir marquer son point avec plus de précision, lorsqu'on aura retiré le seau, etc. Du reste, l'observateur intelli-

gent établira ses dispositions suivant le principe simple et bien saisi de cette petite expérience astronomique, assez agréable à pratiquer, et qui n'exige ni calculs ni instruments, et peut offrir néanmoins un résultat très-exact.

De la Méridienne du Temps Moyen.

469 *bis.* Une méridienne plus rarement exécutée, quoique plus remarquable pour les amateurs, est celle dite *du temps moyen*, dont la courbe en 8 de chiffre très-allongé, est partagée par la simple ligne droite du midi solaire. Nous n'engagerons pas les artistes ménagers de leur temps, à tracer cette méridienne d'un long travail, mais nous croyons utile d'en donner une idée aux personnes qui ne la connaissent pas, au moyen de la fig. 1 gnom. de la pl. X, où l'on voit en plan, que la courbe du temps moyen serpente autour de la ligne droite du temps solaire; cette courbe se trouve sous l'image solaire tantôt avant, tantôt après celle du midi *vrai* mais *inégal*, suivant que celui-ci est en retard ou en avance du temps *moyen* ou *égal.* Ainsi la courbe exprime en quelque sorte à l'œil les inégalités annuelles du temps solaire. On voit dans la figure, que la longueur de la ligne droite est divisée de 10 en 10 jours, et pourrait même l'être de 5 en 5, d'après les diverses hauteurs en déclinaison du soleil à midi, suivant les saisons : que les lignes horaires de 11 h. 45', et de midi 15', accompagnent de chaque côté, à un quart-d'heure de distance, celle de midi *plein*, et que les divisions transversales atteignent ces deux lignes latérales toute l'année pour un quart-d'heure avant et après-midi; elles devraient être circulaires et concentriques au point P, mais une droite peut remplacer sans inconvénient une si petite portion du cercle. Pour prendre la partie de ces transversales qui convient à l'avance et au retard du midi solaire, d'après la table d'équation, on les divise en 900 secondes, autant qu'il s'en trouve en un quart-d'heure, et l'on se sert de la ligne des parties égales du compas de proportion, par une subdivision aliquote, pour en prendre les quantités proportionnelles qui conviennent à l'équation. On fait enfin passer par tous les points d'équation, la courbe du temps moyen. On voit que les noms des mois servent d'avertissement pour le côté qui leur appartient sur la courbe.

470. Nous n'entrerons pas dans un plus long détail sur cette méridienne fort commode pour l'usage civil, en ce qu'elle dispense de la table d'équation, mais que l'on pratique peu, parce qu'elle entraîne trop de travail, et que, d'un autre côté, elle ne convient point aux précisions rigoureuses; qu'elle devient inexacte dans la durée d'un siècle; qu'aux deux extrémités et à l'intersection de la courbe, le midi moyen est mal déterminé; elle est néanmoins suffisante pour le réglage ordinaire. Ceux qui y mettraient assez d'importance, pourraient consulter le Manuel chronométrique d'*Antide Janvier*, et mieux encore le Traité de gnomonique de *Dom Bedos*, les Œuvres de *Rivard*, *Bion*, *Ozanam*, etc., et l'Astronomie de *Lalande*, ouvrages où les détails de ce genre sont beaucoup plus développés; mais tous ces auteurs supposent la connaissance de la sphère et l'usage du calcul.

471. Les petits Gnomons, dont nous avons traité jusqu'ici, ne sont qu'une copie

en miniature de ceux qui ont été élevés dans l'antiquité, et par l'astronomie des temps modernes. Les plus anciens peuples dont l'histoire fasse mention, s'en servaient, comme on l'a dit ailleurs, pour connaître les hauteurs solsticiales, en conclure la durée de l'année et le retour des saisons; ils servaient aussi à d'autres usages, en donnant le midi solaire, la ligne du midi au nord, pour orienter les édifices publics, etc. (les autres heures du jour étaient obtenues par des cadraus solaires, dont le style est incliné au pôle). Telle était en partie la destination de ces magnifiques obélisques que les Romains rapportèrent de la conquête de l'Égypte. Celui qu'*Auguste* fit élever à Rome, dans le champ de *Mars*, avait 117 pieds de hauteur; il fut érigé en Égypte, par *Sésostris*, 1570 ans avant l'ère vulgaire, suivant *Freret*. Ce fut *Manlius* qui en fit un Gnomon. Il existe encore dans cette ancienne capitale du monde, plusieurs autres obélisques égyptiens, qui en décorent aujourd'hui différents points, ayant été relevés de ses ruines, après les invasions étrangères.

472. « A Bologne (la savante), le P. *Egnazio* Dante traça en 1575, dans l'église de Sainte-Pétrone, une méridienne, dont le gnomon (le passage du rayon solaire) était à 83 pieds 1/2 de hauteur. Les mouvements du sol et de l'édifice déterminèrent *Dominique Cassini*, à la corriger et rétablir en 1655 et en 1695. L'ouverture du rayon solaire est d'un pouce de diamètre. La longueur de la ligne horizontale est de 206 pieds 8 pouces, qui valent 2'' et 10''' de la division du cercle, formant la 600 millième partie de la circonférence (approximative alors) de la terre, suivant qu'il est inscrit sur un pilastre de l'édifice.» (*Sauf rectifications plus modernes.*)

473. La méridienne de l'église des *Chartreux*, à Rome, construite sur les restes des *Thermes de Dioclétien*, l'une des antiquités les plus solides de cette ville, a deux gnomons (deux ouvertures), dont l'une est à 62 pieds et demi au midi; l'autre, au nord, est à 75 pieds, et reçoit le rayon de l'étoile polaire : elle fut exécutée en 1701, par *Bianchini*, et par *Maraldi*, neveu de *Cassini*. C'est la plus décorée que l'on connaisse; elle est encadrée de marbres de couleur, qui traversent le dessin du pavé général orné de même, et accompagnée des figures du zodiaque en mosaïque. L'extrémité méridionale de la ligne aboutit à une figure où sont tracés les cercles de l'étoile polaire, pour l'espace de 800 ans; ils forment plusieurs Ellipses concentriques dont la plus petite représente le cercle de l'étoile polaire, parvenue à un demi-degré du pôle. Ce monument, aussi savant que riche d'exécution, porte plusieurs autres divisions astronomiques importantes. L'ouverture du gnomon austral n'a de diamètre que la millième partie de sa hauteur. Mais le ciel est si pur dans ces contrées, que dans nos diverses observations, nous n'en avons pas trouvé l'image moins vive, qu'elle ne l'est ailleurs avec une plus grande ouverture. L'image solaire, en hiver, où elle est la plus grande, ne nous paraissait pas avoir plus d'un pied de diamètre moyen.

474. Le gnomon le plus élevé est celui de la cathédrale ou *Duomo*, de Florence; il a de hauteur 277 pieds, 4 pouces, 9 lignes, 68 suivant *Lalande*, et fut exécuté par Paul Toscanelli, vers 1467. L'ouverture solaire est dans la fameuse coupole octogone du célèbre architecte *Brunelesco*, dont la hauteur remarquable est de 365 pieds.

On sait que tout l'édifice est recouvert en dehors de marbre blanc et de couleur, par assises alternatives; la nef a 426 pieds de longueur (1). La cathédrale de Milan offre aussi un gnomon de 73 pieds de hauteur, construit par MM. *de Cesaris* et *Reggio.*

En 1669, *Picard* commença une méridienne dans la grande salle de l'observatoire de Paris, avec un gnomon de 30 pieds 1/2. Le tout fut refait par *Cassini*, fils, en 1730, et orné de marbres et des figures des signes : des travaux postérieurs l'ont supprimé.

475. En 1727, *Sully*, horloger anglais, domicilié à Paris, entreprit le gnomon de Saint-Sulpice. Il fut inhumé vers le milieu, un peu au-dessous à l'occident, de la méri-

(1) Ce n'est pas ici le lieu de citer des détails concernant la cathédrale de *Florence*, ni sa tour carrée ou clocher, complètement isolée du corps de l'édifice, revêtue aussi de marbres, et de 252 pieds de hauteur, d'égal diamètre du haut et du bas, ayant en plus la saillie de la corniche; ni des beaux bas-reliefs des portes de bronze de son baptistaire également isolé; ni de ce que contient de si remarquable cette belle et grande ville, aujourd'hui calme et silencieuse, dallée partout, même sur les places publiques, et propre comme une église ; ce serait trop ravaler le pavé grossier, où la malpropreté de quelques autres *capitales de l'univers* : de même qu'à l'occasion des méridiennes de Rome, on n'a pas dû parler de l'ample et magnifique proportion de la Coupole de Saint-Pierre, qui n'est ni pointue ni efflanquée, et à laquelle le dôme de Saint-Paul, de Londres, peut seul être comparé, quoique sur un édifice bien moins exhaussé. Tous les détails de ce genre ne doivent en effet se trouver que dans les 9 volumes du Voyage en Italie, de *Lalande*, aussi les laissons-nous de côté. Sauf donc les grands monuments astronomiques qui concernent la mesure du temps, nous ne pouvons guères citer ces contrées intéressantes sous tant d'autres rapports, qu'en regrettant que l'art de l'*horlogerie*, proprement dite, y soit peu cultivé. Ce n'est pas pourtant qu'il soit tout-à-fait inconnu à Rome, chez cette respectable aïeule des arts du Dessin, peuplée de notre temps de 180 mille habitants, puisqu'on y comptait alors jusqu'à trois horlogers italiens, et de plus un vieil artiste gascon, passablement habile, et qui exécutait pour les trois autres, les parties un peu difficiles : celui-ci même nous procura un instrument d'horlogerie, que nous avons encore, et qui fut destiné à la *mise au point* de ces bas reliefs en miniature et en pierre fine, que l'on nomme *Camées*. Nous devons aussi déclarer, qu'à Rome, tout seigneur et bourgeois un peu aisé, portait deux montres, dont l'une à la vérité, allait fort mal, mais dont l'autre ne marchait pas du tout, et n'était jamais réparée. Nous y fîmes terminer un tour à guillocher, avec équipage d'ovale, pour un honnête et estimable ébéniste français, notre ami, M. Yves Livinec, Breton, qui avait apporté le premier dans le pays, et avec d'assez forts bénéfices, son talent de travailler artistement les bois d'élite. Il vendit ce tour au Prince *Corsini*, un peu amateur de mécanique, en sorte qu'à cette époque, le prince, l'horloger français, l'ébéniste, un serrurier allemand, et nous, étions à peu près les seuls mécaniciens de l'État. L'horlogerie avait été plus cultivée anciennement à *Venise, la riche*, du temps des premières montres à corde en boyau et sans spiral, à boîtes ovales, ornées de ciselure et d'émaux, produit commercial d'une bijouterie industrieuse.

Quant à Florence, premier berceau en Italie, au temps des Médicis, du renouvellement des arts et des sciences qui, plus tard refluèrent enfin dans nos climats occidentaux, jusque-là barbares, les arts mécaniques y furent plus cultivés qu'à Rome : c'est à *Florence* que fut inventée la gravure en taille douce, celle de nos planches actuelles. On sait que ce fut la patrie de *Galilée*, créateur du pendule, de cette découverte appliquée ensuite si heureusement par Huyghens, à l'horlogerie. Ce fut aussi la patrie de *Michel-Ange*, fameux sculpteur, peintre et architecte, à qui l'on doit la pensée et l'exécution de la coupole de Saint-Pierre, et d'une foule d'autres hommes d'un rare génie. Pour ce qui concerne l'horlogerie usuelle, nous n'avons remarqué à Florence, que la première horloge d'Italie qui ait donné l'heure, la nuit, par des chiffres lumineux et à sautoir, et nous n'y songeâmes qu'à procurer à l'horloger français, déjà cité, et qui nous avait suivi dans cette ville, l'entreprise d'une pendule de chemi-

dienne qu'il avait tracée. Elle fut refaite en 1743, par *Lemonnier*, Astronome. Le gnomon a 80 pieds, et porte un objectif d'un foyer assorti à la hauteur solsticiale d'été, marquée sur une table de marbre un peu plus basse que le pavé, et recouverte habituellement par une plaque de bronze. Ce gnomon a prouvé une diminution dans l'obliquité de l'écliptique. Son ouverture paraît avoir été altérée depuis peu d'années, et les usages du culte en interrompent l'emploi civil, la plupart du temps; il en résulte qu'à Paris, on n'a plus actuellement de grand gnomon pour l'usage public, et que la table du temps moyen de l'*Annuaire*, avec minutes et secondes, y devient sans application. *V.* pour d'autres détails, l'art. Mérid. de l'*Encycl. méth.*, par *Lalande*.

476. La seule méridienne du *temps moyen*, du moins sur une grande échelle, est

née à secondes entières, au moyen de l'échappement à ancre, à repos et à coup perdu, attribué à Ferdinand Berthoud; elle lui fut demandée, à notre sollicitation, par l'ambassadeur français. Celui-ci lui donna ensuite une feuille de route pour retourner à *Libourne*, son pays natal. La Toscane si intéressante, d'ailleurs, le serait peu sous le rapport de l'horlogerie. A Milan et à Turin, on s'en occupait davantage. Pour nous, notre travail de cette époque était la gravure des pierres fines, dans un atelier gracieusement offert par le comte *Manfredini*, ancien gouverneur, et alors ministre du grand duc de Toscane. Nous possédons encore l'espèce d'établi particulier propre à cet art. Divers ateliers furent donnés de même aux pensionnaires de l'Académie de France à Rome, réfugiés comme nous à Florence. Le grand Duc et le Comte *Carletti*, qui avancèrent plus tard aux artistes français les moyens de rentrer dans leur patrie, en furent bien remerciés par le Directoire; car le comte Carletti, arrivant à Paris, comme Envoyé de la cour de Toscane, ayant été saluer, de la part du grand Duc, une princesse française, sortant du *Temple*, pour être échangée contre divers officiers de marque, prisonniers à l'étranger, ce même Comte Carletti, protecteur des Français dans son pays, reçut immédiatement du Directoire l'ordre de quitter Paris, sous 24 heures, et la France, sous 3 jours, et fut ainsi remboursé de ses généreux procédés!!!

Bien qu'étrangère en partie à notre sujet principal, cette note où il s'agit néanmoins d'horlogerie, sera peut-être accueillie par les amis de la science et de l'art qu'elle peut délasser des travaux parfois arides du champ que nous cultivons, tandis qu'elle sera critiquée par quelques esprits bornés à la pratique; mais l'auteur a déjà dit qu'il écrivait pour toutes les classes d'artistes, et il continuera *quoi qu'on dise*. Il pourrait faire observer à ces certaines gens, que toutes ces notes sont d'une double dépense, sans augmentation de celle des livraisons, mais il se bornera à remarquer que celle-ci n'est qu'un acquit de conscience, afin de n'être pas *repris de justice* européenne, s'il avait osé citer les gnomons de l'ancienne capitale du monde et de FLORENCE, *la belle*, *la savante* et *la propre*, sans saluer.

Celui qui désire étayer l'étude primitive de son art, de connaissances utiles, n'en trouvera qu'une légère ébauche dans ces notions de physique générale, mais il pourra aisément les porter plus loin, en se formant une petite bibliothèque économique, dont un bon dictionnaire de la langue doit être le premier volume. Nous ne parlons pas de ces vocabulaires portatifs, pourvus à peine d'un mot d'explication, mais de celui de Lavaux, par exemple, en 2 vol. in 8°, contenant des définitions et des citations d'emploi, et abrégé de son grand dictionnaire in-4°, et quant à l'instruction dans les arts, nous indiquerons comme le meilleur ouvrage et le plus économique à la fois, la BIBLIOTHÈQUE DES SCIENCES ET DES ARTS, *mise à la portée générale*, in-18, fig. en taille-douce; par M. Ajasson de Grandsagne, rue N.-D.-des-Victoires, 36, vis-à-vis la Bourse. Ce nouvel ouvrage du même auteur que la *Bibliothèque populaire* déjà citée (264), peut être acquis par parties séparées et à un prix très-restreint; il est très-supérieur à l'autre, non-seulement par son exécution typographique, mais surtout en ce que les matières traitées simplement et clairement, y sont prises d'un point de vue plus élevé et plus philosophique; nous avons abrégé plusieurs de nos articles d'après cette instruction facile et prompte, méditée avec discernement et puisée aux meilleures sources, c'est une *agréable et digne offrande au Génie des arts.*

celle de la petite ville de Tonnerre (Yonne), établie dans l'église de l'hôpital, par les soins de M. *Baudoin de Guémadeuc*, ancien maître des requêtes, l'avocat *Daret*, versé dans les calculs astronomiques, *Dom Camille Férouillat*, instruit en gnomonique, l'astronome *Lalande*, et *Morel*, architecte. Une méridienne verticale du temps moyen avait été pratiquée dans le haut de la façade du palais du Luxembourg, à Paris, mais l'augmentation de cette partie de l'édifice l'a fait détruire (*suivant l'usage du pays*), et il n'y en a plus de cette espèce dans la capitale.

La colonne de 80 pieds de hauteur, de la halle au blé, à Paris, érigée par CATHERINE DE MÉDICIS, sur l'emplacement de l'ancien hôtel de Nesle, qui devint ensuite l'hôtel de Soissons, démoli, et lequel avait donné ce dernier nom à la colonne, *heureusement* conservée lors de la belle construction postérieure de la halle au blé, porte un cadran solaire cylindrique, composé par le savant *Pingré*, chargé par l'Académie de plusieurs voyages astronomiques, et d'observations sur les montres marines. La complication de ce cadran le rend peu propre à l'usage public; son explication peu connue et rarement citée, ne se trouve complètement que dans un mémoire de l'auteur, imprimé chez Barrois, Paris, 1764. Le bâtis en fer du sommet a donné lieu à plusieurs fables populaires : ce n'est que la monture d'une sorte d'observatoire, depuis longtemps abandonné.

477. Les grandes dépenses qu'ont nécessitées ces monuments astronomiques, prouvent l'importance qu'on y attachait, et l'on connaît aussi leur utilité dans l'usage civil, bien propre à répandre quelque intérêt sur cette notice extraite en partie de *Lalande*, qui nous a peut-être trop entraînés. Ce que nous en disons doit suffire à la curiosité du lecteur, qui n'a d'ailleurs besoin que d'une bonne pratique pour se faire une méridienne ou un cadran solaire à l'usage civil. A l'égard de ces derniers instruments, nous avons passé sous silence une foule de constructions variées, et plus ou moins compliquées; car s'il y a eu jadis à Babylone, des cadrans solaires assez chargés de lignes, de signes, de cercles de la sphère, etc., pour porter dans les langues antiques le surnom d'*araignées* (*Aranea*), comme le rapportent Ferdinand Berthoud d'après *Vitruve*, et l'*Histoire de l'Astronomie*, les modernes ont aussi exécuté des cadrans solaires et même lunaires, sur des polyèdres (globes à facettes), couverts de petits cadrans, déclinants, réclinants, etc., où l'ombre des styles marquait la même heure sur plusieurs faces à la fois!!! Quand l'esprit humain a fait une conquête, s'il ne la néglige pas, il perd du moins son temps à s'en amuser, et, comme le chat, en la torturant; en produisant, par exemple, des montres en bague, ou des *platitudes* à la mode, qui n'ont ni qualité, ni durée, etc., etc. (1).

(1) L'Obélisque égyptien aurait dû former à Paris un Gnomon, comme dans son origine; la place en permettait la ligne horizontale sans interruption. La Colonne Vendôme, employée de même, et citée par *Janvier*, (tout en y renonçant, faute de place, selon lui), aurait pu avoir sa ligne remontante sur le mur de l'un des édifices. L'Auteur a vu réédifier à Rome, place de *Monte-Citorio*, le dernier Obélisque, renversé et brisé en trois morceaux; il y forme un Gnomon pour l'usage public, au moyen d'une ouverture du globe qui le surmonte, et de sa ligne métallique dans un dallage sur lequel passent les voitures.

CHAPITRE VIII.

OBSERVATIONS

SUR L'ÉCHAPPEMENT A ROUE DE RENCONTRE, SUR UN CALIBRE GÉOMÉTRIQUE POUR LES PALETTES DE VERGES,

ET SUR UN RAPPORTEUR PROPRE A REPÉRER LES BALANCIERS ET LA COULISSE,

Communiquées à la Société chronométrique de Paris, en août 1839,

PAR M. DUCHEMIN, HORLOGER.

478. Nous revenons ici sur un article important des montres à roue de rencontre pour transmettre à nos lecteurs l'extrait des réflexions les plus récentes qui nous soient parvenues sur ce sujet, recueillies et méditées par un artiste déjà cité, et chez qui une longue expérience et un jugement sain, se joignent à un talent très-estimé; nous le laisserons parler lui-même, sauf quelques passages abrégés forcément par le cadre de cet ouvrage.

« L'échappement à roue de rencontre, dit cet auteur, et l'échappement libre à détente, sont les seuls qui n'exigent pas d'huile aux levées et qui marchent ainsi longtemps sans la renouveler aux pivots et dans le reste de la machine, si ce n'est après les délais ordinaires. Les irrégularités des montres à verge ne viennent pas toujours de la nature de l'échappement, mais souvent de sa mauvaise exécution. Malgré son discrédit, l'échappement à verge bien exécuté donne de très-bons résultats, et réunit la durée et l'économie; il est confié d'ordinaire aux ouvriers les moins habiles, et c'est une raison de plus d'en établir les vrais principes.

Thiout et *Sully* sont trop abstraits sur ce sujet ; *Berthoud* lui-même, malgré sa prédilection pour l'échappement à verge, n'en donne qu'une description vague, et n'en pose pas les principes (et même presque toutes ses montres des derniers temps étaient à cylindre). D'ailleurs, l'art a fait des progrès, a obtenu, dans la théorie et l'exécution, des améliorations que nous allons vous soumettre.

De l'ouverture et largeur ou saillie des palettes.

479. « On fixe en général l'angle des palettes à 100° (il peut être ouvert jusqu'à 115°); leur longueur en saillie doit être de la moitié de l'intervalle d'une dent à la suivante. On s'en assure avec un outil très-simple, un calibre géométrique, que nous nommerons *micromètre;* sa forme est à peu près, en très-petit, celle d'un tour ordinaire à pivot; ses poupées portent aussi deux broches carrées dont les bouts intérieurs sont dégagés en forme de mâchoire; sur le même axe de l'une de ces broches et en prolongement de l'une de ces poupées, est une vis de rappel à filets fins et serrés, garnie d'une roue ou rondelle servant de tête et divisée en 50 parties ou dents, qui

glissent sous un ressort avec effet de sautoir, propre à fractionner chaque pas de la vis, qui pousse progressivement la broche de son côté; l'autre broche est fixée dans sa poupée par la vis ordinaire de pression, comme dans un tour ordinaire. Une cheville portée par la roue de la vis de rappel se place d'abord vis-à-vis du ressort, comme repère; la broche de ce côté est appuyée contre le bout de la vis; la seconde broche est mise en contact avec la première par leur mâchoire, et arrêtée ensuite par sa vis ordinaire de pression. On fait reculer alors la vis de manière à avoir entre les deux mâchoires le diamètre exact de la roue de rencontre qui peut y passer librement et sans jeu. Alors, ramenant la vis et la broche mobile en sens contraire jusqu'à ce que les mâchoires se touchent, on compte les tours et fractions de tour qui représentent, en degrés analogues et subdivisions, le diamètre exact de la roue, lequel peut être ainsi énoncé en chiffres. On en multipliera le nombre simplement par 3, et l'on aura la circonférence de la roue suffisamment *approchée* et exprimée en ces mêmes divisions. On divisera le produit par un nombre double de celui des dents de la roue, et le quotient sera la moitié de la distance entre les pointes de deux dents voisines, quantité demandée, et qui est le rayon de la palette à partir du centre de la verge (ce qui s'en perd par la distance du centre de la verge sert en partie à la petite chute indispensable).

Il reste à tenir compte du rayon de la verge : on prend donc avec le même instrument le diamètre de celle-ci, en parties de la vis, et sa moitié doit être ajoutée au rayon vrai de la palette. Si, par exemple, d'après le pas de vis et ses divisions, le diamètre de la roue en donne 350, la roue étant de onze dents et le corps de la verge de 30 divisions, on dira : $350 \times 3 = \frac{1050}{22} = 47 + 15 = 62$, longueur exacte du rayon de la palette, joint à celui de la verge qui se trouve de l'autre côté de cette même palette (1).

Ainsi on remettra l'outil à zéro, c'est-à-dire en faisant toucher les mâchoires avec la vis, on fera ensuite reculer la vis de 62 divisions, et en faisant appuyer la broche mobile contre la vis, on aura entre les deux mâchoires un espace représentant la longueur de la palette et du rayon opposé de la verge, que l'on mesurera ainsi tous deux ensemble.

Les compas ordinaires à micromètre avec levier et aiguille sont infidèles, en ce qu'ils ne donnent que des *cordes* et non des *diamètres* (2), et ne sont pas justes comme ce petit instrument, fort aisé à exécuter.

Dans le cas d'une verge à rouleau, le produit de la circonférence de la roue ne

(1) Ce qui signifie : 350, diamètre de la roue, multiplié par 3, *égale* ou produit 1050 de circonférence (approchée), lequel produit, *divisé par* 22, double nombre des dents de la roue, donne ou *égale* 47, (plus 4/5 imputables à la pointe d'une dent) pour le demi-intervalle d'une dent. En ajoutant *de plus* 15, rayon de la verge du côté opposé à la même palette, le tout *égale* 62, comprenant à la fois la saillie de la palette et le rayon opposé de la verge (qu'il faut ici mesurer ensemble).

(2) Cette remarque de l'auteur du mémoire, confirme ce que nous avons dit à ce sujet (237) et (317 avec la note).

doit être divisé que par le nombre *simple* des dents de la roue, et non par le *double*, attendu que le diamètre du rouleau doit être égal à la distance *entière* comprise entre deux dents qui se suivent.

De la Forme des palettes.

480. « La méthode de dégager le bord extérieur des palettes en biseau rentrant sur l'arrière, pour éviter le talonnement sur le côté courbe des dents, est défectueuse et inutile dans son but. Dans les renversements, le défaut d'épaisseur de la palette, fait sortir celle-ci des dents, et elle se trouve accrochée sur ce biseau qui s'oppose à sa rentrée par l'action du spiral. L'épaisseur conservée de la palette, comme portion de cylindre empêche au contraire cet accrochement, et lui permet de rentrer dans les dents qu'elle ne quitte plus d'ailleurs si facilement. Le talonnement est faussement redouté et ne peut avoir lieu, parce que la roue d'échappement avance à mesure que la palette rentre dans les dents en dépassant leur pointe, et que l'extrados de la dent se trouve de plus en plus hors du cercle décrit par la palette, et qu'enfin si le bord du devant de la palette ne touche pas au dos de la dent, son épaisseur en arrière y peut encore moins toucher, vu que la dent est encore plus avancée pour le bord postérieur. En laissant la palette de toute la demi-épaisseur du corps de la verge, il est aussi plus facile d'arrondir légèrement l'angle extérieur du devant de la palette : d'ailleurs, avec ce biseau si défectueux, lorsque la verge est piquée, et qu'on en diminue l'épaisseur pour faire disparaître l'encoche, la palette devient trop étroite, et n'a plus sa proportion ; elle laisse trop de chute. L'usage des verges à rouleau, dont l'arrière des palettes est cylindrique, prouve que la crainte du talonnement est illusoire ; ainsi les faces du devant et de l'arrière de la palette doivent être parallèles et son épaisseur doit être un petit arc cylindrique et concentrique aux pivots ; il n'y a là nul inconvénient.

De l'Angle d'ouverture des palettes.

481. « Nous avons fixé l'angle de cette ouverture à 100° au moins, comme on l'a vu ci-dessus, et celui de la coulisse à 228°. L'angle doit être formé par deux lignes droites partant du centre de la verge ; si celle-ci n'est pas entaillée jusqu'au centre, comme il arrive souvent, l'angle paraît plus ouvert qu'il ne l'est en effet. On s'assure de l'épaisseur de la verge avec le calibre à vis à tête divisée déjà décrit, et l'on en prend la moitié pour corriger l'entaille de la palette trop épaisse au centre, et qui rend la chute trop précise, tout en imprimant un plus grand recul à la roue.

Des Pivots de la verge.

482. « L'usage et l'expérience ont fait adopter pour le diamètre des pivots de la verge la proportion du quart du rayon de la palette. Leur extrémité doit être coupée carrément et se trouver la plus plate possible (leur angle est seulement adouci très-légèrement pour qu'il ne gratte pas), afin de rapprocher, dans la position verticale de

l'axe, l'étendue de la surface frottante aux contre-plaques, de celle des pivots dans la position horizontale. Nous citerons à ce sujet une erreur qui n'est pas la seule dans un manuel assez moderne. En décrivant l'échappement à cylindre d'un artiste bien connu, on y dit que : « Les pivots y sont aussi fins qu'ils peuvent l'être, et » qu'après les avoir tournés cylindriquement, on les *déprime* (l'auteur voulait dire » qu'on en diminue le diamètre) dans le milieu de leur longueur. Cette construction » tend à diminuer leur frottement, puisque le pivot ne frotte dans ses trous que par » ses deux extrémités. » Nous ne sommes pas de l'avis de cet auteur qui paraît avoir oublié que la longueur des pivots quand ils ne fléchissent pas, ne présente aucun inconvénient, puisque le poids réparti sur toute la longueur d'un pivot agit d'autant moins sur chaque partie; la suspension à couteau en est une preuve. Le pivot, d'ailleurs, ne frotte jamais dans toute son étendue; il faudrait le supposer parfaitement cylindrique ainsi que le trou, ou au moins que les deux parties fussent côniques à un degré absolument égal, et que l'axe fût mathématiquement planté droit et dans la direction du trou, perfection qui n'est pas supposable. L'artiste cité réduisait le diamètre du milieu des pivots pour approcher de l'égalité dans les frottements, du plat au pendu, et non pour les réduire. Ils roulaient dans des trous en pierre ébiselés des deux côtés et bercés suivant une courbe plus ceintrée que celle pratiquée aux pivots. Il en résultait que, par le petit jeu en hauteur entre la goutte et la contre-plaque, le pivot dans la position *horizontale*, ne frottait que par son plus petit diamètre, et que, dans la position *verticale*, le pivot descendant un peu et appuyé sur la partie plus large de son extrémité plate, reposait sur un plus grand diamètre. Du reste, on sait qu'il faut porportionner la longueur des pivots au poids du balancier, et qu'un trou mince en laiton surtout, doit s'user plus promptement, puisque le peu de parois en contact est plus pressé (1).

De la Roue de rencontre.

483. « La roue de rencontre doit, comme on le sait, être bien centrée et tourner bien cylindriquement. Pour faire tourner rond la pointe des dents, il faut les *friser* sur le tour, et enlever avec soin leur bavure. Les distances des dents doivent être *justifiées* avec soin, afin de pouvoir régler la chute sur les palettes. Le devant des dents doit porter une inclinaison de 30° à 35° avec l'axe de la roue, pour éviter le recul par l'angle de la palette dans les grands arcs, qui par cet effet deviennent bien plus

(1) L'opposition de l'auteur du mémoire, au passage cité par lui, confirme ce que nous avons dit ailleurs de la difficulté pour quelques savants et gens de lettres, d'un mérite très-distingué d'ailleurs, de traiter des questions d'horlogerie, sans avoir étudié cet art constamment. On a vu un savant d'un rare mérite, expliquer l'échappement à ancre des régulateurs, en disant qu'à chaque oscillation, l'ancre pousse et fait avancer la roue d'échappement!! *Janvier* en cite un autre, qui proposait de dorer les pivots, pour les garantir de la rouille!! L'auteur attaqué ici dit encore ailleurs, que les montres les plus plates sont les meilleures possibles, parce que n'ayant point de tiges, les mobiles y sont à égale distance de leurs pivots!!! Cela n'est ni vrai, ni conforme à la saine pratique. (*Note de l'Édit.*)

prompts que les petits; c'est ce que quelques artistes appellent *rebattement* de la palette. On sait aussi que cet échappement exige plus que tout autre une force motrice sensiblement constante, au moyen de la *Fusée*, difficulté bien rachetée par l'éloignement des nétoyages, c'est-à-dire par une plus longue marche sans avoir à renouveler les huiles.

De la piqûre des palettes.

« La roue de rencontre est ordinairement en laiton : la verge est toujours en acier trempé dur et poli, et il semble que les dents aiguës et obliques de la roue résistent mieux au frottement que les palettes. De savants théoriciens attribuent cet effet à deux causes : 1° A ce qu'il y a de 11 à 13 dents pour deux seules palettes, plus souvent frappées ainsi que les dents; 2° à ce que la pointe des dents s'use et se façonne, sans cesser d'avoir la forme qui lui convient, tandis que la percussion multipliée sur un même point, dépolit, pique les palettes, et finit même par les trouer. Cette explication serait incontestable si toutes les verges se piquaient également ; mais cela n'a pas lieu. Pour ce qui est du premier effet indiqué par ces savants, nous pensons que si le point de la palette touché par la dent, était égal en surface à la pointe de cette dent, il serait naturel de croire qu'il s'use six fois et demie plus que la roue, mais il n'en est pas ainsi. La dent, après la chute, parcourt sur la palette un espace qui certes égale bien en longueur six fois son extrémité ; ainsi, sous ce rapport, les palettes ne devraient pas s'user plus que les dents, puisque les surfaces parcourues sont les mêmes. Quelques roues n'usent pas du tout leurs verges, et au lieu de trouver la palette couverte d'oxide rouge d'acier, comme dans les autres cas de son usure, on la trouve au contraire saupoudrée d'une poussière jaunâtre qui semble ne pouvoir être attribuée qu'à l'usure de la roue. La rigole d'une palette usée porte un point plus profond, près de celui où s'opère la chute, et plus rapproché de la verge vers laquelle il est allongé, ce qui annonce l'effet du va-et-vient par le recul, et un frottement double en ce point. Les verges qui ne sont point entaillées jusqu au centre, sont plus marquées, parce qu'il y a plus de recul ; si c'était le seul effet de la chute, comme elles en ont moins, elles devraient être moins marquées : on en a cherché la cause dans la présence de l'huile aux palettes, mais l'expérience ne le confirme pas. D'autres croient à la présence de matières hétérogènes, introduites dans le laiton au moment de l'amalgame, ou lorsque l'on a fendu la roue, ou à d'autres causes ; c'est ce qui détermine à corroder les dents avec l'*acide nitrique* (1), pour détruire les corps étrangers. Nous soupçonnons que la roue de rencontre en acier trempé et poli, en faisant usage de l'huile, pourrait avoir les mêmes résultats que la roue en acier du cylindre, et serait peut-être moins désavantageuse dans l'échappement à recul que dans celui à repos, puisque l'action de la roue de rencontre n'est suspendue dans aucun instant, suspension qui dans le cylindre borne la durée de la marche régulière, et nécessite un plus fréquent nétoyage. Car le spiral est seul employé à vaincre le frottement de la roue pendant le temps du repos,

(1) *L'eau forte* du commerce (410). V. page 289. *Notions physiques et chimiques.*

ce qui expose ces montres à plus de variation, et même à s'arrêter. Nous pensons que cette observation serait le sujet d'une expérience à faire.

On pourrait aussi proportionner l'épaisseur de la dent à la force appliquée, suivant la théorie des frottements.

Le *nez* de la potence, de la contre-potence et du coqueret étant arrondi en goutte de suif, selon *Julien* et *Sully*, doit toujours avoir un petit jour entre lui et sa contre-plaque; pour laisser l'huile se renouveler aux points de frottement. Quand ces pièces se touchent complètement, ce qui arrive souvent, c'est un défaut auquel la forme en tétine ne remédie pas.

Avec le coqueret de laiton, il faut tenir le trou du coq assez juste au tigeron, sans qu'il y frotte, pour prévenir en cas de rupture du pivot, la course du rouage, et les accidents ordinaires de la roue.

De quelques principes pour former l'échappement.

484. « Suivant Ferdinand Berthoud, la roue de rencontre doit approcher le plus près possible du centre de la verge : car 1° le frottement de l'échappement sera moindre, et la traînée plus petite; 2° les arcs de levée seront plus grands, et ceux de supplément plus petits, ce qui diminue l'effet des variations de la force motrice. Il ne faut pas cependant prendre ceci tout-à-fait à la lettre : la méthode plus moderne des verges entaillées semble bien favoriser ce principe, en permettant à la roue de se rapprocher davantage de leur centre, mais on ne doit pas en abuser, car le levier devenu plus court, exige un balancier moins lourd, et moins propre à vaincre l'épaisissement des huiles.

Nous avons déjà donné la longueur des leviers de la verge et la grosseur de ses pivots, suivant le diamètre de la roue de rencontre. Avec cette longueur fixée de la palette, la roue doit lever 20° sur chaque palette : au-delà il n'y aurait pas de chute; avec moins de levée, la chute serait trop forte, le milieu entre ces deux excès règlera donc la pénétration des dents sur les palettes. La levée est d'ailleurs subordonnée à l'arc de supplément possible, sans renverser. Pour déterminer les 20° de levée, on se sert du petit outil suivant; ces 20° sont comptés à partir de 0° de repos du spiral.

D'un petit outil nommé Rapporteur.

485. Ce petit instrument est formé d'un disque de laiton, divisé ou fendu à son bord, comme pour 36 dents, il porte au centre un canon de même pièce ou très-bien rivé, avec une pompe percée d'un trou conique, et renvoyée au niveau supérieur du disque par un ressort doux. Cinq rayons sont tracés sur la surface supérieure : l'un arrive au milieu d'une division prise pour zéro, point de départ; deux autres rayons pour la levée forment de chaque côté du précédent, un angle de 20°, qui est facile à trouver puisque chaque intervalle ou division du bord comprenant un vide et un plein, équivaut à 10°; les deux autres rayons dirigés à 11 dents d'intervalle avec le zéro, donneront de chaque côté les 110° nécessaires aux entailles de la coulisse.

Le balancier étant à frottement sur son assiette, on peut placer la cheville de renversement en un point quelconque de la circonférence, mais ordinairement à l'extrémité d'une barrette.

On place le pivot supérieur du balancier au centre de la pompe avec la cheville de renversement sur la ligne zéro, en le tenant appliqué sur le disque par la pression du doigt. On marque sur le cercle extérieur du balancier, de chaque côté de la cheville, un point qui indique la quantité de levée, 20°; et aux deux autres divisions de 110°, on marque aussi sur le plat et en dehors du balancier, les deux points correspondant aux entailles de la coulisse.

Le balancier étant pointé, on décrit sur la platine, avec une ouverture de compas arbitraire, et en prenant pour centres les trous des vis du coq, deux arcs de cercle qui se coupent en un point, par lequel on abaisse une ligne partageant en deux le trou de la roue de rosette; cette ligne indique la position que la goupille de renversement doit occuper, lorsque le balancier est au repos. (On prend les trous des vis du coq pour centres de l'intersection, afin de pouvoir laisser aux pattes de la coulisse une longueur égale de chaque côté du rosillon, précaution nécessaire, et qui empêche le rateau de se soulever. La ligne passe juste au centre du balancier.)

On remonte ensuite la coulisse, le balancier sans spiral, le coq et la roue de rencontre. Pour que la coulisse soit suffisamment entaillée, il faut y faire toucher la goupille de renversement, et voir si l'autre point marqué sur la circonférence du balancier, à 110° de cette goupille, coïncide avec la ligne que l'on a tirée sur la platine, sur laquelle on peut par un point indiquer le diamètre du balancier; on lime la coulisse jusqu'à ce que les deux points se trouvent correspondre pour une des entailles comme pour l'autre, au zéro de repos du spiral ou à la ligne diamétrale du balancier.

Pour la levée de l'échappement, on fait marcher le balancier au doigt par la roue, ayant légèrement gêné le balancier avec un papier de soie. On enfonce ou éloigne la roue jusqu'à ce qu'elle fasse correspondre alternativement les deux points de levée marqués au bord du balancier, avec le zéro de la platine que nous appelons le *point de repos* du spiral; pour cela, l'assiette de la verge n'étant pas encore rivée, mais seulement à frottement au centre du balancier, on la fera tourner jusqu'à ce que les levées soient de 20° et égales, de chaque côté du point de repos : après quoi, on rivera l'assiette définitivement.

Ainsi, avec ce rapporteur, on obtient trois choses essentielles, la levée de l'échappement, les entailles de la coulisse et le point de repos du balancier, lequel détermine le point de repère du piton de spiral, s'il est déjà de force voulue, le tout sans tâtonnement ni perte de temps.

Du poids du balancier.

486. « L'échappement étant fait et amené définitivement à son point, on s'occupera du poids du balancier. On sait que la montre à roue de rencontre doit *tirer*, par heure, 25 à 27 minutes, sans spiral. Si elle *tire* moins, le balancier est trop lourd, et la montre peut *arrêter au doigt* (suivant l'expression usitée). Si elle *tire* plus, le balancier

est trop léger ; mais comme on tient d'avance et exprès le balancier trop lourd, elle tirera moins. On commencera par diminuer les barettes (rayons) laissées d'abord trop fortes : on attaquera ensuite la circonférence en conservant son équilibre.

» Un artiste, naguère contemporain, M. P., dans un essai fort abrégé sur l'histoire de l'horlogerie, émet l'opinion suivante, au sujet du *tirage* des minutes. C'est, suivant lui, une méthode qui ne peut s'appliquer à toutes les montres : « Car, dit-il, » le nombre de minutes qu'un balancier peut tirer, dépend du nombre de vibrations » qu'il bat, de sa grandeur, et *des pignons plus ou moins nombrés.* » Ferdinand Berthoud, que l'on pourrait vouloir prendre pour juge de la question, s'exprime ainsi dans son essai, n° 1951 : « Quant aux montres à roue de rencontre, nous ne nous y » arrêterons pas, car il est possible d'y proportionner le poids du balancier à la force » motrice, quels que soient son diamètre, les arcs qu'il décrit, etc. ; pour cet effet, » on fait marcher la montre sans spiral, de manière que, en une heure, l'aiguille des » minutes fasse 25 à 27 minutes, c'est-à-dire que la montre sans spiral retarde de » 33 à 35 minutes : or, cette quantité doit varier selon les frottements des pivots et » la grandeur des balanciers ; ainsi, on ne peut pas dire qu'il faille faire tirer à une » montre 30, 27, 25 ou 22 minutes : cette quantité doit varier à chaque montre ; » c'est ce à quoi l'on n'a jamais eu égard. »

Après avoir lu la première assertion erronnée quant aux nombres portés par les pignons, et ensuite l'explication de Berthoud, si peu concluante, on ne sait trop à quoi s'arrêter. Il faut donc examiner la question afin d'en déduire quelque principe ou quelque règle, s'il est possible.

Nous négligerons d'abord les différences des diamètres, puisqu'il est convenu généralement, et qu'il résulte même des discussions de *Berthoud* et de *Jodin*, que le diamètre ou le poids peuvent être remplacés l'un par l'autre (jusqu'à une certaine mesure pourtant) : nous ferons de même abstraction des frottements, comme à peu près proportionnels, puisque nous avons établi les grosseurs des pivots d'après le levier de la verge. Ayant donc écarté ainsi ces questions de second ordre, la plus forte objection des deux auteurs que nous venons de citer, résidera dans la différence des vibrations que les montres battent par heure.

En attendant la formule que nous allons rapporter à ce sujet, nous vous soumettons l'hypothèse suivante :

Supposons deux montres à roue de rencontre ayant des ressorts égaux (pour force motrice), l'une battant 14,400 vibrations, et l'autre, 18,000, comme d'ordinaire. La roue d'échappement de la première montre, ayant moins de révolutions avec une même force motrice, aura certainement une plus grande puissance d'impulsion que la roue de la seconde montre, et ces deux roues de force inégale, et *tirant* le même nombre de minutes, auront des balanciers de poids différents ; leurs pesanteurs seront, suivant nous, en rapport inverse du nombre des vibrations qu'elles doivent faire, et il en résultera que les montres pourront être réglées avec des spiraux de même force, puisque le nombre des vibrations de chacune ne sera qu'en proportion du poids de son balancier, et que le même spiral, avec le balancier le plus lourd ou le plus grand, en un mot, à vibrations lentes de 14,400, se trouvant de force convenable pour ce poids et cette lenteur, ce même spiral, disons-nous, avec un balancier moins lourd ou moins grand, sera d'autant plus puissant sur lui, et conviendra de même pour les vibrations plus promptes au nombre de 18,000, où le balancier sera proportionnellement plus léger. Les deux balanciers auront donc des spiraux de force pareille, puisque leur même force sera en rapport avec le poids et le nombre des vibrations à produire, enfin puisque les balanciers différeront de poids dans le rapport voulu, pour permettre aux spiraux d'effectuer par chacun le nombre de vibrations demandé.

Si, de notre hypothèse on peut tirer cette conclusion, les deux montres doivent aussi *tirer* le même nombre de minutes, sans spiral, quels que soient les nombres de leurs vibrations, et les poids de leurs balanciers réglés chacun par le même spiral, pour le nombre de vibrations établi.

487. « En nous occupant du poids des balanciers, un problème intéressant à résoudre, se présente souvent dans nos recherches.

Si un balancier *tire* 20' min. par heure, avec une force motrice déterminée, combien faudra-t-il ôter de son poids, pour lui faire tirer 26'? Un membre distingué de cette société, M. *Henri Robert*, a résolu cette question par la formule suivante :

Elle consiste à élever à son carré le nombre de minutes tirées, et aussi le nombre de minutes à obtenir; puis on établit une proportion dans laquelle, après avoir multiplié le carré du nombre de minutes que la montre tire, par le poids de son balancier déjà *donné*, on divise le produit par le carré du nombre de minutes demandé, et le quotient donne le poids demandé du balancier. Exemple : Un balancier *tire* 20 min., et pèse 0 gram., 200; on veut qu'il tire 26' min., quel poids doit-il avoir ?

20' × 20' = 400'... 26' × 26' = 676'. Ainsi, carré de la marche actuelle 400... Carré de la marche demandée... 676. Proportion... 676 : 400 : : 0 gr., 200 : x.

$$400 \times, 200 = \tfrac{80000}{676} = 118 + \tfrac{232}{676} = 2/3 \text{ approxim}^{t}\ (1).$$

(1) La première ligne de chiffres signifie : 20' *multiplié par* 20', *égale* en produit 400', carré du tirage actuel, par heure, de la montre sans spiral... 26' *multiplié par* 26' *égale* en produit 676', carré du tirage demandé (le carré d'un nombre est, comme on le sait, le produit de ce nombre multiplié par lui-même, et le carré des vibrations est employé ici, suivant la loi par laquelle la force d'un corps en mouvement est le produit du poids multiplié par le carré de la vitesse). La proportion de la seconde ligne signifie : le produit 676 *est au* produit 400, *comme* 0 gr., 200 milligr. *est à x*, lettre qui remplace momentanément le nombre inconnu cherché. La troisième ligne est l'exécution du calcul de la proportion : 400 *multiplié par* 200 milligr. *égale* en produit 80000 milligr., nombre qui *divisé par* 676, donne un quotient *égal* à 118 millig., *plus* 232/676es. Cette fraction réduite à de moindres termes, *égale* approximativement 2/3. Ainsi le balancier de 200 milligr., qui ne tirait que 20' par heure, ayant son poids réduit à 118 milligr., tirera 26' par heure.

Quelques membres de la même société, en remarquant que le but de cette solution juste de la question, en général, n'est pas de désigner le choix du meilleur régulateur de la montre, ce qui est une autre question, ajoutent, quant à celle-ci, qu'en diminuant ainsi le balancier, on rentrerait dans l'opinion de Ferdinand Berthoud qui, à une certaine époque, prêchait des balanciers grands et légers; ils observent que les artistes modernes, comme aussi la méthode anglaise, préfèrent des balanciers raisonnable-

0 gram. 118 environ, sera donc le poids cherché du balancier. Cette formule, qui peut être utile, particulièrement dans les repassages, nous a paru devoir trouver sa place parmi nos principes.

488. « Ces observations se trouvant dispersées dans cette note, nous les résumons avec quelques autres, ainsi qu'il suit :

1° Ouverture des palettes de la verge, de 100° à 110° et même à 115°

2° Le rayon des palettes doit être la moitié de la distance entre deux pointes de dents voisines, pour le jour de sûreté avec la pointe des dents, par la distance du centre.

3° Les palettes doivent être entaillées jusqu'au centre de la verge.

4° Les faces du devant et de l'arrière des palettes, doivent être parallèles.

5° L'épaisseur du bord extérieur de la palette, doit être un petit arc de cercle concentrique aux pivots.

6° Les pivots doivent avoir pour diamètre un quart de rayon de la palette.

7° Les pivots doivent être coupés carrément et plat, à leur extrémité, pour rapprocher la quantité de leur frottement vertical, de celle du frottement horizontal.

8° La longueur des pivots doit être trois fois leur diamètre.

9° L'inclinaison des dents de la roue de rencontre sur son axe, doit être de 30° à 35°.

10° L'épaisseur des dents de la roue doit être proportionnée à la force de leur action.

11° Si la roue est en laiton, il est bon d'en corroder modérément les dents avec l'*acide nitrique*.

12° La roue pourrait aussi être en acier trempé dur, les pointes adoucies et polies, et agissant avec un peu d'huile.

13° Les pivots de la roue peuvent avoir la même grosseur que ceux de la verge.

14° La coulisse doit être entaillée à 220°.

15° La levée totale des 2 palettes doit être de 40°, c'est-à-dire 20° de chaque côté.

16° On peut faire *tirer* au balancier jusqu'à 27' par heure, sans spiral.

489. « Nous croyons que l'échappement à roue de rencontre, ainsi traité, doit donner les meilleurs résultats. Il nous reste maintenant peu de choses à dire : nous engageons cependant à faire usage pour cet échappement, de spiraux moins nombrés qu'on ne le fait parfois. On ne doit pas chercher l'*isochronisme* dans cette sorte de montre, et les spiraux trop longs ne peuvent que les rendre plus difficiles à régler. Nous pensons qu'on doit aussi y éviter l'usage d'une vis de rappel au lardon (près de la roue), pour trouver la levée de l'échappement; cette vis fausse le lardon quand on le fait mouvoir en avant, et peut tromper sur le jeu de la roue de rencontre; on peut remplacer cette vis par une garniture quelconque sous le lardon; et, quand la coulisse est à queue d'aronde, il vaut mieux reboucher le trou avec une tétine, etc. Les artistes capables pourraient trouver peu d'utilité dans quelques-unes de ces observations, mais cette note est faite, non pour ceux qui savent, mais pour ceux qui apprennent : en l'envi-

ment grands et plutôt pesants ; ils pensent donc qu'il serait avantageux d'augmenter ici la force motrice et la force du spiral, proportionnellement, ce qui n'infirme en rien la justesse de la précédente solution. Nous laissons le jugement de cette dernière opinion à la compétence des artistes. (*Note de l'Édit.*)

sageant sous ce point de vue, conforme au but de cette société, nous croyons qu'on nous pardonnera ces détails, en raison du motif qui les a dictés (1). »

Des premières proportions de l'échappement à roue de rencontre, d'après Julien et Sully.

490. Les observations précédentes que leur auteur, M. Duchemin, nous a permis d'extraire de son mémoire, ont paru à plusieurs artistes de talent et d'expérience, ce qui résulte de plus probable aujourd'hui, des diverses recherches sur ce sujet, et l'on y a vu que plusieurs perfectionnements nouveaux et particuliers, appartiennent à l'auteur même du mémoire. Pour achever de faire également connaître les opinions antérieures, et ne plus revenir sur cet échappement que dans nos articles de main-d'œuvre, nous avons cru devoir rapporter ici les proportions jadis adoptées par deux anciens et habiles artistes, comme résultat d'un premier examen de cette matière, à une époque avant laquelle l'échappement dont il s'agit, et dont on ignore l'origine, paraît n'avoir été que l'effet du tâtonnement, une sorte de phénomène mécanique non analysé, obtenu par la simple adresse de quelques-uns, et que d'autres copiaient plus ou moins heureusement, sans savoir s'en rendre compte. Il faut aussi considérer que les montres de cet ancien temps étaient très-hautes de cage, avec des tiges de roues longues et minces, susceptibles, ainsi que la verge, d'un peu de torsion élas-

(1) M. Duchemin, auteur de ces observations, étant trop occupé d'autres travaux, elles ont été recueillies et rédigées sur ses notes, par M. *Gaumont*, son élève, pénétré de l'art qu'il étudie avec succès, et doué d'un bon esprit d'analyse, dont il a donné une nouvelle preuve dans cette occasion.

Nota. Au commencement de ce mémoire, dans la dernière feuille, il s'est glissé quelques erreurs de copie ; à l'article (481), au lieu de l'ouverture de la coulisse à 228°, *lisez :* à 220° ; et dans la note de la page 318, au lieu de : plus 4/5, *lisez* : environ 8/11 négligeables, et à retrancher pour la petite chute, la sûreté du jeu des palettes, etc. Du reste, cette dernière correction pouvait être aisément suppléée par le lecteur.

Nota. Nous avions parlé, page 308, note 1, de la perte de la Mappemonde céleste de *Ruelle*, mais nous venons d'acquérir la certitude que cet accident a été amplement réparé en 1830, et avec de nombreux avantages, par M. Ch. Dien, éditeur intelligent, soigneux et recherché de cartes géographiques, globes terrestres et célestes, atlas, etc., perfectionnés, rue Hautefeuille, n° 13. Sa nouvelle *Uranographie* ou Mappemonde céleste, très-supérieure à l'ancienne, a été dressée sous l'inspection de l'Observatoire royal de Paris, et exécutée par les premiers graveurs en ce genre, et la lettre par M. *Douchin*, l'un de nos plus habiles artistes pour les lettres ornées ou simples, à vignettes, etc., rue Jean-Jacques Rousseau, n° 20. La nouvelle *Uranographie* de M. Dien, porte avec les indications ordinaires, et celles supplémentaires, des chiffres de renvoi correspondant à de nouvelles tables de *distance*, *angle de position*, *couleur*, etc., pour plus de 500 étoiles doubles, d'après les dernières observations de *Struwe*, directeur de l'Observatoire de Pétersbourg. Ce travail très-considérable est devenu indispensable dans les observatoires, ainsi que le *nouvel Atlas celeste*, d'un format plus commode, que publie actuellement M. *Dien*, et qui offre l'exposition du ciel, la plus claire et la plus complète aujourd'hui, contenant beaucoup plus d'étoiles que ceux de *Bode* et de *Harding*, et avec leurs singularités, recueillies dans de nombreuses tables; cet Atlas remplacera avec de grands avantages tous les ouvrages de ce genre, et méritera à son auteur la reconnaissance des savants et des amateurs, dont il facilitera les recherches et l'étude. Nous reviendrons sur d'autres détail importants et neufs de ce sujet, lorsque nous traiterons des observations célestes, de la connaissance et du choix des étoiles, pour régler les pièces de haute horlogerie marine et astronomique. Les cartes ci-dessus sont de divers prix et grandeurs.

tique, et que, soit par l'effet des dimensions, soit par celui des qualités métalliques, les palettes ne se piquaient pas aussi fréquemment que celles d'aujourd'hui (1).

« Dans tout le mécanisme de la montre et de la pendule, disent JULIEN et SULLY, que nous citons, l'action des dents de la roue d'échappement, est ce qui exige le plus de jugement dans la théorie, et le plus de délicatesse et de soins dans l'exécution. La diversité des méthodes des plus habiles horlogers, semble indiquer qu'il n'y a pas encore de théorie immuable sur ce sujet, comme il serait à souhaiter; trois choses principales doivent y avoir de justes proportions entre elles, savoir : le degré d'engrenage des dents de la roue de rencontre avec les palettes; la figure de ses dents; l'ouverture d'angle des palettes entre elles.

» Il faut d'abord remarquer que partout où il y a des extrêmes qui deviennent désavantageux, il est nécessaire d'adopter un certain milieu, qu'on ne peut souvent déterminer qu'en examinant la cause des inconvénients de ces extrêmes, et le degré de leur influence; ce principe nous guidera dans les proportions que nous cherchons.

» Lorsque l'engrenage de la roue avec les palettes est trop profond, que les pointes des dents approchent trop de la verge, les palettes deviennent trop étroites; le *branle* (l'arc total) des vibrations est trop grand, et les temps ou durées des vibrations changent par les moindres secousses qui produisent le *battement* de la cheville de renversement, et le *rebattement* de la palette contre la face des dents : la force d'action de la roue sur les palettes, est aussi plus variable dans les positions diverses, car le jeu des pivots se trouve dans un plus grand rapport avec le levier plus petit d'une palette trop étroite.

» Lorsque l'engrenage de la roue sur les palettes n'est pas assez profond, le *triangle* (l'arc de levée) des vibrations est trop petit pour donner de la sensibilité au ressort spiral; la roue agissant sur le bras de levier plus long d'une palette trop large, demande un balancier plus pesant pour faire équilibre à son ressort, d'où résulte plus de frottement sur les pivots plus exposés à être cassés dans les secousses. (*On redoute bien peu la fracture.*)

(1) Ce qui va suivre est extrait substantiellement de l'article de Thiout; plusieurs lecteurs l'ayant trouvé obscur et confus, quoiqu'il ne soit pas de l'auteur de ce livre si incorrect, mais plutôt rédigé par *Sully*, nous tâchons ici de l'éclaircir et de l'abréger. Si cette prétendue *démonstration*, ainsi que Thiout la qualifie, avait été rédigée par *Julien* seul, elle serait sans doute plus simple et plus intelligible. *Sully* avait beaucoup d'imagination, mais peu réglée, et *Julien*, plus sage, tenait plus à la régularité et à la solidité des principes alors connus. *Sully* ayant présenté à l'Académie des sciences de Paris, une montre de son invention, ou du moins en son seul nom, pour être reçu au nombre des Maîtres horlogers de cette ville, il y eut opposition de la part de ceux-ci, et même ils engagèrent à se joindre à eux, *Julien* qui avait exécuté la pièce, et n'avait pas peu contribué à son degré de perfection. La demande de *Sully* ne fut point admise; cette contestation sépara quelque temps les deux artistes : mais *Sully* ayant fait quelques démarches pour un rapprochement, *Julien*, qui était simple, bon, et sans jalousie, se prêta à une réconciliation; et ils réunirent de nouveau leurs efforts mutuels pour la perfection de leur art.

NOTA. On pourra remarquer que l'article de *Julien* et *Sully*, aurait dû précéder le mémoire de M. *Duchemin*, comme propre à lui servir d'introduction; mais la distribution établie de nos planches, avant que nous eussions communication de ce mémoire tout-à-fait récent, nous a forcé d'intervertir cet ordre, que l'esprit du lecteur rétablira facilement.

» La figure des dents de la roue de rencontre, et surtout le degré d'inclinaison de la ligne des faces, est un article très-important. L'angle trop grand de cette ligne avec l'axe de la roue (la dent trop couchée), rend les dents trop faibles : l'angle trop petit (la dent trop droite), laisse à la vérité plus de force vers la pointe des dents, mais il y a l'inconvénient que le bord des palettes *rebat* trop facilement sur la face des dents, lors même que les arcs entiers ne sont que d'un tiers du cercle, ou de 120°, ce qui est la moindre étendue que l'on puisse supposer; alors le milieu de la hauteur des dents venant agir sur un bras de levier (de palette), deux à trois fois plus long qu'il ne l'était au moment de la chute, maîtrise trop le balancier dans les inégalités de la force motrice : d'ailleurs, lorsqu'à la fin de chaque vibration, la face des palettes approche d'être parallèle à la face des dents, les changements un peu sensibles de chaleur ou de froid, de repos ou de mouvement (du *porter*), feront toucher par intervalles plus ou moins longs, le bord des palettes à la face des dents, et altéreront ainsi par moments la marche de la montre.

» L'ouverture des palettes est ordinairement celle de l'angle droit, ou 90°, celle qui semble se présenter le plus naturellement à l'esprit, et dont on approche toujours plus ou moins. La profondeur de cet engrenage étant toujours supposée la même, si l'angle des palettes entre elles, est plus petit, plus fermé que l'angle droit, les palettes seront plus étroites, l'arc de vibration totale sera plus grand, plus sujet aux battements et aux renversements : si l'angle des palettes est plus grand, plus ouvert que l'angle droit, les palettes seront plus larges, l'arc de vibration sera plus petit, et le balancier moins sujet à rebattre et à *renverser*; mais lorsque l'ouverture est de plus de 100°, les vibrations trop petites d'abord, tombent subitement dans une espèce de langueur, dès que le balancier a commencé à perdre sa première vivacité (probablement sa première liberté, par le premier degré d'épaississement des huiles, la première, altération du poli, etc.)

» La longueur des palettes, de l'axe au bord extérieur, devient une suite nécessaire des autres conditions de l'échappement, telles que le diamètre de la roue, le nombre des dents, et par suite leur distance, la profondeur de leur pénétration sur les palettes, et l'angle de leur ouverture dont on verra ci-après le détail. Généralement la longueur ou saillie des deux palettes doit être partout la même, et mesurée de l'axe de la verge; leurs bords extérieurs doivent tracer par leur révolution totale, deux cylindres semblables.

» En commençant par la roue de rencontre, comme base, nous donnons aux faces droites de ses dents, de nombre quelconque, une inclinaison de 25° à 27°, sur l'axe de cette même roue. Il faut y considérer trois cercles : celui de l'extérieur de son limbe en couronne, celui de l'intérieur, et le troisième pris au milieu de son épaisseur, seule vraie circonférence de la roue. Si nous divisons un pouce en 4320 parties, ou une ligne en 360, avec un instrument approprié, et si nous supposons le vrai diamètre de la roue de 4 lignes (il s'agit ici, comme on l'a dit, de montres hautes de cage), ce diamètre contiendra 1440 de ces parties, que nous appellerons *minutes*.

Puis, employant le rapport approché de la circonférence au diamètre, celui de 22 à 7, et multipliant 1440 par 22, nous aurons au produit 31680, lequel divisé par 7, donne 4525 minutes de notre division (plus 5/7es négligeables), pour la circonférence de la roue. Avec 15 dents, la distance entre deux faces de dents voisines, sera très-près de 302 *min.* (moins 1/3 de min.). Nous supposerons ensuite que la moindre longueur du levier de la palette, c'est-à-dire la distance de la pointe des dents jusqu'au centre de la verge, sera de 60 min., environ 1/5 de la distance entre les dents.

» L'angle d'ouverture des palettes sera toujours de 95 degrés, ce dont on approchera autant que possible, en excédant plutôt de 2 ou 3 degrés en plus. Si nous supposons alors la longueur ou saillie des palettes de 180 *min.*, l'engrenage de la roue sera des 2/3 de la longueur de la palette, et le plus grand levier sera au plus petit comme 3 est à 1. Nous pensons qu'avec ces proportions, dont nous allons faire l'application, on évitera les inconvénients indiqués ci-dessus, en obtenant toute la perfection que l'on puisse y souhaiter. L'explication des figures suivantes mettra ces principes dans un plus grand jour. (*Sauf les difficultés d'une assez juste interprétation.*)

Explication des figures et proportions relatives des parties.

» On suppose ici que le cercle LVMCL, fig. 1, divisé en 360°, a pour rayon la distance entre deux dents voisines de la roue d'échappement (établie sur une grande dimension pour plus de clarté dans l'explication); soient donc tirés dans ce cercle, les deux diamètres à angle droit entre eux LM et CV; le rayon AC étant ici considéré comme une distance entre deux dents, sera divisé en 300 parties ou minutes, pour servir d'échelle aux dimensions des autres parties de la figure. Ainsi LM, prolongé indéfiniment par le bas, du côté M, sera l'axe de la roue de rencontre passant par le centre A de vibration, par le centre de la verge, et par celui du balancier supposé ici en plan, en sorte que A*p* représente la palette supérieure, côté du balancier, et A*q*, la palette inférieure, vues du haut du balancier, et formant entre elles un angle de 95°.

» La longueur des leviers A*p* et A*q* est ici de 180 min., prises sur le rayon AC, distance d'une dent, et servant d'échelle; ainsi chaque palette a plus de longueur que la moitié de la distance d'une dent, qui ne serait que de 150 min., mais aussi l'axe des palettes est éloigné de la pointe des dents de 60' prises sur l'échelle. Cet éloignement est indiqué par la distance entre la ligne CV et sa parallèle pointillée RP, que l'on peut appeler la *ligne de rencontre*; elle coupe à angle droit le rayon AM et en *e* la palette A*q*, point de rencontre des dents sur chaque palette, quand elle est en AM.

» FD et BG représentent la portion circulaire du bas de la roue de rencontre, ou la partie pleine du bas de la couronne qui porte en dessus et du côté du balancier les deux dents *a* 1, *a* 2; elle couvre aussi la partie semblable de la même roue, laquelle partie ne peut se voir, parce qu'elle est au-dessous, et porte les deux dents pointillées *b* 1, *b* 2, du côté du pivot inférieur et du nez de potence, et qui agissent sur la palette inférieure A*q*. Ces portions circulaires de la roue peuvent être considérées momentanément comme des surfaces planes, des règles dentées droites, qui se meuvent en sens contraire et avec la même vitesse. On sait que le nombre de la roue est toujours impair, afin que la pointe et le plein d'une dent supérieure réponde diamétralement au milieu du vide entre deux dents inférieures, *et vice versâ* : c'est ce qui rend alternative leur action à l'égard du haut et du bas de la verge. On sait aussi que les dents supérieures et en noir, agissent sur la palette supérieure A*p*, côté du balancier, dans le sens de R en P, et les dents inférieures pointillées, sur la palette A*q*, côté du nez de potence, et alors dans le sens opposé de P en R. Quant à l'épaisseur de la ligne noire des palettes, elle n'est telle ici que pour les distinguer, mais on conçoit que dans l'exécution l'épaisseur des palettes est plus renforcée par derrière, pour leur laisser la solidité requise. Cette épaisseur est ordinairement la moitié du diamètre de la tige de la verge.

» Le rayon HA formant avec LAM un angle de 25°, étant prolongé en E, détermine l'inclinaison semblable du devant de la dent *a* 2, qui est celle de toutes les dents de la roue à l'égard de l'axe LM de la roue de rencontre, et avec lequel ces dents forment en effet un angle de 25°. La distance de f à f' sur la ligne RP, est ici supposée égale au rayon CA de 300 minutes; quoique dans la réalité elle soit un peu moindre, mais cette réduction est nécessaire pour dégager la pointe des dents et produire la petite chute qui évite l'accrochement ou le simple accottement.

» On a déjà dit que le rayon CA est égal à l'ouverture des dents (à la distance entre les pointes de deux dents consécutives, prise du même côté de la pointe), et que celles du haut en noir se meuvent de R en P, et celles pointillées du bas en sens contraire : il s'en suit que quand la dent supérieure *a* 1, sera avancée en *l*, la dent *a* 2 sera aussi parvenue en *e*, et qu'il en sera de même en sens opposé pour les dents inférieures pointillées, puisqu'il y a égalité de vitesse et d'espace à parcourir, fig. 1.

» Ier Obs. Les dents étant toujours en nombre impair, pour que celle du haut et celle du bas agissent alternativement sur les palettes, et qu'une action succède à l'autre, il arrive nécessairement : 1° qu'en regardant la roue décrire avec les pointes des dents de dessus la ligne RP, et en dessous la ligne PR, fig. 1, lorsqu'une dent quelconque supérieure se trouve en *e*, il se trouve en même temps deux pointes des dents inférieures en f et f', tout ce qui arrive en dessus, arrivant aussi en dessous successivement, sauf la direction. V. fig. 7, et fig. 3, 4 et 5.

» IIe Obs. Il ne peut y avoir qu'une dent qui agisse comme *a* 1, sur A*p*, fig. 2 et 3, ou *b* 2, pointillé sur A*q*. même fig. 3.

» La dent agissante peut être considérée dans quatre situations différentes, savoir : *rencontrante*, à l'instant où elle tombe sur la palette qui vient à sa rencontre, comme dans la fig. 4, où la dent pointillée *b* i, est sur le point de tomber sur la palette A *q*; *reculante*, pendant que la palette qu'elle vient de rencontrer, la repousse jusqu'au terme de la vibration, comme *b* 2, repoussé en RP, par A *q*, fig. 7, et même jusqu'en *f* 2, ce qui occasionne le battement de la cheville de renversement; *avançante*, lorsque cessant de reculer, elle repousse la palette à son tour, suivant la direction PR, jusqu'au rayon AM, parallèle à l'axe de la roue; et on l'appelle enfin *fuyante*, depuis la situation AM, jusqu'à ce qu'elle quitte la palette en 6, 1, fig. 7.

» Quant à la forme des dents de la roue de rencontre : 1° l'inclinaison de leur face droite ayant été fixée à 25° pour le moins, il faut que cette face soit arrondie dans son épaisseur, comme elle est représentée fig. 8, qui est la coupe de la dent vers le milieu de sa hauteur. L'arrondi doit même être plus marqué sur la moitié intérieure de cette épaisseur, car ce n'est que lorsque la palette est en AM, que la point de la dent s'y applique, suivant la direction d'un rayon de la roue; pendant tout le reste de son action, la palette porte plus ou moins sur l'un ou l'autre angle de l'épaisseur de la dent; il faut donc arrondir ces deux angles, et l'intérieur encore plus que l'extérieur; 2° On laisse ordinairement la dent trop aiguë, en sorte qu'elle se détruit en peu de temps, toute son action étant sur l'angle même : elle est d'ailleurs trop sujette à être courbée par divers accidents; la figure convenable de l'extrémité est exprimée en *c t g z* de la fig, 6 : car si elle avait la forme *z g d*, la pointe *g*, qui recevrait toute l'action, n'aurait pas assez de corps, et s'userait en peu de temps; au lieu qu'avec la forme entière *c t g z*, l'action répandue sur l'arc total *t g*, peut bien moins altérer la pointe de la dent. La palette est aussi soulagée par cette forme, car tandis que le bout *g* est chargé d'un frottement continuel pendant l'action, l'arrondi *t g* se développe en même temps qu'il frotte, ce qui répartit le frottement total sur l'étendue de l'arc *t g* : il est vrai que la différence est petite (*la pointe de la dent doit bien s'user moins, mais il ne s'ensuit pas que la somme du frottement comme surface soit diminuée*). La perte de longueur de la dent (*ou de pénétration*), par cet arrondi, ne peut entrer en comparaison avec les avantages de cette forme.

» La courbe concave de l'extrados de la dent ne servant qu'à donner passage à la palette sans accottement, doit être ménagée de manière à laisser à la dent toute la force qu'elle peut avoir, comme l'indiquent les figures ci-dessus.

» La proportion moyenne et suffisante de hauteur des dents, exprimée par *e n*, fig. 6, est les 2/3 de la distance de *g*, à g' même fig. Ayant pris pour échelle et mesure commune, la distance entre deux pointes de dents, divisée en 300 parties, nous allons récapituler la plupart des dimensions :

» Espace entre les dents, 300'; longueur des palettes, 180'; distance d'engrenage, de la pointe des dents au centre de la verge 60'; profondeur des dents, 200'; angle de la dent avec l'axe de la roue, 25° au moins; ouverture des palettes, 95° au moins.

» La montre n'étant pas montée, les deux palettes forment des angles égaux, avec l'axe AM, chacun de 47° 30', et chaque palette est alors touchée au milieu de la longueur de sa face par la ligne de rencontre RP, fig. 2. C'est le *repos* du spiral.

» Dès que la montre est montée, la dent *a* 1, que l'on suppose en situation d'agir la première, fig. 2, poussera la palette AP vers P, en lui faisant décrire l'arc *l m*; en même temps la palette A*q* décrira l'arc *q o*, mais l'extrados de la dent inférieure pointillée *b* 1, qui se meut vers R, d'un mouvement égal à celui de *a* 1 vers P, fig. 3 et 4, s'éloignera de plus en plus de l'extrémité *q* de la palette, jusqu'à ce que la dent *a* 1 soit quitter la palette Ap, qui a déjà décrit un arc de 23°, comme on le voit par la comparaison des fig. 2 et 4 : dès que la dent a 1 aura échappé de dessus la palette Ap, elle avancera en m, fig. 3, par une petite chute, en laissant Ap libre de revenir en sens contraire, sans toucher à l'extrados de cette même dent, pendant l'action succédante de b 2 pointillée, sur Aq.

» Après quelques moments, le balancier ayant acquis toute l'étendue ordinaire de ses vibrations, les palettes dépasseront alternativement l'arc AM, d'une quantité qui peut aller à 25°, et chaque palette se trouvera à son tour dans la même situation, par rapport à la dent agissante.

Ce ne peut être que par des secousses subites et violentes que l'arc de vibration excède de beaucoup l'étendue ordinaire; mais comme les montres ne sont que trop exposées à ces sortes de mouvements, il est toujours important d'obvier aux accidents qui pourraient en résulter; et pour cela il faut donner un grand excès de vibrations extraordinaires et possibles sans renverser, jusqu'au battement de cheville. » Nous supprimons plusieurs autres détails peu utiles de cette méthode, la seule connue à cette époque; mais la *Démonstration* n'a pas beaucoup avancé depuis, comme il n'arrive que trop en horlogerie, où l'analyse mathématique est si rare et souvent si difficile, faute de temps, de théorie et de pratique.

491. Cette explication, quelque restreinte que nous ayons voulu la présenter, embrasse beaucoup de détails élémentaires qu'on aurait pu épargner à ceux qui les connaissent; mais nous n'avons pas cru devoir interrompre la série de ces raisonnements, et d'ailleurs ces détails peuvent encore être utiles à quelques lecteurs. Quoique la méthode suivie actuellement, soit assez différente, il était bon de connaître l'ancienne et d'apprécier les premiers efforts pour perfectionner ce mécanisme peu défini alors pour la plupart des exécutants, et dont l'origine inconnue paraît arabe, ou au moins allemande, à quelques auteurs. Il faut ajouter aussi que les observations ci-dessus, sur la forme des dents, quant à l'arrondissement de leurs angles et de leur épaisseur, peuvent très-bien se concilier avec la méthode de M. Duchemin, et contribuer, sinon à régler mieux la marche d'une pièce, du moins à conserver les parties frottantes, en supposant l'emploi des métaux d'une même et bonne qualité. On verra toujours par cet article que, dans leurs montres hautes de cage, *Julien* et *Sully* portaient beaucoup de soins à l'exécution de l'échappement. Ils paraissent être les premiers qui s'en soient aussi spécialement occupés, et l'on sait que pour les montres de cette époque, ce n'a pas été sans succès.

Nota. Malgré l'étendue de nos articles antérieurs sur la mesure du temps, observée par le mouvement *apparent* du soleil, qui, ainsi qu'on ne saurait trop le répéter, ne provient que du mouvement de rotation diurne de la terre sur son axe ou sur elle-même (indépendamment de sa translation annuelle autour du soleil dans l'orbite terrestre), malgré, disons-nous, ces premiers détails, nous nous déterminons à revenir un moment sur cette connaissance importante pour l'horloger artiste, d'après

changement de déclinaison pendant quelques heures, est insensible dans l'usage ordinaire.

» On trouve presque partout de petits cadrans à boussole, appelés *cadrans de Dieppe*; le dessus de la boîte sert de *cadr. équinox. sup.* L'*anneau astronomique* n'est lui-même qu'une espèce de *cadran équinoxial* portatif, qui s'oriente de lui-même, et se place suivant la hauteur du pôle, pour le lieu, au moyen des divisions de latitude sur lesquelles peut glisser la suspension qui permet à l'anneau sa situation verticale et en équilibre dans tous les sens; la plaque du trou solaire doit être glissée au jour du mois.

» Un *cadran horizontal* fait pour Paris, avec son style fixe, peut servir à toutes les latitudes, en l'inclinant de la quantité dont on a changé de latitude; par exemple, à 51 degrés de latitude, il suffit d'incliner le cadran de 2° vers le midi. Sous l'équateur, on élèverait le plan du cadran de 49°; son style deviendrait parallèle à l'horizon, et marquerait sur le plan du cadran incliné, les mêmes heures qu'il marquait quand le cadran était horizontal, et que le style était alors incliné ou élevé de 49°, comme le pôle. C'est sur ce principe qu'était fondé le *cadran universel et à méridienne*, décrit par *Julien Leroy*, horloger célèbre de Paris, et père de quatre fils qui se sont distingués dans différentes carrières (1). On trouve de temps en temps de ces cadrans *à charnière, s'inclinant suivant les diverses latitudes, sur une platine avec boussole.*

492. Nous avons déjà donné un aperçu de la méridienne du temps moyen, en 8 de chiffre très-allongé, représentée dans le bas de la planche X. Mais nous avons peu détaillé cette opération, parce qu'elle est trop longue à exécuter pour la plupart des artistes. Cependant, nous en avons connu qui l'ont tracée et gravée sur une forte planche de laiton de deux pieds de longueur, ce qui permettait une observation assez exacte ou du moins à très-peu de secondes près. Nous allons terminer, pour n'y plus revenir, ces articles déjà trop longs de gnomonique, en rapportant encore ce qu'en dit *Lalande*; on consultera aussi au besoin les auteurs déjà indiqués.

« La méridienne du temps moyen, sur un plan horizontal, dit toujours *Lalande*, est une courbe en 8 fort allongé, serpentant autour de la ligne *droite* du temps vrai, et telle que, si l'on a une pendule à secondes, une horloge astronomique, réglée selon le moyen mouvement du soleil, et qu'on lui fasse marquer midi, lorsque la lumière du trou de la plaque (ou gnomon) passe par cette courbe, à l'endroit convenable désigné par le jour du mois, la pendule marquera toute l'année, midi, lorsque le soleil sera dans cette courbe. (Cela est entendu, abstraction faite des petites inégalités

(1) Julien était né à Tours; l'un de ses fils, Pierre, horloger aussi, de l'Académie d'Angers, a obtenu plusieurs premiers prix, en concurrence avec *Ferdinand Berthoud*, pour ses horloges marines qui offrent des compositions neuves et de génie, d'après la seule comparaison de ses premiers travaux avec les premiers de Berthoud, fort inférieurs : Jean-Baptiste, de l'Académie des sciences, était aussi versé dans la Mécanique : David, Professeur d'Architecture et académicien, est l'auteur des *Ruines de la Grèce* : et Charles, était Professeur de Médecine, de l'Académie et Université de Montpellier. A cette époque, les horlogers distingués et leurs fils, estimaient et recherchaient, comme les habiles artistes actuels, l'instruction en divers genres, et ne se bornaient point à copier ou à rhabiller des ouvrages communs d'horlogerie, pour un médiocre salaire.

inévitables de l'horloge astronomique, quelque bien exécutée qu'elle soit, et avec une compensation dans la verge du pendule; mais ces irrégularités peuvent se borner à un très-petit nombre de secondes, et se compenser la plupart du temps, de manière à ne laisser au bout de l'année, que cinq à six secondes d'erreur, comme on assure l'avoir éprouvé; cependant Ferdinand Berthoud ne croyait même pas à une régularité aussi approchée, ce qui indique qu'il n'avait pu y atteindre : l'art s'est beaucoup perfectionné depuis l'époque de cet Artiste laborieux et instruit qui, malgré les erreurs de son temps, et les siennes propres, n'en conserve pas moins, nous l'avons déjà dit, un mérite incontestable sur plusieurs points.) Pour former la courbe du temps moyen, continue *Lalande*, il faut auparavant tracer les arcs des signes sur la méridienne droite, non-seulement par le commencement de chaque signe, mais encore de cinq en cinq degrés des signes, c'est-à-dire les arcs que le soleil parcourt au commencement de chaque signe, au 5ᵉ degré de chaque signe, au 10ᵉ degré, etc. (1). Il n'est pas nécessaire de *prolonger* les arcs au-delà d'un quart d'heure, ou très-peu plus, avant midi, et d'autant après midi : l'espace de chacun de ces arcs compris entre midi et midi un quart, ou entre midi et onze heures trois quarts, sera divisé en 900 parties égales, pour les 900 secondes qu'il y a dans un quart d'heure, et l'on prendra sur chacun de ces arcs autant de parties, soit avant midi, soit après midi, qu'il y a de secondes dans l'équation du temps, ce jour-là, ou pour cet arc de signe, selon que la courbe doit être en avance ou en retard; cela est aisé à faire avec la ligne des parties égales d'un *compas de proportion*. Ayant ainsi marqué deux points sur chaque arc de signe, l'un avant, l'autre après midi, chacun suivant l'équation convenable, l'on fera passer une courbe par tous les points, ce qui fera la *méridienne du temps moyen*, autour de laquelle on écrira le nom des mois, convenablement aux signes dont les équations ont donné le point de la courbe, ainsi qu'on le voit dans la figure 1, gnom., planche X.

» Quand on dit qu'il faut diviser en 900 parties égales l'espace d'un quart-d'heure de chaque arc, cela suppose qu'en temps égaux, le soleil parcourt des parties égales de ces arcs, ce qui est sensiblement vrai aux environs de midi, sur les plans horizontaux, et sur les plans verticaux qui ne déclinent pas beaucoup, mais lorsque l'on voudra décrire cette méridienne sur un plan déclinant, il faudra tout au moins tracer les lignes de midi cinq, de midi dix, de midi quinze minutes, et autant avant

(1) Dans un article précédent (469 *bis*), on trouve par erreur, que la méridienne droite est divisée de 10 en 10 jours. et même de 5 en 5 jours... *Lisez* : de 10° en 10° et même de 5° en 5° (degrés) du signe atteint déjà par ses lignes pointillées, (fig. 1, gnom. pl. X.) — A l'article (464 et ailleurs), où l'étoile polaire est dite à 2° du pôle... *Ajoutez :* Suivant Lalande, et à l'époque où il écrivait; mais elle se rapproche de plus en plus du pôle, et actuellement elle n'en est plus qu'à environ 1° 1/2, ce qui n'influe pas du reste sur l'instant de son passage au méridien, *pour l'observation dont il s'agit ici.*

Nota. Après avoir satisfait autant que le permet la nature de cet ouvrage, aux questions qui nous ont été adressées, en donnant ce supplément et ces éclaircissements gnomoniques, nous reprenons dans cette même feuille 22ᵉ, le chapitre des répétitions en montre, en commençant par quelques observations utiles à l'occasion du calibre Lépine, planche X, et la dernière de celles arriérées, pour arriver de là aux répétitions et cadratures les plus modernes.

midi, et agir ensuite dans les espaces de chacune de ces subdivisions, selon que l'équation sera moindre que 300'', que 600'', que 900'', divisant chaque espace (inégal) de 5' en 300 parties égales, pour les 300 secondes qu'il y a dans cinq minutes. Lorsque la méridienne sera fort étendue, au lieu de ne tracer les arcs des signes que de cinq en cinq degrés, on pourra les tracer de trois en trois degrés, de deux en deux, etc., et opérer par les équations convenables, que l'on prendra dans les tables astronomiques ou dans les éphémérides, *pour* une année moyenne entre deux bissextiles. Nous en avons donné la table (dit *Lalande*), pour chaque jour du mois. (*V. l'Astronomie de cet auteur; on voit dans tout cela, que cette méridienne ne convient qu'à l'usage civil.*)

» La république de Genève a fait tracer par M. Mallet, en 1780, une méridienne du temps moyen, d'après laquelle on donne tous les jours un signal à l'église de Saint-Pierre, pour que tous les horlogers de la ville puissent régler leurs pendules sur le temps moyen, qui est le seul uniforme. On les règle de même en Angleterre, et les Anglais sont même surpris qu'on se serve encore en France, du temps vrai ou temps du soleil, malgré ses irrégularités. Les méridiennes du temps moyen devraient être en effet, beaucoup plus communes qu'elles ne le sont. » M. *Lalande* écrivait ceci en 1785. On sait que depuis quelques années, on est parvenu enfin, à Paris, à faire suivre aux horloges publiques, le temps moyen. Car, selon la remarque d'un célèbre auteur français, qui connaissait bien ses compatriotes, *nous venons tard en tout*, lorsqu'il s'agit d'institutions utiles.

493. En se servant d'un cadran *Équinoxial* ou universel, pour tracer un cadran solaire, sur un mur exposé à très-peu près en plein midi, et être dispensé de calculs, d'applications de géomètrie ou des cercles de la sphère, et en n'y employant tout au plus que les premières notions communes, comme la mesure des angles, l'art de tracer exactement, il est toujours avantageux que le mur soit perpendiculaire, ou que son plan (la place du cadran) soit rendu tel, au moyen d'une couche ou enduit solide, le plus résistant aux intempéries; l'opération y est toujours plus exacte que sur une surface irrégulière, déclinante, ou *réclinante*, c'est-à-dire penchée en avant ou en arrière, sur laquelle nous avons dit que l'on pourrait aussi opérer; on pourra donc profiter de la couche d'enduit, plus épaisse dans un sens, pour corriger une petite déclinaison ou inclinaison (1). Ensuite, l'opération la plus importante sera de

(1) La petite méridienne, sur ardoise épaisse, établie par les hauteurs correspondantes du soleil, trouve encore ici son utilité, car c'est un moyen bien simple de connaître la déclinaison du mur. Si l'on plante provisoirement sur le mur préparé, un style droit horizontal et alors perpendiculaire en tout sens au plan du cadran, et si on suspend à son extrémité un fil à-plomb, dont l'ombre soit projetée par le soleil sur ce même plan, on pourra, au moyen d'un signal donné de l'instant du midi sur la petite méridienne, marquer deux ou plusieurs points de cette ombre les plus éloignés entre eux, et tracer sur le mur la ligne qui passe par ces points; en la prolongeant jusques un peu au-delà du pied du style horizontal, on aura par le point de plus courte distance de cette ligne au pied du style, par ce pied lui-même, et par l'extrémité du style, un plan triangulaire, et à la suite l'angle de déclinaison du mur, avec plus de certitude qu'avec la boussole dont l'aiguille peut dévier par quelques fers voisins, ou cachés dans le mur et ignorés. Ce même moyen donnera aussi la simple méridienne verticale : tant il

placer le vrai style vers le haut du cadran, mais d'abord d'une manière provisoire et assez libre pour être corrigée au besoin dans l'opération, en établissant définitivement son exacte direction au midi, et son inclinaison au pôle égale à la latitude du lieu relative à un plan horizontal, ou le complément pour 90° de cette latitude, relativement à la ligne perpendiculaire du mur.

494. A tout ce qui a été dit afin de faciliter l'emploi du cadran équinoxial pour en former tant d'autres, soit horizontaux, soit verticaux, nous joignons en dernier lieu la figure 9 en perspective d'un cadran vertical, pl. XIII, qui achèvera de rendre ce genre d'opération complètement intelligible. La fig. 10, même pl. XIII, représente le cadran vertical vu de face, mais dans la fig. 9, dont il s'agit ici, AIBL est un mur que l'on suppose exposé à très-peu près en plein midi. Le tout est vu ici en perspective par le spectateur situé en avant de ce mur, mais de côté vers l'occident, et comme son œil est plus bas que le tableau, toutes les lignes vraiment horizontales, plus hautes que le spectateur, sont inclinées vers le point de vue placé en bas, à droite à l'horizon, et supposé hors de la planche, effet très-ordinaire en perspective et que l'on concevra facilement, bien que l'ensemble ne soit ici qu'une esquisse du genre. EF est le style placé provisoirement, et qui n'est pas encore scellé définitivement, afin de pouvoir lui donner exactement plus tard la direction du plan du méridien et l'inclinaison de l'axe terrestre : ainsi la ligne EF formera avec celle FH parfaitement horizontale, un angle EFH de 48° 50' par exemple à Paris, c'est-à-dire égal à la latitude du lieu (1); ou ce qui revient au même, la ligne du style FE formera avec les verticales EG, ou FK, un angle GEF ou EFK de 41° 10', complément du précédent pour 90°. Si l'on a une petite méridienne horizontale bien placée, on s'en servira au moyen d'un signal à l'instant de midi, pour planter dans le plan du méridien l'axe du cadran vertical, c'est-à-dire, pour que son ombre se confonde avec celle d'un cordeau à plomb près du mur, et qu'elles passent toutes deux par le centre E du cadran, qui est le pied du style. La ligne verticale de l'ombre sera aussi la méridienne ou ligne horaire de midi du cadran. Si l'on n'a pas de bonne méridienne horizontale ou verticale dans les environs du local, il faudra en tracer une jusqu'au pied du mur, par les moyens déjà expliqués ci-devant; alors deux à-plombs descendant du centre d'épaisseur du style, l'un près de E, l'autre en F, indiqueront si le style est dans le plan du méridien, ou

est vrai que la méridienne horizontale par les hauteurs correspondantes, sur un carreau, est d'une ressource continuelle. Il est même facile de placer momentanément cette méridienne en un lieu suffisamment éloigné de toute ferrure, et d'employer alors un niveau pour l'horizontalité, comme aussi, alors, le moyen simple d'une boussole un peu grande, celle des arpenteurs, pour l'*orientation*. Nous engageons donc à se pourvoir de ces moyens faciles, ceux qui voudront se livrer à des opérations de gnomonique pratique.

(1) On trouve la latitude des principales villes dans les livres de géographie : l'inspection des grandes cartes détaillées, indique celle des bourgs et villages que l'on peut apprécier d'après les distances de quelques chefs-lieux, en ayant égard à l'orientation. Un degré dans le sens du méridien équivaut vers l'équateur, à 25 lieues, chacune de 2,283 toises. Une différence de 4 à 5 lieues est tout-à-fait insensible pour l'usage civil, sur d'aussi petites dimensions que celles usitées de nos cadrans solaires.

même pour les heures IXe, Xe et XIe; quant à la XIIe, elle se trouvera déjà tracée. On continuera la même opération à droite pour les heures I, II, III, IV, V, qui ne sont pas indiquées sur le mur ou sur le cadran dans la figure, parce qu'elles l'auraient trop embrouillé. Quant aux deux lignes horaires de 6 heures du matin et du soir, on sait déjà que, dans cette espèce de cadran, elles se trouvent toujours sur une ligne horizontale, passant au pied du style et perpendiculaire à la méridienne. Ici, cette ligne réellement horizontale, paraît fort inclinée par l'effet ordinaire de la perspective, à l'égard des lignes horizontales plus élevées que l'œil du spectateur, placé ici à un *point de distance* très-rapproché. Le cadran y paraît très raccourci sur sa longueur horizontale, et par la situation du spectateur, la ligne du cordeau du chiffre 6 sur le mur, tombe à l'œil sur l'horizontale, et couvre même le retour du point 6 au centre du style. L'inclinaison réelle du style se trouve aussi sur la même direction perspective, et ces diverses rencontres simplifient en ce point la figure, mais n'expliquent pas autant l'opération, et c'est la raison qui nous a fait commencer par la 7e heure.

496. Le plan du mur étant exposé au midi plein ou à très-peu près, le cadran ne peut pas marquer les heures d'été avant 6 heures du matin, ni après 6 heures du soir, puisque le levant et le couchant du soleil d'été, en arrière des deux points cardinaux *Est* et *Ouest*, direction du mur, sont aussi en arrière de celui-ci. Si le mur décline au levant ou au couchant, on pourra y tracer une heure ou deux de plus, comme les donne le disque équinoxial ou quelques demi-heures seulement, en prenant des moitiés intermédiaires des 24 divisions du disque qui peut être alors divisé en 48 parties, dont 24 seront marquées moins profondément. Du reste, on a aussi la division et ligne horaire de 5 heures du matin si le mur décline vers l'est, en prolongeant en ligne droite au-delà du centre, la ligne horaire de 5 heures du soir; et de même pour les autres lignes horaires au-delà de 6 heures de chaque côté, comme pour 7 et 8 heures du soir si le mur décline à l'ouest : la déclinaison de 2 heures est aussi la plus forte que puisse admettre cette méthode. Il en existe d'autres pour des plans plus déclinants, mais elles sont trop compliquées pour trouver place dans cette notice bornée aux opérations les plus simples, les plus faciles, et à l'usage de ceux qui ne sont aucunement versés dans la *gnomonique;* ils trouveront dans un bon dictionnaire français, comme celui indiqué à la fin de la note, page 315, la définition de quelques termes techniques qu'il serait trop long d'expliquer ou de commenter, et qu'on ne peut guère éviter en traitant cette matière. La perspective fig. 9, n'est du reste qu'une esquisse peu exacte.

497. On conçoit aisément par tout ce que nous avons dit, qu'après avoir d'abord choisi l'exposition la plus approchée de celle du midi (493), pour diminuer les difficultés et les irrégularités de ces opérations, il faut aussi porter dans l'exécution la plus rigoureuse exactitude, dont une partie se perd toujours inévitablement dans l'application, et qu'il importe surtout de planter exactement le style dans le plan du méridien et dans la direction du pôle-nord; nous en avons donné les moyens. Le reste de l'opération actuelle est suffisamment indiqué par la figure perspective. La vraie proportion du cadran vertical se trouve vue de face à côté,

dans la fig. 10. On trouve, comme on l'a dit, une foule d'autres méthodes dans les divers traités de gnomonique, et dans quelques auteurs d'horlogerie pénétrés de la nécessité d'avoir d'abord le temps solaire, pour le corriger par les tables d'équation ; mais ces articles sont trop succincts ou exigent des connaissances de la sphère trop peu répandues : il ne s'agit ici, au contraire, que de prendre quelques mesures, et de tracer quelques lignes par des procédés simples et amplement expliqués. L'intelligence la plus ordinaire y suffit, avec la bonne volonté et la patience nécessaires pour lire avec attention et réflexion, raisonner un peu, et opérer avec quelque précision.

498. Quant à ceux qui aiment des méthodes plus géométriques, nous leur donnerons encore ici, celle des deux cadrans les plus simples, l'horizontal et le vertical non déclinants, tracés par ce dernier moyen; elles sont extraites d'un bon ouvrage (1), mais nous laissons celles des plans très-déclinants orientaux et occidentaux dont les opérations sont trop compliquées pour entrer dans cette notice. On en sentira rarement le besoin absolu : il n'est guère de localités où quelque mur abordable au public, ne se trouve plus ou moins exposé au midi (2).

499. Pour tracer ces deux cadrans, nous citerons deux manières, dont l'une est prise directement des hauteurs du soleil, et détermine les lignes horaires par degrés et minutes; nous en reparlerons plus bas. La seconde, plus graphique, est celle qui suit et se trouve représentée dans la fig. 11, pl. XIII. Nous commençons par le cadran *horizontal.*

500. Ayant déterminé au milieu et vers le haut d'un carton uni et bien plan, de 18 à 20 pouces de diamètre, un point A, où passeront à angle droit la ligne CD, *horizontale du plan*, et la ligne *méridienne* AM, on y formera sur AM l'angle BAF, égal à la hauteur du pôle ou à la latitude du lieu, 48° 50' à Paris. On prendra à volonté sur AF un point G, à peu près comme dans la figure, et l'on tirera de ce point une perpendiculaire à AF, qui rencontrera la méridienne en un point quelconque comme H, sur lequel on tracera la ligne *équinoxiale* LK, parallèle à CD. La distance GH, *rayon de l'équa-*

(1) De la 3e édition, aujourd'hui épuisée comme les précédentes, du *Cours démonstratif et élémentaire de M. R.-F. Jambon*, mécanicien et professeur d'astronomie, auteur de plusieurs nouvelles machines astronomiques géocycliques, à rouages en cuivre et en acier, planétaires, sphères armillaires, instruments uranographiques, etc. Cet estimable artiste, qui a exécuté lui-même en grande partie les machines de son invention et a dirigé tout le reste, s'est formé seul, avec peu de livres, et par le goût de l'étude, et a été cité honorablement dans plusieurs rapports de l'Institut, pour son talent modeste, la simplicité et le prix modéré de ses instruments sans luxe, et qui n'ont que la partie d'exécution indispensable, et réduite à ce qui est utile pour la démonstration dans les établissements d'instruction et ailleurs. L'auteur tient à certaines époques de l'année des cours d'astronomie, rue *Culture-Catherine*, n° 28, à Paris.

(2) Moins ces endroits sont peuplés, et moins il y a de régularité dans les bâtiments, et pour l'ordinaire, il s'y trouve des murs à presque toutes les expositions dont la déclinaison permet d'employer le cadran équinoxial; et si les bâtiments appartenant à la commune, n'offraient pas de place convenable, aucun propriétaire, ayant quelque sens commun, ne refuserait de laisser tracer sur son mur, en vue du public, un cadran dont l'enduit ne peut que le consolider sans aucuns frais de sa part. L'administration du lieu pourrait même, par une sorte de réciprocité, lui faire blanchir en même temps tout son mur à la chaux, opération qui coûte peu, et qui a la propriété de durcir et conserver la superficie des murs.

teur, sera reportée sur la méridienne, depuis H jusqu'au point M, centre d'un demi-cercle diviseur de l'*équinoxiale* LK; ce demi-cercle tracé comme dans la figure, sera divisé en 12 parties égales ou rayons pour les heures, ou en 24 si l'on veut y joindre les demi-heures. L'un des rayons sera la ligne méridienne AM, les autres rayons du cercle prolongés au dehors en ligne droite, couperont l'*équinoxiale* LK sur autant de points dits horaires, d'où chaque ligne droite horaire sera tirée vers le haut sur le centre A, et prolongée vers le bas jusqu'au cadre du cadran, qui se trouvera ainsi divisé. Ceux qui ont un peu d'habitude du tracé, transporteront facilement ces divisions sur le cadran réel, en conservant les mêmes proportions et rapports. Si l'étendue de la place le permet, on pourra aussi tracer de prime-abord les divisions sur le cadran même, bien nivelé, et l'on tirera préalablement sur toute son étendue, la méridienne horizontale AM bien orientée. Cette première opération est actuellement assez connue. Le style incliné suivant la hauteur du pôle, sera placé ensuite bien verticalement, de manière que son extrémité scellée réponde juste au centre A, et que son épaisseur soit coupée au milieu par la méridienne. Ce style est ici vu par sa tranche supérieure représentant l'axe incliné de la terre, et formant avec l'horizon un angle du degré de latitude du lieu. Il est pointillé à sa véritable place dans la fig. en AM, comme le verrait l'œil placé verticalement au-dessus du centre A du cadran. La ligne supérieure est formée en couteau par deux biseaux égaux. Ce style vu de côté, présenterait la figure d'un triangle presque plein, ou peu évidé par son côté M.

501. Au lieu de former le style en couteau aigu, afin de ne pas éloigner par sa demi-épaisseur certaines lignes horaires, on peut laisser à l'axe de ce style, une assez forte épaisseur, mais alors il faut former deux lignes méridiennes écartées entre elles de toute l'épaisseur du style; dans ce cas, la ligne de l'axe terrestre a deux centres, et le cadran est formé de deux moitiés ou deux demi-cercles écartés juste de l'épaisseur du style, et l'on divise comme ci-dessus, ces deux demi-cadrans, chacun ayant pour centre de division le pied de l'arrête du style qui est de son côté. Mais la première méthode est plus simple avec son style en couteau, il suffit que les deux biseaux soient assez larges ou assez couchés, pour que l'épaisseur du reste du style ne modifie pas la projection de l'ombre pour onze heures et demie et midi et demi. On tient dans ce cas toute la partie inférieure du style pleine ou très-peu évidée, afin de lui conserver plus de solidité. La forme du cadran horizontal est ordinairement circulaire ou octogone, etc., mais le pied du style, centre des lignes horaires, est excentrique.

502. Le cadran *vertical* non déclinant, fig. 10, et même pl., se trace de la même manière avec une première différence peu importante, consistant en ce qu'il est ordinairement carré ou carré long. Il pourrait être de toute autre forme, et même rond ou ovale, etc. La seconde différence plus importante est que son axe forme avec le plan du mur, ou la méridienne AM, l'angle BAF qui, pour la même latitude 48° 50', ne doit avoir que 41° 10, complément avec le précédent, de l'angle droit de 90°. (Le *complément* d'un angle droit est une des premières notions des éléments de géométrie dont nous avons recommandé l'étude, et dont nous ne pouvions développer les

détails et les propositions comme cette autre-ci : *les angles opposés au sommet, sont égaux*, et tant d'autres ; mais nous avons déjà indiqué le petit ouvrage où l'on s'en instruira facilement (1).) Il faudra donc ne pas négliger cette observation dans tout ce que nous avons dit des cadrans verticaux, attendu que l'angle mesuré pour le style du cadran horizontal est pris sur le niveau de la méridienne horizontale aussi, et que celle du cadran vertical, toujours à angle droit avec l'horizon, ne laisse plus pour complément de l'angle droit de 90° que 41° 10' pour la même direction au pôle, puisque la même direction du style du cadran horizontal en prend 48° 50' ; car les deux styles de ces cadrans ont toujours leûr même inclinaison au pôle.

503. On peut faire à ce sujet une remarque assez curieuse, et qui l'éclaircit : si le cadran *vertical* était au pied du mur, et si le cadran horizontal y était aussi placé, ils formeraient visiblement entre eux un angle droit ou de 90° ; on conçoit qu'alors la même méridienne horizontale remonterait sur le mur, et formerait aussi la méridienne verticale, toutes deux étant dans le même plan du méridien du lieu. Alors le même style continué du centre d'un cadran au centre de l'autre, servirait aux deux projections des heures, puisque sur chaque cadran cette ligne représente l'axe de la terre qui ne peut changer d'un cadran à l'autre. Or, la ligne supérieure du même style, la ligne d'axe, qui serait à 48° 50' sur le cadran horizontal, ne formerait qu'un angle de 41° 10' sur le cadran vertical ; car ce dernier ne serait que le complément de l'autre, pour former l'angle droit de 90° existant nécessairement entre les deux plans. Il y a de petites boussoles en carré long, dont les deux plans ouverts à 90°, soutendent une soie attachée du centre de leur cadran horizontal, au centre de leur cadran vertical, et qui réalisent l'effet que nous venons de supposer : la même soie tendue ainsi, projette son ombre sur les deux cadrans, où elle marque la même heure ; et comme l'ouverture des deux plans est de 90°, la soie servant ici de style, forme à Paris un angle de 48° 50' avec le plan horizontal, et un angle de 41° 10' avec le plan vertical ; ce dernier étant le complément de l'autre pour achever les 90° que les deux plans forment entre eux. Si la boussole est faite pour une autre latitude, le complément a toujours lieu. Pour 45° de latitude, par exemple, la soie ou le style est à 45° également sur chaque cadran, et les deux angles alors égaux et compléments l'un de l'autre, forment toujours ensemble les 90°, etc.

504. Au lieu de prolonger jusque sur la ligne *équinoxiale* des deux cadrans ci-dessus, les rayons à distances égales d'un demi-cercle divisé comme il a été dit, on peut déterminer directement, sur le limbe même du cadran, ses lignes horaires par degrés et minutes de ce limbe, suivant les hauteurs du soleil, c'est ce dont nous avons parlé

(1) *V.* la Bibliothèque populaire de M. Ajasson de Grandsagne, place Saint-André-des-Arts, n° 30, contenant la *Géométrie de Clairaut*, 2 petites parties in-18, d'environ 100 pages, où les artistes trouveront une exposition rapide, claire, concise et plus que suffisante. La dernière *Bibliothèque des sciences et des arts* du même auteur et éditeur, place de la Bourse, 36, en est un complément utile, instructif, varié et à l'ordre du jour. On peut se procurer séparément les parties de ces deux excellentes collections réduites au prix le plus modique. Les planches de la seconde collection sont en taille-douce.

au commencement d'un des paragraphes précédents (499), où nous avons promis d'en reparler plus bas. Les développements de cette méthode ne pouvant trouver place dans cette notice, nous devons nous borner à donner ici la quantité de degrés et de minutes du limbe qui en résultent, entre la ligne horaire de chaque heure et celle de midi, tant à droite qu'à gauche, c'est-à-dire pour les heures d'avant et d'après-midi qui se correspondent comme distance ou temps écoulé. Nous prendrons pour exemple le cadran horizontal pour 49° de latitude, qui peut servir pour Paris, et jusqu'à 15 lieues de là vers le nord, sans différence sensible sur la proportion ordinaire de nos cadrans. Les cadrans horizontaux ne dépassant guère un pied de diamètre, et les verticaux les plus grands n'ayant guère plus que 4 à 5 pieds de hauteur, et souvent moins.

505. Ainsi sur le limbe même du cadran horizontal, et ayant le pied du style pour centre de son cercle, les angles formés par les lignes horaires, avec la méridienne, et de chaque côté de celle-ci, sont les suivantes pour la latitude 49°. (Ayant tracé un cercle quelconque, représentant ce limbe concentrique au pied du style, rien n'empêche d'en prolonger ensuite les rayons sur un cercle excentrique, sur un limbe ovale ou à pans coupés, etc., ce sera toujours sur le cercle concentrique au style que seront comptés les degrés et minutes ci-après, avec un *rapporteur* le plus grand possible.)

	Matin		Soir			Matin		Soir	
Pour	11h 30'	et	midi 30'. .	5° 40'	Pour	8h 30'	et	3h 30'. .	44° 32'
—	11h . .	et	1h.	11° 26'	—	8h, . .	et	4h	52° 35'
—	10h 30'	et	1h. 30'. .	17° 22'	—	7h 30'.	et	4h 30'. .	61° 14'
—	10h. . .	et	2h.	23° 33'	—	7h. . .	et	5h	70° 27'
—	9h 30'.	et	2h. 30'. .	30° 4'	—	6h 30'.	et	5h 30'. .	80° 6'
—	9h. . .	et	3h. . . .	37° 3'	—	6h. . .	et	6h	90°

506. Au sujet de la déclinaison d'un mur, le même auteur dit : « Qu'il ne suffit pas d'avoir mis tous ses soins à la trouver et à tracer avec exactitude les lignes horaires. Si l'axe est mal posé (quant au plan du méridien), s'il n'est pas exactement parallèle à l'axe terrestre, alors le cadran sera certainement faux. La méthode la plus simple, ajoute-t-il ailleurs, et qui n'exige point la connaissance de l'heure de midi (par des observations astronomiques du moment), consiste à tracer une méridienne horizontale à quelques pieds de distance du mur où l'on veut faire un cadran vertical; cette méridienne étant tracée, on la prolongera jusqu'au mur (c'est aussi ce que nous avions dit précédemment; mais c'est toujours là une nécessité de se procurer le midi, par un moyen déjà établi d'avance par observation antérieure). Si cette ligne méridienne, celle NC, par exemple, fig. 12, pl. XIII, fait avec le plan vertical LL, deux angles égaux ; ces deux angles étant droits et chacun de 90°, le plan vertical est bien en face du midi et ne décline pas; mais si la ligne méridienne fait avec ce plan deux angles inégaux, l'un de plus de 90°, et l'autre de moins, le plan décline du côté où l'angle est le plus grand ; les degrés au-delà de 90° du plus grand angle, manquent au petit pour qu'ils soient égaux, et c'est de cette quantité que le plan vertical décline : par exemple,

si l'angle le plus grand a 110°, il en a 20 au-delà de 90, et le petit angle n'aura que 70°, le plan déclinera alors de 20°, comme LL relativement à CM.

» La méthode suivante, qui suppose la connaissance de l'instant du midi, fig. 13, même pl., consiste à planter une tringle de fer courbée en S, et portant une plaque percée d'un petit trou : c'est ce que nous appelons *faux style*; celui-ci étant planté perpendiculairement au plan vers le haut du cadran, comme dans la figure, il s'agit de trouver le point qui répond perpendiculairement au sommet du faux style, c'est-à-dire au centre du trou de la plaque : on ouvrira pour cela le compas d'environ une fois et demie la hauteur du faux style, et tenant une pointe au centre du trou de la plaque, on tracera avec l'autre pointe un demi-cercle ou plusieurs, fig. 12 et 13, dont on cherchera le centre, comme pour *faire passer un cercle par trois points donnés*. (V. nos art. 277 et 278 des notions de géométrie pratique.) Ayant ainsi trouvé le point P, centre du demi-cercle, fig. 12 et 13, on aura le centre cherché; cette opération étant faite avec soin (comme nous l'avons recommandé, art. (278), on enfoncera dans le mur un clou T, quelques pouces au-dessus du point P, qui correspond au trou du faux style, de manière que le fil d'un plomb suspendu à ce clou, passe exactement devant le point P. On marquera ensuite un point D, éloigné d'environ deux pieds du point P, et qui soit couvert par le fil en même temps que le point P (vus tous deux d'un rayon visuel perpendiculaire au plan), et une droite PD sera la verticale du plan. Ayant tiré l'horizontale HR passant en P, on mesurera exactement la hauteur du style, en ouvrant le compas de S en P, et l'on portera cette distance vers le bas de la verticale, depuis P jusqu'en K; ce dernier point K sera le centre de division de l'horizontale HR.

» Pour trouver la déclinaison du plan, l'on s'assure de l'instant de midi, soit par un autre cadran connu pour exact, soit par une pendule bien réglée, soit enfin par une méridienne horizontale que l'on aura établie exprès dans le voisinage (nouvelle confirmation du besoin de cette méridienne, utile même, pour régler la pendule dans les cas ordinaires); connaissant alors l'instant précis de midi, on marquera à ce même instant signalé, un point F au milieu de l'image solaire, du faux style, ou à l'extrémité de l'ombre de la tringle si elle n'a point de plaque; mais cette ombre est ordinairement mal terminée. Le point F étant ainsi fixé, on marquera sur l'horizontale, et au moyen du fil à-plomb, le point L, correspondant perpendiculairement au-dessus de celui F; tirant ensuite une ligne du centre K au point L, l'angle LKP sera celui de la déclinaison du plan; on en trouvera la valeur ou l'*ouverture* avec le *rapporteur*, dont le centre sera en K, et la ligne diamétrale sur KP.

» Quant à la longueur du style ou de l'axe, on la détermine suivant la hauteur du cadran, afin que l'ombre de la pointe du style, ou ce qui vaut mieux, l'image solaire d'une plaque d'environ 3 pouces ou plus, percée au milieu d'un trou de 2 à 3 lignes, ne dépasse pas en été l'extrémité de cette méridienne (nous en avons indiqué le plus grand prolongement, art. (494), et en cas d'excès, l'ombre de la ligne droite du style étant dans la même direction que celui-ci, y suppléerait sur le cadran). Ayant donc employé la méthode ci-dessus, ou celle plus simple de la note de l'article (493), pour déterminer la déclinaison du mur, et ayant établi préalablement la ligne méridienne du cadran par une perpendiculaire descendant du centre, on tracera à plat sur celle-ci, suivant le sens de la déclinaison, c'est-à-dire à gauche de la méridienne si le cadran est un peu tourné vers l'orient, et à droite dans le cas contraire, on tracera, disons-nous, à partir du centre horaire du cadran ou du pied du style, une ligne faisant avec la méridienne un angle égal à la déclinaison trouvée; cette ligne sera la *soustylaire*, et en cas de déclinaison, ce sera perpendiculairement au-dessus d'elle que le style sera scellé; pour y parvenir sûrement, on peut employer une double équerre *acd* vue un peu en perspective, fig. 10, fixée momentanément sur le cadran, et dont le centre de la base en *p*, sera appliquée carrément à la *soustylaire*; le haut soutiendra l'extrémité du style à l'élévation voulue, pour que l'axe reste, pendant le scellement, plus solidement dirigé au pôle (suivant la latitude du lieu). Ainsi, en supposant que le cadran vertical de la fig. soit déclinant à l'occident de 16°, la soustylaire sera en A*p*, à 16° de la méridienne AK *du cadran*. L'extrémité de l'axe sera supportée en *l* par la double équerre *a*, *p*, *c*, *d*, *l*, et l'axe sera incliné vers le bas du plan vertical, à 41°, complément des 49° de latitude adoptée dans cet exemple; cet angle supposé couché à plat sur le cadran, pourra être compté dans la fig. 10, depuis la méridienne AK *du cadran* jusqu'au style en *l*; mais il est véritablement relevé perpendiculairement au-dessus de la *soustylaire* A*p*, et c'est avec elle qu'il forme son angle de 41°. »

507. On a pu remarquer dans tout ce qui a été dit précédemment, combien les principes et les opérations de la *Gnomonique*, de cette première méthode raisonnée de la mesure du temps, offrent d'utilité pour l'horlogerie, qui n'est chargée que d'en mesurer les effets d'une manière plus détaillée, plus sensible et plus commode par des aiguilles et au moyen du calcul et du mouvement du rouage modéré par un échappement, et que même, sans les méthodes gnomoniques, on ne pourrait régler aucun ouvrage d'horlogerie, puisque les observations du ciel sont toujours dirigées par la connaissance de la *sphère*, base aussi de la gnomonique; ainsi quelques restreintes que doivent être ici les notions que nous en donnons, vu qu'il existe sur cette matière assez d'ouvrages spéciaux déjà indiqués, mais exigeant souvent trop d'instruction préalable, nous tâcherons de compléter à peu près, quant à notre but, ces mêmes notions pratiques et graphiques, par l'explication succincte de deux autres sortes de cadrans, ceux *orientaux* et ceux *occidentaux*, sans *déclinaison*, d'après M. *Jambon*, déjà honorablement et justement cité, page 342, note 1; bien que ces deux cadrans soient moins usités, les observations qu'ils présentent, peuvent expliquer d'autres articles précédents qui n'auraient pas paru assez clairs.

« C'est ici sur un plan non exposé au midi, mais au contraire *parallèle* au plan du méridien, et directement exposé à l'*Est* (orient), ou à l'*Ouest* (occident), que sont tracés les cadrans *orientaux* ou ceux *occidentaux* proprement dits, et faisant exactement face à ces deux points *cardinaux* (on sait qu'il y a quatre points *cardinaux*, et que les deux autres sont le *Sud* ou midi, et le *Nord* ou septentrion). Nous ne parlons ici que des deux expositions exactes à l'*Est* ou à l'*Ouest*. On trouvera la figure du premier cadran, dans la planche 14. La figure du second n'est que la même retournée de gauche à droite, et nous en supprimons l'explication puisqu'il suffit de tracer l'un sur un papier à calquer ou huilé, et de le retourner, pour avoir l'autre, en changeant les chiffres.

» *Pour le cadran oriental sans déclinaison*, fig. 1, pl. XIV, on peut établir d'abord un style formé d'une droite de longueur à volonté, implantée perpendiculairement au plan, en tous sens, et marquant l'heure par la seule extrémité de son ombre; ensuite on tirera par le pied du style l'horizontale BC, au-dessus de laquelle on décrira le demi-cercle BDE, pour y prendre à droite l'arc EG, hauteur du pôle, et direction à ce point ou à l'étoile polaire, et à gauche on prendra l'arc FB, *complément* du précédent (ou qui formerait avec lui l'angle droit). GA prolongée en I, et FA prolongée en H se trouveront entre elles à angle droit. GI sera la ligne horaire de 6 h.; FAH sera l'équinoxiale sur laquelle les autres points horaires seront marqués comme il suit :

» On prendra d'abord sur la ligne de 6 h. GI une longueur AI égale à la hauteur totale du style droit, déjà déterminée par la grandeur voulue du cadran : du point I comme centre, on tracera le demi-cercle BAK divisé en 12 parties, dont IA marque la 6ᵉ comptée après K; en prolongeant autant d'autres rayons tels que IA, par tous les points de division, et au-delà jusqu'à la ligne équinoxiale FH, les intersections sur cette ligne, marqueront la distance d'autant de lignes horaires, qui au lieu de converger vers un centre, seront toutes des parallèles à la ligne GAI de 6 h.

» Le sommet du style perpendiculaire au plan et élevé sur A, de la hauteur AI, marquera les lignes horaires qu'il atteindra par la seule extrémité de son ombre; mais il sera mieux de former ce style d'une lame forte et droite de fer, située parallèlement au cadran, et portée en dessous par deux supports droits et égaux : cette lame est de *champ* à l'égard du cadran; son bord extérieur est formé en couteau, dont le dos est vers le cadran; la ligne angulaire du couteau est à la fois parallèle au cadran et à IG, et conserve partout la hauteur AI mesurée perpendiculairement au plan. IAG est ici la soustylaire au-dessus de laquelle le tranchant du style est soutenu parallèle à cette ligne, et dans son même plan perpendiculaire au cadran. L'un et l'autre sont dirigés au pôle nord supposé dans la direction de la droite G prolongée indéfiniment, ou jusqu'à l'étoile polaire. On a déjà dit ailleurs que ce parallélisme est en principe une convergence, mais absolument insensible, vu la distance de l'étoile. Le soleil se levant vers la droite de la figure et à l'horizon, ne marque sur ce cadran que depuis 4 heures du matin en Été, jusqu'à 11 heures avant midi, où ses rayons arrivant à la gauche en haut vers midi, approchent d'être presque parallèles au plan du cadran, sur lequel, bientôt après, l'ombre ne se distingue plus. »

508. Nous terminerons ces éclaircissements, en recommandant de lire d'abord de suite tout ce qui concerne ici la gnomonique, pour savoir en retrouver au besoin les notions éparses, complétant chaque opération préférée, et qui n'auraient pu y être répétées sans étendre encore plus ces articles.

CHAPITRE IX.

DU CALIBRE DES MONTRES SIMPLES ET DES RÉPÉTITIONS ET CADRATURES MODERNES, EN Y COMPRENANT LA PREMIÈRE DE LÉPINE.

509. Il y a plusieurs observations assez importantes à faire sur les montres modernes, à partir des changements notables introduits dans cette partie de l'horlogerie, à l'époque des premières montres du *calibre Lépine*, et depuis. Le retard de notre planche X (1) nous obligea de remettre jusqu'au moment de sa publication diverses remarques qui la concernent particulièrement, et que nous devons mettre sous les yeux, avant de citer les autres perfectionnements que ce calibre a occasionnés, et qu'il suggère encore aujourd'hui. C'est l'article dont nous allons ci-après nous occuper.

510. Un des changements qui caractérisent le calibre moderne, est la suppression de la fusée et de sa chaîne, avec l'emploi des échappements à repos. On sait qu'avec la roue de rencontre, cette suppression est impraticable, parce que cet échappement exige la force motrice la plus égale, et que la moindre augmentation de celle-ci accélère les vibrations du balancier à verge, par l'effet d'un recul d'autant plus dur, et qui raccourcit les arcs en précipitant leur mouvement. Cet accroissement de force n'est pas à beaucoup près aussi sensible sur les échappements à repos; ce n'est que lorsqu'il est extrême, qu'il retarde les oscillations, et qu'il arriverait à suspendre même l'action du spiral, ainsi que le remarque Ferdinand Berthoud. Cet auteur était d'abord très-partisan de l'échappement à verge, qu'il affectionnait pour l'avoir pratiqué long-temps, et en avoir fait une sorte d'analyse, en s'attachant à le perfectionner : il lui arriva alors ce qui a

(1) Quelques inexactitudes se sont glissées dans les renvois du texte, par suite du retard des planches et ont obligé de joindre à quelques figures le n° de leur article; ainsi, page 209, ligne anté-penultième, après les mots : elles ont chacune leur pont à part.... *ajoutez :* dans le calibre actuel, pl. IX, fig. 1 *bis*, et 2 *bis*. Page suiv. 210, ligne 1, après les mots : est vue à part fig. 2... *ajoutez* : réduite, pl. X. Même page, ligne 13, après : le pont vu fig. 3, *ajoutez :* pl. X, également relative aux art. 175 à 178. Les lecteurs intelligents auront aisément suppléé. A la fin du traité, un *errata* réunira toutes ces observations.

NOTA. La rupture de la pointe de diamant qui trace les fonds dans la machine anglaise, a obligé de retoucher la dernière planche à plusieurs reprises, ce qui a empêché de la publier à son époque. Des accidents semblables ou autres, avaient eu lieu pour nos planches arriérées, comme il arrive aussi dans l'impression du texte; ils n'étonneront pas ceux qui connaissent les livres, l'imprimerie, la gravure, etc. Aussi est-ce à eux seuls, et aux vrais artistes, que nous adressons ces observations, et non à ceux qui affectant un rigorisme critique, croient tout savoir, parce que dans les capitales, on prend aisément une teinture superficielle et fausse de beaucoup de choses. Nous n'entreprenons d'éclairer ces gens si difficiles, qu'en les renvoyant à la fable de La Fontaine, intitulée : *le Meunier*, etc.

lieu souvent, de se prévenir outre mesure contre ce qu'il avait moins étudié ; ses discussions avec *Jodin* en sont une preuve ; celui-ci cependant, moins franc que Berthoud, ne laissa échapper dans cette polémique rien de ce qu'une longue expérience de l'échappement à cylindre avait dû lui faire acquérir sur les meilleures proportions à y observer, et l'on voit dans son verbeux fatras où il affecte une instruction réservée et secrète, qu'il s'observe continuellement, pour contredire son adversaire avec assez de talent et de succès, sans l'instruire, ni lui, ni ses contemporains, sur la pratique de cet échappement, toujours livré aux tâtonnements de la pratique. Ferdinand Berthoud fut réduit à cet égard, à imiter les mesures de fait du célèbre *Graham*, d'après les montres de celui-ci qu'il se procura, et dont il a donné, contre son usage, la figure et la description la plus succincte, sans les raisonner. Convaincu néanmoins par l'expérience des avantages de cet échappement, dont il ne voulut pas convenir dans son livre où il l'avait tant combattu, Ferdinand Berthoud n'exécutant plus que des montres soignées et demandées, a fini par renoncer à l'échappement à verge, et n'employa constamment que celui à cylindre dans toutes ses dernières pièces qui étaient toujours d'un haut prix. En traitant la question sans prévention, il faut convenir que l'échappement à roue de rencontre a aussi son mérite et son avantage de simplicité, quoiqu'il ne soit pas facile de le bien faire, et que son exécution médiocre suffit aux ouvrages ordinaires dont on n'exige pas une grande régularité. Le cylindre, dans ses effets plus réguliers, corrige mieux les inégalités modérées de la force motrice, comme l'expérience le démontre aujourd'hui plus fréquemment, par le grand emploi qu'on en fait, malgré ce qu'en ont dit Berthoud et ses adhérents ; mais il exige un renouvellement plus fréquent de l'huile de ses repos, c'est ce que pensent aujourd'hui les artistes qui ont observé qu'il y faut un *médium* de pression et de diamètre du cylindre.

511. Lorsque deux causes, chacune d'un effet particulier, différent et quelquefois opposé, se trouvent combinées pour produire un résultat voulu, ce qui arrive le plus souvent, il n'y a qu'un point d'équilibre au-delà duquel, d'un côté comme de l'autre, l'effet combiné n'a plus lieu. Dès que l'une des causes domine trop, l'équilibre est rompu : il se manifeste des écarts, produits par l'une de ces causes devenue prépondérante, tandis que celle qui lui faisait contrepoids réduite à sa moindre influence, n'en corrige plus assez les résultats. La position d'un poids *curseur* sur un Pendule, en offre un exemple sensible et remarquable ; placé sur le centre d'oscillation, il ne produit aucun effet sur la vitesse du pendule, et se borne à augmenter de son poids la puissance de la lentille pour vaincre les obstacles : transporté sur la tige au-dessus de ce point et de la lentille, il produit d'abord un effet assez sensible en accélérant les oscillations; mais son effet devient proportionnellement moins intense à mesure de son élévation par quantités égales, jusque *vers* la moitié de la longueur du pendule, où le déplacement en hauteur n'augmente plus l'effet ; ensuite en continuant à élever le curseur, il produit l'effet contraire, en détruisant peu à peu l'accélération produite d'abord ; tout en haut de la tige, il détruit complétement l'accélération qu'il avait produite dans le bas, et placé enfin sur la suspension même, il ne sert qu'à la charger d'un poids inutile. Ce n'est

pas ici sans doute le lieu d'analyser la cause de ce phénomène déjà cité, et que nous examinerons à l'article du *pendule*, mais il servira à faire soupçonner d'avance qu'il y a dans l'effet du curseur, deux causes combinées qui opèrent plus *vers* le milieu de la hauteur du pendule, et dont chacune annule l'autre aux extrémités de sa longueur. Nous tâcherons de même d'éclaircir la question des échappements à repos et autres, tant en montre qu'en pendule, d'après les opinions des artistes de talent qui s'en sont occupés avec le plus de succès, puisque cette partie est en quelque sorte l'âme des instruments destinés à la mesure du temps.

512. Quant au barillet denté, on s'accorde presque généralement à l'employer aujourd'hui, non pour l'égalité du tirage qu'il ne comporte pas, et qui, d'ailleurs, est devenu moins nécessaire avec les échappements à repos pour l'usage civil, mais pour la simplicité de construction et la réduction de main-d'œuvre, ainsi que pour faire profiter l'espace de la fusée, à l'agrandissement des autres mobiles, et à la plus grande facilité de leur distribution. On a d'abord cherché à égaliser le tirage du ressort du barillet denté, par la diminution d'épaisseur des tours extérieurs de la lame, et l'augmentation de force des tours du centre, ce qui exigeait des ménagements particuliers pour y réussir, et sans lesquels ce moyen était sujet à des adhérences inégales avec de graves inconvénients pour la marche; on le pratique encore, mais plusieurs artistes préfèrent aujourd'hui, pour ce même barillet denté, un ressort fait comme pour une fusée, mais avec beaucoup moins de progression dans la diminution de la force; l'expérience a prouvé que le peu d'inégalité de tirage qui reste toujours nécessairement, est suffisamment corrigé par l'échappement à cylindre, surtout avec des balanciers assez pesants, d'une bonne grandeur, et sous l'influence d'un spiral approprié, comme nous le dirons en son lieu; mais ce qui peut fixer définitivement l'opinion à l'égard du barillet denté et de la fusée, c'est qu'il est avéré aujourd'hui que l'un et l'autre ont été employés indistinctement et avec égal succès dans de bonnes montres marines, avec une marche de 42 heures, pour être remontées toutes les 24 heures (1). Les bonnes montres marines de P. Leroy avaient un barillet denté.

513. C'est dans les montres de Lépine, que l'on a vu pour la première fois le barillet monté sur un axe tenu solidement par l'une de ses extrémités; c'est celle du barillet denté de la fig. 1re pl. X. Il n'a point de pont du côté du rouage, et l'on voit dans la figure voisine de la cadrature Lépine, l'encliquetage du rochet enfilé sur

(1) Le barillet denté, pourvu d'un ressort convenable, c'est-à-dire diminué en fouet, dans le sens de celui pour fusée, mais bien moins rapidement, exige toujours un isochronisme du spiral plus approché, mais il dispense des longs travaux d'une fusée qui doit être très-soignée et bien égalisée avec son ressort, de l'ajustement du ressort auxiliaire qui en grippant quelquefois, manque son effet, et de la rupture de la chaîne. Les frottements des pivots de fusée absorbent une partie de la force motrice et exigent un ressort plus fort, et d'autant plus sujet à se rendre ou à se rompre. Mais la fusée est indispensable dans les pièces de longue marche, comme celles à 8 jours, et permet un isochronisme du spiral moins parfait. Il y a à peu près égalité d'avantages des deux côtés, comme M. Henri Robert, horloger distingué et membre de la Société chronométrique de Paris, déjà cité dans une note antérieure, l'a parfaitement développé, dans un savant mémoire lu récemment dans une séance de cette Société.

l'axe de barillet et maintenu par une goupille pointillée qui traverse les deux pièces. Une plaque de laiton pressée à volonté par deux vis de bonne force, serre mollement, et solidement le rochet contre la platine, un canon du rochet roule en dessous dans la platine quand on remonte le ressort, et le canon extérieur plus gros et goupillé, comme il a été dit, vient à fleur de la plaque; l'arbre, immobile pendant la marche, est comme rivé à la platine. L'usage du barillet denté fait continuer le tirage du ressort pendant le remontage, et dispense du ressort auxiliaire si nécessaire aux pièces de précision qui marquent les secondes. L'arrêt de remontoir déjà expliqué ailleurs, et composé d'un cercle à ressort denté et incrusté, fait un frottement qui réduit de bien peu l'action du ressort pendant l'instant de l'engrenage du doigt d'arrêt, mais son plus grand inconvénient est, ou de gripper dans sa rainure en queue d'aronde du côté de l'appui, ou d'être trop libre et de se déplacer en arrêtant l'engrenage. On lui a substitué avec raison la simple *croix de chevalier* plus aisée à faire et toujours libre. L'ouverture de la platine pour le canon du rochet, permet, lorsque celui-ci est enlevé, de retirer le barillet désarmé, sans démonter le reste du rouage.

514. Cette construction neuve et avantageuse paraît avoir suggéré par la suite celle du pont de feu Bréguet, fig. 3, 4 et suivantes, pl. X, qui n'est qu'un renversement de la précédente, à l'encliquetage près qu'il a fallu disposer autrement. L'établissement de ce pont a pour but de profiter de tout le vide restant entre le cadran et la platine, en faveur du barillet qui manque de hauteur dans les montres plates et pour lequel elle est toujours avantageuse, même dans les montres hautes; mais ce perfectionnement ingénieux d'un moyen antérieur, paraît généralement trop délicat et beaucoup moins solide. Il a sur la méthode de Lépine, l'avantage d'enlever le barillet désarmé, en ôtant la seule vis de la patte, sans rien démonter de l'encliquetage, ni du rouage et sans ôter le cadran, mais son exécution est difficile et exige beaucoup de précision. Les deux vis de la plaque sont trop petites et trop courtes pour être solides; on l'attache même depuis quelque temps avec trois vis. L'arbre porte son rochet d'acier de la même pièce; il y a deux carrés à pratiquer, plus celui du noyau maintenu à sa place par deux vis-clefs, dont les têtes sont entaillées pour laisser passer le carré de l'arbre, et qui étant ensuite tournées d'un quart de tour, entrent chacune dans une entaille de l'angle du carré de l'arbre de chaque côté; la plaque mince qui recouvre le rochet est noyée dans le pont; tous ces détails longs à exécuter, exigent une main-d'œuvre délicate et précise. Le ressort-cliquet à crochet, de la figure 3, est aussi plus difficile à faire qu'un encliquetage ordinaire. Ce ressort qui sert à monter à droite, ainsi que le ressort droit et arc-boutant de l'autre figure et suivantes, pour remonter à gauche, ne doivent être affaiblis que près de leurs pattes maintenues par une vis et un pied, dans l'épaisseur prise de champ de la patte du pont. Il n'est pas étonnant que toutes ces difficultés d'exécution aient fait préférer à cette construction dispendieuse, celle plus solide et plus simple de quelques autres ponts connus, comme entre autres celui de la fig. 1 *bis* pl. IX, ou celui à double pont d'acier de M. Duchemin, même planche. Ce double pont d'acier étant tenu assez large pour

maintenir de son côté le doigt d'arrêt et la croix de chevalier qui roule librement sur sa tétine, il n'y a plus de vis sur le fond du barillet, ni de goupille au doigt d'arrêt.

515. La platine du rouage Lépine est contenue au milieu de la hauteur d'un cercle servant de bâte, ayant une assez large feuillure intérieure, sur laquelle la platine est assise et attachée par quatre vis, dont on aperçoit les têtes sur le fond près des bords: actuellement cette platine est formée d'une seule pièce avec sa bâte levée sur l'épaisseur, du côté du cadran seulement, et le rouage ne se trouve plus enfermé dans le reste de la hauteur du cercle, ce qui est plus commode pour apercevoir le rouage de profil et pour juger de la hauteur des mobiles et du jour nécessaire entre eux. On voit aussi dans la figure les deux ressorts d'ouverture et de fermeture de la cuvette, attachés latéralement à l'intérieur du cercle, ainsi que les deux clefs qui maintiennent ce cercle dans la boîte, car il entre par le côté du fond, et la boîte n'a point de lunette pour le cristal; elle porte à cet effet son drageoir pratiqué de ce côté au bord de la boîte. Il s'ensuit que les aiguilles ne peuvent être remises à l'heure que par le côté de la cuvette, et c'est l'origine de la chaussée à tige traversant l'axe de la roue du centre pour porter le carré de rapport, conservé dans les pièces modernes sur le principe de Lépine, mais avec tous les changements que nous indiquons ici en partie, et dont le reste se trouvera développé dans les répétitions modernes dont nous allons nous occuper ci-après.

Dans les montres actuelles, on a conservé l'usage de la lunette ouvrante pour le cristal, afin de le remplacer aisément sans sortir le mouvement de sa boîte, comme il le fallait pour l'ancienne montre Lépine, mais l'aiguille de minute, étant à frottement sur un tourillon ou espèce de pivot à l'extrémité de la chaussée, *le carré est rapporté vers la cuvette.* On n'a donc plus besoin d'ouvrir cette lunette, que pour remettre un cristal au besoin, sans toucher aux aiguilles du côté du cadran; cette disposition est utile en effet pour conserver plus surement la hauteur des aiguilles, qui, ayant très-peu de jour entre elles, doivent avoir le parallélisme le plus exact avec le cadran et la platine, et pour éviter le dérangement de l'aiguille des petites secondes, quand il y en a, ce qui est devenu assez commun, en imitation des montres de Bréguet. Ces précautions étaient d'ailleurs indispensables avec les *platitudes* actuelles; l'usage défectueux des montres plates, commencé du temps de Lépine, ayant été malheureusement entretenu, la plupart du temps, par ses successeurs, s'est propagé jusqu'à présent, par la contagion de la mode et le goût irréfléchi du public.

516. Le grand pont unique des premières montres Lépine est creusé en dessous pour former le barillet de petit rouage, et contient en place tous les mobiles de ce côté, hors la roue d'échappement qui a son pont cintré à part; ce grand pont a été divisé en plusieurs autres dans les pièces modernes. Le même pont reçoit à son extrémité de droite, dans le haut, la roue d'échappement à rochet et l'ancre servant de délai au petit rouage. Cet emploi de l'ancre n'était pas nouveau et se trouvait déjà dans les répétitions antérieures de *Julien*. La tête de vis que l'on aperçoit entre les deux pivots des axes porte une branche repliée qui borne à volonté l'étendue des vibrations d'un

pendillon porté par l'axe de l'*ancre*, et en équilibre en tout sens avec celle-ci.

517. Le rouage de mouvement et celui de la répétition Lépine ayant leur denture particulière dans les premiers ouvrages de cet artiste, ont été dits improprement *à rochet*, quoique les dents des roues et les ailes des pignons aient conservé du côté de l'action la forme ordinaire et normale ; l'autre côté est *dégagé* en arrière, d'une partie seulement de sa largeur, pour permettre les rentrées sans accotement de cet engrenage, dont l'auteur a voulu prolonger la menée, afin que les pignons de 7 et de 8 qu'il employait, après celui de 12 du centre, fussent conduits assez long-temps, pour que la dent succédante ne commençât sa menée qu'à la ligne des centres, et sans exagérer le degré de pénétration, comme on le fait aujourd'hui mal à propos. (Nous avons dit vers la fin de notre introduction que, pour éviter l'arcboutement de rentrée avec les pignons de bas nombre, on s'est permis d'augmenter la pénétration des engrenages au-delà du principe géométrique, en tombant ainsi dans l'inconvénient d'une menée de force inégale.) Lépine et les autres membres de sa famille de Ferney, plus fidèles aux vrais principes, en innovant alors habilement et avec plus de connaissance qu'on ne l'a fait souvent après eux, se gardaient de tomber dans l'erreur de la pratique actuelle que nous venons de remarquer ; mais cette nouvelle denture plus difficile à exécuter, vu les anciennes habitudes, exigeant de nouvelles fraises à diviser, d'autres formes de limes à arrondir, etc., fut remplacée bientôt dans les dernières montres de la maison Lépine, par la denture ordinaire. On eût mieux fait sans doute de n'y pas employer des pignons au-dessous de 10, avec lesquels on aurait obtenu plus facilement la menée régulière et uniforme avec la pénétration normale, en tenant la denture un peu plus pleine que vide, et les ailes des pignons un peu maigres, mais toujours assez solides dans les derniers mobiles, tels enfin que le principe permet de les faire. Cette tentative n'en prouve pas moins, comme le reste du calibre, l'esprit d'ordre et d'attachement aux bons principes qui dirigeait les travaux de cette famille, et la création hardie de ces nouvelles montres en offre des preuves multipliées. C'est ce qui nous a engagé à développer davantage cette construction si nouvelle, pour un temps où l'on osait peu quitter les anciennes habitudes, quoique nous en ayons déjà parlé précédemment, mais d'une manière très-succincte, le lecteur se trouvant alors privé de la planche X actuelle; nous devions, dans l'intérêt de l'instruction et de la vérité, revenir ici sur les principales innovations de cette famille d'hommes de talent, qui a jeté les bases des premières améliorations modernes en montres, dont nous allons maintenant nous occuper. Nous suppléerons ainsi au silence des contemporains et des successeurs, qui ont profité des nouvelles idées en déguisant leur origine; car, bien que les montres de Lépine toujours d'un haut prix aient été très-recherchées, comme nous l'avons déjà dit ailleurs, ni Berthoud, ni Janvier, ni d'autres, n'ont fait mention de cette sorte de révolution dans la composition des montres; elle a été attribuée en grande partie à des artistes postérieurs et renommés, qui ont contribué aussi en partie à plusieurs améliorations modernes, mais qui n'en ont pas tout inventé, comme on l'a cru trop facilement.

518. Nous devons encore prévenir ici que la forme de denture exécutée sur la planche n'en est que l'indication, la gravure n'étant pas destinée à exécuter en petit ces détails qui ne sont pas de son ressort; il faudrait un développement en grand pour représenter exactement la courbe agissante des dents et la vraie forme des ailes. A la deuxième roue du petit rouage plus découverte que les autres, la denture paraît tout-à-fait en rochet, vu la difficulté d'exprimer la petite courbe à l'extrémité d'une denture aussi fine, mais elle doit être supposée semblable en petit à celle du barillet qui n'est elle-même qu'une ébauche du genre. Il n'y a que la roue d'ancre, dont les dents aiguës approchent plus de celles du rochet, ce qui a fait donner par extension le nom de *rochet* à cette roue; l'encliquetage du barillet vu dans la cadrature offre la seule pièce où la denture soit en vrai rochet.

519. Mais généralement, dans la gravure, on ne doit pas s'attacher aux formes en petit des dentures qui y sont seulement indiquées, comme il ne faut pas davantage y chercher les nombres réels, qui ne sont donnés exactement que dans le texte. Quant à la forme régulière qu'il est très-essentiel de connaître, on ne la trouvera bien tracée que dans les figures en grand des planches relatives aux chapitres des engrenages, où elles seront données comme modèles (géométriques) à imiter, en les réduisant. Nos gravures actuelles ne représentent que l'ensemble des pièces, les détails précis appartiennent au texte qui leur sert de supplément, ce qui n'empêche pas que nous ne nous soyons attachés du reste à la correction et à la pureté d'exécution, qu'il est facile d'y reconnaître.

520. Un rétablissement avantageux dû encore au premier calibre Lépine, est celui de la crémaillère dentée, sur lequel nous avons déjà appelé l'attention (192-195), ainsi que sur plusieurs autres parties, que nous avons reprises ici pour les expliquer davantage. La crémaillère dentée faisait en effet partie de l'invention même de la répétition; elle est très-antérieure au *tout ou rien* de *Julien*. La dureté de l'engrenage, dont on ignorait alors les principes, lui avait fait substituer l'emploi des deux poulies et de la chaîne, sujette à se rompre quelquefois, ou au moins à s'allonger avec le temps, de manière à donner souvent une heure de moins. Dans les montres Lépine, l'engrenage de crémaillère rétabli était extrêmement doux, et consolidé de plus par le renforcement en arrière du pied des dents et des ailes. C'est uniquement dans cette partie que la denture de Lépine a été conservée. Mais on sait si rarement la bien exécuter, que nous avons vu souvent des répétitions de haut prix et d'un travail très-recherché avoir le poussage fort dur et très-inégal. Les répétitions actuelles du commerce y sont a plus forte raison très-sujettes, parce que les cadraturiers ne s'occupant presque jamais de rouages, savent rarement faire un bon engrenage; il n'y a d'ailleurs là rien d'étonnant, puisque même plusieurs *finisseurs* de mouvements sont si rarement au fait des principes géométriques, et ne s'en tirent à peu près, que par habitude, avec les mesures inexactes de la pratique. On n'y supplée même communément, dans les pièces marines, qu'en *nombrant* beaucoup les pignons et les roues. Il importe pourtant beaucoup à l'horloger et au mécanicien, d'obtenir la transmission *uniforme*

de la force par les engrenages, aussi fréquemment employés qu'ils sont généralement négligés, et dont nous nous proposons de développer complètement les règles exactes, dans le cours de cet ouvrage, ainsi que nous l'avons promis. En attendant, puisque nous en sommes sur cet article, nous en prendrons l'occasion de dire ici quelques mots sur l'engrenage de crémaillère.

521. La menée douce et égale du pignon de rochet par la crémaillère d'une répétition, le rétablissement de ce pignon perdu, ses dimensions et celles de la crémaillère, ne sont qu'une question d'engrenage qui doit être régulier en cette partie comme ailleurs. Il est évident que la crémaillère est une portion de roue, et que la distance des deux centres, la portion de révolution du pignon qui ne fait ordinairement qu'environ trois quarts de tour, et le chemin parcouru par la crémaillère pour le douzième degré du limaçon, étant donnés, il s'ensuit que la proportion du rayon primitif du pignon, et du rayon primitif de la roue représentée par la crémaillère, ainsi que le point de contact des deux circonférences primitives, se trouvent déterminées par les règles générales de l'engrenage, quand on les connaît bien, et que l'on sait par ces mêmes règles la sorte d'ogive qui convient aux dents de crémaillère et aux ailes du pignon; car on conserve également à celles-ci leur ogive, parce qu'elles mènent en ramenant la crémaillère au bord de la platine vers le poussoir. Le dégagement postérieur des dents et des ailes sert ici uniquement à faciliter la rentrée des ogives, sans accotement, et à les fortifier par leur figure dans le pied en arrière de leur action. C'est à ces premiers aperçus que se réduit la difficulté apparente de ce mécanisme, dont nous allons dire quelques mots par anticipation, quoique cette matière doive trouver plus naturellement ses développements dans notre traité des engrenages et dans nos articles de main-d'œuvre.

522. Les Cadraturiers ont des méthodes pratiques approchées, pour proportionner le pignon de rochet à sa crémaillère dentée, ou bien le rayon de la poulie à la longueur d'une crémaillère à chaîne. Leur méthode graphique de croiser les angles a aussi son incertitude pour le vrai point d'intersection de rayons très-obliques, et qui n'est pas aussi précis que la simple division des deux rayons sur la même ligne, et dont les longueurs sont numériquement déterminées. Nous allons expliquer ce dernier moyen dont les développements feront mieux concevoir le principe, ce que ne produit pas une méthode pratique qui s'applique rarement à tous les cas. Le principe, au contraire, se généralise, et embrassant toutes les applications, il a l'avantage de faire opérer avec intelligence, et avec le peu de modifications propres aux cas particuliers, où l'on supplée d'autant plus facilement.

Il ne s'agit ici au fond que d'un engrenage de rateau, également établi par le même principe géométrique que tous les autres : *Deux centres étant donnés ou déterminés, trouver pour les deux mobiles qui s'engrènent, le rapport de leurs rayons, et les nombres de la denture, d'après le rapport des révolutions demandées.*

Si nous ne parlions qu'à des artistes formés, il suffirait ici d'une formule énoncée en peu de mots; mais pour être bien compris par des élèves, nous développerons amplement la méthode suivante qui en sera d'autant plus facile à comprendre, et nous en ferons ensuite une double application. Nous procéderons pas à pas et longuement, mais aussi plus clairement, pour ceux qui y porteront toutefois de l'attention et de la patience.

Il faut d'abord connaître l'angle déterminé par le vide que laisse en arrière la crémaillère par sa descente, depuis l'appui de son talon sur l'extrémité du poussoir, dans l'état de repos, jusqu'au point où s'arrête le talon, par l'enfoncement du bras sur le douzième degré, le plus profond, du limaçon des heures; il ne s'agit ici que de l'angle parcouru par le talon; du reste, le même angle est décrit par la crémaillère.

Il faut aussi connaître la partie de révolution que le rochet ou son pignon doit faire pour sonner 12 heures 3/4, avec dégagement de la 12e et du tout-ou-rien; le rochet ne fait jamais un tour entier : on remarquera donc l'angle ou le nombre de degrés manquant pour achever ce tour entier. (Nos lecteurs connaissent déjà les angles, leurs degrés, leur mesure, assez expliqués dès le début de cet Ouvrage, et 227–235.)

L'angle manquant pour achever la révolution entière du rochet étant connu, on augmentera l'angle décrit par la crémaillère d'une partie de son ouverture, égale à celle qui manque au pignon relativement à son tour entier, et l'on aura la descente totale qu'il faudrait à la crémaillère pour produire une révolution entière du pignon, si elle n'était pas arrêtée par le douzième degré du limaçon des heures.

On examinera ensuite quelle partie du cercle entier est comprise par ce dernier angle complété de la crémaillère, et l'on aura par là le nombre de tours que le pignon ferait pour un tour entier d'une roue qui remplacerait la crémaillère : ce nombre de tours étant connu, on a, par les principes généraux de l'engrenage, le rapport des rayons primitifs des mobiles et celui des nombres de leur denture. Cette opération paraît d'abord compliquée, mais son application l'éclaircit, et prouve qu'elle est plus longue à décrire qu'à calculer. Nous prendrons pour exemple la cadrature à crémaillère dentée de Lépine, dont nous venons de nous occuper, nous ferons ensuite la même application à la poulie avec crémaillère à chaîne, de la répétition de Berthoud, dont nous avons donné la figure bien antérieurement. On verra qu'il ne s'agit ici que du calcul numérique le plus simple des angles, et des longueurs des rayons, ou des leviers que ces rayons représentent.

Le retrait du papier alternativement mouillé et séché ne donne pas sur nos planches des mesures aussi rigoureuses qu'un calibre sur métal, ou que la cadrature même en nature, cependant nos figures s'écartent très-peu du vrai; ainsi, nous trouverons ou nous supposerons que la descente de la crémaillère Lépine jusqu'au douzième degré de son limaçon, est de 30°, maximum que ce calibre pouvait comporter, parce que, à cette époque, le pendant et le poussoir étaient tenus plus longs qu'aujourd'hui.

Nous trouverons aussi que la partie de révolution du pignon pour 12 heures et pour les trois doubles coups des quarts, est les 3/5es de son tour entier, et qu'il faudrait pour l'achever encore 2/5es de sa révolution. D'après la méthode ci-dessus, nous ajouterons donc, au nombre de degrés de la descente actuelle de crémaillère, ses 2/5es, afin d'avoir sa descente complète pour une révolution entière de ce pignon, ou du rochet qui ne fait avec lui que comme une seule pièce, et dont la division même a servi à déterminer la partie de révolution du pignon.

La descente au 12e degré du limaçon étant de 30°, ses 2/5es sont 12° à y ajouter, total 42° pour le mouvement angulaire de la crémaillère, ou d'une roue qui la remplacerait, et produirait par cet angle une révolution entière du pignon : 42° sont contenus huit fois et demie plus 2/21es, dans le cercle entier de 360°, ou dans le cercle de la roue supposée ; ainsi cette roue ferait faire au pignon huit tours et demi et très-peu plus, et c'était là ce qu'il importait de savoir, car alors les rapports des rayons et des dentures se trouvent donnés, avec la fraction, comme on le verra ci-après.

Ainsi d'après le principe géométrique connu, que *les rayons primitifs des mobiles qui s'engrènent, sont entre eux dans le rapport inverse des révolutions*, on trouvera que le rayon primitif de la roue ou de la crémaillère devra contenir huit fois et demi le rayon primitif du pignon. En divisant donc la distance donnée ou adoptée entre les deux centres, en neuf parties et demie, une de ces parties sera le rayon primitif du pignon et les huit autres et demie seront le rayon primitif de la crémaillère, contenant *ou égal* à huit fois et demie celui du pignon. Il n'y aura plus qu'à ajouter en dehors de ces rayons ou des circonférences primitives, l'ogive qui formera la pénétration de l'engrenage. On donnera l'ogive aux deux mobiles, parce qu'ici le pignon étant d'abord *mené* par l'action du poussoir, comme on l'a dit, devient *menant* quand il remonte la crémaillère vers le poussoir; mais il faut, avant de déterminer l'ogive, régler la force des dents, et par suite leur nombre. La dimension des dents dépend de la solidité de la matière et de la résistance qu'elle éprouve, quantités qu'il faudrait déduire d'expériences spéciales ou de l'usage adopté ; nous suivrons à cet égard la proportion éprouvée et donnée par le calibre décrit, dont le pignon a 21 ailes. (Nous croyons que l'engrenage serait assez solide et plus doux avec 24 ou 25 ailes.) Le nombre actuel 21 du pignon, multiplié par 8 1/2, donne 178 1/2 pour la roue : mais le pignon devant plutôt *tenir un peu du petit*, suivant l'expression usitée, on prendra 180 pour diviseur de la roue, ou de la crémaillère, et dans la division des rayons, on laissera en faveur de celui de la crémaillère, la légère fraction résultante du calcul ; c'est une précaution de facture qui n'infirme point le principe, et prévient un défaut contraire.

La méthode graphique employée dans les ateliers, serait décrite en moins de lignes, mais il en faudrait autant que nous en employons ici pour expliquer les raisons de cette méthode, qui serait peut-être aussi moins claire que celle-ci, où l'on aperçoit en même temps les motifs de chaque partie de l'opération. L'explication n'aura pas été trop longue, si on l'a suffisamment comprise.

Quant à la courbe et à la hauteur des ogives, on sait qu'elles sont réglées géométriquement par l'angle de menée d'une aile, suivant le nombre du pignon. Nous ne pouvons pas entrer ici dans ce détail, mais comme la figure de la planche en diffère peu, on pourra se régler sur ce qu'elle indique, et provisoirement d'après l'usage pratique ; le pignon étant ici très-nombré, les ogives de la roue doivent être un peu moins courbes que dans le dessin, et pénétrer aussi un peu moins. Elles peuvent être à peu près pareilles pour la roue et le pignon, qui ramène aisément; il y a d'ailleurs peu de menée dans cet engrenage, où l'essentiel est qu'elle ne commence qu'à la ligne des centres, et plutôt après qu'en avant. Nous ne pourrons donner la figure exacte de cette denture, qu'en grand et sur nos planches d'engrenages, où l'on trouvera indiquée la dimension du cercle qui forme l'ogive et que l'on imite suffisamment en petit. Car, pour l'*épicycloïde* réelle qu'il y faudrait rigoureusement, l'expérience démontre à tous ceux qui étudient cette matière, qu'une portion d'arc de cercle, d'un diamètre approprié, suffit et ne produit pas une différence sensible dans l'uniformité de la menée, avantage que n'ont pas les courbes arbitraires des fabriques, comme nous le prouverons en son lieu, en y donnant les vraies ogives ainsi que les rayons.

523. Pour la crémaillère à chaîne de Julien ou de Berthoud, on en calcule les effets comme si la crémaillère engrenait avec la poulie; c'est pourquoi nous avons commencé par la cadrature dentée, plus difficile, dont la connaissance va venir en aide pour celle à chaîne. Dans celle-ci, la descente de crémaillère peut aisément n'être que de 24°, parce que le pendant et le poussoir y sont plus courts. Ici la partie de révolution du rochet et de la poulie qu'il porte, pour la menée de 12 heures et des 3/4, y compris le dégagement nécessaire à la douzième dent, les effets du tout ou rien, etc., peut être estimée les 4/5es du tour entier de ce mobile, auquel il manque par conséquent 1/4 du mouvement opéré, pour une révolution totale : l'angle de descente pour 12 heures 3/4 doit donc être augmenté du quart de son ouverture, pour avoir celle qui occasionnerait un tour entier de la poulie. La descente actuelle étant de 24°, on y ajoutera son quart ou 6°, et l'on aura 30° de descente de crémaillère pour le tour entier de la poulie; or, le nombre 30° étant le douzième de 360°, on voit qu'un tour entier de la roue qui remplacerait la crémaillère, ferait faire douze tours à la poulie, considérée ici comme pignon primitif : il faudrait donc diviser la distance des deux centres en 13 parties, dont une serait le rayon primitif de la poulie, contenue douze fois dans les douze parties restantes, qui seraient le rayon primitif de la crémaillère.

Mais il se présente ici une difficulté qui n'a pas lieu avec la crémaillère dentée; car afin que les deux parties de la chaîne reployée ne se touchent pas, ou pour éviter la rencontre des pièces voisines, suivant les variétés du calibre, les deux rayons de la crémaillère et de la petite poulie ne sont pas contigus, mais séparés par une distance variable. Voici comment on lève cette difficulté : le rayon de crémaillère arrive juste sur la ligne des deux centres, à l'extrémité du rayon de la grande poulie, mesuré depuis le centre de celle-ci, jusqu'au milieu de la chaîne qui doit y être entièrement noyée; le bec de crémaillère ne pouvant y entrer, on le suppose passer en dessus. En tirant une ligne droite du centre de la grande poulie à celui de crémaillère, on aura depuis le milieu de la largeur de la chaîne jusqu'au centre de crémaillère, le rayon exact de cette dernière, et l'on divisera ce rayon en 12 parties, dont une sera le rayon de *petite poulie du rochet*, toujours mesuré jusqu'au milieu de sa chaîne enroulée; il est entendu que le fond de la gorge de cette petite poulie, s'il faut la faire, sera tenu d'abord d'un trop grand diamètre, et réduit ensuite à la juste mesure indiquée.

Cette méthode bien entendue, laisse assez concevoir les moyens de retrouver les rayons vrais d'une poulie ou d'une crémaillère dont l'une serait perdue, et même de toutes deux; ce moyen est infaillible. La disposition des autres pièces appartient à la méthode de tracer un calibre de cadrature, que l'on trouvera plus loin à son article.

524. Le *mouvement* de montre simple, calibre Lépine modifié et vu au trait, dans la planche IX, fig. 1 *bis* et 2 *bis*, avec une partie des détails, tels que le pont de barillet, fig. 3 et 4, pl. X, le barillet à la suite vu en plan et de profil, les arrêts de remontoir, etc., qui ont éprouvé de notables changements dans la montre actuelle, ce *mouvement*, avons-nous dit ailleurs, est principalement caractérisé par l'emploi d'une seule platine, telle que celle de la fig. 2 *réduite*, du haut de la pl. X, au milieu, où l'on voit que cette platine est percée d'une ouverture qui reçoit la virole de barillet avec un jour suffisant pour qu'il ne touche jamais aux bords de l'ouverture: une seconde ouverture à cinq pans, aussi à jour, sert à recevoir le plot ou masse du chariot avec assez de jeu latéral, pour que ce chariot, art. 189, fig. 2 *bis*, pl. X, reçoive la patte du coq ou pont de balancier, et soit susceptible avec ce pont d'un petit mouvement angulaire. Le chariot reçoit aussi le pivot d'en bas du même balancier. On voit que celui-ci est placé comme en cage entre le chariot et le coq, et que l'on emploie la mobilité du chariot à établir la pénétration de l'échappement. Une vis de serrage sur le chariot, près du bord ou bâte de la platine, sert à fixer l'appareil, susceptible avant, du petit mouvement angulaire dont nous venons de parler, qui a pour centre un pied situé vers l'angle inférieur du chariot, du côté de la barrette d'acier qui est atteinte par l'extrémité du pivot d'en bas du balancier. L'échappement est ordinairement à cylindre, soit en acier, soit garni d'une partie de rubis qu'on appelle la *thuile*, à cause de sa forme, et qui reçoit l'action des dents de la roue de cylindre, toute en acier et trempée. Nous donnerons incessamment, dans un autre article, la description en grand de l'échappement à cylindre, et les proportions adoptées en divers temps, par d'habiles artistes.

CADRATURE DE RÉPÉTITION DITE DE STAGDEN'.

525. Cette cadrature présente une disposition ingénieuse, mais très-différente de celle de Lépine et de la cadrature de Julien, suivie par Berthoud, et long-temps après par la plupart des cadraturiers. Celle de *Stagden*' paraît avoir offert la première, la propriété de réunir tout son mécanisme dans une place assez étroite, par la situation de plusieurs pièces les unes sur les autres, ce qui n'était pas un grand inconvénient à l'époque des montres épaisses, et laissait plus de place sous le cadran à divers effets de quantièmes compliqués, dans plusieurs montres d'un prix élevé, et dont le goût s'était répandu parmi les amateurs. Ce goût a changé, depuis les observations de plusieurs artistes sur l'inconvénient de charger le mouvement de nombreux effets, d'autant plus sujets à manquer, qu'ils laissent plus de chances d'imperfection. Et l'on a déjà fait ailleurs cette remarque, qu'un almanach de peu de valeur était plus sûr,

plus économique et moins chanceux, que la complication de diverses sortes de quantièmes, et surtout des mouvements astronomiques dont on a chargé dans un temps plusieurs pièces d'horlogerie : c'était entre autres un reproche que le père de l'artiste *Janvier* faisait à son fils, et que celui-ci confesse dans l'un de ses mémoires, sur la *représentation des mouvements célestes par le mécanisme des rouages*. On sait aussi que toutes ces adjonctions compliquées et curieuses sont bannies de tous les ouvrages destinés à la mesure précise du temps, tels que les *montres marines* et les régulateurs d'observatoires, dits *horloges astronomiques*, où l'on n'admet pas même une simple sonnerie des heures. Nous possédons néanmoins une montre marine chargée d'un grand nombre d'effets accessoires, et qui offre la régularité des meilleures pièces simples, mais c'est un phénomène dont nous ne conseillons pas d'essayer la reproduction.

526. Quant à la cadrature de répétition des montres, on est parvenu aujourd'hui à resserrer celle ordinaire, en y employant aussi peu d'espace qu'à celle de Stagden', au moyen des modifications apportées dans les mouvements par le calibre *Lépine*, comme nous le ferons observer un peu plus loin. Mais généralement cette réduction d'espace et de dimension des pièces, entraîne plus de difficultés dans l'exécution; elle exige une précision trop rare dans les ouvrages du commerce, en offrant aussi moins de solidité; la rapidité des travaux de ce genre a donc fait conserver l'ancienne construction dans les répétitions ordinaires et d'un prix médiocre; on peut ajouter que même dans les beaux ouvrages de prix, elle est encore la meilleure. Cependant puisque les horlogers ont quelquefois à réparer des montres qui portent la cadrature de *Stagden'*, nous ne pouvons nous dispenser de la faire connaître, quelque longue que soit son explication. Les dispositions des pièces et leurs effets différents seront une instruction de plus, dans une matière où l'on n'en acquiert jamais trop. (*En anglais*, *Stocten' ou Stogden'*.)

527. L'établissement du mouvement de la montre sur une seule platine, n'était pas encore répandu lorsque la cadrature de *Stagden'* commença à être connue, et fut d'abord appliquée aux pièces à deux platines. La pl. XIV présente dans la fig. 2, l'ensemble de cette disposition qui s'adapte également au calibre du genre Lépine, en substituant des ponts particuliers à la petite platine. On n'a représenté dans cette planche que la face de la cadrature, avec ses développements à côté, bien suffisants pour ceux qui ont étudié les compositions expliquées précédemment. Les mobiles du rouage qui se trouvent sur l'autre face de la platine, sont pointillés ici, comme s'ils étaient aperçus au travers de cette même platine, ainsi qu'il sera expliqué plus loin.

528. Cette répétition ne comporte qu'un seul et même marteau pour les heures, les quarts et les demi-quarts comme celle de Lépine; la levée de marteau est dite *plongeante*, parce qu'avant de tourner avec le marteau parallèlement à la platine, elle s'élève d'abord, pour fonctionner, et s'abaisse après, perpendiculairement au plan général, en se dérobant ainsi en quelque sorte à l'action du rochet, à la fin des heures ou du nombre de quarts voulu. Une autre particularité dans la disposition totale, c'est que la pièce des quarts posée sur la crémaillère, avec le même centre de mouvement angulaire, commence à descendre sur le limaçon des quarts dès que l'on enfonce le pous-

soir ; elle se meut ainsi avec la crémaillère jusqu'à la rencontre du degré présenté par le limaçon des quarts qui l'arrête, pendant que la crémaillère continue d'avancer pour appuyer son bras sur le *tout ou rien*. Cette dernière pièce d'une forme et d'une disposition aussi toute particulière, est placée en dessous de la crémaillère et de plusieurs autres pièces, et, dans ces derniers temps, pour diminuer la hauteur, on a noyé entièrement le *tout ou rien* dans une longue creusure de la platine, ce qui occasionne encore un assez long travail, comme la plupart des autres parties de ce mécanisme.

529. Pour procéder avec méthode, nous commencerons par décrire chaque pièce en particulier, représentée à part, en indiquant sa destination, nous passerons après à l'ensemble des fonctions de ces pièces réunies comme dans la fig. 2, en expliquant leurs effets successifs, quand on enfonce le poussoir, et que le marteau frappe les heures, etc.

530. La première pièce à remarquer est le *tout ou rien* vu à part, fig. 3, dont la forme coudée est noyée dans l'épaisseur de la platine, depuis son extrémité *a*, jusqu'au point *b*, où est le centre de son mouvement que l'on sait être toujours d'un très-petit nombre de degrés. La courbe pointillée qui l'accompagne indique la noyeure de la platine avec l'espace nécessaire au mouvement latéral très-borné du tout ou rien : son épaisseur est renforcée en dessus par la partie *bcd*, qui n'est pas noyée et s'étend au-dessus de la platine, sans y frotter, tandis que le bras coudé est seul entièrement noyé depuis *a* jusqu'en *b*, et à fleur de la platine. Le tout ou rien porte en dessous en *b* un canon d'acier de même pièce ou très-solidement rivé, et pénétrant dans la platine, sous laquelle son extrémité est reçue par la petite platine ou par un pont de même hauteur que ceux du rouage, pour maintenir l'horizontalité de la pièce qui conserve un petit jour avec le fond de la creusure. Une vis à portée noyée dans l'ouverture un peu ovale *c*, retient le *tout ou rien* en hauteur, en permettant son *va et vient* horizontal. Une tige ou broche saillante, vissée en dessus de cette même pièce en *e*, sert à porter la roue à étoile et à sautoir du limaçon double des heures, vue à part et renversée, fig. 6, le trou taraudé en *f*, reçoit une longue vis-clef pour retenir sur sa broche cette même roue. Un autre trou taraudé en *d*, reçoit la vis de la patte du *ressort-sautoir* qui contient les dents de l'étoile ou roue du limaçon des heures, car ici, pour la minuterie, il n'y a point de roue de renvoi : la roue de limaçon en porte une autre superposée, qui engrène dans la roue d'heure, et toutes deux sautent à chaque heure ; disposition du reste, postérieure à la première invention, dont la minuterie était comme à l'ordinaire ; nous en reparlerons ci-après à l'article de la minuterie. Le bras du tout ou rien, après avoir formé le coude, se termine en *a* par un crochet, qui sert à dégager le verrou *noq*, pour les effets de la levée *t*, fig. 2, comme nous le dirons en son lieu.

531. La fig. 4 représente à part la crémaillère, pièce plate ayant aussi en dessous un canon d'acier *i* de grosseur à entrer juste dans celui du tout ou rien, au-dessus duquel elle est comme suspendue parallèlement et avec un espace suffisant, produit par une portée du canon, pour que le bras mince avec talon en dessus *gg*, fixé sous la crémaillère, et qui doit atteindre le limaçon des heures, ne frotte pas au *tout ou rien*. La

leurs têtes entaillées pour laisser passer les angles du carré de l'arbre, se retournent pour pénétrer en coin dans des entailles pratiquées dans les mêmes angles de ce carré.

534. La levée vue à part et de profil, fig. 11, est représentée à sa place en *t*, entre le verrou et le rochet sur la platine, fig. 2, où toutes les pièces sont montées. On y voit cette levée à plat, portant une dent angulaire attaquée par celles du rochet, pour faire lever le marteau. La levée est percée de deux trous : l'un près de sa dent, est accompagné en dessous d'un bout de canon de même pièce, aperçu dans le profil, fig. 11; ce trou est occupé par l'axe prolongé du marteau. L'autre trou est pénétré par la cheville du marteau qui oblige la levée et le marteau d'exécuter ensemble le même mouvement angulaire; ainsi le seul mouvement *séparé* dont la levée soit susceptible, est un glissement en hauteur sur les deux tiges qui la traversent; son canon en dessous du côté de la dent, est destiné seulement à adoucir par la longueur de sa surface intérieure, le frottement en hauteur de la levée sur le pivot du marteau, à empêcher le grippement, et à la maintenir horizontale ou parallèle à la platine. Ce même bout de la levée est engagé entre les extrémités de deux ressorts, vus de profil, fig. 9, et à plat l'un sur l'autre sur la platine, fig. 2, où le ressort supérieur plus faible se termine en fourchette, pour embrasser la levée en dessus, sans toucher au pivot. L'autre ressort inférieur plus fort, et qui soulève la levée, est diminué d'épaisseur vers 9, pour son effet élastique, et entaillé en *r*, pour y laisser pénétrer la languette du verrou. Cette dernière entaille étroite est faite en biseau, comme l'indique le double trait, pour faciliter l'entrée du verrou, dont la fonction est d'abaisser ce ressort ou de le laisser se relever, comme on le dira; c'est ce même ressort de dessous et plus fort, qui remonte la levée au niveau du rochet, pour que les dents de celui-ci puissent l'atteindre : alors le ressort supérieur plus faible, cède à ce mouvement; mais quand le verrou abaisse le ressort inférieur, la levée le suit en cédant à la faible pression du ressort supérieur. Cet effet a lieu à la fin du dernier coup de marteau, et même un peu avant, pendant que la levée est encore en prise, soutenue seulement alors à cette élévation par son appui sur la dent de rochet et la seule résistance du ressort du marteau, en sorte qu'en même temps que le marteau frappe son dernier coup, la levée qui n'est plus soutenue par le ressort inférieur, cède tout-à-coup à la pression du ressort supérieur, et se plonge plus bas que le rochet, qui peut reculer sans l'atteindre, lorsque le poussoir arme de nouveau le ressort de petit rouage, en faisant rétrograder le rochet. C'est à la fin de ce mouvement rétrograde du rochet que l'action du crochet de tout ou rien sur le talon inférieur du verrou en *o*, fig. 2, fait retirer la languette de celui-ci de l'entaille du ressort fort et inférieur, qui relève la levée et la met en prise, en surmontant la faible opposition du ressort supérieur. Cet effet a procuré à cette levée le surnom de *plongeante*. Dans la figure entière 2, le ressort faible de dessus est presque seul visible sur la platine : le ressort plus fort du dessous n'y est indiqué que par deux doubles traits, parce qu'il est un peu plus large, mais on voit l'un et l'autre plus distinctement dans la fig. 11, à part, où ils sont représentés de profil, ainsi que leurs pattes placées l'une sur l'autre, et fixées par une vis et un pied qui pénètrent jusque dans la platine, dans la fig. 2. Une

partie du marteau et ses deux tiges sont pointillées, fig. 11, vis-à-vis de la levée de profil, qui doit être enfilée par ces deux tiges. La platine de la fig. 2, a son ouverture pour laisser passer la cheville de marteau, lorsque le rochet agit sur la dent unique de la levée.

535. Il nous reste à décrire séparément la chaussée, dont la disposition différente de l'ordinaire et d'un travail non moins compliqué, est aussi d'une exécution plus difficile. Le limaçon des quarts qu'elle porte, est une pièce plate divisée en huit degrés, découpée et vidée comme l'indique la fig. 12. Elle est enfilée sur le canon de chaussée *b*, où elle roulerait librement, sauf une petite goupille qui borne son mouvement; elle repose sur le filet réservé au bas de ce canon, y étant maintenue par un autre canon mince *c*, et en acier comme toutes les pièces que nous avons décrites; ce canon à frottement gras sur celui de chaussée, porte une embase ou portée sur laquelle roule la roue ordinaire des heures, qu'il n'était pas nécessaire de représenter ici. L'embase est seulement entaillée pour laisser mouvoir de quelques degrés la courte goupille portée près du centre par le limaçon, et qui borne ainsi le petit mouvement circulaire de celui-ci. Le limaçon est percé dans l'épaisseur de son deuxième degré, où il reçoit à frottement dur, une longue goupille d'acier méplate, qui se prolonge jusque dans une autre entaille étroite faite à la portée *k* du bas de chaussée, reçue par le limaçon. Cette longue goupille fonctionne ici comme ressort; le limaçon porte de plus sur sa virole du centre, une cheville d'acier de bonne force *a*, destinée à faire sauter à chaque heure une dent de la roue de sautoir, comme le fait le plot de surprise ordinaire de répétition; le limaçon se meut sur la portée *k*, entre le filet et l'embase de rapport.

536. Lorsque vers la fin de l'heure, époque du changement du limaçon des heures, la forte cheville d'acier *a* rencontre la dent de la roue de sautoir, celle-ci pressée par le ressort de sautoir suffisamment fort, retient la cheville d'acier et le limaçon des quarts sans mouvement pendant quelques minutes, et la chaussée continue de marcher, mais en armant peu à peu l'élasticité de la longue goupille du limaçon resté en arrière, et qui présente sous le bras de la pièce aux quarts son même degré (ici le plus élevé), jusqu'à ce que la petite goupille qui peut se mouvoir dans l'entaille de l'embase touche à l'extrémité de cette entaille. Alors le limaçon et la chaussée commencent à marcher ensemble, en surmontant la résistance du sautoir; mais lorsque la dent de la roue de sautoir échappe à celui-ci, instant où l'aiguille de minutes arrive sur 60' du cadran, alors le limaçon des quarts avançant par le ressort de sa longue goupille, récupère l'espace dont il était en arrière, et présente tout-à-coup au bras de la pièce des quarts son entaille la plus profonde; car ici l'effet du limaçon des quarts est renversé et en sens contraire de celui des répétitions ordinaires : le degré le plus élevé de ce limaçon fait sonner les trois quarts et demi, et son degré le plus profond ne donne point de quarts, parce que la pièce des quarts lorsqu'elle descend au fond de son limaçon, est ramenée par la crémaillère, immédiatement après la dernière heure frappée, et que la première petite dent à l'opposé de la forte, fig. 5, sur laquelle le bec de verrou s'appuie par l'accrochement complet du tout ou rien, cette première petite dent, disons-nous, relève assez le verrou, pour faire baisser la levée subitement au dernier

coup de l'heure : tandis que si la pièce des quarts se trouve retenue par le plus haut degré du limaçon pendant la descente de la crémaillère, c'est sur la dernière petite dent, la plus voisine de la grosse de la pièce des quarts, que le bec de verrou se trouve appuyé, et la pièce des quarts, ainsi que cette dent étant ramenées plus tard par la crémaillère, puisque la pièce des quarts est très-peu descendue, le rochet a le temps de faire frapper les trois quarts et demi avant le relèvement du verrou qui n'a lieu alors qu'au moment du dernier coup des quarts. Les autres quarts et demi-quarts ont lieu en conséquence du degré où s'arrête la pièce des quarts, et du rang de celle des petites dents sur laquelle le bec de verrou se trouve appuyé. Le jeu lent et retenu par le poussoir d'une cadrature de cette espèce, en dirait plus que la description la mieux développée, qui laisse toujours beaucoup de détails à suppléer, et qui embrouillerait d'ailleurs une explication déjà si étendue.

537. La fig. 13 représente une grande partie des pièces assemblées, en formant un groupe de pièces qui peuvent être enlevées à la fois de dessus la platine, sans déranger leurs rapports particuliers. Après avoir desserré et enlevé le rochet, et avoir retiré la chaussée ou l'avoir tournée seulement pour qu'elle présente sa partie la plus vide à la roue de sautoir, il suffit d'ôter la vis à portée indiquée en *s*, et retenant sur la platine le tout ou rien qui porte le reste, pour enlever ensemble toutes les pièces de la fig. 13 ; il ne reste alors sur la platine que le verrou *noq*, et les deux ressorts de levée avec cette dernière pièce ; on peut aussi les enlever en ôtant les deux vis qui retiennent ces pièces, en sorte que cette cadrature a pu être appelée *cadrature à trois vis*, peut-être pour lui donner un air de nouveauté, mais nous pensons que l'ancien nom devait plutôt être conservé.

538. En remarquant maintenant l'effet successif des pièces, on voit que lorsqu'on enfonce le poussoir, il conduit la crémaillère en faisant rétrograder le pignon et la roue de rochet, comme à l'ordinaire, mais que la pièce des quarts portée par la crémaillère, descend aussi en même temps et pendant le recul des doubles dents du rochet pour les quarts, jusqu'à ce qu'elle rencontre un degré quelconque du limaçon des quarts qui la tient stationnaire, tandis que la crémaillère continue encore à descendre, pour faire rétrograder ce qui reste de dents ; c'est ce que permet suffisamment l'ouverture triangulaire de la pièce des quarts, car la patte du ressort portée par la crémaillère, et qui occupe cette ouverture, est appuyée pendant le repos des pièces contre la branche supérieure de la pièce des quarts, par la pression de sa tête contre l'entaille de l'angle de cette pièce, et ne quitte la branche du haut, que lorsque la pièce des quarts est arrêtée par son limaçon : la crémaillère alors, en continuant de descendre fait fléchir le ressort terminé par une petite tête, dont l'effet est de tenir constamment la pièce des quarts appuyée contre son limaçon, et de l'empêcher de rester en arrière par sa propre inertie, lorsque la crémaillère pénètre dans la cadrature. Cette pièce des quarts ne peut être arrêtée d'ailleurs dans la descente par les petites dents de sa partie large en *m*, car le bec du verrou est alors trop relevé pour engrener avec elles, et ce relèvement complet a été produit, à la fin du dernier tirage, par l'appui définitif de la grosse dent des quarts, qui a achevé de faire pénétrer le verrou plus avant sur le fort ressort de levée.

539. Lors donc que le bras de crémaillère atteint le limaçon des heures et fait reculer le tout ou rien, comme dans les cadratures ordinaires, le crochet en *a* ou *o* du tout ou rien appuie sur le tenon *c* du dessous du verrou, fig. 2, qui se trouve dans la creusure de la platine, et dégage le fort ressort de dessous de la levée, jusqu'alors abaissée ; ce ressort remonte donc cette levée, malgré la faible opposition du ressort de dessus terminé en fourchette, ce qui met en prise cette levée avec le rochet, dont le mouvement rétrograde est alors terminé. La main ayant retiré le poussoir (comme il convient toujours de le faire), le marteau frappe les heures et le nombre de quarts suivant le degré où s'est trouvée arrêtée la pièce des quarts. Mais pendant que le dernier coup voulu des quarts se frappe, c'est-à-dire un peu avant, et dès que la patte *h* du petit ressort a atteint la branche du haut de la pièce des quarts, celle-ci a déjà fait un premier mouvement vers le poussoir, et la petite dent de l'extrémité large de la pièce des quarts a déjà repoussé le verrou suffisamment sur l'entaille inclinée du fort ressort de levée, pour le faire abaisser de suite, de sorte que la levée n'est plus retenue que par l'accrochement de la dernière dent du rochet, qui doit encore faire frapper un coup du marteau, et par la résistance de ce marteau, car l'abaissement du fort ressort de levée se fait dès que la dent du rochet commence à toucher la levée et s'achève complètement pendant le relèvement du marteau. Il s'ensuit qu'aussitôt que le coup frappe, la levée n'ayant plus de support en dessous, et étant au contraire sollicitée par le ressort faible de dessus, cette levée, disons-nous, s'abaisse tout-à-coup au-dessous du rochet, où elle reste jusqu'à ce qu'un nouveau mouvement du poussoir la remette en prise. La grande dent des huit portées par la pièce des quarts, sert à achever l'engagement du verrou, de manière à dégager tout-à-fait les petites dents, pour qu'elles ne frottent pas au bec du verrou, lors de leur descente avec la crémaillère. Il convient même que ces dents soient successivement un peu plus basses, à partir de la première du haut, mais d'une quantité insensible et pour sûreté, afin que celle sur laquelle le bec du verrou s'est appuyé, le relève toujours une idée plus que les dents qui suivent du côté de la grosse, et pour que celles-ci ne puissent toucher au bec de verrou, pendant qu'elles sont remontées. On voit que tous ces effets exigent encore plus de précision que ceux de la cadrature ordinaire, pour laquelle cependant il en faut déjà beaucoup.

540. Pour ne pas couvrir les pièces du centre de cette cadrature, on n'y a pas représenté l'effet de minuterie que l'on va aisément concevoir d'après ce qui suit : la chaussée que nous avons décrite n'a point de pignon ; ici l'aiguille d'heure saute à chaque heure; cette disposition plus moderne est de feu Breguet, qui a modifié en partie cette cadrature en l'adaptant à ses calibres, et en lui imposant le nouveau nom de *cadrature à trois vis*. L'étoile alors a vingt-quatre pointes ou dents, et porte fixée sur elle une roue de laiton d'un nombre quelconque, qui engrène directement avec la roue d'heure moitié moins grande, et n'ayant aussi que la moitié des dents de l'autre; ainsi la roue d'heure fait deux tours pour un de la roue de l'étoile. Et comme celle-ci n'avance que par le sautoir et la menée de la cheville du limaçon des quarts, il en résulte que l'aiguille des heures est stationnaire sur chaque heure pendant 55', après

lesquelles elle prend un mouvement lent jusqu'à environ la moitié de la distance à l'heure suivante : pendant cette progression, l'aiguille de minutes atteint 60', l'effet du sautoir a lieu en cet instant, et l'aiguille d'heure arrive tout-à-coup à l'heure suivante, où elle reste de nouveau pendant 55'. L'étoile ayant vingt-quatre pointes ou dents, et ne faisant qu'un tour en vingt-quatre heures, cette révolution explique le motif de la division du limaçon des heures en deux parties, chacune de douze degrés. Si la roue de sautoir n'avait eu que ses douze pointes avec un limaçon ordinaire, en donnant aux deux roues engrenantes pour l'aiguille le même nombre de dents, l'effet eût été le même avec un peu moins de travail dans l'exécution, mais l'auteur que nous citons, ajoutait souvent à ses montres, un petit cadran de quantième du mois, sur le côté, vers 8 heures, en *pendant* d'un petit cadran de secondes vers 4 heures. Il préférait ce quantième qui s'arrêtait après le 30ᵉ jour; et l'on était obligé de le remettre en marche, ce qui avertissait aussi du changement à opérer pour les 31ᵉˢ ; la roue du sautoir à vingt-quatre dents, y était plus avantageuse, par la suppression de roues et pignons de renvoi, avec réduction de hauteur, etc.; mais l'ajustement était plus difficile, minutieux et moins solide, avec peu d'amélioration, puisqu'il fallait toujours se rappeler la différence des mois, et recourir à l'Almanach. L'aiguille sautait en deux fois, à midi et à minuit, comme nous le dirons à notre article des divers quantièmes, où l'on en trouvera aussi un autre plus sûr, et sans sautoir.

541. Cependant quelques amateurs faisant peu de cas des subtilités en horlogerie, et ayant le bon sens de ne pas craindre un peu d'épaisseur, pour avoir des ouvrages solides et d'excellente qualité, tels que Breguet en a exécuté dans son meilleur temps, se dégoûtèrent bientôt de l'aiguille d'heure sautante. Ils trouvaient qu'elle occasionnait de fréquentes erreurs d'une heure en retard, quand on n'y faisait pas assez d'attention. Il arrive souvent en effet, qu'au premier coup-d'œil jeté sur le cadran vers 50' à 55', la position de l'aiguille des minutes approchant de 60, et celle des heures étant encore sur l'heure prête à finir, on confond cette situation des aiguilles avec celles de certaines montres où l'aiguille des heures mal placée, ou ayant trop d'ébat par les engrenages de minuterie, dépasse un peu le mouvement de celles des minutes, et paraît arrivée sur l'heure avant que l'autre ne soit à 60'. Cet effet a souvent lieu dans les montres ordinaires, et sans inconvénient, mais il occasionne ici une forte erreur. Des horlogers capables y ont été eux-mêmes souvent trompés, et à plus forte raison des particuliers moins habitués à ces attentions de détail. Enfin l'usage de l'aiguille sautante a été abandonné (1). *Ce qui séduit d'abord, ne soutient pas toujours l'épreuve du temps.*

542. On avait aussi établi dans la cadrature de Stagden' un ressort buttant par sa longueur contre l'arrière du marteau, et se refoulant sur lui-même, en se plissant en

(1) Un général aussi connu que digne d'estime nous pria, il y a quelques années, de faire rétablir l'ancienne minuterie sur une montre de ce genre, avec cadrature de Stagden' et cette disposition d'aiguille sautante : la chose n'était pas facile à cause du peu de hauteur et de place ; elle était néanmoins praticable, en refaisant quelques pièces avec assez de dépense, beaucoup de ménagement, des roues très-minces, et d'autant moins de sûreté.

quelque sorte; ce moyen recherché et défectueux, rarement nécessité, ne vaut pas l'effet du ressort ordinaire pressant latéralement et n'occupant pas plus de place; car un tel ressort *buttant*, conserve difficilement son effet qui se perd aisément par l'usure ou la moindre cession du pied et de la vis dont les trous se refoulent. Nous n'en donnons pas la figure, parce que cette disposition bizarre ne serait *qu'un modèle de ce qu'il faut éviter*. (*Le meilleur ici, est la descente lente de la pièce des quarts.*)

543. Au total, cette cadrature ingénieuse et dont l'esprit et le mécanisme ont besoin d'être connus en cas de réparation, mais non pour être imités, ne paraît pas une invention heureuse, en ce que ses effets plus compliqués et son exécution plus difficile, exigent une extrême précision et offrent peu de sûreté. La levée plongeante manque souvent sa fonction, en *grippant* contre les chevilles du marteau, où son glissement en hauteur est toujours plus désavantageux que celui d'un mouvement circulaire sur des pivots ou sur une broche. Nous préférons donc par tous ces motifs, les cadratures ordinaires bien disposées, et que le calibre Lépine permet aujourd'hui de réduire également vers le haut de la platine, pour laisser dans le bas la place libre de quelques effets de quantième ou autres, qu'il est toujours convenable de ne pas trop accumuler. (*La cadrature de Berthoud, avec crémaillère dentée, vaut encore mieux.*)

544. Dans la fig. 2 de la pl. XIV, on a pointillé sur la platine la distribution des mobiles du mouvement et du petit rouage; ils sont vus comme au travers de la platine supposée demi-transparente. Le petit rouage se compose de trois roues très-nombrées, y compris celle dite première grande roue, et celle de l'échappement à ancre, avec pendillon équilibré. On sait que l'ancre ralentit plus la course du rouage que le *pignon de délai*, qu'elle procure plus d'égalité, et que l'effet en est moins sensible aux différences de température. On a quelquefois reproché à cet échappement ainsi appliqué, de faire trop de bruit; mais cela n'arrive que par le défaut de proportions convenables; et le bruit n'est pas plus fort et l'est souvent moins que celui du pignon de délai, quand l'échappement a peu de chute et assez de recul. Il n'y faut même souvent point de *vite-et-lent*. On en peut supprimer avantageusement le pendillon. L'excentricité du bouchon ne doit servir qu'à faire l'échappement, il n'est presque jamais nécessaire d'y toucher; mais il convient de l'entretenir d'huile pour éviter qu'il ne s'use.

545. Le resserrement de cette cadrature et des pièces superposées, a déterminé à en amplifier le dessin à plus du double de sa proportion ordinaire, nous voulons dire de cette proportion plus classique pour son diamètre et son épaisseur, que celle actuelle. Nous donnons dans la même pl., fig. 3 et 4, cette proportion raisonnable qui permet plus sûrement la qualité et la solidité de l'ouvrage.

DISPOSITION DES CADRATURES DE RÉPÉTITION LES PLUS MODERNES.

546. La cadrature de répétition de la pl. XV avec deux marteaux et deux ressort-timbres, fig. 1, est celle adoptée depuis long-temps, et le mécanisme fondamental est toujours celui de Julien et de Berthoud, en montre, et que nous avons déjà décrit (95 et suiv.), sauf la crémaillère dentée remplaçant ici l'ancienne chaîne; mais le cali-

bre Lépine perfectionné permet, comme nous l'avons dit, de rassembler ici les pièces de cadrature dans un moindre espace vers le haut de la platine. Les pièces ont donc toujours les mêmes fonctions et ne diffèrent en partie que dans leurs figures. Il est si facile de les reconnaître, que nous n'avons pas cru devoir les charger de lettres de renvoi; ce qui a été dit précédemment au sujet des cadratures peut suffire. On y pratique un *poussoir*, dit *couronné*, parce que la boule du pendant touchant immédiatement le bord de la boîte, cette boule est surmontée d'une sorte de champignon de forme ronde ou ovale, gaudronné à son bord et formant ainsi une sorte de couronne. Quand on veut consulter la répétition, il faut retirer cette couronne en dehors, ensuite, la tourner d'un quart de tour à droite, c'est-à-dire dans le même sens que pour serrer une vis ordinaire; en l'enfonçant alors, elle agit sur la crémaillère et fait sonner la répétition qui fait ressortir peu à peu la couronne et sa tige. A la fin de la sonnerie, on fait tourner de nouveau cette couronne d'un quart de tour, mais alors à gauche et dans le sens contraire du précédent, et on la repousse à sa place, où elle rentre sans agir sur la crémaillère, et par conséquent sans faire sonner. *Le poussoir est fait de 2 demi-cyl. d'acier*. Cette disposition récente n'a pour elle que l'attrait de la nouveauté, car elle est fort incommode et principalement pendant la nuit, et quelques personnes l'ont déjà fait remplacer dans leur montre, par l'ancien poussoir ordinaire. La forme actuelle des vêtements met le poussoir ordinaire à l'abri de rentrer accidentellement par les mouvements du corps, comme il arrivait quelquefois, et il est probable qu'on y reviendra généralement, et qu'on n'aura pas même besoin du verrou latéral que l'on avait ajouté aux boîtes, et qui a aussi l'inconvénient de résister inopinément au poussoir quand on a oublié de le dégager le soir en accrochant la montre; cette position au crochet, qui évite des accidents, est d'ailleurs préférable pour le réglé, à celle à plat. Le reste de la montre vu par le côté du rouage est trop connu pour le détailler ici, et la figure 2 en fera aisément distinguer les diverses parties, et notamment le pont de forme en partie lozange, du petit rouage; ce pont recouvre le barillet du ressort de répétition, dont il ne laisse apercevoir que la denture à rochet du bord; celle-ci sert à faire tourner plus ou moins ce petit barillet, pour armer le ressort de répétition au degré nécessaire; il y est maintenu par un cliquet à ressort. Le reste des dispositions modernes attribuées, partie à feu Breguet, et partie aux artistes de la Suisse et de Genève, sera facilement distingué d'après ce que l'on en connaît déjà. (La fig. 5, en acier, recouvre le poussoir en *a*.)

547. Le reste de la planche est occupé par des proportions principales et exactes de montres vues de face et de profil, adoptées naguère par des artistes renommés à une époque où l'on ne recherchait pas tant les platitudes actuelles. Ces pièces, dont le grand diamètre rend l'épaisseur insensible au porter, étaient solides et d'un service plus exact.

NOTA. Les proportions classiques des montres, pl. XV, paraissent plus fortes dans la gravure que dans la réalité modifiée à l'œil par la transparence du cristal, les effets de l'éclat métallique, etc. Nous reviendrons sur d'autres pièces remarquables, et nous allons passer aux articles de main-d'œuvre, pendant lesquels paraîtront les fig. de quelques pendules anciennes et modernes, expliquées par la suite.

CHAPITRE X.

DE LA MAIN-D'ŒUVRE DANS LES ÉTUDES D'HORLOGERIE.

548. On a trouvé dans les chapitres précédents, les notions des produits ordinaires de l'art, pour l'utilité commune, et une sorte d'abrégé de ses premiers progrès depuis *Huyghens*. On n'y a pas cité une foule de compositions, aujourd'hui surannées, qui ont bien quelque mérite d'invention pour leur temps, mais que ne permettent plus des dispositions modernes améliorées et plus commodes. On a aussi laissé de côté des productions plus récentes, de fantaisie et de mode, et qui, entachées de nombreux défauts, ne peuvent pas servir de modèle. L'exécution, ce moyen important de succès, a subi de même des changements avantageux dont nous devons rendre compte, et en consignant ici des principes généraux de main-d'œuvre applicables à tous les temps, ce qu'il y a d'utile en nouveaux outils et en méthodes qui abrégent et régularisent le travail, ne sera pas oublié. A la suite de ces articles de main-d'œuvre, nous reviendrons sur d'autres ouvrages distingués, en suivant à peu près le tableau déjà publié. Ce qu'il y a de plus difficile dans l'exécution, c'est de tirer les produits de l'art de la matière brute comme les anciens artistes ont dû le faire. Après que l'on a trouvé les moyens de surmonter ce premier obstacle, qui se renouvelle encore actuellement, suivant les lieux et les circonstances, on n'en est que plus à même d'apprécier et d'employer des procédés plus faciles et plus précis, lorsque l'on est à portée de les appliquer, tout en conservant toujours la faculté de s'en passer au besoin. Nous prendrons donc les travaux de l'horlogerie à l'époque moyenne où elle avait dépassé les premières difficultés, sans avoir encore tous les secours ingénieux imaginés depuis et que nous indiquerons également. Cette époque se trouve être précisément celle de Berthoud, qui, seul parmi les auteurs anciens et modernes *estimés*, a eu le bon esprit et le courage d'expliquer en détail les travaux de son temps. Notre ouvrage devant remplacer les livres de Berthoud et des anciens auteurs, et réunir à la partie toujours utile des connaissances anciennes, la suite de leurs progrès actuels, on doit en retrouver ici les parties essentielles et les articles que l'on consulte le plus souvent (1).

(1) L'élève doit s'attacher à pratiquer avec facilité et sûreté les diverses sortes de soudures dont nous aurons occasion de parler, comme il a dû s'attacher préalablement à *limer très-plat* et à *tourner bien rond*, ce qui dépend de bien commencer, sans trop se presser d'abord. Lorsque l'on sait bien faire, la rapidité du travail s'acquiert aisément, si on ne néglige pas de la stimuler à temps, mais ce ne doit pas être dans le début. *Ferdinand Berthoud* dit dans une note de son *Essai*, art. 743 : « Je suppose » qu'on s'est *amusé* à tourner et à limer, et qu'on a acquis assez d'habitude pour savoir tourner et li- » mer passablement ; ainsi je ne m'arrêterai point à prescrire *la manière de manier ces outils* : il faut

Nous entreprendrons donc de les exposer en abrégeant beaucoup des détails qui occupent la moitié du premier volume de l'*Essai*, le seul ouvrage où cette matière soit traitée. Nous suppléerons à quelques endroits, nous mentionnerons les différences actuelles, mais au total, nous bornerons ces développements au besoin présumé de

» s'exercer : on me doit tenir quelque compte du détail dans lequel j'entre ici, sans exiger jusqu'à la » moindre opération. » Nous sentons, comme cet auteur, tout ce qu'il faut de patience pour entrer dans tous ces détails; ils peuvent être comparés à ceux d'un bon Dictionnaire dont communément on n'apprécie pas assez le savant et fatigant travail. Mais nous dirons, qu'à une époque où la main-d'œuvre s'est beaucoup plus perfectionnée que du temps de Berthoud, il faut *étudier très-sérieusement* la meilleure méthode d'employer la *lime*, comme aussi le *burin* sur le *Tour*. La difficulté augmentée des ouvrages modernes perfectionnés, l'exige impérieusement. Pour suppléer en partie à une instruction incomplète en ce genre, nous ajouterons aussi succinctement que possible, et uniquement pour les élèves, qu'il est essentiel de savoir *limer plat* et *carrément*, c'est-à-dire former à l'œil des retours à angle droit suffisamment approché, sans recourir continuellement à la vérification de l'*équerre*, à moins que pour des cas rigoureux ; en un mot, qu'il faut acquérir la justesse du coup-d'œil.

Pour *limer plat*, il faut arrêter la pièce horizontalement et solidement dans l'étau d'établi, bien placé, et de manière à la maintenir verticale ; tenir le manche de la lime de la main droite, et la lime dans une position bien horizontale, et le coude étant à la hauteur de la lime, la pousser droit en avant sans que son horizontalité change par l'appui de la pointe comme près du manche ; il faut appuyer modérément sur la pièce, de manière à sentir que la lime mord sur le métal : les limes neuves sont plus propres à cette expérience. C'est le défaut d'une horizontalité soutenue qui arrondit les surfaces. Il faut aussi appuyer successivement plus au milieu, qu'au commencement et à la fin du coup de lime ; celle-ci ne doit pas frotter sur la pièce en revenant vers le corps. Il ne faut pas tenir le bout de la lime des doigts de la main gauche, à moins que ce ne soit pour dégrossir avec une lime rude, qui exige plus d'effort, et permet alors l'usage des deux mains. On opère d'abord lentement pendant assez long-temps, pour s'accoutumer à sentir si l'exécution remplit les conditions voulues. La vitesse ne s'acquiert que quand on sait faire : ceux qui débutent par des mouvements brusques et continuent ainsi, ne sauront jamais les régler. Il y a bien des horlogers qui ne savent pas limer, ils usent le métal, au lieu d'en enlever une lame égale. On achève souvent de dresser les pièces, en les promenant avec un effort modéré sur une lime large dite *à dresser* ; cette lime un peu *fuselée*, rend même quelquefois les surfaces un peu concaves, mais l'opération est longue pour enlever la première convexité de la pièce, et ce n'est pas là *limer franc* et *plat*, comme les habiles ouvriers le font avec autant de vitesse que de précision, même en ébauchant. Du reste, il est nécessaire de voir opérer un de ces habiles ouvriers, qui veuille bien enseigner lentement d'abord, afin que l'élève puisse analyser ses mouvements, pour les mieux imiter.

L'usage du *Tour* avec le *burin* et l'*Archet* présente encore plus de difficultés, et les dispositions préparatoires, la manière de tenir le burin et de conduire l'archet, exigent encore plus l'exemple d'un homme habile qui ait la patience de faire observer distinctement chacun de ses mouvements. Les détails nombreux que nous avions recueillis allongeraient trop cette note ; c'est d'ailleurs ici, surtout, qu'il est essentiel de voir bien faire ; on en acquiert plus ainsi, que par de longues explications. Nous remarquerons seulement, qu'il faut en général, faire mordre le burin très-peu à la fois, pendant la descente de l'archet ; qu'il ne doit pas toucher à la pièce lorsque l'archet remonte ; et que dans le léger mouvement de bascule que le poignet imprime au burin pour produire ces deux effets, le point d'appui du burin doit être invariable. On *lime* ordinairement de la main droite qui peut suffire à toutes les opérations de ce genre, mais il est très-avantageux de pouvoir *Tourner*, comme on dit, *des deux mains ;* nous engageons les élèves à s'habituer à tenir également le burin, avec l'une ou l'autre main, tandis que celle qui n'en est pas occupée, mène l'archet. Les premiers essais de la lime et du tour doivent être surveillés pendant quelque temps par un bon instructeur, pour prévenir de mauvaises habitudes qui une fois contractées ne se corrigent que très-difficilement et encore plus rarement.

l'élève, qui, ne lisant cet ouvrage qu'après quelque temps de premiers travaux, aura déjà acquis l'usage des outils, et qui, distinguant aussi la nature des matières employées, pourra déjà entendre, pour ainsi dire, à demi-mot. Cette instruction matérielle sera donc souvent réduite à de simples indications suffisantes : lorsque l'on a suivi et observé avec réflexion, et avec des yeux un peu exercés, les travaux d'habiles artistes, on sait déjà à moitié les imiter; l'exercice et l'expérience font acquérir le reste.

549. Les premiers moyens d'exécution consistent à opérer sur les métaux avec la *Lime*, le *Tour* et le *Marteau*, à les forger, à les recuire, à *tremper* l'acier, à le faire *revenir* à propos, à former des vis, des cuivrots, les pièces simples du *mouvement*, etc. Nous l'avons déjà dit, c'est en travaillant d'abord sur des pièces d'une moyenne dimension, comme celles de la pendule, que l'on doit parvenir peu à peu à exécuter convenablement les parties de la montre plus délicates, et qui exigent des soins plus minutieux et plus difficiles, souvent même différents de ceux de la pendule, parce que la précision des parties y nécessite des précautions particulières. Si cette marche n'est pas suivie dans la plupart des ateliers, la cause en provient de la division des travaux dans les grandes villes, mais elle ne doit pas servir de règle dans l'instruction générale, où toutes les parties de l'art ont entre elles une connexion naturelle et avantageuse, comme Berthoud et d'autres artistes expérimentés l'ont judicieusement observé.

550. En suivant cette marche, on trouvera dans l'exécution du mouvement de la pendule à répétition de Berthoud, que nous avons décrite dans le chap. IV, l'équivalent des procédés nécessaires pour la sonnerie ordinaire d'heure et de la demie, parce que nous y joindrons le détail des pièces que cette sonnerie comporte principalement, telles que la roue de compte ou de *chaperon*, le *râteau* de sonnerie, qu'on lui substitue quelquefois, etc. Les détails expliqués et les fig. de la pendule moderne, pl. III, aideront aussi au besoin.

551. Nous allons d'abord nous occuper de la cage, dont les dimensions seront celles des fig. 1 et 2 de notre pl. VI ; ces platines serviront à tracer sur un carton fin, ou mieux sur un disque mince de laiton bien dressé, appelé *calibre*, les diamètres et les centres de tous les mobiles. Quand il s'agira de l'exécution des pièces d'acier de la répétition, on donnera en même temps le supplément explicatif de leurs fonctions qui n'ont été détaillées qu'en partie dans le chap. 4 (art. 89 et suiv.).

Préparations pour monter la cage d'une pendule, applicables à l'ébauche de la plupart des autres pièces.

552. La cage se composant de deux platines assemblées parallèlement par des piliers, il faut se procurer deux disques de laiton d'un diamètre moindre de 3 à 4 lignes que le calibre donné, et d'environ 2 lignes 1/4 à 2 lig. 1/2 d'épaisseur, que l'on réduira à une ligne 1/4 en les forgeant à froid. Nous donnerons ci-après la méthode de ce travail, mais avant il faut s'assurer que les platines sont saines et n'ont aucune gerçure, paille ou soufflure pénétrant dans l'intérieur, et avant de les forger, on en dé-

couvrira la surface en passant à plat sur tous les points une lime demi-rude, qui en fera disparaître la croûte noire. On marquera au milieu de chaque platine un point servant de centre au plus grand cercle que son bord pourra permettre d'y tracer. On enlèvera le surplus à la lime et carrément, en suivant le trait du cercle, ensuite on abattra tout autour l'angle des deux faces, par un chanfrein circulaire incliné de 45°, et arrivant de chaque côté au tiers de l'épaisseur primitive des disques, ce qui empêchera les bords de se *gercer* ou fendre sous le marteau. Quelques-uns font rougir les pièces de laiton et les trempent rouges dans l'eau seconde, pour les dérocher et mieux en apercevoir les défauts. (Il s'agit toujours ici de laiton pris en planche.)

553. C'est après ces opérations que l'on s'occupera de forger, amincir et durcir ces pièces au marteau; c'est ce qu'on appelle *écrouir* et *planer* en définitive. On y emploiera un gros *tas*, espèce d'enclume carrée montée sur un billot de bois avec paillassons sous sa base, pour éviter ou amortir l'ébranlement du sol de l'atelier. La surface du tas est un peu convexe et polie ou au moins fort adoucie, ainsi que la tête d'un fort marteau, dit à *forger à froid*. La *panne* épaisse de ce marteau est aussi arrondie et polie, afin que la matière à forger ne soit jamais coupée.

554. « Quand on a bien forgé les platines avec la panne du marteau, et des deux » côtés, dit Berthoud, on se sert du plat de la tête du marteau pour effacer les iné- » galités formées par les coups de la panne, lesquels ont servi à durcir les platines jus- » qu'au centre; car il est bon d'observer que le plat du marteau ne durcit que la super- » ficie, au lieu que la panne resserre la matière jusqu'au centre d'épaisseur de la platine.

» Il faut avoir, dit-il, une grande attention, pour ne pas faire fendre les platines, de » forger également, par rangées parallèles ou circulaires; car si après que les platines » ont acquis un certain degré de dureté, on frappait trop fortement, soit sur un côté, » soit dans le milieu, elles se fendraient tout-à-coup : en général, il faut que les coups » de marteau soient donnés parallèlement aux côtés quand ce sont des platines car- » rées, et si ce sont des platines rondes, comme celles dont il s'agit ici, on peut aussi » les forger comme si elles étaient carrées en commençant par un bord, et en allant » par rangées parallèles jusqu'au bord opposé, ou bien on peut les forger par des ran- » gées circulaires, en allant du bord au centre : cette méthode est préférable pour » conserver les platines rondes; au lieu que par l'autre on les rendrait ovales, et que pour » les amener à la grandeur convenable, il faudrait les agrandir (dans un sens) plus » qu'il n'est besoin. Mais pour éviter ces embarras, il faut couper d'abord les platines » carrées, et les forger (après les avoir *ébarbées*) tout comme si elles étaient carrées. »

555. Ce qui précède, extrait textuellement de Berthoud, n'offre pas beaucoup de clarté ni de suite, par le mélange des deux procédés pour les platines rondes et celles carrées, et paraît même renfermer quelques-unes de ces contradictions que les artistes instruits reconnaissent fréquemment dans cet auteur. Sans les relever, nous rapporterons ici la pratique de quelques penduliers actuels de talent, qui forgent les platines rondes, d'abord avec la *panne* en commençant par le milieu de la platine, et en arrivant peu à peu au bord par une rangée de coups parallèles à ce bord, en avançant sur la direction

d'un rayon. Ensuite ils établissent une autre rangée à l'opposé de la première, et commencée de même du milieu au bord; ces deux rayons étant ainsi opposés sur une première ligne diamétrale, ils croisent ce diamètre par un autre à angle droit avec le premier et opéré de même; ils forment d'autres rayons au milieu des quatre intervalles, en commençant toujours au centre, et la panne étant toujours tenue parallèle au bord, c'est-à-dire à la *corde* de ce bord; enfin, ils remplissent de même les intervalles restants, jusqu'à ce que toute la face de la platine en soit garnie. A cette opération faite à petits coups sur les deux faces de la platine, ils ajoutent ensuite celle du plat ou tête du marteau dirigée de la même manière, pour effacer les inégalités.

556. Dans cette opération, la platine reste ordinairement plus ou moins gauche, déjetée et convexe ou concave dans quelques parties, ou vers le centre : on la dresse en y appliquant une règle d'acier, et en frappant du plat du marteau sur les parties convexes, jusqu'à ce que la règle présentée en tout sens, touche partout (1).

« Alors, dit Berthoud, on percera un petit trou au milieu, et avec le *compas à* » *couper*, on coupera les platines de la grandeur du calibre; on présentera de nou- » veau la règle pour voir si, en coupant les angles des platines, elles ne se sont pas » courbées; si cela est, on les redressera.

» On préparera un morceau de bois bien uni, sur lequel on assujettit chaque pla- » tine successivement avec des tenailles à vis, pour la limer : cette pièce en bois de » chêne bien dressée, portera en dessous un tenon pour l'attacher à l'étau; ensuite on » ôte le noir du cuivre avec une lime d'*Allemagne*, et on dresse la platine avec une » lime d'*Angleterre bâtarde*. La même opération étant faite des deux côtés, en con- » servant les platines bien égales d'épaisseur, il ne reste alors qu'à les adoucir avec » une lime d'*Angleterre douce*. »

« On choisit la platine la plus épaisse, surtout quand on y a établi exprès une différence (2), pour être celle de la rivure des piliers ou première platine, et après avoir percé un carton (ou mieux le calibre de laiton dont nous avons parlé, art. 551), d'autant de petits trous qu'il y a de centres de roues, et de même pour les piliers, on appliquera la face du calibre où les mobiles ne sont pas tracés contre le dedans de cette 1re platine, en

(1) On peut aussi en étendre davantage, au marteau, certaines parties qui *brident*.

(2) Cet article sera plus détaillé que les suivants, parce qu'il est une des bases du travail des métaux, et qu'il convient également à la montre, sauf le degré de délicatesse des opérations comme des outils. En y ajoutant, comme nous l'avons dit, les modifications modernes, nous ferons observer que dans les grandes villes où sont des ateliers fournis de grands outils, plusieurs artistes dressent les platines sur un *tour en l'air*, garni d'un long support à chariot qui, parcourant parallèlement la surface de la platine, la rend plus facilement et plus exactement droite et plane.

Les opérations que nous décrirons ici, ne seront pas toujours celles des fabriques; dans celles-ci on emploie du laiton laminé aux épaisseurs voulues, et divisé suivant les formes nécessaires, par des découpoirs, etc., mais ces ressources n'étant pas à la disposition des artistes et des ouvriers isolés, dans les villes de département ou dans les campagnes, nous ne devons nous étendre que sur les moyens qu'ils peuvent ordinairement employer, ce qui ne nous empêchera pas de citer dans l'occasion ceux des grands ateliers et des fabriques.

faisant coïncider leurs propres centres au moyen d'une cheville. L'un et l'autre étant arrêtés ensemble avec deux tenailles à vis (étaux à main), on marquera avec les mêmes *forets* qui ont percé les trous du calibre, les centres des pivots et des 4 piliers. Le calibre étant ôté, on tracera légèrement sur la platine les circonférences des roues. Ce tracé se trouvera en dedans et pareil à celui du calibre. On prendra un foret qui ne soit pas tout-à-fait de la grosseur que l'on veut donner aux tenons des piliers (elle sera en définitive d'environ deux lignes), et on percera dans la platine les trous de ces piliers, dont elle portera la rivure. Le côté sur lequel le calibre est tracé, sera l'intérieur de cette platine; ce tracé pourrait aussi être fait en dehors, mais retourné.

» Ensuite, ayant appliqué la seconde platine sur le côté extérieur ou du cadran de la première platine, on les centrera ensemble au moyen d'un petit arbre lisse de grosseur juste aux deux trous de leur propre centre; on fixera ensemble les deux platines avec deux étaux à main, et l'on percera les trous des piliers à la seconde platine, avec le même foret que pour la première platine des piliers. (On appelle 2e ou platine du nom, celle qui est du côté du pendule, et vers le fond de la boîte, parce qu'elle porte quelquefois le nom de l'auteur.)

» On percera aussi, près de chaque pilier, un trou de demi-ligne; on équarrira ces quatre derniers trous par le côté de la seconde platine, et on marquera sur le bord ou l'épaisseur des deux platines un V ou *repère* qui les atteigne toutes deux, afin qu'après avoir ôté fes étaux à main, on puisse les remettre dans la même position. On ôtera donc les étaux et l'on chassera *à force* dans les quatre trous ci-dessus de la seconde platine des goupilles en laiton écrouies bien rondes et adoucies, en les faisant entrer par le même côté que l'équarrissoir, indiqué par le sens du repère V, et l'on coupera les têtes restantes de ces goupilles, à fleur du côté par lequel elles sont entrées : elles resteront saillantes de l'autre côté. En réunissant les deux platines de la même manière et toujours avec leur arbre lisse serré dans ses trous, on observera les trous de la première platine où les chevilles gênent plus fortement, on y passera le même équarrissoir jusqu'à ce que les quatre chevilles entrent également dans leurs trous par un *bon* frottement (modéré et facile). Alors on limera l'excédant des chevilles au-delà de la première platine. On verra plus loin le motif de cette préparation qu'il importe de suivre exactement. (*V. fig.* 3 *et* 11, *pl. III*, 1 *et* 4, *pl. VI, pour le sens du calibre.*)

» Pouvant assembler ainsi de nouveau les platines selon leur repère V, on en limera les bords suivant le trait de compas donné par le calibre, et l'on aura soin que leur épaisseur en retour d'équerre soit dressée bien carrément aux surfaces, et l'on adoucira ces bords. Les trous des piliers seront repassés à l'équarrissoir tenu bien perpendiculaire aux faces, afin qu'étant plus unis, ils coïncident plus parfaitement. N'ayant pas encore désassemblé les platines, on retracera le repère V des bords, nécessairement un peu effacé par la lime en les dressant, puis on s'occupera de faire et monter les piliers. »

557. Au lieu d'employer ici comme Berthoud des piliers façonnés avec embases et boules dans le milieu, et en laiton fondu sur un modèle, suivant l'usage de son temps,

nous y substituerons les formes simples actuelles. Les piliers de la pendule moderne, pl. III, peuvent servir de modèle ; ils sont unis, légèrement coniques, et formés de fil de laiton tiré et de bonne qualité ; pour l'écrouir, on emploie un moyen simple et prompt (1) ; on coupe ce fil de laiton choisi d'une grosseur convenable, en bouts de 30 pouces de longueur, dressés avec le maillet de bois, sur un billot aussi de bois ; on assujettit solidement une extrémité du fil pris horizontalement dans un fort étau d'établi, et après avoir serré l'extrémité opposée dans un autre étau semblable démonté, et que l'on tient à la main, on tord ce fil de plusieurs tours sur la longueur susdite, il se trouve durci et écroui et même assez droit pour pouvoir être coupé de suite en morceaux de longueur à former séparément chaque pilier. Ce moyen expéditif est préférable à l'usage de marteler les piliers tout autour, opération longue et sujette à les faire ouvrir et se fendre sur leur longueur. Nous ne parlons pas des piliers fondus qui, ne pouvant être écrouis, sont tenus plus massifs, et dont les tenons ou pivots sont sujets à être aisément crevés par leurs goupilles.

558. Les platines du mouvement à répétition de Berthoud, pl. VI, ayant 3 pouces 9 lignes de diamètre, peuvent comporter des piliers unis de 3 lignes et demie de diamètre près de la rivure, et réduits à 3 lignes 1/4 auprès de la seconde platine vers laquelle ils vont en diminuant insensiblement en cône. Ils auront 15 lignes de hauteur *en cage*, c'est-à-dire entre les deux platines ; on coupera les morceaux suivant cette mesure, en y ajoutant : 1° 3 lignes pour les tenons goupillés ; 2° 1 ligne et 3/4 pour les tenons rivés ; 3° 4 lignes pour placer le cuivrot, et pour les trous des extrémités qui recevront la pointe des broches du tour. Total 24 à 25 lignes de longueur, y compris les 15 lignes de hauteur de cage entre les deux platines.

559. Les tenons seront toujours tournés de grosseur d'abord un peu plus forte que les trous, et aussi légèrement coniques ; ils auront leurs portées bien plates et droites et un peu enfoncées près du tenon, pour faire mieux appuyer leurs bords. En présentant un tenon de la base du pilier à son trou de la première platine, on agrandira ce trou avec l'équarrissoir du côté de la rivure pour que le tenon y entre à fond juste et sans jeu, et on marquera le tenon et le trou d'un petit trait, on en fera autant au pilier et au trou suivant de la première platine marqués l'un et l'autre de deux traits. Le troisième sera marqué de trois traits, et le quatrième n'aura pas besoin de marque. On ébisèlera ces trous par un chanfrein circulaire fait avec une lime *feuille de sauge* suffisamment convexe, ou avec un ébiseloir proportionné pour loger la rivure. On ajustera de même les trous de la petite platine pour leurs tenons à goupille, et l'équarrissoir entrera par le même côté que ces tenons.

560. « On adoucira, dit Berthoud, à la pierre-ponce et à l'eau, le dedans de la 1re platine à l'endroit des piliers, c'est-à-dire à demi-pouce tout autour, on y passera une pierre douce dite *pierre à l'eau*, et on polira la place avec la *terre pourrie* à l'huile, étendue sur un buffle collé sur du bois. (Aujourd'hui, on dresse les platines comme il

(1) Communiqué dernièrement à la Société chronométrique de Paris, par l'un de ses membres, M. *Brocot*, habile pendulier déjà cité (art. 79).

a été dit en note (556), et on termine leurs bords avec plus de facilité sur le tour en l'air ; on en adoucit et polit de suite les bords et les surfaces entières). Après avoir ébarbé les bords des trous, on y place les quatre tenons à river suivant leurs repères, on fait entrer les autres tenons ou pivots dans la seconde platine, en ayant égard à son repère du bord relativement à celui de la première platine. On observera que le côté de la seconde platine qui était appliqué contre le dehors de la platine des piliers, doit se trouver ici en dehors de la cage. On prendra un cuivrot de laiton ayant son trou assez grand pour recevoir avec un peu de jeu la saillie du tenon au-delà de la seconde platine, on appliquera ce cuivrot épais et bien plat, sur un tenon, et l'on appuiera le tout tenu bien horizontalement sur un tas à l'étau, et tenant la cage d'une main, on rivera de l'autre, mais à moitié seulement, avec un marteau moyen à panne arrondie, le bout du tenon coupé ou limé d'avance carrément et dépassant l'épaisseur de la platine d'un tiers de ligne au moins. La même opération étant répétée sur les trois autres piliers, rivés de même à moitié, on reprendra l'opération pour achever la rivure complète, en passant d'un pilier à l'autre opposé; on frappera à petits coups, pour ne pas refouler les piliers. En promenant ensuite une équerre autour des bords, on s'assurera si les platines qui sont de même diamètre, sont restées perpendiculaires l'une à l'autre, ainsi que les piliers à l'égard des surfaces. La deuxième platine doit pouvoir être enlevée facilement de dessus ses piliers, et y être replacée de même, et en cas de gêne il faudra distinguer de quel tenon elle provient pour en élargir imperceptiblement le trou avec l'équarrissoir, afin que les quatre tenons n'éprouvent qu'un frottement doux et égal ; cette seconde platine doit aussi appuyer naturellement, sans *brider*, et également sur les quatre portées, et le devers des piliers, si on en remarque, peut être aussi ramené en frappant sur leur rivure, du côté où l'angle est trop ouvert.

561. On enlève ensuite la seconde platine pour la replacer de nouveau sur le dehors de la première au moyen des quatre goupilles conservées près des trous des piliers, et suivant le premier sens du repère fait en V, pour percer droit dans les deux platines les trous des pivots du rouage d'après les points de la première platine; car lorsque l'on aura replacé la seconde platine sur les piliers, et qu'on montera dans la cage une roue dont les pivots rouleront dans leurs trous correspondants, son axe sera perpendiculaire aux platines, si les piliers le sont aussi, et cette méthode est très-utile pour placer au premier coup les roues *droites en cage*. Les conditions ci-dessus pour monter la cage sont donc de rigueur, et exigent beaucoup de soin et d'exactitude.

562. Pour achever la cage, il ne reste plus qu'à percer les trous des goupilles au bout des tenons des piliers, et sur la partie saillante au-delà de la seconde platine ; ces trous pourront avoir un tiers de ligne de diamètre : on les proportionnera du reste à la grosseur du tenon pour pouvoir y enfoncer avec un peu de force les goupilles sans les faire plier et sans écarter et faire fendre les bouts des tenons. On y emploiera un foret très-angulaire (très-pointu), placé tout près de la platine, sans entamer celle-ci, et de manière que les trous se trouvent juste à fleur de la platine ; en y repassant l'équarrissoir pour les agrandir un peu, parce que le foret aura dû être tenu d'abord de très-

peu plus petit, on produira sur la platine le tirage nécessaire des goupilles pour que la platine ne puisse avoir aucun ébat en hauteur sur son tenon, et qu'elle soit au contraire pressée sur la portée du pilier par le tirage de la goupille. Celle-ci en cheville comme l'équarrissoir sera faite de laiton durci (très-écroui), bien arrondie, adoucie et brunie sur sa longueur; les bouts doivent en être arrondis. La direction des trous doit être horizontale et parallèle à la ligne du cadran de 9 heures à 3 heures, à moins que quelque pièce voisine ne la détermine autrement; les goupilles entrent toujours par le côté du bord.

563. Dans les ouvrages soignés les piliers sont souvent montés autrement, mais avec plus de travail et aussi avec une perpendicularité plus assurée, et moins sujets à brider. Au lieu de river ces piliers, ce qui peut les faire dévier, leurs tenons de chaque bout sont percés au centre, et taraudés. Des vis d'acier à tête large et souvent noyée dans la face de dehors des platines, servent à retenir ces piliers qui sont tenus plus gros ainsi que leurs tenons, et peuvent être démontés d'avec la première platine. On fait quelquefois ces piliers en acier poli. De cette manière il n'y a plus de goupilles, le serrage est plus assuré et plus facile, et l'exécution plus longue en est aussi plus riche et plus belle à l'œil.

Dimensions des mobiles et Mesure pratique et commune des pignons pour l'engrenage.

564. Les diamètres des mobiles étant ceux du calibre, déterminés et tracés d'après les figures de la planche VI, et toujours avec un peu d'excès, c'est-à-dire avec plus de pénétration qu'il n'est besoin dans leur croisement sur le diamètre total des pignons (1), nous n'avons à nous occuper ici que de l'épaisseur de ces mobiles, c'est-à-dire des roues. Nous donnerons ci-après la règle *commune* des pignons. (On appelle *mobile* toutes les pièces mises en mouvement par la *force motrice*, et *moteur*, le corps qui par sa nature produit ce mouvement sans le recevoir d'aucune autre pièce. Ainsi le ressort contenu dans le barillet, est le *moteur* du rouage, et ne tire cette propriété que de son élasticité propre, armée par le remontage, comme le poids puise sa force dans l'attraction centrale du globe terrestre. Le barillet qui contient le grand ressort, et le cylindre ou tambour qui reçoit l'action du poids par le moyen d'une corde ou d'une chaîne enroulée, sont appelés *premiers mobiles*. On y comprend aussi la roue de temps, et celles qui précèdent la roue de minutes ou de longue tige. Après celle-ci, les autres roues jusqu'à l'échappement sont considérées comme *derniers mobiles*. Une pièce est aussi considérée comme motrice à l'égard de celle à laquelle elle communique immédiatement le mouvement.) Pour le rouage dont il s'agit ici, les épaisseurs des mobiles sont les suivantes :

(1) Le calibre porte le diamètre total présumé des roues et pignons, mais il n'est bien déterminé que par les *rayons primitifs* et le nombre des ailes. Voyez notre traité de l'engrenage.

	li.		li.
Roue de barillet B	1 6/12es	Roues de répétit. G et L. .	0 6/12es
1re grande route dite *de temps* C.	0 9/12es	2e roue M.	0 4/12es
Roue *de longue tige* D. . . .	0 5/12es	3e roue N.	0 3/12es
2e *moyenne* E, dite improprement roue de champ . . .	0 4/12es	Roues de renvoi et de canon C.	0 6/12es
Roue d'échappement F, dite *rochet*.	0 3/12es	Rochet d'encliquetage de répétition	0 7/12es
		Rochet R de remontoir. . . .	1 3/12es

Proportions générales des pignons avec leurs roues, suivant la pratique commune, ou grosseurs des pignons, d'après Berthoud.

565. « La meilleure méthode, dit Berthoud, pour déterminer *avec une grande pré-* » *cision* la grosseur d'un pignon pour une roue quelconque, c'est, avant de le trem- » per, de le présenter avec sa roue sur l'outil d'engrenage : pour cet effet, il faut ar- » rondir quelques dents de la roue ; alors *on voit* s'il est de grosseur : s'il est trop » gros, on le diminue jusqu'à ce que l'engrenage se fasse *le plus uniformément qu'il* » *est possible ;* s'il est trop petit, il faut le refaire ou *diminuer* la roue. Mais pour » prévenir cet inconvénient, on se servira des méthodes suivantes, qui servent à don- » ner *à très-peu près* la grosseur dont il faut tourner un pignon de pendule avant que » de le fendre.

» On coupera une bande de carte qui aura environ pour largeur l'épaisseur de la » roue dont on cherche le pignon, on appliquera cette carte sur la circonférence de la » roue fendue et non arrondie, et on la coupera de longueur qui soit telle qu'elle » comprenne autant de dents de la roue que le pignon doit en avoir, et deux en sus : » la longueur de la carte sera la circonférence du pignon : si l'on a, par exemple, un » pignon de seize dents à faire, on coupera la carte de longueur à embrasser dix-huit » dents de la roue, et l'on appliquera ensuite la carte sur le pignon, que l'on dimi- » nuera sur le Tour, jusqu'à ce que les deux bouts de la carte se rejoignent ; alors on » fendra ce pignon, on l'arrondira et on l'achèvera : mais avant de le tremper, il faut » arrondir quelques dents de la roue ; placer celle-ci sur un arbre lissse ; et mettant la » roue et le pignon sur l'outil d'engrenage, *on verra* s'il est de grosseur *convenable* à » la figure des ailes et dents de la roue, en sorte que l'engrenage *se fasse uniformé-* » *ment.* » (Ce n'est sans doute pas dans ces deux articles que l'on reconnaîtra une méthode expéditive, et indiquée avec précision ; mais nous reviendrons amplement ailleurs sur ce sujet, et avec une tout autre exactitude.)

« Dans les petits pignons de pendules et dans ceux des montres, on ne peut pas » se servir de cartes, mais voici des règles fondées, ainsi que la précédente, sur l'ex- » périence et selon l'usage des bons ouvriers. » (On va voir que souvent ces règles laissent encore beaucoup d'arbitraire.)

» Lorsque l'on a fendu les roues, et que l'on veut prendre la grosseur des pignons,

» on se sert d'un *calibre à pignon*. Si, par exemple, on veut faire un pignon qui ait » seize dents, on donnera une ouverture au calibre capable de comprendre six dents » de la roue, prise du flanc extérieur de la première, au flanc extérieur de la sixième; » c'est ce qu'on appelle six *dents pleines*.

» Pour un pignon de quinze, *il ne faut pas* que le calibre embrasse *tout-à-fait* le » flanc de la sixième dent.

» Pour un pignon de quatorze, il faut prendre six dents sur les pointes.

» Pour un pignon de douze, cinq dents pleines, lorsque c'est *une grande* roue de » pendule, et si c'est pour une montre, il faut prendre cinq dents sur les pointes *un* » *peu fortes*.

» Pour un pignon de dix, quatre dents pleines. (Suivant *Vigniaux*, quatre dents et » demie en montre, en plaçant un bec du calibre sur le flanc d'une dent, et l'autre » bec au milieu du vide, entre la quatrième et la cinquième dent.)

» Pour un pignon de neuf, *un peu moins* de quatre dents pleines.

» Pour un pignon de huit en pendule, quatre dents sur les pointes. Pour les mon- » tres, il faut prendre quatre dents sur les pointes, *moins le quart* du vide d'une » dent.

» Pour un pignon de sept en pendule, trois dents pleines de la roue, et *un quart* » du vide d'une dent. Le pignon de sept des montres doit embrasser *un peu moins* » de trois dents de la roue; il faut *forcer* la roue lorsqu'elle est finie. (Suivant *Vi-* » *gniaux*, un bec du calibre étant sur le flanc d'une dent, l'autre bec doit partager le » vide entre la troisième et la quatrième dent : la différence serait ici d'un demi-vide.)

» Pour un pignon de six, il faut prendre trois dents pleines pour les pendules; pour » les montres, *un peu plus* de trois dents sur les pointes. (Suivant *Vigniaux*, en » montre, trois dents juste sur les pointes.)

» Pour un pignon de cinq, trois dents sur les pointes.

» Pour un pignon de quatre, il faut prendre deux dents carrées et pleines. Lorsque » ce pignon mène, il faut prendre deux dents carrées de la roue, plus *la moitié* du » vide d'une dent : en général, tous les pignons doivent être *plus gros* lorsqu'ils » mènent. »

REMARQUE DE BERTHOUD.

566. « Quoique les engrenages des montres et des pendules soient faits sur les » *mêmes principes*, et que les grosseurs des pignons paraissent devoir être les mêmes; » cependant on y aperçoit *une petite différence*, dont voici la raison. Dans les pen- » dules, les roues sont beaucoup plus nombrées que dans les montres : or, plus une » roue est grande et nombrée, le pignon restant de même nombre, et moins les » dents de la roue et du pignon se pénètrent, c'est-à-dire que le rayon *primitif* du » pignon approche plus de son rayon *vrai*. — Il suit de là qu'un tel engrenage est le » meilleur, puisque moins les dents sont obligées de se pénétrer pour l'engrenage et » moins il y a de frottement.

» On voit par là que les grosseurs des pignons varient dans une pendule ou une

» montre selon que la roue est plus ou moins nombrée relativement à son pignon :
» ainsi lorsque l'on fait un pignon de huit qui engrène dans une roue de trente-deux
» dents, il faut prendre moins de dents, c'est-à-dire tenir le pignon plus petit que
» s'il engrenait dans une roue de soixante-douze; et toujours de moins en moins, à
» mesure que le pignon fait un moindre nombre de tours relativement à la roue.

» Après avoir donné les grosseurs aux pignons de la manière que nous venons de le
» dire, il est encore à propos, avant de les tremper, d'en essayer l'engrenage, afin
» d'en bien fixer la grosseur, et de la déterminer *convenablement* au plus ou moins de
» dents de la roue, et de donner aux ailes *la courbure la plus favorable* : ces soins et
» ces attentions sont très-essentielles ; on ne peut trop les recommander aux ouvriers,
» et avoir l'œil à les leur faire mettre en pratique. » Il n'est pas aisé de mettre exactement et régulièrement en pratique des mesures d'une estimation arbitraire, comme on a pu le remarquer aux mots soulignés du texte ; c'est déjà bien assez de l'imperfection inévitable des meilleurs instruments, toujours plus sûrs au moins qu'une appréciation à la vue simple : mais il y aurait bien d'autres objections à faire à ces articles. Néanmoins, les mesures que nous venons de rapporter pourront servir comme celles du compas de Prudhomme pour les engrenages ordinaires et courants. Si elles ne mènent pas uniformément, elles ne produiront pas de causes d'arrêt dans les engrenages, pourvu que les pénétrations soient établies convenablement sur l'outil d'engrenage, ce qui est encore un point d'incertitude. Malheureusement dans la règle ci-dessus, plusieurs fractions ne sont appréciées qu'à la vue simple, suivant le degré de vide des dentures qui n'est pas déterminé. On n'y spécifie pas clairement si les dents doivent être mesurées *pleines* étant déjà arrondies, ou lorsqu'elles ne sont encore que carrées, et au sortir de l'outil à fendre. Les dents n'y sont dites *carrées* que pour le pignon de quatre très-rarement employé. Pour les pignons qui mènent, on recommande de les tenir *plus gros*, ce qui n'est pas une mesure. Nous y avons joint des différences admises par un auteur, à la vérité peu digne de confiance d'après les erreurs et les fausses définitions de son ouvrage, mais Thiout donne encore plusieurs autres méthodes dont les résultats diffèrent entre eux, et ne s'appliquent que par des mesures multipliées et transportées au compas, ce qui introduit beaucoup d'inexactitude; nous les donnerons cependant ailleurs. Les amateurs de la précision trouveront dans notre article spécial des engrenages une méthode parfaitement exacte, uniquement fondée sur les rapports géométriques des *rayons primitifs* des mobiles, où les pénétrations sont fixées, et qui s'applique à tous les nombres, sans admettre une distinction *erronée* entre la montre et la pendule, enfin plus sûre et plus positive que tout ce qui précède, en y comprenant la remarque spécieuse et assez obscure de Berthoud; c'est pour satisfaire ses partisans déclarés, que nous avons consigné ici les préceptes et l'opinion de cet auteur, si estimable d'ailleurs sous tant de rapports (1).

(1) Il est facile de s'assurer que l'analyse géométrique ne donne qu'une différence insensible de pénétration et par suite de frottement, même avec une règle dentée qui représente une roue d'un diamètre infini, tandis qu'une légère différence de dimension altère beaucoup l'uniformité de transmission

De l'exécution du rouage.

567. Nous entrons dans des détails longs et minutieux dans ces premiers articles, parce qu'ils s'appliquent aisément aux travaux des autres parties, mais nous abrégerons d'autant la suite, dont nous ne citerons que les points essentiels.

568. Le barillet est composé d'une virole soudée et rivée d'un bout sur une roue épaisse, et fermée de l'autre par un couvercle à drageoir; cette sorte de boîte cylindrique renferme, comme on sait, le ressort *moteur* (grand ressort), et roule sur un arbre renforcé dans l'intérieur par un noyau, une sorte de *moyeu* de la hauteur de la virole; ce noyau porte au milieu un crochet fort et peu saillant, reçu par l'œil intérieur du ressort qui y est accroché, comme son œil extérieur l'est à un autre crochet intérieur de la virole; chacun de ces crochets tire dans un sens opposé. L'arbre est immobile pendant tout le tirage du ressort; le barillet seul roule sur les pivots de l'arbre, lequel ne reçoit de mouvement que par la clef lorsqu'on le remonte, et que l'on *arme* ainsi son élasticité.

569. La roue de barillet B, considérée à part, est creusée à demi-épaisseur dans tout l'intérieur de sa virole, et ne conserve sa forte épaisseur qu'au cercle de sa denture et à la forte tétine qui environne intérieurement le trou du centre. Le couvercle porte aussi, mais extérieurement, une tétine semblable; l'une et l'autre conservent ainsi sur les pivots de l'arbre une épaisseur proportionnée au grand frottement qu'y éprouve ce premier mobile. Suivant Berthoud, et encore dans quelques fabriques, la roue est en laiton fondu sur un modèle, mais il est mieux de la tirer du laiton en planche, d'une épaisseur à peu près double de ce qu'il sera après avoir été écroui : on opérera, à cet égard, comme pour les platines. On creusera cette pièce sur le tour, en réservant une *serge* propre à former la denture, et de plus au bas des dents la même hauteur en dehors de la virole, que la largeur d'une de ces dents, qui est à peu près les deux tiers de sa hauteur, on réservera aussi au milieu, autour du trou, la tétine annoncée plus haut pour former une portée d'une ligne de large. La base de la tétine un peu conique, sera plus large encore, mais inférieure en diamètre au noyau. Le reste de la creusure sera dressé bien plan, et vérifié au moyen d'une petite règle d'acier entaillée au milieu pour ne pas toucher à la tétine. La coupe et l'intérieur d'un barillet sont vus en ABC′, fig. 4, pl. III, à gauche. Le barillet de cette figure est un peu plus petit que celui de la répétition de Berthoud, mais nous n'y renvoyons que pour en donner l'idée principale, les mesures réelles se trouvent dans la suite des travaux du présent article.

570. Dans le travail ordinaire des ateliers, on forge, on écrouit toutes les roues de suite, pour ne pas changer la main-d'œuvre et gagner du temps; on les blanchit

de la force. Et l'auteur a dit ailleurs avec raison, que la réduction des frottements importe bien moins qu'une constante uniformité! Mais il fallait ici un motif spécieux pour soutenir un préjugé admis trop légèrement, au risque de tomber d'un volume à l'autre, dans des contradictions trop rarement remarquées par bien des lecteurs. Les flancs des ailes ne sont pas courbes, mais droits au centre.

et on les tourne de même toutes à la suite, suivant les diamètres du calibre et les épaisseurs données, le tout un peu plus fort que la mesure pour ne les y réduire plus exactement qu'à la fin. On les monte et on les rive de même sur leurs *arbres* ou *tiges* ou *axes*, comme nous le dirons plus tard; mais ici nous allons continuer l'exécution du barillet dont il reste à faire la virole et le couvercle. Pour le tourner, ainsi que les autres roues, on se sert d'un *arbre* dit *à rebours*, parce qu'il porte une vis et un écrou qui se serrent à gauche (Voy. les définitions préliminaires et la table générale et analytique). On se pourvoit dans les magasins de fournitures d'une collection de ces arbres de diverses forces assorties, pour éviter de les faire soi-même, ce qui a lieu du reste à volonté. Le trou de la roue doit être équarri juste à l'arbre choisi pour n'y avoir point d'ébat.

571. Avant de faire la virole, on vérifiera d'abord sur l'arbre à rebours, les dimensions et la rondeur de la creusure faite dans la roue du barillet; son bord intérieur sera coupé net et un peu en queue d'aronde vers l'angle intérieur, afin que celui extérieur joigne plus exactement sur la virole, dont le bord y sera emboîté à fond. On vérifiera l'égalité d'épaisseur du fond avec le 8 de chiffre.

572. La virole sera formée d'une lame de laiton de 9/12es de ligne d'épaisseur, 14 lignes de large, elle aura en longueur trois fois le diamètre de la creusure de la roue, et 1/10e en plus. On la ploiera sans être écrouie sur un morceau de bois cylindrique d'un diamètre un peu moindre que celui de la creusure, on fera joindre les deux bouts de la lame en l'appuyant sur l'étau ouvert d'un pouce, et en introduisant dans la virole une broche de fer sur le bout de laquelle on frappera en tenant l'autre bout dans la main. La virole ne sera bien arrondie qu'après en avoir soudé les bords réunis; en la présentant dans la creusure, la virole doit être un peu plus petite et laisser tout autour un vide d'une demi-ligne, qu'elle remplira par la suite, et même qu'elle dépassera un peu en la forgeant et en l'écrouissant après la soudure.

573. La soudure que l'on emploiera se compose de 2 onces 2 gros de laiton, 4 gros d'argent et 8 gros de zinc fondu au creuset, le zinc mis en dernier, et le tout bien mêlé et coulé en lames bien minces, battues ensuite, et découpées en petits *paillons*: elle souffre mieux quelques coups de marteau que la soudure forte de laiton et zinc.

574. On rend parallèles les bords de jonction de la virole en passant entre eux une lime fine *à égaler*, et on enlève légèrement les angles intérieurs et extérieurs avec un *tiers-point*. On enlève aussi toute rebarbe, et on fait joindre les bords avec un petit intervalle de l'épaisseur d'un papier très-fin. On lie la virole avec quelques tours médiocrement serrés de fil de fer recuit et fin; on la secoue dans l'eau claire pour nettoyer les bords à souder, et, après en avoir secoué l'eau, la jointure étant tenue en bas, on place en dedans sur la jointure, les paillons de soudure les uns à la suite des autres; on y répand du borax en poudre fine dont on couvre la soudure et que l'humidité retient; au besoin on y porte une goutte d'eau propre pour fixer le tout, de sorte qu'en retournant la virole sans la secouer, on puisse répandre aussi un peu de borax au long de la jointure extérieure pour faciliter l'écoulement de la soudure.

575. « On approchera d'abord faiblement du feu la virole tenue avec une longue pince, pour fondre le borax sans bouillonnement, et ne pas déranger la soudure. Le borax étant bien fondu et tranquille, ce que l'on juge en l'approchant peu a peu davantage du feu, on placera délicatement et solidement la pièce sur les charbons déjà allumés dans une poêle, le côté de la soudure en bas et en situation horizontale; on environnera le tout de quelques charbons, pour empêcher l'entrée libre d'un courant d'air dans le vide de la virole, mais de manière à voir au besoin dans l'intérieur, par quelques intervalles, le moment où la soudure viendra à couler. On soufflera légèrement sur les charbons pour activer le feu, mais non pas sur la virole. Quand la partie de la soudure commencera à rougir, on soufflera plus faiblement; mais au moment où la soudure fond, on cesse de souffler pour ne pas fondre la virole : car si la soudure est un peu forte, c'est-à-dire manque de zinc, un coup de soufflet de trop suffit pour fondre aussi le laiton. A l'instant où l'on cesse de souffler, on retire délicatement les charbons qui avoisinent la virole, et la pièce perdant alors promptement une partie de sa chaleur, on la retire du feu et on la laisse doucement refroidir.

576. La virole étant froide, on la battra à petits coups et également partout, avec le plat du marteau et en ménageant l'endroit soudé, sur une bigorne suffisamment allongée, ce qui durcira et agrandira la virole; on l'arrondira le plus régulièrement possible, jusqu'à ce qu'elle ait acquis un peu plus de diamètre que la creusure de la roue, où elle ne pourra plus entrer.

577. On montera la virole sur un mandrin de bois de poirier ou de hêtre de trois à quatre pouces de long, tourné de grosseur à entrer à force jusqu'aux deux tiers de la virole. Les centres du mandrin doivent avoir été garnis d'avance de deux morceaux de fer avec des pointures pour recevoir les pointes du tour, car les trous dans le bois pourraient se jeter de côté. Le gros bout du mandrin aura aussi été formé en gorge pour servir de poulie à la corde de l'archet.

578. On tournera cylindriquement le dehors du bout de la virole saillant au-delà du mandrin, pour le faire emboîter juste sans jeu et à fond, par la creusure de la roue. La partie tournée sera de 4 à 5 lignes. On en coupera le bord carrément pour qu'il tourne *droit*, et on marquera légèrement un trait avec la pointe du burin, à une ligne environ du bord. Ensuite, ayant ôté du tour le mandrin qui servira de manche, on limera sur quatre points opposés le bord de la virole carrément, jusqu'au trait marqué par le burin, en réservant 4 tenons que l'on arrondira pour être rivés à la roue; on aura soin que la soudure soit dans l'un des intervalles. On percera à chaque endroit de la creusure correspondant à un tenon, un trou dans l'angle de la creusure, propre à le recevoir, avec repère à l'un d'eux; chacun de ces trous ébiselé en dehors, permettra de river solidement ces tenons.

579. *Nota*. Dans beaucoup d'ouvrages actuels et notamment dans ceux de fabrique, on se contente de souder à l'étain la virole emboîtée très-juste dans la creusure de la roue, en laissant au fond un petit jour suffisant pour l'introduction de la soudure. Mais Berthoud n'approuve pas ce moyen, et prétend que « pour faire de bon

ouvrage, on ne doit jamais rien souder à l'étain. » D'autres soupçonnent que l'huile ronge cette soudure, ce que Berthoud dit n'avoir jamais vu. Avec de forts barillets et des ressorts puissants, il conviendrait peut-être d'employer les deux moyens, les tenons et la soudure d'étain qui peuvent très-bien être réunis, ou au moins de multiplier les tenons. Il est probable que la soudure d'étain assez fusible n'exige pas une chaleur qui ramollisse sensiblement le laiton bien écroui, comme Berthoud le redoute. Pour les pièces du commerce, on soude uniquement à l'étain sans tenons, et l'on ne voit guère cette soudure manquer de solidité, mais il est vrai que les ressorts sont tenus plus doux aujourd'hui et moins *forts de lame.*

580. La virole étant soudée à la roue de barillet, on remettra celle-ci sur *l'arbre à rebours* pour diminuer la hauteur de la virole, et donner au barillet en tout, 12 lignes et 10/12es de hauteur extérieure. Ensuite, on tournera le dedans de la virole jusqu'au fond, soit avec un burin dit à crochet, soit avec un fort burin ordinaire, en plaçant alors le support du tour du côté opposé et pénétrant dans l'intérieur, le burin passant au-dessous de l'arbre, et en retournant la corde de l'archet pour faire tourner la poulie en sens contraire. Le tour universel est très-commode pour cette opération et pour nombre d'autres. A défaut de cet instrument, on peut encore employer le tour en l'air avec un mastic fort, en ayant soin de bien centrer.

581. On pratiquera ensuite à l'intérieur de la virole et jusqu'à 1/2 ligne du bord, une rainure un peu en queue d'aronde, appelée *drageoir*, et qui retient les bords du couvercle entrés à force par l'élasticité de la matière. La rainure étant plus enfoncée vers l'intérieur, le couvercle ne peut sortir qu'avec effort. Quelques-uns le font sauter, en frappant le bout opposé de l'arbre sur l'établi, mais ce moyen peut fausser le couvercle s'il y a trop de résistance, et il est mieux de pratiquer de suite au couvercle, une entaille recevant un levier d'acier, et servant d'ailleurs de repère. Le couvercle ne conserve que 1/2 ligne d'épaisseur au plus, étant écroui et fini ; mais on a vu que sa tétine extérieure doit avoir plus d'une ligne d'épaisseur au centre, pour son frottement sur l'arbre. (*L'ensemble de ces articles sera lu de suite avant l'exécution.*)

582. L'arbre de barillet des pièces du commerce est entièrement de bon fer forgé, mais pour des ouvrages soignés, il est mieux en acier revêtu seulement de fer, qui forme le noyau chaussé *rouge* par dessus ; le froid le resserre ensuite et le maintient comme une soudure. La figure de l'arbre se voit en entier dans la coupe du barillet, figure 4, pl. III, à gauche ; on y trouve les détails de la virole, de la creusure de la roue, du couvercle et de son drageoir, le crochet saillant à gauche et s'abaissant insensiblement à droite, où l'absence du trait indique qu'il se confond de ce côté avec le diamètre du noyau. Cette figure 4 est le développement supposé sur une seule ligne de tout le rouage de mouvement, et à la suite de celui de la sonnerie d'une pendule moderne, tandis que les mobiles sont autrement distribués sur le calibre; on y peut voir les grosseurs et épaisseurs, la place des portées, les hauteurs des roues et des pignons, sauf la différence que Berthoud donne à la hauteur de sa cage, qui est de près de 15 lignes ; celle-ci n'en porte que un peu plus de 13 ; mais on y voit toujours que

le barillet doit, par sa hauteur en cage, laisser la place de la première *grande roue* dite de *temps*, 12,75, ayant son jour en dessus et en dessous. L'arbre de barillet est diminué en dessus par une petite portée, pour former son pivot dans la première platine (ici supérieure), après quoi la forme carrée de l'arbre doit recevoir le rochet de remontoir un peu éloigné de la platine, et vu de profil avec son ressort, à droite en 26', *o*, où l'on a négligé le jour d'un tiers de ligne qui devrait le séparer de la platine, parce qu'on le supprime mal à propos dans les *roulants* ordinaires. L'arbre a une plus forte portée dans le bas où son pivot est plus petit. On lui conserve aussi jusqu'à la fin sa pointe de tour; elle est enlevée dans la fig. 4, pour indiquer comment son extrémité doit avoir un arrondi très-surbaissé (1).

583. Le diamètre du noyau de l'arbre de Barillet, est rigoureusement, en Montre, un tiers du vide, ou du diamètre intérieur du barillet; mais dans la pendule, il n'en est souvent que le quart, pour obtenir plus de tours de ressort. La hauteur du crochet peut être réservée en forgeant le noyau; on peut aussi en rapporter un en acier, en y perçant un trou. Les angles des deux extrémités du noyau sont abattus en champfrein. Les trous étant tenus d'abord très-justes aux pivots, ceux-ci sont à la fin rendus *libres* par l'alésoir qui durcit les parois du laiton.

584. Pour former le carré du remontoir, on en trace la distance, et l'on place à force sur la partie du pivot, une virole de laiton qui arrête le bord lisse de la lime : l'autre bout de l'arbre étant fixé dans l'étau à main, on ébauche également deux côtés opposés du carré. Si les extrémités des mâchoires de l'étau à main sont à angle droit, comme elles doivent l'être, elles pourront servir à régler l'inclinaison de la lime et le parallélisme des deux faces du carré. Ces deux côtés règlent les deux autres. Les angles ne doivent pas être tranchants : il doit rester entre les bords des faces, sur toute la longueur, un mince filet égal de la partie tournée un peu en cheville. On ne coupe le carré à fleur du cadran qu'après le placement de celui-ci. On lime le carré plus plat, si on l'appuie sur un liége à l'étau : on rend les quatre faces encore plus plates, en les étirant de long, avec la lime douce, sur le tour, où elles obéissent et s'appliquent plus constamment aux inclinaisons accidentelles de la lime.

585. Le trou du rochet de remontoir ayant été percé, puis équarri à la lime, on achève de l'agrandir avec une *Étampe*, sorte de poinçon d'acier, carré sur sa longueur, diminué en cheville, trempé et revenu au pourpre. Il en faut un assortiment de grosseurs pour d'autres opérations; quand ces étampes ont des cônes bien concentriques à leurs extrémités, elles peuvent au moyen d'un cuivrot brisé être placées sur le tour, après avoir reçu le rochet fixé un peu à force, pour y être tourné sur le bord, et dressé sur le plat, avant d'être divisé sur la *plate-forme* en dents angulaires inclinées, et

(1) Les pl. III et VI, ainsi que les premiers travaux de l'élève, peuvent suppléer à plusieurs pages de l'*Essai* de Berthoud. L'enseignement d'un maître capable embrasse une foule d'observations de détail, dont l'explication formerait des volumes; l'on ne suppose pas ici que l'on ne veuille étudier qu'avec des livres, à moins d'une habitude acquise déjà des travaux de mécanique et de l'usage des outils, aidée d'une intelligence heureuse et rare

de la dimension vue, pl. III en D 26, E 26, fig. 1, en 26', fig. 4 et pl. VI en B, fig. 3. Le cliquet en acier *o*, doit être plus épais que le rochet de toute la distance entre celui-ci et la platine; ce cliquet est maintenu par une vis à portée, comme fig. 20, pl. VI, mais à tête coupée carrément comme *o*, fig. 4, pl. III; le ressort *r*, fig. 3, pl. VI, ou *p q*, fig. 1, pl. III, le cliquet et sa vis à portée, le tout en acier, sont trempés et revenus *bleu*. On ajoute actuellement au rochet un pont extérieur de laiton pour le retenir au fond du carré, en place de la goupille, dont le trou affaiblissait jadis ce carré.

Des roues du mouvement et du petit rouage.

586. Après avoir coupé des disques de laiton d'un diamètre un peu moindre que celui indiqué pour les roues, mais d'une épaisseur au moins double de la mesure donnée, on les blanchira à la lime, pour rejeter les pièces pailleuses ou défectueuses, puis on les forgera, comme les platines, mais à petits coups proportionnés au volume des pièces. On les réduira alors avec la lime presque à leur mesure, c'est-à-dire avec un peu de surplus qui ne sera enlevé que plus tard. Ces roues devant être montées sur des assiettes de laiton, ou sur le pignon de leur axe, on peut agrandir d'avance les trous du centre des roues très-près de ce qu'il doit être pour la rivure. On voit dans la fig. 4, pl. III, la dimension de l'assiette ou embase qui porte chaque roue. Cette assiette a du côté de la roue une portée non apparente ici, mais baissée de demi-ligne de moins que le plus grand rayon de l'embase, et la hauteur ou épaisseur de la portée doit dépasser celle de la roue, d'à peu près d'un quart de ligne, suivant la force de celle-ci. Les trous agrandis des roues, d'après cette première mesure approximative, feront choisir des arbres à rebours, où les trous des roues n'auront point de jeu, ou le peu qui devra être absorbé par le cône des arbres. On tournera les roues en approchant de leur vrai diamètre total, et on en dressera les côtés par un trait de burin assez enfoncé pour atteindre partout, et l'excédant d'épaisseur sera emporté à la lime, pour abréger le travail. On fera *fendre* ces roues, suivant le nombre que nous dirons ci-après; mais pour égaliser le fond des dents et en arrondir les extrémités, on attendra qu'elles soient rivées sur leurs axes, c'est-à-dire *enarbrées*, comme nous le dirons plus tard, car il faut avant exécuter les pignons, et pour cela préparer les tiges. Il ne s'agit ici que de l'exécution ordinaire; nous parlerons ailleurs des procédés modernes pour fendre et arrondir les dents, par une seule et même opération, au moyen du burin et de la vitesse, amélioration importante. (*Il faut écrouir les pièces au plus près de l'épaisseur donnée.*)

Nombre du rouage de la Pendule à répétition de Berthoud.

Mouvement.	Petit rouage.
Roue de barillet. . 72 dents.	Roue L. . . . . . 72 dents.
Roue de temps . . . 80 . . . . pign. 12 ailes.	Roue M . . . . . . 60. . . . . pign. 6 ailes.
Roue de longue tige 72. 8	Roue N. . . . . , . 54. 6
Petite moyenne. . . 60. 6	Volant avec pign. de 6
Rochet d'échappem. 30 6	La roue de cheville est percée de 18 trous.

Roues de chaussée et de renvoi, 36 dents. Pignon de renvoi, 6 ailes. Roue *de canon*, ou *de cadran*, ou *d'heures*, 72 dents.

587. On pourrait employer aujourd'hui des pignons plus nombrés, mais en augmentant aussi les nombres des roues, à proportion des révolutions voulues pour les pignons, comme nous le dirons ailleurs.

De l'exécution des pignons.

588. On fait aujourd'hui communément l'acquisition ou la commande des pignons pour les pendules, parce qu'étant divisés et arrondis avec des outils à plate-forme, ils sont plus réguliers et reviennent moins cher, comme économie de temps. Cependant il est utile de savoir exécuter un pignon au besoin, lorsque l'on n'a pas la facilité d'en trouver ou d'en commander, qu'on ne peut les avoir à temps, ou de la proportion voulue. Il est bon aussi d'observer que les pignons doivent être faits avant les roues, car on n'a pas toujours des pignons de la grosseur exacte demandée, et il serait long, difficile et dangereux de les retoucher, tandis que l'on peut presque toujours modifier aisément les grandeurs des roues, d'après la mesure rigoureuse des pignons que l'on a d'avance. C'est une précaution peu usitée malheureusement, et qu'il est essentiel de signaler.

589. « Pour abréger l'ébauche des pignons, on se sert quelquefois, dit notre auteur, d'acier *tiré* à la filière, et rayé en ailes, mais il est rare qu'il soit net, pur et sans paille. On fera donc forger préférablement le pignon de 12 ailes, par exemple, de grosseur à avoir tout fini, un diamètre égal à la distance de 5 dents pleines. Le pignon de longue tige préparé de même, aura pour grosseur finie, la distance de 4 dents prises sur les pointes. Les autres tiges, avec leurs pignons, seront prises dans de l'acier carré de grosseur convenable et suivant les autres mesures, et on ébauchera toutes ces tiges à la lime. On appelle *tige* la plus longue partie de l'axe, et *tigeron* la plus courte.

« On fera recuire les pièces d'acier dans de la braise bien allumee et sans souffler, pour les faire rougir (couleur cerise qu'il ne faudra pas dépasser), et on laissera le tout s'éteindre jusqu'à ce qu'il soit complètement refroidi ; ce moyen d'amollir les métaux, est ce qu'on appelle *recuit*. On ébauchera de suite à la lime les pignons, gros et petits. » Pour la hauteur des pignons et assiettes, et pour leur place en cage, on se réglera d'abord, pour un à peu près, sur les mobiles du rouage de la fig. 4, pl. III. Les axes devant être tenus plus longs qu'il ne le faudra en définitive, il sera facile, en levant les pivots, d'avoir égard aux différences de hauteur de la répétition de Berthoud, qui seront indiquées un peu plus loin. *On fera d'abord les pointes de chaque bout.*

Après avoir réduit sur le tour les masses réservées pour les pignons, à la mesure vulgaire, indiquée ci-dessus pour chaque nombre, et qui n'est que provisoire dans notre ouvrage, il faudra les diviser, et faute d'un outil spécial, on pourra se servir du moyen suivant indiqué par Berthoud.

On montera sur la tige la plus faible, celle du volant, par exemple, une roue dont la denture sera simplement fendue et non arrondie, et d'un nombre de dents contenant sans reste, parmi ses aliquotes, les nombres des pignons. Celui d'une roue de 72 dents contiendra sans reste un certain nombre de fois, les nombres 6, 8 et 12; et la roue de minuterie dite de canon, tournée et seulement fendue au nombre de 72, mais pas encore arrondie, pourra y servir provisoirement. On fera entrer *à force*, la tige la plus mince, dont les pointes seront préalablement préparées, dans le trou non encore agrandi de cette roue, et on placera cet axe sur le tour; on attachera sur la branche inférieure au bas du tour, avec un étau à main ou autrement, une lame de ressort dont le plat appuiera carrément sur la tranche de la roue; cette lame sera terminée par un crochet qui remplira juste un vide de la denture, l'intervalle entre deux dents; cette lame servira ainsi comme d'alidade à ressort. Le support du tour, limé droit et horizontal, c'est-à-dire parallèlement et à la hauteur de l'axe, sera approché tout près et bien également de la portion cylindrique préparée pour le pignon, mais sans y toucher. Tout étant bien arrêté en cet état, et le crochet d'alidade placé dans un vide quelconque des dents de la roue, on tracera sur toute la longueur du pignon à fendre, un trait suivant le bord du support, au moyen d'une pointe ou d'un burin tenu à une hauteur horizontale, déterminée de manière à la conserver la même pour les autres traits. Pour marquer les cinq autres traits, on déplacera à chaque fois le crochet de l'alidade, en faisant passer dessous ce crochet douze intervalles, pour l'arrêter dans le douzième, compté après celui qui vient de servir non compris, et l'on aura six lignes tracées sur le pignon à égale distance, qui seront les sommets de chaque aile. Pour le pignon de 8, on arrêtera la roue par l'alidade, de 9 en 9 dents; et pour le pignon de 12, de 6 en 6. Si l'on voulait former deux traits pour l'épaisseur de chaque aile du pignon de six, comme l'épaisseur d'aile de ce pignon est la moitié du vide, les deux flancs pourraient être marqués; l'un l'ayant été sur un vide quelconque de la roue diviseur, le second serait marqué sur le cinquième vide en comptant celui qui aurait d'abord servi. On marquerait ainsi l'épaisseur de chaque aile, on pourrait aussi en marquer le sommet en arrêtant l'alidade à moitié chemin, c'est-à-dire sur le troisième vide. L'épaisseur d'une aile ayant été tracée, il faudrait sauter de là au huitième intervalle des dents pour tracer le premier trait d'épaisseur de l'aile suivante, et en passant à deux intervalles au-delà on tracerait le sommet de l'aile; à deux autres intervalles, on aurait le second trait de l'épaisseur d'aile; et si l'on voulait marquer aussi le milieu de chaque vide, à quatre autres intervalles plus loin que le dernier trait d'épaisseur, on aurait celui du milieu du vide; puis sautant encore au quatrième intervalle, on aurait le premier trait d'épaisseur de l'aile qui vient après, et ainsi de suite.

590. Mais pour le pignon de 8, on ne peut marquer que le sommet des ailes, et non le milieu des intervalles pour lesquels il faudrait un diviseur plus nombré. Pour le pignon de 12 on ne marquera de même que le sommet des ailes. Il faudrait une roue diviseur encore plus nombrée pour y trouver à la fois le sommet et l'épaisseur d'ailes avec le milieu du vide. Mais il faut s'habituer à opérer en partie à vue d'œil,

tant de secours, pour des ouvrages ordinaires, et quant à ceux que l'on veut ıcr, il faut des pignons faits entièrement avec l'outil diviseur dont nous parle- dans d'autres articles plus éloignés.

·91. Le premier moyen simple que nous venons d'expliquer suffira pour le rouage ıel. S'il y avait des pignons de nombre impair, il faudrait une roue d'un nombre .si exprès, et même en avoir plusieurs de rechange, avec un ajustement pour rece- · diverses grosseurs de tiges. Mais ce serait déjà un outil composé, et dans ce cas, ıudrait employer préférablement la plate-forme ou l'outil à fendre et arrondir pignons, dont nous venons de parler.

›92. On agrandira donc le centre de la roue de canon pour la placer successive- ıt sur des tiges plus fortes, jusqu'à celle du pignon de 12; elle ne portera pas ore le trou de la roue au diamètre du canon qui doit y être rivé par la suite.

593. On formera ensuite le vide des ailes avec une lime à fendre de force conve- ıle: c'est-à-dire moins épaisse que le fond des ailes n'aura de largeur, afin de pou- r y apporter quelque correction. On attaquera le milieu juste entre chaque aile, ur laisser à celle-ci, de chaque côté du trait de son sommet, une épaisseur égale. ı tient la tige du pignon par son plus long côté serré dans l'étau à main, ou dans ıe forte tenaille à coulant. On place dans l'étau d'établi une planche de chêne ›aisse de quatre à cinq lignes, avec une entaille pour recevoir la tige du pignon; on forme avec la lime à fendre, des vides bien droits au centre et ménagés comme il été dit; l'enfoncement des vides doit être réglé par un trait circulaire de burin fait ır le tour, aux deux faces provisoires du pignon. L'enfoncement tout fini et poli, eut être 1 fois et 1/2 à 3/4 de la largeur de la dent toute finie de la roue qui doit mener o pignon (on se réglera plus exactement encore à cet égard d'après nos planches ı'engrenage), un coup de tour donné de temps à autre sur les faces, avec le plat lu burin, enlèvera les bavures, pour mieux faire juger de l'exactitude du travail.

594. On achève de former les flancs et le fond des vides avec des limes dite *à efflanquer*, de force proportionnée à celle du pignon, et dont l'angle est déterminé par le nombre des ailes, marqué ordinairement sur le bout du haut de la lime; le numéro de force, ou grosseur du pignon, est marqué sur la soye ou le dos. La partie mince de ces limes forme une petite face légèrement cannelée et taillée qui donne au fond des ailes une forme un peu convexe, d'accord avec la creusure angulaire qu'on est dans l'usage de faire sur la face visible du pignon, jusqu'à son axe qui en paraît plus dégagé; le bord extérieur de cette creusure arrive très-près de l'enfoncement des vides, et ne laisse qu'un filet de la face qui doit être égal tout autour, et indique ainsi l'égalité d'enfoncement de ces vides. Les ailes du pignon doivent offrir à l'œil un peu plus de vide que de plein, même dans les pignons de haut nombre (10 et au-dessus); ce vide augmente à mesure que le nombre des ailes diminue. Les dents des roues ont au contraire plutôt plus de plein que de vide, ou au moins autant de l'un que de l'autre, comme on le verra dans nos planches.

Le calibre à pignon sert à égaliser les ailes en efflanquant. On fait embrasser au calibre une seule dent avec un très-léger frottement, pour juger l'égalité d'épaisseur de la tête d'abord carrée, et plus tard arrondie, mais il embrasse le dehors de deux dents, pour juger de l'égalité de la division, car les ailes pourraient avoir une épaisseur égale, et être inégalement espacées, ce qui serait un grand défaut.

Il reste enfin à enlever les angles du haut des ailes; on y emploie des limes demi-rondes, dites *à arrondir*, taillées seulement sur le côté plat, et d'une épaisseur à ne pouvoir pénétrer au fond des ailes, lors même que la tête est arrondie. On enlève un peu de l'angle de chaque aile et également, d'un côté d'abord et en faisant le tour, comme lorsque l'on veut mettre un carré à huit pans. On en fait autant et également de l'autre côté, en laissant plutôt un peu trop de matière. Il en résulte quatre nouveaux angles à chaque aile au lieu de deux qu'elle avait. On enlève encore avec égalité ces nouveaux angles, mais plus légèrement; enfin on arrondit la tête de l'aile en demi-cercle, en ayant la plus grande attention de ne pas laisser descendre la lime plus bas, pour ne pas toucher aux flancs; on laisse même une légère apparence d'angle au point où le demi-cercle se confond avec le flanc, et le poli fera disparaître cet angle. Il est donc essentiel d'arrêter à temps l'arrondi qui ne doit pas arriver plus bas à une aile qu'à l'autre, pour que les flancs plats et droits au centre s'élèvent à la même hauteur en se joignant à l'arrondi. Celui-ci se termine en faisant rouler la lime dans les doigts de gauche à droite ou en sens contraire, pour arrondir la tête de l'aile en mordant, et n'y point laisser de facettes ni d'angle, excepté le peu que nous avons recommandé à la naissance des flancs, et qui doit disparaître au poli. V. pour le pignon de 6, la fig. 13, pl. III.

595. Les pignons terminés et étant de grosseur, d'après la règle vulgaire que nous avons rapporté, Berthoud propose avant de les adoucir et polir, d'arrondir quelques dents de la roue pour juger de l'engrenage sur le compas qui porte ce nom. Mais cette méthode suppose l'usage d'arrondir les dentures à la main, qu'il est bon de pratiquer aussi pour la former à ce travail; car on n'a pas toujours d'outil à arrondir disponible, et d'ailleurs il se rencontre des occasions de former deux ou trois dents à des pièces qu'il serait difficile de placer sur l'outil. Il est utile aussi de savoir arrondir les dents des roues à la main et avec la lime, et leur donner avec égalité la forme ogive qui convient à la denture *qui mène;* on a dû sacrifier quelques roues pour faire acquérir cette habileté aux élèves. Avant l'invention des outils à arrondir et des limes cannelées qui forment elles-mêmes cet arrondi, toutes les dentures étaient faites à la main, et l'on en trouve encore dans des pièces anciennes, où elles sont si égales et bien formées, qu'on serait assez disposé à croire qu'elles seraient le résultat de l'outil, s'il y en avait eu alors; et l'on y reconnaît un talent qu'il est utile même à présent de ne pas négliger. On a fait long-temps les ailes de pignon en *grain d'orge* en *rose* ou d'autre forme différente de celle que nous venons de recommander : et comme il existe encore des préventions erronées à cet égard, nous ajouterons ici les observations suivantes :

Pour donner au pignon une bonne forme il faut la connaître d'avance, ou avoir

dents et des ailes, au-delà de leur rayon *primitif*, ou de la circonférence *primitive* des mobiles, seule mesure par laquelle on puisse établir les rapports des grosseurs et des révolutions. Il faut ajouter à ceci que, quand le pignon mène la roue, ce sont les ailes de ce pignon qui portent l'ogive, tandis que les dents de la roue ne portent que l'arrondi en demi-cercle; c'est-là l'unique cause de l'augmentation du *diamètre total* du pignon dans ce cas, où le *diamètre total* de la roue se trouve au contraire un peu diminué. Le rapport des *rayons primitifs* entre le pignon et la roue n'en est pas moins le même, et y suit toujours son même principe. Tout engrenage entre deux mobiles, doit être considéré comme le contact simple de deux rouleaux sans dents, qui s'entraînent par attouchement, et auxquels on n'ajoute des excédants que pour prévenir le glissement : tel est en peu de mots le principe fondamental de l'engrenage, sauf les détails d'application. Nous faisons donc observer ces conditions par avance, en attendant l'explication complète des principes que nous avons promis, mais dont ce ne peut être ici la place.

598. Après avoir fendu ou divisé toutes les roues suivant les nombres indiqués précédemment, il faudra monter sur les tiges les assiettes sur lesquelles la plupart de ces roues seront rivées. Berthoud propose l'emploi commun de fil de laiton tiré; mais comme il est souvent fendu sur sa longueur, il est préférable d'y employer des morceaux ou rognures de laiton en planche, de grandeur à former les assiettes d'après les profils vus fig. 4, Pl. III. On réservera du côté de la roue, une épaisseur suffisante pour y pratiquer une portée, dont la longueur débordera un peu le trou central agrandi juste et ébiselé de la roue, afin d'y produire une bonne rivure. Les assiettes seront soudées sur les tiges des pignons, à la hauteur précise indiquée un peu plus loin pour le calibre de Berthoud, dont la dimension diffère un peu en ce sens, du profil de notre figure 4.

La roue de temps étant très-près de la deuxième platine, puisque son pignon de 12 est mené par la roue de barillet qui est de ce côté, cette roue est rivée immédiatement sur son pignon. On commencera donc par lever sur le tour, et à la pointe du burin, sur les ailes de ce même pignon, une portée qui descendra à moitié de leur hauteur; l'étendue en sera égale à l'épaisseur de la roue; mais comme on fait aussi sur le tour une légère creusure circulaire au centre de cette roue, du côté de la rivure, la portée des ailes la dépasse assez pour permettre la rivure de celles-ci. On prépare de même le pignon de la roue M de répétition. Ces deux pignons ne sont que ponctués dans la planche VI, mais on devrait y apercevoir au trait les bouts rivés des ailes, détail omis pour ne pas embrouiller cette partie, et qu'il suffit de concevoir. Les portées seront donc ébauchées sur ces pignons, mais elles ne pourront être terminées et rivées, et les centres des roues agrandis tout-à-fait à leur point, qu'après que les assiettes seront soudées et que les tiges seront *trempées* et *revenues*, comme il sera dit plus loin.

On voit dans notre profil, fig. 4, pl. III, que la roue du centre ou de longue tige est tout près de la première platine, avec un *jour* suffisant, tandis que son pignon, à l'extrémité opposée, arrive à fleur de la face intérieure de la seconde platine, à laquelle il toucherait, sans son ouverture, plus grande que ce pignon, et qui reçoit le tigeron atteignant la barette extérieure vue de profil, en dessous de la platine; cette barette est fixée par deux pieds et une vis à tête fraisée et noyée : ainsi, pour régler la hauteur de l'assiette, la cage étant assemblée et goupillée, on présente la tige sur le bord des platines, en faisant appuyer le pignon sur le bord intérieur de la seconde platine, et l'on voit où doit être placée l'assiette de la roue, pour laisser à celle-ci son *jour* suffisant avec la première platine, et aussi un *jour* un peu plus grand avec le barillet qui, d'après le calibre, croise sur la roue du centre. On enfoncera donc l'assiette suivant ces conditions, et un peu à force, après avoir ébiselé les bords de son canon, des deux côtés, et même fait quelques traits en longueur à l'intérieur du canon, avec l'angle d'une lime carrée, pour faciliter l'entrée de la soudure. Cette préparation aura été faite de même à toutes les assiettes.

599. La cage vue sur une ligne, f. 4, n'a que 13 lignes de hauteur en dedans, tandis que le calibre de Berthoud porte environ 2 lignes de plus (il n'a pas donné de profil); il faudra y avoir égard pour régler la place des assiettes et celles des portées des pivots. Voici ce qu'il indique seulement à cet égard. « L'assiette de la petite moyenne E, sera placée de manière que cette roue puisse se trouver à 3 lignes de distance de la seconde platine, tandis que son pignon, pour engrener avec la roue de longue tige, doit être tout contre la platine des piliers, où son tigeron passe dans une ouverture avec barette du côté du cadran; (cette barette n'est point dans les figures de Berthoud, mais v. en 7, *y*, de notre fig. 4, pl. III). L'assiette du rochet (roue d'échappement) doit être à environ 2 lignes de la platine des piliers, et le milieu du pignon de sa tige, doit être à trois lignes de la seconde platine. L'arbre de la premiere roue de répétition doit porter deux assiettes, l'une rivée à la roue G des chevilles, et l'autre au rochet R d'encliquetage; la roue G est à 5 lignes de la seconde platine, et les bouts *carrés* de l'arbre *sont saillants chacun de 5 lignes en dehors des deux côtés de la cage;* le rochet d'encliquetage est à 4 lignes de la platine des piliers : les assiettes posées en conséquence, auront environ 4 lignes de longueur, pour fortifier la soudure; les roues entrent par chaque bout de cette tige, pour être rivées de ce côté sur les portées (extérieures) de leurs assiettes; ainsi ces portées regardent le dehors, et leur épaulement est en dedans. On pourrait même faire les deux d'une seule pièce d'environ 8 lignes de longueur (en diminuant le centre comme pour une large gorge de poulie, droite au fond, etc.)

600. « Le pignon de la roue M est à 3 lignes de la platine des piliers, tandis que cette même roue M et son assiette est à environ 4 lignes de la seconde platine, c'est-à-dire sans pouvoir toucher les chevilles de la roue G. Enfin, l'assiette de la roue N n'est distante, ainsi que cette roue, que de 2 lignes de la première platine, et son pignon engrène dans la roue M à 4 lignes de la seconde platine. La roue N règle la hauteur en cage du pignon de délai de la tige qui porte le volant V.

601. « La *soudure d'argent* se fait avec trois gros d'argent ordinaire, et un gros de

laiton, fondus ensemble sur un charbon avec le chalumeau. Le petit lingot sera forgé et aplati, en le recuisant à mesure qu'il se durcit. Réduit à l'épaisseur d'une carte, on le recuira en dernier lieu, avant d'en couper de petites bandes que l'on roulera autour de la tige, de chaque côté de l'assiette. On mouillera d'eau propre chaque bout d'assiette, pour y retenir le *borax* en poudre; la tige sera présentée lentement à une douce chaleur du charbon allumé dans une poêle, pour fondre doucement le borax sans qu'il bouillonne et dérange la soudure (dont les cercles coupés devront d'ailleurs faire ressort sur la tige et être poussés contre l'extrémité de l'assiette). On posera définitivement la tige sur les charbons allumés, on entourera l'assiette de petits charbons, en réservant quelques intervalles pour voir couler la soudure; on soufflera légèrement en envoyant la chaleur contre l'assiette, de manière que l'acier et le pignon ne s'échauffent pas trop (c'est-à-dire pas au-delà du rouge cerise presque mûre). Quand la soudure sera entièrement fondue, le pignon étant également rouge cerise dans toute sa longueur, on prendra avec de longues pinces la pièce, mais seulement par son assiette, et on la plongera dans l'eau froide; l'acier y doit entrer perpendiculairement, pour risquer moins de se fausser.

602. « Toutes les assiettes étant ainsi soudées, et les pignons trempés, on en blanchira l'acier avec la *pierre-ponce* et légèrement (pour les tiges minces et d'ailleurs appuyées, aussi fragiles alors que le verre), et on les fera revenir sur un plateau mince de tôle à rebords, posé sur des charbons bien allumés. Les pièces d'acier y prendront un bleu vif; les pignons seront un peu plus revenus, c'est-à-dire d'un bleu plus pâle, à l'endroit de la rivure. (On fera bien de rouler souvent les pignons, pour que quelques ailes ne soient pas plus revenues que d'autres.) Dans cet état, si les pignons ne doivent pas être polis de suite, on les graisse d'huile (et mieux de suif à chaud, s'ils doivent rester ainsi un peu de temps), pour les garantir de la rouille.

603. « Avant de terminer les pignons, il faut voir s'ils tournent rond après la trempe, ce qui est rare; on mettra donc le pignon de 12 sur le tour, avec un cuivrot sur sa tige, et en le faisant tourner lentement à l'archet, on marquera avec une broche pointue de laiton, en guise de burin, l'aile la plus saillante, et on rejettera de ce même côté la pointe, en l'arrondissant coniquement du côté opposé avec une lime *carrelette*. Cette opération sera continuée à plusieurs reprises, jusqu'à ce que toutes les ailes touchent également. On mettra rond de même l'autre bout de la tige, en déjetant sa pointe; on reviendra à celle du pignon, pour corriger de nouveau le défaut de rondeur de celui-ci, que le travail sur l'autre pointe pourrait avoir reproduit en partie. On tournera cylindriquement une ligne de longueur de la tige à chaque bout. Puis on tournera au burin d'un côté un nouveau cône, pour en faire disparaître la première pointe qui, coupée presque entièrement, sera cassée définitivement; on placera la petite partie cylindrique de ce même côté sur la broche du tour entaillée pour la recevoir; on en roulera l'extrémité avec une lime à pivot, pour la mettre tout-à-fait en pointe, et on opérera de même pour l'autre bout. On vérifiera si le pignon n'a pas perdu de sa rondeur par ces opérations, et l'on y remédiera au besoin de la même manière, jusqu'à

ce que le pignon tourne parfaitement rond sur ses pointes roulées, en retouchant aussi en dernier lieu les cônes et les parties cylindriques sur les pointes refaites.

604. « La tige ayant été laissée primitivement un peu plus forte qu'elle ne doit rester, on la tournera avec la pointe du burin sur toute sa longueur, en y conservant une forme lisse et un peu en cheville; on la roulera avec une lime douce pour faire disparaître les traits du burin que l'on aura rapprochés et enfoncés le plus également possible. Puis n s'occupera d'adoucir et polir le pignon.

605. « On assujettira la tige dans l'étau à main, on l'appuiera dans l'entaille d'un bois placé à l'étau, comme ci-devant pour fendre le pignon, on limera un bois de noyer de la même figure que la lime à efflanquer, et avec du gros *rouge d'Angleterre* ou de *l'émeri fin* broyé à l'huile, on se servira de ce bois enduit de l'une de ces matières, pour adoucir le fond et les flancs des ailes, de manière à en faire disparaître les traits de lime. (Il est bon d'observer ici que le travail final du pignon à la lime, a dû être régularisé en tenant la pièce seulement entre les doigts de la main gauche et en y repassant plusieurs fois la lime pour dresser mieux les faces et le fond toujours un peu *bercés* ou arrondis par le travail à l'étau, particulièrement vers les bords, ce qui nécessite de faire d'abord le pignon près de moitié plus long qu'il ne restera, afin d'en couper après sur le tour les bouts qui, autrement, restent toujours un peu déformés (c'est un usage des praticiens dont notre auteur n'a point parlé); on adoucira de même les têtes des ailes, avec le même bois et les mêmes matières, en observant de ne pas faire descendre l'arrondi plus bas. Après avoir bien nettoyé le pignon, on couvrira d'un linge fin la planche déjà essuyée de l'étau, puis avec un bois de fusin taillé comme le précédent, et avec du rouge fin à l'huile, on polira le fond, les flancs et les têtes des ailes; en laissant en dernier lieu le rouge sécher sur le bois. »

606. Tous les pignons étant arrondis et polis, y compris celui de renvoi pour la minuterie (1), il convient de river la roue de temps sur le pignon de 12. On donnera alors un dernier coup de tour à la portée pratiquée sur les ailes et que le travail précédent peut avoir mise mal ronde. On agrandira en dernier lieu le centre de la roue pour que la portée du pignon y entre à force, et que les ailes se marquent un peu dans les parois de ce trou. On appuiera la face libre du pignon coupée et dressée au burin, à la proportion qu'elle doit garder, sur un cuivrot de laiton au travers duquel la tige passera avec jeu, et posant le tout librement soit sur l'étau, soit sur un tas dont le trou sera suffisamment grand pour ne pas toucher à la tige, on enfoncera à fond de la portée, au moyen d'un canon de laiton, la roue dont la légère creusure aura été préalablement adoucie; puis avec la panne arrondie d'un marteau à river, on rabattra le bout des ailes entaillées pour la rivure, afin de former à chacune une petite rivure principalement rejetée vers le dehors; ensuite, pour sûreté, on tourne au burin sur le restant des ailes vers le fond, une légère creusure inclinée sur le dehors, comme pour une face de pignon, et on achève de river successivement et également les ailes

(1) *Dont la tige traverse tout le mouvem., pour porter à carré la pièce des quarts, hors de la 2e platine.*

qui, par ce dernier moyen, se jettent encore mieux vers la roue. Il faut que cette rivure soit très-solide, pour résister à toute la puissance du ressort armé jusqu'en haut, et qui sans cela ferait rouler la rivure dans le trou de la roue sans l'entraîner.

607. Comme il peut arriver que la portée de quelques ailes pénètre inégalement dans l'autre face de la roue, ce qui l'empêcherait de tourner droit, on y remédie en frappant davantage sur quelques rivures et dans un sens à ramener la roue. Mais en rivant à petits coups et également, on aura peu de dévers à corriger. Enfin un léger trait de burin sur le tour fera reconnaître le peu de gauche restant à la roue, qu'on enlèvera avec la lime douce en faisant disparaître avec la matière, les traits du burin de chaque face. On tracera en définitive et toujours d'un trait de burin et avec le tour, sur un côté de la roue, un cercle près du centre laissé assez large, et ce cercle fixera la naissance des rayons, lorsqu'on videra la roue, ainsi qu'un autre cercle, marquant la largeur du limbe, afin de pouvoir la *croiser* régulièrement et proprement, opération qui ne se fera que plus tard.

608. Un cuivrot *brisé* étant placé sur le tigeron pour l'archet, on se servira d'une plaque bien dressée en acier, de demi-pouce carré, et percée d'un trou laissant passer la tige avec beaucoup de jeu, afin de pouvoir promener un peu la plaque, que l'on relimera plat de temps à autre, pour dresser avec de la pierre à l'huile broyée, la face du pignon placé sur le tour. On adoucira de même la tige avec une lime plate de fer (non taillée, mais limée en travers), on polira le tout bien essuyé avec une autre plaque en laiton et une lime de même métal, garnies de rouge fin. On commencera par la face du pignon, et lorsqu'elle sera polie, on y enfilera une carte pour que la lime polissant la tige, n'altère pas le poli de la face (1).

609. Nous avons dit que l'usage admet une creusure à la face visible du pignon : et s'il en a une, on aura dû l'adoucir et la polir avec le rouge et le bois de fusins, avant de polir la face. « Cette recherche a lieu, dit Berthoud, pour la propreté du travail, car l'exactitude des formes et proportions utiles, est plus essentielle que le poli et les formes élégantes auxquelles les ignorants mettent plus d'importance qu'à la bonne composition du mécanisme. »

610. Il reste à lever les pivots de cette roue sur le tour et avec le burin, en y por-

(1) On emploie aussi des pignons en laiton dans les cadratures d'équation et autres conduites où les pignons menant les roues avec lenteur et moins d'effort, n'ont à produire qu'un mouvement *ralenti*, tandis que les roues qui mènent ont à produire un mouvement *accéléré*, qui exige d'autant plus de force. Nous possédons cependant une pendule-compteur, à demi-secondes et sonnant les secondes entières à volonté, établie par *Ellicott*, ancien et habile horloger anglais, où tous les pignons sont en laiton, probablement pour éviter la rouille dans des observatoires où ces instruments sont exposés à de fortes intempéries. Dans tous les cas, le laiton de ces pignons doit être fortement écroui au marteau, et non pas *tordu* comme nous l'avons indiqué pour l'écrouissage (557). Quant à cette méthode, excellente pour des piliers, des goupilles, etc., nous ajouterons ici qu'une tige de laiton de 30 pouces, et d'environ 3 lignes de diamètre, souffre aisément 40 tours de torsion. Au reste, ce ne peut être qu'en essayant le maximum de tours, après lequel se rompent diverses qualités de laiton, que l'on peut déterminer le degré de torsion où il convient de s'arrêter.

oin nécessaire pour qu'ils soient parfaitement ronds et coniques insensiblement, une pareille longueur de l'équarissoir qui agrandira leurs trous dans la platine. ndra, pour ébaucher leurs portées, la hauteur juste et même d'abord un peu la cage, en ayant égard au jour nécessaire avec la platine et le barillet. Ce jour doit être tenu plus grand que l'autre, car le trou du pivot de la roue s'a- moins et lui occasionne moins de déversement que ceux du barillet fatigués ction du ressort. Les pivots des premiers mobiles auront pour longueur frot- environ les trois quarts de l'épaisseur de la platine qui les recevra. Au-delà, leur ité sera arrondie *méplate*, mais on n'en coupera les pointes du tour qu'en der- u, pour remettre la pièce sur le tour, au besoin. Pour que les portées des pivots nt pas trop larges, on termine les tiges par un petit cône court ou rapide adouci comme le reste; l'angle entre la portée et le cône doit aussi être légèrement ar- Les pivots des derniers mobiles ont de longueur 2 à 3 fois leur diamètre; ils sont u plus longs que dans les montres.

. On dressera et adoucira les pivots par les mêmes moyens que pour la tige, avec des de fer étroites et de proportion convenable. « Quand le pivot et la portée seront adoucis, on fera passer un morceau de linge fin sur le bout de la broche du tour, qu'en polissant le pivot il ne s'arrête pas dans l'entaille de la broche des grains capa- de ronger le pivot. Pour le polir, on prendra un morceau de cuivre rouge bien carré, au près de la grosseur d'une lime à pivot; on mettra un peu de rouge bien fin, broyé huile, sur cette espèce de lime, et on roulera le pivot et la portée jusqu'à ce que rouge ayant séché sur la lime, on s'aperçoive qu'ils sont polis. » Vers la fin, on e un peu la lime sur le dessus de la main, de manière à ne laisser que très-peu de ère, et à en faciliter ainsi le dessèchement. On regarde de temps en temps sur la fin, artie frottante de la lime, et quand on voit qu'elle prend elle-même une sorte de un peu bronzé, on cesse l'opération, parce que au-delà, le poli se détruirait. our donner plus de brillant au pivot, on le roule au brunissoir, dont l'angle est peu arrondi pour qu'il ne déchire pas la portée. » Nous donnerons ailleurs un autre cédé pour l'exécution des pivots, ainsi que la description de divers tours à pivot, plus modernes, lorsque les soins de cette partie devront être proportionnés à l'im- tance d'ouvrages plus recherchés, ou de constructions délicates et exigeantes. is le moyen ordinaire qui précède, suffit pour les ouvrages qu'on appelle *courants*.

612. La roue de longue tige ou de minutes, n'est pas rivée sur son pignon comme la écédente, mais sur une de ces assiettes de laiton dont nous avons parlé. On dressera ujours de même son pignon, de manière à le faire tourner rond par ses pointes mme pour le pignon de 12 ailes. On tournera la tige sur sa longueur, ainsi que ssiette qui sera mise droite et ronde partout. On présentera de nouveau le pignon ır le bord de la cage, afin de voir au juste où il faut établir la portée de l'assiette, en ipposant que le jour n'ait pas été bien observé entre le devant de l'assiette et la pla- ne des piliers. On lèvera sur le devant de l'assiette (côté de la roue et de la première latine), une portée de l'épaisseur de la roue, qu'elle dépassera même un peu pour

Nota. L'interruption précédente de notre sujet actuel, nous engage à placer ici un article, accessoire en apparence, mais dont l'application importante se multiplie dans les travaux; c'est la facture des vis trop souvent négligée.

615. « Pour la vis du *cliquet de remontoir*, dit Berthoud, on prendra une broche de fer, grosse de 3 li. (Le fer est employé souvent dans les fabriques, mais on doit préférer pour les vis, l'acier recuit d'abord, et même pendant le *filettage*); on y formera deux pointes, et l'on chassera un cuivrot à l'un des bouts; on formera sur l'autre, à la lime, un pivot gros d'environ 2 li. avec portée; on le tournera juste au *trou d'essai* de la *filière*, pour le numéro de la grosseur choisie, ici d'une ligne 1/4 ou 1/2; on en tournera l'extrémité en cône, pour son entrée dans le trou filetté de l'outil. On fera recuire la pièce d'acier, on en pincera le bout, du côté du cuivrot, dans l'étau à main (ou la pince à coulant), et l'on fera entrer à force le pivot dans le trou de filière, en tournant à droite et en pressant droit sur l'outil; son *pas* de vis s'imprimera ainsi sur le pivot. Il faut à chaque demi-tour, reculer un peu moins que l'on a avancé, et continuer ainsi d'avancer par demi-tours jusqu'à la portée : c'est ce qu'on appelle *fileter la vis*. Il y faut beaucoup d'huile, tant à l'avant qu'à l'arrière, et en avoir d'abord garni le trou et le pivot. La vis souvent faussée, est redressée sur le tour, en frappant la broche sur le côté convexe. On achèvera de tourner cylindrique le reste plus gros de la tige de vis, avec portée propre à se serrer sur le bord du trou; la partie lisse pour l'épaisseur du cliquet s'étend de la portée à la tête, qui sera aussi tournée et coupée carrément, puis fendue pour la lame du *tournevis*.

Le trou de la platine percée par un foret passant juste dans le trou filetté de l'outil, est *taraudé* en *hélice* creuse, avec un *Taraud*, sorte de vis en bon acier carré, mis rond à la lime, et tourné cylindrique juste au trou d'essai. Un bout est aplati pour la prise de l'étau à main; une longueur de cinq à dix diamètres étant filettée sur l'autre bout, on en équarrit la moitié rendue pyramidale, entamée à peine au milieu de la vis, mais arrivant à effacer presque les pas, à l'extrémité des quatre angles tranchants. On repasse le taraud dans la filière, pour enlever les bavures; on le *trempe dur* dans l'huile; on le *revient* presque *violet* pour le laiton, et à peine *pourpre* pour l'acier recuit. V. les définitions, page 48. Pour la Théorie, la forme du filet suivant les cas, la perfection de la vis, etc., V. l'article de mécanique, à la reprise des notions de Physique générale de la seconde partie.

---

616. Nous reprenons maintenant la suite des procédés de main-d'œuvre relatifs à la roue de longue tige. On *lèvera* d'abord le plus petit pivot de cette roue, celui du pignon, reçu dans le pont ou barrette que l'on appliquera en dehors de la deuxième platine. On fait ce pivot délicat le premier, parce qu'il sert à régler la portée de l'autre. Le tigeron du pignon a ici pour longueur, l'épaisseur même de cette deuxième platine, que l'on marquera juste sur le tigeron, à partir de la face du pignon qui doit affleurer l'intérieur de la platine. Le trou du centre de celle-ci servira à y centrer la barrette extérieure, au moyen d'un très-petit arbre lisse, et cette pièce étant fixée par deux

pieds et une vis à tête fraisée et noyée, on agrandira le trou du centre de la même platine, de manière que le pignon puisse y avoir une ligne d'ébat. Ensuite on formera la portée du pivot, qu'il faudra tourner, adoucir et polir, comme il a été dit pour les précédents, mais en le ménageant beaucoup à proportion de sa délicatesse. La cage étant goupillée, on mesurera exactement et l'on marquera sur une tige quelconque passant droit au travers du trou agrandi du centre de la 2ᵉ platine, la distance perpendiculaire, depuis la face intérieure de la première platine, jusqu'au bord du trou à la face extérieure de la deuxième; on aura ainsi, au moyen d'un outil à calibre de grandeur convenable, la distance entre les deux portées; d'après cette mesure, on lèvera la portée pour former le gros pivot dans la première platine, au dehors de laquelle il sera prolongé vers le cadran, d'environ une ligne au moins, après quoi on lèvera une seconde portée pour arrêter l'enfoncement de la chaussée, montée plus tard sur le reste de cette longue tige tournée un peu en cheville. Ces pivots et ces portées étant adoucies et polies, on placera sur le trou du centre de la deuxième platine, la barrette horizontale extérieure qui doit recevoir le petit pivot de la roue du centre; on serrera la vis de cette barrette; on agrandira ensuite le trou du centre de la première platine, juste au pivot de longue tige, côté de la roue, et celui de la barrette juste au pivot du pignon, et en mettant ce mobile en cage, on examinera s'il a en hauteur le jeu nécessaire à sa complette liberté. S'il y avait trop de jeu, on pourrait, sur le tour, former à la barrette une tétine plate, propre à pénétrer dans le trou de la deuxième platine, en limant bien plat le reste de la barrette tenue d'abord un peu trop épaisse, afin de faire pénétrer ainsi un peu cette tétine dans la deuxième platine. S'il n'y a pas assez de jeu, on baissera au contraire sur le tour, le bout de la barrette, au moyen d'une creusure plate. Ces moyens peuvent suffire pour de légères quantités. Si la différence était trop grande, il faudrait baisser préférablement sur le tour, l'une des portées des pivots et la repolir. On aura eu soin de ménager l'agrandissement des trous de pivots pour qu'il n'y ait que le petit ébat nécessaire pour l'huile et la liberté de leur mouvement; autrement, étant trop grands, on serait obligé d'agrandir encore beaucoup plus ces trous pour les reboucher avec du bon laiton percé et tourné, dont on formerait des *bouchons* rivés.

617. Par les deux opérations que nous venons de décrire, en supprimant nombre de petits détails, que les premiers travaux ont dû apprendre, et que le raisonnement suggérera au besoin, on aura déjà en cage les deux mobiles du mouvement qui suivent le barillet aussi placé, et les travaux de ces trois pièces s'appliquent en partie, suivant les variétés locales, aux autres mobiles, avec la délicatesse et l'attention proportionnées à leur grandeur et à leurs fonctions.

618. Les petits pivots exigeant des soins plus minutieux, les tours dits à *pivot* sont garnis d'un assortiment de broches disposées exprès, dont deux sont à l'ordinaire, c'est-à-dire pointues d'un bout, et coupées carrément de l'autre, avec un trou central moyennement grand, entouré de plus petits tout au bord de la circonférence. D'autres broches ont leurs extrémités diminuées de moitié et terminées par un bord relevé, dont

la largeur égale la longueur ordinaire d'un pivot. Cette partie est entaillée au milieu par une encoche demi-circulaire répondant au centre de la broche. Un peu en arrière du bord relevé, il y a une vis à tête large et trempée *dur*, qui peut descendre plus bas que le niveau du bord relevé, et qui peut aussi s'élever un peu au-dessus. Cette vis sert à soutenir la lime à pivot par un de ses bords, tandis que l'autre bord appuye sur le pivot. On conçoit que pouvant ainsi régler l'horizontalité ou la pente de la lime comme du brunissoir dont l'application lui succède, en enfonçant plus ou moins la vis qui doit être juste et tourner avec un bon frottement égal et constant, on a la facilité de former des pivots cylindriques, ou plus ou moins coniques, suivant la convenance.

619. Il existe plusieurs autres constructions de tours à pivot, recherchées, commodes et propres à en conserver la rondeur, et même à la régulariser, en un mot plus perfectionnées que ne l'est la disposition commune, et nous en parlerons ailleurs. Mais dans les travaux de main-d'œuvre, il faut d'abord s'habituer à tirer parti des moyens les plus simples pour les travaux ordinaires, et même savoir au besoin les faire servir à des ouvrages plus exigeants, par l'attention et les soins portés dans l'exécution. Il est bien plus facile ensuite, comme nous l'avons dit, d'employer des outils qui font pour ainsi dire la moitié de l'ouvrage, et qui abrégent en même temps la main d'œuvre, quoique ce dernier avantage se perde quelquefois par les dispositions à donner à une machine compliquée, et par les soins d'entretien pour que ses effets se produisent régulièrement. Il est tel outil très-composé, qui exige plus de temps, pour l'entretenir, le nétoyer et en disposer les parties, que ne coûterait l'exécution de la pièce commandée à ceux qui en font état ; il y a certainement plus d'économie à faire fendre et arrondir une roue, tailler une fusée, etc., par ceux dont les outils servant continuellement, sont tenus en bon état, qu'à le faire soi-même, car le défaut d'habitude y fait employer plus de temps. Cependant, suivant le lieu que l'on habite, et faute des ouvriers spéciaux dont nous parlons, il faut bien aussi se rendre capable d'employer convenablement les outils que l'on possède, comme il faut tâcher souvent de s'en passer, en usant avec adresse et intelligence des moyens simples, avec lesquels des soins et des précautions peuvent aussi parvenir à produire régulièrement les effets dont on a besoin.

620. Pour sa pendule à répétition, Berthoud donne un quart de ligne de diamètre au petit pivot de la roue de longue tige, et au moins une ligne au pivot de la même roue dans la première platine ; les pivots doivent être un peu coniques, comme les équarissoirs qui terminent leurs trous. Il propose aussi, après le polissage de ces pivots, de les rouler au brunissoir à pivot. « Si on n'en a pas, on peut, dit-il, en former un d'une ancienne lime à pivot usée, dont on achève d'enlever la taille sur la meule, ou sur la *pierre à l'huile;* on lui donne plus ou moins de mordant, en passant les faces sur une planche d'étain saupoudrée de gros émeril : on adoucit un peu l'angle de ce brunissoir pour qu'il ne déchire pas la portée (1). Les traits y sont en travers.

(1) Nous devons joindre ici la note suivante de Berthoud : « Il y a des ouvriers, dit-il, qui attendent

621. La tige de la roue du centre doit avoir peu d'ébat en hauteur (de cage), et ses pivots ont très peu de jeu dans leurs trous, qui ne s'agrandissent que trop vite. Si ces trous sont trop grands, il faut donc les reboucher avec des cylindres tournés, légèrement coniques, formés de laiton en planche fortement écroui, tel que les rognures d'angles sciés aux platines, aux roues, ou autres pièces forgées, ce qui vaut mieux que le fil de laiton tiré. L'auteur préfère même pour les montres le laiton d'anciennes chaudières à suif.

622. Le dehors des trous des pivots doit généralement se terminer par un réservoir pour l'huile, sorte de creusure en pointe d'œuf qui doit atteindre l'extrémité des *petits* pivots toujours *moins longs* que l'épaisseur de la platine; on la forme à l'extrémité extérieure des trous, avec un foret dit à *chanfrein*, de 5 lignes de grosseur, pour servir aux trous de toutes grandeurs. L'extrémité de ce foret, d'abord conique à 45 degrés, puis arrondie en ogive, est à 5 ou 6 faces dont les angles sont entretenus mordants, au moyen de la pierre à l'huile; elle doit avoir été trempée et revenue d'un jaune pâle. En formant les réservoirs, on aura soin d'enlever les bavures extérieures de la platine toujours un peu refoulée, et celle de l'intérieur du trou, où l'on repassera le même équarissoir qui les a grandis en dernier lieu. Pour les grands trous, la platine étant presque toujours un peu dépassée par l'arrondi du bout de pivot, on ne peut pratiquer à ces trous, avec le même foret, qu'une légère ébiselure pour y retenir l'huile. Il serait mieux sans doute d'y pratiquer des bouchons assez gros et saillants au dehors, pour y former des réservoirs plus proportionnés, comme à l'un des pivots d'une fusée de montre; mais cette recherche convenable aux ouvrages soignés, ne s'observe pas dans la pratique commune.

623. Les deux autres roues du mouvement et celles de la sonnerie, les tiges des marteaux, etc., s'établissent avec les mêmes précautions, en proportionnant les tiges, les portées et les pivots, suivant qu'il est indiqué à très-peu près, pl. III et VI; l'appréciation de leurs fonctions doit faire suppléer aux autres détails d'exécution, dont le fond est le même et qui ne diffèrent guère que par leurs dimensions.

624. Lorsque l'on veut donner un dernier coup sur le tour à des roues enarbrées et pivotées, dont la tige est flexible par sa longueur, comme la longue tige du centre, ou celle plus délicate d'un des derniers mobiles, soit pour tourner la face d'un pignon, soit pour mettre la roue ronde par les croisées, il faut, afin de ménager les pivots et leurs bouts arrondis et polis, se servir de broches *à lunette*, la plupart du temps en laiton, coudées, et portant des trous coniques; c'est dans ces trous de lunette que l'on fait rouler les cônes pratiqués aux extrémités des tiges, et qui doivent être parfaitement concentriques à leurs pivots. Cet usage des cônes dans les lunettes, s'étend à toutes les pièces longues et qui ont des pivots fins. Pour la longue tige du centre par

» à former les pivots de longue tige et à les mettre en cage, qu'ils aient enarbré la roue; mais c'est une » mauvaise méthode, car la pesanteur de cette roue empêche que l'on puisse tourner ces pivots » aussi petits et aussi ronds que par la méthode que j'indique; qui est d'ailleurs plus expéditive. » On voit par-là que Berthoud préfère lever les pivots avant de river les roues sur leur axe.

exemple, on fait dépasser au-delà de la lunette, toute la partie qui porte la chaussée, et le pivot de ce côté, près de la roue, s'appuie seul dans la lunette, ainsi que sa portée.

Remarques sur le fendage des roues.

625. Il y a diverses manières de disposer les roues sur la plate-forme pour être *fendues* ou divisées. La plus commune était anciennement de placer la roue sur le tasseau de *l'outil à fendre* avant de la river sur son axe ; elle est alors centrée par la pointe à pompe de l'outil, etc., et cela se pratique encore. D'autres préfèrent la fendre enarbrée, et même vidée, c'est-à-dire après le *croisage;* la roue est alors centrée par ses cônes, le bas dans un trou conique de la tige à pompe où le pivot est libre ; et le haut dans une branche portée par la colonne de l'outil, et dont le cône creux répond au centre de la plate-forme. Des rondelles proportionnées, enfilées avant au-dessus de la roue, se fixent par 3 ou 4 vis au tasseau, et la roue est serrée entre deux ; mais ce moyen exige que les faces de la roue tournent parfaitement droit à l'axe. Actuellement pour centrer la roue enarbrée ou sans tige, on employe préférablement *la touche* à ressort, montée sur l'outil, et dont un bras est appuyé sur la circonférence de la roue ; la partie opposée au bras porte une aiguille à micromètre. La roue étant très-légèrement serrée, quelques petits coups d'un léger maillet de bois suffisent pour l'amener au centre, et lorsque l'aiguille reste immobile pendant quelques révolutions de la plate-forme, on serre la roue entre la rondelle et le tasseau, par le moyen des 3 ou 4 vis. Si la roue est vidée, c'est-à-dire si les croisées sont faites, il faut que les tasseaux et les rondelles soient de juste grandeur pour presser la moitié du limbe. Dans tous ces cas on doit choisir des fraises formant des vides un peu moins larges que les dents carrées restées entre eux. C'est ce qu'on appelle *laisser plus de plein que de vide.* On essaye la fraise en ne fendant d'abord que l'extrémité de quelques dents, sur l'angle de la roue. Dans les cas ordinaires, les dents finies, c'est-à-dire où la lime à égalir a passé, conservent *autant de plein que de vide.* C'est ce que produisent les limes choisies de l'outil dit *à égalir* ou *à arrondir* parce qu'il sert successivement à ces deux opérations. Quant à la profondeur des vides, et à la hauteur que doit avoir une denture ordinaire, Berthoud dit que, si le milieu ou la pointe d'une dent est loin d'une ligne de la pointe de la dent voisine, la fraise peut être aussi enfoncée d'une ligne et donner ainsi à la dent carrée cette même hauteur d'une ligne. Les autres dentures plus ou moins fines conservent ce même rapport. Cependant, quand les dents éprouvent beaucoup d'effort comme celles du barillet, le même auteur conseille de les tenir plus courtes, et d'autant plus que, la roue de barillet ayant plus d'épaisseur, le mouvement circulaire de l'*hache* creuse plus les vides au milieu de l'épaisseur qu'au bord, et que la lime à égalir doit emporter ces bords pour rendre le fond droit, ce qui enfonce encore les vides.

626. Une méthode plus moderne est celle de fendre, égalir et arrondir les dentures d'un seul et même coup, au moyen d'un burin dont le mouvement circulaire et beau-

coup plus rapide, est substitué à celui de la fraise. La forme de ce burin occupe juste le vide entre deux dents, et forme de chaque côté l'arrondi ou ogive de plus que la demi-dent. La vitesse nécessaire de ses révolutions est obtenue au moyen d'une roue de volant avec pédale. Au lieu d'hache, le porte-fraise devenu *porte-burin*, descend perpendiculairement par l'effet d'une coulisse, ce qui est plus avantageux pour les roues épaisses, etc. Nous pourrons revenir ailleurs sur ce sujet, dont il suffit pour le moment d'avertir ceux qui n'ont pas connaissance de cette dernière méthode. Il y en a encore une autre adoptée depuis quelque temps pour les roues de montre dans les pays de fabriques ; mais on en fait encore un secret, et d'après ce qui en a transpiré, ce moyen plus prompt encore, laisserait craindre moins de régularité que celui du burin ; nous exposerons aussi ce que l'on en a conjecturé.

627. Avec tous ces moyens, il faut toujours avant de les employer, ou après l'avoir fait, croiser les roues, c'est-à-dire former, entre des rayons que l'on réserve, les vides qui doivent alléger la roue, en lui laissant toutes fois assez de solidité. On ne croise pas la roue de barillet, afin que le ressort soit garanti de la poussière et conserve son huile plus long-temps fluide ; ce mobile tourne trop lentement pour que son poids produise une inertie sensible dans les ouvrages communs ; mais les autres roues mues avec plus de vitesse, exigent d'autant plus de légèreté. Dans la pendule de Berthoud la 1re roue de répétition, celles de chaussée et de renvoi, ne sont pas croisées, de même que dans la pendule ordinaire. Leur légèreté peut être recherchée plus particulièrement dans certains ouvrages, et dans des pièces de long tirage, où il importe de réduire les frottements ; et encore ce moyen y est-il souvent négligé sans inconvénient bien sensible ; mais dans la minuterie, on croise toujours la roue de cadran qui est plus grande et porte l'aiguille d'heure. Cette roue n'éprouvant presque point d'effort, est toujours assez solide étant vidée, et d'ailleurs cette opération laisse mieux voir l'engrenage de la roue de chaussée placée en dessous.

628. Un trait de compas doit être marqué assez loin de la denture, pour conserver la solidité du limbe dont il fixe la largeur, que quelques-uns appellent *la serge*. Ce cercle est divisé pour 5 ou 6 rayons aux grandes roues, et pour 3 ou 4 aux plus petites. Il y en a généralement 4 aux mobiles des pendules. La largeur du rayon est toujours plus grande au centre qu'auprès du champ ou limbe, et l'extrémité près du limbe est un peu moins large que la partie pleine du limbe. Celle-ci doit avoir pour largeur, au moins la hauteur de ses dents, et même quelque peu plus. Le limbe total de la roue d'échappement doit être tenu d'autant plus large, que la denture de cette roue taillée en *rochet*, est bien plus profonde que dans les autres roues. Les dents du *rochet* d'échappement ont un côté très-incliné et concave ; l'autre côté droit est peu incliné, et les deux se réunissent en pointe. Il n'en est pas de même du simple rochet d'encliquetage dont les dents inclinées aussi et aiguës, sont formées de deux lignes droites. Le rochet d'encliquetage du rouage de répétition, porte ici 48 dents, mais celui dit de remontoir du mouvement n'en a que 24, pour qu'elles soient plus fortes et qu'elles résistent mieux au grand ressort moteur.

629. On laisse aux roues que l'on croise, un disque au centre assez large pour n'être pas affaibli ni déformé par son trou et sa rivure. Les rayons ou croisées en ligne droite arrivent au centre en s'élargissant un peu ; on peut leur donner aussi une forme courbe dont les contours se réunissant de part et d'autre vers le milieu de la roue, figurent une demi-ellipse vide. Cette disposition fortifie la solidité du milieu, mais elle augmente un peu le poids total. Les rayons du *rochet* d'échappement et de quelques autres roues, sont droits, parce que ces pièces ont besoin de légèreté.

630. Les croisées étant tracées bien égales, à la règle, pour les formes droites, et au compas pour les formes courbes, et au besoin par des portions de cercles de divers centres, on perce au milieu d'assez grands trous, que l'on augmente à la lime jusqu'à atteindre le tracé. Les angles vides y doivent être régulièrement formés, sans entamer ni trancher la matière. Un bon modèle en dit plus à cet égard que tous les autres détails, que nous supprimons.

De la minuterie, ou des roues placées sous le cadran pour conduire les aiguilles.

631. On commence les pièces de la minuterie par l'exécution de la chaussée qui porte d'ordinaire l'aiguille des minutes. On y emploiera un morceau de laiton écroui de 3 lignes de diamètre, et de la longueur du pivot de chaussée de longue tige ; ce pivot doit s'élever de 4 à 5 lignes au-delà du cadran. Après avoir marqué le milieu de chaque bout du laiton par un coup de pointeau, on placera près de l'un des bouts un cuivrot, et on appuiera le point central de ce bout sur la pointe d'une broche de la poupée fixe du tour, dont on aura retiré la poupée mobile ; on aura mis à la hauteur de la pointe de la broche restée, le support tourné carrément à l'axe du tour, et à la distance voulue pour la longueur du laiton. On appuiera sur le support et dans l'autre centre de pointeau un foret fait exprès, pour former un trou un peu inférieur au diamètre du petit bout du pivot de chaussée ; celui-ci doit être un peu en cheville, comme un équarissoir de pareille grosseur. La pièce de laiton étant ainsi maintenue comme entre deux pointes de tour, on la fera rouler avec l'archet, en appuyant le foret tenu parallèle à l'axe du tour, et garni d'huile ; on percera ainsi la pièce de laiton, dans toute sa longueur, d'un trou qui sera plus droit que par toute autre méthode, si le laiton n'a pas un côté excentrique et plus lourd que l'autre, ce qu'il est facile d'éviter. La tige du foret ne sera dégagée qu'à proportion de la longueur acquise peu à peu par le trou, pour qu'elle fléchisse moins. Ce trou du canon de chaussée sera agrandi du côté de la roue avec un équarissoir de même diamètre décroissant que celui de la tige ou pivot, qui doit y être juste dans toute sa longueur, avec un frottement gras.

632. On achève à la lime d'abord, et ensuite au burin, le dehors du canon de chaussée, monté sur le tour avec un arbre lisse, en levant du côté de la platine une portée pour y river la roue de chaussée ; on le diminue en cheville sur le devant, en laissant à sa base une pareille portée où s'appuiera la roue de canon ou d'heures. Cette portée étant d'abord conservée plus épaisse qu'il ne faudra, servira à soutenir la rivure de la 1re. Le reste

du canon de chaussée, diminuant un peu en cheville vers le cadran, conservera au bout assez de grosseur, pour conserver solides les côtés du carré qui sera reçu dans le rosillon de l'aiguille de minutes.

633. Le diamètre de la roue de chaussée se trouve sur le calibre; son épaisseur sera au plus de trois quarts de ligne, comme celui de la roue de renvoi, semblable en grandeur et en nombre; elles pourront en conséquence être fendues, égalies et arrondies l'une sur l'autre, et plus facilement encore avec le burin de la plate-forme. L'une des deux roues aura son trou du centre agrandi, pour être rivée sur la portée de la chaussée; l'autre sera rivée sur son pignon, dont la tige traverse, comme il a été dit, le mouvement, pour porter le limaçon des quarts en dehors de la deuxième platine. En conséquence de cette destination, le pivot de la tige de renvoi, roulant avec portée dans la deuxième platine, sera assez gros pour pratiquer sur son prolongement de 3 à 4 lignes, un carré à la hauteur du limaçon des quarts; mais, du côté du cadran, le pivot du pignon de 6 de cette même tige de renvoi, n'a que la grosseur de celui du pignon de longue tige, et serait même plus fin s'il n'avait pas à résister au frottement de l'aiguille d'heures sur son canon, lorsqu'on la fait glisser pour l'accorder avec l'aiguille de minutes. Quant à la grosseur totale du pignon de 6, elle doit être plus forte que la mesure ordinaire (365), puisque ce pignon mène la roue. La roue de renvoi S est maintenue à la même hauteur que celle de chaussée qui y engrène, ce qui dépend de la hauteur de la portée du gros pivot dont nous venons de parler, et de celle de son pignon, appuyée contre le pont coudé de la roue de renvoi. Ce pont est fixé à l'ordinaire en dehors de la première platine, sous le cadran. On peut en prendre une idée suffisante dans la fig. 4 de la pl. III, sauf qu'il n'y a point là de tige qui traverse le mouvement, et que le pivot inférieur de la roue de renvoi y est reçu dans la première platine, où il porte la même grosseur que celui du pont coudé vers 33 et 7.

634. La roue d'heures marquée C, fig. 3, pl. VI, est aussi rivée sur un canon plus fort que celui de chaussée, sur lequel il roule dans les pendules ordinaires et dans toutes les montres. Mais, dans les ouvrages soignés, et surtout quand il y a des quantièmes au centre qui chargeraient la chaussée, on fait rouler la roue d'heures sur un autre canon porté par un pont, et au travers duquel passe librement la chaussée sans y toucher. Ici la chaussée de minutes, quoique marchant plus vite que la roue des heures, a son frottement un peu diminué par la progression lente de cette roue, ce qui compense en partie le frottement qui a lieu. La légèreté de la roue et de l'aiguille qu'elle a seule à conduire, rend ce frottement de peu d'importance; aussi ce pont est-il supprimé dans la pendule moderne de la pl. III.

635. Dans la pendule à répétition de Berthoud, la roue de canon ou d'heures doit avoir son diamètre plus grand d'environ 2 lignes, que celui de la roue du centre, afin que celle-ci ne puisse frotter contre l'arbre de la roue de renvoi, lequel traverse la cage. On conçoit aussi que les roues de sonnerie de répétition doivent laisser la place libre pour le passage de ce même axe.

NOTA. Dans la planche VI, fig. 1, le pignon de longue tige ne porte que 6 ailes,

aura passé bien droit dans les vides, une lime à égalir d'épaisseur convenable, pour emporter et adoucir les traits de la fraise, et former le fond carré des vides jusqu'au trait circulaire. Quand on essaie la denture sur le compas, la tige de la roue et celle du pignon étant placées sans jeu dans les broches, il faut appuyer un doigt sur la tige du pignon mené, et le faire rouler par l'action de la roue, pour sentir si la denture produit une menée égale et uniforme, et si elle satisfait aux conditions d'un bon engrenage. Mais on ne connaîtra bien ces conditions que par l'étude de nos prochains chapitres sur ce sujet. Si le pignon est de juste grosseur, et si la figure des dents de la roue est conforme aux principes que nous développerons, on aura un bon engrenage *passable;* car, étant fait à la main, et assez régulier à l'œil, il ne sera pas néanmoins aussi parfaitement exact qu'avec l'emploi des outils spéciaux et des méthodes modernes, qui procurent une régularité bien supérieure, pourvu que l'on y porte toujours un soin scrupuleux. On remarque même déjà cette régularité produite par les machines dans les ouvrages communs, où, par suite de la rapidité du travail et de la réduction du prix, leur application est loin d'être dirigée convenablement; mais elle fait présumer d'avance ce qu'on peut en attendre avec la connaissance des vrais principes appliqués avec soin. *Nous exposerons ailleurs sur tout ceci, les meilleures méthodes.*

638. La lime à arrondir doit être choisie demi-rude d'abord pour ébaucher, et ensuite plus douce pour finir ou retoucher. L'épaisseur du dos de la lime doit être telle que, en la faisant rouler dans les doigts, son angle ne puisse pas atteindre le fond du vide des dents, même lorsqu'elles sont terminées. Du reste, on ne commencera pas cette opération sans guide, et les observations de détail d'un maître habile seront plus fructueuses que tout ce que nous pourrions dire ici sur ce sujet; mais quand on se sera bien pénétré des principes simples et clairs de nos chapitres annoncés sur cette matière, on pourra suppléer par soi-même aux observations d'un maître expérimenté.

639. Nous avons dit qu'en commençant l'arrondissage à la main par la denture épaisse du barillet, on jugera plus facilement de l'horizontalité de la lime : il est bon, pour les premières tentatives, d'opérer sur une ou plusieurs roues d'essai de même épaisseur, mais sans barillet, pour ne pas gâter un barillet tout entier, et de ne passer à celui-ci et aux autres roues qu'après que la main est formée à ce travail. On *frise* légèrement en dernier lieu les pointes des dents sur le tour, avec le burin si la roue n'est pas bien ronde, et avec la pierre à l'eau s'il n'y a que des bavures. Si la petite facette du bout de quelques dents ainsi frisées paraît plus large, on y retouche pour en baisser la courbe en lui conservant sa même forme, pour ne laisser à la pointe de toutes les dents, que cette très-petite face plate et égale dont nous avons parlé, reste de la circonférence unie, et qu'on ne doit apercevoir qu'avec la loupe.

640. Chaque engrenage de deux mobiles exige nécessairement deux points de centre d'une distance entre eux telle, que ces mobiles étant de juste grosseur relativement à leurs nombres et révolutions, la pénétration soit aussi de la quantité requise et que nous indiquerons, comme il a été dit, en son lieu. Dans une minuterie où deux engrenages sont superposés et ont des vitesses différentes, la difficulté devient plus

grande et arrête souvent ceux qui voudraient s'en rendre compte ou qui n'ont point de modèle pour se guider : car ces 2 engrenages, composés de quatre mobiles, ont lieu ici sur les deux mêmes centres, placés à même distance, et cependant les rapports des roues avec leurs pignons sont différents. Nous donnerons aux articles annoncés le moyen facile de résoudre à coup sûr cette difficulté et d'éviter de longs tâtonnements, comme aussi la manière de tracer les intersections et de planter les mobiles d'un rouage au moyen du compas d'engrenage, quoique notre méthode puisse dispenser, comme nous l'avons dit, de l'usage de ce compas; et nous renvoyons à ces articles toutes les questions de ce genre pour éviter un double emploi.

641. Le rouage de répétition s'ébauche et se finit comme celui du mouvement, ce qui nous dispense ici des longs détails répétés sur ce sujet dans Berthoud. Mais cet auteur convient lui-même que ces détails sont destinés non aux élèves, mais aux amateurs qui n'auraient aucune pratique de l'horlogerie. Il concevait qu'il était inutile de dire à ceux qui ont déjà commencé à se livrer à cet art que, pour faire un trou, il faut préparer un foret de telle grosseur, trempé, revenu, etc., ou autres pareils avertissements dont les élèves sont assez prévenus.

642. A l'égard du rouage de répétition, nous passerons à quelques observations sur le premier et le dernier mobile. Nous rappellerons ici que la roue de chevilles G portée par l'axe de la roue L, premier mobile, doit être divisée comme pour avoir 18 chevilles, dont on ne percera les trous de suite que pour 12 coups, à partir de la cheville (comprise) qui touche actuellement au bras de la levée du marteau *m*, *i*, fig. 1, pl. VI, jusqu'à celle (comprise aussi) qui, de l'autre côté de la roue, dépasse d'une division la petite moyenne du mouvement. Cette partie inférieure de circonférence comprend en effet 12 chevilles, dont quelques-unes sont cachées par des pièces supérieures, mais on y reconnaîtra aisément la valeur des intervalles. Ces 12 chevilles sont celles des 12 heures, et sont implantées et saillantes sur le dessus de leur roue; elles sont en avant pour le spectateur, et par conséquent du même côté de la roue que le bras de levée, dont on voit le bec *m* passer en dessus de cette roue de chevilles. Après ces 12 chevilles, on trouve un double intervalle où manque une cheville, et qui doit laisser un temps de silence avant les coups des quarts; puis on trouve dans le haut de la roue, en revenant vers la droite, 3 chevilles vers la lettre G, qui, destinées à faire frapper les quarts par de doubles coups, dépassent le dessous de leur roue de la même quantité que celle de leur saillie en dessus (environ une ligne), afin de lever le bras du deuxième marteau que l'on aperçoit être sous celui *m*, *i*, 4, et dont le bec est semblable à celui *m*, mais passe en dessous de la roue pour y être rencontré par la saillie inférieure des 3 chevilles; cette levée de dessous est aussi un peu plus courte que l'autre, afin que la chute du deuxième marteau devance un peu celle du premier, et fasse distinguer, pour chaque quart, deux coups précipités que nous appelons *coups doubles*.

643. La complication de cette partie de la fig. 1, nous engage à rappeler ici que la roue de chevilles G est la plus élevée des deux qui sont sur le même axe dans ce plan, mais

qu'elle passe à environ une ligne et demie au-dessous de la roue M, pour que les chevilles ne touchent pas à celle-ci ; que la roue L est près et du côté de la première platine, au-dessous de la roue de chevilles G, en sorte que plus de la moitié de la denture de cette roue L n'a pu être que ponctuée, pour l'indiquer au travers du limbe de la roue G qui est conséquemment en dessus ; que c'est sur la roue L qui est pleine (non évidée) que se trouve établi l'encliquetage *c, r,* ainsi que le rochet R que l'on voit au travers des croisées de la roue G plus élevée, comme on l'a dit, pour le spectateur qui regarde le plan de la fig. 1. Cette disposition étant un peu *complexe* dans le plan, nous allons rapporter aussi les remarques les plus essentielles de Berthoud sur ce sujet.

644. « Les deux assiettes (ou l'assiette double) de l'arbre de la première roue étant disposées pour y river la roue G et celle R du rochet, on y placera ces deux roues et on les présentera sur le bord de la cage, pour voir si elles sont à distance convenable, c'est-à-dire si la roue G est distante de 5 lignes de la deuxième platine, et le rochet R de 4 lignes de la première platine (comme il a été dit art. 599—600). On rivera d'abord le rochet R, ayant ses dents inclinées du côté convenable pour l'encliquetage. On rivera ensuite la roue de chevilles, et on fera tourner ces deux pièces droit et rond. On tournera bien plan jusqu'à la tige la face du rochet du côté de la roue L et de la première platine ; le tigeron sera tourné un peu en cheville, et l'on fera entrer et porter juste la roue L contre le rochet pour que cette roue L y soit retenue, sans empêcher le rochet et l'axe de tourner quand elle reste immobile pendant le tirage du cordon ; on placera derrière la roue L une clavette ou rondelle mince et faisant un peu ressort, ouverte à une ligne du bord par un trou rond du diamètre du tigeron, avec une ouverture longitudinale plus étroite dirigée jusqu'au centre de cette clavette. Une entaille circulaire faite au tigeron contre la roue L, en dessous, permettra d'y faire entrer les bords de l'ouverture longitudinale de la clavette, et de la faire glisser au milieu de la roue L, où une petite vis noyée servira à la retenir.

645. » On démontera ensuite la roue L de dessus son arbre pour lever les pivots de celui-ci ; on commencera par le long pivot du côté de la roue de chevilles ; il doit avoir une ligne de diamètre, être très-peu conique et porter au-delà de la deuxième platine, en dehors, la poulie P établie dessus à carré ; la portée de ce côté sera à 5 lignes de la roue de chevilles. On fera ensuite l'autre pivot dont la portée sera mesurée, comme distance avec la précédente, avec un calibre et suivant la hauteur intérieure de la cage ; ce pivot, de même grosseur que l'autre et aussi très-peu conique, se terminera de même par un carré reçu par le noyau du petit barillet B fig. 3 ; ce noyau aura son crochet pour entrer dans l'œil intérieur du ressort de répétition. Alors on mettra l'arbre en cage et l'on placera de même en cage et avec les mesures déjà données, les deux autres roues pivotées, rivées, tournées, etc., ainsi que la tige terminée du pignon de volant.

646. » On fait souvent le volant de laiton fondu exprès, mais on peut aussi le prendre en planche d'une ligne et demie d'épaisseur, et de la longueur de la tige, prise de l'ar-

rière du pignon qui est à l'un des bouts, jusqu'à la portée du pivot qui est à l'autre bout. On le raccourcira ensuite d'une ligne en le terminant. Le volant aura environ 9 lignes de largeur ; on l'amincira partout au marteau, excepté aux deux bouts qui doivent rouler sur son arbre, en réservant à chacun de ces deux bouts une tétine de largeur et longueur suffisante, laissée d'avance au laiton sous le marteau. En écrouissant et réduisant l'épaisseur du reste du volant à 1/3 de ligne, on aura soin de diriger la panne du marteau de manière à élargir plutôt le volant qu'à l'allonger. Les tétines peuvent être écrouies par le bout, en serrant le volant ébauché à l'étau d'établi, le derrière des tétines étant alors appuyé sur les deux mâchoires. Ces tétines seront ensuite percées chacune d'un trou au milieu de la largeur et de l'épaisseur du volant, pour recevoir la tige. On évide le milieu de la plaque du volant à la lime, après en avoir tracé l'ouverture, en sorte que ce milieu du volant ne touche pas à sa tige et n'y tient que par ses deux extrémités ou tétines. Le volant doit être aussi large que le permettra la distance de l'axe de la dernière roue qui le mène, et auquel il suffit qu'il ne puisse toucher, lors même que le bouchon excentrique du côté du pignon en a rapproché l'engrenage au plus près, pour l'effet dit de *vite-et-lent*.

647. » On ajoute au volant un ressort droit et mince, formé d'un morçeau de fort ressort de montre : le milieu de ce ressort se place dans une rainure, carrée du fond, faite sur le tour à la tige, sans trop l'affaiblir, tandis que le reste se loge en partie dans une rainure transversale qui coupe le volant en croix, et est ouverte à jour jusqu'à moitié des ailes. Les extrémités recourbées du ressort sont accrochées élastiquement de chaque côté sur les faces du volant, où les bouts des crochets se logent dans une petite creusure, tandis que le milieu, pénétrant par son pli jusqu'à l'autre face, s'appuie par son élasticité au fond de la creusure circulaire de l'axe. Ce ressort, droit d'abord, excepté à ses deux bouts un peu crochus, prend ainsi la forme d'un arc peu bandé. On peut voir cette disposition représentée (en plan) sur le volant de sonnerie de la pendule moderne, pl. III, fig. 4, à droite. Berthoud recommande de placer le ressort presque à l'extrémité de la tige, pour diminuer la flexion de celle-ci. La courbe en arc du ressort ne peut être vue dans cette fig. 4, où il est de face. Il faudrait que le volant fût vu de profil par le bout, pour apercevoir la courbure du ressort, mais on se la figure aisément d'après sa fonction, qui est d'entraîner le volant par son frottement sur la tige; ce frottement est assez doux néanmoins pour laisser tourner le volant par son mouvement acquis, indépendamment de la tige, lorsque la rotation de celle-ci est subitement arrêtée. Il ne faut donc pas que ce ressort soit assez fort pour fausser la tige ou le volant, ni assez faible pour céder à son inertie, et manquer de l'entraîner quand la tige roule. Le surplus des observations de Berthoud étant assez connu de ceux qui ont un peu travaillé en horlogerie, nous passerons au plan de la cadrature de répétition placée à l'arrière, en dehors de la deuxième platine, et qui conserve toujours la dénomination de *cadrature*, parce qu'elle était originairement sous le cadran, comme celle des montres.

Nous avons dit que c'était notre célèbre *Julien* qui l'avait transportée avantageusement en arrière du mouvement, c'est ce qui a été judicieusement adopté depuis par Berthoud et par la plupart de ses successeurs. Nous renouvellerons encore ici l'invitation de lire de suite tous ces articles concernant la pendule à répétition avant d'en ébaucher aucune pièce, parce qu'il se trouve souvent dans une matière aussi compliquée, des observations retardées pour éviter la confusion, et pourtant applicables aux premières opérations, ou qu'au moins il est bon d'avoir prévues. Ce n'est qu'après en avoir saisi l'ensemble, que l'on peut se faire un plan bien ordonné d'opérations. »

Remarques sur le plan de cadrature de la pendule à répétition.

648. On tracera, dit Berthoud, que nous suivons en l'abrégeant et en le commentant au besoin, on tracera sur un carton (fin comme celui dit *Bristol*) un cercle de même grandeur que les platines ; on posera dessus la face intérieure de la deuxième platine, et l'on marquera sur le carton, avec une pointe, le milieu juste des trous de la première roue de sonnerie, du pivot de la tige de renvoi portant la pièce des quarts, du barillet de répétition et de celui du mouvement et de la roue du centre. On fera passer par le centre du barillet du mouvement et par le centre de la platine, une ligne droite qui indiquera dans le haut la place du coq A, fig. 2, pl. VI.

649. On tracera d'abord la poulie P tenue la plus grande possible, afin d'adoucir le tirage du cordon, de laisser plus de distance entre les chevilles des quarts, et plus de force au bras des quarts qui doit y pénétrer. La grandeur de la poulie est du reste limitée par la tige qui porte le marteau le plus élevé, et la position de cette tige dépend de la grandeur de la roue des chevilles G, et de la longueur des deux bascules qu'elle fait mouvoir ; cette dernière longueur dépend elle-même de la division de la roue G.

650. Sur le côté extérieur de la roue G, celui qu'on voit actuellement fig. 1, on trace un cercle au milieu de la largeur de son limbe, et l'on divise ce cercle d'abord en trois parties dont chacune est subdivisée en six ; total dix-huit parties. On perce aux points de division douze trous de suite de 1/4 de ligne, puis, en sautant une division pour laisser un intervalle des heures aux quarts, on perce pour ceux-ci les trois trous suivants. Il restera encore deux divisions muettes pour le renversement des bascules et leur retour dans l'effet du *tout-ou-rien*. On observera dans tout ceci le sens du mouvement de la roue G dans la fig. 1, pl. VI, et de celui de la poulie P, fig. 2.

651. Ayant pris avec un compas le rayon, du centre de la roue G au cercle des chevilles, on l'allongera de la distance d'une cheville et demie, et avec ce rayon ainsi augmenté on aura la distance du centre des bascules, au centre de la roue G. On marquera donc sur le carton avec ce rayon augmenté, et ayant toujours pour centre celui de la roue G, la portion de cercle sur laquelle peut être placé le centre de la bascule, qui doit être assez près du bord de la platine, pourvu que

l'assiette du marteau ne la déborde pas, et soit plutôt un quart de ligne en dedans. En laissant alors une ligne un quart d'intervalle du centre de la bascule au bord de la poulie, pour le demi-diamètre de la tige et du canon de l'assiette de marteau, on aura le plus grand diamètre qui puisse être donné à la poulie.

652. « Le diamètre et la position du limaçon des heures, doivent être combinés avec le diamètre du pignon *a* de la poulie, et avec l'enfoncement du 12e degré de ce limaçon; ses 12 degrés, pour être distincts, doivent différer entre eux d'une demi-ligne, ce qui forme déjà 6 lignes de rayon; plus 1 ligne et demie pour rayon de la tige et du canon, total 8 lignes et demie de rayon, ou 17 lignes de diamètre; le plus grand rayon, ou le plus haut degré du limaçon des heures, devra passer à environ 2 lignes du centre de la tige en *i* du limaçon des quarts, comme on peut en juger par la fig. 2.

653. » Le pignon de la poulie doit avoir son diamètre tel, que la roue G avance de 12 chevilles, pendant que le bout *b* du rateau parcourt 6 lignes; et ces 12 chevilles occupant les deux tiers de la circonférence de la roue, 6 lignes devront être aussi les deux tiers de la circonférence (primitive, au bas des arrondis) du pignon. Cette circonférence du pignon devra donc être de 9 lignes, c'est-à-dire très-près de 3 lignes de diamètre primitif et 4 lignes de diamètre total, en y comprenant les ogives, parce que c'est le pignon qui mène. On tracera donc au centre de la poulie les circonférences, totale et primitive, de ce pignon. Le cercle extérieur ou du dessus du bras *b* doit correspondre au bas du cercle primitif du pignon et arriver très-peu au-dessus du centre du limaçon des heures; de l'autre côté, les dents du rateau doivent passer assez au-dessous de la tige du marteau du haut, pour laisser libre et visible le jeu de la cheville *o* de bascule avec l'extrémité du tout-ou-rien, ce qui nécessite la position du centre C de ce rateau à la place marquée dans la fig. 2, où les proportions de cette pièce sont à très-peu près indiquées.

654. » La grosseur du pignon *a* détermine l'espace restant jusqu'au bord de la poulie pour ses 4 chevilles qui arrêtent le rouage suivant le nombre des quarts qu'elles doivent borner. Cet espace et la longueur des bras de la pièce des quarts, règlent le plus grand rayon du limaçon des quarts, et dans la proportion de la figure, on aura environ une ligne de différence d'un degré à l'autre de ce limaçon. On placera dans tous les cas à une demi-ligne du bord de la poulie, la 4e cheville des quarts. Le rayon du limaçon des quarts exigera d'abord 3 lignes pour ses trois degrés, plus 3 lignes pour l'ajustement du centre, total 6 lignes de rayon ou 12 lignes de diamètre embrassant le plus haut degré du limaçon. Toutes ces mesures doivent être un peu plus grandes dans l'ébauche, et leur réduction définitive ne se terminera qu'en essayant les effets. »

655. Le centre de mouvement de la pièce des quarts doit être assez éloigné de la circonférence du limaçon des quarts, pour que le plus haut degré ne puisse toucher à l'ajustement brisé et à ressort du centre *i* des deux bras. Et quant à la dimension de ceux-ci, la longueur totale en *i* Q doit être à celle totale de *i* en D, comme 3 est

à 5, afin que le bras Q parcourant les trois enfoncements du limaçon des quarts, l'extrémité du doigt D parcoure en même temps l'espace depuis le pignon jusqu'à la cheville 4 de la poulie.

656. La position et la forme du tout-ou-rien T V R *o* est suffisamment indiquée et le point V ayant été déjà déterminé, on voit que l'extrémité *o* est également fixée par la situation de la cheville *o* de bascule. Le centre de mouvement T doit être rapproché autant que possible du limaçon des quarts, pour que la ligne de direction soit très-près d'être perpendiculaire au mouvement du rateau afin de rendre l'effet du tout-ou-rien plus facile (le centre T semblerait devoir dans ce cas être remonté vers *h* pour mettre la ligne T V plus près de la condition demandée).

657. L'étoile de sautoir de même rayon que le plus grand du limaçon des heures, a de même son centre de mouvement en V. La forme et la position du sautoir, des marteaux des ressorts de cadrature, etc,, sont assez indiquées dans les figures, et il sera d'ailleurs facile de les régulariser. Lorsque le plan aura été corrigé et arrêté définitivement sur le carton, il pourra être tracé sur le dehors de la deuxième platine.

De quelques autres mesures pour la cadrature de répétition de Berthoud.

658. En ébauchant les pièces de cette cadrature, on fera le rateau en laiton d'une ligne d'épaisseur, après qu'il aura été bien écroui et dressé sur le plat : on le découpera suivant la forme de la fig. 2, Pl. VI, en le laissant d'abord plus large en tous sens. Après avoir tracé la circonférence extérieure des dents et leur enfoncement, on divisera la denture sur une plate-forme, et le nombre des ailes du pignon étant de 10, si par exemple son rayon primitif est le 10ᵉ de celui du rateau et s'il lui procure un mouvement angulaire de 36 degrés, pour le cas où il en parcourt le plus, le rateau sera divisé sur le nombre 100 de la plate-forme. C'est ici la même application de la méthode que nous avons déjà donnée (522-523), pour une crémaillère de montre à répétition. Les ailes du pignon qui mène porteront l'ogive, comme il a été dit, et les dents du rateau seront simplement arrondies en demi-cercle, et au fond comme à leurs extrémités.

659. Le limaçon des heures aussi en laiton bien écroui aura la même épaisseur que le rateau; il sera tourné et aura ses faces dressées sur un arbre lisse. La plaque de laiton pour faire l'étoile aura, toute écrouie, une demi-ligne d'épaisseur; elle sera tournée et dressée comme le limaçon. On tracera l'étoile à 12 pointes sur ce laiton, et on la fendra avec une fraise mince, d'un diamètre arrivant au fond des dents sans en altérer la pointe. La fraise peut être disposée hors de la ligne du centre pour lui faire suivre un des flancs inclinés de chacune des 12 dents, et en retournant la plaque de l'étoile sur le tasseau, on fendra de même les autres flancs opposés, ce qui formera ces dents en étoile. On pourrait également découper ces dents à la lime; leurs flancs seront adoucis et brunis. L'enfoncement de ces dents est réglé par le passage de la vis, ou cheville *c* de la surprise *h s c* du limaçon des quarts, de manière à ce que chaque dent de l'étoile ayant été menée jusqu'à moitié de son mouvement horaire, et le sautoir lui en faisant parcourir l'autre moitié, la dent suivante de l'étoile conduise en

avant et tout-à-coup la surprise, de la même quantité, pour assurer son effet à l'égard de la pièce des quarts. Cet effet a déjà été expliqué aux articles précédents, relatifs aux répétitions (V. 83 et 121-123); le saut de la surprise n'a lieu qu'à la 60e minute.

Le Tout-ou-rien, en laiton écroui bien dur, aura une forte ligne d'épaisseur; on l'ébauchera aussi plus large en tout sens, pour ne le réduire à la dimension de la figure qu'après qu'il sera posé et aura pu produire ses effets, et que les autres parties d'action auront été mises à leur point.

660. La pièce des quarts de *i* en D, est aussi en laiton écroui, de trois quarts de ligne d'épaisseur; on réservera au centre *i* assez de largeur pour y river son canon, et c'est du centre vers *i* de sa tige, que l'on trace le contour extérieur de la partie en retour d'équerre du bras Q, en acier, et de longueur à tomber au centre du limaçon des quarts.

661. Le limaçon des quarts sera en laiton écroui de demi-ligne d'épaisseur. La surprise *h s c*, sera d'une épaisseur pareille, mais en acier. Ces deux pièces seront primitivement tournées et dressées sur l'arbre lisse et ensuite à la lime, avant d'en découper les degrés, la forme de la surprise, etc.

662. Nous revenons sur les effets compliqués et peu éclaircis du texte de l'*Essai* de Berthoud, comme sur ses figures, qui ne paraissent pas représentées sous l'aspect le plus convenable. Nous n'avons pu que les faire copier exactement, n'ayant pas sous les yeux la pièce originale, dont l'existence actuelle est incertaine ou ignorée. On pourra concevoir néanmoins ce qui en a été exposé, et ce que nous en disons encore, en observant que la petite levée des quarts, fig. 11, pl. VI, est enfilée sur la tige, fig. 12, où elle repose contre la portée voisine du bras *e*; que la grande levée, fig. 13, faisant frapper les heures et les doubles coups des quarts, est enfilée sur le même axe et appuyée librement contre la précédente, c'est-à-dire par son dessous en *o*, fig. 13, sur *h e*, fig. 11, ainsi que le tout se voit réuni dans la fig. 8, qui n'est pas présentée tout-à-fait dans l'*Essai* sous le même point de vue que sur la platine en *m* 4, fig. 1, comme il semble qu'elle aurait dû l'être. Ces deux levées ont leur mouvement libre et indépendant sur l'axe du marteau, lorsqu'elles sont renversées toutes deux en contre-bas, par les chevilles des quarts, dont le recul par le tirage opère d'abord cet effet sur elles; les deux levées s'abaissent alors ensemble, malgré le petit ressort de renvoi, fig. 13 bis, fixé à la première platine par sa vis *h*, dont la tête carrée est en dehors de cette platine, tandis que son extrémité *i* appuie en *b* sur le bec *a b* de la petite levée, fig. 8. C'est donc en repoussant, comme il a été dit, le petit ressort de renvoi, que les deux levées sont renversées, et que la cheville *x e*, fig. 8, traversant la platine, va se poser derrière le bec du tout-ou-rien, vu en *o* hors de la platine, fig. 2, bec que cette cheville fait alors reculer un peu, pour être retenue par son extrémité. C'est aussi lorsque le tout-ou-rien est repoussé par le râteau à la fin du tirage, et laisse libre la cheville *o*, fig. 2, ou x, fig. 1 et 4, ou *c x*, fig. 8, que le petit ressort de renvoi appuyant en *b*, fig. 8, repousse la petite levée dans les chevilles de la roue, et en même temps la grande levée par la che-

ville en *m*; et c'est alors que les chevilles de la roue s'engagent sous les levées, pour les relever ainsi que les marteaux; car en même temps, la petite levée, fig. 11, porte aussi la cheville *g* contre le bras *e* de la tige, fig. 8. Le bras *m* 4, dans ces figures, étant ainsi mis en mouvement, agit par le bout 4 contre le bras 5 de la tige intermédiaire 5 *b* 6, fig. 10, ou 5 *o* 6 du plan, fig. 1, et le bras 6 communique ce mouvement au bras 7 11 de la tige, fig. 9, qui porte le marteau des heures ; ce bras 7 se voit aussi en 7 *n* du plan, fig. 1.

663. Quand la levée des quarts, fig. 11, soulève son marteau, en faisant rouler la tige, par l'appui de la cheville *g* contre le bras *e* de cette tige, celle-ci est renvoyée ainsi que son marteau sur le timbre, par le long ressort en *r r m*, fixé à la première platine, et dont l'extrémité appuie en *m* sur *i* de la partie *i k*, fig. 8 ou fig. 12. Lorsque le marteau frappe, le bout *k* de la partie *i k* s'appuie en dedans du même ressort, même un peu avant que la tête du marteau n'ait atteint le timbre, ce qui relève le marteau immédiatement après le coup, et l'empêche de retomber et de rester sur le timbre dont il intercepterait le son ou les vibrations ; cet effet remplace la cheville ordinaire qui retient la tige d'un marteau dans le même but.

664. Quant au marteau des heures et des doubles coups des quarts, dont la tête est en *m*, fig. 2, et dont la virole est montée sur le carré *n*, fig. 1, le même que celui *e* 11 *d* de la tige, fig. 9, c'est un autre ressort semblable qui repousse aussi ce marteau, et que Berthoud a négligé de figurer, en se bornant à avertir qu'il peut être placé en lieu opportun, en dedans de la deuxième platine, de la même manière que le long ressort *r r m* de la première platine ; il observe seulement qu'il est bon que les vis de ces ressorts aient leur tête en dehors des platines, et que les pattes des ressorts soient taraudées, afin de placer ou démonter ces ressorts plus aisément.

665. Lorsqu'après avoir essayé les pièces en laiton, comme nous le conseillons, on les exécutera en acier, l'auteur propose de les souder à leurs tiges : « Pour cet effet, dit-il, on prendra du cuivre rouge un peu allié de laiton ; si on n'en a pas de cette espèce, on l'emploiera pur (le cuivre rouge); on le coupera en petits filets, pour en entourer la tige tout contre la pièce rapportée ; on y mettra du borax. On placera le tout dans du charbon bien allumé, et l'on soufflera jusqu'à ce que le cuivre rouge soit fondu et entré dans les ébisellures des pièces. Alors, on plongera la tige *également* rouge dans l'eau froide pour la tremper : faire cette sorte de soudure de l'acier avec l'acier, au moyen du cuivre rouge, s'appelle *braser*. On blanchira et fera *revenir* les pièces d'acier d'un bleu gris, pour pouvoir les finer, etc. » On peut aussi y employer la soudure dite d'argent, que nous donnerons ailleurs. Nous passons sur une foule d'autres détails que l'auteur a généralement destinés aux amateurs trop étrangers aux travaux de l'horlogerie : nous n'écrivons ici que pour des élèves déjà initiés à des opérations analogues, et nous indiquerons en peu de mots ce qui reste concernant la pendule à répétition.

666. Nous ne parlerons donc pas des tiges ou broches implantées à vis au dehors de la deuxième platine, ni des canons et viroles, ni de l'assemblage de toutes les pièces de

cadrature, telles que celles des fig. 14, 15, 16, 17, 18 et 20, parce que les articles précédents et même les détails de la première pendule simple moderne, ainsi que les figures antérieures de divers genres, mais analogues, et celles 1 et 2 de la pl. VI, surtout, peuvent suffire. La fig. 5 de cette même pl., est la chaussée de minuterie, dont le canon est ouvert en *lanterne*, pour que les deux montants réservés fassent ressort sur la tige. La fig. 19, en perspective, est le *coq* du mouvement, portant l'un des pivots de l'ancre, et de plus la soie K de suspension pour le *pendule*, avec le bout de la tige d'avance et retard A du haut, bout sur lequel s'enroule la soie. Le carré de l'autre bout de cette tige, propre à entrer dans une petite clef, se trouve placé du côté du cadran, au-dessus de 60'. On préfère aujourd'hui à la soie, de petites suspensions à ressort dont nous parlerons ailleurs.

667. La poulie P de tirage est formée de 3 pièces ou rondelles de laiton, dont les deux extérieures ont environ 2 à 3 lignes de diamètre au-delà de celle plus petite, mais plus épaisse, qui se place au centre. Celle-ci est entaillée en un point, pour contenir le nœud du cordon retenu en cette place par une goupille. Les 3 rondelles sont rivées sur un carré pratiqué à leur pignon *a* aussi en laiton, divisé et exécuté comme il a été dit à l'article des pignons du rouage. Ces rondelles sont en outre assujetties entre elles par 3 à 4 goupilles rivées. Le trou du centre du pignon est aussi carré et placé sur l'extrémité du pivot de la roue de chevilles, lequel dépasse la platine, comme l'autre pivot du côté du barillet, qui entre aussi à carré dans le noyau de barillet garni de son crochet pour l'œil intérieur du ressort. La proportion de ce ressort est à peu près celle du ressort moteur d'une très-forte montre. La place des chevilles extérieures de la poulie pour les quarts, est déterminée en dernier lieu par l'épreuve, et en arrêtant le rouage à propos, ce qui est facile lorsque le reste est en état de fonctionner. C'est alors que l'on marque sur la poulie le point convenable pour chaque cheville, suivant le degré d'abaissement et d'arrêt de la pièce des quarts, dont la pointe du bras doit s'appuyer à la fin sur les ailes du pignon, dans l'effet de sa menée par chaque cheville.

668. Pour former le limaçon des heures, on trace sur son disque préparé, 12 rayons également distants, puis, ayant réservé au centre le cercle nécessaire à son canon et ajustement, on prendra six lignes de rayon au-delà, pour la différence d'enfoncement depuis le degré d'une heure, ou sa circonférence, jusqu'à celui de 12 heures; les rayons seront donc divisés sur leur longueur par 12 cercles concentriques, distants entre eux d'une demi-ligne. On emportera à la lime le superflu de chaque degré, en laissant plutôt un peu trop de matière, c'est-à-dire sans atteindre tout-à-fait chaque trait circulaire, afin d'y retoucher en faisant l'épreuve du râteau, pour l'enfoncement juste requis par celui-ci, à chaque nombre d'heures, y compris le recul du tout-ou-rien. On assujettira l'étoile sur le limaçon, d'abord à simple frottement dur, de manière à ce que 1° la tête de la vis saillante de la surprise des quarts, produise son effet expliqué (83 et 89); 2° que le limaçon ayant sauté et étant en repos, le bras du râteau porte juste au milieu de chaque degré, et qu'il continue d'y ap-

puyer en plein pendant l'avancement du limaçon conduit par la surprise, vers la fin de l'heure, et jusqu'au moment où le sautoir agit subitement; après quoi le râteau doit tomber en plein sur le degré suivant. C'est ce que l'on cherchera, en faisant tourner plus ou moins l'étoile sur le limaçon. Alors on en fixera la position par une cheville ou une goupille perdue, et on l'arrêtera définitivement avec deux vis, lorsqu'on aura bien vérifié sa juste situation.

669. Le limaçon des quarts, préparé de même, se divise par 4 rayons à angles droits, et 4 cercles concentriques à distance d'une ligne au moins entre eux, et le reste de la même manière que ci-dessus. Le limaçon des heures plus volumineux, peut être mis d'équilibre, en vidant à jour les parties les plus larges, pour en égaler à peu près le poids à celui des parties plus voisines du centre et qui restent pleines.

670. Pour l'ajustement du cadran, du faux cadran, de ses piliers, de la lunette, etc., on se réglera d'après les figures de la planche IV, dans le bas à droite; elles sont encore relatives à cette partie de la pendule morderne représentée planche III.

671. Berthoud passe ensuite à la fabrication du cadran, des aiguilles, à leur dorure, à l'exécution du grand ressort moteur, etc. Mais comme ces travaux appartiennent à des ouvriers spéciaux, nous laissons ces articles de côté pour le moment, et pour y revenir plus tard parmi les suppléments d'articles accessoires, comme celui de l'argenture des cadrans, de la composition des diverses soudures, etc., que nous traiterons en leur lieu, et que l'on trouvera au moyen de la table des articles.

Observation sur l'échappement de la pendule à répétition de Berthoud.

672. L'échappement à ancre de cette pendule, indiqué dans la fig. 1 et 4 de la pl. VI, est celui à recul que l'on pratiquait à cette époque; après l'avoir fait graver pour le chapitre 7 de l'*Essai*, l'auteur recommande de préférence au chapitre 36, son échappement *isochrone* que nous avons donné au trait dans notre planche IV, fig. 10. Nous renvoyons pour le surplus à notre article général des échappements; nous remarquerons seulement que pour un pendule simple d'environ neuf pouces dont il s'agit ici, la fourchette doit, suivant Berthoud, avoir au moins le tiers de cette longueur, ou 3 pouces, pour que son effet ne se porte pas sur la soie de suspension qui fléchit toujours un peu, ce qui a lieu même avec des ressorts, si ceux-ci sont longs, et si la fourchette est trop courte; il en résulte une perte de force. Cette proportion de la fourchette est donc un peu arbitraire, car elle dépend de l'espèce de suspension; celle à couteau ne fléchit certainement pas, et les ressorts très-courts, comme il convient de les faire, ne fléchissent guère non plus en ce sens. Du reste, nous traiterons ce sujet plus au long aux articles Pendule et Suspension.

673. Nous allons quitter enfin ces longs articles de main-d'œuvre, en nous réservant d'en expliquer encore diverses parties analogues, à la dimension près, lorsque nous traiterons en son lieu de l'exécution d'une bonne montre, comme l'a fait Berthoud, et en y ajoutant les procédés et perfectionnements des temps actuels, qui

complèteront ainsi ce sujet. Mais avant de terminer cette première partie de notre ouvrage, nous avons à faire ici mention de quelques dernières planches.

EXPLICATION DE LA PLANCHE XV.

674. Nous n'avons cité que sommairement (art. 646) le sujet de la planche XV, qui représente la répétition moderne. Quoique les fig. 1re et 2e soient d'un diamètre double et par conséquent d'une superficie quadruple de la proportion usuelle d'aujourd'hui, toujours trop restreinte pour la solidité, cette ampliation ne suffirait pas encore pour en faire distinguer nettement les diverses parties, si nous n'en passions pas en revue les principales pièces. La crémaillère, fig. 1, pl. XV, placée à l'ordinaire dans le haut, porte une denture en rochet qui passe sous la pièce des quarts pour engrener avec le pignon du rochet recouvert par le doigt en forme de virgule des quarts; les dents de la crémaillère et du pignon n'ont pas la régularité du dessin, parce que les graveurs sont trop peu familiarisés avec ce genre de mécanisme; mais la Pl. X du calibre *lépine* peut y suppléer; d'ailleurs cette denture sera tracée en grand dans nos planches concernant les engrenages. La pièce des quarts est évidée presque circulairement pour faire place au doigt en virgule, qui se trouve ainsi à fleur. Les dents des quarts sont toutes sur la gauche de la pièce des quarts, qui a pour centre de mouvement la broche à grosse tête de vis, près du limaçon des quarts. Cette broche adhérente à sa pièce, roule dans un plot d'acier fixé à la platine; tout auprès, une vis-clef sert à en maintenir la hauteur, et une échancrure à gauche reçoit le bout du ressort droit de la pièce des quarts, abaissé aussi à son niveau.

675. La pièce des quarts porte en haut une sorte de crochet replié vers la droite, et s'appuyant sur le tout-ou-rien qui semble être un prolongement de cette forme; mais il en est réellement séparé par un petit trait, vers la partie la plus étroite. C'est là que se fait l'accrochement du tout-ou-rien avec la pièce des quarts. Le tout-ou-rien a une forme coudée en contre-bas pour tenir l'étoile proche du limaçon des quarts, et se relève ensuite à droite jusqu'à la grosse vis à tige, qui est le centre de son mouvement que l'on sait être très-borné. Le ressort de tout-ou-rien se retourne en forme d's, vers la gauche, où son extrémité doit appuyer sur une broche s'élevant au travers d'une ouverture du tout-ou-rien. Ce trou ovale, trop petit pour être bien rendu, et qu'il est facile d'imaginer, doit être pratiqué dans la partie large du tout-ou-rien, près de l'endroit où il se rétrécit pour former un bec pareil à celui de la pièce des quarts. Vers la droite, en haut, on trouve le pont triangulaire du pivot de cylindre; au-dessous est le pont de la roue de cylindre, vue par l'ouverture de la platine, et ensuite celui de la 2e moyenne placée dans la cadrature. A l'opposé, à gauche, sont les levées d'heures et quarts, avec leurs ressorts et contre-ressorts ordinaires. Le ressort remettant en prise la levée des heures, est très-contourné et passe entre la pièce des quarts et le rochet, pour porter sa patte près du centre de mouvement de la pièce des quarts; celle-ci couvre le rochet dont les dents sont pointillées au travers. Plus bas, la barette ou pont ovale reçoit les pivots du petit rouage. Le reste est à

l'ordinaire, sauf le double pont d'acier ajouté récemment au pivot intérieur de l'arbre de barillet. Les pièces ci-dessus une fois bien remarquées, feront distinguer aisément toutes les autres, vu la connaissance acquise déjà par le lecteur, dans nos détails antérieurs sur les répétitions. Des lettres de renvoi auraient achevé d'encombrer les détails déjà trop confus de cette figure. La fig. 2, même planche, offre la distribution des mobiles du mouvement et du petit rouage trop visibles et trop connus pour être détaillés ici. La creusure du haut, pratiquée dans la platine en *q*, reçoit la plaque d'acier, fig. 5, qui recouvre, au moyen de deux vis, ce que l'on y voit du poussoir, où le double trait fort et presque perpendiculaire, devrait être simple et avoir un trou de vis de moins; c'est la séparation des deux demi-cylindres du poussoir couronné, construction fort sujette à manquer et à être forcée, surtout dans les petites pièces, et qui ne vaut pas, comme il a déjà été dit, l'ancien poussoir.

676. Les fig. 3 et 4 déjà mentionnées (547), sont ces proportions de montres que les personnes sensées doivent préférer pour la solidité et la sûreté d'une bonne exécution. Le n° 3 est à répétition, avec l'ancien poussoir plus commode, et où le canon de la boîte rentre dans la boule creuse, pour les *grandes heures*. Le cadran en émail plus solide et plus propre que ceux d'argent qui se noircissent, est creusé pour les petits cadrans de quantième et de secondes troteuses, qui sont les meilleures pour l'observation des fractions de seconde. Dans la montre simple du n° 4, le cadran est à chiffres romains droits, qui produiraient un meilleur effet s'ils n'étaient pas trop éloignés du bord, de toute une division des cercles; les épaisseurs réelles et nécessaires sont à côté des faces géométrales et sont insensibles au porter, vu le large diamètre des pièces; elles paraissent à l'œil moins épaisses et plus élégantes, par la transparence du cristal, le brillant métallique, et les bords adroitement effacés. Ces proportions avantageuses en tout sens, et qui furent long-temps adoptées, sont celles du meilleur temps de feu *Breguet*, et d'autres habiles artistes à qui elles sont dues, et qui auraient dû les maintenir plus constamment. Nous en donnerons encore deux autres, de moindre diamètre, dont une dite de col; mais qui conserveront toujours une forte épaisseur plus convenable, pour la qualité, que celle d'une mode irréfléchie et passagère.

EXPLICATION DE LA PLANCHE XVI.

677. La pièce que nous décrivons ici avec quelques détails, a déjà été annoncée au dernier paragraphe de la page 400 : c'est la pendule d'*Ellicot*, Pl. XVI; elle présente dans sa sonnerie, comme nous l'avons dit, une des plus anciennes constructions à crémaillère, et que l'on a souvent renouvelées depuis. On a reproché quelquefois à ce mécanisme, le soubresaut de la crémaillère sur le limaçon, sujet à faire manquer une dent au doigt qui la remonte, mais il y a manière de disposer ces effets, car on a vu depuis des pièces de ce genre tout-à-fait exemptes de cet inconvénient; celle-ci a été faite au milieu du XVIIIe siècle, vers 1750. Elle fut transportée en Espagne, et la famille qui la possédait n'avait jamais eu de reproches à faire à la sonnerie. Il ne fut fait aucune réparation à cette pièce, dont on se contenta d'entretenir

les huiles de loin en loin; aussi les trous des pivots étaient-ils fort agrandis quand nous l'avons eue entre les mains; on en différa mal à propos les réparations; elle fut seulement nettoyée, et l'ayant vue ensuite marcher pendant plusieurs années, nous avons remarqué que, malgré l'état fort usé des trous et de diverses parties, la sonnerie n'a jamais manqué. *Ellicot* est parmi ses compatriotes l'un des premiers artistes qui aient adapté au *pendule* une *compensation* de la *température*. Mais la pendule que nous décrivons ici n'est nullement garantie des effets du chaud et du froid; au contraire, la longue tige de son pendule à secondes, est formée d'une lame très mince de laiton, l'un des métaux qui se dilate le plus, ce qui peut faire présumer qu'elle a été exécutée par son auteur, avant ses recherches connues sur la dilatation des métaux et dont nous parlerons ailleurs. La suspension est à ressort et d'une seule lame, l'échappement est celui à Ancre de *Graham*; la lentille remplie de plomb pèse à peu près 7 livres. Toutes les parties du mouvement sont solidement construites, d'une bonne exécution, sans luxe ni recherches, comme la plupart des bonnes productions anglaises. Cette pièce ne sonne point la demi-heure.

678. Les sonneries à crémaillère bien conçues, ont pour avantage que l'on peut en faire avancer ou reculer les aiguilles sans les faire mécompter, mais on peut encore leur faire répéter l'heure au moyen d'un cordon, sans que leur mécanisme soit compliqué d'une *cadrature* de répétition; on n'a pas, à la vérité, les quarts, qui ne peuvent guère être sonnés que par la *cadrature* ordinaire. Du reste il faut aux pièces à crémaillère que l'on fait répéter, ou bien un poids mouflé qui soit alors d'une pesanteur double de celle ordinaire du mouvement non mouflé, ou, si la pièce est à ressort moteur, il faut à la sonnerie un ressort qui puisse produire un tirage presque double en durée de celui du mouvement, afin de suppléer amplement à la descente du poids moteur, ou au développement du ressort, lorsque l'on fait souvent répéter l'heure. Cette disposition propre à faire répétition est très-commune dans nos pendules à hautes boîtes de *la Franche-Comté*; mais la crémaillère y tombe verticalement.

679. L'instruction du lecteur, ou au besoin celle qu'il aura acquise par les divers articles précédents, lui auront fait aisément reconnaître sur le plan ou calibre, et dans le profil et l'élévation géométrale de la Pl. XVI, la distribution des mobiles indiqués par des nombres, qui sont ceux-là mêmes de leurs dentures.

680. Dans la fig. de gauche et du calibre, on ne voit qu'une partie dentée de la 1re roue de 96 dents, à la droite de cette même fig.; le reste est pointillé au travers de la platine : c'est la roue de cylindre du *mouvement*, celle où s'enroule la corde du poids; elle engrène avec le pignon de 8 qui est le plus au centre de la grande platine : ce pignon est de même pièce avec la tige qui le porte, celle de la roue de minutes ou du centre, de 64 dents. Celle-ci mène le second pignon au-dessus marqué 8', de même nombre que le précédent, et porté par la troisième roue de 60 dents, qui fait par conséquent 8 tours par heure. Cette troisième roue mène le troisième pignon marqué 8'', aussi de 8 ailes, c'est celui de la roue d'échappement qui fait 7 tours et demi pour un de la troisième roue, et par suite 60 tours, pour un

de la roue de minutes ou du centre. La roue d'échappement marquée 30 et taillée pour la grande ancre de Graham, fait une révolution pour 60 oscillations du pendule de 3 pieds 8 pouces, etc., ou à secondes, et il est facile d'en conclure que le pendule fait 3,600 oscillations ou secondes par heure, c'est-à-dire pour une seule révolution de la roue de minutes, laquelle dure, comme on le sait, une heure de temps..

681. La première roue de sonnerie, celle du cylindre et du poids, est placée à gauche et dépasse un peu sa platine, comme la précédente, ce qui laisse apercevoir aussi une portion de sa denture : elle en diffère seulement par son diamètre un peu moindre et qui ne porte que 84 dents; cette première roue de sonnerie engrène avec le pignon de 8 placé verticalement au-dessus, et porté par l'axe de la roue de 56 dents, dont le limbe un peu large est garni de 8 chevilles pour lever le marteau. Il n'y a dans le plan que 3 chevilles pointillées, qui suffisent pour indiquer l'existence des autres. La roue de 56 mène le pignon de 7 placé au-dessus, et porté par l'axe de la roue 54; un pivot un peu fort de ce même axe dépasse assez la première platine, pour porter en dehors de celle-ci un doigt ajusté à carré, formant une dent actuellement horizontale et visible à droite, dont chaque révolution ramène une des 12 premières dents du *Râteau* R, quand son bras inférieur B tombé sur le limaçon, a fait reculer ce râteau par l'effet d'un ressort S du bas, lors de la préparation de l'heure. La même pièce à carré sur le pivot, et qui porte le doigt ou dent dont nous venons de parler, a de plus, en arrière du doigt, un bras long et méplat, croissant en largeur jusqu'auprès d'une cheville portée par le bec du râteau, à gauche; c'est cette cheville qui, après la dernière heure frappée, arrête le rouage de sonnerie, lorsque le râteau a été ramené par le doigt. Pour que ce râteau ne recule pas en arrière par l'effet de son ressort S, il y a au-dessus du râteau une détente ou bascule P, armée en dessous d'une partie triangulaire, qui entre dans les vides du râteau chaque fois qu'il avance d'une dent par la révolution du doigt, et empêche ainsi ce râteau de reculer; celui-ci étant complètement remonté, dans l'état actuel représenté dans la figure, le bras en arrière du doigt vient d'être arrêté par la cheville, et la partie triangulaire de la bascule, est tombée dans la dernière dent du râteau; dans cet état, le rouage ne peut courir; on aurait pu y avoir la demi-h. comme aux pendules de *Comté*.

682. La roue 54 qui agit directement sur les dents du râteau, par le doigt de son pivot, pour ramener ce râteau, après qu'il aura reculé, comme on le verra encore un peu plus loin, cette roue, disons-nous, engrène comme les autres dans l'intérieur de la cage, avec le pignon de 6 de la roue 48, laquelle mène le pignon 6' de l'axe du volant V; mais cette même roue 48 porte à son limbe une cheville placée du côté de la première platine, et que l'on voit dans le profil, près du même chiffre 48; c'est la cheville dite *de délai* qui n'agit que dans la *préparation* de la sonnerie. Cet effet se produit un instant avant que l'heure sonne.

683. Les effets de *minuterie* pour les aiguilles, sont produits comme à l'ordinaire, par la roue de chaussée qui porte l'aiguille de minutes et a ici 48 dents; elle engrène

avec la roue *de renvoi* de même nombre, placée au-dessus et sur la droite dans le plan, où elle est également marquée 48, et porte au centre un pignon de 6, qui *mène* la roue de canon de 72, pour l'aiguille des heures.

684. La roue de renvoi de 48 dents, roulant nécessairement de droite à gauche sur une tige à portée de la platine, porte une cheville qui lève le bras inférieur le plus court de la détente à deux bras L, pour faire sonner l'heure : le bras supérieur plus large et plus long de cette détente, s'étend dans la cadrature jusqu'au rouage de sonnerie, pour soulever la bascule P dont la partie angulaire de dessous se dégage alors des dents du râteau ; celui-ci recule en arrière, vers le bord de gauche de la platine, et cesse de retenir par sa cheville, l'extrémité du bras de pivot de la roue 54, et, sous ce rapport, le rouage de sonnerie peut rouler, ce qu'il fait aussi, mais pour être arrêté presque aussitôt; car le grand bras de la détente L est courbé à l'équerre à son extrémité qui lève la bascule P, et une partie de cette équerre pénètre par une ouverture oblongue, au travers de la platine, pour rencontrer la cheville 48 de la roue de ce nombre, et que l'on voit au profil, ce qui arrête le rouage de sonnerie qui n'a pu faire tourner la roue 48, que d'environ un demi-tour, après quoi elle a été arrêtée par la partie d'équerre de la détente L : ce léger et premier mouvement des mobiles de la sonnerie, est ce qu'on appelle *la préparation*, par laquelle le râteau dégagé recule en arrière, jusqu'à ce que son bras inférieur B appuie sur le limaçon.

685. La cheville de la roue de renvoi qui occasionne, comme on l'a vu, cette préparation, maintient les mobiles en arrêt, comme on vient de le dire, jusqu'à ce qu'elle ait achevé de dépasser de droite à gauche le petit bras inférieur de la détente L qu'elle a relevée. Lors donc que ce bras échappe à la cheville, la détente L retombe à sa place précédente, et ce mouvement est borné par l'entaille de la platine, alors la cheville de la roue 48 de sonnerie devient libre, le rouage court, et le doigt ou dent du pivot vers 7 de la roue 54, remonte à chaque révolution le râteau dont il rencontre une dent, tandis que l'angle de la bascule P dirigé vers R est soulevé pour retomber dans chaque vide, avant que le doigt ait achevé la menée de la dent qu'il rencontre ; et c'est ainsi que le nombre de dents dont les degrés du limaçon des heures a permis le recul, est ramené jusqu'à ce que le bras en arrière du doigt rencontre la cheville du bec du râteau, ce qui arrête le rouage après la dernière heure frappée.

686. Le bras inférieur de la détente L est flexible par sa faible épaisseur, dans le sens de permettre à son extrémité près de la cheville de s'éloigner de la platine en se rapprochant du cadran, lorsque l'on fait rétrograder les aiguilles, et cet effet a lieu au moyen d'un plan incliné du dessous du bras, qui permet à la cheville de la roue de délai de minuterie de s'engager, en marchant de gauche à droite, sous ce bras incliné, lequel cède élastiquement en s'éloignant de la platine. Lorsque l'on fait avancer l'aiguille de minutes, la cheville de la roue de renvoi marchant alors de droite à gauche, rencontre le côté épais du champ du bras, et ne pouvant s'introduire dessous, elle le fait tourner sur son centre, pour produire les effets de sonnerie que l'on a décrits ci-dessus.

687. Quant au limaçon C', qui est en avant de toute la minuterie, parce qu'il est fixé par deux vis sur la roue 72 des heures, on conçoit aisément que ses degrés reçoivent l'appui du bras inférieur B de la crémaillère, et règlent ainsi le nombre de dents dont le râteau recule, et qui doivent être reprises et remontées par le doigt, jusqu'à l'arrêt produit par la cheville du bec de râteau. Dans l'état actuel représenté par la figure, c'est le degré le plus haut du limaçon, celui de 1 heure après midi ou minuit, qui se présente sous le tenon pointillé du bras, mais une heure avant, c'était le degré le plus profond; si alors on eût voulu faire avancer les aiguilles d'une heure, pendant le moment de préparation, le bras inférieur du râteau n'étant pas encore sorti du profond degré du limaçon, celui-ci aurait butté contre le tenon de ce bras; mais on a obvié à cet inconvénient : car le tenon n'est pas adhérent au bras, mais il est rivé à une lame d'acier attachée par une vis seulement, près du centre du mouvement du râteau, et ce tenon pénètre par une mortaise au travers du bras, qu'il dépasse de la saillie nécessaire pour appuyer sur l'épaisseur du limaçon : le tenon a son angle adouci pour se présenter, dans le cas supposé, au flanc du haut degré du limaçon, et ce flanc est aussi chanfriné en biseau dans sa hauteur, jusqu'à son angle extérieur, il en résulte que le flanc du degré dont il s'agit, s'insinue sous le tenon, le soulève et le fait reculer vers le cadran, en faisant céder le ressort d'acier qui le porte, et que l'on peut ainsi faire avancer la minuterie sans inconvénient; les autres degrés ont de même un biseau à leur flanc qui prend le tenon en sens contraire, où il a aussi un petit plan incliné, ce qui produit le même effet lorsque l'on veut reculer les aiguilles pendant que le rateau est tombé.

688. La roue des heures de 72 porte entre elle et le limaçon, une autre roue de 30 dents, et marquée de ce nombre, au plan et au profil; cette roue engrène avec une roue de cadrature D, de 60 dents, la plus inférieure de toutes, et qui ne fait sa révolution qu'en 24 heures. Cette roue de 60, porte au centre un long doigt D, formé d'une lame placée de champ sur la roue, et dont on ne voit que l'épaisseur sur le plan, mais sa largeur et sa forme se présentent de face dans le profil géométral. Ce doigt atteint une fois en 24 heures, une dent d'une roue de sautoir appliquée avec son sautoir à l'arrière du cadran de la pendule; ce cadran en laiton sert ici comme faux cadran, ayant des pieds ou piliers qui le maintiennent à une distance convenable de la première platine. Un guichet du cadran permet de voir le chiffre du quantième des jours du mois, changeant et sautant à minuit. Ces chiffres sont gravés sur la roue de sautoir, du côté du cadran qui la porte en arrière, au moyen d'une vis à portée.

689. Nous n'avons point parlé de l'aiguille des secondes, portée par la tige prolongée T de la roue d'échappement; cette tige n'est vue que dans le haut du profil, et son aiguille marque les secondes sur un cadran excentrique à l'intérieur de la division des minutes. Il s'ensuit que l'aiguille de secondes est petite et peut-être légère, comme en effet cela convient mieux généralement. Ce n'est pas néanmoins ici une pièce de précision, un régulateur d'Observatoire, mais seulement une bonne pièce solide à l'usage civil, à secondes et à poids, et par suite à long pendule, enfin telle qu'on en avait

dans les appartements, du temps d'*Ellicot* et de *Graham*, son contemporain. Les premières pendules de ce genre, à ancre, à suspension à ressort, avec pendule de 3 pieds, et forte lentille, décrivant des arcs moyens, sont de l'espèce de celles établies par *Clément*, sous le nom de pendules royales, à cause de leur régularité, comparée à celle des anciennes pendules à roue de rencontre; mais l'ancre de Clément, à moyen recul, n'embrassait qu'un petit nombre de dents, très-peu plus que celle de nos pendules ordinaires, et fut perfectionnée par Graham, qui employa l'ancre à repos, et lui fit embrasser environ un tiers de sa roue; telle est l'ancre représentée dans le plan, et dont le centre est en A. Nous ne détaillerons pas ici cet échappement, parce que nous traiterons ailleurs ce sujet.

690. Le haut de la platine porte une broche fixe, sur laquelle roule à frottement gras une bascule en équerre S', dont un bras supérieur présente dans le haut du cadran, au travers d'une ouverture, une cheville mobile à volonté à droite ou à gauche, suivant que l'on veut entendre ou arrêter la sonnerie. Le bras inférieur S', presque horizontal ici, porte au bout une palette dont la face de dessous, en plan incliné, glisse à volonté sur le bout d'un long pivot de la détente de préparation L; cette détente est établie sur un axe qui traverse la cage, et dont la mobilité sur sa longueur permet à un ressort S'' de le renvoyer d'une quantité suffisante vers le cadran. Lorsque, par le mouvement de droite à gauche de la cheville du haut du cadran, la palette de S' est engagée sur le bout de l'axe de la détente L, le petit bras de celle-ci, qui descend vers 48, est conduit par la cheville de la roue de renvoi pour préparer et faire sonner l'heure; mais lorsque le bras supérieur de la bascule est porté à droite, dans le haut du cadran, son bras S' descend et quitte le bout de l'axe de détente, qui est assez repoussé plus près du cadran par le ressort S'', pour que la cheville 48 (V. au profil) passe sous le bras de détente sans l'entraîner, alors la sonnerie est muette, ce qui fait ordinairement donner à l'ensemble de la bascule S' et aux dispositions quelconques de ce genre, le nom de *pièces de silence*.

691. Le profil de la figure de droite de la même planche XVI, auquel nous avons quelquefois renvoyé, présente en avant ses mobiles du *mouvement* qui sont à la droite du plan, et couvrent ici en partie ceux de la sonnerie; mais, par le plan et ce qui en a été dit, on concevra facilement les effets de toutes les pièces. La minuterie est représentée en coupe pour rendre plus claire la disposition des canons ou tubes qui s'emboîtent. Un pont placé obliquement supporte seul le poids de la roue des heures, chargée du limaçon et de la conduite du quantième, ce qui en soulage la chaussée. Une partie des détentes et la crémaillière qu'on ne voit pas dans le profil, sont assez indiqués par le plan. Nous sommes entrés dans tous ces détails, parce que cette pièce d'une construction solide, comme il a été dit, réunit plusieurs dispositions qu'on n'a guère vues répétées que depuis son époque, et qu'elle offre une simplicité de moyens, une solidité et une prévoyance dignes d'observation pour son temps. Nous verrons dans la suite de ce Traité, les perfectionnements que des progrès plus modernes ont ajoutés aux pendules.

OBSERVATIONS RELATIVES A LA PLANCHE XVII.

692. La pl. XVII est un supplément à la fig. 1re de la pl. V, ancien tirage ex trait de *Thiout*, et à la pl. VI de *Berthoud*, qui n'a pas amélioré ni simplifié le jeu des marteaux. L'axe horizontal des levées en ADB, fig. 1re, pl. XVII, traverse les canons des bascules DDD, dont les levées sont à portée de la roue des chevilles C, marquée d'un double cercle, en avant de la première roue dentée. Les levées qu'on ne peut voir, sont à angle droit des bras de bascules DDD, verticaux en contre-bas, et qui éloignent en dehors les chevilles horizontales EEE des axes des 3 marteaux; elles sont ramenées par les ressorts droits qui s'élèvent de la traverse inférieure I jusqu'en E. Deux marteaux auraient suffi aux heures et aux quarts. Le tout-ou-rien n'était pas inventé; pour l'établir, une sorte de virgule, à carré, sur le pivot A de l'axe, se renversant alors avec les levées, aurait pu agir sur le bec d'un tout-ou-rien pointillé de A en H (centre de son mouvement borné), et coudé sous l'étoile et le limaçon des heures. Cet axe ADB aurait porté la levée des quarts se renversant avec la virgule. La fig. 2 est un ressort intérieur FG qui ramène en prise les levées. La fig. 3 est le calibre pour la fig. 1re, pl. V, et pour celle-ci. Le rochet de répétition qu'on ne voit pas dans la figure 1, est appliqué sur la première roue dentée, en arrière de celle des chevilles.

EXPLICATION DE LA PLANCHE XVIII.

693. La planche XVIII copiée, faute d'avoir l'original en nature, sur les figures de *Berthoud*, aussi négligées que l'exécution de ces pièces anciennes, représente la cage en carré long et la distribution ordinaire des premières pendules françaises; la construction y est en partie du genre de celles de *Thiout*, mais modifiée par *Berthoud*, qui a substitué l'échappement à Ancre et à repos de *Graham*, à celui dit à deux leviers, vu dans le bas de cette pl. XVIII, fig. 5 et 6. Ces pendules avaient d'abord leur échappement à roue de rencontre, avec un pendule léger de 5 à 9 pouces, décrivant de très-grands arcs. La soie de suspension fort longue se courbait à droite et à gauche contre les lames cycloïdales de *Huyghens*, pour rendre égales les durées de ces oscillations d'une étendue trop variable. On a vu cet ajustement dans notre deuxième planche, fig. 2, expliqué page 90 et suiv. Nous avons déjà dit comment *Clément*, horloger anglais, y adopta le long pendule à secondes, avec sa suspension par un seul ressort; amélioration notable qui fit donner aux pièces de ce genre le nom de *pendules royales*. Ces pièces étaient entretenues par des poids, et nécessitaient une haute boîte appuyée sur le sol et faisant meuble d'appartement. Au siècle de Louis XIV on en plaçait souvent du même calibre, mais à ressort et à court pendule, sur une console attachée au mur, le tout décoré des ornements de ce temps qui, sans être d'un style pur et simple, ne laissaient pas d'avoir une certaine harmonie d'ensemble architectonique, d'un effet riche et de bon goût. Les cartels à enroulements et ornements bizarres et capricieux du siècle de Louis XV leur succédèrent. On rencontre encore de ces anciens mouvements d'une facture solide, avec dentures faites à la main, comme leurs

pignons à longues ailes, et des engrenages sans principe régulier, mais établis avec assez d'intelligence pour fonctionner passablement; il arrive souvent que des horlogers qui n'ont pas l'occasion ou les moyens de se procurer un *régulateur* fait exprès, emploient de pareils mouvements, en y plaçant un échappement à repos de *Graham*, ou celui à chevilles de Lepaute, ou celui à double levier, fig. 5 et 6 de notre planche, avec un pendule à secondes, à simple tige de fer et une lentille du poids de 6 à 7 livres. Le barillet du mouvement est converti en cylindre à corde et à poids, comme dans la pièce de Berthoud, sujet de cette pl. XVIII, et l'on peut avoir ainsi à peu de frais, un régulateur suffisant pour l'ordinaire. C'est un des motifs qui nous ont engagé à donner ici le simple trait d'une de ces anciennes pendules, pour exposer le parti que l'on peut tirer des pièces de ce genre; car on ne peut pas toujours exécuter des régulateurs avec toutes les conditions des perfectionnements actuels, et il faut aussi savoir faire servir ce qui existe, en y ajoutant les corrections praticables. Nous ajoutons ici les nombres de la pièce de Berthoud, que la gravure ne peut donner exactement par les dentures, comme il a déjà été dit, attendu l'interruption des parties recouvertes par d'autres pièces, la longueur de divisions exactes sur les planches, les erreurs qui pourraient s'y introduire, et la difficulté d'y remédier, etc. La roue A porte 84 dents, et le pignon *a* est de 12 ailes. La roue B 80, le pignon *b* 10; roue C 80, pignon *c* 10; roue D 75, pignon *d* 10; rochet E d'échapp. 30, dont l'effet doublé par deux oscillations pour chaque dent, donne 60 oscil. ou sec. pour un tour du rochet en une minute.

694. Pour qu'un pendule *simple* batte les sec. dans le vide, il faut que la distance du centre de suspension au centre de la lentille, soit de 3 pieds 8 lignes, et 57/100es, la verge étant supposée sans pesanteur, et celle de la lentille ramassée toute à son centre. Ces conditions géométriques ne pouvant avoir lieu, même avec les Pendules les moins chargés d'accessoires, « il faut, dit Berthoud, environ 3 pieds et un pouce entre le centre de suspension et celui de la lentille. » Les Pendules composés de plusieurs verges pour la compensation, sont encore plus longs; nous en donnerons la mesure.

695. A la première roue de mouvement, est joint un cylindre creux, en laiton, enveloppé par la corde du poids supposé ici remonté; ce cylindre est foncé des deux bouts, mais le fond vers la roue est en arrière ou en dedans du bord, d'environ une ligne au moins, pour la place du rochet de remontoir fixé à ce fond, ainsi que des ressort et cliquet fixés à la roue, et recouverts par le bord du cylindre dépassant le fond. L'arbre est carré, hors les pivots et la partie ronde qui traverse la roue assujettie dessus, par une clavette avec liberté pour l'axe, de tourner séparément de cette roue, mais seulement dans le sens du remontage.

696. La bascule ÆG, pl. XVIII, poussée par un ressort *z*, accroche son *pied de biche* aux dents de la roue D, lorsqu'on élève le bras Æ par une cheville qui traverse librement le cadran ou la boîte. L'effet de cette pièce, borné par deux goupilles, est de faire marcher le mouvement pendant le remontage, par le ressort droit du haut.

697. La sonnerie se compose à l'ordinaire, du barillet Q, avec son ressort moteur

intérieur, des roues VXYZ, et des pignons 13, 14, 15, 16 et *u*; ce ne sont pas là leurs nombres, que Berth. ne donne pas. Mais on peut y appliquer ceux de notre pl. III.

698. La *roue de compte* ou *de chaperon* est pointillée comme étant derrière et en dehors de la platine, fig. 2; elle est divisée sur le nombre 90, dont 78 coups pour les heures, et 12 pour les demi-heures. Faute de plate-forme, on peut faire écouler lentement le rouage, et marquer sur la roue de compte bien ajustée et repérée sur son carré, les distances des entailles justes après chaque heure frappée par le marteau, en tenant compte des demies, pour lesquelles les entailles doivent être assez larges pour ne pas faire remonter le couteau ou bras *t* de la détente *fe*. L'angle *arrivant* de l'entaille, doit être aussi un peu arrondi.

699. Le bas de la planche contient des développements tels que, fig. 3 et 7, le pont avec canon de minuterie P *u* fixé par 3 vis au centre extérieur de la 1re platine, pour recevoir la longue tige I du rochet d'échappement, laquelle porte l'aiguille des secondes concentrique aux deux autres. La roue N de 80 dents, fig. 3 et 7, est jointe à frottement et avec clavette *c* à la roue *m n*, dont le canon de chaussée *o* porte l'aiguille des minutes et roule librement sur P *u*. Cette roue N de 80 est dans la fig. 1re sous la roue des heures qui la cache, et se trouve conduite par le pignon de 10 *c* pointillé de la roue D, fig. 2, lequel est prolongé au travers de la première platine en P, fig. 1, où son pivot est reçu dans le pont P; la roue de chaussée *m* engrène avec celle de renvoi *n*, de même nombre et grandeur, et qui porte un pignon de 6, en *b*, menant la roue d'heures de 72, un peu plus grande que celle de 80, qu'elle couvre, comme il a été dit. Cette roue d'heures de 72 roule à part sur le canon d'un grand pont, dont la patte s'étend vers le rochet de remontoir, pour que le canon de ce pont garantisse la chaussée du frottement et du poids de la roue.

700. Les fig. 5 et 6 sont celles de l'ancien échappement à deux leviers et à recul, vulgairement dit aussi à *pattes de taupe*, dont l'effet est trop aisé à concevoir pour être expliqué, et auquel Berthoud paraît avoir substitué celui de Graham, en supprimant ainsi les frottements de deux pivots et d'un rouleau toujours désavantageux; mais un moyen recul par la longueur des palettes lui procure, dit-on, une certaine régularité; la fourchette figurée de côté, devrait percer dans le papier.

701. La fig. 4 est la suspension à deux ressorts, abandonnée pendant un temps pour celle à couteau, mais qui, bien traitée, est aujourd'hui adoptée de nouveau, et paraît être la meilleure. Son origine est très-ancienne et remonte à ce *Clément*, dont nous avons parlé. Mais il paraît qu'il n'employait alors qu'un seul ressort, qui exposait ainsi sa lentille à une sorte de *libration* dans le plan de ses oscillations. Nous donnerons en son lieu la meilleure construction de ce genre, mais nous ferons remarquer provisoirement, qu'il faut toujours deux ressorts dans une bonne suspension.

702. Les fig. 8 et 9 représentent l'extrémité de la fourchette d'échappement avec tige B, fig. 8; celle *b* est mobile dans la mortaise *a b*, fig. 9, au moyen de la vis de rappel A, et de la petite virole ou *goute*, *d*, avec une goupille à l'extrémité de la tige lisse de cette vis. Le disque fixé *c*, fig. 8, et celui de rapport D, espèce de goute retenue aussi

par une goupille sur l'extrémité de *b*, embrassent le disque *b a*, fig. 9, et la vis de rappel fait glisser sur cette partie inférieure de la fourchette, la tige B, fig. 8, qui pénètre dans une mortaise de la verge du pendule; on met aisément ainsi la pendule d'échappement, sans déplacer ni caller la cage, déjà à peu près verticale. Les dimensions de ces deux fig. 8 et 9, sont au moins doubles de la réalité, et en les réduisant à moitié on diminuera d'autant la charge et les frottements des pivots de l'échappement.

En étudiant les divers exemples raisonnés que nous avons mis sous les yeux du lecteur, dans cette première partie de notre Traité, l'élève déjà instruit des détails d'exécution par un bon apprentissage, doit s'être rendu capable de *copier* avec intelligence toute espèce de pendule et de montre ordinaire. Nous n'y avons exposé que des constructions en quelque sorte vulgaires, à peu d'exceptions près, pour préparer l'esprit par les premiers progrès de l'art, aux plus hautes conceptions de la science, que notre deuxième partie va développer autant qu'il nous sera possible; car, pour exécuter avec une entière connaissance de cause des pièces modernes perfectionnées, en construire sur de nouveaux plans bien combinés, et même pour rétablir habilement d'anciens ouvrages, il faut se pénétrer de principes plus abstraits, s'initier à la théorie des forces mécaniques, à l'usage et à la combinaison des nombres, par de bonnes et simples méthodes, analyser et décomposer les effets pour se rendre un compte exact de chacun d'eux, par l'étude des principes du *levier*, de l'*engrenage*, des lois du pendule et de celles du balancier, de la théorie du spiral et des échappements, des suspensions, des compensations, etc., sujets principaux de cette deuxième partie, que nous allons bientôt traiter soit théoriquement, soit par des méthodes faciles et sûres d'application pratique. C'est ainsi que l'élève obtiendra beaucoup plus de régularité et de succès dans tous les sens, que la plupart des ouvriers déjà formés, mais qui n'ont entrepris des ouvrages distingués qu'en tâtonnant. L'intelligence naturelle de gens exercés dans la pratique, peut bien les mettre à même d'innover des dispositions plus avantageuses; cependant, faute de principes propres à s'en rendre un compte exact, ils n'obtiennent souvent pas d'une heureuse inspiration, tout l'avantage qu'elle promet. L'ouvrier le plus habile ne devient véritablement *Artiste*, que lorsqu'il sait joindre la saine théorie à une excellente pratique : l'un de ces deux moyens est le complément indispensable de l'autre; et on en trouvera les principes et l'application dans la seconde partie de cet ouvrage, avec des calibres et cadratures curieuses de montres modernes.

NOTA. C'est toujours pour nous une obligation de nommer les auteurs d'améliorations et compositions récentes, sans intention d'établir par là aucune comparaison quelconque avec tant d'autres artistes d'un vrai mérite, qui ne nous ont point communiqué leurs productions, quoique tous y aient été formellement invités dans nos prospectus. Nous avons cependant reçu déjà plusieurs notices que nous donnerons à leur place ; mais on n'en doit rien présumer de défavorable au talent des autres artistes, en assez grand nombre en France, et dont nous avons à regretter le silence ou la *modestie*. En nommant donc ceux qui s'adressent à nous, il est juste aussi de convenir qu'il en est plusieurs autres qui mériteraient d'être connus. Si, dans le premier cas, nous donnons gratuitement dans nos planches les figures de petite dimension qui peuvent y trouver place, on conçoit aussi que des planches entières pour des sujets communiqués, exigent de la part de leurs auteurs une coopération à des dépenses de dessin et de gravure qui, sans cela, deviendraient trop onéreuses pour nous. C'est donc à ceux qui peuvent nous fournir des matériaux utiles, à prendre à cet égard une détermination active qui leur sera avantageuse, et que nous nous empresserons de faciliter, en leur fournissant au besoin un nombre raisonnable d'épreuves, pour leurs distributions particulières. Dans tous les cas, nous croyons tous nos lecteurs assez sensés pour ne rien conclure de désobligeant (à l'égard de divers autres auteurs de compositions estimables), du silence que nous sommes forcés de garder sur des productions qui ne nous ont pas été communiquées, et dont ces auteurs se réservent peut-être l'initiative d'une publication à part.

Nous donnerons à la fin la liste générale des souscripteurs, et pour notre justification, nous serons obligés d'énumérer ceux qui n'ayant pas persévéré, sont la cause principale de nos retards. Notre intention est de recueillir aussi les noms et adresses des horlogers qui se sont distingués dans les diverses expositions, et ceux d'autres artistes de mérite, mais nous ferons toujours observer qu'une insertion détaillée de leurs productions, dans un ouvrage répandu en France et chez l'étranger, sera encore plus avantageuse à des réputations méritées que nous désirons propager, pour les inventeurs et pour l'instruction générale.

FIN DE LA PREMIÈRE PARTIE.

AVIS POUR LE BROCHEUR.

1 Cette vingt-septième feuille terminant la première partie du TRAITÉ GÉNÉRAL D'HORLOGERIE, on peut maintenant la faire *brocher* et surtout *cartonner* avec les précédentes, sans rogner les marges; mais on ne doit pas encore la faire relier définitivement, pour éviter la maculature des dernières feuilles et planches encore trop fraîches. Les typographes insistant pour ne livrer les titres réels qu'à la fin de l'impression, à cause des changements que le cours de l'ouvrage peut y nécessiter, le prospectus en tête de cette première partie continuera de servir de titre provisoire. On placera d'abord, à gauche, la planche du frontispice en regard du titre du prospectus, après lequel vient la préface et la suite des feuilles; puis après, les deux demi-feuilles de tables, et à la fin toutes les planches de 1 à 18 inclusivement.

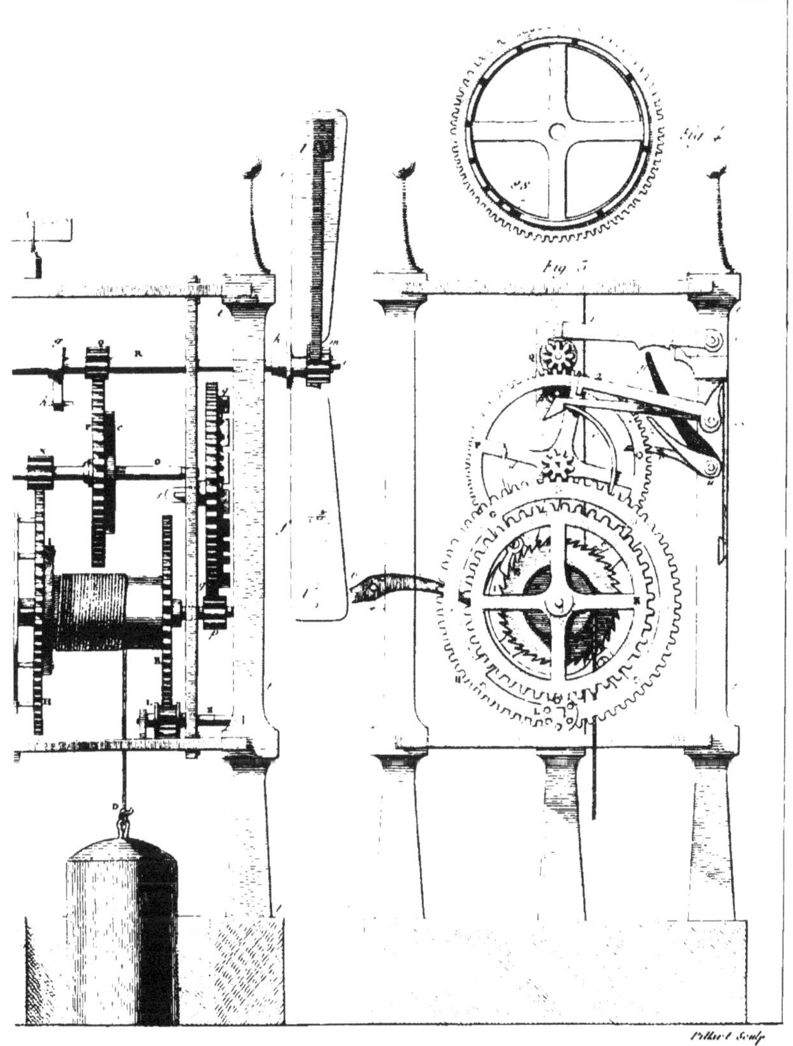

Pillart Sculp

e, et placée dans la Tour carrée du Palais de CHARLES V, dans la Cité,
t choisie comme construction plus simple, pour les 1ères études de ce genre.

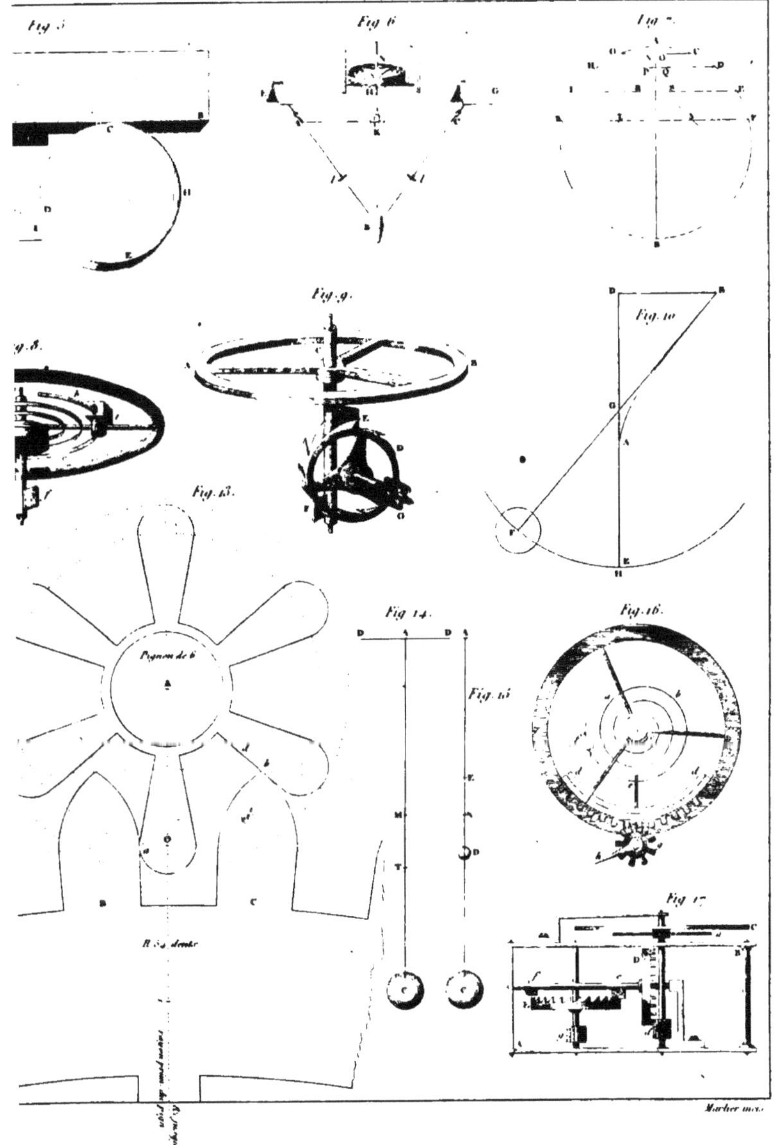
Fig. 5
Fig. 6
Fig. 7
Fig. 8
Fig. 9
Fig. 10
Fig. 13
Pignon de 6
Fig. 14
Fig. 15
Fig. 16
Fig. 17

Martier mcs.

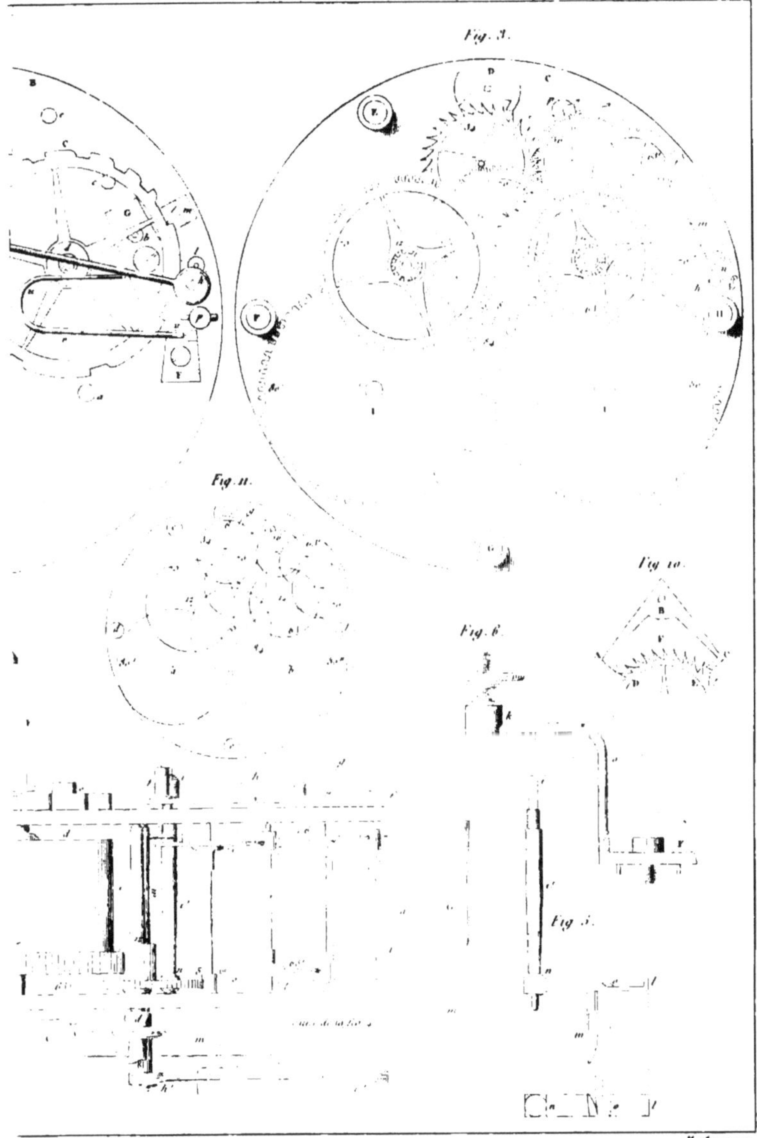

Varlier sculp.

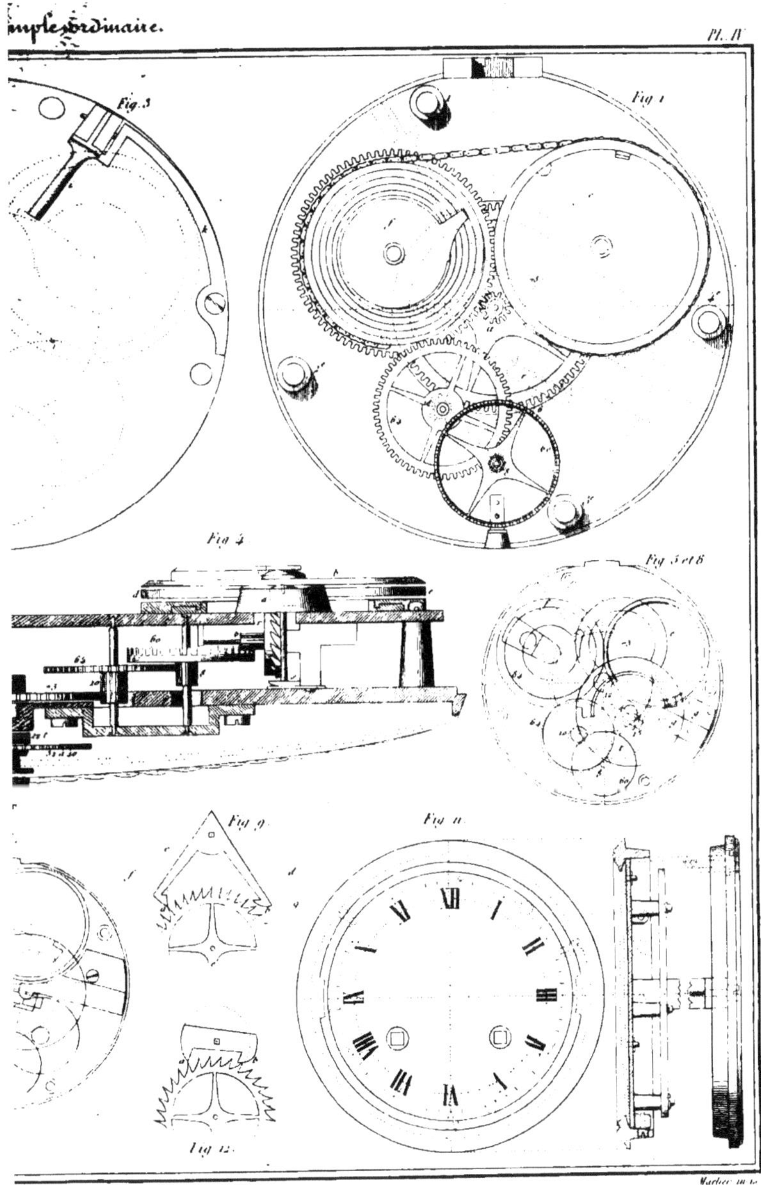
Fig. 1
Fig. 3
Fig. 4
Fig. 5 et 6
Fig. 9
Fig. 11
Fig. 12

à Répét

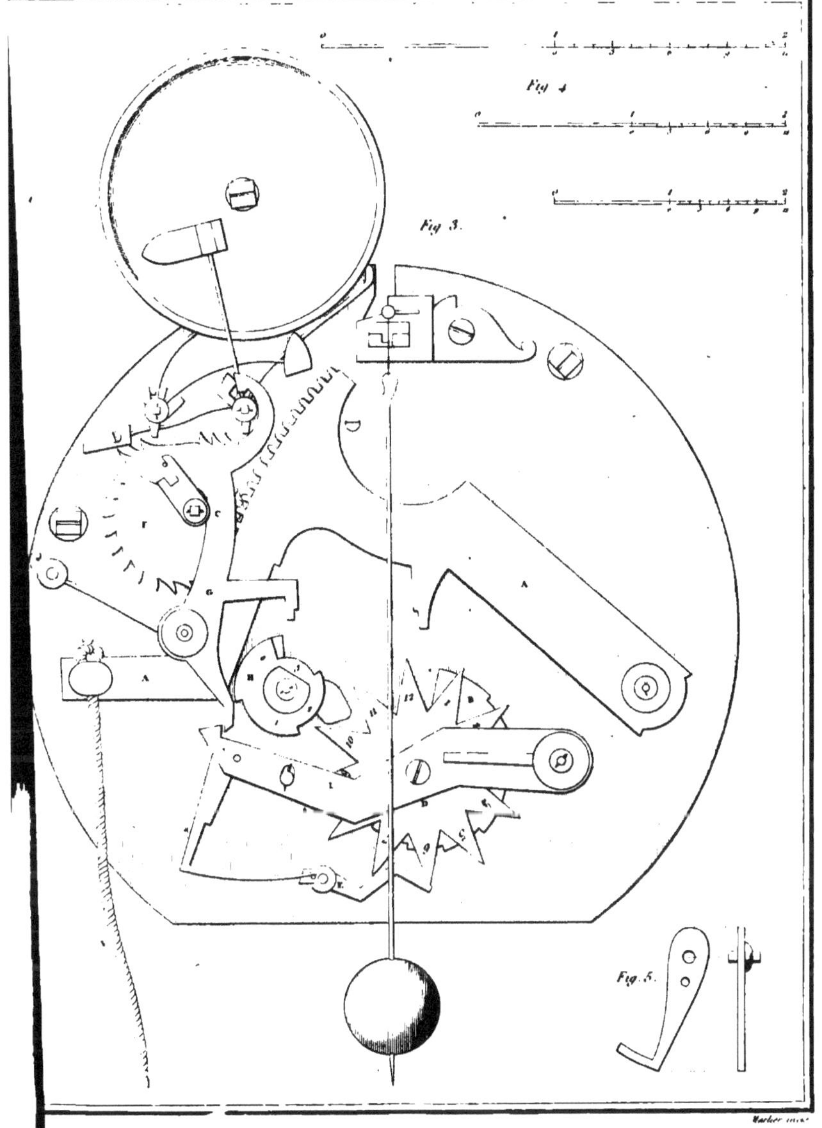

Wacker sculp.

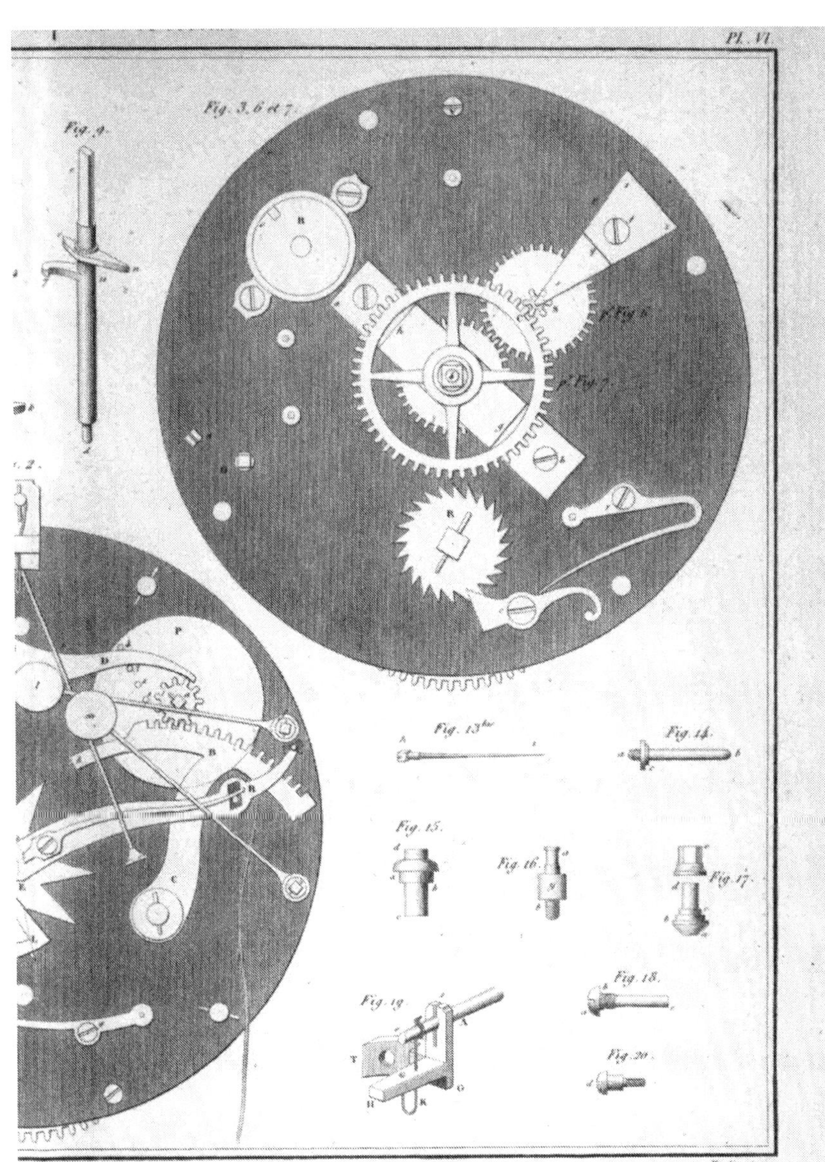
Fig. 3, 6 et 7.
Fig. 9.
Fig. 13bis
Fig. 14.
Fig. 15.
Fig. 16.
Fig. 17.
Fig. 18.
Fig. 19.
Fig. 20.

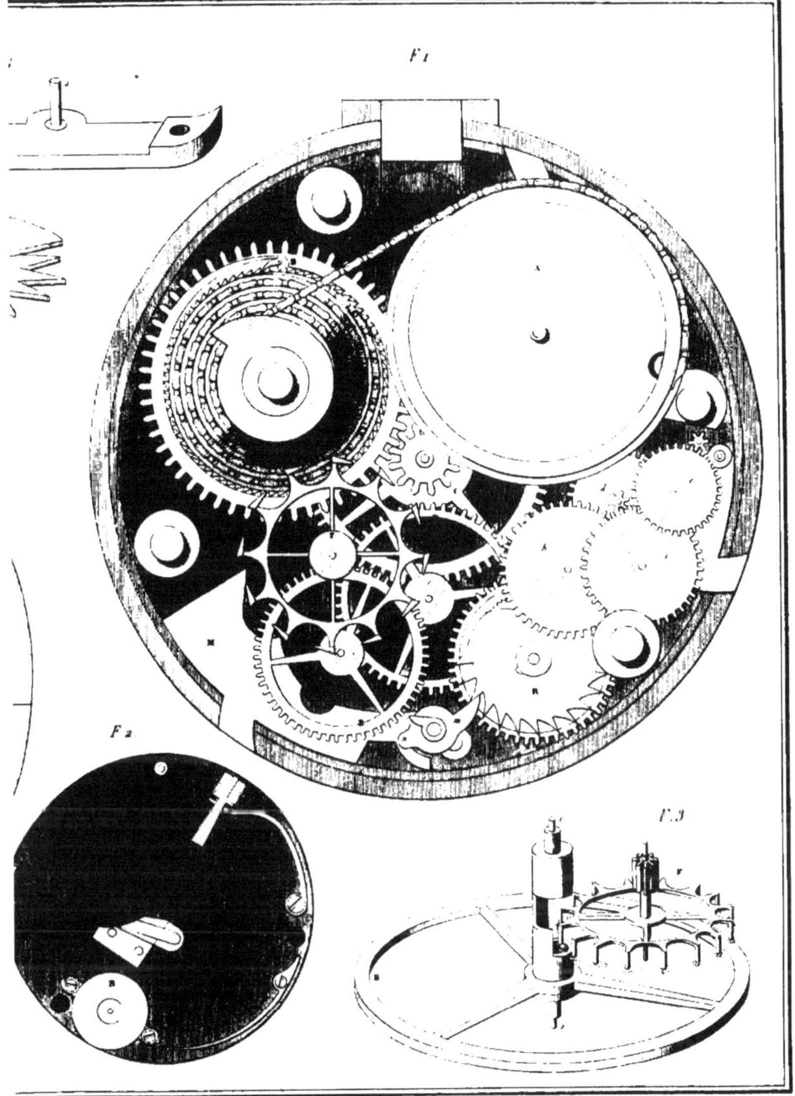

Varlet inc.

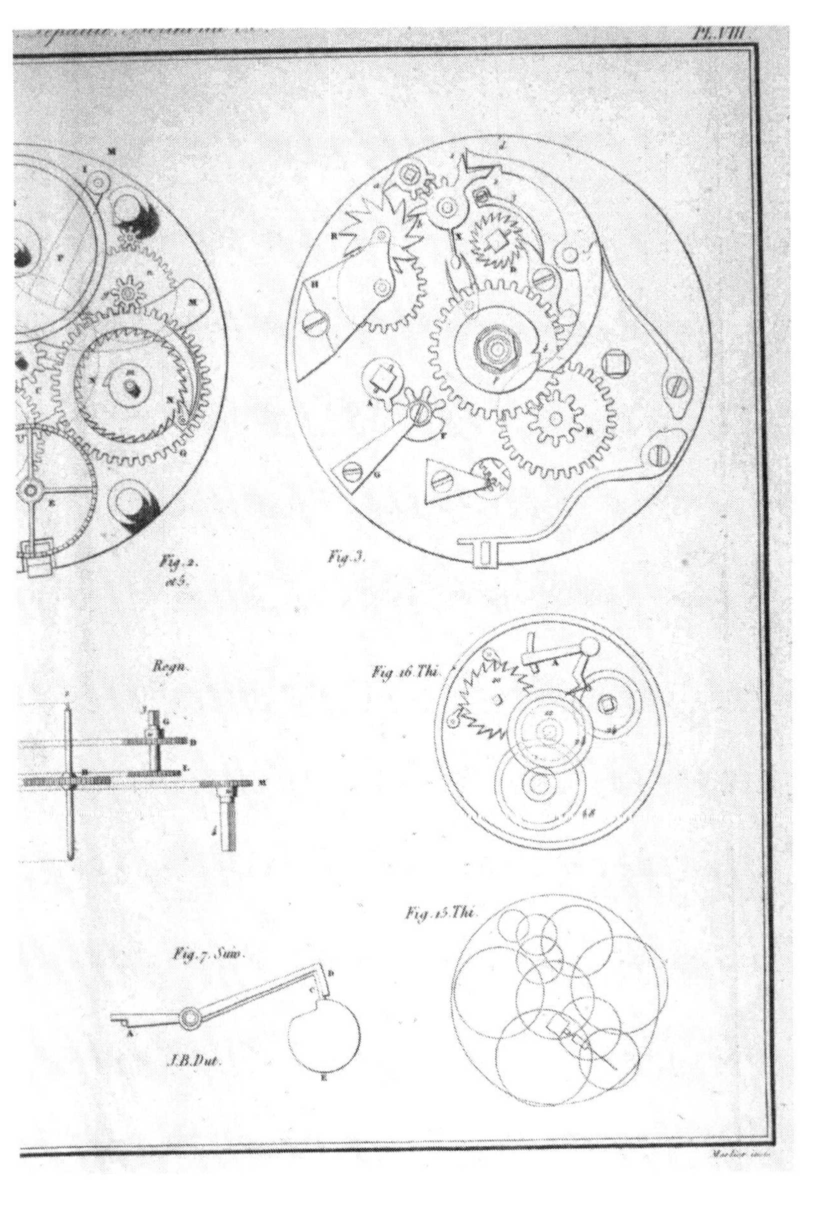
Fig. 2. et 5.
Fig. 3.
Regn.
Fig. 16. Thi.
Fig. 15. Thi.
Fig. 7. Suiv.
J.B. Dut.

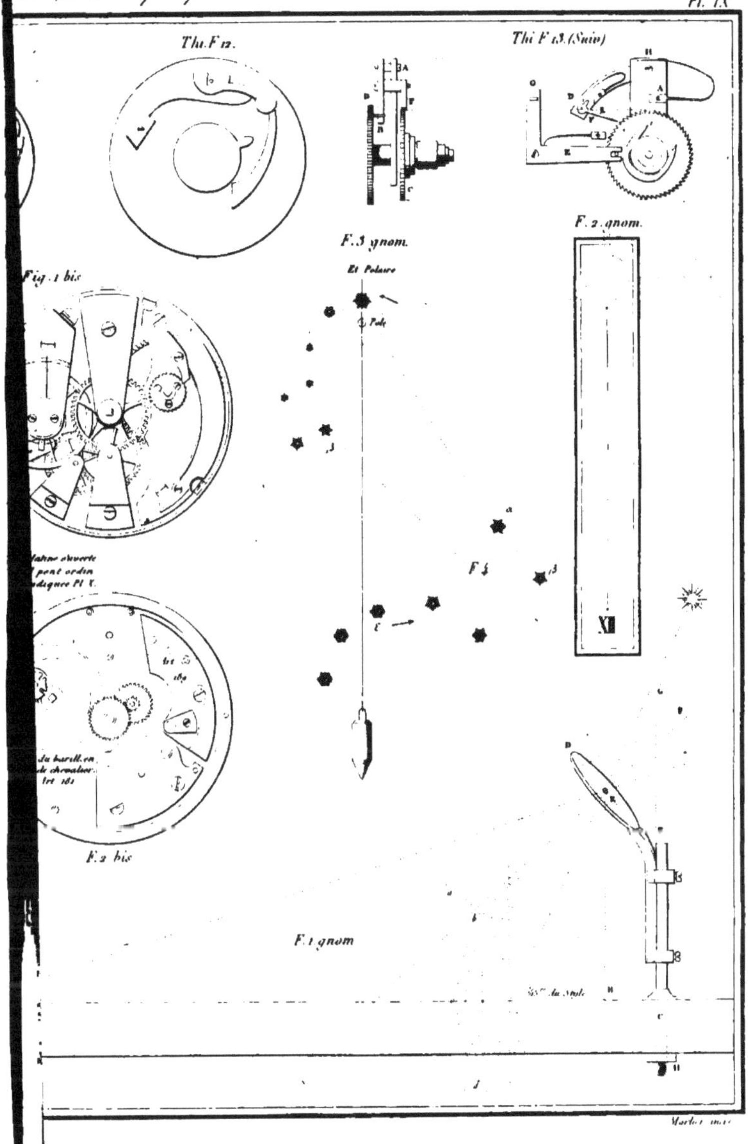
Th. F 12.
Th. F 13. (Suiv)
F. 3 gnom.
Et Polaire
Pole
F. 2. gnom.
Fig. 1 bis
F 4
F. 2 bis
F. 1 gnom.

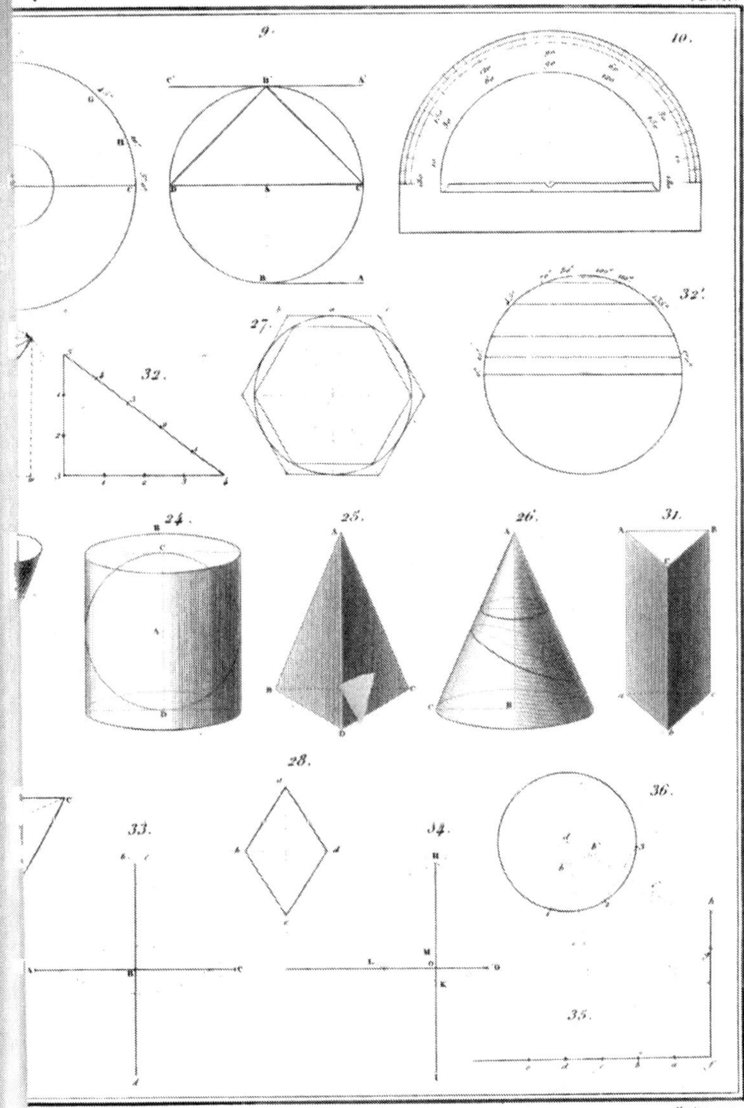
9.
10.
32.
27.
32'.
24.
25.
26.
31.
28.
33.
34.
36.
35.

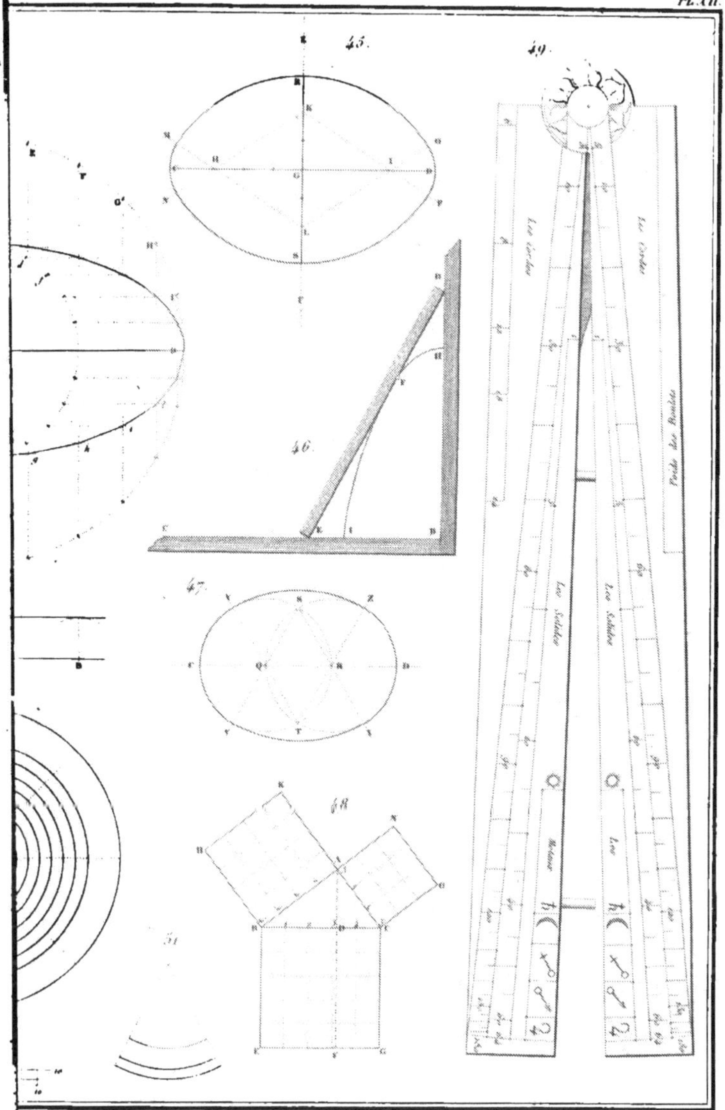

45.

46.

47.

48.

49.

51

Les Cordes

Les Cordes

Poids des Boulets

Les Solides

Les Solides

Métaux

Lee

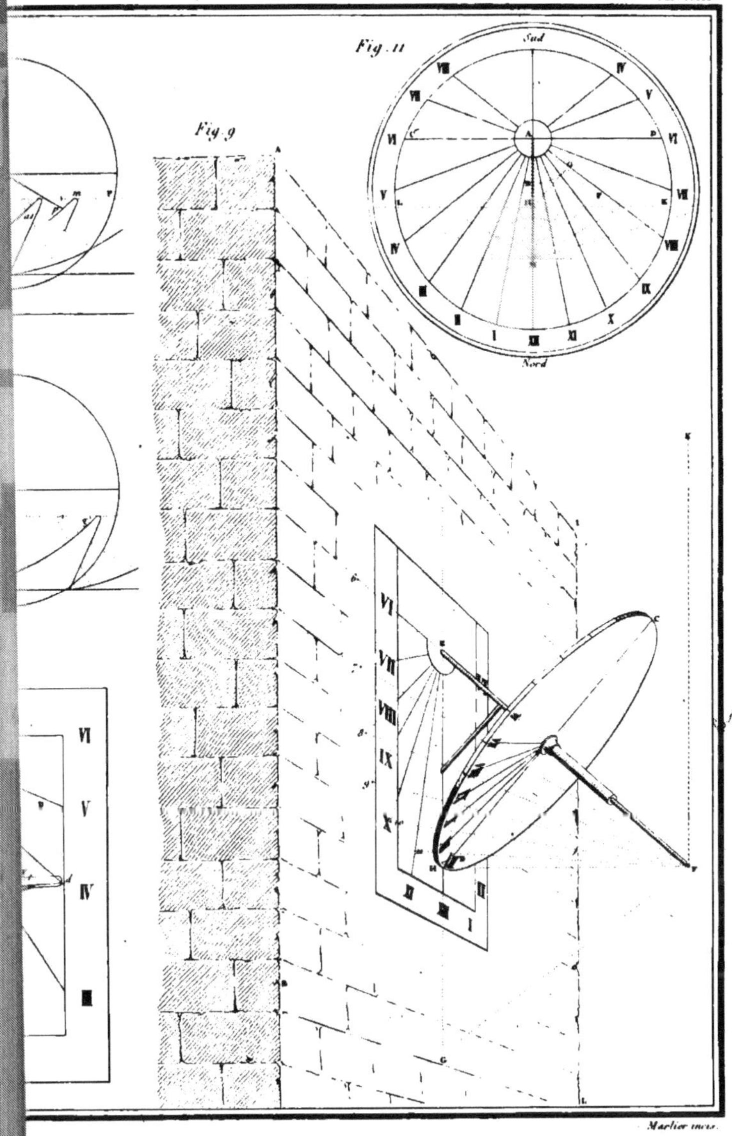

Marlier sculp.

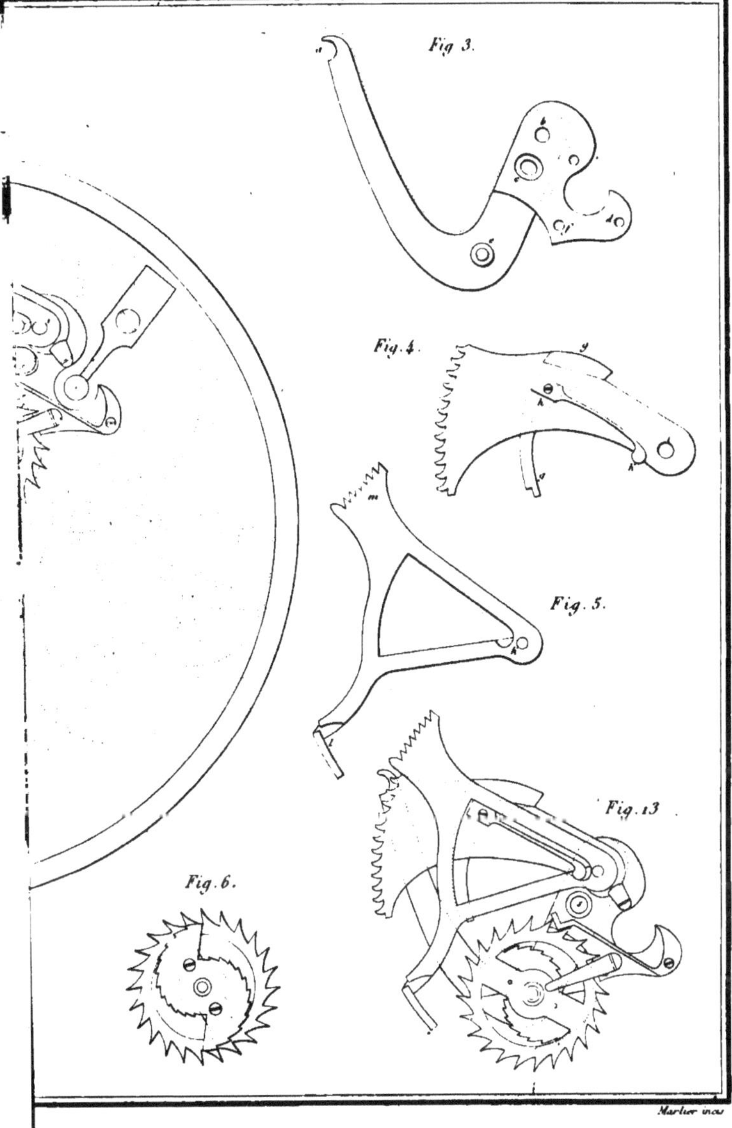

Marlier inc.

à poids, par Ellicott.

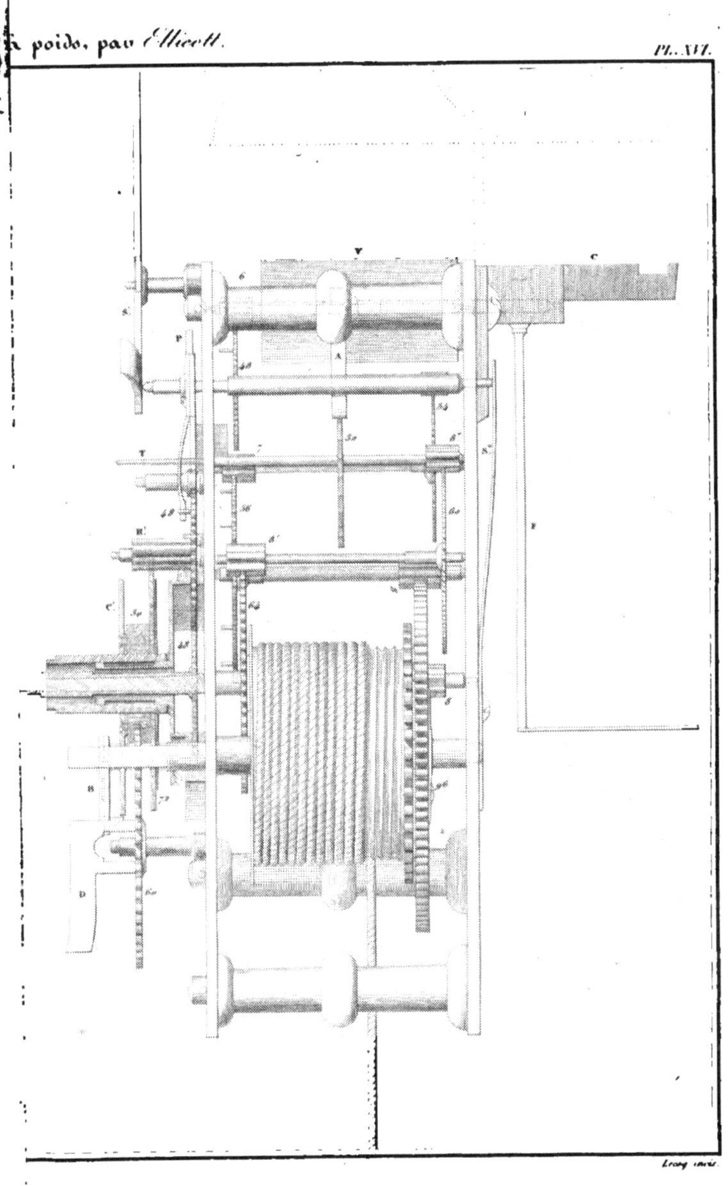

Lecoq incis.

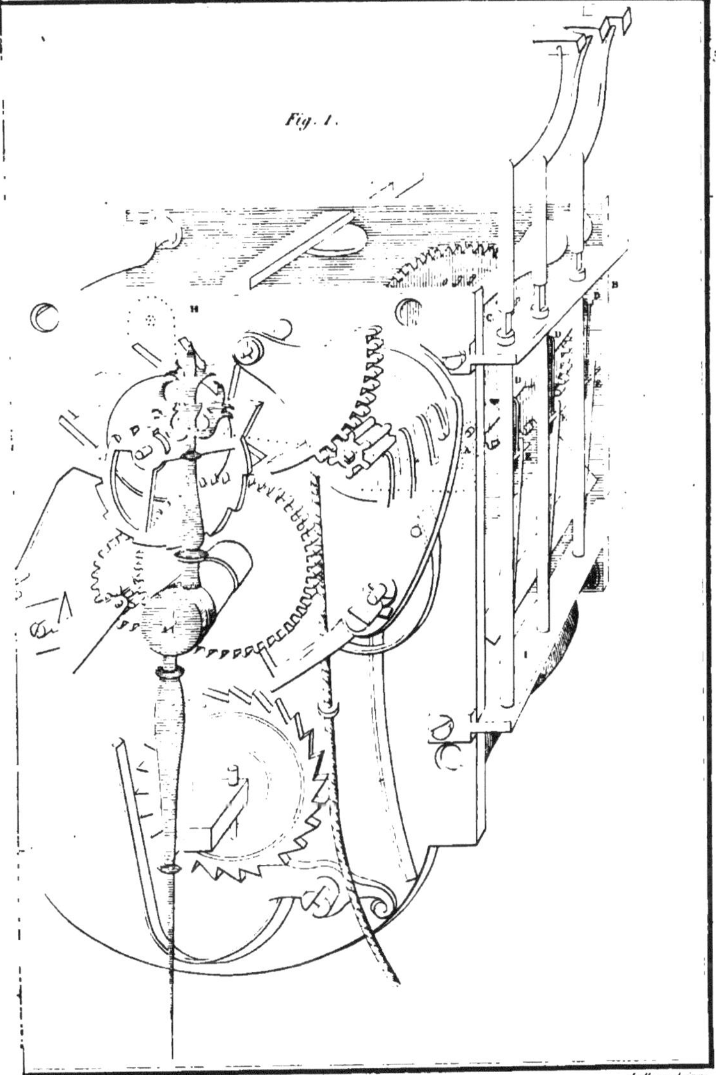

Fig. 1.

Lallemand inv.

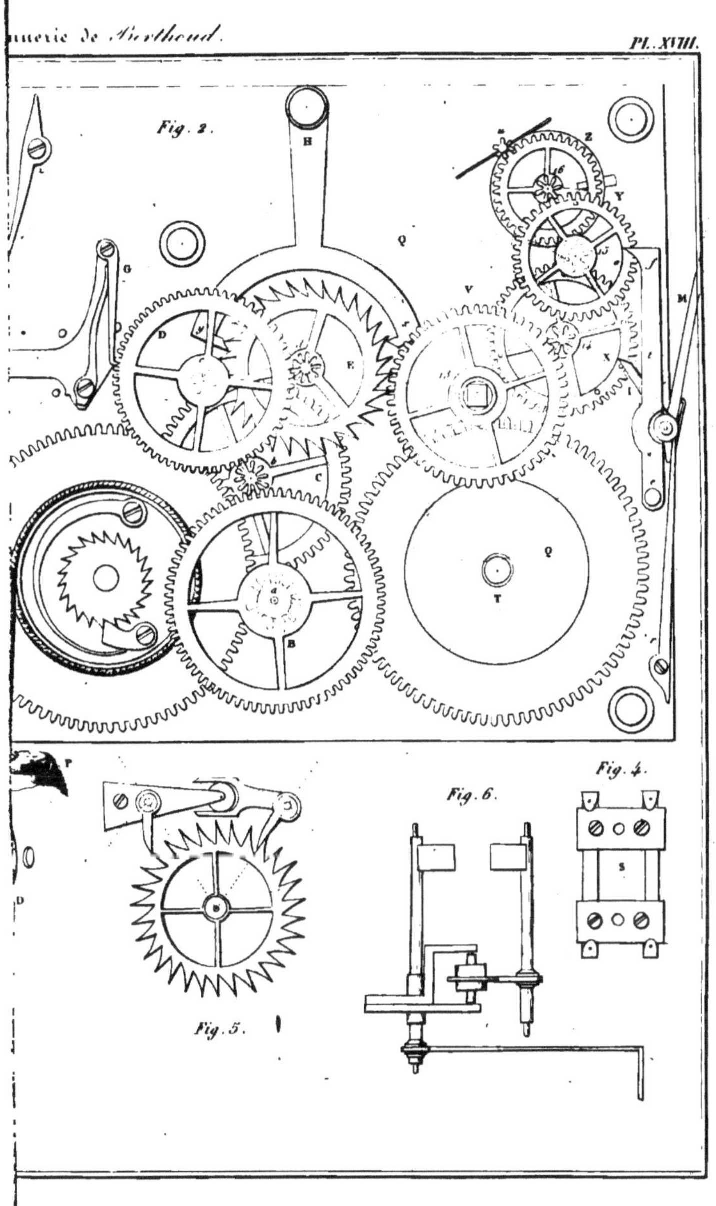
Fig. 2.
Fig. 4.
Fig. 5.
Fig. 6.

Ingram Content Group UK Ltd.
Milton Keynes UK
UKHW051010260423
420530UK00037B/105